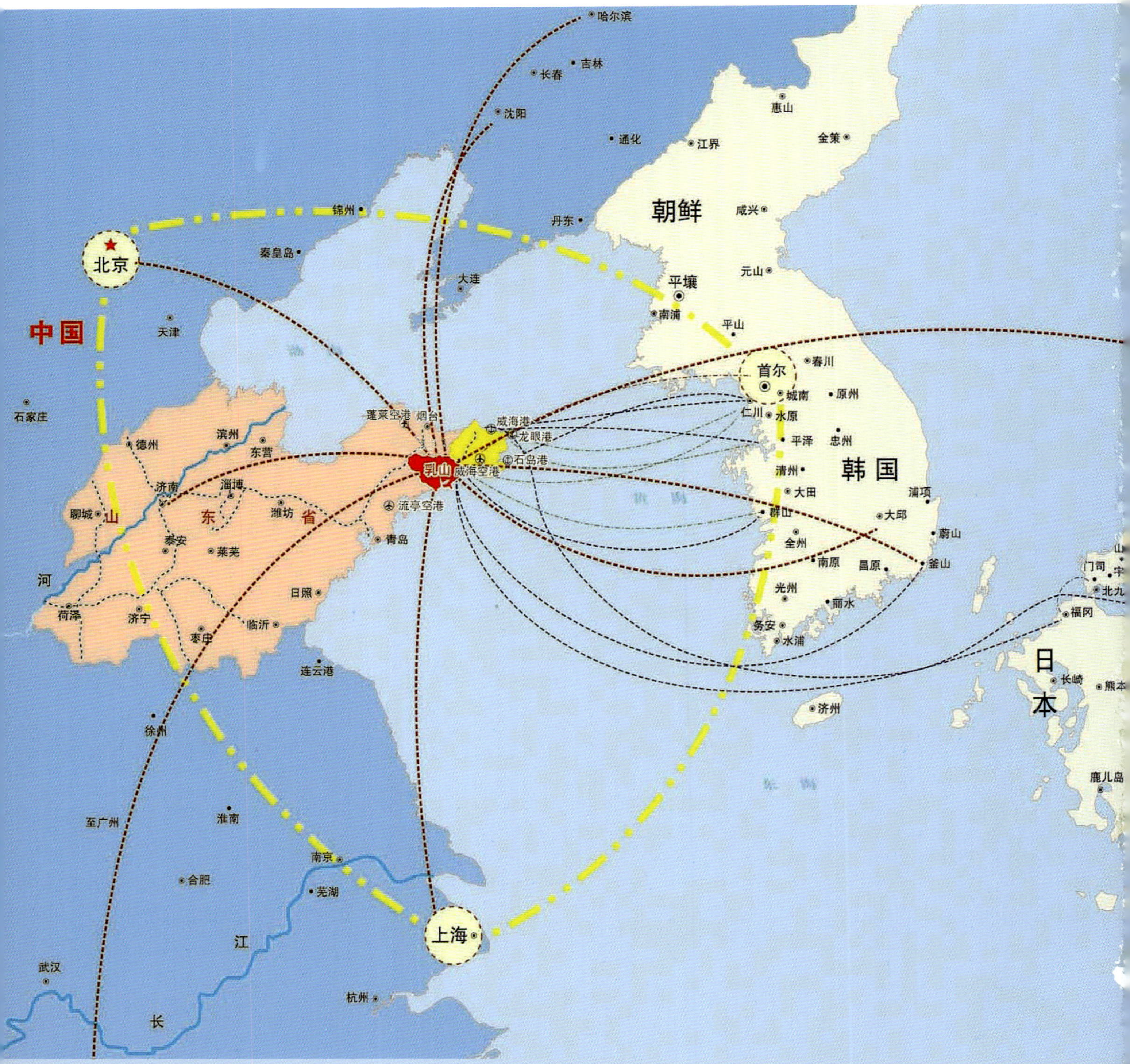
哈尔滨
吉林
长春
沈阳
通化
江界
惠山
金策
朝鲜
咸兴
丹东
锦州
秦皇岛
北京
大连
平壤
元山
南浦
平山
中国
天津
首尔
春川
城南
原州
仁川
水原
石家庄
蓬莱空港
烟台
威海港
龙眼港
平泽
忠州
德州
滨州
东营
乳山
石岛港
威海空港
韩国
清州
大田
济南
淄博
浦项
潍坊
流亭空港
群山
大邱
聊城
山
东
省
蔚山
泰安
莱芜
青岛
全州
南原
昌原
釜山
门司
河
日照
光州
丽水
菏泽
济宁
临沂
枣庄
务安
木浦
福冈
日本
长崎
熊本
连云港
济州
徐州
鹿儿岛
至广州
淮南
南京
合肥
芜湖
江
上海
武汉
杭州
长

乳山市地理位置图

乳山年鉴

RUSHAN YEARBOOK

2017 第十九卷

乳山市党史市志办公室　编

方志出版社
Publishing House of Local Records

图书在版编目（CIP）数据

乳山年鉴. 2017 / 乳山市党史市志办公室编. -- 北京 : 方志出版社, 2018.9
ISBN 978-7-5144-3312-8

Ⅰ. ①乳… Ⅱ. ①乳… Ⅲ. ①乳山市－2017－年鉴
Ⅳ. ①Z525.24

中国版本图书馆CIP数据核字（2018）第224254号

乳山年鉴（2017）

编　　者：乳山市党史市志办公室
责任编辑：顾　洁
出 版 人：冀祥德
出 版 者：方志出版社
　　　　　地址　北京市朝阳区潘家园东里9号（国家方志馆4层）
　　　　　邮编　100021
　　　　　网址　http://www.fzph.org
发　　行：方志出版社图书经销中心
　　　　　电话（010）67110500
经　　销：全国新华书店
印　　刷：山东麦德森文化传媒有限公司　0531-82666659
开　　本：889×1194　1/16
印　　张：27.5
字　　数：864千字
版　　次：2018年9月第1版　2018年9月第1次印刷
印　　数：0001～2500册
ISBN 978-7-5144-3312-8　定价：300.00元

《乳山年鉴》编纂委员会

《乳山年鉴（2017 年）》

主　　审　李国徽　宫洪霞

副主审　宋国华　于　海

主　　编　徐华伟

特邀编审　邓新闻　于惠年　刘洪军

副主编　刘万波　孙同海

编　　辑　王　浩　刘万波　吕素坡　高献东　孙方圆

彩页编辑　孙方圆　孙佳玥

封面设计　徐华伟

摄　　影　高淑新　辛　戈　高　山　孙淑萍

编　　务　王家洲

乳山市政区图

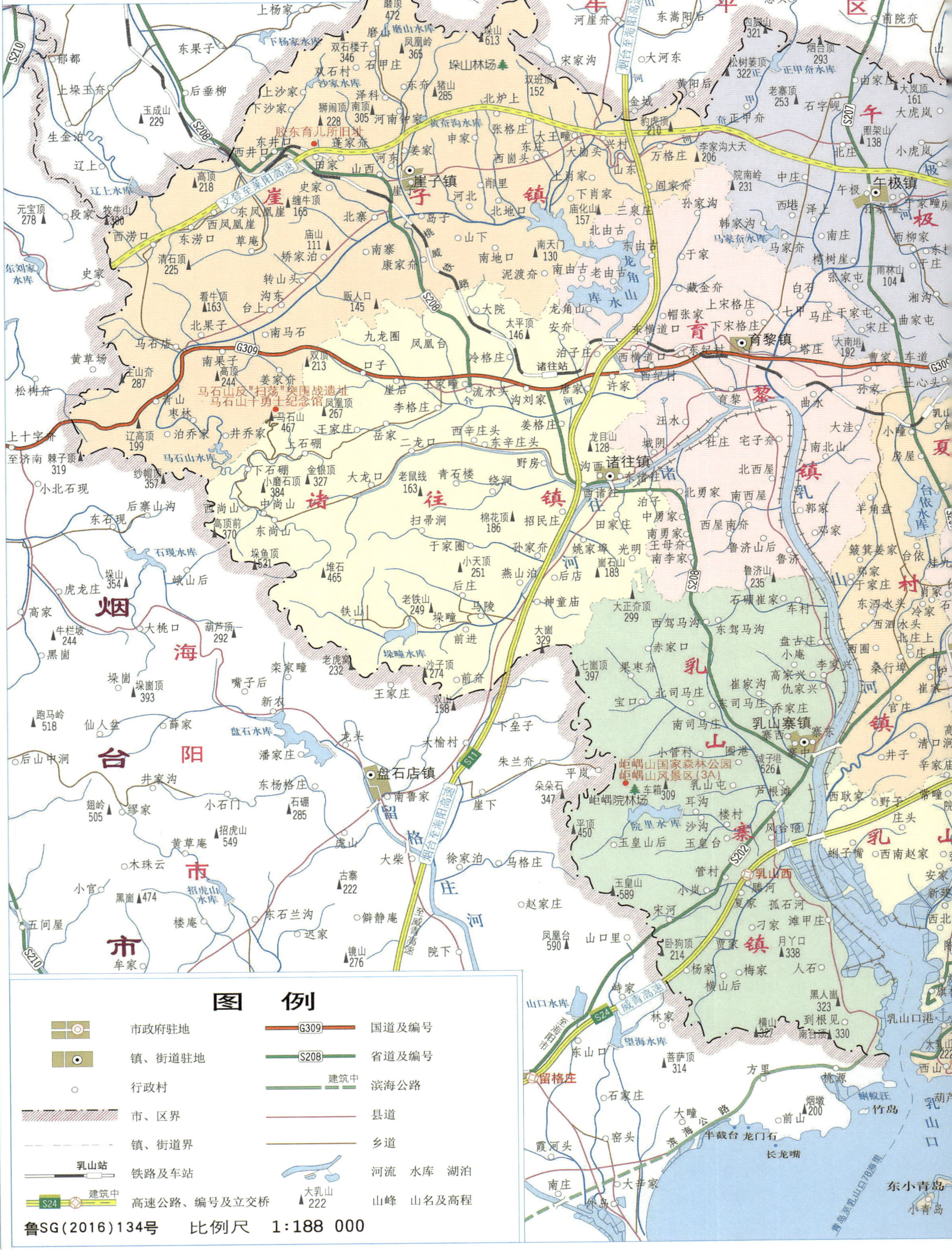

烟台
牟平区
午极镇
育黎镇
崖子镇
诸往镇
乳山寨镇
乳山口港
下初镇
海阳市
崖子镇
诸往镇
乳山寨镇
盘石店镇
午极镇
育黎镇
乳山站
胶东育儿所旧址
马石山反"扫荡"突围战遗址
马石山十勇士纪念馆
岠嵎山国家森林公园
岠嵎山风景区(3A)
岠嵎院林场
垛山林场
龙角山水库
台依水库
院里水库
盘石水库
招虎山水库
马石山水库
石现水库
垛疃水库
山口水库
望海水库
东沟水库
黄疃沟水库
马家夼水库
磨山水库
沙家水库
下杨家水库
辽上水库
东刘家水库
文登至莱阳高速
烟台至海阳高速
威青高速
滨海公路
青岛至乳山口78海里
乳山口
东小青岛
小青岛
竹岛
长龙嘴
半截台
龙门石
马石山 467
玉皇山 589
垛山 613
大乳山 222
S208
S207
S202
S210
S11
S24
G309
图例
市政府驻地
镇、街道驻地
行政村
市、区界
镇、街道界
铁路及车站
高速公路、编号及立交桥
国道及编号
省道及编号
滨海公路
建筑中
县道
乡道
河流 水库 湖泊
山峰 山名及高程
鲁SG(2016)134号 比例尺 1:188 000

下初镇
冯家镇
文登区
大孤山镇
南黄镇
徐家镇
白沙滩镇
海阳所镇
小观镇
泽头镇
城区街道
夏村镇
冯家
下初
南黄
徐家
白沙滩镇
银滩旅游度假区管委会
乳山东
乳山
黄海
汇岛位置图
山东省地图出版社编制
圣水宫道教养生休闲度假区(3A)
天润温泉度假村
多福山风景区(3A)
威青高速
文登至莱阳高速
桃威铁路
S206
S202
S205
S304
S208
S704
S207
S24
G309
黄垒河
母猪河
老清河
初河
乳山河
南黄
东孙疃
陡埠
洛格庄
林村
峰山
孔格
于林庄
许家埠
西程格
吴宫屯
大宋家
黄家庄
平埠庄
西店子
徐埠头
才院
南七口
生家埠
东洋水
院后
孙家埠
东浪暖
许家
浪暖口
洋村口
凤凰嘴
宫家岛
腰岛
白沙口
杜家
烟墩山
116
南岛嘴
塔岛
杜家港
双峰庄
西黄岛
杜家岛
黄石栏
浦岛
险岛
竹岛
南黄岛
南岔
小石口
古龙嘴
汇岛
大肚山
173
西泓于家
西泓赵家
西泓辛家
赵东庄
芦头
薛格
半海山
李家
南泓西村
南泓北村
南泓南村
小泓
邢家
池源
金港
所前王家
海阳所
吕格庄
大庄
三甲疃
赵家庄
邹格
海疃
所后张家庄
所后常家庄
贾家庄
所陈家
望海庄
翁家埠
母猪岛
秦家庄
南唐家
北唐家
宫家庄
小滩
官家庄
常家庄
白沙滩
八甲
六村屯
封山
116
大陶家
韩家庄
单家庄
小陶家
小单家
小侯家
蔡家
邹家
播家庄
唐家庄
邵家庄
大单家
孔家庄
南马家庄
沟李家
王家口水库
王家口
马山
271
无极山
336
文八石
稗子刘家
冯家
潘家
南正夼
289
小浩口
大浩口
金顶
159
邢家屯
吴家屯
马场
许家屯
东刘家庄
东王家庄
洋村
东南堆
老庄
东南寨
黄疃
西峒岭
东峒岭
镜眼石
175
小孤山
八里甸
河东
石硼杨家
寨山
416
上夼
核桃山
208
五肩顶
271
锯齿山
407
林家庄
李家庄
车门口
光明顶
辛家口
驴儿山
311
圣石前
崮山寺
三佛山
400
崮山寺水库
仙人桥
294
靠山
上庄
西珠堪
东珠堪
东姜家庄
李家疃
朱家屯
杨家屯
岭上
陈家屯
柯家庄
西浪暖
高家屯
西洋水
南黄庄
南斜山
北斜山
吊虎山
152
母鸡屯
凤西庄
官家疃
仙人脚
庄子园
归仁
峰子顶
312
南台子
汤南山
石城水库
石城
汤南场
河崖
冷家庄
湾头
南黄北埠
大王口
胡家沟
六甲庄
邵家
胡八庄
西北庄
马家庄
林水
北姜家庄
邢家庄
宫家桃
小史家
大木
果园
上册
赵家
山西头
林家庄
水井
石头圈
十甲庄
三甲庄
格庄
东家
黄村
宋家庄
晁家庄
朱家庄
北江村
南江村
二甲
吴家沟
张八庄
塔山
101
东泰家庄
桥东庄
曹城
金碛岭
官地
草埠
滕甲庄
宁家庄
吕尹家
南尹家
岚子
东里村
大耿家
宫口
打磨
兰家庄
乳山
孜进夼
刁家堆
口镇
河口
家庄
埠前
滨海区(4A)
黄家
山东头
俞个庄
庄子头
西林家
李林家
河南
孔家山
152
曹家庄
北王家庄
封赠山
吉林
林家堆
南西北庄
念头
刘家堆
兰家
康家
择村
徐家堆
玉前庄
黄格庄
洼庄
梳村王家
洼于家
梳村李家
港头
丛家
黄窝
287
任家夼
大史家
士子于家
八门邬家
入夼
万户
老虎窝
288
参顶
286
圣人顶
346
桑行
里庄
地尖
208
上刘家
下刘家
老黄山
352
胡家
南口
北念头
葛口
汤上
汤后疃
汤东疃
山北头
枯水头
马家泊子
姑子庵
184
瑞木山
东官庄
东泥沟
东马家庄
鹁鸽崖
257
卧龙
老祖顶
255
邹家
徐家庄
小芦头
庙东村
眠虎岭
宝泉水库
万家口
雨夼
黄道顶
254
赵家庵
高家台
方家
上马家
观上冯家
王家庵
大辻
200
碧里
庄子夼
西吉子园
东吉子园
花家疃
北吉子园
南吉子园
尼姑顶
424
孔家
老师傅顶
262
于家口
北石山头
华山水库
姚家庄水库
北长岚
西龙庵
东宋格庄
东谭家口
陡埠水库
东崔家口
郭子
旺疃
赤金泊
院东
大英
崔家口水库
香炉石
363
三罗石
354
东围子顶
303
西围子顶
260
吴格庄
上口
黄齐顶
179
合子庄
合子
徐家村
南高格庄
北高格庄
崖子
张皮
南夼水库
椅圈
180
太格庄
石龙水库
福禄地
东沟水库
韩家口
125
北东庄
单家疃
皂地
牧牛山
169
南东庄
车家夼
峰里
巫山
西庄
南台
宿家
136
东夼水库
四顶子
149
生木墅
至牟平
狗圈
142
老石硼
175
河南村
东马台石
西马台石
葛格庄
磨石山
177
北芦头
簸箕掌
小寨
朝阳山水库
山前庄
孔西山
147
辛家疃
垒冢前
闭牛山
183
七里石
146
赤山
142
盘石
鲁家
花家疃水库
张家寨
中寨
唐家店子
林家寨
马山
212
马山沟
马山前
北汉村
北河崖
消水河
北刘伶庄
南刘伶庄
南汉村
北泥沟
南泥沟
冯家
张家沟
史家疃
鲁家夼
日照庄水库
双山
300
上初
初家沟
日照庄
红山柱
126
英格庄
黑顶山
180
西泊
黄格庄
葛岭
159
辛庄
下初站
胡家口
上草埠
福山
263
江岭
146
下草埠
老鼠顶
182
段家
外庄
围字山
248
下洼
古初
三甲
王疃
吕格庄
山南头
堤南头
港

红色乳山

5月18日，威海马石山红色教育基地全貌

①
②
③

8月3日，马石山

①
②
③ ④ ⑤

①10月24日，中共乳山市委书记高书良（中）到威海马石山红色教育基地调研
②9月30日，乳山市在威海马石山红色教育基地举行烈士公祭活动
③7月3日，马石山十勇士纪念馆内景

（庞韶青 摄）

④6月23日，威海市处级干部进修班学员到威海马石山红色教育基地参观学习
⑤6月24日，山东省海洋与渔业厅在威海马石山红色教育基地开展“两学一做”学习教育活动

④

⑤

5月23日，乳山市市长周兵到胶东育儿所教育基地调研

7月9日，中共山东省委原党史研究室副主任丁龙嘉现场指导布展工作

9月13日，胶东育儿所纪念馆二展室

6月6日，中共威海市委常委、组织部部长霍高原带队验收胶东育儿所教育基地

6月29日，乳山市弘扬传承乳娘精神座谈会召开　　（辛　戈摄）

6月5日，胶东育儿所旧址外景

①9月9日，中国社科院专家组到胶东育儿所调研

②6月29日，八路军胶东军区遗孤寻亲团“乳山育儿所寻亲行”活动举行

③9月1日，中共山东省委组织部副部长刘永巨（中）一行到胶东育儿所调研

④6月30日，中共山东省委党史研究室一行到胶东育儿所指导

8月3日，胶东育儿所纪念馆全貌

滨海乳山

1月26日，滨海新区

8月4日，银滩海边

8月2日，银滩大拇指广场　（宁志浩 摄）

10月7日，滨海新区　（侯贺良 摄）

10 月 26 日，大乳山北门景观

4月13日，大乳山 （于　辉摄）

9月6日，福如东海书画院

1月3日，宫家岛

1月3日，海水养殖区 （段建国 摄）

古色乳山

7月3日，崖子镇田家村　（宁志浩 摄）

4月2日，诸往镇下石硼村

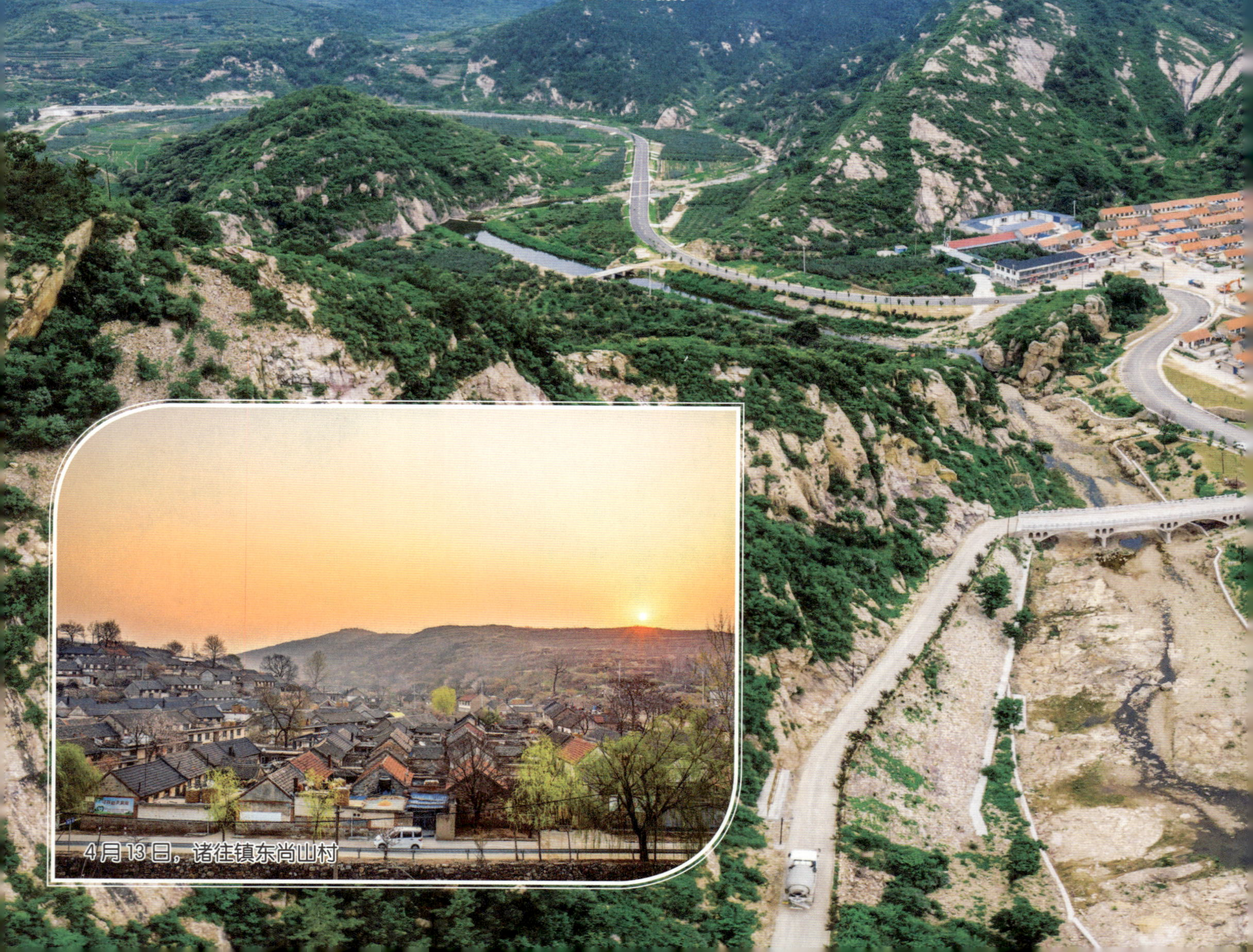

4月18日，乳山寨镇玉皇山后村 （姜大伟 摄）

4月13日，诸往镇东尚山村

6月18日，诸往镇下石硼村

7月6日，崖子镇井乔家村

①7月3日，《山菊花》拍摄地 （庞韶青 摄）
②7月3日，田家村古巷 （宁志浩 摄）
③3月9日，小三峡 （宋礼夫 摄）
④6月7日，东尚山村古巷 （隋桂光 摄）
⑤7月3日，青山村古房 （田艺革 摄）

数字乳山

12月11日，潮汐湖暮色

面积：1665 平方公里

户籍人口：55.58 万人

海岸线：199.27 公里

地区生产总值：512.12 亿元

公共财政预算收入：31.33 亿元

固定资产投资：535.8 亿元

外贸进出口总值：53.43 亿元

接待国内外游客：972.9 万人次

社会消费品零售总额：237.64 亿元

期末银行存款余额：312.12 亿元

城镇居民人均可支配收入：32955 元

农村居民人均可支配收入：14828 元

城市供水总量：1631 万立方米

全社会用电总量：122228 万千瓦时

全市建成区绿化覆盖率：45.78%

魅力乳山

8月3日，岠嵎山航拍

①8 月 2 日，福如东海文化园

②8 月 2 日，多福山国际养生旅游度假区

③8 月 2 日，圣水宫道教养生休闲度假区

④10 月 1 日，台依湖国际酒庄生态文化区

⑤5 月 3 日，正华石佛山景区

⑥10 月 12 日，多福山国际养生旅游度假区

① ④ ⑤

② ③ ⑥

8月10日，大乳山睡美人

①9月26日，母爱文化广场
②7月4日，河滨公园
③11月12日，金碃岭体育公园

③

①1月30日，山东乳山农村商业银行股份有限公司揭牌仪式举行　（辛　戈 摄）

②12月20日，乳山市人民医院加盟烟台毓璜顶医院签约揭牌仪式举行　（孔俊娟 摄）

③5月6日，乳山市市长周兵（右二）出席成创乳山众创空间揭牌仪式　（辛　戈 摄）

④8月13日，乳山市大姜生产技术协会与中能昊龙集团签订大姜战略合作框架协议　（田　甜 摄）

⑤8月14日，威海久鼎电子商务孵化器有限公司跨境电商线下馆在金谷园电商产业园揭牌并投入运营　（辛　戈　荆　明摄）

③

活力乳山

④

⑤

11月19日，文明乳山新风貌（辛　戈摄）

4月15日，乳山市创建省级食品安全先进县动员会议召开　（辛　戈摄）

5月19日，全市迎接创卫省级评审验收工作会议召开　（辛　戈摄）

2月2日，全市农村暨扶贫开发工作会议召开　（辛　戈摄）

8月25日，全市产业招商调度会议召开　（辛　戈摄）

7月7日，乳山市城区

① ④
② ⑤
③

①10月26日，“乳山牡蛎”品牌建设暨质量安全追溯体系启用新闻发布会举行（孙轶琰 摄）

②11月24日，绿城小镇建设有限公司董事长一行到乳山考察（辛 戈摄）

③ 12 月 23 日，乳山市 108 辆电动公交车和配套建设的充电站正式投入运营（辛　戈 摄）

④ 9 月 11 日，中金国泰控股集团董事长一行到乳山考察全域旅游、新能源和产业基础情况（辛　戈 摄）

⑤ 2018 年 1 月 8 日，乳山牡蛎嘉年华暨乳山旅游精品线路发布仪式举办

10月17日，中共乳山市委书记高书良（中）调研走访扶贫项目　　　　　（辛　戈摄）

5月20日，中共乳山市委书记高书良（前排左一）陪同威海市领导赵熙殿（前排左二）调研现代农业转型发展、金融扶贫和美丽乡村建设工作　　　　　（辛　戈摄）

5月19日，山东省防汛检查组到乳山市检查防汛工作　　（孙轶琰 摄）

10月20日，乳山市人大常委会主任马泽（前）带队调研水利工作　　（宋　悦 摄）

11月16日，乳山市市长周兵（右一）陪同威海市领导傅广照（右二）到乳山市调研扶贫开发工作　（辛　戈 摄）

9月20日，乳山市城区

幸福乳山

9月26日，乳山市城区

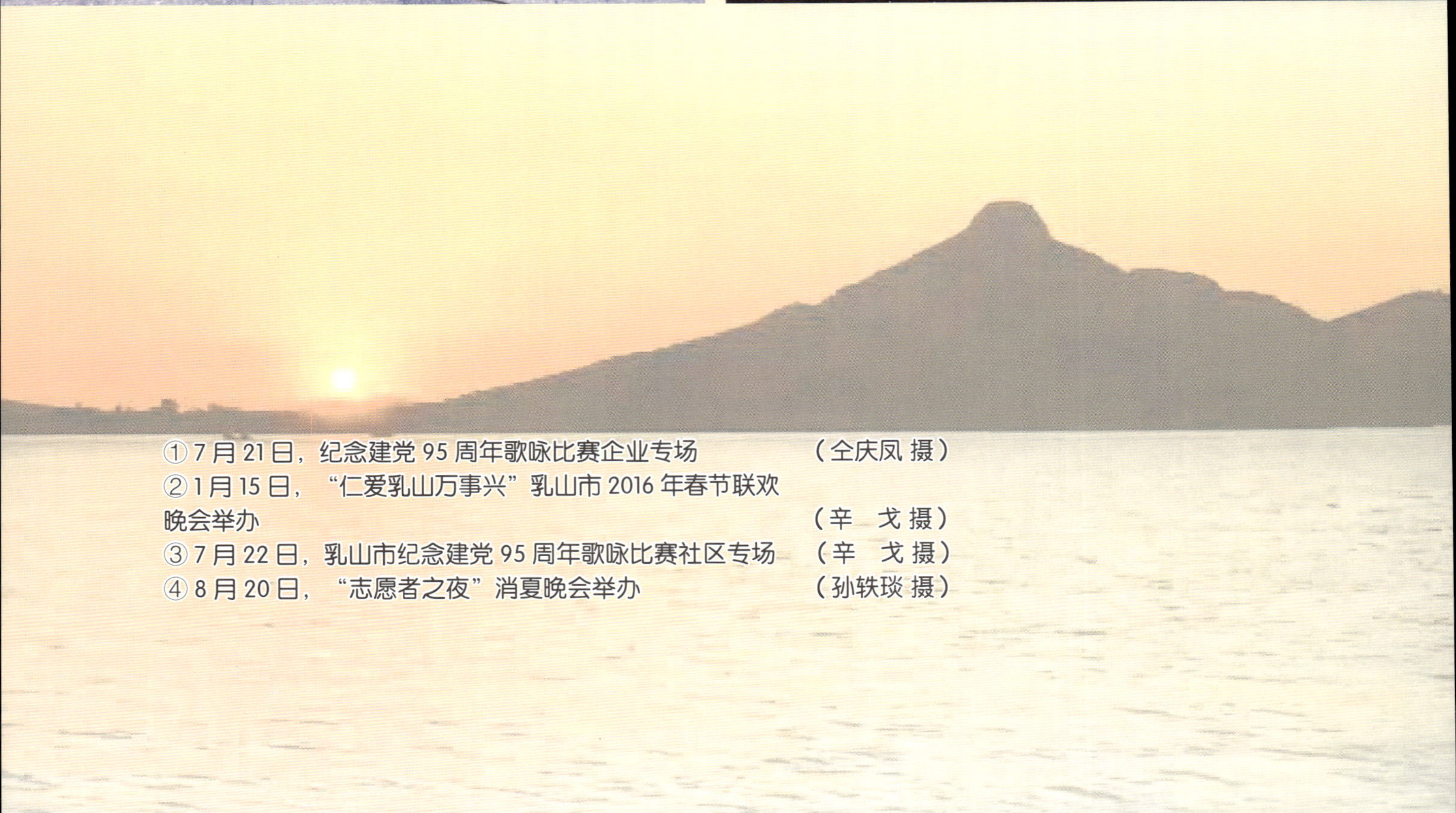

①7月21日，纪念建党95周年歌咏比赛企业专场（仝庆凤 摄）
②1月15日，“仁爱乳山万事兴”乳山市2016年春节联欢晚会举办（辛　戈 摄）
③7月22日，乳山市纪念建党95周年歌咏比赛社区专场（辛　戈 摄）
④8月20日，“志愿者之夜”消夏晚会举办（孙轶琰 摄）

7月12日，现代吕剧《乳娘》演出（辛　戈摄）

9月5日，大乳山

⑤ 2月21日，乳山市秧歌汇演举办（王英男 摄）
⑥ 5月2日，乳山市传统大秧歌和现代大秧歌展示活动在母爱文化广场举办　　（辛　戈 摄）
⑦ 8月23日，“中国秧歌之乡”专家评审会召开

共创
智慧乳山
乳山市民网
聚力信息惠民 共创智慧乳山
乳山市民网首发上线仪式
2016.10.19
①

动仪式
团市委三下乡服务队
④

爱母茶业
茶为国
⑤

⑥

②

③

① ② ③

④ ⑤

⑥ ⑦

①10月19日，乳山市民网开通仪式举行 （辛　戈摄）

②5月27日，乳山市2016年"社会妈妈虹桥拉手"活动举办 （辛　戈摄）

③8月8日，乳山市2016年"慈心一日捐"活动启动 （辛　戈摄）

④1月30日，乳山市文化科技卫生"三下乡"活动举办 （孙轶琰 摄）

⑤7月10日，大拇指学团公益活动开展 （辛　戈摄）

⑥3月17日，参加中国第三支赴利比里亚维和警察防暴队的乳山边防大队武警战士凯旋归建 （辛　戈摄）

⑦11月6日，乳山市大型节水宣传活动举办 （刘平平 摄）

⑦

5月4日，乳山市全民健步走活动举办　（辛　戈 摄）

9月28日，乳山市第八届运动会开幕　（孙轶琰 摄）

11月15日，“悦泰”“绿舒坦”杯首届全国休闲养生门球赛举办　（辛　戈 摄）

9月20日，中国工程院院士丛斌一行到乳山市对民办高校发展情况进行专题调研　（辛　戈 摄）

9月12日，山东省首届老年人羽毛球比赛举办 （孙轶琰 摄）

5月20日，威海机械工程高级技工学校 （高淑新 摄）

编辑说明

一、《乳山年鉴（2017）》编纂以马克思列宁主义、毛泽东思想、邓小平理论、“三个代表”重要思想、科学发展观、习近平新时代中国特色社会主义思想为指导，坚持辩证唯物主义和历史唯物主义的立场、观点和方法。以国务院《地方志工作条例》和《山东省地方史志工作条例》《全国地方志事业发展规划纲要（2015—2020年）》《山东省地方史志事业发展规划纲要（2016—2020年）》为依据，落实《地方综合年鉴编纂出版规定》和《山东省地方综合年鉴编纂出版规范》要求，坚持存真求实、质量第一的原则。

二、《乳山年鉴（2017）》是中共乳山市委、乳山市人民政府主办，乳山市党史市志办公室主持编纂的综合性资料年刊。旨在辑录上一年度乳山市改革开放、经济建设、社会事业的发展和演进，反映社会主义现代化建设进程中的新成就、新经验、新举措和遇到的新问题，所载资料全面、系统、翔实、准确，体现时代特征、地方特色、年度特点，突出主体事业，为各级领导科学决策提供市情依据，为各行各业提供信息服务，是国内外各界人士了解、认识乳山的窗口。

三、《乳山年鉴（2017）》采用分类编辑法，主体内容分为类目、分目、条目3个层次，少数条目下设子目，以中小条目为主。全书864千字，设乳山概况、党政群团、法治·军事、经济管理与监督、农业、海洋与渔业、工业、旅游·会展、商贸·服务业、城乡建设·环境保护、交通·邮政·通信、财税·金融·保险、教育·科技、卫生·体育、文化、社会生活、人物、镇与街道18个类目，增设特载、大事记、附录和索引。

四、本卷年鉴为总第19卷，内容记述时间除特载、人物中有关资料略有下延，其余均截至2016年12月底。稿件主要由市直各部门、单位、镇（街道）及驻乳单位提供，均经各供稿单位主要领导审签。反映全市国民经济和社会发展情况的数据，以乳山市统计局公报资料为准；各项事业中具体数字由供稿单位提供，使用时已注明出处。

五、本卷年鉴图文并茂，全彩印刷，突出滨海旅游、生态宜居城市特点；彩页图片90余幅，集中展示2016年度乳山新成就、新面貌，随文图片200余幅，反映各项事业发展亮点；编制表格72个。版式为大16开规格。

六、本卷年鉴检索方法有目录和索引两种，分设在卷首和卷尾。目录有中、英文两种，中文目录编排到条目，英文目录编排到分目；索引主要采取主题分析法制作，并按主题词首字汉语拼音字母顺序排列。

七、《乳山年鉴》编委会坚持“存史资政、服务经济社会发展”宗旨，以“集权威性、存史性、信息性为一体，全面展现乳山市情”为目标，努力提高年鉴质量。《乳山年鉴》入选“中国年鉴资源全文数据库核心年鉴”。

目　录

特　载

大事记

乳山概况

法治・军事

经济管理与监督

农　业

海洋与渔业

工　业

旅游·会展

商贸·服务业

城乡建设·环境保护

交通·邮政·通信

财税·金融·保险

教育·科技

卫生·体育

文 化

社会生活

人　物

镇与街道

附　录

Contents

Features

Events

Profile of Rushan

Party and Government Organizations and Non-government Bodies

Rule of Law, Military Affairs

Economic Management and Supervision

Agriculture

Ocean and Fishery

Industry

Tourism, Convention and Exhibition

Industry of Services in Commerce and Trade

Urban and Rural Construction, Environmental Protection

Traffic, Postal Service, Communication

Finance and Taxation, Banking, Insurance

Education, Technology

Health, Sports

Culture

Social Life

Figures

Towns and Districts

Appendix

下石硎古民居

责任编辑：高献东

特　载
Features

- ◎ 在全市经济工作会议上的讲话（周兵）
- ◎ 2017 年政府工作报告（宫本杲）

在全市经济工作会议上的讲话（摘要）

中共乳山市委书记　周兵

（2017 年 1 月 5 日）

这次会议主要任务是，深入学习贯彻中央、山东省和威海市经济工作会议精神，总结 2016 年工作，研究部署 2017 年经济工作，动员乳山市上下进一步统一思想、坚定信心，抢抓机遇，加压奋进，大力推动经济社会平稳健康发展，以优异成绩迎接党的十九大胜利召开。

一、统一思想，凝聚共识，增强做好 2017 年经济工作的使命感。中央经济工作会议，是在深入学习贯彻党的十八届六中全会精神、迎接党的十九大胜利召开的关键时期召开的一次重要会议。习近平总书记的重要讲话，从全局和战略的高度，回顾总结党的十八大以来和 2016 年党中央领导推动经济工作的重大成就、宝贵经验，深刻分析当前国内外经济形势，明确提出 2017 年经济工作的总体要求、目标任务、宏观政策和重大举措，系统阐述经济工作中一系列重大理论和实践问题，体现以习近平同志为核心的党中央治国理政新理念新思想新战略，为做好经济工作提供科学指南和重要遵循。山东省和威海市经济工作会议，以中央经济工作会议精神为指导，就做好今年经济工作作出全面部署。认真学习、深刻领会，切实把思想和行动统一到中央、山东省委和威海市委的决策部署上来，更加坚定扎实地把各项工作落到实处。重点要做到“四个科学把握”。

一要科学把握当前经济走势。从中央经济工作会议释放的信号来看，经济新常态下全国经济处在速度换挡、结构调整、动力转换机遇期，经济形势缓中趋稳、稳中向好，运行保持在合理区间，质量和效益有所提高，但发展面临一些突出矛盾和问题，很多是结构性和深层次的，短期的经济刺激并不能带来触底反弹，经济增长不可能像以前那样，一旦回升就持续上升并接连实现几年高增长。未来一段时期内，全国经济运行不可能是 U 型，更不可能是 V 型，而是 L 型走势，这意味着经济下行后将会保持基本稳定，并且这个 L 型是一个阶段，不是一两年能过去的。虽然总需求低迷和产能过剩并存格局短期内难以出现根本改变，但是因为全国经济潜力足、韧性强、回旋余地大，通过长期有效宏观政策刺激，中国经济将继续保持健康平稳发展态势。认真研究和分析当前宏观经济形势，既不悲观失望，又不盲目乐观，既对发展前景充满信心，又看到发展中面临的困难和压力，变挑战为机遇，变不利为有利，趋利避害、主动作为，推动乳山经济健康快速发展。

二要科学把握稳中求进的工作总基调。稳中求进是党的十八大以来每年中央经济工作会议都坚持的总基调，2017 年中央又将稳中求进从经济领域提升到治国理政重要原则新高度。坚持稳中求进，必须把握好“稳”和“进”的平衡，“稳”是“进”的基础，“进”是“稳”的动能，“稳”的根本目的还是为“进”，“稳”和“进”相互促进；“稳”的重点是稳住经济运行，“进”的重点是调整经济结构和深化改革开放。认真落实“稳中求进”工作总基调，努力在巩固“稳”的基础上下功夫，多在积蓄“进”的力量上出实招，着力稳定经济增长、社会大局和社会预期，进一步明确目标，抢抓机遇，加快发展，以符合新发展理念的 GDP 论英雄，有质量、有效益、可持续的速度能搞多快搞多快，任何情况下发展意识不能淡化，发展热情不能降低，发展干劲不能松懈，发展势头不能减弱。

三要科学把握以提高发展质量和效益为中心的要求。中央经济工作会议强调“坚持以提高发展质量和效益为中心”，是适应和引领新常态、促进经济平稳健康发展的内在要求，对于做好 2017 年经济工作具有重大意义。实践证明，只有建立在较高质量和效益基础上的经济大厦，才是稳固和坚实的。始终坚持以提高发展质量和效益为中心，把思维方式、工作方法、政策措施切实转到以提高质量和效益为中心上来，紧紧围绕质量和效益定目标、出政策、上项目，更加注重企业效益、民生效益、生态效益。以创建“全国质量强市示范城市”为目标，牢固树立质量第一的强烈意识，以创新促质量，以质量创品牌，以品牌提升带动经济社会发展。产业培育、招商引资、项目建设都要坚持以质量效益为中心，不能不加选择、不顾实际盲目引、盲目上、盲目建，最后形成一批包袱和隐患。总之，既要重视发展的速度，又要重视发展的质量，努力增强经济发展韧劲和后劲，确保乳山的发展是内涵提升的发展，是实实在在、没有水分的发展。

四要科学把握中央经济工作会议提出的重点任务。2017 年中央经济工作会议释放 6 个新信号，分别是去产能、去库存、振兴实体经济、稳定房地产市场、深化国企改革、防控金融风险。对这些新信号，认真研究中央新提法、新要求，结合乳山市实际抓好贯彻落实，努力抢占政策先机，发挥对乳山经济的引领作用。去产能，主要任务是改造落后产能，升级企业工艺、设备、技术，调整产品结构，增强产业竞争力。重视“僵尸企业”处置，由于经济下行，部分企业生产经营困难，对此，坚持一企一策，采取政策扶持、破产重组、与外合作等形式，能帮一家是一家，能救活一家是一家，保住乳山发展的根本。去库存，把房地产去库存与促进房地产市场稳定发展结合起来，坚持“房子是用来住的，不是用来炒的”定位，着力在合理控制房产规模、优化房产结构、丰富房产功能上下功夫，稳步推进棚户区改造和旧村改造，提高货币化异地安置比例，通过优化增量、减少存量，达到去库存和推动新型城镇化的目的。振兴实体经济，实体是发展之根，美国从经济危机后更加重视实体经济发展，德国经济发展历程说明，只有强大的实体经济才不畏惧经济危机爆发。振兴实体经济的关键是深入推进供给侧结构性改革，引导企业实施技术创新和设备更新，在增加品种、提升品质、打造品牌上下功夫，加强企业质量管理，形成独有的比较优势，增加高质量产品和服务供给，推动企业更好更快发展。深化国企改革，着力在加快形成有效制衡的公司法人治理结构、灵活高效的市场化经营机制上下功夫，深入推进已组建城投、热力、水务等集团改革进程，规范法人治理结构，建立市场化经营机制，完善薪酬激励机制，提高国有企业运行质量和效益。防控金融风险，加大互联网金融、社会集资风险防控力度，加强金融风险排查，逐个研究制定解决方案。对存在问题，相关市级领导和部门要深入研究，拿出乳山市详细应对措施，确保中央经济政策在乳山市创造性落实。

二、看到优势，抓住机遇，提振推动乳山发展的信心。信心是发展的支撑，信心比黄金更重要。尽管当前宏观形势制约要素较多，发展压力困难较大，但冷静分析，乳山仍然面临大好机遇，完全具备加快发展的有利条件。综合分析，当前乳山至少面临四方面机遇。

一要从宏观政策中看到机遇。随着国家“一带一路”倡议日渐深入，乳山作为环渤海经济圈、山东半岛蓝色经济区和胶东半岛城市群节点城市，日益成为参与“一带一路”建设重要支点。乳山位于青烟威三市中心特殊区位，使其在承接三市辐射上具备其他县市不具备的优势条件。去年以来，威海市被选定为中韩自贸区地方经济合作示范区，入选国家服务贸易创新发展试点城市，这些“含金量”很高的国字号政策充分叠加，必将会使乳山与文荣一样受益。威海市确定的“三年突破乳山产业结构”战略虽然接近尾声，但从长远发展看是一个永远的主题。相信有众多政策优势支撑，一定会为乳山的发展增添动力。

二要从乳山发展态势中看到机遇。近年来，通过持续不断地实施“产业强市、工业带动和突破发展服务业”战略，重点培育的装备制造、食品与生物科技、纺织服装、节能环保、新材料等五大主导产业初具规模，现代农业、休闲旅游、海洋经济、健康产业发展势头良好；通过持续不断地加大投入，重点区域和特色园区布局日益合理，特色日益明显，项目承载力大幅提升；通过强化领导分包、定期调度、严格考核，全市上下狠抓招商引资和项目建设的氛围正在形成，一些大项目、好项目也在积极招引之中。虽然与文荣等兄弟市区比，还有差距，但自己与自己比，乳山发展并非毫无亮点，在2016年中国中小城市综合实力百强县市和创新创业百强县市中分列第79位和第49位就是例证。对此，看到乳山发展中的积极因素，不要被表象和眼前的困难所吓倒，坚定信心，乘势而上，努力推动乳山经济新一轮发展。

三要从未来载体设施建设上看到机遇。经济新常态下，贸易、投资、金融是拉动经济“三驾马车”。实事求是地讲，随着海阳、牟平、文登、荣成相继通行高铁之后，乳山交通设施不足的问题比较明显，并且由于历史欠账等原因，乳山一些公共场馆，比如，体育馆、文化馆、博物馆等严重缺乏。近年来乳山大力推进文莱高速、乳山口港一类口岸开放、乳山口大桥、莱西—荣成高铁乳山段等一批重大基础设施项目实施，规划建设文化、体育和医疗综合体，看起来是在补齐“短板”，偿还“欠账”，其实也是通过投资拉动，提升设施载体，推动城市建设，以城市化聚集人流，带动新型工业化发展，可以说是一举多得。

四要从城市环境品牌打造上看到机遇。近年来，乳山先后获“国家生态市”“全国文化先进县”“中国长寿之乡”“山东省科学城市”等称号，正在开展“五城联创”活动，国家卫生城市2017年有望通过国家技术评估，这些奖牌不仅是展示城市形象的“金字招牌”，而且体现的是城市外在环境和内在服务的改善，软硬件设施的提升和城市文明程度的提高。另外，乳山生态环境在全国独一无二，农业资源十分丰富，农产品安全管理一直走在全省全国前列，这些都是吸引外来投资、加快经济发展重要资源。如果善加利用，一定会产生良好品牌效应，在聚集人才、资金、项目上发挥重要作用。

信心只有付诸行动才能取得实效，机遇只有真抓实干才能成为优势。近年来，特别是2016年以来，乳山大力发扬不畏艰难、真抓实干工作作风，仅用一个月时间就完成胶东育儿所红色教育基地建设，用45天时间实现花家疃水库引调水工程全线通水，创造“乳山速度”，展示“乳山精神”，体现出新时期乳山干部队伍良好作风形象。只要坚定信心，矢志不渝，齐心协力谋发展，乳山就一定能在历届打下的良好基础上，取得新的成绩，攀上新的台阶。

三、以绿水青山为统领，把握乳山发展的正确方向。当前，绿色发展、安全发展已成为发展趋势和重要发展理念。对乳山来说，一定要大力强化“绿水青山”的发展理念，将“绿水青山”融入全市经济社会发展的各个领域，融入具体工作中的方方面面。

（一）绿色发展是持续的发展。良好生态环境是乳山发展最宝贵财富，也是最大发展优势，更是未来乳山发展生产力。牢固树立“既要金山银山，更要绿水青山，绿水青山就是金山银山”理念，本着对发展负责、对历史负责、对子孙后代负责的态度，坚决不以牺牲环境为代价换取一时的发展，这也是今后发展的“红线”和“底线”。注重生态保护，扎实开展海岸带整治、违法采矿采砂整治工作，抓好污染河流治理，借鉴大乳山做法，实施绿色生态修复，不断提升城市绿化品质，努力实现经济效益、社会效益与生态效益同步提升。把好产业准入关口，大力引进安全、低碳、绿色项目，提高环保准入门槛，严控高耗能、高污染企业和存在较高安全风险的化工企业上马，积极发展循环经济，抓好节能减排和污染综合治理，加快推进危险品化工企业全部进园区。

（二）绿色发展是安全的发展。发展决不以牺牲安全为代价是最低的要求。大力强化安全至上发展理念，牢固树立安全生产红线意识，全面落实安全生产责任制和责任追究机制，健全安全生产防控机制，深化重点行业、重点领域专项整治和监督管理，抓好隐患排查和打非治违，堵塞安全隐患和漏洞，确保不发生任何安全生产事故。教育引导传统企业高度重视安全生产，大力实施技改创新，通过“机器换人”实现生产线自动化、智能化改造，以达到增产、降耗、安全多重目的。

（三）绿色发展是和谐的发展。牢固树立以人民为中心的发展理念，把保障和改善民生作为发展首要出发点，医疗、教育、城建、体育等重大基础设施规划建设紧扣民生需求、以民意为重；美丽乡村建设、棚户区改造、红色教育基地提升等重要工作，推动民生进步，改善群众生产生活条件，不断提升人民群众幸福感，用群众的满意度来检验工作成效。坚持稳定压倒一切，狠抓社会治安综合治理，依法依规解决好信访问题，积极回应各类民意诉求，不断巩固团结稳定的发展局面。

四、坚持发展是第一要务，找准补齐制约发展短板。发展是基础，经济不发展一切都无从谈起。无论形势如何变化，发展是第一要务的地位始终不会变。牢固树立“发展是硬道理”战略思想，坚持问题导向，找准制约乳山市经济社会发展的瓶颈，抓紧研究解决问题的方法和举措，以薄弱环节的快速突破推动整体工作全面提升。

一要补齐产业发展短板。产业强则经济强。与文荣等市区经济上的差距主要体现在产业基础上。虽然近几年乳山坚持不懈地抓招商、抓项目、抓工业，取得一定成效，但还存在一产链条短、二产集群化程度不高、三产融合不深的问题。大力实施“产业强市、工业带动”发展战略，坚持抓二产、带一产、促三产，以新型工业化重点突破，带动农业现代化的快速推进、促进现代服务业全面提升，推动三次产业协调并进、融合发展。坚持集群化膨胀工业，改造提升传统产业，引进培育新兴产业，推动企业自主创新、与外合作，提升工业发展效益。坚持链条化发展农业，深入推进农业供给侧结构性改革，抓好现代农业“12大链条”延伸，以农村土地“三权分置”改革为契机，推动多种形式土地适度规模经营，培育一批三产融合型农业园区，提升农业产业化程度。坚持全域化提升旅游，充分发挥国有旅游公司平台作用，整合全市乡村旅游、滨海旅游、红色旅游等资源要素，建设好精品景点，设计好旅游线路，完善好旅游公共服务配套，打造全域旅游集散地、目的地。在乳山市唱响喊硬“招商引资是动力源、项目建设是生命线”口号，狠抓招商引资和项目建设，调整充实招商引资队伍，创新招商引资模式，加大考核奖惩力度，大力倡树“以项目论英雄”明确导向。加快重点项目建设，完善项目督导落实机制，推动项目科学规范的早开工、快投产，尽快形成税收效益，为产业转型升级争取时间和空间。

二要补齐基础设施短板。乳山基础设施“短板”主要体现在交通设施尤其是高铁、港口、高等级公路等重大交通设施不完善；园区配套水平不高，部分园区缺少燃气、污水等必要设施；农业、水利等设施不完善，有些设施年久失修，不能发挥应有作用；文化、体育设施落后，医疗卫生设施布局不合理，等等。对这些“短板”，相关部门要认真研究，拿出解决办法，研究制定中长期发展规划，力争近几年内全面补齐，为乳山发展奠定坚实基础。当前，加快推进乳山口港一类口岸开放、乳山口跨海大桥、省道207外移、文莱高速等关键性项目的启动和建设，抓好文化综合体、体育综合体、医疗综合体建设，不断提高城市发展承载力；稳步实施东水西调、北水南调，优化水资源布局，保障乳山市饮水安全和防洪安全。财政部门要合理安排好“财政三年滚动投资项目库”，发挥政府投入对社会资本的撬动作用，在更广领域推行PPP等投融资模式，为基础设施建设提供资金保证。

三要补齐城乡区域发展短板。当前，乳山城乡发展不平衡问题依然突出，城镇功能不完善，人口聚集效应不强，户籍人口城镇化率偏低；沿海镇经济发展相对较好，西北部镇发展压力较大，财政增收乏力；部分村经济薄弱，运转比较困难，一些群众处在省定贫困线以下，需要扶持脱贫。解决城乡发展不平衡问题，必须坚持“全域城市化、市域一体化”战略不动摇，以实施山东省Ⅰ型小城市试点建设为契机，深入推进“人的城市化”建设，加快城镇棚户区、老旧小区改造和村改居步伐，完善服务保障措施，推动城区和银滩周边村就近城镇化，增加银滩外地常住人口，提高户籍人口城镇化率。坚持城乡一体，推动基础设施向农村延伸、公共服务向农村拓展、社会保障向农村覆盖，通过环境综合整治、乡村文明建设等形式，改善农村生产生活条件，逐步改变农村贫困落后面貌。解决南北发展不平衡的问题，必须加大对西北部镇财政支持力度，通过差异化考核等形式，鼓励引导西北部镇发挥资源优势，引进税源型、增收型项目，夯实镇域经济发展基础。同时，加快特色小镇建设，坚持三生共融、差异发展，突出小镇定位，努力培育一批镇域特色主导产业。

四要补齐城市建设管理短板。城市管理是一个系统工程、复杂工程。目前，乳山市在城市建设管理工作中“短板”主要表现在：规划建设档次不高，管理手段滞后，体制机制不顺，管理粗放等诸多问题。坚持高标准、高定位、多规合一，运用节水城市、海绵城市等新理念，提高城市总体规划和专项规划档次，将人文理念融入城市建设，突出宜居宜业特色，着力打造一批具有乳山人文气息、底蕴风情的精品建筑和特色街区，提升城市建设品位。结合智慧城市建设，探索采取智能化、信息化手段，提升城市管理现代化水平。建立完善“大城建”管理体制，强化部门配合联动，扎实推进综合执法体制改革，逐步告别城市管理“多头执法”，推动城市管理由粗放型向精细化转变。以违法建设治理工作为突破口，结合正在开展的“五城联创”工作，全面整治、重点突破，上下联动、标本兼治，全面提升城市依法治理水平。

五、加强党的领导，确保各项工作任务落到实处。乳山市各级党组织和党员干部要牢固树立党管经济意识，提升能力素质，转变工作作风，狠抓工作落实，形成推动经济发展强大动力。

一要加强党对经济工作的领导。中央要求，“要把全面从严治党要求体现在党领导经济工作之中”。乳山市各级党组织和党员干部要大力强化“四个意识”特别是核心意识、看齐意识，做到党中央制定的方针政策必须执行，党中央确定的改革方案必须执行。将经济工作列为各级党委（党组）工作重要内容，在把控方向、谋划全局、解决难题上下功夫，定期分析研判形势，科学谋划发展方向，研究部署具体工作措施，推动党领导经济社会发展制度化、规范化。加强各级领导班子建设，大力倡树真抓实干作风，严格落实市级领导分包镇区、分包重点项目等工作，以务实举措带动基层作风转变。坚决落实领导干部能上能下规定，进一步完善干部考核评价体系，体现多劳多得、不劳不得，让想干事、能干事、干成事、不出事的干部有位置。按照“三个区分开来”要求，加快建立容错纠错机制，坚决查处诬告陷害行为，旗帜鲜明地为敢于担当的干部担当，为敢于负责的干部负责。加强和改进意识形态工作，牢牢掌握意识形态工作的领导权、管理权、话语权，传播先进文化，弘扬社会正能量。

二要提高干部队伍能力素质。适应新常态、引领新常态，需要各级干部不断加强学习，适应形势发展，增强工作本领。深入开展思想解放活动，采取“走出去”“请进来”“专题学”等形式，重点抓好经济管理、企业管理、资本运作、新兴业态等方面知识的学习，熟悉经济工作，掌握经济规律，善用经济政策，努力成为抓经济工作的行家里手，提高领导经济发展专业化水平。注重研究用好用足政策，保持高度的政策敏锐性，对上级出台的政策第一时间静下心来反复研究，吃透精神，结合实际尽快提出贯彻落实的具体办法，真正把上级政策转化为现实生产力。在研究用好政策基础上，积极跑上对接政策，争取将乳山市项目和资金列入上级扶持计划，更好地发挥政策带动作用。强化规划谋划意识，将规划谋划融入基础工作之中，抓好各项规划修订完善，做到重点工作提前谋划、完善预案，推动各项工作高效实施。在提高法治思维上下功夫，领导干部要自觉运用法治思维和法治方式来深化改革、推动发展、化解矛盾、维护稳定，切实做到在法治轨道上想问题、作决策、办事情。

三要加大考核督导问责力度。督导问责是倒逼责任落实有效抓手。健全责任分解督查问责机制，围绕确定的经济社会发展目标和具体工作部署，搞好任务分解，积极推行任务项目化、项目责任化、责任具体化，对每项工作都要建立工作台账，明确责任单位、具体责任人、完成时限，将责任压紧压实。进一步健全有利于科学发展的目标体系、考核办法、奖惩机制，加强对重大决策部署贯彻落实的全过程、动态化管理，对镇区、部门实施差异化、个性化考核，对干部实行分类考核，重视考核结果运用，更好地发挥考核指挥棒作用。加大对工作中推诿扯皮、进展迟缓、效能低下，甚至不作为、乱作为的惩处力度，不断激发各级各方面干事创业积极性、主动性、创造性。广大党员干部要强化责任担当意识，敢于攻坚克难，直面问题，触及矛盾，只为发展想办法、不为困难找借口，以强有力举措推动各项决策部署落实落地。

四要改进优化企业服务环境。加快发展要靠好的服务环境来保障，从某种意义上讲，服务环境优劣决定着企业、项目的去留，如果一个地方发展环境差，就不会有客商愿意来投资。近年来，乳山在服务环境打造上做一些工作，有一定成效，但与南方等经济发达地区相比，仍然存在一些差距，经济发展环境还有很大优化提升空间。良好环境的打造需要全市各级特别是各职能部门共同努力。继续把优化服务放在重要位置，坚持服务环节前置，强化超前服务、主动服务意识，建立健全领导干部联系服务企业制度，领导干部经常性深入项目一线、企业现场，邀请行业专家为企业“把脉会诊”，帮助解决实际困难，大力优化投资环境。进一步提高审批效能，规范收费行为，以优质、高效服务推动经济又好又快发展。

2017年政府工作报告

——在乳山市第十八届人民代表大会第一次会议上

乳山市人民政府代市长　宫本杲

（2017年1月23日）

一、过去五年政府工作的基本回顾

2012—2016这五年，是乳山发展历程中极不平凡的五年。面对跌宕起伏的宏观形势，在中共乳山市委坚强领导下，乳山市人民政府团结带领全市人民，以产业结构突破为方向，以转方式、调结构为主线，主动适应新常态，积极应对新挑战，开创经济稳健增长、民生稳步改善、社会稳定和谐新局面，谱写经济社会创新、协调、绿色、开放、共享发展新篇章。

这五年，是经济发展提质提效、综合实力明显增强的五年。完成固定资产投资535.8亿元、社会消费品零售总额237.6亿元，分别年均增长17.2%和12.6%；完成公共财政预算收入31.3亿元，年均增长12.7%；金融机构存款余额达312亿元；城镇、农村人均可支配收入分别达32955元和14828元。在2016年公布的全国中小城市综合实力百强县市、创新创业百强县市中分列第79位和第49位。

这五年，是转调步伐全面加快、新旧动能接续转换的五年。大力实施"产业强市、工业带动和突破发展服务业"战略。工业向集群化升级，出台扶持经济发展系列政策，开展企业走访、产业会诊、百企分包等活动，实施84个威海市级重点项目、78个威海市级重点工业项目，规模以上企业达到362家；农业向品牌化突破，完成产业结构调整14.7万亩，新增农业龙头企业16家、农产品可追溯基地37处、"三品认证"71件，叫响"乳山三宝""乳山牡蛎"特色品牌，荣获"中国牡蛎之乡""国家农产品质量安全示范市""国家级农业产业化示范基地"等称号；服务业向融合化发展，坚持以旅游为龙头、以健康为特色、以新兴业态为重点，争创8个AAA级景区和33个省级乡村旅游示范点，旅游接待游客数量和综合收入年均分别增长12.2%和14.7%。打造专业机构、社区居家、医养结合、异地互动等养老模式，盘活闲置房产300万平方米，东方国际养生园荣获"全国智能化养老实验基地"称号。新建金谷之园电商产业园、智创电子商务基地等专业电商园区，打造110处"千县万村"农村淘宝示范点，获评全省乡村旅游集群化发展县、首批信息消费试点市和电子商务示范县。

这五年，是改革开放不断深化、内生动力持续增强的五年。强化产业招商，抢抓一带一路、中韩自贸、中澳自贸和国家服务贸易创新试点等重大机遇，开展"三个一百"、产业招商突破月、百企强企对接等主题招商活动，促成30多个与外合作项目，实现欧洲招商"零"突破，到账外资4亿美元，外贸进出口总值年均增长8.8%；强化金融支撑，成立国运、城投、热力、水务等国有公司，开展新型农村合作金融试点，完成农信社银行化改制，推进7家企业在资本市场挂牌，引进融资担保、资产管理、金融仓储公司11家，新增银行、小贷、保险机构7个；强化创新驱动，实施产学研合作项目300多项，引进海外博士、高校院所专家教授80多人，新增威海市以上企业创新平台40多个，新认定高新技术企业17家，高新技术产业产值占比提高6.5个百分点，被评为"全国科技进步先进市""山东省知识产权试点市"和"山东省科学城市"。积极跑上争资，建立三年滚动投资项目数据库、政府投资项目数据库和民生工程数据库，累计争取上级无偿资金36.5亿元。

3月13日，"农村淘宝"示范点　（商务局提供）

这五年，是基础设施日臻完善、城乡面貌焕然一新的五年。按照“全域城市化、市域一体化”理念，实施主体功能区划调整，设立滨海新区，城市建成区面积扩大到33平方公里，户籍人口城镇化率达到42.5%，被确定为全省15个Ⅰ型小城市试点之一。坚持设施配套一体化，投资28亿元实施道路桥涵、园林绿化、城乡电网、供水供暖等基础设施建设，完成城区和滨海新区天然气置换，新增城市绿地355万平方米，城区绿化覆盖率达45.7%，城市污水集中处理率达97%。实施烟海高速、乳山港一期扩建等重点交通公路工程，启动文莱高速建设，开展乳山口大桥、莱西—海阳—荣成高铁乳山段前期工作，完成城乡公交一体化改革，改造农村道路278.9公里，区域交通条件全面改善；坚持社会管理一体化，开展27项内容“社会管理规范年”活动，启动违法建设治理行动，完成铁路沿线环境整治和549个村环境综合整治，新增城市社区12个、农村新型社区152个，实施棚户区改造15851户、农村危房改造2655户、农村无害化厕所改造2.28万户，被评为“全省城乡环卫一体化全覆盖市”；坚持生态保护一体化，完成绿化造林16.3万亩，森林覆盖率达34%。实施企业排污监管、环保设施改造等专项行动，通过“国家环保模范城市”复核验收，创建“国家生态市”，银滩—大乳山海岸被评为“齐鲁美丽海岸”。

这五年，是民生建设投入最大、幸福指数持续提高的五年。每年都筛选确定一批民生实事向全社会公开承诺，民生支出占财政收入比重达80.4%。组建群众工作部，开办民情网和民生服务热线，办复各类民生诉求9万余件，集中力量解决一批群众关心、社会关注问题；实施农田水利建设、农村水源地保护、农村自来水改造等项目，完成花家疃水库调水工程建设，争创省级小型水利工程产权改革和创新运行管护机制试点、省级小型水库管理体制改革试点，保障居民饮水安全；推进教育“大班额”化解和“小班化”、校长职级制、校车运营体制改革，新建西苑、银滩2处九年一贯制学校，启动中小学生综合实践教育中心、光明街小学新建和西苑学校二期改扩建等工程，完成25所学校操场塑胶化改造，在全省率先实现农村义务教育“一镇一校”和公办托幼教育“一镇一园”目标，获评“全国义务教育发展基本均衡县”；实施以公立医院综合改革试点为重点的“健康乳山工程”，完成市、镇医疗设施改扩建及147个重点村卫生室达标升级，乳山市人民医院升格为三级乙等医院，在全国率先实现县域数字化预防接种门诊全覆盖，跻身省级“药品安全示范县”；完成新农合与城镇居民医疗保险并轨整合，健全失地农民生活保障制度，发放各类慈善救助资金6585.2万元，荣获“中国爱心城市”称号；开展“创业乳山·富民行动”，新增城镇就业5.1万人、农村劳动力转移就业2.8万人，城镇登记失业率控制在1.5%左右，民生保障保持全省领先水平；实施精准扶贫，整合行业扶持资金1.3亿元，新上扶贫项目86个，与45家企业建立结对帮扶机制，发展“乡村车间”和农村加工点502处，形成产业扶贫、资产收益扶贫等9种模式，圆满完成扶贫脱贫任务。

这五年，是各项事业统筹推进、精神文明成果丰硕的五年。设立市民服务中心，完成新一轮政府机构、事业单位、公务用车和审批权相对集中等改革，建立行政审批事项清单和目录，探索“互联网+政务服务”新模式，提高行政服务效能；大力开展“五城联创”活动，国家食品安全城市通过省级验收，国家卫生城市一次性通过国家暗访，“智慧乳山”被评为全国智慧城市优秀案例，国家文明城市、国家健康城市建设稳步推进；积极践行社会主义核心价值观，大力弘扬母爱文化、仁爱文化、红色文化，建成马石山、胶东育儿所2处红色教育基地，马石山烈士陵园被中宣部命名为“全国爱国主义教育示范基地”，冯德英文学馆被授予国家国防教育示范基地，大型现代吕剧《乳娘》荣获省文艺精品工程奖、泰山文艺奖。争创5个省级重点文化产业园区，完成吕剧团改制、报社与威海报业集团脱钩工作，成为“全国文化先进县”“中国秧歌之乡”“山东省文化强省建设先进市”和“省级社会信用体系建设试点市”；完善道路交通、森林防火、应急避难等基础设施，有效应对新中国成立以来罕见震群型地震，蝉联“全国县级防震减灾工作综合考核先进单位”，跻身第二批“全省法治创建先进县”行列，获评“全省社会治安综合治理先进市”，为经济社会发展营造安全稳定环境。

过去五年的发展，不仅为幸福乳山建设带来可喜变化，也为未来五年的工作积累弥足珍贵的经验。就政府工作而言，基本经验和体会是：第一，必须坚持讲质量、重谋划，努力谋求更为科学的发展。过去五年，面对发展速度、发展方式、发展结构持续调整的经济新常态，乳山市政府始终牢记发展第一要务，紧盯产业结构突破目标，持之以恒地狠抓产业扶持、产业招商和产业培育，坚定不移地转方式、调结构、稳增长，着力提高发展质量和效益，走出一条统筹、协调、可持续发展的路子。尤其是坚持规划谋划引领，更加重视要素关系和资源整合，更加注重规划衔接和优势聚合，实现工作指导方式的根本转变，提高发展科学性、实效性。第二，必须坚持补短板、重创新，积极探求更具活力的发展。始终把“争一流、创最佳”作为积极追求，突出问题导向，大胆改革创新，促进思想解放，全力创先争优，在智慧城市建设、国资运营创新、撬动社会资本、创新创业孵化、社会综合改革等方面均实现新提升、打造新亮点，真正把抓发展、谋突破过程变成解难题、补短板过程。第三，必须坚持接地气、重民生，全力追求更加和谐的发展。大力倡树“发展为人民、发展成果由人民共享”执政理念，怀着朴实感情面对群众，牢记肩头责任改善民生，真正把好事实事办在群众的心坎上。特别是各位人大代表和政协委员，心系群众冷暖，甘当沟通桥梁，先后提交404件建议和提案，乳山市政府都认真研究、充分借鉴，并一一进行办复，从中吸取民智、集中民意。第四，必须坚持谋实效、重实干，全面索求更高效率的发展。始终秉承正确政绩观、科学发展观，始终保持雷厉风行、高效务实工作作风，对于看准的事、政策内的事、已经决策的事、群众期盼的事，决不争论，决不懈怠，决不折腾，全部建立工作台账、实行销号管理、严格考核问责，保证重点决策、重点项目、重点工程圆满落实。第五，必须坚持负责任、重担当，共同寻求更有力量的发展。面对经济发展的艰巨任务和社会管理的复杂局面，直面矛盾不回避，正视问题不推诿，始终坚持“对历史负责、对发展负责”，开展企业改制、房产销售等领域历史遗留问题调查摸底，推进医药公司、台湾城等热难点问题依法化解，营造安全稳定、科学有序的发展环境。第六，必须坚持守规矩、重管理，真正力求更讲规范的发展。坚持讲政治、顾大局，坚决维护中共乳山市委权威，认真接受人大法律监督、政协民主监督和社会舆论监督，凝聚全市上下干事合力；坚持讲程序、遵法制，完善重大行政决策合法性审查制度，理顺规范性文件“三统一”程序要求，开展“基础管理规范年”活动，出台棚户区改造、民用建筑防空地下室管理等规范性意见，保障政务运行依法依规、公开透明；坚持讲廉洁、树正气，扎实开展党的群众路线教育、“三严三实”教育和“两学一做”学习教育，严格落实中央八项规定，始终保持惩治腐败高压态势，创树为民、务实、清廉的政府形象。

在肯定成绩的同时，乳山政府也清醒地看到发展道路上仍面临着一些困难和问题，突出表现在：产业结构还不够优，新兴产业培植不够快，现代服务业发展水平、自主创新能力还有待进一步提高；区域发展还不平衡，市强镇弱、城乡二元问题依然比较突出；社会管理还有不尽人意的地方，民生建设与群众期望还有一定差距；政府自身建设、精神文明建设、民主法制建设存有薄弱环节；等等。对这些问题，乳山市政府将高度重视、认真整改。

二、今后五年政府工作的指导思想和奋斗目标

今后五年，是乳山提前全面建成小康社会决胜时期，也是转变经济发展方式、建设和谐幸福乳山攻坚时期。综观国际国内形势，经济发展长期向好基本面没有改变，但面临的矛盾和问题仍然很多，既拥有难得历史机遇，也面对着诸多难以预见风险挑战。顺应国际国内经济走向、把握稳中求进方向，扬长避短、趋利避害，积极筹谋、务实奋进，努力在新一轮竞争中抢占先机、大有作为。总的指导思想是：深入贯彻党的十八大及十八届三中、四中、五中、六中全会精神，按照“五位一体”总体布局和“四个全面”战略布局要求，牢固树立“创新、协调、绿色、开放、共享”发展理念，以科学发展观为指导，以规划谋划为引领，以突破产业结构为目标，大力实施“三化引领、四城共建”发展战略，着力推动改革创新、开放合作、市域一体、生态保护和民生改善，全力打造经济富强、社会和谐、绿水青山的幸福乳山。主要预期目标为：

*综合实力更加强劲。*区域经济总量加快扩增，地方财政收入稳步增长，固定资产投资持续扩大，社会消费能力不断提高，综合发展水平迈上新台阶。

*发展方式更加科学。*产业结构调整取得全面进展，三次产业构成更加合理，创新创业活力有效迸发，高新技术产业产值、现代服务业增加值占比进一步提高，区域发展速度与质量效益实现同步提升。

*与外合作更加广泛。*对外开放广度和深度持续增强，与外合作领域和形式更为广泛，招商引资规模和质量明显提高，经济发展外向型特点更加突出，区域经济发展更具活力。

城乡发展更加均衡。“三区”对接、中心崛起、产城融合取得实质性突破，特色小镇、小城镇和美丽乡村建设不断深化，城镇化梯次带动格局初步形成，均等化城乡公共服务基本实现。

*人民生活更加殷实。*群众利益得到有效维护，城乡居民收入稳步增长，人民生活水平明显改善，社会保障制度更加完善，更多家庭由小康型向富裕型转变，群众幸福指数进一步提高。

*城市软实力更加显现。*品牌体系建设初见成效，“绿水青山”生态优势得以巩固，城市形象更具特色、更加丰满；精神文明建设、民主法制建设、文化价值建设持续深化，市民的归属感、荣誉感、幸福感不断提升，一个民富市强、文明和谐、环境优美、生活幸福的新乳山以靓丽姿态、崭新面貌展现在世人面前。

2017—2021年仍是机遇与挑战并存、困难与希望同在的五年。不管困难有多大，不论压力有多重，都将牢记政府职责，以如履薄冰的危机感、时不我待的紧迫感、守土有责的使命感，充分调动各方力量，千方百计破解难题，不断开创乳山科学发展新局面。

三、今后五年政府工作重点安排

着眼于五年目标落实，乳山市政府将以新型工业化、城镇化、生态化为引领，始终不渝地咬定发展，始终不渝地创新施政，始终不渝地艰苦创业，全力建设创新城市、健康城市、活力城市和人文城市，为区域发展奠定坚实基础。

*（一）突出产业带动、体系支撑，打造以实体经济为根基的创新城市。*全面实施创新驱动发展战略，激发创新活力和创造潜能，推动产业链、创新链、政策链、资金链有机衔接，振兴实体经济，增强发展动能。创新产业发展模式，完善技改贴息、科技创新、资本融资普惠政策，出台装备制造、绿色食品、海洋生物、纺织服装、生态农业、现代服务业

等差异化扶持措施，每个产业筛选确定 1 ~ 3 家龙头企业进行重点培育，推动同行业企业整合市场、营销、物流资源，开展资本、生产、技术合作，通过政策叠加、精准“输血”，打通产业关口，弥补企业短板，壮大集群规模，到 2021 年纳税过千万元工业企业突破 30 家，规模以上工业销售收入、利税翻一番。创新国资运营模式，发挥金投公司产业投资、串联和整合作用，与金融保险机构等合作组建产业投资基金，对引进的优质项目、挂牌或拟挂牌企业进行直投或跟投，对葡萄酒、茶叶、牡蛎等优势资源进行规模整合和资产证券化运作，为对接大企强企和产业资本提供条件。发挥财政和金融杠杆“双轮驱动”作用，撬动更多民间资本投入实体经济，聚拢资源、做活产业。创新科技转化模式，深化与科研院校尤其是理工类院校合作，共同组建产业研究院和技术转化中心，深化在科技攻关、成果转化、互派挂职等领域合作，通过科技嫁接和成果转化引导传统企业转型，推动高新产业发展，五年内新增产学研合作项目 300 个、高新技术企业 30 家，科技进步对经济增长的贡献率达 65%，高新技术产业产值占规模以上工业总产值比重达 30%。创新平台支撑模式，大力发展专业孵化器、众创空间等创业孵化平台，探索打造纺织服装、功能硅胶等公共产业平台，扶持校企研发、工程研究和工业设计中心等创新平台建设，通过财政补助方式向行业开放共享，争取新增研发机构 50 家以上，实现国家级创新平台“零”突破，打造国际化科技产业创新（转化）中心，承接欧美、日韩、以色列等成果转化。创新金融服务模式，大力引进证券、银行分支机构，争取开展科技担保试点，深化农村产权抵押、金融互助等产品创新，完善金融互助、转贷过桥等服务机制，降低科技企业和小微企业融资成本，到 2021 年完成 2 家企业主板上市，争取 20 家企业在各类层次资本市场挂牌。

（二）突出绿色发展、链条整合，打造以绿水青山为引领的健康城市。坚持以绿水青山建设引领生态保护，用绿色发展理念指导产业转型，构筑高端化、品质化、全产业的健康支撑体系。一是发展安全高效农业。以推进农产品质量安全管理和可追溯体系建设为抓手，强化结构调整的规划引领，促进特色农业农企对接，加强种养环节质量控制，放大品牌效应，促进农旅融合，着力解决好农业资源“碎片化”、农业生产低效化问题，到 2021 年主要特色产业都培育起行业知名的龙头企业，完成农业产业结构调整 15 万亩，新增“三品认证”、国家地理标志产品认证 30 个以上。二是推动全域旅游升级。加强与国内知名企业财团全方位合作，提升国有旅游公司运营管理能力，实施好大乳山历史遗留问题化解、岠嵎山资源盘活以及多福山、马石山、胶东育儿所等项目策划提升，加强对传统村落、古村落、古建筑保护开发，带动特色民宿、房车营地、休闲垂钓、小型游艇等外延项目发展，到 2021 年创建 AAAA 级以上景区 2 家，力争创建 AAAAA 级景区 1 家，实现由旅游城市向城市旅游的升级。三是突破健康产业发展。加强与养生养老服务、医疗管理集团、健康保险公司等机构合作，盘活滨海闲置房产，引入物联网技术，创新发展医疗保健、智慧养老、居家服务等健康服务业，打造国内一流养生养老示范区，确保完成房地产去库存 250 万平方米以上，健康产业增加值占 GDP 比重提高 10 个百分点。四是加强生态环境保护。完成化工产业转型升级，开展煤炭清洁高效利用和散煤、反光膜、“三废”综合治理，实施既有居住建筑供热计量和节能改造，抓好荒山绿化、山体修复、海岸带整治等生态工程，推动美丽城镇和美丽乡村建设，深化城乡环卫一体化管理，实施镇驻地规划改造、形象整治、规范管理以及供水、燃气等设施配套，完善加大农村改水、改厕、改污以及河道、村边、沟渠等整治力度，实现家园清洁、水源清洁、田园清洁，为打造健康城市提供生态支撑。

（三）突出市域一体、统筹布局，打造以板块开发为架构的活力城市。将新型城镇化作为拉动投资、激活消费、激发活力的重要引擎，加快“三区融合”，促进板块开发，争取到 2021 年户籍城镇化率达 52%。推动中心城区加快崛起，实施撤镇改街、撤村改居和行政区划调整，强化“片区统筹、联动开发”城市经营理念，抓好重点片区开发、棚户区改造工程，推进体育综合体、医疗综合体、文化综合体和腾甲庄历史街区等代表街区建设，增加写字楼、商业综合体等城市标志性建筑，让城市功能更完备；大力推进节水城市、海绵城市、智慧城市建设，推进道路林荫化、城市园林化、园区生态化，让城市环境更宜居；建立大城建管理体制，健全常态化管理机制，巩固全覆盖、无缝隙、网格化城市管理格局，让城市管理更有序。促进开发区产城融合，做好汽车站周边、临港周边以及青威高速沿线等片区规划，实施旧村改造和合村并点，完善商住物流和商务办公，打造城市发展新片区；完善项目集中评审、分类落户、税收分成机制，推动项目集中向经济开发区临港产业园、新材料产业园、节能环保产业园和滨海新区新兴产业园、中韩食品与生物科技产业园落户，开展僵尸企业处置工作，解决好“工业围城、园区散布、重复配套”问题。加快滨海新区完善提升，明确区域功能定位，打造特色商业街区，推进潮汐湖周边片区开发，抓好星级酒店、特色餐饮、社区购物、集贸市场等经营业态引进，完善旅游接待、公共交通等基本服务，处置好供水、供电、供暖等历史问题，实现银滩外地居民常住化和基本公共服务均等化，加快向新城区转型升级。实施特色小镇和产业融合区建设，按照“产业鲜明、功能聚合、市场主导”原则，推进夏村“台依山谷”葡萄酒小镇、城区街道布衣服装小镇、海阳所牡蛎小镇、白沙滩姜品小镇、乳山口临港小镇等规划建设，创建国家、省级特色小镇5个以上。围绕现代农业调整、传统村落保护、旅游资源开发，按照特色小镇理念，超前规划启动建设一批业态互融、链条互联的产业融合区，为镇域发展注入活力。同时，举全力推进好乳山口大桥、文莱高速、莱西—海阳—荣成高铁乳山段以及乳山港对外开放等重大交通设施建设，进一步提升区域通达条件，为乳山对接半岛城市群、加快市域一体化提供更加便捷的交通支撑。

（四）突出以人为本、民生至上，打造以共建共享为根本的人文城市。逐年加大民生事业投入，稳步提高群众幸福指数，让城市更富气息、更具内涵、更有温度。推动充分就业，完善就业对接、职业培训、员工培养、人才引进机制，优化岗位开发和人才供给，促进群众收入持续增加、贫富差距持续缩小，失业人员再就业人数年均递增200人，城镇登记失业率控制在1.5%以内，转移农村劳动力1.2万人。加大扶贫开发，统筹推进“三位一体”包扶工作，落实好省定贫困村新上扶贫产业项目，逐批次、有计划地向其他边缘贫困村、边缘贫困户延伸，确保有贫即扶、没有遗漏。完善社保体系，扩大城镇职工和城乡居民基本保险覆盖范围，加大常规救助、临时救助和特别救助力度，社会保险费征缴总额年均递增10%，符合条件的低收入群体全部纳入社会救助范围，让群众老有所保、困有所助。发展素质教育，调整优化教育布局，稳步推进校舍改造，提高学校规范化、教学现代化、课堂智能化水平，解决中小学校“大班额”问题，实施农村学校“小班化”改革，加强公办幼儿园建设和幼儿教师配备，积极探索有乳山特色的素质教育，逐步推动“十二年免费教育”普及。强化健康保障，完成县级医疗机构布局调整，继续深化公立医院改革，加强镇村医疗机构建设，完善全民健身服务体系，推动健身设施对外开放，打造城乡10分钟健身圈，全面落实一对夫妇可生育两个孩子政策，妇幼保健、社会养老等公共服务稳步提升，城乡居民主要健康指标不断改善，人口老龄化问题得到有效应对。实施文化惠民，弘扬新时代“乳山精神”，推进移风易俗，凝聚价值认同，实施农村社区综合文化服务中心标准化提升，抓好图书馆、文化馆总分馆制、地方志事业等工作，扶持文艺社团发展，对非遗传承人和民间艺人进行补贴，现代公共文化服务体系全面建成。创新社会管理，加强基层基础建设，推行城市网格管理，畅通民意诉求渠道，完善重大事项、行政决策征询民意机制，最大限度维护群众利益，抓好食品安全、金融风险、安全生产、社会矛盾防范等工作，完善应急管理体系，切实提高人民群众安全感。优化政务服务，推进“互联网+政务服务”，精简审批事项，优化办事流程，推进治乱减负，构建方便快捷、公平普惠、优质高效服务体系，大力推进政务诚信、商务诚信、社会诚信和司法公信，构建良好的营商环境，让群众安心生活，让企业安心发展。

四、做好今年各项工作，为新一届政府开好局、起好步

宏伟蓝图、始于今朝，五年征程、重在起步。乳山市政府着眼五年工作，发扬勇于创新、敢于担当实干作风，认真抓好全年各项工作，为五年目标圆满完成争取主动。按照乳山市第十四届党代会提出的战略构想，与“十三五”规划相衔接，2017年主要预期指标安排为：地区生产总值增长8%，公共财政预算收入增长9%，固定资产投资增长11%，社会消费品零售总额增长10.5%，实际利用内资增长15%，实际到账外资增长10%，外贸进出口总值保持稳定，城镇和农村居民人均可支配收入均增长8%以上，全面完成年度节能减排约束性目标。重点实施好“五大工程”：

（一）实施动能转换工程，构建全新产业体系。紧盯产业结构突破不放松，深入推进“三去一降一补”任务落实，激发产业创新活力。一是突出产业聚焦、精准用力。把精准扶贫理念植入产业发展，选择装备制造、绿色食品、纺织服装等优势产业，以及硅胶、牡蛎、苹果等优势产品，逐个设立产业发展办公室，负责产业发展分析、扶持政策研究、企业问题帮解和行业内部协作。由分管市领导牵头、各产业办负责，针对各产业发展阶段、薄弱环节和突破方向研究出台政策，解决好产业助推“最后一公里”问题。二是突出产业转型、链条延伸。推进农业供给侧结构性改革，加大对苹果、葡萄酒、茶叶等优势品牌整合、宣传和保护力度，拓展农业展销、农超对接、电子商务销售渠道，探索会员制、配送制、俱乐部制消费模式，

4月7日，腾甲庄村貌（党史市志办公室提供）

完成产业结构调整3万亩。推进“两化融合”，提升企业工艺、装备、产品、管理和服务智能化水平，技改装备投入增长30%以上；聘请专业机构对5家企业进行精准诊断，推进好华信食品与深圳华大基因等12个企业与外合作项目，引导企业开发生产专用食品和特定产品，国内市场比重提高10%以上；鼓励传统制造企业转向“制造＋服务”，对制造企业设立贸易机构、获得资质认证的给予适当支持，对新建改建生产车间并获得国外认证的给予政策倾斜，增加盈利空间，提高效益水平。发挥国有旅游公司作用，推动旅游要素串联、资源整合和景区升级，年内福如东海争创AAAA级景区；狠抓城市知名度和国际化形象塑造，探索举办富有特色和文化感染力的赛事节庆活动，形成提升城市软实力“引爆点”；围绕新业态、新模式，引进电子商务、服务外包等各类轻资产企业，带动吸纳大学生就业500人以上。三是突出产业开放、招商带动。抢抓“一带一路”、中韩中澳自贸合作、中欧经济合作等政策叠加机遇，提高产业招商的专业化水平，加强与国内外优秀策划公司、招商代理、中介机构合作，国内主攻福建食品饮料、苏浙纺织服装、京津冀装备制造、周边地区产业转移，国外主攻日韩、欧美和以色列技术合作，对优质项目充分做好产业调研、论证分析，由市级领导出面对接、全程服务，年内引进过亿元产业项目25个以上、其中投资过5亿元项目5个以上。

链接：“两化融合”是信息化和工业化的高层次的深度结合，是指以信息化带动工业化、以工业化促进信息化，走新型工业化道路。“两化融合”的核心就是信息化支撑，追求可持续发展模式。

（二）实施创新驱动工程，激活各类发展要素。重点抓好“四个创新”：1.金融创新。组建有机农业、海洋经济、高新技术、大健康、旅游等5大产业投资基金，完善上市企业后备库，运作华信食品主板上市及阿甘担保、韩威生物、帕斯砜新材料等新三板挂牌，实施33家企业规范化改制，完成金投公司对金融仓储公司的增资扩股，年内确保青岛银行乳山支行落地，农商行达到二级行标准，让企业融资更便捷、更高效。2.融资创新。认真研究国家政策导向，围绕“11+6+3+1”国家重大工程包，整合资源，精心选项，多跑快争，全年争资7亿元以上。用足用活国开行、农发行政策性资金，推进好棚户区改造、教育“大班额”、交通生命安保等工程项目建设，在平安乳山、港口运营、智慧城市建设等领域探讨PPP合作，整合国运公司优质资产，打造更趋灵活、更加规范、更富活力的融资平台。3.科技创新。深化与中国海洋大学等校地协同创新，组织开展集中性、专题性产学研对接活动20次以上，落地转化科技项目3个以上；扶持中科院聚砜研发中心、威海正洋海洋生物技术研究院等创新平台建设，落实财政补助、创新券补助等政策，争取年内新增研发机构10家、高新技术企业3家以上；加大招才引智力度，创新人才引进使用，促进人才回流聚集，帮助企业柔性引进专家30人、签约专家和海外人才5人以上。4.创业创新。与以色列蓝色经济中心合作组建国家级“中国·以色列科技创新中心”，引进转化以色列蓝色经济、电子信息、智能制造等高科技项目；借助迪尚公司研发能力优势、产品设计优势、市场渠道优势，逐步打造集设计研发、面料推广、创意孵化、线上线下平台联动的服装创意公共服务平台，助推服装和纺织染整产业整合升级；推进经济开发区光彩孵化器、山泽大学生创业园等孵化器建设，支持成创空间争创省级众创空间，年内开展路演等活动50次以上，带动引进创新创业项目100个以上。

链接：国家十一大工程包是指信息电网油气等重大网络工程包、健康养老服务重大工程包、生态环保重大工程包、清洁能源重大工程包、粮食水利重大工程包、交通重大工程包、油气及矿产资源保障工程包、城市轨道交通工程包、现代物流工程包、新兴产业工程包、增强制造业核心竞争力重大工程包。六大消费工程是信息消费、绿色消费、住房消费、旅游休闲消费、文化教育体育消费、养老健康家政消费。三大战略是指“一带一路”战略、京津冀协同发展战略、长江经济带战略。重大装备走出去和国际产能合作。

（三）实施城镇化提升工程，增强发展带动能力。强化城镇发展龙头作用，统筹板块开发、多业融合、功能提升，释放引领发展的不竭动力，年内城镇化率提高2.3个百分点。一是提升城市首位度。树立“片区开发”城市建设理念，由乳山市政府主导聘请专业机构做好深圳路以东、老热电厂—鲁菱果汁老厂区、双连老厂区等片区整体规划，强化空间定位和开发指导，统筹设施配套和公共服务，推进好黄埠崖、南江村等13个片区、2829户棚改工程，用2～3年时间实现城市面貌大改观；推进城市绿化提升，实施青山路改造、商业街改造等道路建设工程，城南河上游补水、城区和滨海新区河道综合治理、雨污分流等城市水系工程，潮汐湖环湖路、银滩东部海岸带等PPP园林景观工程，智慧社区管理、健康产业信息管理等智慧建设工程，抓好小型广场、社区入口、街头路口等增绿点翠和微景观提升，达到“水韵绕城、绿意映城”效果；抓好城市“常态管理”，完善城市综合执法机制，开展违法建设治理行动，继续抓好“五城联创”，确保年内国家卫生城市授牌、国家食品安全城市和全国文明城市收官。二是提升城乡统筹度。按照“多规合一”要求，推进规划谋划衔接，结合永久性基本农田划定，统筹“十三五”土地利用总体规划、经济社会发展规划、环境保护规划实施，科学修编城市总体规划，抓紧编制镇域发展规划、传统村落保护规划和美丽乡村建设规划，清晰界定城乡开发边界、空间功能定位、总体产业布局和生态环境红线，为未来发展留足空间；将滨海新区、经济开发区市政工程纳入全市“盘子”，确保城市规划区内工程设计、建设标准、质量管控完整统一、有效对接，解决好新老城区建设管理“两层皮”问题；坚持“雨污一体规划、燃气同步预留”，抓好徐家、崖子等14处镇驻地规划改造，论证下初村、南泓及乳山港周边棚改工程，开展商贸市场改造、门市房整治等活动，推动燃气管网向镇区延伸，抓好170个农村社区的综合服务设施建设，缩小市镇功能差距。三是提升生态满意度。正确处理经济发展与自然生态关系，狠抓荒山绿化造林和矿山修复治理，强化海域使用管理和岸线生态修复，完成造林绿化3万公顷、森林抚育4.6万公顷，通过竞争方式出让海域使用权30万公顷以上，打造绿色的环境屏障；正确处理经济活动与环境保护关系，开展企业环保绿化提升工作，完成化工园区（集中区）规划建设，实施银滩一污、二污除臭改造和污泥、浒苔处置等工程，年内确保高污染燃料禁燃区面积达到城市建成区面积的80%，集中供热普及率达到70%，走绿色发展、低碳发展、循环发展之路；正确处理资源开发与保护利用关系，加强建筑风格约束和古村落保护，抓好白沙滩村、玉皇山后村等美丽乡村建设，完成4个省、威海市级美丽乡村申报，打造3个美丽乡村连片示范区，推进48条穿村过镇小河道综合整治，实施1.7万户农村无害化厕所改造，守住自然生命线，遵从规律指导线，让群众看得见山、望得见水、记得住乡愁。

（四）实施惠民利民工程，促进社会统筹和谐。实施好总投资162.1亿元、年度投资58.6亿元的9大类、310项便民利民工程，切实为群众办实事、解难事、做好事。完成中小学生综合实践教育中心、西苑学校二期、教育信息化二期工程建设，在城区北部新建一所公办幼儿园，解决“大班额”问题，办好人民满意教育；抓好农村（社区）综合文化服务中心建设，全面提升图书馆总分馆水平，深入开展送电影、送戏下乡活动，不断提升公共文化服务水平；实施院里水库调水、龙角山水库抬田、乳山河地下水库建设等工程，做好456个村的水源消毒改造和水质处理，让城乡居民吃上洁净安全的水；对227户农村危房进行改造，对200户城市低收入家庭租房户进行货币补贴，解决好中低收入家庭住房问题；推进好74.1公里县乡道改造、6座危桥拆除重建等工程，让居民出行更便利；深化公立医院改革，实施基本药物制度，落实好11项基本公共卫生服务、6项优生服务和12项计生服务项目，设立疾病救助基金，让群众

病有所医；完善食品安全可追溯体系，推进食安、农安、公安“三安联动”，切实保障“舌尖上的安全”；开展好农村中低压、老旧小区和银滩部分小区供电设施改造，让群众用上放心电；抓好45个省定贫困村扶贫开发工作，落实对1.25万名农村低保、700名城市低保、2950名农村五保的兜底保障，加大对残疾人群、孤残儿童以及其他弱势群体的救助力度，让群众困有所助；建设4处综合性养老社区服务中心，改造搬迁3处农村敬老院，打造1～2处医养结合型的综合性养老机构，照顾好各个阶层、每名群众，真正让群众共享发展成果、提高幸福指数。

（五）实施服务创优工程，打造务实效能政府。面对新形势、新任务和新期望，乳山市政府牢记宗旨、恪守职责，努力建设人民满意政府。一是提速提效优服务。实施以统一身份认证和电子证照库为基础的“一号”申请，开展以分类设置综合窗口和网上统一申报系统为平台的“一窗”受理，实现以网上政务大厅和政务服务平台为支撑的“一网”通办，简化优化办事流程。承接好上级下放和取消行政审批事项，落实事项目录动态调整机制，取消没有法律依据的材料和环节，提高审批效率、服务水平。二是治乱减负优服务。注重抓源头、抓重点、抓落实，清理涉企收费，规范执罚执收，让企业舒心生产、顺心经营、安心发展。全面落实“营改增”等结构性减税政策，全力帮助企业申报资金支持、争取国家政策，以企业名义争取的资金一分不留、全部拨付企业。升级完善信用乳山平台，制定市场守信激励失信惩戒措施，加大信用缺失市场主体查处曝光力度，营造更公平开放透明市场环境。加快推进港口开放，配套建设大宗物流园区，降低普通物流、冷链物流和仓储成本。三是亲商安商优服务。完善企业常态联系制度，利用部门微信公众号、企业家微信交流群等平台，及时推送政策，开展行业交流。每月安排固定时间、确定不同主题，举办企业发展沙龙等活动，组织同行业企业经营者与相关市领导、部门负责人和专家交朋友、议发展，引导积极向上的“圈子”文化，在全社会营造尊重企业家、关怀纳税人的氛围。四是依法行政优服务。强化法制意识，注重程序规范，健全问责机制，扩大信息公开，对产业政策赋予、国有资产处置、土地征收开发、救助制度落实等企业关注、群众关心的敏感事项，严格执行重大事项决策程序，提高政府工作透明度和公众参与度；坚决执行市委的决议决策部署，依法接受人大法律监督和政协民主监督，认真办复人大代表建议和政协委员提案，虚心听取各界意见，加大执法监察、效能监察、廉政监察力度，努力打造敢于担当、勇于进取、精于服务的务实政府。

8月30日，岠嵎山风光

责任编辑：高献东

大事记
Events

◎ 1—12 月乳山市大事记

◎ 便民利民实事落实

1月

7日

乳山市召开全市经济会议，总结2015年经济工作，研究部署2016年经济工作任务。动员全市上下进一步认清形势，坚定信心，开拓创新，奋力实现“十三五”经济发展良好开局。

同日

乳山市城市主题歌曲《仁爱乳山》创作完成，表达仁爱精神，体现乳山市城市特点和精神内涵。

21日

乳山市城区街道向阳社区居委会、白沙滩镇白沙滩村和下初镇段家村获评威海首届“慈孝文化传承基地”。

2月

2日

乳山市召开全市农村暨扶贫开发工作会议，安排部署2016年全市“三农”工作和扶贫发开工作任务，动员全市各级以高度的政治责任感和使命感，打赢“三农”工作和扶贫开发攻坚战。

2月19日，乳山市第十七届人民代表大会第六次会议召开　（辛戈 摄）

18—20日

中国人民政治协商会议第九届乳山市委员会第五次会议召开，会议补选曲华良为政协第九届乳山市委员会副主席、7名政协第九届乳山市委员会常务委员，通过政协第九届乳山市委员会第五次会议决议。

19—20日

乳山市第十七届人民代表大会第六次会议召开。会议通过关于《政府工作报告》《人大常委会工作报告》等6个报告的决议。

2月2日，乳山市农村暨扶贫开发工作会议召开　（辛戈 摄）

3月

8日

乳山市举行纪念三八国际劳动妇女节106周年暨“成长与发展”巾帼创业创新推进会，动员社会各界关心支持妇女发展，把推动社会文明进步落实到更加自觉地尊重妇女、关心妇女事业、支持妇女工作上，为妇女事业发展营造良好社会环境。

21日

中共威海市委书记、威海市人大常委会主任孙述涛到乳山市调研扶贫开发工作，听取乳山市全面工作情况汇报。

30日

威海市副市长傅广照到乳山市调研森林防火能力建设工作，要求全力以赴打好森林防火攻坚战，为全市经济社会平稳发展做出积极贡献。

4月

6日

中共威海市委副书记、威海市市长张惠到乳山市调研扶贫开发

4月6日，中共威海市委副书记、威海市市长张惠（左二）到乳山市调研扶贫开发和重点项目 （王英男 摄）

和重点项目建设工作。

12日

乳山市召开推进国家卫生城市创建暨产业招商调度会议，全力争取“创城”工作胜利，加快引进优质产业项目，为实现“十三五”良好开局提供坚实支撑。

25日

乳山市召开重点项目建设暨精准扶贫工作调度会议，实地观摩新能源项目建设情况，对扶贫工作进行安排部署，确保扶贫工作取得成效，实现精准扶贫、精准脱贫。

5月

5日

乳山市被中国科学技术协会授予2016—2020年度全国科普示范县（市、区）称号，是本次威海市唯一获此荣誉的县市。

同日

威海市副市长傅广照到乳山市调研扶贫开发工作，提出整合社会各方面力量，全力推进精准扶贫工作，不断开创扶贫开发新局面。

10—13日

中共乳山市委书记高书良带队赴浙江考察学习特色小镇建设先进经验，引导全市解放思想、加快产业转型升级，提升发展质量水平，推动经济特色化、产业化、链条化发展。

12日

乳山市“五城联创”暨健康城市建设推进会议召开，会上部署创城各项工作，与会人员观看文明城创建卫生城相关整改情况视频。

24—25日

乳山市高标准通过创建国家卫生城市省级技术评估，获得申报国家卫生城市“入场券”资格。

28日

根据胶东育儿所乳娘感人事迹改编的电影《生死相依》（暂定名）启动仪式在全国政协礼堂举行。

6月

20日

乳山市举行“学乳娘、当先锋”活动启动仪式，进一步弘扬乳娘精神，要求各级将活动与工作结合，确保各项工作扎实推进，使乳娘精神成为推动各项事业发展的精神动力。

7月

1日

乳山市召开庆祝建党95周年暨先进集体先进个人表彰大会，回顾党的光辉历程，表彰先进，树立标杆，鼓舞干劲，争先创优，动员党员干部为建设现代化幸福乳山做出更大贡献。

7月1日，乳山市庆祝建党95周年暨先进集体、先进个人表彰大会召开 （辛戈 摄）

13 日

威海市实施爱民固边战略 10 周年总结推进会在乳山市召开，进一步推进平安中国建设、实现边境沿海地区持续稳定发展。

14 日

乳山市召开市级领导班子成员向市纪委全会述廉述职工作会议。

25—26 日

乳山市召开半年工作总结会议，要求转变作风、振奋精神，奋力推动经济社会平稳健康发展。

8 月 22 日，山东省文联主席潘鲁生到乳山市实地考察“中国秧歌之乡”创建情况 （辛戈 摄）

8 月

8 日

乳山市 2016 年“慈心一日捐”活动动员会启动，全市共收到捐款 397 万元。

13 日

全国政协委员、中国农产品流通经纪人协会会长于培顺带领中国农产品流通协会考察团到乳山市考察大姜产业发展，乳山市大姜生产技术协会与中国农产品流通经纪人协会副会长中能昊龙集团签订大姜战略合作框架协议。

8 月 13 日，乳山市大姜生产技术协会与中能昊龙集团大姜战略合作框架协议签订仪式举行 （田甜 摄）

21 日

在威海市举办的科技创新暨人才工作大会上，乳山市参评的 15 个科技项目中，14 个项目榜上有名，获一等奖 1 项、二等奖 6 项、三等奖 7 项。

22—23 日

中国民间文艺家协会主席、山东省文联主席潘鲁生到乳山市实地考察“中国秧歌之乡”创建事宜。

31 日

山东省政协副主席许立全一行到乳山市调研民族宗教工作。

9 月

1 日

乳山市人社局调整居民基础养老金，由每人每月 95 元调高到 110 元，从 2016 年 7 月执行，全市 10 万多名居民受惠。

5 日

中共乳山市第十三届委员会第八次全体会议举行，会议审议通过《关于深入推进科技创新发展的实施意见》和《中共乳山市委工作规划》。

12 日

中共威海市委副书记赵熙殿、威海市副市长傅广照率督导组到乳山市督导脱贫攻坚工作，要求强化问题导向，落实扶贫政策，加大督导考核力度，确保圆满完成脱贫目标。

同日

山东省社会信用体系建设联席会议办公室公布山东省创建社会信用体系建设试点示范城市（单位）（第二批）名单，乳山市成为综合性试点示范县（市、区）12个县之一。

20 日

全国人大常委、人大法律委员会副主任、九三学社中央副主席、中国工程院院士丛斌到乳山市就民办高校发展进行专题调研，提出民办高校要更加注重质量，突出特色，坚持校企合作、产教结合发展方向。

21 日

山东省副省长、公安厅厅长孙立成到乳山市调研公安基层建设工作，提出推进基层改革，破解难题，做强保障，推动基层基础设施建设再上新台阶。

9月21日，山东省副省长、省公安厅厅长孙立成一行到乳山市调研公安基层建设工作（辛戈 摄）

10 月

9 日

乳山市抢抓电商经济加快发展战略机遇期，组织推动农村电商发展，建成77个村级服务站，累计网络销售收入3000万元，被山东省商务厅评审列入“省电子商务示范县”。

20 日

中共威海市委副书记、威海市市长张惠就加快推进产业结构调整，切实保障社会民生到乳山市调研。

25 日

在农业部公布的59个第三批国际农业产业化示范基地名单中，乳山市榜上有名，是威海市唯一一家。

26 日

乳山市府前路学校参加首届山东教育出版社举办的山东省教师发展论坛暨山东省教师发展研究示范（研修）基地工作启动会，入选山东省教师发展研修基地。

27 日

威海市公布“第二届十大名优农产品”名单，乳山草莓、乳山花生、乳山巴梨成功入选，继乳山绿茶、乳山苹果、乳山大姜后乳山市再增威海十大名优农产品品牌。

9月20日，中国工程院院士丛斌一行到乳山市就民办高校发展进行专题调研（辛戈 摄）

11 月

1 日

乳山市杆秤制作技艺和宫家彩绘葫芦制作技艺入选第五批威海市级非物质文化遗产代表性项目目录传统技艺项目。

同日

山东省人大常委会副主任于德成一行到乳山市就《山东省动物防疫条例（草案）》进行立法调研。

15 日

经中国民间文艺家协会批准，乳山市获“中国秧歌之乡”命名，成为2016年唯一获此命名的城市。

19 日

在山东省农业厅、省海洋与渔业厅、省林业厅、省畜牧兽医局联合开展的“山东省首批知名农产品企业产品品牌”评选中，乳山市华隆食品工业有限公司“东宝”牌花生、乳山市金果花生制品有限公司“海洋”牌山东大花生、乳山恒裕食品有限责任公司“亨裕牌洋梨罐头”成功入选，并同时入选山东省首批知名农产品品牌名录。

29 日

乳山市龙角山水库及上游水系综合治理项目成功申报国家第三批专项建设基金项目，将获国家专项建设基金贴息类扶持 5.1 亿元，是威海获批单笔扶持金额最大的基金项目。

12 月

7 日

在广州市举行的 2016 年中国水产品品牌大会上，“乳山牡蛎”获“2016 年最具影响力水产品区域公用品牌”。

15 日

中共乳山市第十三届委员会第九次全体会议召开，听取和讨论市委常委会工作报告，审议通过《中共乳山市委关于深入学习贯彻党的十八届六中全会精神》等决议，决定中国共产党乳山市第十四次代表大会于 2017 年 1 月召开。

12 月 23 日，乳山市新能源公交车启动仪式举行 （辛戈 摄）

23 日

乳山市举行新能源公交车启动仪式，108 辆纯电动公交车分别投放到市城区、银滩、大乳山旅游专线及火车站、汽车站等客流密集的线路。

24 日

乳山市小型水库管理体制改革顺利通过验收被列入省级试点项目，同时获省级“小型水库管护示范县”称号。

12 月 15 日，中共乳山市第十三届委员会第九次全体会议召开 （王英男 摄）

便民利民实事落实

【概况】 2016 年，乳山市为进一步改善民生，加快仁爱乳山建设，结合“五城联创”等重点工作，统筹安排、精心组织、加快推进，规划启动实施 10 大类便民利民实事，涵盖基础设施、医疗卫生、社会救助、智慧乳山、便民服务、交通公路、新农村建设等 10 个方面，投入规模和覆盖范围均创历史新高。

【健康乳山建设工程】 2016 年，乳山市实施国家基本药物制度，投资2194.3万元在全市所有公立医院、基层医疗卫生机构和镇村一体化管理的村卫生室推进国家基本药物制度。实施基本公共卫生服务，投资 2247 万元在城乡免费开展居民健康档案、慢性病管理等 11 大类基本公共卫生服务项目。投资 341.5 万元为全市 24750 名农村妇女免费进行宫颈癌、乳腺癌筛查。投资 55.1 万元为全市 3800 名新生儿免费筛查新生儿四项疾病。投资 87.5 万元为 2500 对夫妇免费进行婚（孕）前免费优生健康检查。投资 33 万元为乳山市 2000 名孕妇免费进行产前血清学筛查。投资 20 万元深化慢性病综合防治，持续改善群众身心健康。投资30万元在城区范围内进行“灭鼠、灭蚊、灭蟑和控蚊”为主要内容的除“四害”工作。投资50万元创建4个健康教育示范基地、2个阳光教育示范基地。投资133万元为3800名新生儿免费进行串联质谱疾病筛查。投资145.1万元为392名高风险孕妇免费进行羊水培养产前诊断。

【社会保障救助工程】 2016年，乳山市投资18955万元做好城乡居民医疗保险工作。投资13531万元扩大居民养老保险覆盖面。投资700万元为全市60周岁以上老年乡村医生发放生活补助。投资3417.6万元对农村年满60周岁的独生子女、双女、子女死亡现无子女的家庭进行补助。投资1029万元对女方年满49周岁的独生子女死亡（三级以上伤残）家庭进行补助。投资50万元对2014年1月1日之后发生的独生子女死亡和三级以上伤残的家庭进行补助。投资206.5万元对年满60周岁的城镇居民，达到法定退休年龄时属于城镇无业或灵活就业人员进行补助。投资30万元对在乳山市行政区域内发生急重危伤病、需要急救但身份不明确或无力支付相应费用的患者进行救助。投资112.36万元对城乡低保户中的独生子女、双女和独生子女死亡（伤残）家庭进行补助。投资201万元对持有独生子女证且子女未满14周岁的农村居民进行补助。投资64万元对确认为特别扶助对象的计划生育特殊家庭，当年代缴居民基本养老（医疗保险）。投资39.7万元对持有独生子女证且子女未满14周岁的城镇失业（无业）人员进行补助。

【安居工程】 2016年，乳山市实施供暖管线改造工程，投资500万元实施怡园至阳光家园供热管线改造工程，铺设管道150米。投资2110万元实施乳山城区供暖管道安装和改造项目。投资5355万元实施老旧小区改造工程，对市区8个老旧小区、组团实施水、电及基础设施改造。投资3358.68万元采取以房抵费方式，回购西城华府小区121套。投资80万元实施廉租房货币补贴。投资98691万元实施2016年棚户区改造工程，在有关镇村建设安置住房及相关配套设施等，总建筑面积48.6722万平方米。投资631万元实施2016年危房改造工程，对394户农村危房进行改造。投资316.68万元收购笙歌小区16套。

【教育提升工程】 2016年，乳山市投资7500万元实施中小学生综合实践教育中心建设工程。投资1500万元实施特殊教育学校迁建工程。投资1000万元实施六中校舍加固工程。投资2000万元实施城区小学新建工程。投资3500万元完成怡园、特校及畅园、徐家、育黎、诸往、崖子、午极初中8所学校塑胶操场和球场建设，同时完成府前路学校塑胶球场建设。投资200万元更新升降式课桌凳1万套。投资640万元建设基础数据库系统，统一身份认证系统，支持数字化备课、数字化教学、教材电子化、学生微课视频学习等功能。投资120万元完成3所高中及3所市直小学360台学生微机更新。投资1200万元实施城区公办幼儿园建设工程。

【新农村建设工程】 2016年，乳山市投资1600万元开展生态文明、美丽乡村建设、农村长效管护工作。投资170万元实施乳山寨镇敬老院扩建工程，新建房屋47间并配套相应设施；投资50万元实施小单家村南排水沟工程；投资40万元对白沙滩村、小滩、宫家、宫家庄、常家庄集市进行整体搬迁；投资70万元实施冯家镇驻地自来水管网铺设工程；投资70万元对原胶东特委遗址、冯德英故居及观上冯家百年民居进行修缮；投资33万元实施下初镇农村幸福院改建工程；投资24万元实施徐家镇农村自来水改道工程；投资17万元实施王家庄农灌工程；投资670万元实施午极镇敬老院扩建工程；投资60万元实施崖子镇垃圾中转站搬迁工程；投资527万元实施诸往镇汽车站建设工程；投资100万元实施大孤山镇园区自来水厂管网配置工程；投资740万元实施塘坝加固工程；投资346万元实施农村规模化供水工程；投资750万元实施防火通道建设工程；投资80万元实施粮油高产创建项目；投资30万元实施龙角山水库淡水渔业资源增殖放流项目；投资700万元对徐家、大孤山、午极、南黄4个镇集中式水厂及供水1000人以上的农村集中式饮用水源地进行保护；投资3000万元实施镇村路桥改造项目；投资600万元在乳山近海进行中国对虾、日本对虾、海蜇、梭子蟹等水产苗种增值放流3.5亿尾（只），增加近海渔业资源量，提高捕捞渔民收入；投资50万元实施育黎汪水—社庄桥重建工程。投资1680万元在大孤山镇建设高标准农田0.5万亩、夏村镇建设高标准农田667公顷；投资1441万元实施现代农业生产发展资金果菜产业项目；投资100万元实施2016年小麦“一喷三防”项目；投资744.6万元实施地膜回收和综合利用农业清洁生产示范项目；投资260万元实施防火基础设施建设工程；投资1030万元实施农机购置补贴项目；投资1869.6万元实施2016年农村改厕项目。

【便民设施建设工程】 2016年，乳山市投资7500万元实施体育产业综合体一期工程；投资4000万元实施市民卡项目。投资2163万元实施金礴岭公园建设工程。投资500万元实施城南公园二期工程。投资160万元实施城市日间照料中心建设工程。投资200万元对城区、滨海新区、经济开发区5处社区进行设施配套、功能改造。投资178万元对15个镇综合文化站和110个文化大院（综合文化服务中心）进行完善提升，对农家书屋出版物进行补充更新。投资77.5万元扩大冯德英纪念馆、图书馆、文化馆、美术馆和镇级综合文化站“四馆一站”免费开放服务范围，强化对老年人、少年儿童、农民工、残疾人和游客的服务。投资30万元为全市10个社区图书室补充更新部分图书、报刊、音像制品和数字化升级设备，进一步满足农民群众阅读学习需求。投资20万元在利群社区新建一处科普馆。投资220万元实施乡村少年宫设施配套建设工程。投资60万元在乳山市建设镇级全民健身中心6处。投资40万元为30个村配备健身路径。投资85万元实施文化馆设施改造和服务优化工程。投资568万元实施食品、农产品、水质等监测监控项目。投资280万元实施检验检测设备采购项目。投资250万元在大孤山镇建设"乳山市粮食应急配送中心"，建设空调低温仓，加强成品粮油应急储备。投资387.3万元实施肉类蔬菜流通追溯体系建设项目。投资1000万元建设农村幸福院20处。投资500万元实施旅游公共服务中心建设工程。

【交通道路建设工程】 2016年，乳山市投资9300万元实施公路建设工程，完成省道202威青线乳山迟家河桥至炉上河桥段。投资4321.4万元实施能源路道路建设工程。投资1300万元实施危桥改造工程，改造大中危桥3座，拆除重建小桥涵9座。投资2500万元实施县乡公路生命安保工程，对冯乳线果园口、风下线到根见村、西尚线盘山路、孤白线部队南、宋冯线花家疃水库5条线路两侧山体进行防护；对县乡路增设标志、标线、护栏、警示桩、道口桩等；对马石山烈士陵园道路两侧进行绿化。投资3200万元实施县乡公路改造工程项目，改造线路4条，总里程9.8公里。投资1708.6万元实施环城北路道路建设工程。投资3103万元实施北环路中段道路改造工程。投资1615万元实施道路路口渠化改造工程。

【基础设施建设工程】 2016年，乳山市实施电网改造升级工程，投资

1626 万元实施电网设备综合维修与技术改造工程。投资 2980 万元实施车道—育黎—诸往—崖子 35 千伏线路工程。投资 4507 万元实施乳山市工业污水处理厂提标升级改造工程。投资 5000 万元实施经济开发区污水处理厂建设及配套管网工程，新建污水处理厂 1 座，设计日处理能力 2.5 万吨，配套建设污水管网 29 公里。投资 1654 万元实施乳山市老城区雨污分流工程。投资 822 万元实施车道—午极 35 千伏线路工程。投资 700 万元实施北环路（青山路—深圳路）给水管道改造工程。投资 2177 万元实施下初 110 千伏变电站主变增容工程。

【城市道路建设工程】 2016 年，乳山市实施滨海新区内部分道路整修、建设工程：投资 1279.6 万元实施滨海新区 2016 年道路建设工程；投资 750 万元实施唐山路建设工程；投资 319.2 万元实施松山路北拓建设工程；投资 135.8 万元实施幸福三路南延道路建设工程；投资 385 万元实施海峰街东段改造工程；投资 1612.8 万元实施新华街西拓道路建设工程；投资 210 万元实施安平西路改造工程；投资 791 万元实施天津路东段道路改造工程；投资 284 万元实施人行道无障碍设施建设工程。

【智慧城市建设工程】 2016 年，乳山市投资 35 万元实施图书馆自助借还系统建设工程。投资 10 万元对银滩海水浴场进行监测评价，及时向公众发布，以此服务乳山市海洋经济建设和群众生活。投资 110 万元实施自助缴费终端建设与计量表箱改造工程。投资 300 万元建设市民服务平台。投资 890 万元实施政务外网整合项目。投资 800 万元建设政务信息资源共享平台。投资 120 万元建设政府网站集群一期工程。投资 50 万元建设乳山市建设行业信息化协同管理平台。

7 月 8 日，大乳山滨海旅游度假区

青山古民居

责任编辑：吕素坡

乳山概况

Profile of Rushan

建置沿革

【地理位置】 乳山市位于山东半岛东南部，地处北纬36°41′～37°08′、东经121°11′～121°51′。东邻文登区，西毗海阳市，北接烟台市牟平区，南濒黄海。东西最大横距60公里，南北最大纵距48公里，总面积1665平方公里。青威高速公路、烟海高速公路、G309国道、S202省道和济威铁路穿境而过。

【建置隶属】 乳山历史悠久。据古文化遗址出土文物考证，早在新石器时代中期，境内就有人类聚居。夏时为东方嵎夷之地，商时属青州，春秋战国时期为齐国属地，秦时属齐郡腄县。汉高祖四年（公元前203年），境内置育犁县。东汉建武五年（公元29年），育犁县并入东牟县。此后，境域先后属文登县、观阳县、牟平县。清雍正十三年（1735年），境域分属海阳县、宁海州（1914年改称牟平县）。

1941年2月，中共胶东区委划牟平县南部和海阳县东部建牟海县，隶属胶东区行政联合办事处东海专区。1942年9月，全境解放。1945年1月，牟海县更名乳山县，确定夏村为县城，隶属胶东行政区东海专区。1958年10月，撤销乳山县，境域分别划归海阳县、文登县及烟台市。1961年10月，恢复乳山县，隶属烟台专区。1983年11月，改属烟台市（地级）。1987年6月，乳山县改属威海市（地级）。1993年7月，乳山撤县设市（县级）。2001年4月，经山东省政府批准，乳山市区划变更，撤销马石店镇、城北镇，将其行政区划分别并入崖子镇、夏村镇，在城市规划区内设立城区街道。至此，乳山市辖14个镇、1个街道，601个行政村。

（党史市志办公室）

地理环境

【海岸海域】 乳山市海岸线西起乳山口，东至浪暖口，全长199.27公里。沿海有大小港湾12个，自西向东主要有乳山口湾、葫芦岛3湾、大圈海湾、塔岛湾、白沙湾、白沙口湾、洋村口湾、浪暖口湾等；岛屿22个，自西向东主要有东小青岛、浦岛、险岛（杜家岛）、塔岛、竹岛、南黄岛、腰岛、宫家岛等，其中东小青岛、险岛（杜家岛）、南黄岛有居民居住。海岸类型以沙质岸为主，自西向东大体可分为3个岸带：乳山口内湾和杜家岛内湾至小泓为泥质带，潮间带300～2000米；浦岛至白沙口以西为岩岸，潮间带100～500米；白沙口以东大部分为沙质岸，潮间带300～1000米。乳山近海潮汐属正规半日潮类型，乳山口湾年平均潮差变化范围为237～250厘米。有岬角9处。2016年，乳山市海洋与渔业局对沿海各镇海岸线长度进行确认：乳山口镇38.69公里，白沙滩镇38.03公里，海阳所镇71.82公里，乳山寨镇17.67公里，徐家镇22.64公里，南黄镇10.42公里。

【地质地貌】 乳山市地处胶辽古隆起胶东隆起之牟平、文登隆起带西南部，境内地质构造格架主要为华夏系背向斜及华夏系、新华夏系一组断裂构造系列。岩浆岩除昆嵛山体广泛出露外，燕山中晚期岩浆岩极为发育，几乎遍布各镇（街道），有呈岩基状大面积出露的花岗岩，也有呈脉状分布的基性和半酸性脉岩。

乳山市属胶东低山丘陵区。北部和东、西两侧多低山，中、南部多丘陵，间有低山。地势呈簸箕状由北向南台阶式下降。境内山脉自西向东可分为3列，西列自垛山、马石山、垛鱼顶、七崮顶向南延伸至玉皇山；中列由双山、老黄山、寨山、多福山向南延伸于海阳所半岛的帽山、大乳山；东列为昆嵛山脉，由东围子顶、尼姑顶、虎山、松山等构成主峰，斜贯东北边境。海拔400米以上山峰13座，最高山峰垛山613米。乳山河和黄垒河两大河流向南分别流经两侧低山与中部丘陵之间入海，沿岸形成冲积小平原。南部沿海除丘陵外，有零星海积平原分布。境内山地平均海拔300米以上，面积占乳山市总面积22.4%；丘陵海拔100～300米，面积占乳山市总面积50.3%；平原面积占乳山市总面积27.3%。

链接： 乳山市海拔400米以上山峰：垛山613米，玉皇山589米，垛鱼顶521米，磨顶472米，马石山467米，堆石465米，平顶450米，东马石山435米，尼姑顶424米，寨山416米，南照山410米，锯齿山407米，三佛山400米。

（吴腾飞）

【气候简况】 乳山市属暖温带东亚季风型大陆性气候，四季变化和季风进退都较明显，与同纬度内陆相比，具有气候温和、温差较小、雨水丰沛、光照充足、无霜期长的特点。同时，旱、涝、风、雹等气象灾害时有发生。

2016年，平均气温12.8度，较上年偏高0.2度；年极端最低气温−14.4度，出现在1月24日；年极端最高气温35.0度，出现在7月24日；年总降水量522.2毫米，较上年偏多12.7毫米；年日照总时数2259.6小时，较上年偏少15.4小时；年平均气压1011.9百帕；全年无霜期216天；年最多风向南风，最大风速10.9米/秒；年平均相对湿度70%。

全年气候特征：

冬季（2015年12月至2016年2月），平均气温−0.4度，较历年（1981—2010年30年平均，下同）偏高0.1度；日照时数424.4小时，较历年偏少132.6小时；降水量37.5毫米，较历年偏多5.7毫米。

春季（3—5月），平均气温12.5度，较历年偏高1.5度；日照时数694.8小时，较历年偏少10.5小时；降水量103.5毫米，较历年偏少12.9毫米。

夏季（6—8 月），平均气温 24.9 度，较历年偏高 1.1 度；日照时数 609.0 小时，较历年偏少 3.3 小时；降水量 181.7 毫米，较历年偏少 283.0 毫米。

秋季（9—11 月），平均气温 14.5 度，较历年偏高 0.4 度；日照时数 498.8 小时，较历年偏少 126.3 小时；降水量 170.3 毫米，较历年偏多 38.5 毫米。

乳山市 1995—2016 年月份主要天气资料一览表

表 1

月　份	平均气温（℃）	极端最高气温（℃）	极端最低气温（℃）	平均降水量（毫米）	平均日照（小时）
1	−2.1	13.3	−14.4	8.4	183.4
2	0.2	15.9	−14.1	11.7	180.7
3	5.0	23.6	−8.9	19.7	223.2
4	11.3	29.8	−2.3	43.9	228.9
5	17.5	35.5	3.5	63.6	251.3
6	21.7	37.5	11.4	73.4	208.7
7	24.9	37.1	14.8	188.2	172.0
8	25.2	35.7	11.5	198.5	200.0
9	20.9	37.1	8.0	70.4	210.5
10	14.7	29.3	−0.7	27.0	210.2
11	7.2	23.0	−6.1	25.7	180.6
12	0.5	17.1	−14.8	10.6	177.7

（于春霞）

自然资源

【土地资源】　截至 2016 年年底，乳山市土地总面积 1664.88 平方公里，其中农用地 136229.7 公顷，占总面积 81.8%；建设用地 16415.3 公顷，占总面积 9.9 %；未利用地 13843.5 公顷，占总面积 8.3%；人均耕地 0.1 公顷。

境内土壤类型多样，有利于农、林、牧、渔全面发展。有 4 个土类、8 个亚类、75 个属类、153 个土种。棕壤分布最广，可利用面积 119487 公顷，分布在近山阶地、倾斜土地及山丘岭地上；潮土可利用面积 18520 公顷，分布于乳山河、黄垒河沿岸泊地及沿海各镇近海处；褐土可利用面积 33 公顷，分布于崖子镇田家村南岭地上；盐土类总面积 212 公顷，分布于徐家、乳山口两镇近海处。

【矿产资源】　截至 2016 年年底，乳山市共发现各类矿产 25 种（含亚矿种），已查明有资源储量 14 种，已开发利用矿产有 11 种，开发有饰面用花岗岩、建筑用花岗岩、金、铁、地热、长石、银（伴生）、伴生硫 8 种，其中金矿主要位于胶莱盆地边缘及牟乳成矿带下初镇一带，铁矿分布在诸往镇马陵、神童庙、乳山寨司马庄一带，地热资源主要分布在冯家镇小汤村一带，花岗岩主要分布在白沙滩潘家、宫家及冯家卧龙一带。

（吴腾飞）

【水资源】　乳山市水资源主要由大气降水形成的地表径流和地下潜水组成，资源数量与时空分配都受降水制约和影响。根据威海市水资源评价，截至 2010 年年底，乳山市多年平均水资源总量 4.88 亿立方米，多年平均地表水资源量 4.30 亿立方米，多年平均地下水资源量 1.47 亿立方米。地表水可利用量 1.05 亿立方米，地下水可开采量 0.87 亿立方米。地表水水质大部分在Ⅲ类以上，为重碳酸盐类、钙组、镁组第一型水，呈中性或弱碱性（pH 值 7 ~ 8），硬度为 4.2 ~ 8.4 德国度之间，皆适于饮用及农业灌溉。地下水储存形式大体为孔隙水、裂隙水、脉岩水，其化学性主要为重碳酸盐类水，其次是硫酸盐类水（主要分布于黄垒河流域中、下游），矿化度均小于 1 克 / 升，属淡水。小汤温泉位于冯家镇汤上村，水温一般在 40℃ ~ 60℃，最高达 75℃，矿化度 2.644 克 / 升，已开发用于医疗、洗浴。乳山市是水资源较贫乏地区，人均水资源占有量约为全国人均量 1/3，合理利用和有效保护水资源是非常重要的工作。

境内河流属半岛边沿水系，为季风区雨源型河流。河床比降大，源短流急，暴涨暴落，径流量受季节影响差异较大，枯水季节多断流。根据全国第一次水利普查成果，有大、小河流 393 条，其中，2.5 公里以上河流 71 条。乳山河为境内第一大河，发源于诸往镇东尚山村，全长 78 公里，流域面积 1039 平方公里。黄垒河发源于烟台市牟平区莒格庄镇曲家口村，全长 71 公里，流域面积 635 平方公里。大型水库龙角山水库总库容 1.11 亿立方米，其中，兴利库容 0.67 亿立方米，为乳山市最大淡水水源和主要饮用水源地，被列入全国重要饮用水源地名录。

（水利局）

【生物资源】　乳山境内有 15 米等深线以内浅海 66667 公顷，可供开发养殖海产品滩涂 6667 公顷。浅海及海滩水产资源 100 多种，主要有：鲅鱼、海蜇、带鱼、鲐鱼、对虾、鹰爪虾、墨鱼、马面豚、牙鲆、鲈鱼、梭鱼、黄鱼、黄姑、梭子蟹、鲳鱼、贻贝、牡蛎、文蛤、泥蚶、蚬子、扇贝、缢蛏等。海岸带有海洋生物412种，其中，红藻、褐藻、绿藻类植物91种；软体、节肢、环节、棘皮、腔肠、海绵等类动物321种。潮间带生物量比较丰富，平均总生物量333.68克/立方米，主要是藻类和软体动物。平均生物密度1538.26个/立方米，主要为软体动物和甲壳动物。

野生动物有兽类18种，鸟类189种，两栖类7种，爬行类14种，鱼类29种。其中，国家二级保护野生动物26种，山东省重点保护野生动物40种，列于《国家保护的有益的或者有重要经济、科学研究价值的陆生野生动物名录》中保护的野生动物146种，列于《濒危野生动植物种国际贸易公约》中保护的动物21种，陆生野生哺乳动物主要有獾、刺猬、黄鼬、野兔、蝙蝠、仓鼠等，鸟类主要有苍鹭、白鹭、喜鹊、麻雀、燕子、雉、乌鸦、海鸥、啄木鸟等。

植物资源丰富，种类繁多。有沙参、元胡、大青叶、黄芩、桔梗、防风、丹参、全草、金银花、透骨草、藏珠等野生药用植物180多种。其他野生草本植物70种，主要有黄背草、野古草、结缕草、羊胡子草、细柄草、隐子草、马唐、蟋蟀草、白羊草、烟台百里香、风松、卷柏、霞草、荻、芦苇、紫苑、野菊花等。根据山东省林木种质资源调查成果，截至2013年年底，境内木本植物有66科142属366种，包括刺楸、北枳椇、三桠乌药、华山矾、蒙古栎、宜昌荚蒾、野柿子、流苏、山茶等国家级和山东省级珍稀濒危树种。主要树种有赤松、栎类、刺槐、黑松、落叶松、楸、赤杨、柽柳、银杏、茶等，主要果树有板栗、核桃、柿子、软枣、枣、山楂、苹果、梨、桃、杏、李、葡萄等，引进主要树种有刺槐、黑松、落叶松、水杉、刺杉、华山松、赤杨、杜仲、毛竹、鹅掌楸、湿地松、厚朴、刚火松、斑克松、刚松、火炬松、樟子松、小干松、北美黄松、乔松、岷江柏木等。主要天然灌木树种有卫茅、胡枝子、映山红、野蔷薇、酸枣等。

（海洋与渔业局　林业局）

【旅游资源】 乳山市依山傍海，自然和人文景点众多，旅游资源丰富。拥有国家AAAA级旅游景区银滩旅游度假区、大乳山滨海旅游度假区，国家AAA级旅游景区岠嵎山风景区、多福山国际养生旅游度假区、圣水宫道教养生休闲度假区、小汤温泉度假村、福如东海文化园、正华石佛山景区、金牛谷生态农业观光园、台依湖国际酒庄生态文化区、益天生态旅游观光园，国家AA级旅游景区马石山风景区。拥有省级以上农业旅游示范点12个，省级以上工业旅游示范点5个，旅游强乡镇5个，旅游特色村13个，原生态景区1个。乳山市依据“一核三轴三带六区”旅游空间布局进行规划，打造以银滩旅游度假区为龙头，大乳山、岠嵎山、多福山、福如东海文化园等休闲度假景区，小青岛、南泓南村等渔家乐项目，正华农林科技示范园、金牛谷生态农业观光园、益天生态旅游观光园等乡村旅游项目，马石山、胶东育儿所、冯德英文学馆等红色文化景区，形成山海相连、多点布局、特色鲜明的旅游景观群。

链接：省级旅游度假区1个：银滩旅游度假区，由山东省人民政府批复。

省级以上农业旅游示范点13个：国家级：大陶家渔家乐，由国家旅游局命名。省级：金牛谷生态农业观光园、极北绿茶采摘园、南黄休闲农业旅游区、正华农林科技示范园、益天生态旅游观光园、威绿生态农业观光园、后山爱母生态农业观光园、水云春茶场、胶东伯瑞蓝莓示范园、大乳山滨海旅游生态观光园、天禄生态旅游观光采摘园、郁锦生态旅游观光园，由山东省旅游局命名。

省级工业旅游示范点5个：富豪菲戈尔皮具有限公司、华隆（乳山）食品工业有限公司、威海吉利食品有限公司、乳山正洋食品有限公司、山东鲁酱酒业有限公司，由山东省旅游局命名。

山东省旅游强乡镇5个：白沙滩镇、海阳所镇、乳山寨镇、冯家镇、大孤山镇，由山东省旅游局命名。

山东省旅游特色村13个：海阳所镇南泓南村、大孤山镇上夼村、海阳所镇后山于家村、海阳所镇小青岛村、崖子镇钟家社区、崖子镇岛子村、崖子镇田家村、育黎镇龙角山村、午极镇中庄村、冯家镇孔家村、白沙滩镇徐家堪村、白沙滩镇翁家埠村、乳山寨镇玉皇山后村，由山东省旅游局命名。

省级原生态景区1个：多福山国际养生旅游度假区，由山东省旅游发展委员会命名。

（秦子凯）

人口·民族

【人口】 2016年年底，乳山市总人口555834人，比上年减少2463人，人口密度334人/平方公里，性别比101.96（女为100）。全年出生人口3816人，出生率6.85‰；死亡人口5032人，死亡率9.03‰，人口自然增长率−2.18‰，自1997年以来连续20年人口负增长。城区人口121744人。办理户口迁入1546人，户口迁出2872人。流动人口登记92934人。

乳山市是“中国长寿之乡”。2016年，人口老龄化程度继续加深。至2016年年底，乳山市有60岁以上老年人161361人，占乳山市总人口29%，比上年增长1.31个百分点。其中，100岁以上老人84人。

链接：“中国长寿之乡”由中国老年学学会评定，评定对象为户籍人口10万人以上的县及以上行政区划单位，评定标准包括必达指标和考核指标。其中必达指标3项：长寿的代表性，区域现存活百岁及以上老年人占总人口7/10万以上；长寿的整体性，区域人口平均预期寿命比全国水平高3岁；长寿的持续性，80岁以上高龄老人占总人口的比例1.4%以上。考核指标12项：近些年经济稳定发展，人均年收入不断增加；居民收入差距适中，基尼系数在0.4以下；实行基本养老保险制度覆盖面超过全国平均水平；实行基本医疗保险制度覆盖面超过全国平均水平；农村新型合作医疗制度覆盖面超过全国平均水平；每千名老年人拥有老年福利类收养单位床位数超过全国平均水平；贫困老年人都能获得政府的社会救助；每千人拥有卫生床位数超过全国平均水平；每千人卫生技术人员数超过全国平均水平；森林覆盖率或城镇人均公共绿地面积超过全国平均水平；大气质量达到或超过国家二级标准；生活饮用水达到国家规定的GB/T5750-2005标准。经过严格评定，中国老年学学会确认乳山市各项指标均达到标准，于2012年10月授予乳山市“中国老年之乡”称号。

（宫田　宋礼夫）

【民族】　2016年年底，乳山市常住少数民族34个：朝鲜族、佤族、满族、白族、拉祜族、傣族、蒙古族、苗族、布朗族、傈僳族、纳西族、哈尼族、土家族、彝族、壮族、回族、布依族、土族、侗族、锡伯族、达斡尔族、藏族、畲族、黎族、独龙族、鄂伦春族、俄罗斯族、怒族、瑶族、哈萨克族、鄂温克族、柯尔克孜族、维吾尔族、毛南族。人口2025人，占乳山市总人口0.36%。

乳山市少数民族人数统计表

表2　　单位：人

族　别	2016年年底人口数
朝鲜族	403
佤　族	416
满　族	327
白　族	147
拉祜族	169
傣　族	107
蒙古族	108
苗　族	34
布朗族	39
傈僳族	34
纳西族	20
哈尼族	17
土家族	24
彝　族	86
壮　族	17
回　族	30
布依族	8
土　族	8
侗　族	6
锡伯族	5
达斡尔族	3
藏　族	1

续表 2

族　别	2016 年年底人口数
畲　族	2
黎　族	2
独龙族	2
鄂伦春族	1
俄罗斯族	1
怒　族	1
瑶　族	1
哈萨克族	1
鄂温克族	1
柯尔克孜族	1
维吾尔族	2
毛南族	1
合　计	2025

（陈强）

国民经济和社会发展

【概况】 2016 年，乳山市跻身中国中小城市综合实力百强县市第 79 位、创新创业百强县市第 49 位。实施“产业强市、工业带动、突破发展服务业”战略，推动产业转型、结构突破。全年完成生产总值 512.12 亿元，按可比价格计算，比上年增长 8.2%。其中，第一产业增加值 41.86 亿元，增长 4%；第二产业增加值 235.65 亿元，增长 7.4%；第三产业增加值 234.61 亿元，增长 9.8%。三次产业比例调整为 8.2 ∶ 46 ∶ 45.8。人均国内生产总值 91932 元，增长 7.89%。完成固定资产投资 535.8 亿元，增长 12.8%。实现进出口 53.43 亿元，增长 8%，其中出口 44.11 亿元，增长 5.4%；进口 9.33 亿元，增长 22.7%。实际利用内资 146.6 亿元，增长 15%。实际利用外资 5.5 亿元，下降 6.8%。

【现代农业融合化发展】 2016 年，乳山市列入第三批国家农业产业化示范基地，大力培育苹果、葡萄、大姜、茶叶、牡蛎等现代农业产业链条，新打造台依湖酒庄等三产融合型园区 50 个。农林牧渔业总体平稳，全年总产值 93.19 亿元，比上年增长 6%。全年粮食总产量 30.01 万吨，下降 0.6%。全年造林面积 1333 公顷，森林覆盖率达 34.4%，提高 0.4 个百分点。全年油料产量 7.42 万吨，增长 1.78%；蔬菜产量 39.04 万吨，增长 1.0%；园林水果产量 49.9 万吨，增长 3.8%。全年肉类总产量 8.55 万吨，减少 0.8%。全年水产品总产量 43.56 万吨，增长 2.5%。

【现代工业集群化发展】 2016 年，乳山市重点培育装备制造、食品与生物科技、纺织服装、节能环保、新材料 5 个主导产业，产值占全市工业总产值比重超过 75%。工业生

5 月 28 日，威海三盛汽车科技有限公司车间　（辛戈　摄）

产稳定增长，规模以上工业企业（年主营业务收入2000万元及以上工业法人企业）355家，实现主营业务收入791亿元，比上年增长5.95%。高新技术产业规模进一步扩大，实现产值188.6亿元，增长8.96%。建筑业发展速度平稳趋缓，全年完成总产值62.28亿元，增长4.33%。

【现代服务业加快发展】 2016年，乳山市全域化发展休闲产业，多元化发展健康产业。按照“全域旅游”发展理念，实现旅游业转型升级跨越式发展，全年接待国内外游客927.9万人次，实现旅游总收入59.8亿元，分别比上年增长8.1%和10.3%。全年完成房地产开发投资19.98亿元。全年社会消费品零售总额237.64亿元，增长10.93%。

【财税金融稳健运行】 2016年，乳山市一般预算收入完成31.33亿元，比上年增长10%。其中，税收收入25.54亿元，增长6.9%，非税收入5.79亿元，增长26.16%。一般公共预算支出累计完成41.14亿元，同口径增长4.18%；各项贷款增长较快，至年末本外币各项存款余额312.12亿元，较年初增加31.77亿元，增长11.33%；信贷总量持续下滑，至年末本外币各项贷款余额167.24亿元，较年初减少21.85亿元，下降11.56%；保险业加快发展，2016年乳山市承保总额84.76亿元，增长3.24%；保费收入16433万元，增长2.5%。赔付支出8341万元，增长75.38%；证券市场持续降温，中泰证券乳山营业部开户3292户，减少318户。存量客户累计实现交易量191.75亿元，减少95.81%。

【基础设施日益完善】 至2016年年末，乳山市城市建成区面积58.74平方公里，其中城区33.74平方公里、银滩25平方公里。道路面积644.13万平方米，增加27.59万平方米。公路通车里程1844.82公里，全年投资1.2亿元进行县乡路改造。拥有公交车营运线路（含银滩）76条，总长934公里，公共汽车374辆。出租车经营企业1家，出租车270辆。拥有陆岛交通航线2条，客渡轮4条，128客位。全年完成港口吞吐量45万吨。建成区绿化覆盖面积1544.59公顷，增加19.59公顷，绿化覆盖率45.78%。全年公共供水总量1631万立方米，增加273万立方米。集中供热面积630万平方米，增加155万平方米。建成区用水普及率100%，燃气普及率100%，生活垃圾无害化处理率100%，污水处理率98.09%。实际用电量122228万千瓦时，增长4.81%，其中工业用电量64321万千瓦时，增长3.5%；城乡居民生活用电量28863万千瓦时，增长5.74%。

【社会事业全面发展】 2016年，乳山市认定高新技术企业6家，争取上级科技计划项目经费1600万元，达成产学研合作项40项，备案院士工作站3家。受理专利申请720件，授权223件，其中发明专利申请400件、授权27件，实施专利191件，实施率85.7%；规划总投资4亿元，启动实施2015—2017年乳山市解决城镇普通中小学大班额问题工程，新建、改扩建学校10所，总建筑面积11万平方米。完成府前路学校和第二实验小学综合楼建设工程，启动新建光明街小学、实验学校和迁建特殊教育学校工程，提前开工建设2017年规划实施的4所学校综合教学楼建设工程。完成银滩高中综合楼、实验楼和男女生宿舍楼加固工程，全市中小学校塑胶运动场地实现全覆盖，完成全市中小学生课桌凳三年更新计划，提升中小学信息化建设水平。至年末，乳山市普通中小学在校学生2.95万人，比上年减少3.22%。有高等学校1所、中等专业学校2所、普通高中3所、初中18所、小学18所（含九年一贯制小学部15处）；文化出版广电事业协调发展，有艺术表演团体3个，文化馆、公共图书馆、美术馆3个，艺术表演场馆1个，乡镇综合文化站15处，农村文化大院（社区文化活动中心）618家，博物馆、纪念馆2个，文物保护管理所1个，列入国家、省、市、县级文保单位名录52处。有广播电台1座，广播人口覆盖率100%，电视台1座，电视人口覆盖率100%，电影放映单位3个，其中电影院2座，全年出版报纸180万印张；有各类医疗卫生机构509个，床位2265张，卫生技术人员2750人，其中医生1060人，护士1153人；全年邮电业务总量增长8.7%，至年末，固定电话用户6.1万部，移动电话用户47.56万部，宽带上网用户10.03万户，有线数字电视用户13.78万户；全年参加威海市级以上体育比赛获奖牌216枚，其中国家级金牌1枚，省级金牌14枚。

【居民生活水平提高】 2016年，乳山市新增就业7228人，新增农村劳动力转移就业3907人。城镇居民人均可支配收入32955元，比上年增长8.2%；农村居民人均可支配收入14828元，增长7.6%。至年末，1584家企业85998名职工和11777名机关事业单位在职职工参加基本养老保险，离退休职工71540人享受基本养老保险，全年发放离退休费189087万元。职工医疗保险参保人数120990人，参保率99.5%；居民基本医疗保险参保人数381502人，参保率99.8%；城乡居民养老保险参保人数26.4万人，参保率99.3%。供养“五保”老人2781人，提高供养标准，全年发放五保供养资金1602万元。全年投入资金130万元用于敬老院建设改造、设施配套及医疗、燃煤补助。保障城市低保385人，全年发放保障金151.8万元；保障农村低保10005人，全年发放保障金2238万元。全年救助各类人员4万人次，救助支出1276万元。

（统计局）

蓝色经济区建设

【概况】 2016年，乳山市坚持海陆统筹，优化蓝色产业布局，持续壮大海洋经济，推动重点区域开发，努力构建蓝色产业体系，全年实现海洋业务收入339亿元，比上年增长9.17%，海洋产业增加值70.14亿元，增长10.21%。协助威海市蓝办做好《威海市蓝色经济区发展规划（2016—2025）》编修工作。

【牡蛎养殖面积和产量名列全国县级第一位】 2016年，乳山市从牡蛎品种培育、科学养殖、品牌宣传和线上销售等方面入手拓展产业链条，推进产业融合。实施海水养殖升级改造，争创省级渔港综合经济区，成立华信牡蛎养殖专业合作社，培育乳山华信休闲渔业海上游钓区。启用全国首个牡蛎质量安全追溯体系，发展牡蛎养殖面积5333公顷，产量30万吨，产值18亿元，养殖面积和产量名列全国县级单位第一位。“中国牡蛎之乡”品牌进一步打响，乳山牡蛎被中国水产流通与加工协会、中国农产品市场协会和中国农村杂志社评为“2016最具影响力水产品区域公用品牌”。

【海洋生物产业产值比上年增长17.86%】 2016年，乳山市促进企业对外开展资金、技术、市场等领域合作，引进市场资本，加快技改进程。大力发展海洋生物产业，实施华信海洋生物产业园项目，带动企业升级为集研发、育苗、养殖、加工、检验、冷链物流、贸易于一体“全产业链”集团。坚持培育龙头与引进企业结合、引进项目与引进团体并重、技术合作与资金合作同步，重点推进温喜生物鱼蛋白肽和牡蛎蛋白肽制备、同仁食品多菌种混合发酵琥珀酸调味品等项目，提高海洋经济创新能力。全年海洋生物产业产值28.34亿元，比上年增长17.86%。

【“蓝区”建设重大事项推进】 2016年，乳山市完成威海市“蓝区”建设重大事项考核。推进滨海新区4个基础设施项目建设和5个产业项目建设。跟进国道228乳山口跨海大桥立项工作。督导乳山河地下水库工程建设情况，年内完成立项、初步设计并开工建设。

【省及威海市“蓝区”项目获扶持资金820万元】 2016年，乳山市按照山东省区域战略推进专项资金要求筛选上报项目，威海双山生态旅游基础设施建设项目、乳山市解决普通中小学大班额问题工程建设项目和温喜生物物质有限公司海洋生物活性肽的可控制备与定向修饰及产业化示范3个项目通过审查，得到政策扶持资金700万元；开展威海市级蓝区远深新能源和华信扶贫2个项目，得到政策扶持资金120万元。

（李海波　王玲）

民营经济

【概况】 2016年，乳山市民营经济工作围绕“产业强市、工业带动、突破发展服务业”战略部署，努力推动大众创业、万众创新，个体私营经济总体保持平稳发展态势。至2016年年底，乳山市民营企业7351家，比上年增长28.06%；个体工商户27717家，增长19.96%。

【4家企业获评省、市级“一企一技术”研发中心和创新企业】 2016年，乳山市新培育昂仕集团和日晟机械等4家企业为山东省及威海市级“一企一技术”研发中心和创新企业，发挥民营企业创新主体作用，引导企业加大自主研发和产学研一体化对接力度，推动企业掌握专有技术，不断开发新产品、开拓新市场。重点新培育双连、工艺品、荣佳食品等威海市级“专精特新”中小企业10家，引导企业走专精特新发展之路，培养一批小而强的创新型、特色型民营企业。推进结构调整，加快淘汰落后产能，鼓励支持高新技术产业、先进装备制造业、环保产业、现代服务业等行业发展，推动生产要素从低效率领域转向高效率领域发展。

【企业多元化融资】 2016年，乳山市做好2016年度中小微企业融资需求调查，建立融资需求项目库，编制2016年中小企业融资需求手册并向金融机构推介，积极推荐符合条件的小微企业进入威海市小微企业贷款风险补偿基金项目库。推动中小企业靠大联强，整合优势资源，发挥行业龙头企业带动作用，通过兼并重组带动民营企业靠大联强，解决企业在发展过程中的资金瓶颈。

【企业监测服务提升】 2016年，乳山市完善经济运行监测体系，依托中小企业生产运行监测平台加强

12月2日，伯特利汽车安全系统有限公司自动化生产车间　（辛戈 摄）

监测直报工作，及时了解企业运行情况，对存在趋势性和突发性问题的企业做到超前预测、超前分析、超前应对，保障经济平稳健康发展。开展力久电机和同仁食品等企业一企一策专家会诊和订单式咨询精准服务，引导中小企业提高现代化管理水平。强化重点产业品牌创建，提升品牌价值和效应，加快培育形成一批拥有品牌影响力和核心竞争力企业。开展对民营企业联系服务行动，建立数据库，及时把握企业运行动态，切实为企业解决发展难题。

（于芬）

【诚信经营示范企业、商户创建】2016年，乳山市个体私营企业协会加强职业道德建设，发挥诚信经营示范企业（商户）示范和引导作用，提高文明诚信经营水平。推荐企业（商户）参加威海市“诚信经营示范企业”和“诚信经营示范商户”创建活动，7家企业、8家商户获评。摸底排查依法登记注册、从事商业经营活动、证照齐全、经营者为中共党员或雇员中有中共党员的个体私营商户，推荐13家党员经营商户参加威海市组织的“党员诚信示范商户”创建活动。推荐山东昂仕集团有限公司申报“2015—2016年度山东省青年文明号”。

（刘超）

全面深化改革

【概况】 2016年，乳山市按照上级全面深化改革部署，认真抓好、稳妥推进重点领域和关键环节改革工作，以改革破解发展难题、厚植发展优势，全市改革呈现全面发力、多点突破态势。全面深化改革年度工作要点确定的8大项、80小项重点改革事项基本完成，一些重要领域和关键环节改革取得重大创新，为幸福乳山建设注入活力动力。

【经济体制改革】 2016年，乳山市加大科技创新成果引进转化力度，推动科技扶持资金向“奖改投”“奖改扶”转变，研究制定《关于深入推进科技创新发展的实施意见》，全面深化与高校院所、科研机构合作，达成产学研合作协议40项。创新柔性引才机制，全年新引进各类海外博士、高校院所专家教授26人。组建运行成创乳山众创空间，新建外事翻译学院创业孵化基地和汇众创新创业孵化器，启动硅胶、服装等公共创新平台，新增省级创新研发平台6家，国家知识产权优势企业、省级知识产权示范企业各1家，被认定为“山东省知识产权试点市”。组建运营国运公司、金融投资公司，完成41家规模以上企业规范化改制，新启动华隆生物等4家企业挂牌工作。稳步发展小额贷款公司，将阿甘担保公司注册资本由1亿元增至3亿元，全年民间融资机构涉“三农”和小微企业投资累计1.41亿元。启动16亿元的城投债三期发行工作，城区、银滩供排水和园林绿化3个PPP项目包成功落地，通过政府参股方式引入社会资本14.5亿元，有效缓解财政支出压力，促进城市基础设施建设。深化新型农村合作金融创新，新增试点合作社5家。在威海市率先探索实施“双保惠农贷”，创新开展“线下债权＋产品众筹”和“投联贷”等融资业务。适应现代企业管理需要，探索设立国企董事、监事管理中心，推行职业经理人制度。以集团化思路抓好公共服务企业经营，变财政投入为企业化运作，调整理顺国鑫、国运和城投、热力、水务3个集团公司管理体制，新组建旅游发展公司、园林开发公司，充分发挥国有企业优势。理顺镇级财政体制，调整收入支出范围，重新核定收入支出基数，将原属市级收入范围的城市维护建设税、契税和耕地占用税下划镇区，最大限度保障镇区既得利益。实施农村三项改革，发放土地确权证书村516个，流转土地面积14987公顷，新增农民专业合作社170家、家庭农场84处，新完成33个村产权制度改革。

【民主法制领域改革】 2016年，乳山市完善政府重大决策听取人大代表意见制度，出台《乳山市人民代表大会常务委员会规范性文件备案审查办法》等规则制度，顺理重大事项报告流程。出台《政协乳山市委员会关于进一步发挥政协界别作用的意见》和《政协乳山市委员会委员述职办法（暂行）》，确保政协委员参政议政作用得到充分发挥。全市建立职代会制度单位607家，实行厂务公开制度单位561家；探索实行群众测评和职工满意度调查制度，146家企业建立起工会与行政协商机制；在全市建会企业中继续全面开展工资集体协商工作，将集体合同审查权下放至各镇社保所，扩大集体合同签订覆盖范围。

【文化体制改革】 2016年，乳山市举办乳娘精神座谈会、“走进博物馆、了解经典红色文化”等活动，弘扬传承红色文化。编印《乳山市非物质文化遗产名录》宣传册，组织非遗企业参加交流展示活动，获“中国秧歌之乡”称号。依托重点开发的马石山、胶东育儿所教育基地，冯德英文学馆等红色文化资源，规划红色体验文化之旅线路。借助“互联网＋”，建设金谷园特色文化体验馆，通过线下展示、线上交易方式推广乳山特色文化产品。创新文化投融资机制，借助风投基金、互联网、新三板等金融平台和融资载体，用好众创、众筹等新模式，打通融资渠道，为企业快速发展打下基础。推动传统媒体和新兴媒体深度融合，建立“报媒＋视媒＋网媒”联动机制，打造“网站＋微博＋微信”互通互联掌上媒体传播平台，开发“掌上乳山”手机APP客户端。建成图书馆数字资源系统，推进图书馆、文化馆总分馆制建设，完善市、镇（街道）、村（社区）三级服务网络，建成包括1个总馆、15个镇（街道）分馆、2个学校分馆、20个社区（村）基层服务点，10个机关服务点在内的总分馆制管理体系。

【司法体制和社会治理体制改革】 2016年，乳山市完善调解工作机制，依托乳山市公共法律服务中心建立市镇村（社区）视频调解平台，值班律师在线解答法律疑难，把问题和矛盾解决在基层。优化审判服务，完成数字庭审系统建设，严格落实院庭长办案制度，不断提升审判质效。制定《关于建立健全防范刑事冤假错案工作机制的意见》，健全冤假错案有效防范、及时纠正和责任追究机制。完善基层法治机构，新建科技法庭14个，派驻检察室4个，提升基层司法工作。推进"平安乳山"建设，完善联合接访、律师参与接待群众来访、"三联一线"工作法、重点信访事项信息预警联动处置等4项机制，被评为"全省社会治安综合治理先进市"。统筹推进"信用乳山"建设，实施重点领域信用示范工程，建立覆盖所有企业和企业负责人的征信、查询和使用平台，争创"全省社会信用体系建设试点市"。修订完善行政审批事项目录，实施"互联网＋政务服务"模式，推行首席代表、书面凭证告知、办理时限承诺等制度，为企业和群众提供"一站式"服务。推进公务用车制度改革，统筹做好车补发放、车辆封存处置、人员安置、过渡期内车辆调度使用等工作，保证车改工作平稳顺利进行。建立健全重大决策社会稳定风险评估机制，将社会稳定风险评估作为重大决策前置条件和必经程序，纳入到市委、市政府决策程序和部门单位议事规则。开展安全生产风险分级管控与隐患排查治理双重预防机制建设，建立"源头治理、风险管控、隐患整治、社会共治、智慧监管、应急管理"的遏制较大以上事故工作体系，形成政府领导有力、部门监管有效、企业责任落实、社会参与有序工作格局。

【社会事业体制改革】 2016年，乳山市深化公立医院综合改革，开展公立医院去行政化和人事、薪酬制度改革，谋划乳山市人民医院、乳山市中医院、乳山市妇幼保健院搬迁新建，完成医药公司市场化改制，探索实施分级诊疗制度，大力开展医联体建设，加快国医堂建设，医疗服务水平大幅提升。实施中小学校长职级制改革和校长评价制度改革，落实校长公开选聘制度，选聘正、副校长69名，推动校长队伍职业化。为有效解决"大班额"问题，启动10个学校新建、改扩建项目，其中，府前路学校、第二实验小学综合教学楼和特殊教育学校教学楼、综合楼新建、改扩建工程2016年完工并投入使用。建立城乡教师交流轮岗制度和短缺学科走教制度，将中高级职称岗位设置比例、职称评聘名额分配向乡村教师倾斜，优化乡村教师资源配置。

【生态文明体制改革】 2016年，乳山市以建设稳定的生态体系为目标，创新建立海岸带保护与生态修复工作机制，坚持项目建设与海洋生态保护、修复并重，保护资源与发展海洋经济相互协调。按照"突出重点、分类施治"原则，精心筛选，科学论证，规划《乳山市海岸线开发、利用保护方案（2016—2020）》，以乳山湾东流区域、和尚洞至浪暖口岸段等六大板块作为重点建设项目，带动乳山市海洋生态环境保护和海岸带修复整治工作全面开展。加强地质灾害防御能力建设，成立地震应急指挥系统，建立宫家岛地震监测台，定期组织开展地质灾害应急演练。编制水污染防治行动计划实施方案，稳步推进排污许可证发放工作。进一步加强和规范国有建设用地供应管理工作，严格国有建设用地供应制度，规范建设用地行为。建立农村污水垃圾处理、农村厕所改造、乡村连片治理长效管护机制，全年农村厕所改造17806户，美丽乡村建设全面深入推进。

【党的建设制度改革】 2016年，乳山市坚持以制度治党，修订完善"三重一大"事项决策实施办法，规范乳山市委常委会、市委全委会议事决策规则，保证决策科学化、民主化。推行镇党代会年会制和党代表任期制，依托23个党代表工作室，开展各类调研和考察活动1027次。深化党内"即时关爱"机制，对突发意外事故、突患重大疾病、突遇自然灾害3种情形党员第一时间走访慰问，使党员及时感受党组织的关怀，增强党组织凝聚力和号召力。2016年，即时关爱党员132人，送去慰问金9.27万元。开展农村"基层组织建设提升年"和"学乳娘当先锋"活动，完善基层责任清单，选派45名"第一书记"强化农村班子，整治软弱涣散班子65个。推行社区"大党委制"，成立108个网格党支部，优化社区组织建设。实施"红色筑基"工程，夯实"两新"组织党建基础，188个非公有制企业和84个社会组织采取单独建、联合建等方式新建立党组织，实现党组织和工作全覆盖。

【纪律检查体制改革】 2016年，乳山市落实纪委书记、纪委副书记"三个提名"考察办法，完成市镇两级纪委换届选举工作，选优配齐纪委领导班子成员。推进乳山市纪委监察局内设机构调整，采取"5+X"模式，内设机构由8个增加至9个。进一步规范理顺镇（街道）纪（工）委书记、派驻纪检干部职责分工，相关经验做法被威海市纪委主要领导批示。坚持从严从实，以乳山市被山东省纪委列为17个集中整治和查处侵害群众利益的不正之风和腐败问题重点督导县为契机，聚焦群众反映强烈的涉农、涉地、涉钱、涉干部作风等热难点问题，累计梳理排查问题线索410条，特别是对省纪委重点督导的问题线索落实市委常委包案，由乳山市纪委牵头直查督办，相关经验做法被中央、山东省和威海市纪委宣传推广。

（帅高财）

精神文明建设

【概况】 2016年，乳山市以全国文明城市创建为抓手，深入推进精神文明建设，全面做好文明市民培育、移风易俗、志愿服务、诚信制度化建设、未成年人思想道德建设等工作。

8月26日，乳山市教育局志愿者开展“金色阳光·呵爱天使”关爱留守儿童活动（文明办提供）

【文明市民培育工程实施】 2016年，乳山市在主次干道、公交站牌、医院、商场等场所设置“请自觉排队”“礼让斑马线”“不乱扔杂物”等文明标语提示牌和道旗5000个。号召全市公交车、出租车司机礼让斑马线，5000名党员干部同步响应，在私家车显著位置张贴“文明行车、礼让斑马线”宣传标识。联合威海便民服务热线“12349”，向5000辆私家车发放移车服务文明卡。在《乳山时讯》、乳山电视台开设“文明创建曝光台”“文明聚焦”栏目，围绕规范停车、礼让斑马线、文明遛犬、排队礼让等主题报道120次。公安交警、行政执法等部门强化执法管理，在乳山市常态化巡回检查，现场处罚违规停车、不礼让斑马线、不文明遛犬等行为。

【乡村文明行动移风易俗工作推进】 2016年，乳山市贯彻山东省移风易俗工作会议精神，建立完善市镇村三级专人负责、保障有力的组织体系，形成精准治理层层推进机制。601个村全部建立健全红白理事会，规范红白事办理流程，明确费用标准，在村委大院或宣传栏醒目位置展示。将移风易俗内容纳入村规民约，村民签订《婚丧嫁娶文明简办协议书》，与村民福利待遇相挂钩。各镇村因地制宜，结合风土习俗创新红白事仪式，涌现出徐家镇洋村“囍字”舞庆红事、大孤山镇鲜花祭祀等新风俗，白沙滩镇白沙滩村村训家训建设工作先进经验在全省文化涵育核心价值观现场交流会上作典型发言。在上半年全省城乡环卫一体化和红白理事会群众满意度电话调查中，乳山市综合排名第36，位居第一方阵。

【村训家训引领农村道德建设】 2016年，乳山市针对以往农村精神文明建设不深入、群众参与性不强的情况，在全市开展以政训、厂训、店训、校训、村训、家训为主要内容的“六训”活动，特别是在农村围绕移旧俗、除陋习、扬正气、树新风，推动村训家训建设。坚持因地制宜，组织党员干部进村入户，结合村情民俗，与群众共议，有针对性地进行总结提炼，全市601个村有481个村提炼村训、15万户农村家庭有9.6万户提炼家训。通过集训、议训、展训、传训4种方式，放大训言道德引领作用。训言无形渗透，让移风易俗理念扎根农村群众日常生活，带动群众在践训的过程中形成荣辱观、奉献观、婚丧观和生活观“新四观”。

【山东省首支未成年人志愿服务队成立】 2016年，乳山市强化直属志愿服务队力量，注册成立山东省首支未成年人志愿服务队——乳山市大拇指青少年公益活动中心。整合“蓝天救援”“乳育爱心家园”等草根志愿服务队8支，筹建“乳山市志愿者帮困大队”。实施志愿服务项目化运作，面向全市征集实施志愿服务项目42项。组成文明单位扶贫志愿服务队，赴冯家镇上口村、大孤山镇吴家沟村等贫困村开展电路维修、义务查体等扶贫志愿服务活动。全市116支志愿服务队伍和1万多名志愿者在“志愿云”信息管理系统进行实名认证和注册，全市线上、线下注册志愿者突破8万人。举办《志愿者之夜》消夏晚会、《悦跑》和《节水》等大型公益志愿服务活动，创作《乳山那片红》志愿者主题曲。

【诚信红黑榜公布4期】 2016年，乳山市精神文明建设委员会联合市场监管局、食品药品监督管理局、交通运输局、物价局等18个责任单位发布诚信红黑榜4期，在报纸、电视、网站、政务大厅公布，全年公布17个行业1020个红黑榜名单，微信阅读量2万次，营造诚信光荣、失信可耻氛围。加强正面带动，大张旗鼓宣传群众身边好人好事、诚信典型，全市有8人当选中国好人、16人当选山东好人、17人当选威海好人。

【关爱保护未成年人行动工作经验获省级推广】 2016年，乳山市加强未成年人传统文化、爱国主义教育，关爱保护未成年人健康成长，形成“励青公益”“志愿助残阳光行动”“社会妈妈”“尼山书院国学诵读”等品牌，多项工作经验在省及威海市获得推广。市内报社、电视台等传统媒体，“文明乳山”“乳山发布”等微信公众号，乳山文明网、乳山宣传网以及乳山市文明委成员单位门户网站开辟专题专栏，定期报道部门未成年人活动开展情况。利用商业大街、公共广场等社会媒介，刊播关爱保护未成年人健康成长公益广告，实现公共场所全覆盖，在全社会营造关爱未成年人的浓厚氛围。

（乔忠锴）

生态文明建设

【概况】 2016年，乳山市坚持生态优先发展理念，努力打造生态宜居城市，持续开展环境综合整治行动，建立海岸带保护与生态修复工作机制，保护生态环境，发展绿色经济。森林覆盖率达34.4%，市区大气优良天数333天，优良率91%。

【节能降耗达标】 2016年，乳山市全年万元GDP能耗比上年下降5.49%，完成威海市政府下达的全年下降3.7%节能目标任务。在工业企业、公共医疗卫生机构、敬老养老机构推广太阳能集热系统1223平方米。拥有威海市级以上资源综合利用企业6家，综合利用工业固体废弃物52万吨，利用率88%以上。

（张颖）

【10个重点减排项目完成】 2016年，乳山市以调结构、控新增、减存量为主攻方向，全面分析减排工作形势，确定2016年减排重点工程项目。及时与企业沟通，加强调度，乳山热电有限公司北郊分厂废气治理工程项目等10个减排重点工程项目全部完成。

【海岸线开发、利用保护方案出台】 2016年，乳山市以建设稳定生态体系为目标，创新建立海岸带保护与生态修复工作机制。出台《乳山市海岸线开发、利用保护方案（2016—2020）》，以重点海域海岛海岸带生态修复整治为重心，规划乳山湾东流北侧岸段、潮汐湖岸段、黄垒河至徐家河岸段等六大板块建设项目，保护海洋生态环境，修复整治海岸带。

【环保监测率达到100%】 2016年，乳山市组织监测5家省控以上重点污染源，监督性监测和与在线自动监设备比对监测监测率均达100%。在企业排污口安装电子眼和废水、废气自动监测设备，进行实时监控。新建在线监测设施，与威海市级环保监测平台联网，由随机化、粗放式末端排放监控、转变为实时化、精确式全过程监控。加强大气、噪声等公共环境监测，抓好水源地监测，在每月65项水质监测因子监测分析基础上，7月对109项水质监测因子进行一次全分析监测。

【环保网格化监管工作推进】 2016年，乳山市推进环保网格化监管工作，对全市企业监管“全覆盖”，实现对污染源贴身监管。废水治理方面，在动水污染治理基础设施建设同时，以工业点源治理为重点，督导福强水产、华信食品、新达食品、华美淀粉、城西工业园染整企业改造污水治理设施；废气治理方面，清理整治违规燃煤小锅炉，排查出违规小锅炉107台，拆除44台，督导使用10吨及以上燃煤锅炉的重点企业安装脱硫、脱销、除尘设施，完成超低排放改造工作；固体废弃物治理方面，将全市20家危险废物产生企业纳入日常监管范围；噪声整治方面，开展绿色护考行动，中高考期间逐一检查45家易产生噪声敏感点位。

【环境质量持续提升】 2016年，乳山市辖区内近岸海域海水水质达到《海水水质标准》二类标准要求，水质状况优，达标率100%。乳山河、黄垒河、徐家河、白沙滩河、龙角山水库、台依水库水质等各监测指标年均值达到相应功能区环境质量要求，达标率100%。其中，乳山河流域、龙角山水库水质各项监测指标均达到国家《地表水环境质量标准》（GB 3838–2002）Ⅲ类标准，黄垒河达到《地表水环境质量标准》Ⅳ类标准。城市环境空气质量符合《环境空气质量标准》（GB 3095–2012）二级标准。空气污染指数年均值55，市区大气优良天数333天，全年优良率91%。城市区域环境噪声等效声级昼间年均值51.3分贝，交通干线噪声昼间年均值67.7分贝，均达到相应环境噪声功能区标准要求。

（毕炜杰）

“五城联创”工作

【概况】 2016年，乳山市在2015年成立创建全国文明城市、全国卫生城市、国家健康城市、全国食品安全城市、国家智慧城市“五城联创”工作指挥部和4个专项创建工作领导小组的基础上，5月成立创建国家健康城市领导小组。建立健全领导责任、网格管理、常态测评、群众监督等长效机制，各级各部门

8月27日，乳山河省级湿地公园　（辛戈 摄）

分工负责，广大市民积极参与，“五城联创”工作持续推进，城市环境进一步改善，群众幸福感和满意度增强。以创建和谐宜居、文化厚重、人民满意的文明城市为目标，以惠民利民为理念推进全国文明城市创建工作，人民满意度、支持率不断提升，社会文明程度和市民文明素质提高。确定“为民创卫、科学创卫、精准创卫、长效创卫”的思路，按照“严格标准、分类指导、由点带面、全线推进”原则推进创卫工作，5月通过创建国家卫生城市省级技术评估，10月通过创建国家卫生城市国家暗访。5月9日召开“五城联创”暨健康城市建设推进会议，全面启动国家健康城市建设工作，大力发展健康产业，全力打造“健康乳山”，构建起以政府为主导、责任部门为基础、全民共同参与的居民健康保障体系，居民健康水平和幸福指数持续提升。制定创建全国食品安全城市工作方案和考核评价标准，4月15日召开创建动员大会，坚持管理体系建设和治理能力提升两手抓，建立健全最严格的覆盖种养殖、生产、流通、消费各环节的监管制度。智慧城市创建工作逐步从各单位分头建设转变为全市统筹规划建设，市智慧办牵头全面展开电子政务、便民惠民、产业发展等领域项目建设，10月威海市智慧城市建设调度会在乳山市召开。

【全国文明城市“一网三线”创建模式实施】 2016年，乳山市坚持整体联动，实施“一网三线”创建模式。“一网”即坚持管理网格化，网格分包市级领导强化督导，135个部门单位每月到网格义务开展志愿服务活动，全年为网格劳动购买设备、印制宣传品、粉刷墙面等投入434.59万元；“三线”即率先发动党员干部、学校师生、居民代表，通过“以线带面”方式，带动身边更多的人参与创城。建立“文明城市创建微信群”和“文明乳山网络传播微信群”，实时更新创建动态、曝光不达标项目，每天发布巡查问题、创建信息和工作要求，便于各单位主要负责人第一时间关注创建动态，实现文明城市创建责任层层压实、有序推进。

【创建全国文明城市测评体系任务落实】 2016年，乳山市根据新版《全国文明城市测评体系》和《未成年人思想道德建设工作测评体系》，将体系中400份材料申报任务、5000个实地考察点位和40项调查问卷内容分解到责任部门，完善创城三级责任人，确保各项创建任务责任落实到部门、到个人。

【公共设施和城市环境提升】 2016年，乳山市完善基础设施，实施便民设施改造，实现动态维护管理主干道5条、非主干道60条、背街小巷30条。投资2000万元，渠化改造路口21处。开展环境卫生整治，彻底清除主次干道、公园广场、生活小区等公共场所的积存垃圾、乱堆乱放、非法小广告等。组织镇村在保持环境卫生的基础上，统一整治村及周边草堆、粪堆。

（乔忠锴）

【创建全国卫生城市网格化管理实施】 2016年，乳山市将创城区域按社区边界划分为17个一级网格、119个二级网格，由8名市级领导牵头主抓、31个职能部门分工负责。中共乳山市委、市政府主要领导亲自谋划部署，到创卫一线检查调度40次。乳山市创卫办开展全面巡查，下发督办单2074份。各职能部门、镇区做到守土尽责，同时打破行业管理界限形成合力。创卫办每天将督办的问题以图片配文字的形式传送到微信群，各单位主要负责同志第一时间主动认领整改，问题办结期限大幅度缩短。利用无机空中360度全区域、无死角拍摄，巡查效率显著提高。

【创建全国卫生城市41项长效管理机制建立】 2016年，乳山市将市区5条主干道、38条非主干道及30条巷的创城任务细化到岗、责任到人，查纠各类交通违法违规行为。建设公共场所“四小”行业（小旅馆、小浴室、小美发店、小歌舞厅）创卫示范街，以点带面推进“四小”行业治理。开展食品行业专项整治，全面理顺准入、监管、应急、监测、整顿等方面机制。大力整治烧烤夜市、早餐摊点，将城区5399户临街门市、单位全部纳入“门前三包”红黑榜星级评定。全面摸排3个镇区、17个社区、14个城中村、28个城乡结合部村、452个机关企事业单位，开展全方位、立体化、分层分类集中整治。开展清理道路、清理公共场所、清理单位庭院、清理家庭卫生的“四清理”活动，市民对城区卫生状况的满意率达到96%。抓实市区道路交通提升、城市绿化亮化美化、市场规范化管理、环卫设施投入工程、环境保护完善等五大工程。围绕物业管理、交通秩序治理、食品摊贩管理等重点领域，研究制定41项长效管理机制。

【全国卫生城市创建宣传引导加强】 2016年，乳山市制作公益广告460处，编发创卫工作简报117期，向市民发布创卫知识和创卫短信20万条，新闻媒体刊播创卫新闻552条。印制《重点慢病运动处方》《居民健康手册》30万份，禁烟标识10万份。开展“创城杯”寻找最美乳山全民摄影大赛、“全民健身健步走”、“清洁家园、除害防病、助力创卫”主题现场活动。制作创卫宣传、创卫画册，全面展示乳山创卫成果。制作2200块文明卫生提示刊板，引导市民理解、创卫、参与创卫。

【疾病控制和疫情监测三级网络完善】 2016年，乳山市开展病媒生物防制，按照新标准修订病媒生物防制方案，严格落实除“四害”防制措施，投资100万元购置消杀药械，三灭一控工作全部达到国家A级标准。在公共卫生和医疗服务方面，完善疾病控制和疫情监测三级网络，提高突发公共卫生事件的预测、预警和处置、应急能力。

（王欣）

【建设健康城市方案实施】 2016年5月，乳山市成立创建国家健康城市领导小组。抓好威海市既定任务的细化落实，在摸清底数的基础上，坚持问题导向，明确工作目标，制定《乳山市健康产业发展规划》及实施意见。按照标准就高不就低原则，制定《建设健康城市实施方案》及工作要点，将具体指标分解到部门、细化到年度。将建设任务与城市总体规划、产业发展规划等有序衔接，纳入市政建设、道路交通、社会保障等各项公共政策和乳山市级财政年度预算，优先予以保障。以创卫办为班底，坚持体系框架不变、推进力度不降、专项经费不减，充实人员，理顺机制，保证工作早启动、快落实。

【农产品质量三级监管体系建成】 2016年，乳山市牢固树立“绿水青山”就是“金山银山”理念，抓好生态环境建设与保护，重点处理染整企业排污问题，组织开展燃煤锅炉拆除、机动车排污防治、餐饮油烟治理等重点工作，开展河道综合治理工程，引导全市8000家企业增设安全环保设施，采购108辆纯电动公交车。抓好农产品质量安全管理，坚持管理体系建设和治理能力提升两手抓，推进全领域、全方位、全覆盖的食品安全管理体系。在全市601个村设置协管员，形成市镇村三级监管体系，对57家初级农产品生产单位实现可追溯体系建设，对78家食品生产企业实行分级分类管理，组织各类生产经营检查5500人次。

【卫生体育事业基础夯实】 2016年，乳山市抓好卫生事业改革和发展，对县级公立医疗机构进行布局调整和资源整合，完善分级诊疗模式，研究智慧医疗方案，扩大医联体远程会诊、预约挂号业务量，建立区域医疗影像中心，强化镇村医疗机构网底功能。夯实全民健身设施网络，投资500万元，为金牛山公园、东苑公园、晨读园公园、人民广场、东方广场等5处健康主题公园设置健康步道，完善金牛山公园设施，新建篮球场2个、排球场2个，11人足球场1个，笼式足球场2个，安装健身器材30组。通过开展系列体育健身活动、健康教育培训等方式，掀起全民健身热潮。设置健康教育宣传栏5个，小型健康教育宣传看板28个，设立健康主题长廊。依托“乳山发布”微信等媒体，全方位普及健康知识、传播健康文化。

【健康产业规划实施】 2016年，乳山市抓好乳山市健康产业发展规划和实施意见的分解落实，释放产业发展对健康城市的支撑作用。依托乳山良好的生态环境优势、银滩资源优势、健康养生产业优势。培植健康产业链条，推动关联产业融合，带动健康养生养老、健康休闲旅游等产业发展，繁荣医养结合、托管经营等新兴业态。推进牡蛎、海参等海产品深加工健康产业项目，高标准打造苹果、高丽参、蓝莓等健康产业示范园区44处，建成生态循环农业基地56处，建成威海市精品采摘园5处。

（孔艳艳）

【食品安全全域化监管】 2016年，乳山市在全市15个镇（街道）全部设立监管所，并在城区街道增设1个。把村级食品药品监管协管员、农产品质量安全信息员合二为一，实现统一认定、统一管理、统一考核，626名协管员覆盖全市所有社区和村。将农产品质量安全、食品药品安全纳入全市岗位目标责任制考核，市政府与各镇区、监管部门，各镇区与村（社区），监管部门与企业层层签订责任状。

【智慧食安工程平台建立】 2016年，乳山市以“国家智慧城市”试点为依托构建4个平台。建立农资实时监管平台，对进入市场的最小包装农资产品赋予追溯码，为500家农资店全部配备农资“一卡通”设备，为所有农户办理会员卡。建立农产品质量追溯平台在71家初级农产品生产单位、15133公顷基地实行可追溯管理，均达到“有管理制度、有专门人员、有生产记录、有质量检测、有产品标识、有产地证明”的“六有”要求。建立畜产品监管平台，初步将全市兽医站、规模畜禽养殖场、饲料生产企业、屠宰企业、病死动物无害化处理厂等30家单位纳入监管平台，同时构建“e通”动物卫生监督信息化管理系统。探索建立“乳山牡蛎”质量追溯平台，制定《“乳山牡蛎”质量追溯体系建设实施方案》，计划从创新养殖体系、健全地标体系、建立乳山牡蛎防伪溯源体系、重构销售体系等4个方面建设“乳山牡蛎”质量追溯平台，保障乳山牡蛎产业健康可持续发展，10月26日追溯体系正式启用。

【食品标准化生产推进】 2016年，乳山市把标准化作为食品种养殖及生产的核心，加强生产全程控制。在种植养殖环节，推进现代农业、渔业、畜牧业示范园区建设，打造标准化生产基地，全市拥有“三品认证”的产品达到106个，13333公顷花生、73333公顷苹果通过“全国绿色食品原料基地”认证，9种农产品通过中国地理标志产品认证，“三品一标”认证基地面积比例达到60%以上，规模养殖场无公害认证比例达到93%，“三品一标”认证面积占全市水产品养殖总面积的比例达到70%以上。在生产加工环节，培育品牌形象突出的龙头骨干企业，5家食品生产加工企业成为省级示范企业，规模以上食品生产加工企业中取得GB/T22000或HACCP认证企业占比75%，其中肉制品生产加工企业认证比例100%。在食品流通环节，重点培育13家食品流通经营单位为省级食品流通经营示范店。在餐饮服务环节，在开展日常监管、专项整治、量化分级、明厨亮灶等工作的同时，将市区及城乡结合部1415家“四小”业户划分为19个网格，落实专人反复巡查整治。

【食品检验检测体系健全】 2016年，乳山市按照“检验检测在全程渗透”的思路，建立以市检验检测中心为核心，各镇（街道）、生产基地检测为支撑，市场检测室为补充的食品检验检测体系。2016年完成食品、食用农产品等定量抽检2396批次，比上年增长34%。在镇级监管所建立快检室和农产品农药残留速测室，引导40家规模农业合作社建立农残速测室，完成金谷园、贸易城和黄山路3个市场检测室建设。

（杨坤）

【政务网络云平台一期建设基本完成】2016年，乳山市在全省率先对政务网络及部门机房统一规划、统一建设、统一管理，实现部门之间互连互通、信息共享。该项目2015年10月开始前期调研及准备工作，2016年2月底完成招标，3月开工建设。到年底，项目一期建设基本完成，建成数据中心机房，完成100家单位外网整合和部分单位硬件设备整合。通过该项目建设，节约大量财政投入，据不完全统计，2015年乳山市各单位外网网络费用合计超过120万元，2016年统一外网出口后经招标网络费用为21.72万元，同时硬件设备整合可节省各单位机房维护费用；建成运行环境完善、安保措施齐全、技术支撑有力、运维管理规范的数据中心机房，促进电子政务集约化和规范化，保障信息安全。

【“一站式网上政府”服务实现】2016年，乳山市以市政府门户网站为主站，各单位业务网站为子站，率先在威海各区、市建设统一管理、统一部署、统一规范、统一标准的市政府网站群平台，实现“一站式网上政府”服务。该项目于2016年2月底完成招标并开工建设，至年底，完成一期政府主站和30家单位子站建设，上线运行稳定。通过该项目建设，统一政府网站的标准规范和后台管理，建立安全保障机制，实现集中管理、运行、维护，并提前一步解决政府网站信息公开规范化，达到上级政府网站建设管理相关要求，为迎接全国政府网站普查做好准备。

【便民惠民服务平台率先建设】2016年，乳山市以线上市民网、线下市民卡的方式，在全国县级市率先建设便民惠民服务平台，融合政府部门、社会资源、公共事业、金融机构的业务应用和服务项目，提高政府服务效率、效果和透明度。市民网项目完成一期建设，乳山市民网和手机APP于10月19日上线运行，加载服务事项173项；市民卡项目成立项目推进领导小组，完成《乳山市市民卡项目推进方案》编制。通过该平台，可将企业和市民所需要的个性化服务及时推送到市民家中（电脑上）和手中（手机上），方便企业和市民的生产、生活，提高“互联网+”政务服务水平。

10月19日，乳山市民网开通仪式举行　（辛戈 摄）

【威海市政务信息资源共享平台承接】2016年，乳山市在威海市各区、市中率先发送申请延伸使用威海市政务信息资源共享平台的函。依托数据中心机房，与威海市政务信息资源共享平台实现对接，并开放相关部门数据接口，承接威海市政务信息资源共享交换平台，建设乳山市城市公共基础数据库和城市公共信息平台。

【滨海新区获评全省智慧社区】2016年3月，乳山市为滨海新区申报“山东省绿色智慧住区示范”，5月初获山东省住建厅批复并拨付专项扶持资金200万元，智慧社区项目取得突破性进展。至年底，项目融合平台部分已完成项目前期调研和方案制定；社区商务版块引入威海当意网络有限公司，该公司成立工作组入驻乳山市，进行实地调研，选择试点社区。该项目是将智慧城市建设与产业发展相结合的有益尝试，可以提高社区管理和服务的智慧化水平，并通过加强对外交流展示与合作，促进健康产业发展。

【“互联网+”创新创业大赛举办】2016年，乳山市举办“互联网+”创新创业大赛。该赛事由乳山市智慧办、乳山市人社局、乳山市科技局、乳山市财政局主办，威海创业大学、乳山成创众创空间承办，旨在抢抓移动互联、云计算和大数据等产业发展机遇，推进智慧应用开发和智慧城市建设，大力发展基于互联网应用、与产学研相结合的信息产业，掀起“大众创业、万众创新”新高潮。3月初开始筹划，6月29日组织决赛路演，评选出12个获奖项目，其中创业项目8个、创意项目4个，吸引大批创新性企业和高校团队关注和参与，带动创新思想交流碰撞。

（王长强）

岛子古民居

责任编辑：吕素坡

党政群团

Party and Government Organizations and Non-government Bodies

中共乳山市委员会

【概况】 2016年，中共乳山市委贯彻落实中共十八大和十八届三中、四中、五中、六中全会精神，以五大发展理念为引领，深化改革创新，推动产业转型，统筹城乡发展，改善民生福祉，全面从严治党，经济、政治、文化、社会、生态文明和党的建设取得新成绩。乳山市完成地区生产总值512.12亿元，比上年增长8.2%；固定资产投资535.8亿元，增长12.8%；公共财政预算收入31.3亿元，增长10%；社会消费品零售总额237.6亿元，增长10.9%；实际利用外资5.5亿元；外贸进出口总额53.4亿元；城镇和农村居民人均可支配收入分别达到32955元、14828元，增长8.2%、7.6%。在2016年中国中小城市综合实力百强县市和创新创业百强县市中分列第79位和第49位。

【产业结构优化】 2016年，乳山市实施“产业强市、工业带动、突破发展服务业”战略，重点培育现代农业、新型工业、海洋经济、休闲产业、健康产业等产业体系，不断夯实经济发展产业支撑。融合化发展现代农业，大力培育苹果、葡萄、大姜、茶叶、牡蛎等现代农业产业链条，新打造台依湖酒庄等三产融合型园区50个，其中67.7公顷以上8个，被评为“全国板栗产业示范县”，威海市唯一被列入第三批国家农业产业化示范基地。集群化发展新型工业，重点培育装备制造、食品与生物科技、纺织服装、节能环保、新材料5个主导产业，壮大伯特利、佰德信、泰山石膏等行业骨干龙头，引导企业主动与外合作，达成华信食品、华邦精冲等与外合作项目12个，五大产业产值占全市工业总产值比重超过75%。特色化发展海洋经济，加快培育海洋生物、水产品深加工、海洋装备等产业板块，建立牡蛎质量追溯体系，养殖面积和产量均在全国县级市中名列第一，成功争创“中国牡蛎之乡”。全域化发展休闲产业，重点打造“红色”文化游、“绿色”乡村游、“蓝色”滨海游、“金色”文明游等“多彩”旅游品牌，新增国家AAA级旅游景区1个、山东省原生态景区1个，新增省级全域旅游示范镇1个、省级旅游特色村5个、省级农业旅游示范点2个、山东省精品采摘园1个。多元化发展健康产业，大力发展营养食品、养生养老、生物医药、健康产品制造、健康保健管理等产业链条，建设运营申菱养老服务、东方国际颐养中心等养生养老项目，进一步擦亮“养老之都、养生天堂”品牌。创新招商引资方式，变传统粗放型招商为精准招商，加大项目跟踪落实力度，完善考核奖惩机制，调动各级抓招商促项目积极性。2016年，新开工投资5000万元以上项目25个，其中过亿元项目13个，华信食品一期等17个项目建成投产。

【城乡面貌改观】 2016年，乳山市实施“全域城市化、市域一体化”发展战略，提升区域统筹发展水平。扎实开展“五城联创”，建立健全领导责任、网格管理、常态测评、群众监督等长效机制，深入实施文明市民培育工程，集中开展基础设施和市容环境、城中村及城乡接合部、农贸市场及周边环境等专项整治行动，全国文明城市创建顺利推进，国家卫生城市通过验收，国家健康城市召开启动大会，国家智慧城市13个规定项目全部启动，完成6个。加大基础设施建设力度，统筹推进城区、经济开发区和滨海新区“三区”城市板块基础设施建设，实施总投资19.6亿元棚户区改造、4.1亿元城建重点工程、2.4亿元滨海新区四大类基础设施建设、2.3亿元经济开发区道路管网等配套工程，重点区域承载能力进一步提升，乳山港对外开放、莱西—海阳—荣成高铁乳山段、乳山口大桥、文莱高速等一批重大基础设施工程稳步推进。重视环境载体打造，扎实推进城乡环卫一体化工作，高标准实施37个村农村环境综合整治，建立完善覆盖全市所有农村的长效管护机制；深入开展美丽乡村试点建设，实施乡村连片治理、农村无害化厕所改造等项目，完成56个农村社区服务中心标准化建设，努力打通服务群众“最后一公里”。学习借鉴外地经验，引导各镇（街道）突出特色，错位发展，重点打造城区街道布衣服装小镇、夏村镇台依湖酒庄酒产业小镇、海阳所镇牡蛎小镇、崖子镇红色旅游小镇等特色小镇，形成镇域发展新优势。

【民生福祉增进】 2016年，乳山市将共享发展理念贯穿工作始终，最大限度增进民生福祉，实施总投资47.2亿元、年度投资33.7亿元的3大类、278项便民利民实事，2016年全市财政民生支出33亿元，占财政总支出比重达80.4%。优化公共文化服务供给和服务功能，规划实施文化综合体、体育综合体等公共服务项目，推进370处基层综合文化中心建设；大力实施“四德”工程，涌现出从毅、邹均亭等“山东好人”；广泛开展群众性文化活动，被授予“中国秧歌之乡”称号；在各镇村均成立红白理事会，规范红白喜事行为，在全省乡村文明行动移风易俗工作推进会上作现场交流发言。加大精准扶贫力度，建立市镇村三级书记抓扶贫、逐级抓落实扶贫脱贫分包机制，全面落实市级领导、驻村干部和行业部门分包责任，形成全市省定贫困村、市定包扶村、镇定包扶村“三位一体”包扶格局。深入推进“平安乳山”建设和普法宣传活动，被评为“全省社会治安综合治理先进市”和“全省普法依法治理工作先进市”。大力推进重大决策社会稳定风险评估工作；组织开展各级领导分包重点信访案件活动；推行部门、镇区联合排查矛盾隐患，联合会商分析研判，联合接待群众代表、深入镇街一线的“三联一线”工作法，做到信访问题就地化解、稳控在基层，保持全市社会稳定局面。

【党的建设加强】 2016年，乳山市牢固树立“抓好党建是最大政绩”

的理念，强化主责主业，把建设不断推向深入。落实管党治党政治责任，引导各级党委（党组）积极主动抓好党建工作，进一步传导“书记抓、抓书记”压力；全面落实党管意识形态工作责任制，稳妥做好舆情处置应对、热点引导，牢牢掌握意识形态工作领导权、管理权、话语权；强化新闻舆论宣传，建立常态化新闻发布与动态化信息发布机制，组建网络评论员队伍，组织召开新闻发布会 18 场，有效引导社会舆论。大力开展基层组织建设提升活动，推行“党员固定活动日”制度，建立完善党建责任清单、“小微权力”清单、负面言行清单“三张清单”制度，压实基层党建工作责任，打造具有示范效应党建品牌和党建示范点 70 个。开展“百村攻坚”工程，持续整顿软弱涣散村级组织，完成 4 大类、66 个后进村整治工作。实施“红色筑基”工程，全面夯实“两新”组织党建基础，推行“点线面”工作机制，新建 151 个党组织，实现 303 个“两新”组织全覆盖。集中整治和查处侵害群众利益不正之风和腐败问题，重点聚焦群众反映强烈的涉农、涉地、涉钱、涉干部作风等热点问题，加大案件查处力度，推动全面从严治党向基层延伸；狠抓正风肃纪，对 15 个镇区开展落实中央八项规定精神专项巡察，查处违反中央八项规定精神案件 3 起，给予党政纪处分 3 人，查处群众反映强烈的“庸懒散”问题 16 起，问责处理 24 人，促进党风政风明显好转。

【重要决策和工作部署】

2016 年 4 月 1 日，中共乳山市委、市政府下发《关于深入推进扶贫开发工作坚决打赢脱贫攻坚战的实施意见》，确定以增加贫困人口收入为核心，把扶贫开发纳入新农村建设和市域一体化发展大局统筹推进，健全完善精准识贫、精准扶贫、精准脱贫、网格化责任制落实机制四项工作机制，采取产业扶贫、资产收益扶贫、设施建设扶贫、创业就业扶贫、教育增智扶贫、医疗救助扶贫、社保兜底扶贫、社会参与扶贫、党建提升扶贫九种模式，统筹推进专项扶贫、扶贫行业扶贫和社会扶贫，实现政策、资金、项目、技术、路径“五位一体”，切实提高扶贫工作实效，努力推进基本公共服务均等化，确保全市人民同步迈入全面小康社会。

6 月 30 日，中共乳山市委、市政府下发《关于加快推进农业现代化提前实现全面小康目标的实施意见》，要求坚持创新、协调、绿色、开放、共享发展理念，按照以城带乡、以工促农总体思路，深化农村改革，不断增强“三农”发展内生动力；发展现代农业，不断提升农业质量效益；推进美丽乡村建设，持续改善农村人居环境；加快全面小康社会建设，让全体人民共享发展成果，为推动现代化幸福乳山建设奠定坚实基础。

8 月 5 日，中共乳山市委下发《关于进一步规范“三重一大”事项决策暂行办法》，进一步完善市委对全市经济建设、政治建设、文化建设、社会建设、生态文明建设和党的建设等全局性重大决策、重要干部任免、重大项目安排、大额度资金使用等事项的决策机制，规范决策行为、加强决策监管、防范决策风险，全面提高决策科学化、民主化水平。

10 月 11 日，中共乳山市委、市政府下发《关于深化供销合作社综合改革的实施意见》，要求到 2020 年，供销合作社系统综合性、规模化、可持续为农服务体系基本形成，群众性、合作制、规范化基层组织体系健全巩固，社企分开、上下贯通、协调运转双线运行机制基本建立，把供销合作社系统打造成为与农民联结更紧密、为农服务功能更完备、市场化运行更高效、经营性服务和公益性服务相融合合作经济组织体系，成为服务农民生产生活生力军和综合平台、党和政府密切联系农民群众的桥梁纽带。

【重要会议】

经济工作会议 于 2016 年 1 月 7 日在乳山市中心会议室召开，乳山市级领导班子全体成员，各镇、街道、滨海新区、经济开发区、经济主管部门领导班子成员，乳山市直各部门、单位、驻乳机构主要负责人，市人大、政协内设机构主要负责人，市纪委派驻纪检组组长，市属国有企业董事长、总经理，有关重点企业主要负责人参加。会议深入学习贯彻中央、省和威海市经济工作会议精神，分析当前经济形势，总结 2015 年经济工作，动员全市上下进一步认清形势，坚定信心，抢抓机遇，开拓创新，奋力实现“十三五”时期经济社会发展的良好开局。

农村暨扶贫开发工作会议 于 2016 年 2 月 2 日在乳山市中心会议

1 月 7 日，全市经济工作会召开 （辛戈 摄）

室召开，乳山市级领导班子全体成员，各镇（街道）党（工）委书记、镇长（主任）、副书记、分管农业的副镇长（副主任），各农村社区党总支书记和45个贫困村党支部书记，市直各部门、单位和各驻乳机构主要负责人，市属国有企业董事长、总经理参加。会议传达威海市农村暨扶贫开发工作会议精神，安排部署2016年全市“三农”工作和扶贫开发工作任务，动员全市各级以高度政治责任感和使命感，打赢“三农”工作和扶贫开发攻坚战。

经济工作暨履行机关岗位目标责任制总结表彰会议 于2016年2月15日在乳山市中心会议室召开，乳山市级领导班子全体成员，各镇、滨海新区、经济开发区、城区街道副科级以上领导干部，市直各部门、单位部分机关干部，驻乳机构主要负责人，市属国有企业董事长、总经理，部分企业主要负责人参加。会议回顾总结2015年度乳山市经济工作和市镇机关履行岗位目标责任制情况，表彰先进单位、先进个人和优秀企业，动员全市各级坚定发展信心，提升能力素质，强化规矩意识，转变工作作风，确保完成年度各项目标任务，奋力实现“十三五”时期经济社会发展良好开局。

市纪委十三届六次全体会议 于2016年2月17日在乳山市中心会议室召开，乳山市级领导班子全体成员，乳山市纪委委员，各镇（街道）党政主要负责人、纪（工）委书记，滨海新区、经济开发区主要负责人，市直各部门、单位及各驻乳机构主要负责人、分管纪检工作的负责人，市属国有企业董事长、总经理，市纪委各派驻纪检组成员及纪委机关各室主任参加。会议深入学习习近平总书记系列重要讲话精神，认真贯彻落实中央、省和威海市纪委全会精神，引导全市各级科学把握形势任务，落实从严治党举措，强化党内监督管理，全面落实党风廉政建设主体责任，推动全市党风廉政建设和反腐败斗争不断取得新成效。

重点项目建设暨精准扶贫工作调度会议 于2016年4月25日召开，乳山市级领导班子成员，各镇（街道）党（工）委书记及相关部门负责同志参加。与会人员实地观摩三盛汽车科技、华邦精冲、远深新能源、华信食品等项目建设情况后，在乳山市中心会议室集中召开会议。会议要求，要切实增强项目建设压力感、责任感和紧迫感，全力以赴抓招商，千方百计上项目，夯实经济发展基础；要坚持问题导向，突出工作重点，狠抓工作落实，全面推进精准扶贫工作。

庆祝建党95周年暨先进集体先进个人表彰大会 于2016年7月1日在乳山市中心会议室召开，乳山市级领导班子全体成员，各镇（街道）党（工）委书记，市直各部门、单位，滨海新区、经济开发区，驻乳机构主要负责人，企业党委书记，部分党代表，受表彰的先进集体主要负责人和先进个人参加。会议回顾党的光辉历程，表彰先进，树立标杆，鼓舞干劲，争先创优，进一步凝聚乳山市上下干事创业强大合力，推动经济社会持续健康发展，为全面建成小康社会、加快建设现代化幸福乳山做出更大贡献。

第十三届委员会第八次全体会议 于2016年9月5日在乳山市中心会议室召开，乳山市委委员、候补委员22人出席会议，市纪委委员和有关方面负责同志、市第十三次党代会代表中部分基层同志列席会议。会议深入学习贯彻习近平总书记在全国科技创新大会上重要讲话精神，认真贯彻落实党中央关于科技创新重大决策部署以及山东省委十届十四次全会、威海市委十四届八次全会精神，审议通过《关于深入推进科技创新发展的实施意见》和《中共乳山市委工作规则》，动员全市上下统一思想，坚定信心，明确目标，深入实施创新驱动发展战略，大力推动创新型城市建设，为现代化幸福乳山建设奠定坚实基础。

第十三届委员会第九次全体会议 于2016年12月15日在乳山市中心会议室召开，乳山市委委员、候补委员22人出席会议，市纪委委员和有关方面负责人、市第十三次党代会代表中部分基层人员列席会议。会议深入学习贯彻党的十八届六中全会及省委十届十五次全会、威海市委十四届九次全会精神，听取和讨论周兵受市委常委会委托作的工作报告，审议通过《中共乳山市委关于深入学习贯彻党的十八届六中全会精神的意见》和《关于召开中国共产党乳山市第十四次代表大会的决议》，团结带领全市人民

2月17日，中共乳山市纪委十三届六次全体会议召开　（王英男 摄）

不忘初心、继续前进，奋发有为、开拓创新，为实现“十三五”时期目标任务、提前全面建成小康社会、实现现代化幸福乳山新跨越而努力奋斗。

【市委办公室工作】 2016年，乳山市委办公室弘扬“好学善谋、务实可靠、严谨高效、奉献担当”精神，主动当好参谋助手，搞好协调服务，强化督查考核，狠抓决策落实，保证市委机关高效有序运转。

资政决策 2016年，乳山市委办公室围绕完善市委议事决策机制，修改完善规范“三重一大”事项决策办法，规范市委常委会会议、市委全会议事规则，健全市委与人大、政府、政协几大班子沟通协调机制。牵头制定全面深化改革领导小组工作要点，及时调度汇总、总结上报全市改革事项进展情况。有针对性地收集汇总外地先进发展思路和典型经验做法，为市委、市政府决策提供有益参考，刊发《学习与借鉴》10期，编发《今日参考》294期，编发《领导参阅》《乳山调研》《乳山信息》18期。围绕及时全面反映全市工作动态和经验成果，加快外发调研信息力度，在威海市级以上刊物发表调研文章33篇，其中国家级1篇、省级11篇；上报各类信息340篇，被威海市级采用32篇，省级以上采用10篇，信息考核排名保持威海市前列。

督导落实 2016年，乳山市委办公室优化考核体系，围绕中心工作构建考核框架，调整完善考核内容、方法，按照“镇区考核看发展，部门考核看服务”的理念，分类设置不同指标框架体系和项目，建立目标任务动态考核机制，让考核指挥棒更加精准有力。建立健全督查工作机制，研究出台《关于进一步加强督查工作的实施意见》，积极参与“五城联创”、城乡环卫一体化等联合督导活动，牵头抓好中央巡视山东“回头看”反馈意见整改落实总体调度工作，建立整改情况定期报送机制，全年督办落实会议议定事项200项，办理领导批示140件，办结率100%，推动全市重点工作快速有序开展。

服务保障 2016年，乳山市委办公室对重要会议、重要活动超前介入、统筹协调，调整完善办公室会务组织流程和文电处理流程，进一步提高会务活动服务质量，组织筹备全市经济工作会议、经济工作暨履行机关岗位目标责任制总结表彰会议、庆祝建党95周年暨先进集体先进个人表彰大会等各类会议80场次。严格落实中央“八项规定”精神，明确接待标准，全年接待各级各类活动50批次、400人，特别是统筹抓好马石山红色教育基地和胶东育儿所接待工作，累计接待300批次、1.3万人，受到各级领导和社会各界好评。制订《关于进一步规范公文处理工作的通知》，对公文数量、拟制、报送、管理等提出明确要求，累计收发各类文电1600件，印制各类材料300份，密级文件回收率100%。组织开展各级领导分包重点信访案件和重点信访案件集中化解活动，开展专题调度会议10次、督导工作100次，对全市60项重大项目和重大活动进行风险评估。将互联网计算机保密检查权限下放，推动保密检查由随机抽查向全面自查转变，全年开展各类保密检查4000次，未发生失泄密事件。按照规范化、制度化、科学化要求办理密电收发，未发生压、误、错、漏现象。

【“两学一做”学习教育】 2016年，乳山市坚持超前谋划、从严要求，通过精准指导、灵活方式、加强督导、专项整治等举措，促使“两学一做”学习教育取得实效。

精准指导 4月29日，中共乳山市委制定下发“两学一做”实施方案，并召开“两学一做”学习教育座谈会和培训会。一周内各基层党组织“两学一做”学习教育全部启动。举办全市农村（社区）党组织书记“两学一做”学习教育培训班，对587名农村党组织书记、15名城市社区党组织书记及全市组工干部、第一书记进行培训；举办全市“两新”组织党组织书记“两学一做”学习教育培训会，对全市296名“两新”组织党组织书记进行专题培训；举办“两学一做”专题党课，对全市机关事业单位党组织书记进行培训。各党委（党组）按照“四个方案”抓落实，分别制定涉及领域的学习教育计划（配档），并逐个支部制订好具体学习教育计划（配档），明确内容、时间、任务、载体和推进措施、工作目标。督促各党委（党组）分别制订党支部任务、党支部书记责任、党员标准3张清单，并将各项目标要求列成督导表，指导基层明确目标、抓好落实。乳山市级领导带头学习，带头开展专题研讨，带头到基层讲党课。每名市级领导到包扶的贫困村、分管领域党组织和所在党支部讲一堂党课，累计讲党课70场。召开市内媒体“两学一做”宣传专题会议，明确责任分工，保证宣传引导到位。在中央电视台《新闻联播》《晚间新闻》栏目播发2条“两学一做”新闻，在新华社发1篇通稿，在《大众日报》《领导科学报》《威海日报》上刊发10篇新闻稿，其中《领导科学报》和《威海日报》头版头条发表乳山“两学一做”学习教育经验；在《乳山时讯》、乳山电视台、乳山宣传网、“乳山先锋”微信公众号分别开设“两学一做”学习教育专栏。

方式创新 2016年，中共乳山市委制定下发《关于进一步做好无法正常参加正式组织关系所在党组织活动党员学习教育的通知》，对5种“无法正常参加活动的党员”在认定条件、认定程序、学习安排上进行探索，制定务实管用实施办法，以灵活多样形式组织“无法正常参加活动党员”参加学习教育，确保全覆盖。打造威海市“甲午国殇·民族复兴”主题教育基地乳山教学点，充分挖掘乳山市红色教育资源，修缮胶东育儿所，成立4个工作组，落实14个责任单位，集中一个多月时间建成运营，被中央电视台、大众日报等媒体广泛报道，全年有190

6月20日，乳山市"学乳娘当先锋"活动启动仪式在胶东育儿所教育基地举行 （辛戈 摄）

批次、7800人次到马石山红色教育基地和胶东育儿所接受革命传统和红色教育。开展"学乳娘当先锋"活动，大力弘扬乳娘精神，通过抓学习、讲党课、明标准、亮承诺、树典型，学深学透乳娘精神内涵，解决理想信念动摇、宗旨意识淡薄等突出问题，在不同领域立足岗位争当先锋。落实"六定六促"法，督促各党委（党组）在组织个人学、集中学基础上，通过功能组团集中学、全员分享指导学、红色历史传承学、风采展示竞赛学等方式确保党员学深悟透。为每名党员制作发放一枚党徽并要求党员佩戴党徽亮明身份，区分不同岗位、领域亮出承诺。结合弘扬乳娘精神，在"七一"前后开展"铭记乳娘·重温党史""学习乳娘·忠心向党""感恩乳娘·关爱党员"3个庆祝建党95周年系列活动，举办乳娘精神座谈会、寻访革命老妈妈、庆祝建党95周年表彰大会、知识竞赛等15项具体庆祝活动。深化党内即时关爱机制，关爱党员112人，发放慰问金8万元。开展"听革命老妈妈讲故事"活动，组织党员到新中国成立前老党员家中义务劳动，请老党员以讲故事的形式为党员讲一堂生动党课。

常态督导 2016年，中共乳山市委结合各级关于"两学一做"学习教育要求、威海市"六定六促"法和基层党（工）委书记抓"两学一做"学习教育清单，制订详细督导明细，抽调市委兼职组织员与市委组织部人员组成16个"两学一做"学习教育督导组，每组督导7～8个单位，通过座谈交流、个别访谈、实地查阅档案等方式，对全市各党委（党组）"两学一做"学习教育工作进行督导。中共乳山市委组织部和乳山市纪委联合对"两学一做"学习教育进行不定期检查，对学习教育情况较差8个单位、68名个人进行全市通报，主要负责人由组织部约谈。健全完善"集中部署、台账公示、现场检查、量化打分、通报反馈"的"闭环式"督查落实体系，把"两学一做"学习教育作为重点检查内容，坚持每月检查与每月通报相结合、实地检查与电话抽查相结合、调片检查与随机分组检查相结合，对全市15个镇（街道）"两学一做"学习教育和党建重点工作进行常态督导。

专项整治 2016年，中共乳山市委在2013年纯洁性教育活动基础上，按照上级统一部署，从严开展扎实开展组织关系排查工作，在完成规定动作基础上，要求所有基层党（工）委对《党员信息采集表》中信息进行电子化录入，进一步更新和完善党员信息数据库，提高党员科学化管理水平。充分利用党员信息管理系统和历年党员数据库，对所有未收到回执的党员进行信息化"双重筛查"，提高党员组织关系集中排查效率和准确率，查找联系失联党员779人，430人进行暂缓登记处理。严肃党费监督检查，在全市"两学一做"学习教育启动前，中共乳山市委组织部与乳山市审计局专业审计人员组成工作组，逐个审查各镇（街道）党（工）委、市直各部门单位账目保管、专款使用情况，将审查中发现的问题以"一封信"形式反馈给党（工）委书记督导整改，同时将审计党费账目工作固定下来，定期审计。加快软弱涣散班子整治进程，在2015年开展"基层组织建设规范年"和"百村示范"工程基础上，2016年开展"基层组织建设提升年"和"百村攻坚"工程，摸底排查全市农村党组织，查分一、二、三类建立台账，对第三类班子逐镇签订责任状，纳入党建工作责任考核。加强农村干部队伍建设，建立村干部年度考察制度，建立后备干部数据库。根据摸底情况，撤销合并一批党员数量少、作用发挥差组织，为换届奠定基础；制定换届参考模板，规范换届各项程序、细节，为基层整改提供遵循。开展党代表和党员违纪违法未给予相应处理情况排查清理，组织纪委、人大、政协、公检法等部门全面排查，将排查结果交中共乳山市委组织部比对、核查，对出现的未给予处置党员移交纪委及时作出处理。

【组织工作】 2016年，乳山市有基层党委54个、党总支30个、党支部1834个。全市各级党组织贯彻落实中共十八大及三中、四中、五中、六中全会精神，以开展"两学一做"学习教育为契机，以选贤任能、固本强基、引才聚才为重点，推动组织工作与发展大局深度融合，提升组织工作科学化水平。

基层组织建设规范 2016年，

中共乳山市委从严从实规范基层党组织建设，把抓基层打基础作为长远之计和固本之举。以开展“两学一做”学习教育为契机，建立“三张清单”即党建责任清单、村干部“小微权力”清单和村干部负面言行清单，有效规范基层权力运行。深化基层党建“闭环式”督查体系，采取“集中部署、台账公示、现场检查、量化打分、通报反馈”方式，常态化指导基层党建工作；全面实施“双百工程”，以“百村示范”工程为契机，建好建强村级阵地，打造8个威海市“红色引擎”项目示范点和4个威海市农村党员干部科技知识培训示范基地，完成66个农村软弱涣散党组织整顿工作。优化城市社区组织设置，推行“大党委制”，成立108个网格党支部；实施“一区一品”工程，推行“12345”党建工作机制、“360阳光党建”工作法、“宜家亲”等15个党建服务品牌，提高服务实效；深化社区共驻共建工作，探索机关事业单位分包社区网格、参与社区共建机制。深化“两新”组织党建工作，实施“红色筑基”工程，年初组织15个镇（街道）、22个相关市直部门签订责任状，全年新建“两新”组织党组织140个，覆盖282个“两新组织”。

市镇党组织换届完成 2016年，中共乳山市委做好镇党委班子换届，组织编写《乳山市镇党委换届选举指导手册》，供各党委在换届过程中参考。同时，在抓好专题培训、选好各级代表基础上，在镇党委换届中严格程序、严肃纪律。从10月初开始，选派组工、纪检干部组成5个考察组，穿插进行镇级考察，前后历时近2个月，高质量完成镇级换届考察工作。同时，按照上级换届政策，稳妥开展农村党支部书记、镇事业编制人员、大学生村干部三类人员推荐考察和公开比选工作，全市共选拔14名三类人员为镇级领导班子换届考察人选。按照“凡提必审、凡进必审、凡调必审”工作要求，对15个镇街在职科级干部档案在专审基础上进行重新复核，对存在问题第一时间向干部反馈，做到问题应解决尽解决。对符合条件的119名三类人员档案进行逐一审核，确保在选拔人选标准条件上不出纰漏。以选好干部、配强班子为目标，立足中心，统筹考虑，科学制订换届人事安排方案：突出有为有位，坚持凭实绩用干部，不搞面上平衡，让肯干事的不吃亏、能干事的有舞台、干成事的有位置；突出重视基层，在不突破上级政策规定前提下，尽量为镇街增配职数，确保有人干事，调整后镇街整体比调整前多配33职；突出优化结构，按照人岗相适原则，根据镇域功能定位配备干部，尽可能考虑学过、干过、管过，让专业的人干专业的事。调整后，镇党政领导班子中40～45岁干部占16%，30～35岁、35～40岁干部分别占33%、32%，30岁以下干部占11%，实现老中青梯次配备，全日制大学及以上学历干部达到2/3，班子整体功能和合力进一步增强。

党员队伍从严管理 2016年，中共乳山市委举办党员发展对象培训班，培训290名党员发展对象和专兼职组织员，取消12名培训不认真、成绩不合格发展对象资格。强化党员资格年审，对乳山市41023名党员进行网上集中年审，申请年审率99.5%，合格率99.9%。在农村、城市社区开展党员集中轮训，乳山市19780名农村、城市社区党员参加培训，参训率99.5%。“七一”前后，开展庆祝建党95周年座谈会等活动。党员组织关系转接建立“考察”机制，党员持流动党员证参加转入地组织生活，经党员评议、镇（街道）党（工）委扩大会议研究通过后，方准予转入。抓实“三会一课”、谈心谈话、组织生活会和民主评议党员等制度，落实主题党日制度。在党员纯洁性教育活动基础上，完善暂缓登记党员管理机制，探索建立不合格党员处置流程。

“第一书记”队伍建设 2016年，中共乳山市委加强“第一书记”队伍建设和管理，充分发挥“第一书记”在推动省定贫困村经济建设和社会发展带头人作用。选优配强“第一书记”，从科级后备干部、优秀年轻干部、业务骨干3个层面选派45名优秀中青年干部到贫困村担任“第一书记”，确保乳山市扶贫开发村级带头人配齐配强。创新考核方式方法，在加强“第一书记”微信群管理使用基础上，升级更新“第一书记”e线管理平台，通过平台实现通知公告下发、平时签到考勤、日常沟通交流，对“第一书记”工作实行实时动态监督和网上全程管理。落实驻村保障经费，根据《关于发放市直机关驻村“第一书记”生活补助费的通知》规定，为“第一书记”发放日常生活补助、考核补助共计41.1万元，保障“第一书记”日常工作开支，激发其干事创业热情。

优秀年轻干部培养使用 2016年，中共乳山市委从市直部门中选拔45名优秀干部挂职“第一书记”，从镇街选拔15名年轻干部到市直部门学习，从市直部门择优选派10名干部到信访部门挂职，通过实践锻炼干部、增长才干。抓实日常考察，坚持和完善经常性考察和一线考察机制，将识别了解干部融入各项工作中，探索打造业绩比对、品行透视、状态监测三大平台，深入了解干部德才表现，提高干部考察精准度。稳妥做好干部调配，按照激励干事、人岗相适原则先后进行6个批次干部调整，涉及提拔重用干部62人次、调整交流干部80人次，进一步优化全市干部队伍结构。

干部分类分层培训 2016年，中共乳山市委围绕全市发展大局和干部实际需求，坚持学用结合，加大“走出去”与“请进来”力度，分类分层培训干部。突出精准实用，在上海交通大学举办党政干部经济管理专题研讨班，在上海国家会计学院举办财税改革培训班；围绕孵化器培育、电子商务发展、农业企业转型、服务业精细化、机械配件制造和休闲渔业发展等主题，采取小班次、多批次方式，分行业、分领域组织部分重点企业、成长型企业、市级重点项目主要负责人到浙江、湖南、上海等地精准化考察学习。突出能力提升，围绕“两学一做”、中韩自贸区、文化产业等方面，邀请国内相关知名专家学者来乳考察、授课和座谈，举办3期“乳山讲堂”。突出问题导向，发挥党校主阵地作用，分层次、分类开展系列化、专题化培训，举办现代农业、精准扶贫、环保、安全生产、金融知识等专题培训18期。突出红色教育，挖掘整合红色教育基地沿线红色革命资源，打造多个教学点，对党员干部开展现场教学，激活红色基因，共计培训党员干部1.8万人次。

人才工作创新推进 2016年，中共乳山市委编写印发《人才政策手册》，先后3次组织人社、发改、经信、科技等部门和各镇（街道）走访摸底全市436家企业，宣传解读人才政策。落实本土人才引进扶持政策，共给予27名引进人才奖励扶持资金27.6万元。实施开展“产业聚智”计划，组织相关职能部门和企业参加“威海英创会”、山东省“海洽会”等人才峰会，通过科技入股、技术转让、成果转化、项目申报等形式引进各类高层次产业人才28人，全年新增泰山产业领军人才工程科技创业类领军1人、齐鲁和谐使者1名、齐鲁首席技师1名、威海和谐使者1名、威海有突出贡献中青年专家1名。搭建重点产业科技创新平台，年内新增省级工程研究中心1个，院士工作站3个。创新孵化平台管理模式，成立成创乳山众创空间，建设打造集政策扶持、孵化培育、路演辅导、风投融资等于一体创业平台。

远程教育功能拓展 2016年，中共乳山市委组织部从“围绕中心，服务大局”入手，在强化党建宣传渠道、提升课件制播质量、强化基层基础工作方面进行探索实践。以“传播党建理论、展示党建成果、推荐组织建设、服务党员群众”为目标，开通“乳山先锋”党建微信公众号，拓宽联系党员干部交流渠道，全年推送信息150期、450条，其中13条被威海党建微信平台采用。按照“阵地共建，资源共享，课件共做，成果共获”原则，摄制市委书记访谈、胶东育儿所、省优秀共产党员、精准扶贫等方面电视专题片20部，其中省优秀共产党员邵本道先进事迹专题片《“抠门”老翁捐款记》被中组部确定为地方优秀课件并进行展播；反映胶东育儿所事迹专题片《乳娘情》被评为省优秀课件。从强化基层基础入手，对远教站点设备、网络和档案进行集中排查整改，并与15个镇（街道）主要负责人签订责任书，在威海远教工作年度督导考核中连续两年考评第一。

调研信息参谋服务 2016年，中共乳山市委组织部围绕会议发言、总结汇报等拟写综合性材料50篇。向上级组织部门报送创新亮点信息40篇，1篇被中组部内刊刊发，9篇被省及威海市组织部门内刊刊发。落实全员调研工作机制，在省级以上党报党刊发稿40篇。全年编发《乳山组织工作》《乳山组工信息》《组工参考》《内部情况交流》刊物26期。规范网宣工作机制，建立基层网宣员QQ群、骨干网宣员微信群，组织基层联系点撰写省级网络有影响力文章500篇，1篇入选中共山东省委组织部优秀网评选辑，14篇被威海市组织部门内刊及省级以上党报党刊刊发；监测上报网络舆情、跟发帖2500条，集中引导11次，妥处涉乳山舆情12起。

（组织部）

【宣传思想文化工作】 2016年，乳山市宣传思想文化战线牢牢掌握意识形态工作领导权，充分发挥特色资源加强文化建设，培育重大典型，创新新闻舆论宣传引导模式，全市舆情引导有力。策划乳山春节联欢晚会、新春秧歌会演、文化科技卫生“三下乡”活动和19场消夏晚会。以庆祝建党95周年为契机，在市直机关、镇区、企业和社区组织举办“党旗飘扬·走在前列”歌咏比赛。

中共十八届六中全会精神集中宣讲 2016年，中共乳山市委成立由部门主要负责人和党校骨干教师16人组成的中共十八届六中全会精神宣讲团，组织开展机关、企业、镇区、农村（社区）集中宣讲40场。邀请威海市委宣讲团到乳山宣讲。同时，在《乳山时讯》、乳山电视台、“乳山发布”微信平台开设专栏进行宣传，将全市干部群众思想行动统一到中央决策部署上来。

重大主题宣传报道 2016年，中共乳山市委宣传部聚焦市委、市政府中心工作和阶段性工作重点，对全市推进供给侧结构性改革、实施新旧动能转换、社会文明和谐经验及党的建设、五城联创、美丽乡村建设、红色文化提升、重点民生工程等方面做法，通过开设专栏、撰写评论、报道动态、采写专访、推介典型等方式进行新闻宣传，营造有规模、有深度、有影响力态势。在市内新闻媒体开设《党建》专题和专版，全年累计开设各类新闻专栏32个。对接中央、省市主要新闻媒体开展集中采访活动，邀请中央电视台、央视网、《半月谈》《中国产经新闻》等多家主流媒体围绕乳山建设绿水青山、打造特色农业和发展文化旅游等主题到乳山市采访报道。全年在地市级以上重点媒体刊发新闻稿件260篇。

舆情引导处置 2016年，乳山市坚持新闻发布机制常态化，强化各级新闻发言人队伍，组织市领导和涉及民生及年度重点工作的单位新闻发言人举行新闻发布会，通过电视+报纸+新媒体集中向社会通报工作规划、进展和成效，及时回应社会关切，从源头上引导舆论，全年围绕“五城联创”“乳山牡蛎”品牌，公共文化服务体系建设，引调水工程等工作召开新闻发布会22场。通过传统媒体+“一网两微两端”提高新闻宣传渗透力，根据新形势下新闻传播方式和阅读需求，开通“今日头条”客户端和“掌上乳山”客户端，实现“乳山网”多个栏目新闻动态和乳山官微每条微信在“今日头条”客户端自动收录传播。妥善处理网络舆情风险，建立健全舆情监控处置联动机制，初步形成协调联动、上下贯通、反应迅速、运转高效、科学规范舆情工作格局，及时监控和通报社会敏感热点。建立重大舆情监控研判和预警机制，编印《网络舆情专报》《网络舆情动态》，对重大敏感舆情进行全网调控、迅速处置，对涉及民生社会舆情分级分类、依规处置。

文化产业创新发展 2016年，乳山市将文化产业作为转方式调结构着力点，打造创新发展新引擎。组织相关部门对全市105个重点文化企业、项目、古村等进行全面调研，进一步明确文化产业基础优势和发展方向。威海市文化产业推进会议与会人员到乳山市实地观摩，对乳山市文化产业发展予以肯定并提出建议。组织参加中韩（威海）文化创意产业合作交流会，设计打造具有地域文化特色的乳山馆，9种文化创意产品和非遗项目参展。组织商务部门及镇（街道）参观展会并开展招商活动，与亚洲新闻集团、韩国花茶协会及韩国仁川参展企业交流洽谈。福如东海文化园区等6个文化产业项目列入威海市级重点文化产业项目，小青岛等10处景区、岛屿等被评为威海首批特色影视拍摄外景基地。乳山台依湖葡萄酒生态文化区入选威海十大文化产业品牌，乳山钩织、乳山镂绣、彩绘葫芦、葫芦烙画入选首届威海特色文化创意产品，银滩大学生文化创意中心入选威海市文化产业服务平台。

红色文化品牌打造 2016年，乳山市组织举办弘扬传承乳娘精神座谈会，与会人员回顾乳娘以命相助大爱故事，讲述乳儿千里寻亲感恩乳娘曲折历程，阐述乳娘精神深刻内涵，深化乳娘精神时代意义，并举行“寻找胶东育儿所小伙伴”倡议活动启动仪式。积极参与胶东育儿所红色教育基地建设工作，协调制作播出《远落你在哪里》和《红色乳娘·人间大爱》两个专题片，编写《胶东育儿所》宣传画册。中央电视台《新闻联播》、新华社等播发胶东育儿所教育基地建设及乳娘事迹专题报道。情景剧《红色乳娘》在全省庆祝建党95周年文艺晚会上作为重点节目演出。开展吕剧《乳娘》在全市农村巡回演出活动。联合乳山市党史市志办公室组织编写图书《红色乳山》，以章回体形式记述乳山革命历史。指导马石山烈士陵园全国爱国主义教育示范基地建设，通过上级复查验收。中共山东省委宣传部副部长刘致福到乳山市调研，对马石山烈士陵园全国爱国主义教育示范基地建设给予充分肯定。

（杨立超）

9月1日，中共山东省委组织部副部长刘永巨（中）一行到胶东育儿所调研

【统战工作】 2016年，中共乳山市委统战部立足优势，突出重点，创新举措，扎实推进统战工作。中共山东省委统战部副部长牟强、曲涛先后到乳山市调研，对乳山市统战工作给予肯定。

统一战线工作领导小组成立 2016年，中共乳山市委成立统一战线工作领导小组，在各镇（街道）建立完善统战工作领导小组及市、镇、村三级统战工作网络，建立健全民主协商、联谊交友等制度，形成全市上下齐抓共管统战工作新格局。采取召开座谈会、举办培训班等多种形式，学习贯彻各级统战工作会议精神，做好规定动作，谋划自选动作，确保《中国共产党统一战线条例（试行）》落到实处。

威海市归国留学人员联谊会乳山分会成立 2016年9月2日，威海市归国留学人员联谊会乳山分会成立。联谊会共有日本、韩国、欧洲、美国、加拿大等归国留学生会员37人，并在成创乳山众创空间和乳山市老年大学设立活动室，为会员提供交流场所。联谊会的成立，进一步凝聚全市留学归国人员力量，对更好地发挥归国留学人员作用、促进海内外交流合作、服务经济社会发展起促进和推动作用。

“同心工程”系列活动助力经济社会发展 2016年5月，乳山市联合威海市归国留学人员联谊会举办归国留学人员座谈会，通过项目推介、观摩考察、对口互动交流等多种形式，吸引威海归国留学人员就人才、项目、技术、信息、资金等方面进行合作交流，为乳山市相关企业提供技术、信息等20条，签订合作协议3份，8个项目进行洽谈。7月初，邀请淄博市周村区新社会阶层联谊会及10个骨干会员企业到乳山市考察，就开展人才、技术、信息等方面合作达成初步意向。发挥党外知识分子联谊会人才荟萃、

5月31日，中共山东省委统战部副部长曲涛（左三）到成创乳山众创空间调研（张庆 摄）

智力密集、联系广泛的优势，组织党外人才开展“同心服务”系列活动，于1月底联合西馨苑社区开展“金猴纳福”送春联活动；6月，组织土肥、能源、农机、环保、农广校等方面农业专家到诸往镇铁山村为果农现场讲解传授果树管理技术，解疑释惑，赢得广大果农好评；聘请乳山市果茶站果树专家到下初镇垒家前村开展送农技下乡活动，向该村120名果农传授果树栽培管理及病虫害防治技术；7月初，邀请美籍华人斯卫博士到松山社区开展“暑期欢乐英语”进社区活动，培训社区学生110人次；10月14日，组织知联会医疗专家组成“爱心医疗队”到下初镇垒中前村开展义诊。

党外知识分子创业示范基地创建 2016年，为激发党外高科技人才及归国留学人员创新创业活力，乳山市先后在电子商务产业园创建党外知识分子创业服务示范基地，在“胶东伯瑞蓝莓”创建归国留学人员创业示范基地，在成创乳山众创空间创建党外知识分子暨归国留学人员“双创”基地。同时，在乳山市社会组织孵化器建立统战工作办公室，依托孵化园党组织对现有社会组织开展统战工作，党外知识分子联谊会入驻孵化园。全年开展创新创业大讲堂、人才沙龙、留学生企业恳谈会等联谊、培训活动4次，举办专题培训7场，发布各类信息40项。

统战及党外干部培训考察 2016年，乳山市在全市统一战线中开展强素质树形象活动，举办统战及党外干部培训班，就中央统战《中国共产党统一战线工作条例（试行）》、十八届五中全会精神、民族宗教基本知识等进行专题培训。组织开展党外人士情况通报会及参观考察等活动4次，围绕经济社会发展热点难点问题撰写高质量调研报告8篇，引起有关部门重视。组织开展十八届六中全会精神专题学习活动3次，进一步拓宽工作思路，提升统战干部及党外代表人士能力素质。

政协换届委员推荐提名 2016年，中共乳山市委统战部制订《换届人事安排和工作方案》，组织换届纪律学习4次，严明“九严禁”等纪律要求，增强统战干部和政协委员遵规守纪自觉性、坚定性。在人选推荐过程中，坚持谁推荐谁负责、谁提名谁负责、谁考察谁负责、谁管理谁负责，严把人选政治关、素质关、程序关，确保委员人选质量。组织精干力量，科学安排，合理调度，反复与有关单位沟通，综合评价人大、政协、党代表、工商联换届中190多名非公有制经济人选，认真开展考察工作，确保换届人选质量。

（张庆）

【机构编制】 2016年，乳山市机构编制委员会办公室围绕服务发展，加大简政放权和政府职能转变力度，科学工作者有效管理机构编制资源，推进行政审批制度改革、事业单位监管、机构设置调整等工作。

行政审批制度改革 2016年，乳山市做好动态调整，及时将本级事项进行“三比对”，即比对已经取消、调整的行政权力事项，确保与上一致性；比对已经公布的行政许可目录，确保准确性；比对核实事项设定依据，确保合法性。同时，坚持单位自查和集中审查相结合，确定乳山市调整事项，2016年完成两批调整。强化监管措施，将修订后行政审批事项目录清单和行政权力清单在市政府门户网站、市编办网站公开，有关部门、单位将调整后行政审批事项目录清单和行政权力清单在各自门户网站公开，加大社会监督力度。对调整事项衔接落实情况加强跟踪督导，进一步规范行政权力运行，对新增行政审批事项按有关规定进驻市政务服务中心集中办理，及时编写公开业务手册和服务指南，实施无缝衔接和规范审批；对改变管理方式事项，减少申请材料，优化办理流程，提高办事效率。推进平台建设，逐一审核各部门提交的事项，梳理上报涉及36个审批部门的269个事项、进驻政务服务中心的38项其他行政权力和便民服务事项以及15个镇级便民服务事项。同时，根据山东省编办修订后《行政权力事项编码规则》，完成政务服务平台所有行政审批事项的赋码工作。

机构设置调整 2016年，乳山市以满足发展需求为原则，合理设置调整机构，科学使用编制资源。为加快基础教育综合改革、推进“县管校聘”工作，设立市教育人才服务中心，承担教育人才流动、教师管理等方面工作；设立18所公办幼儿园，利用公立医院收回编制为公办幼儿园核定编制123名；调整市纪委（监察局）机关内设机构设置及职责，内设机构增至9个，行政编制增至35名；对公共资源交易中心进行更名，重新核定其职责，将市土地储备交易中心承接的交易职责及人员划转到威海公共资源交易中心乳山分中心；整体划转市住房保障和房产管理局档案管理科全体人员及编制，并规范其内设机构；为服务民生和重点领域，调整8名学校人员充实到五城联创、经济发展等用人需求迫切的部门；通过优化内部科室设置强化食品生产监管、流通监管职能。开展清理“僵尸”事业单位工作，撤并人员极少且长期不正常开展工作的城北、马石店畜牧兽医工作站，撤销阶段性工作已经完成的乳山市保安公司和乳山市自行车管理所，共收回编制37名。严格按照编制核定标准，重新核定中小学教职工编制2410名。参照外地综合执法试点经验，结合实际初步拟定乳山市综合执法工作方案。根据上级部署，结合实际定路线图和时间表，拟定国有林场改革方案并报威海市审批。开展机构编制监督检查工作，对住建局、教育局、科技局等6个部门机构编制工作进行评估，确保机构运行顺畅、职责监管无盲区。

社会信用代码赋码、发证完成 2016年，乳山市编办根据中央、省和威海市编办统一部署，通过细化工作流程、重抓工作落实，完成全市76个党政群机关证书发放工作。为实现“两个全覆盖”目标，加强业务联动，在开展换发证工作同时推进网上名称管理工作，对域名费用已经到期或者即将到期单位及时通知续费，全市应注册中文域名的单位468个，已注册单位491个，注册率达104.91%。

事业单位绩效考核 2016年，乳山市经过科学评价和严格考核，在纳入考核的14个系统149个事业单位中，26个单位被评为A级单位，123个单位被评为B级单位。将考核结果纳入组织、财政、人社等部门相关奖惩工作体系，加强考核结果使用，提高事业单位公益服务质量和效率。

事业单位法人治理试点 2016年，乳山市以实现“治理架构合理化、制定章程规范化、监督机制有效化”为切入点，继续加强对试点单位指导。督导3个事业单位法人治理试点单位召开2016年度第一次理事会，探索研究理事会运行有效方法，进一步完善事业单位内部激励约束机制，逐步建立以决策层、执行层为主要架构的治理结构，落实法人自主权，提高公益服务质量和效益。

镇级监管机构调整 2016年，乳山市理顺调整镇（街道）机构，通过调整机构、增配编制，加强基层对安全生产、道路交通安全、限额以下建设工程质量安全、人居环境改善、环卫一体化、农村饮用水水源地保护、土壤环境保护和工矿污染等方面工作监管力度。为确保调整后机构运行顺畅、工作无盲区，摸底调查全市15个镇（街道）人员分工，对发现的岗位职责等问题提出合理化建议，确保镇（街道）各项工作定岗定人、分工有序，实现监管工作全覆盖、无死角。

（于琛）

【机关党务】 2016年，乳山市直机关工作委员会（以下简称乳山市直机关工委）抓学习促引导、抓基层促规范、抓服务促为民、抓活动促载体，加强机关党的自身建设，改进机关工作作风，提升干部队伍综合素质。至2016年年底，辖党支部123个、离退休党支部37个。共有正式党员2763人，预备党员43人。

机关学习活动开展 2016年，乳山市直机关工委以市直机关“两学一做”学习教育为抓手，提升干部学用能力。各单位在常规学习内容基础上，针对工作中短板有针对性强化学习，利用周五学习日、一把手上党课、“微型党课周周讲”和“学乳娘当先锋”等活动，每周确定一个主题相互交流，促进干部勤学善思习惯养成。围绕中共乳山市委、乳山市政府中心工作，邀请专家开展礼仪形象知识等集体学习5次，培训党员干部1621人次。各支部结合“两学一做”活动，开展“共品书香”读书、学习体会交流300单位次。同中共乳山市委宣传部联合举办“小康情·中国梦”演讲比赛，遴选13名选手参加“共品书香”巡讲活动。

机关党支部建设规范 2016年，乳山市直机关工委以规范基层党支部“三会一课”和党员活动室建设为抓手，加大对支部基础性工作督导力度，努力实现市直机关党支部建设“走在前、做表率”。下发市直机关家室建设和“三会一课”标准，建立党支部党建基础工作动态跟踪

7月8日，乳山市直机关“共品书香”读书交流会举行　（孔晓辉 摄）

考核台账77个，检查80单位次。建立健全基层党支部和党员干部规范化动态考核机制，调整部分班子成员，对77名党支部书记进行党课培训。对机关工委2745名党员进行年审，2740名合格。新确定入党积极分子40人，确定党员发展对象40人，进行全程纪实跟踪，确保党员纳新工作“阳光操作”。

“机关品牌”创建深化 2016年，乳山市直机关工委以“机关品牌”建设为抓手，以创新助推发展，打造一部门一特色机关文化理念，引领和凝聚干部干事创业活力。按照“一年见成效，两年大提升，三年亮品牌”要求，2016年以“提升理念，增强活力”为出发点，深化机关品牌建设，精准提炼出部门文化理念精髓，精心构建品牌活动及创建机制。各单位全部修订完成品牌建设方案，基本完成品牌标志设计，重点打造并推介政务中心、群工部、国税局、规划局、妇联等品牌示范点。6月，山东省直机关工委到乳山市专题调研品牌建设。

纪律督导常态化 2016年，乳山市直机关工委对市直机关在岗值班、挂牌上岗及工作纪律等提出制度规范并定期巡回检查，进行集体活动签到13次，节假日、日常值班抽查1250单位次，上班纪律和挂牌上岗工作抽查128单位次。加强对周五学习日制度检查督促力度，每季度抽查各部门集中学习和党委理论中心组学习情况，监督部门和干部学习。开展经常性卫生督导，对全市85家市直单位进行经常性卫生检查，发放卫生督办单230份。

机关党的活动开展 2016年，乳山市直机关工委以庆祝建党95周年活动为契机，开展丰富多彩机关活动。举行2016年入党积极分子培训班1期，培训考核55名入党积极分子。“七一”前，组织39名预备党员在胶东育儿所纪念馆举行“乳山市直机关庆祝建党95周年新党员集中宣誓仪式”。组织77名机关党支部书记到胶东育儿所教育基地接受党性教育。组织开展机关干部中国象棋、乒乓球、羽毛球比赛，70个单位260人参加。举办十八届五中全会精神知识竞赛报纸答题、“学党内法规、学论述摘编”知识竞赛、“两学一做”知识竞赛活动，4000名机关干部和市民参加。承办“党旗飘扬、走在前列”乳山市庆祝建党95周年歌咏比赛市直机关专场，19个部门18支队伍参加。

机关群团工作推进 2016年，乳山市机关工会委员会对贫困职工和劳模进行摸底，看望困难劳模2名、困难职工25名，发放慰问金46000元。机关团工委积极开展青年文明号争创活动，13个团支部和多个青年组织积极开展各类青年志愿者活动180人次；做好机关团员青年网络宣传工作，8名网宣员积极对外宣传机关青年工作。机关妇委会推荐威海市级以上先进个人及先进集体2个；开展“社会妈妈”活动，8个单位拉手贫困中小学生9名。

（孔晓辉）

【党史研究】 2016年，乳山市党史市志办公室以存史资政育人为根本，坚持对接大局、创新进取，统筹推进党史成果转化、党史征集研究、党史宣传教育等工作。抢救红色乳娘历史、打造胶东育儿所教育基地做法在全省党史主任培训班上作交流发言，被省市党史部门刊物、网站刊发推广并向中央党史研究室推荐。

胶东育儿所教育基地打造 2016年，乳山市党史市志办公室抢救性挖掘史料，在梳理原有档案基础上，赴国家、省级党史、档案馆及周边市县查档；联系相关军区，全国公告征集，通过革命后代、微信圈“人找人”；全面梳理核查相关镇村、部门干部走访信息，协调12个采访组、3个照片拍摄组逐个线索挖掘。共收集育儿所工作人员和乳儿名单、阶段工作总结、亲历者口述回忆录等第一手资料600页，梳理乳娘事迹150个，查找联络乳儿47名，收集乳娘、乳儿照片200张。第一时间完成布展大纲，配合山东工艺美院设计布展。精心设计细节，突出生死与共、以命相助主题，挖掘典型故事，反复锤炼文字，撰写胶东育儿所讲解词，改写马石山红色教育基地讲解词。指导3名讲解员，进行党史培训、实地指导20次，精选培训6名旧址义务讲解员，达到

6月29日，弘扬传承乳娘精神座谈会召开 （孙轶琰 摄）

讲解催人泪下、触及学员灵魂效果。

弘扬传承乳娘精神座谈会召开 2016年6月29日，乳山市举办弘扬传承乳娘精神座谈会，乳山市党史市志办公室会同乳山市武装部、乳山市妇联等单位邀请来自全国红色文化研究领域专家学者、革命后代、乳娘、乳娘亲属及乳儿60人参加。与会人员回顾胶东育儿所发展历史和乳娘以命相助大爱故事，讲述乳儿千里寻亲感恩乳娘曲折历程，阐析乳娘精神深刻内涵，深化乳娘精神时代意义，弘扬和传承乳娘精神，并举行“寻找胶东育儿所小伙伴”倡议活动。

革命史料挖掘研究 2016年，乳山市党史市志办公室结合红色文化建设，抢救性挖掘乳山革命史料。梳理胶东育儿所、胶东兵工、胶东公学、革命医疗机构等方面线索170个，发至每个村进行全面调查。组织单位干部、党史爱好者、镇（街道）干部组成联合调查组，深入农村采集第一手史料，形成口述史文章120篇，进行汇编。进一步考证马石山抗战史料，编修《马石山1942》初稿，字数40万字。与中共乳山市委宣传部联合推出《红色乳山》一书，全书36万字，以章回体形式记载新中国成立前乳山党组织、广大共产党员及革命群众前仆后继、浴血奋战历程，是加强党员、干部和群众革命传统教育、爱国主义教育、党的宗旨教育地方党史读本。

改革开放实录和县委书记口述史编修 2016年，乳山市党史市志办公室启动《改革开放实录》编修，完成报威海6个专题撰写，乳山卷同步启动。开展社会主义建设时期县委书记口述史征集工作，登门采访1名在世书记并形成初稿，对去世的10名书记、7名县长查阅档案并联系其亲属收集资料。

红色乳山品牌联合推介 2016年，乳山市党史市志办公室与电视台、远教中心联合拍摄《胶东育儿所》《远落你在哪里》等专题片。推荐情景剧《乳娘》作为全省庆祝建党95周年文艺晚会重点节目，协助山东省文化厅舞台剧采访。筹备启动乳娘题材电影《生死相依》拍摄，中共乳山市委主要领导赴全国政协礼堂举行电影启动仪式。开展党史“六进”活动，打造古风书室2处，向社会各界赠送党史、地情书籍2000册。

（吕素坡）

9月22日，乳山市组织老干部参观威海马石山红色教育基地（老干部局提供）

【老干部工作】 截至2016年年底，乳山市有离休干部265人，其中抗日战争时期76人，解放战争时期189人；行政机关83人，事业单位96人，企业单位86人。2016年，对老干部政治上尊重、经济上照顾、精神上关心，加强和改进老干部思想政治工作，组织老干部开展有益活动。乳山市老干部艺术团获“山东省优秀老干部文艺团队”称号，“以老助老”工作经验在中组部《老干部工作情况交流》第27期刊发，在全省为党和人民的事业增添正能量活动推进会上作典型经验交流发言。

政治待遇落实 2016年年初，乳山召开全市老干部情况通报会，通报2015年全市经济社会发展情况和2016年工作安排。组织担任过县处级以上实职老干部参加全市春节晚会等重大活动。举办老干部党支部书记培训班，邀请市委党校教师进行“做合格党员，坚定信念跟党走”专题培训。组织县处级老干部和城区离休干部、乳山市老干部党支部书记和各镇（街道）老干部代表观摩乳山市经济社会发展情况，到威海马石山红色教育基地和胶东育儿所接受红色教育。开展“我看从严治党新气象”问卷调查，掌握老干部思想动态。组织各离退休干部党支部参与全省“优秀活动日”评选活动，下初镇离退休干部党支部获表彰。发动老同志参与中共山东省委老干部局组织的“不忘初心——我的入党故事”征文活动，上报稿件103篇，位居威海市首位。结合“两学一做”学习教育，通过会议、培训、网站等形式，在离退休干部党员中开展“忆党史、强党性、争先锋”主题实践活动。

生活待遇落实 2016年春节前，乳山市为全市离休干部发放慰问品，为城区老干部供应物资，组织走访慰问担任实职县处级以上及居住在烟台、威海等地老干部，听取意见和要求。开展“即时关爱”活动，及时为困难老干部送去党组织关怀。向乳山市67名困难离休干部遗属发放救助金共计10万元，向全市270名无工作离休干部遗属发放取暖补贴29.7万元，向乳山市政府提出减免36家困难企业所属59名离休人员医保金意见。“七一”前组织为全市离休干部进行健康查体，对部分行动不便老干部组织医务人员上门体检。10 月，组织县处级退休干部进行健康查体。做好移交政府管理的军队离休干部及遗属相关待遇落实。继续开展“向老干部承诺、为老干部办事、请老干部监督”活动，全市 92 个单位向老干部承诺办实事 298 件次。满足老干部开展文体活动和“四就近”服务需要，推进老干部活动场所建设工作，乳山市已有 22 个单位和 13 个社区分别获评“威海市优秀老干部活动中心（室）”和“威海市离退休干部社区服务示范点”称号。

老干部文体活动开展 2016年，乳山市投资 30 万元升级改造乳山市老干部活动中心两处门球场及下初镇、乳山寨镇老干部门球场。举办乳山市老干部门球培训班、乳山市第 27 届老年人门球比赛、全市第九届老干部门球联赛、首届全国休闲养生门球赛，选拔优秀代表队参加威海市第 23 届老干部门球赛。乳山市老年大学先后举办元旦文艺会演、庆“三八”文艺演出、庆祝建党 95 周年文艺演出、迎国庆文艺会演和庆祝建党 95 周年暨长征胜利 80 周年书画摄影展等活动。组队参加乳山市庆祝建党 95 周年合唱比赛，获三等奖。组织老干部和老年大学学员参加“第七届威海市老干部艺术节”，获奖项 48 个，是获奖最多单位，尤其是自编自导独幕京剧《乳娘》获艺术节特别贡献奖。举办第二届“枫叶情”老干部楹联征集活动，征集作品 1000 幅。

青少年党史国史教育经验在全国会议交流 2016 年，乳山市关工委面向成员单位开展党史国史教育专题调研，为下步工作开展掌握情况、开拓思路，同时继续开展成员单位办实事活动，乳山市 25 个成员单位每年为关心下一代工作至少办一件实事。4 月，在全国关心下一代工作员会党史国史教育经验交流会上，冯家镇《运用喜闻乐见形式广泛开展青少年党史国史教育》典型做法作为大会书面交流材料印发。11 月 14 日，威海市关工委到乳山市调研，充分肯定乳山市将老干部志愿者协会与关工委“五老”队伍建设相结合经验做法。组织参加全省青少年书画大赛，获奖 50 人。

老干部党支部集中换届完成 2016 年，乳山市完成全市 2 个党总支、78 个离退休干部党支部换届工作。重点抓好两个创新：创新党组织配置，乳山市直部门、市属国有企业等全部由单位选派分管负责人担任离退休干部党支部“第一书记”，强化部门对老干部工作支持力度，确保离退休干部党支部有人管事、有人干事。创新党组织架构，对乳山市教育局等离退休干部党员人员较多、居住分散单位，变以往“离退休干部党支部+党小组”模式为“离退休干部党总支 + 离退休干部党支部 + 党小组”模式，有利于离退休干部党员就近教育管理、就近发挥作用、就近参加活动。

“为党和人民的事业增添正能量”活动开展 2016 年，乳山市结合“五城联创”工作实际，开展“银龄添彩、共创五城”主题活动。老干部艺术团开展“正能量演艺广场”特色活动，全年深入农村社区演出 30 场次。老干部书画社志愿者深入社区书画创作，开展活动 10 次。老科技工作者协会开展“科普惠农、助力扶贫”活动，深入贫困村送科普下乡 10 次。老年体协开展“我活动、我阳光、我快乐”特色活动，对乳山市老年活动站（团体）进行培训指导 20 次。老干部社区服务队组织开展“我爱家园”活动，乳山市 15 个镇（街道）老干部志愿者主动参与到创建全国卫生城工作中，开展卫生清理活动 18 次。

镇（街道）老干部党支部工作经费保障 2016 年，乳山市出台《关于发放镇（街道）老干部党支部工作经费的意见》，自 1 月开始，从市管党费中拨付部分资金，对各镇（街道）老干部党支部提供相应经费支持，用于老干部党支部日常学习培训、教育管理、开展活动等。同时，印发《关于各镇（街道）老干部党支部工作经费使用及报销办法的通知》，指导各镇（街道）老干部党支部做好经费使用、报销等工作，确保经费使用合理规范。

老干部“银龄智库”建立 2016 年，为更好地组织引导全市广大离退休干部积极发挥作用，中共乳山市委老干部局进一步整合老年人才资源，7 月份，着手建立全市老干部人才库——“银龄智库”，登记汇总全市 75 周岁以下退休人员爱好和特长，内容涵盖法律、科教、文化等 9 大类、34 小项。共登录 4489 人，为今后有针对性组织老同志在各自特长领域发挥作用奠定基础。

老年大学招生数量突破 1100 人 2016 年新学期，乳山市老年大学招生突破 1100 人，设专业 26 个，教学班 59 个，创历年新高。适应威海市老年大学一体化建设需要，在充分调研论证、借鉴参考基础上，经乳山市编委会批准，在乳山市老年大学设立办公室、教研室 2 个内部科室，核定 4 个事业编制。出台《乳山市老年大学 2016—2017 学年教学实施意见》，从严格学籍管理、灵活专业设置、科学安排教学、完善教师待遇、开设名师讲堂等多方面进行创新性改革。将老年大学师生书画摄影优秀作品结集成册，出版《翰墨寄情》书画摄影作品集，中共乳山市委主要领导题序。制作大学宣传片，展示良好教学氛围和学员积极向上学习风貌。

（李毅）

【群众工作】 2016 年，中共乳山市委群工部以服务发展、服务群众为主线，抓好民生诉求事项办理、联系服务群众常态化、部门包村等工作，提升群众工作水平。全年迎接山东省、威海市调研指导工作 10 次。

民生诉求事项办理机制完善 2016 年，中共乳山市委群工部发挥民生服务平台作用，完善办理流程和工作机制，抓好群众不满意事项督办落实。年内受理群众诉求 15074 条，办结率 100%，办理满意率 99.13%。结合乳山市“五城联创”需要，在

4月14日，中共乳山市委群工部组织相关部门开展民生诉求现场联席办公（群工部提供）

民情网设立创建国家卫生城市投诉平台，畅通群众卫生诉求渠道，全年受理卫生诉求613件，办结率100%，办理满意率99.49%。细化调整《民生诉求专报》，对诉求数量、办理质效等进行明细，督办通报超期办理诉求，进一步提高部门责任意识和办理质效。向中共乳山市委、市政府上报专报223期，提出研判建议28条。

民生诉求“双语”服务平台建立 2016年，随着对外经贸交流加深，到乳山市经商、旅游外国人士越来越多。为畅通外商或外国游客咨询和诉求反映渠道，营造良好投资和旅游环境，中共乳山市委群工部建立民生诉求双语平台。上半年抓好韩国语学习培训，每天抽出30分钟时间组织全体人员学习韩国语，共组织集体学习132节次，测试12次，使大家够掌握韩国语基本发音和简单对话。在此基础上，下半年结合韩语学习，加大英语培训力度，通过集体教学、交叉互学、个人自学相结合方式，提高干部英语知识储备和运用表达能力。

民生诉求现场联席办公机制建立 2016年，中共乳山市委群工部围绕办好民生诉求，制订《民生诉求现场联席办公实施方案》，变“层层汇报流程”为“扁平化管理流程”，变各相关单位“分散行动、推拖躲让”为“合力共促、即时落实”。全年现场查看民生诉求事项216件（次），现场联席办公并督办落实部门办理后群众仍不满意事项、反映较为集中事项、管辖权不清晰事项等疑难复杂群众诉求124件，群众满意度提升。

联系服务群众常态化 2016年，中共乳山市委群工部一方面抓好群众工作指导员到村“面对面”工作。完成群众工作智能化管理系统数据更新，加大群众诉求收集督办力度，群众工作指导员全年收集群众诉求1137条，全部予以解决办理。加大日常考核力度，对群众工作指导员进村居开展“面对面”工作情况进行督导通报，调动群众工作指导员积极性和主动性。另一方面，抓好“两代表一委员”联系服务群众工作。通过《乳山时讯》、乳山电视台等媒体对“两代表一委员”工作室进行宣传报道，扩大群众知晓率，组织“两代表一委员”进社区开展政策法律咨询、社情民意调查等活动800人次，联系服务群众23000人次。

与扶贫相结合推进包村工作 2016年，乳山市将包村工作与精准扶贫和精准脱贫工作有机结合，由全市117个部门对117个村（含45个省定贫困村）进行“一对一”结对包扶，引导各包村部门统筹抓好所包村产业项目发展、生产生活环境改善等工作。在此基础上，根据中共乳山市委“三位一体”包扶新要求，制作72个市定包扶村包村情况展示视频，对包村工作开展情况进行通报，对涌现出的部分先进单位、先进经验进行总结推广。同时，加大对72个市定包扶村产业项目实施方案制定情况督导力度，推动包村工作提质增效。全年各市定包村部门为包扶村投入资金及物资折款900万元，办实事240件，引进帮扶项目9个。

（群工部）

【扶贫开发】 2016年，乳山市围绕“抓基础、抓落实、真扶贫、扶真贫”工作目标，坚持开发式扶贫和政府主导、全社会共同参与原则，构建“三位一体”包扶格局，集中各方力量，形成扶贫攻坚合力，扶贫开发工作取得实效。威海市领导孙述涛、张惠、赵熙殿、傅广照等到乳山市调研指导扶贫开发工作。

扶贫责任压实 2016年，乳山市在机构设置、人员配备、职能整合“三到位”基础上，制定包村部门扶贫、市直部门行业扶贫、各镇（街道）扶贫开发等考核意见。每个贫困村由所在镇（街道）安排1名驻村干部和1名指导员，与驻村“第一书记”一起组成扶贫工作队。第一书记吃住在村、脱产靠在一线，在档案整理、项目论证、项目建设、协调服务等方面发挥关键性作用，同时积极协调派出部门帮扶。威海市、乳山市两级包村部门对贫困村帮钱帮物帮思路，在产业项目、家室建设、道路硬化、水利设施等方面加大资金投入力度，同时加强政策扶贫、精神扶贫，全年各级包村部门投入资金860万元。

扶贫档案规范 2016年，乳山市把扶贫开发档案作为精准扶贫基础工作，确保档案管理准确、完整、规范。3月，按照山东省、威海市统一部署，开展建档立卡“回头看”工作，对省定贫困村建档立卡贫困人口逐户逐人深入调查核实，核查农户收支，查看家庭生产生活条件，对比收入、住房、财产状况，做好贫困人口清退和补充识别，逐户查找致贫原因、制定脱贫措施。组织档案、审计等部门深入各镇村指导精准扶贫档案资料审核、分类、归档与整理工作，制订市、镇、村、户4大类、13小类档案管理标准，统一制作扶贫手册、工作日志等，确保及时全面归档。实现档案管理动态化，将用工劳务合同、企业约定收益合同等纳入档案统一管理，依托扶贫开发信息管理系统动态录入维护贫困人口生产生活状况、参与增收项目、外出务工等信息。

行业扶贫合力凝聚 2016年，乳山市在发挥村镇主体作用基础上，充分利用部门行业扶贫优势。全面启动实施就业保障、农村道路、农田水利、饮水安全等专项扶贫计划28个。围绕加强贫困村班子建设，中共乳山市委组织部以实施“百村攻坚”工程为契机，将45个省定贫困村全部纳入后进班子整治范围，集中培训贫困村党支部书记，实行销号管理，增强农村班子战斗力；乳山市财政局会同有关行业主管部门，对除据实结算的普惠性资金以外其他涉农资金，安排不低于20%比例用于扶贫脱贫；乳山市林业局将国有林业园林公司组建与精准扶贫相结合，在乳山寨镇李家兴村建设育苗基地8公顷，由乳山市园林公司进行经营，村通过土地流转租金、参与苗圃管理、苗木销售分成等方式年可收益6万元；乳山市卫计局针对部分贫困村未设卫生室的实际，制定村卫生室服务点建设方案，27处村卫生室服务点均落实业务用房和巡诊服务人员，配备医疗设备并全部投入使用。全市全年整合行业扶贫资金1.5亿元，形成行业扶贫强大合力。

社会扶贫体系完善 2016年，乳山市出台《脱贫攻坚社会扶贫专项方案》。发挥统战、工会、团委、妇联及工商联等部门优势，引导和支持社会团体、基金会、企业等各类组织，通过企业对口帮扶、专业人才支持、扶贫募捐、创业帮扶等多种形式参与扶贫开发。40家企业结对帮扶45个省定贫困村，投入物资80万元。设立“农村扶贫救助资金”专户，对45个省定贫困村开展助医、助学、助困等救助活动；开展“青春同行·圆梦助学”活动，向65名困难青少年送去爱心助学款5万元；举办爱心联盟捐助励青公益学子捐赠仪式，为50名贫困学子发放助学金；依托“农村淘宝”“京东帮”等项目，开设62个乡村电商服务站；发展“乡村车间”和农村加工点502处，实现45个省定贫困村全覆盖。

扶贫宣传阵地打造 2016年，乳山市抢占扶贫宣传主阵地，打好主动仗。由扶贫办、宣传部、电视台联合成立扶贫宣传工作队。修改扶贫宣传考核办法，按照“完成任务是底线，尽量多发稿件”原则，层层下达任务、传导压力。建立“第一书记”和各镇（街道）负责宣传人员QQ群，发动基层力量提供素材。全年在国家级主流媒体发表稿件16篇、非主流媒体发表3篇，省级以上媒体发表21篇，威海市级主流媒体54篇，威海扶贫简报发表6期。三季度发稿数量在威海市各市区居首。

（于大海）

【党校教育】 2016年，中共乳山市委党校坚持政治建校、质量立校、人才强校、从严治校的办学方针，主动服务中心大局，改进教科研工作，各项工作整体推进。

党性教育方法创新 2016年，中共乳山市委党校实现理论教育主体化、党性教育常态化，在教学安排、教学内容及方式方法等方面进行创新探索。完成乳山市年度干部培训计划，举办主体班次8个，培训学员2394人次。充分利用马石山、胶东育儿所等特有红色资源，组织主体班次学员开展现场教学8场，参训学员1500人次；接待外来参训学员1000人次，播放红色教育专题片19场次；举办“周六课堂”，培训干部500人次。

党校科研成果完成50项 2016年，为充分发挥党校科研智库作用，中共乳山市委党校增设科研处作为专职科研机构，配备专职科研人员，完善科研经费保障，修订《科研工作考核规定》和《科研工作奖励办法》。组织参加全省党校系统管理学、哲学学术研讨会，参与率、获奖率均居威海市各区市党校之首。多次邀请省内党校科研骨干到校讲座，交流科研工作心得。全年完成科研成果50项，其中省委党校系统课题15项、威海市社科重点课题2项、

11月23日，中共乳山市委党校向教师宣讲党的十八届六中全会精神
（王凯丽　沙晓军　摄）

威海党校系统课题2项。

党校特色校园文化打造 2016年，中共乳山市委党校选派教师到中央党校、省委党校、国家会计学院等高端培训机构学习进修30人次。以打造"甲午国殇·民族复兴"教育基地为契机，打造党校特色校园文化，提升校园文化内涵，扩展育人功能，激励教职工干事创业热情。全年7名教师受到上级党校和各级党委政府表彰奖励。

（冯文燕）

【信访工作】 2016年，中共乳山市委乳山市人民政府信访局建立健全工作制度30项，建立覆盖信访事项办理各个环节的工作规范20项，全面提升信访工作水平。初信初访及时受理率和按期办理率全部达100%，信访群众对信访局满意率评价达98%以上，对责任单位满意率达88%。连续第5次被山东省、威海市授予"信访工作先进单位"称号。

信访工作机制创新 2016年，乳山市建立"三联一线"工作机制，乳山市联席办会议召集人总负责、联席办牵头，通过联合排查、联合会商、联合约见等形式，下移工作中心、深入基层一线，帮助基层及时、就地化解矛盾隐患。全年在各镇（街道）、重点部门设立"三联一线"工作室32个，组建专项问题调处工作组10个，累计化解重点矛盾纠纷278个。依托市级领导公开接访平台，对初始矛盾纠纷组织联合接访，健全信息预警联动处置、联席会议研究、部门各司其职工作机制，做到事先会商研究、事中解释疏导、事后督导化解，确保问题早化解、不反复。乳山市联席办全年组织联合接访活动110次，接待群众代表220人，初始矛盾纠纷一次性化解率达98%以上，群众重复信访大幅下降。探索实践以"超前防范源头化、依法处置规范化、协调配合集中化、专辅结合就地化、行业治理系统化"为主要内容的"五化联动"工作模式，实现矛盾纠纷依法及时就地化解，全年排查化解各类矛盾纠纷436件。各镇（街道）、市直经济主管部门和信访量大部门负责，每月固定日期开展公开接访活动，全年公开接访下访184起，化解96起。开展《山东省信访条例》"进社区、进农村、进企业、进机关、进家庭"活动，组织发放宣传单1万份，举办各类学习班4批、400人次。

"六化"化解信访积案 2016年，乳山市重点抓好排查62件、威海市交办38件、山东省信访局交办信访积案20件。通过"六化"方式促进化解，即领导包案化解一批、督查督办化解一批、集体会商化解一批、帮扶感化化解一批、分流化解一批、警示教育和依法惩治化解一批。对于化解的信访积案，以息诉罢访协议书、不再上访承诺书或者司法确认形式将化解成果予以固定。全市积案化解率达80%以上，未发生进京非正常上访问题。

"阳光信访"打造 2016年，乳山市加强网上信访工作，引导群众"多上网、少上访"。网上办理过程和办理结果公开，信访群众对信访事项办理过程及办理结果可查询、可跟踪。就网上信访事项及时受理率、及时办理率、群众满意率出台系列考评办法，倒逼责任单位认真及时办理群众诉求。年内，本级网上信访平台受理信访事项418件，占本级网上来信、来访及投诉事项总量26.9%，信访群众的满意率达100%。

矛盾纠纷排查 2016年，乳山市全面排查区域内各类不稳定因素和矛盾隐患，建立详尽动态数据库，尤其是将近几年有信访行为暂未化解、无信访行为但反映问题未彻底化解、新发生纠纷暂无信访行为195名重点人员全面排查出来，逐人逐案疏导化解。同时，排查筛选可能进京非访、组织串联他人上访等重点人员65人，有针对性地开展重点疏导稳控工作。

信访责任落实 2016年，乳山市实现信访事项每日快报推动"日清日结"。市联席办将每天信访情况、部门和单位处置情况当天专报中共乳山市委、市政府主要领导、分管领导。中共乳山市委、市政府定期听取信访工作汇报，对信访事项办理不作为、慢作为、乱作为单位，领导逐案批示整改，"两办"督查室第一时间跟进督查。对乳山市级领导干部公开接访情况每天"一快报"、每季度"一通报"，对部门工作考核每季度进行一次，公示排名情况，年终综合评定。推动成立4个督导组，实行重点时期专项督导、其他时期定期督导，市联席办每月对各部门、单位信访情况进行全市通报。提出问责建议，全年对3个镇、2个部门进行通报批评，对10名单位主要负责人、分管负责人进行诫勉谈话。

（吴春茂）

【对台工作】 2016年，中共乳山市委对台工作办公室（乳山市人民政府台湾事务办公室）发挥部门职能作用，走访台资企业帮助解决难题，通过组织企业对台招商、编发对台招商信息方式为招商引资工作服务。

走访台资企业帮解难题 2016年，乳山市台办到台资企业开展调研，了解生产经营情况，倾听台商、台胞和台属声音，帮助解决生产、生活中困难，建立"三联一线"工作机制。开展"走近台胞（属），明民意"活动，走访欣业联公司、顶点科技公司4次，并及时与滨海新区沟通了解台资企业与相关方纠纷情况，做好沟通协调工作，促进问题解决。

组织企业对台招商 2016年，乳山市台办组织东方国际养生城、金果花生、吉利食品、同兴食品、博瑞蓝莓赴潍坊市参加第22届鲁台经贸洽谈会，参加两岸健康产业投资洽谈会和两岸食品产业对接会；组织相关企业参加由海经委组织台湾部分上市上柜企业对接会；组织企业参加在青岛举办"中韩企业对接洽谈会"，就汽车车用后桥、海洋牧场、休闲垂钓、牡蛎粉加工等10个项目进行探讨合作。

对台招商信息编发 2016年，

乳山市台办以招商手册为基础，编制对台精准招商宣传手册，通过邮寄、电子邮件等形式向岛内目标企业投放100份。建立台胞微信群，在重大节假日传达问候，不定期发布乳山市产业信息。了解掌握岛内行业信息动态和产业发展方向，通过行业组织提升两地企业对接针对性。做好产业分析和解读，印发精准产业招商信息15期，为各产业招商部门开展针对性招商提供服务。

（张鹏）

10月20日，乳山市人大常委会主任马泽（前）带队调研水利工作（宋悦 摄）

乳山市人民代表大会

【概况】 乳山市第十七届人民代表大会代表总额245名。乳山市人民代表大会常务委员会下设办公室、人事代表工作委员会、内务司法工作委员会、财政经济工作委员会、农业和农村工作委员会、科教文卫工作委员会、城乡建设与环境资源委员会、民族宗教工作委员会、预算工作委员会。2016年，根据《中共乳山市委关于进一步加强和改进人大工作的意见》要求，乳山市人大常委会主任实行专职配备，全市14个镇人大设立专职主席或副主席，滨海新区、经济开发区、城区街道3个人大工作委员会配备专职主任或副主任。乳山市人大常委会紧紧围绕全市改革发展稳定大局，履行法定职责，开展政府工作监督、执法监督，为促进经济持续健康发展和社会全面进步做出贡献。年底，全市市、镇两级人大换届选举工作完成。

【十七届人大六次会议】 于2017年1月19—20日在华玺大酒店国际会议中心召开，226名人大代表出席，出席市政协九届四次会议全体委员以及不是市人大代表的市委常委、市政府副市长，市直部门、人民团体、驻乳单位主要负责人，各镇镇长，城区街道办事处主任、人大办公室副主任列席会议。会议听取审议《政府工作报告》《市人大常委会工作报告》《法院工作报告》和《检察院工作报告》，审议市政府《乳山市"十三五"规划纲要》《乳山市2015年国民经济和社会发展计划执行情况与2016年国民经济和社会发展计划的报告》《乳山市2015年财政预算执行情况和2016年财政预算的报告》，并分别做出相应决议。会议认为，"十二五"时期是乳山市发展极不平凡的五年，面对错综复杂的发展环境和十分艰巨的发展任务，全市上下在市委坚强领导下，深入贯彻落实党的十八大和十八届三中、四中、五中全会精神，在经济下行压力加大的情况下实现经济稳健增长、结构持续优化、发展质量与效益同步提高，现代化幸福乳山建设取得显著成绩。会议号召，全市上下要强化责任感和紧迫感，科学认识新常态、主动适应新常态、积极引领新常态，干事创业，开拓进取，不断开创现代化幸福乳山建设新局面。会议接受高书良辞去乳山市第十七届人大常委会主任职务、赵钧波辞去乳山市第十七届人大常委会副主任职务的请求，补选马泽为乳山市第十七届人大常委会主任，孙保广、侯常青为乳山市第十七届人大常委会副主任，李云俊为乳山市第十七届人大常委会委员，原永忠为乳山市人民法院院长，连业文为乳山市人民检察院检察长。会议期间，收到建议、批评和意见29件，由乳山市人大常委会人事代表室分理后转交政府及有关部门研究处理。

【人大常委会会议】

十七届人大常委会第三十四次会议 于2016年1月13日举行。会议审议通过乳山市人大常委会2016年工作要点；接受姜山辞去乳山市第十七届人大常委会委员职务和陈天合、毕新状、刘学丽、姜兴泽辞去威海市第十六届人民代表大会代表职务的请求；补选傅逊、连承鹏、刘健民、周兵、原永忠、连业文为威海市第十六届人大代表；决定免去谭先志的乳山市审计局局长职务，任命李伟为乳山市人大常委会城乡建设与环境资源保护工作委员会主任，任命李若军、武鹰、张华超为乳山市人民检察院检察委员会委员，任命邓德强为乳山市人民检察院检察员；通过市人大常委会《关于命名表彰第二批"优秀人大代表小组""优秀人大代表""人大代表小组建设先进个人"的决定》。会议议程结束后，举行新任命人员向宪法宣誓仪式。

十七届人大常委会第三十五次会议 于2016年2月15日在乳山市人大五楼会议室举行。会议接受张立东、曹积乐、刘学丽辞去乳山市第十七届人民代表大会代表职务的请求；补选原永忠、连业文、李云俊、侯常青、鞠鹏飞、孙志浩、邢晓军为乳山市第十七届人民代表大会代表；确定乳山市十七届人大六次会议有关事宜。

十七届人大常委会第三十六次会议 于2016年4月1日举行。会议审议通过市政府关于贯彻实施《中华人民共和国预防未成年人犯罪法》《中华人民共和国律师法》情况报告；审议市人大常委会内务司法工作委员会关于相关工作调查报告；通过市十七届人大常委会第三十六次会议审议意见；决定接受高书鹏辞去乳山市第十七届人民代表大会常务委员会委员职务请求，任命姜国臻为乳山市人大常委会预算工作委员会主任、李江成为乳山市人大常委会人事代表工作委员会副主任、宋修刚为乳山市滨海新区人大工作委员会副主任、迟殿峰为乳山市城区街道人大工作委员会主任，免去高书鹏乳山市人大常委会人事代表工作室主任职务，任命李学兵为乳山市监察局局长、张新龙为乳山市文化广电新闻出版局局长、王世建为乳山市科学技术局局长、隋岩波为乳山市水利局局长、于晓东为乳山市林业局局长、宋磊为乳山市城区街道办事处主任，免去李云俊乳山市监察局局长职务、李学兵乳山市文化广电新闻出版局局长职务、姜国臻乳山市水利局局长职务、隋岩波乳山市林业局局长职务、姜春龙乳山市城区街道办事处主任职务，任命梁翔宇为乳山市人民检察院检察员、检察委员会委员、副检察长。会议议程结束后，举行新任命人员向宪法宣誓仪式。

十七届人大常委会第三十七次会议 于2016年5月10日举行。会议审议通过市政府开展环境保护工作、市人民法院贯彻实施《中华人民共和国刑事诉讼法》情况和市人民检察院规范司法行为工作情况报告；审议市人大常委会内务司法工作委员会、城乡建设与环境资源保护工作委员会关于相关工作调查报告；通过十七届人大常委会第三十七次会议审议意见；接受徐明辞去乳山市人民政府副市长职务请求；决定任命张大庆为乳山市人民政府副市长，袁国选为乳山市公安局局长，免去苏卫军乳山市公安局局长职务。

十七届人大常委会第三十八次会议 于2016年5月11日举行。会议审议通过乳山市政府《关于申请将乳山市城区供排水PPP项目和乳山市银滩供排水棚PPP项目政府购买服务支出纳入预算管理的意见》报告。

十七届人大常委会第三十九次会议 于2016年7月13日举行。会议审议通过乳山市政府《关于申请中国农业发展银行龙角山水库及上游水系综合治理工程项目专项贷款》报告。

十七届人大常委会第四十次会议 于2016年7月25日举行。会议审议通过乳山市政府关于2016年上半年国民经济和社会发展计划、财政预算执行、2015年度本级财政预算执行和其他财政收支审计情况，以及办理代表建议、批评和意见情况报告；审议乳山市人大常委会财政经济工作委员会相关调查报告；通过乳山市第十七届人大常委会第四十次会议审议意见；审查通过乳山市人大常委会第四十次会议审议意见落实情况报告；会议决定任命孔祥雷为乳山市人民政府副市长。

十七届人大常委会第四十二次会议 于2016年9月29日在乳山市人大五楼会议室举行。会议审议通过市政府关于2015年乳山市决算情况和市人大常委会财政经济工作委员会关于2015年乳山市决算情况审查报告；审议通过重点工业项目建设情况和城市重点工程建设情况报告；审议通过乳山市人大常委会工作委员会相关调查报告和市镇两级人大换届选举有关事项；通过乳山市人大常委会第四十二次会议审议意见；审查通过乳山市人大常委会第三十七次会议审议意见落实情况报告。

十七届人大常委会第四十三次会议 于2016年11月11日在乳山市人大五楼会议室举行。会议审议通过市政府《关于提请审议以政府购买服务方式支付乳山市滨海新区路网改造工程资金的报告》。

十七届人大常委会第四十四次会议 于2016年11月22日在乳山市人大五楼会议室举行。会议审议通过乳山市司法局、城市管理行政执法局、海洋与渔业局和统计局工作报告，审议33名市政府工作部门主要负责人、市人民法院副院长、市人民检察院副检察长履职报告，并进行工作评议；会议审议通过关

4月1日，乳山市十七届人大常委会第三十六次会议新任命人员向宪法宣誓 （王飞 摄）

于《乳山市2016—2020年依法治市规划》决议和《关于开展第七个五年法治宣传教育的决议》；决定有关人事任免；并结合所征求代表意见和建议进行评议。决定任命孙福辰、李培臣、张晓、王永生、刘桂福、宋吉坤、丁国元、吕少波、沙玉涛、王强、卢贤芳、焉培清、张书朋、林庆隐、林红影、蔡淑英、丁杰涛、郑雪芹、陈健、刘翠艳、周建华、高波、林树贤为乳山市人民法院人民陪审员，免去王传军、姜桂强、王希珩、王丽、于河、王仁祥、高永信、隋同玲、孙培水、郑文坤、刘振友、宫本殿、刘辉、吾慧英、兰守华、王宏伟、滕芳、宋鑫乳山市人民法院人民陪审员职务；会议决定任命韩思思任乳山市人民检察院检察员，任命李婷婷任乳山市人民检察院检察员。

8月9日，乳山市人大常委会调研全市健康产业发展状况　（王飞 摄）

【常委会主要工作】

工作监督　2016年，乳山市人大常委会先后在常委会会议上听取审议乳山市政府关于国民经济和社会发展计划及财政预算执行情况、金融工作情况、提升审判和执行工作质效情况、重点工业项目建设和城市重点工程建设情况等工作报告，围绕全市工作重点，组织委员和代表调研便民利民实事落实、“五城联创”活动、药品销售和农村医疗卫生、消防、休闲渔业旅游、重点水利工程建设、健康产业发展等情况，提出建议和意见80条。围绕乳山市中心工作和常委会会议、主任会议等涉及议题，开展调研6次。

执法监督　2016年，乳山市人大常委会在常委会会议上听取审议市政府关于贯彻执行《中华人民共和国预防未成年人犯罪法》《中华人民共和国刑事诉讼法》《中华人民共和国律师法》情况报告，对《中华人民共和国食品安全法》贯彻实施情况进行执法检查。审议和调研中，围绕食品卫生、药品管理、企业安全生产等方面提出建设性意见，促进有关法律法规正确实施，推动相关工作开展。以促进完善司法管理体制和司法权力运行机制、推动公正高效权威司法制度建设为着力点，强化对司法改革工作监督，分别调研市法院立案、诉讼、审判、执行和乳山市检察院控申举报、侦查办案、案件管理等工作情况，听取审议市法院、市检察院工作情况报告。着眼增强公民法治意识，推进社会依法治理，听取并审议乳山市政府“七五”普法规划和“六五”依法治市规划，作出依法治市和加强法制宣传教育两个决议，要求以领导干部、企业经营者、青少年等为重点，把普法工作与执法司法工作和核心价值体系、社会诚信体系、文明城市建设结合起来，健全守法诚信褒奖和违法失信惩戒机制，形成守法光荣、违法可耻氛围。

工作评议　2016年，乳山市人大常委会坚持常委会履行监督职权和人大代表有序行使权力有机结合，对乳山市司法局、城市管理行政执法局、海洋与渔业局、统计局四部门工作情况进行评议，对30名政府工作部门主要负责人和法检“两院”副职进行履职评议，提出意见、建议300条，政府工作部门、履职人员对照意见要求逐一进行整改，并将整改结果报常委会审查，促进常委会任命干部干事创业，推动政府工作提质增效。

代表履职能力提升　2016年，乳山市人大常委会坚持代表履职学习教育培训常态化，制定代表履职评价、常委会联系代表和代表联系选民、代表小组建设及评价细则等一系列制度，形成人大代表初任培训、履职培训、专题培训体系。引导代表知情知政，以发放会刊、定期走访、组织观摩为途径，使代表准确把握全市政治、经济情况和人大工作动态。以代表小组为单位开展代表联系身边群众活动，组织和引导各级代表积极参与经济发展、新农村建设和为民办实事工程，发挥代表在经济社会发展中模范带头作用。在各镇（街道）开展代表述职评议工作，进一步扩大基层民主，密切代表与选民联系。在新闻媒体开设《代表风采》专栏，集中宣传报道部分优秀代表执行职务先进事迹。组织各级人大代表参与各项评议监督活动，广泛征求代表建议和意见，为市委了解民情、科学决策提供依据，推动乳山市政府及有关部门工作改进提高。认真督办代表建议，确保办理质量和效果。

（鞠晓佳）

乳山市人民政府

【概况】　2016年，乳山市人民政府认真贯彻中共十八届三中、四中、五中、六中全会精神，坚持以规划谋划为引领，以解放思想为动力，深入推进供给侧结构性改革，推动经济社会发展步入动能转化、提质增速新阶段。全年完成地区生产总值512.12亿元，固定资产投资535.8亿元，社会消费品零售总额237.6亿元。规划启动10大类便民利民实事，投入规模、覆盖范围均创历史新高。

【产业结构转型提升】 2016年，乳山市坚持聚焦主线不偏离、产业突破不放松，大力实施“产业强市、工业带动和突破发展服务业”战略，区域经济展示出更强韧劲。围绕做强现代工业，大力推进“两化”融合，实施12家企业自动化改造，完善企业分包走访机制，建立“企业之家”微信群和公众号，工业经济呈现逆势上扬态势，工业增加值、“两税”收入分别增长7.1%和6.9%；围绕做大现代农业，调整产业结构2067公顷，发展20公顷以上基地25处、休闲农业示范园37处、可追溯基地41处，创建国家级农业产业化示范基地，启用牡蛎质量安全追溯体系，打响“中国牡蛎之乡”金字招牌，乳山牡蛎获评“2016最具影响力水产品区域公用品牌”。围绕做优现代服务业，绘制全域旅游资源分布图，制定乡村旅游准入规范标准，规划69处精品旅游点，创建AAA级景区、山东省原生态景区各1处，新增省级全域旅游示范镇1个、旅游特色村5个，接待游客数量和旅游综合收入分别比上年增长8%和10.1%。实施62家企业主辅分离，引进阿里巴巴LBS跨境电商运营中心，建成110处“千县万村”示范点，获评“山东省电子商务示范县”。

【项目建设稳步推进】 2016年，乳山市抢抓“一带一路”和国家服务贸易创新发展试点重大机遇，强化全民招商、产业招商、以商招商和精准招商，完善定期调度分析、招商信息共享、项目备案审查机制，开展2次“产业招商突破月”活动，新开工远深新能源等投资过5000万元项目25个，其中过亿元项目13个，华信食品一期等17个项目建成投产。促成华信食品、华邦精冲等与外合作项目12个，更多企业实现借力发展。实施三盛汽车科技等威海市级重点项目16个、蓝区重点项目10个、服务业项目12个，为产业转型升级、经济平稳发展培植新增长点。

【发展活力有力释放】 2016年，乳山市强化科技对经济发展驱动作用，达成产学研合作协议40项，获批科技项目10个，争取上级专项经费1600万元，引进海外博士、高校院所专家教授26人，争创省级工程研究中心1个、院士工作站3个，新增国家知识产权优势企业、省级知识产权示范企业各1家，高新技术产业产值占比提高1.1个百分点，被认定为“山东省知识产权试点市”。发挥创业对产业培育带动作用，新建山泽创业孵化基地和汇众创新创业孵化器，组建成创乳山众创空间，举办项目路演等活动40次，参与人数突破4000人次。增强改革对事业发展推动作用，完成农村土地确权登记，实施中小学校长职级制和评价制度改革，深化公立医院综合改革和行政审批制度改革，完成医药公司市场化改制，落实“五证合一、一照一码”等行政改革要求，经济社会发展活力增强。

【城乡建设提档升级】 2016年，乳山市按照“全域城市化、市域一体化”要求，完善城乡设施配套，实施能源路建设等总投资3.1亿元8项公路交通重点工程，110千伏金瑞变电站等总投资3.2亿元输变电改造工程，北环路改造等总投资8.8亿元“三区”设施提档工程，运作城区供排水、银滩供排水、城市绿化景观3个PPP项目包，引入社会资本14.9亿元，跻身全省I型小城市试点范围。攻坚推进“五城联创”，对城市基础设施和市容环境、城中村及城乡结合部等进行集中整治，开展企业环保绿化提升行动，启动城市违法建设治理，国家卫生城市一次性通过国家暗访。着力改善农村环境，以城乡环卫一体化为抓手，开展“美丽乡村”试点，实施56个农村社区服务中心标准化建设，完成37个村环境整治和1.78万户无害化厕所改造，农村环境综合整治完成率达91.3%。

【财税保障凸显成效】 2016年，乳山市创新治税机制，积极应对“营改增”减税压力，实现收入总量、质量“双提高”。做活聚财文章，

8月16日，乳山市市长周兵调研农村水利工作 （辛戈 摄）

修订三年滚动投资项目数据库、政府投资项目数据库和民生工程数据库，争取上级无偿资金 7.9 亿元，完成年度计划的 123%，7 个项目列入省“十三五”规划盘子，26 个基金项目纳入国家专项数据库，2 个项目获批国家专项建设基金，其中 5.1 亿元龙角山水库及乳山河上游综合治理项目资金额度创威海之最，通过“项目 +”“政策 +”撬动实现“资金 +”。活化企业融资，探索新型农村合作金融试点，完成 41 家规模以上企业规范化改制，3 家企业在齐鲁股交、上海股交、前海股交挂牌，华信食品引进股权融资 9500 万元，昊安金科、华隆生物科技获得省直投基金投资。强化风险防控，建立经济风险防控联席会议制度，加大对非法集资打击力度。探索国资运营，组建国有资本运营公司、园林公司、土地储备开发公司和国有旅游发展公司，实施有形、无形资产整合划转，国有资本在创新融资、资源开发、龙头引领等方面发挥越来越重要作用。

【民生事业长足进步】 2016 年，乳山市实施县乡公路生命安保、沿海防护林建设等年度投资 33.7 亿元的 278 项便民利民工程，被授予中国秧歌之乡、全省社会治安综合治理先进市、全省双拥模范城等称号。创新开展精准扶贫工作，整合行业扶持资金 1.3 亿元，新上扶贫项目 63 个，与 40 家企业建立结对帮扶机制，发展“乡村车间”和农村加工点 502 处，形成产业扶贫、资产收益扶贫等 9 种模式，完成年度扶贫脱贫任务。回应 8531 件群众诉求，办理 78 件人大代表建议和政协委员提案，实现发展成果全民共享。

乳山市人民政府常务会议

表 3

日　期	会议名称	会议内容
1 月 25 日	第十七届人民政府第 1 次常务会议	听取并研究《乳山市环境空气质量全面优化行动计划》《乳山市医药公司改制方案和人员安置方案》《关于组建乳山市土地储备开发有限公司的意见》《关于组建乳山市兴源园林开发有限公司的意见》和《关于理顺畜牧兽医管理体制的意见》
1 月 28 日	开第十七届人民政府第 2 次常务会议	听取并研究《2016 年政府工作报告》和《关于贯彻落实威海市农村暨扶贫开发工作会议精神的意见》
2 月 4 日	第十七届人民政府第 3 次常务会议	听取并研究《2015 年度经济奖励政策兑现意见》和《关于解决普通中小学“大班额”问题的实施方案》
3 月 4 日	开第十七届人民政府第 4 次常务会议	听取并研究《龙角山水库及上游水系综合治理工程项目担保事宜》《关于市住建局、房管局下属企业人员安置的意见》《关于补充创业贷款担保基金的意见》和《关于 2016 年度便民利民实事推进及资金安排意见》
3 月 15 日	第十七届人民政府第 5 次常务会议	听取并研究《2016 年重点工业企业和成长型工业企业名单》《2016 年经济奖励扶持政策修订意见》和《2016 年融资平台公司对外担保相关事宜》
4 月 7 日	第十七届人民政府第 6 次常务会议	听取并研究《关于对山东红乐食品有限公司诉求的处置意见》《关于为乳山热电有限公司提供贷款担保的意见》《乳山市创建省级食品安全先进县工作实施方案》《乳山市食品安全举报奖励办法》《乳山市食品（农产品）药品协管员考核方案》和《乳山市农村集体聚餐食品安全监督管理办法》
4 月 22 日	第十七届人民政府第 7 次常务会议	听取并研究《关于城市环境重点整治行动的实施方案》《乳山市服务贸易创新发展试点实施方案》《关于农村无害化厕所改造和生活污水处理工作实施方案（2016—2018 年）》《关于规范防空地下室易地建设费收费范围及标准的通知》《关于进一步加强民用建筑结建防空地下室管理的意见》《关于申请 2016 年度廉租住房货币补贴的通知》和《矿业秩序治理整顿专项行动工作方案》
5 月 5 日	第十七届人民政府第 8 次常务会议	听取并研究《关于建设健康城市的实施方案》《乳山市成品油经营企业专项整治行动方案》《保护提升乳山牡蛎品牌重点工作安排》《关于为热电公司提供贷款担保的意见》和《关于第一批行政审批事项目录调整的意见》
6 月 6 日	第十七届人民政府第 9 次常务会议	听取并研究《关于全市道路平交路口增设安全设施的意见》《关于市公交公司购置电动公交车建设充电站的意见》《关于市城市国有资产经营有限公司发行 2016 年企业债券的意见》《关于市城市国有资产经营有限公司在北京金融资产交易所发行债权融资计划的意见》和《关于进一步推进新型农村合作金融试点工作的实施意见》
6 月 24 日	第十七届人民政府第 10 次常务会议	听取并研究《乳山市党政机关公务用车制度改革实施方案》。
7 月 4 日	第十七届人民政府第 11 次常务会议	听取并研究《关于将客运公司、国际大酒店并入国运公司的意见》《关于 2016 年农村公路建设项目融资的意见》《乳山市提升农产品质量安全可追溯体系实施方案》《乳山市病死畜禽无害化处理工作实施方案》《乳山市小型水库管理体制改革实施方案》和《大孤山镇山东头和河南村受损山体修复造林实施方案》

续表 3

日　期	会议名称	会议内容
7 月 15 日	第十七届人民政府第 12 次常务会议	听取并研究《乳山市扬尘腥水污染治理实施意见》《传统村落和古建筑保护及文物收集工作方案》《关于政府投资非经营性房屋建筑项目实行代建制管理的意见》《乳山市中美海洋垃圾防治“姐妹城市”工作实施方案》和《关于乳山国际大酒店（全民所有制企业）法人变更有关事宜》
8 月 3 日	第十七届人民政府第 13 次常务会议	听取并研究《关于加强新建畜禽养殖场报批管理的意见》《乳山市畜禽养殖环境整治工作方案》《乳山市养殖场（户）污染治理技术方案及补助标准》《关于提高我市居民基本养老保险基础养老金标准的意见》和《关于理顺城投集团城建设施及园林绿化工程养护费用拨付机制的意见》
8 月 12 日	第十七届人民政府第 14 次常务会议	听取并研究《乳山市金融投资有限公司对山东阿甘融资担保股份有限公司增资的方案》《关于购买乳山农行债权包的意见》《关于为绿城园林公司购买经营场所的意见》和《关于支持伯特利萨克迪汽车安全系统有限公司二期工程建设的意见》。
8 月 31 日	第十七届人民政府第 15 次常务会议	听取并研究了《乳山市国有林场改革实施方案》《关于深入推进科技创新发展的实施意见》《交通银行威海分行融资方案》《关于与邦银金融租赁股份有限公司进行融资租赁业务的意见》《关于对中医院在威海商业银行贷款提供担保的意见》《关于调整理顺全市财政管理体制的意见》《关于给予市直机关驻村“第一书记”生活补助的意见》《棚户区改造项目相关费用缴纳及土地回收的意见》和《房地产有形市场建设方案》
9 月 8 日	第十七届人民政府第 16 次常务会议	听取并研究《关于设立乳山正洋教育基金的意见》和《乳山市各级党委、政府及有关部门环境保护工作职责》。
9 月 21 日	第十七届人民政府第 17 次常务会议	听取并研究《关于推进分级诊疗制度建设的实施意见》《关于县级检验检测机构整合试点项目追加市财政预算资金的意见》《关于深化供销合作社综合改革的实施意见》《关于为乳山市自来水有限公司和乳山市市政建设工程有限公司在恒丰银行威海分行提供贷款担保的意见》《关于为山东省昆仑路桥工程有限公司在招商银行股份有限公司威海乳山支行授信提供贷款担保的意见》《关于支持美容产业孵化基地建设的政策意见》《关于实施花家疃水库引调水工程的意见》和《关于解决我市机关、事业单位在编人员欠缴各类保险情况的意见》
9 月 30 日	第十七届人民政府第 18 次常务会议	听取并研究《乳山市小额扶贫信贷贴息和风险补偿操作暂行办法》《关于在全市公民中开展法治宣传教育的第七个五年规划》《关于乳山市 2016—2020 年依法治市规划》《关于建立旅游工作联动机制的意见》和《棚户区改造暂行办法》，传达了省和威海市推进新型城镇化和扩大有效投资工作座谈会议精神。
10 月 25 日	第十七届人民政府第 19 次常务会议	听取并研究《关于进一步加强对公共资源交易活动监督管理工作的意见》《关于支付国投中鲁果汁股份有限公司和山东鲁菱果汁有限公司搬迁补偿款的意见》《华夏银行济南分行融资方案》《乳山市金融投资有限公司对乳山华信食品有限公司的增资方案》《关于与广东光彩南粤投资管理有限公司签署合作协议的说明》《关于工会经费列入年度财政预算的意见》和《关于 2016 年第二批行政许可等权力事项目录调整的意见》
10 月 28 日	第十七届人民政府第 20 次常务会议	听取并研究《关于化解乳山造船公司不良贷款的意见》和《关于开展电动车专项整治活动的意见》。
11 月 8 日	第十七届人民政府第 21 次常务会议	听取并研究《关于建立镇（办事处）、村（居）级体育总会的实施方案》《关于调整非居民用水价格和建立应急用水价格制度的意见》《关于市公共交通有限公司经营补贴的情况报告》和《关于滨海新区路网改造工程项目融资的意见》，传达学习党的十八届六中全会精神
11 月 11 日	第十七届人民政府第 22 次常务会议	听取并研究《关于向山东乳山维多利亚海湾旅游开发股份有限公司出借资金的意见》。
11 月 30 日	第十七届人民政府第 23 次常务会议	听取并研究《乳山市安全生产“十三五”规划》《关于重新判定治安保卫重点单位的意见》《关于市体育产业综合体项目征地及地上附着物相关费用的情况说明》《关于公开发行置换债券拨付的意见》《关于申报中国农发重点项目建设基金的方案》和《关于向热力集团出借 1000 万资金用于支付工商银行到期贷款本金的意见》
12 月 13 日	第十七届人民政府第 24 次常务会议	听取并研究《关于调整机关事业单位工作人员基本工资标准和增加离休人员离休费的意见》和《乳山市财政收入问题整改方案》。
12 月 29 日	第十七届人民政府第 25 次常务会议	听取并研究《关于调整水资源费和污水处理费标准建立居民生活用水阶梯价格制度的意见》《乳山市全民健身实施计划（2016—2020 年）》《乳山市创建全省社会信用体系建设示范城市实施方案》《乳山市社会信用体系建设规划（2016—2020 年）》和《2017 年度财政预算及便民利民实事安排意见》

（于志伟）

【重要决策部署】 2016年1月26日，《乳山市人民政府关于印发〈乳山市行政机关首问责任制规定〉的通知》要求从改进行政机关工作作风着手，建立健全工作协调领导小组、请求事项登记制度、重大敏感事项快速联动处置机制等制度，进一步强化服务意识，提升整体效能，优化服务质量，深化法治政府、服务型政府、廉洁政府建设。

2016年2月3日，《乳山市人民政府关于印发〈乳山市环境空气质量全面优化行动计划〉的通知》确定到2018年全市环境空气质量在全省率先达到国家二级标准的目标，要求按照绿色发展要求，树立生态、生产、生活“三生”共融理念，实施生态立市战略，健全政府主导、部门联动、企业施治、公众参与大气污染联防联控工作机制，加大综合治理力度，全面优化环境空气质量，切实保障群众身体健康。

2016年4月16日，《乳山市人民政府关于公布实施乳山市海域使用规划（2013—2020年）的通知》明确规划是合理开发利用海洋资源、有效保护海洋生态环境法定依据，是乳山市海洋空间开发、控制和综合管理整体性、基础性和约束性文件，要求认真贯彻落实规划提出的目标任务和措施，不断完善海洋综合管理体制，加强对规划实施情况监督检查，加大海洋执法监察力度，规范海洋开发利用秩序，促进海洋经济有序、协调发展。

2016年9月7日，《乳山市人民政府关于调整理顺全市财政管理体制的意见》理顺公共财政预算、政府性基金财政等全市财政管理体制，明确对镇区实行“镇财镇用市管”财政管理模式，逐步推进国库集中支付制度和公务卡制度改革配套措施，要求牢固树立全市“一盘棋”思想，自觉加强协调配合，确保体制顺利运行，充分发挥财政体制调控和引导作用，进一步加强和规范镇区财政管理，确保镇级正常运转和社会事业协调发展。

2016年10月24日，《乳山市人民政府关于印发〈乳山市服务贸易创新发展试点实施方案〉的通知》确定实施服务贸易领域创新工程，推动服务贸易快速发展，建设特色服务贸易集聚区、功能区和特色服务出口基地，扩大服务贸易规模。到2017年完成服务贸易进出口额1亿美元，到2020年完成服务贸易进出口额1.5亿美元，服务贸易结构日趋优化，服务贸易占对外贸易比重进一步提高，新兴服务领域占比逐年提高，打造经济新常态下乳山发展新优势。

2016年11月28日，《乳山市人民政府关于印发乳山市2016—2020年依法治市规划的通知》确定全面推进依法执政和严格执法、公正司法、全民守法进程，强化监督检查，切实发挥法治引导、规范、保障和促进作用，提高全市法治化治理水平，促进法治建设与经济建设、政治建设、文化建设、社会建设、生态文明建设、党的建设同步发展，为提前全面建成小康社会，实现现代化幸福乳山建设新跨越提供有力法治保障。

2016年12月23日，《乳山市人民政府关于印发〈乳山市全民健身实施计划〉的通知》要求围绕“四个全面”战略布局和党中央、国务院决策部署，以满足人民群众日益增长的多元化健身需求为出发点，牢固树立创新、协调、绿色、开放、共享发展理念，以增强人民体质、提高健康水平为根本目标，坚持以人为本、改革创新、依法治体、确保基本、多元互促、注重实效工作原则，建立完善全民健身公共服务体系，全面提升全民健身公共服务水平，为实现现代化幸福乳山建设新跨越做出积极贡献。

2016年12月29日，《乳山市人民政府关于“先照后证”改革后加强事中事后监管的实施意见》要求认真落实各级推进简政放权、转变政府职能决策部署，坚持“职责法定、信用约束、协同监管、社会共治”和“谁审批、谁监管，谁主管、谁监管”原则，厘清各部门市场监管职责，加快构建以信息归集共享为基础、以信息公示为手段、以信用监管为核心新型市场监管制度，建立健全登记注册、行政审批、行业主管相互衔接的市场监管机制，推进以法治为基础的社会多元治理，形成市场主体自治、行业自律、社会监督、政府监管的社会共治格局，为全市经济社会发展营造公平竞争市场环境。

2016年12月30日，《乳山市人民政府关于印发〈乳山市社会信用体系建设规划（2016—2020年）〉的通知》确定以建设“信用乳山”为主线，以建立完善公共信用信息系统为基础，以健全信用制度体系和标准体系为保障，以构建守信激励、失信惩戒、诚信自律机制为重点，有序开展信用信息记录、归集、披露、共享和应用，积极培育和规范信用服务市场，全面推进政务诚信、商务诚信、社会诚信和司法公信，加快形成以信用为核心的行政管理、社会治理和市场监管体系，提高全社会诚信意识和信用水平，促进全市经济社会健康可持续发展。

（宋超）

【大项目建设机制完善】 2016年，乳山市进一步建立完善项目集中评审、合同审查、调度通报、履约验收等工作机制，抓牢关键环节，助推项目建设。实行周调度、月通报，提高大项目网格化管理效能。全年编发大项目推进专报20期，组织集中评审项目34个，审查项目合同文本3个。

【人大、政协建议、提案办理78件】 2016年，乳山市十七届人大六次会议期间，乳山市人大代表共向乳山市政府提出建议、批评和意见30件，其中道路交通方面11件，农业农村方面10件，文教卫生方面7件，城市管理方面1件，商贸旅游方面1件。乳山市九届政协五次会议以来，乳山市政协委员提出提案48件，其中公路、交通方面11件，城市管理方面11件，文教卫生方面9件，农业农村方面11件，环保执法方面2件，商贸旅游方面4件，办复率100%。

（宋康）

【政府规范性文件审查 9 件】 2016 年，乳山审查《乳山市小型水库管理体制改革实施方案》《乳山市国有林场改革实施方案》《乳山市 2016—2020 年依法治市规划》3 件，审查《关于规范防空地下室易地建设费收费范围及标准的通知》《乳山市食品安全举报奖励办法》《乳山市棚户区改造管理办法》等政府规范性文件 9 件。

【法律顾问参与政府重要工作】 2016 年，乳山要求法律顾问全程参与市政府及各部门重大行政决策、重大执法行为、重大突发事件及历史遗留问题处置、重要经济合同等工作。至年底，法律顾问审查重大经济合同 20 份，代理诉讼 60 件，参与处理历史遗留问题 98 件。

【行政执法行为规范】 2016 年，乳山市严格遵循依法行政、程序正当、违法必纠原则，注重预防与纠错相结合，全年进行两次案卷评查，共抽查行政执法案件 219 份，检查出案卷瑕疵 10 项，全部发放《依法行政预警通知书》。以行政执法监督管理平台新系统上线为契机，将合同工、临时工、借调人员等不具备执法资格的 170 人全部清理出行政执法队伍，组织乳山市 1103 名执法人员签订《承诺书》，承诺书共列出 4 大项、9 小项要求，划出“雷区”，切实规范执法证件使用。

【行政应诉和行政复议办理 22 件】 2016 年，乳山市加快行政复议规范化建设进程。畅通行政复议受理渠道，规范行政复议权利告知，建立完善行政复议与信访在受理环节协调配合机制。规范行政复议工作流程，做好立案登记，调查取证，行政复议审理方式、审查期限和答复规范工作。实行行政复议意见书、建议书制度，对在办案过程中发现的行政机关行政执法活动瑕疵，及时向有关行政机关制发行政复议意见书、建议书，监督、指导其规范执法行为。建立行政复议纠错和行政诉讼败诉报告工作制度，强化对各部门、单位行政复议和行政应诉工作指导。全年办理行政应诉案件 8 件，其中涉及信息公开类 4 件，土地使用权类 1 件，建设用地使用权类 1 件，农村土地承包经营权类 1 件，房屋土地证类 1 件。行政复议案件 14 件，其中公安类 7 件，国土资源类 1 件，人事类 2 件，建筑工程管理类 1 件，市场监督管理类 1 件，房产证登记类 1 件，对信访事项不服 1 件。

（宋康）

【政务督查方式创新】 2016 年，乳山市政府办公室围绕市政府重要会议、各级领导批示和年度重点工作督导落实，创新建立市政府督查办公室专项督查、市政府办公室全员督查、多部门配合联动督查相结合督查工作模式，有效提升政务督查工作规范化、科学化水平，确保督查事项件件有结果、事事有反馈。全年开展专项督查活动 50 次，督办年度重点工作 240 项，办理各级领导批示件 1160 件，转办群众来信 270 件。

（于志伟）

【应急管理基础增强】 2016 年，乳山市增强应急管理基础工作，从应急预案修编、应急综合演练、应急宣教培训等方面入手，进一步加强突发事件信息报告和现场处置能力。同时，健全完善突发事件应急处置研判机制，定期对突发事件进行总结评估，重点提升应对急、难、险、重救援任务处置水平。

（宋志鹏）

【信息公开范围拓展】 2016 年，乳山市以建设法制政府、服务型政府和廉洁政府为目标，按照“公开为原则、不公开为例外”要求，不断拓展公开范围、丰富公开内容。依托“中国·乳山”政府门户网站和乳山民情网、市民热线等载体，主动回应、解读社会关切问题，保障人民群众知情权和监督权。

（李鸿鹏）

【机关事务管理】 2016 年，乳山市机关事务管理局本着“管理上层次、服务上水平、工作创一流”理念，保障机关工作运转。

机关财务管理严格 2016 年，乳山市机关事务管理局根据《党政机关厉行节约反对浪费条例》规定，按照“大项开支有预算、正常开支按进度”管理办法，利用山东省财政票据信息非税收入征收管理系统对财政票据进行统一管理，加强代账机关单位行政经费预算管理和执行监督，全年累计支出行政经费 8732 万元，达到收支平衡。严格落实国内公务接待公函及差旅审批制度，定期公开“三公”经费，严把报销单据审批。加强国有资产及办公用品管理，对代账机关国有资产进行全面核查、登记、上账，做到家底清楚、帐实相符。对机关办公用品采取物品入库、发放、领用制度，实行统购、统管、半年一盘点，减少经费支出。

乳山市级机关车改完成 2016 年，乳山市机关事务管理局对全市党政机关事业单位车辆实行动态管理，累计办理公务车辆注册、转移等手续 271 个，包括审批购置车辆 5 辆，注册 24 辆，报废 93 辆，过户 124 辆，变更车牌号 23 辆，转移 2 辆。根据威海市及乳山市车改办部署，完成 93 个参改党政机关的公务用车数据统计核对。6 月底，将纳入车改车辆全部封存停驶，委托乳山市公交公司成立乳山市公务用车调度中心，将 53 辆保留的机要通信和应急用车、17 个部门外行政执法用车统一纳入集中管理。11 月，通过政府集中采购、公开招标方式，从具有相应资质机构中确定车辆鉴定评估机构和拍卖机构；12 月，完成全市车改车辆鉴定评估。

机关房产划转调配 2016 年，乳山市机关事务管理局依据 2015 年市直行政事业单位房产清查结果，相继将 20 户两证齐全房产产权划转至乳山市国有资产运营有限公司、乳山市城市建设投资集团有限公司名下；将 78 处有租赁合同、59 处无租赁合同、5 处彻底清查房产，共计 142 处房产、81 份租赁合同移交至乳山市国运公司。对全市各级党政机关事业单位新建成或停建的办公用房项目、办公用房清理整治后资源利用情况进行调查统计，对照《党政机关办公用房建设标准》，认真核定办公用房面积，腾退办公用房总面积14586平方米，重新利用8441平方米，闲置办公用房6145平方米。为商务局、扶贫办、台办、城投集团等单位调配办公用房，并维修改造有关设施。为进一步整合办公资源，测量农机局、林业局、教育局等在外租房单位的办公用房，在原行政大厅重新调配办公用房。

公共机构节能数据录入全国公共机构名录库 2016年，乳山市机关事务管理局督促、指导全市各公共机构完成2016年前三季度能源资源消耗情况网上填报工作，上报率居威海各区市第一名。梳理近年公共机构变化情况，将乳山市211家公共机构有关数据录入全国公共机构名录库。6月12—18日全国节能宣传周期间，联合乳山市文明办开展“节能领跑、绿色发展”主题宣传活动，发放节能倡议书700份，并在乳山市电视台、《乳山时讯》刊发。组织全市公共机构参与国家公共机构生态文明宣传作品征集活动，上报作品10幅。

机关服务保障能力提高 2016年，乳山市机关事务管理局本着“场场零失误”原则，定期检修乳山市中心会议室和机关食堂二楼多功能厅场地和设施设备。投资90万元，更新改造乳山市中心会议室大厅及机关食堂二楼多功能厅音响设备。做好“两会”等重大会议、活动服务保障工作，开展服务208场次。组织人员赴周边市区学习考察2次，提升乳山市机关食堂和市民服务中心食堂经营管理水平，就餐满意率稳步提升。

（姜琳）

【政务服务】 2016年，乳山市政务服务中心本着便民、高效、廉洁、阳光原则，全面实施政务标准化管理，大力推进网上政务服务平台建设，努力实现网上服务一站式、现场服务一门式。全年办理审批事项9万件，按期办结率100%。

行政审批动态管理机制建立 2016年，按照上级要求，乳山市政务服务中心管理办公室会同乳山市编办、法制办，对照省和威海市编制的市县行政许可事项通用目录，完成乳山市行政审批事项目录修订工作。组织指导36个乳山市级行政审批职能部门完成265项行政审批事项业务手册和服务指南编制工作，并逐项印制成册，摆放在窗口面向社会公开。建立行政审批事项动态管理机制，配合市编办、市法制办进行两次调整。

审批事项办理标准化 2016年，乳山市政务服务中心管理办公室以建章立制为抓手，推行审批办理标准化。全面落实首席代表、书面凭证告知、办理时限承诺和审批时限预警等制度，进驻中心的33家审批部门均确定行政审批首席代表，签订行政审批首席代表授权委托书，并统一启用行政审批专用章办理业务。同时，中心管理办每月安排专人对各窗口落实书面凭证和审批时限情况进行专项检查，建立工作台账，列入年终考核。

与省政务服务平台互联互通 2016年1月，乳山市政务服务中心管理办公室协调联通公司将电子政务外网接入政务服务中心，将13家涉及建设投资项目审批的部门窗口接入电子政务外网，确保省投资项目在线审批监督平台按期运行。6月，协调智慧办将电子政务外网连接到市直各部门和政务服务中心各窗口及镇级便民服务中心各窗口，并完成相关网络改造任务。8月底，全面完成乳山市政务服务平台与省政务服务平台互联互通工作。

网上审批推行 2016年，为做好政务服务平台事项梳理填报工作，乳山市政务服务中心管理办公室对全市行政审批部门和镇级便民服务中心及相关公共服务单位的业务骨干进行培训辅导。5月，乳山市率先完成该项工作，共梳理录入各类事项690项。7月，推行网上审批深度办理，将网上审批分为事项公开、在线预审、全程网办3个等级，并组织各部门对平台上事项信息进行第二轮修改完善。8月底，完成所有事项信息修改工作。行政许可事项实现全程网办的94项，在线预审的282项，事项公开的318项。

政务服务平台启用 2016年，乳山市政务服务中心管理办公室举办8期威海市政务服务平台系统使用培训班。为保证各镇政务服务平台正常启用，会同平台开发方工程师

7月15日，乳山市政务服务平台系统使用培训班举行

（政务服务中心提供）

逐镇进行平台调试并现场指导。在政务服务中心大厅设立统一登记处，制作指示牌，安排2名工作人员负责统一登记业务。8月3日，中心启动政务服务平台进行试运行，要求所有窗口工作人员温馨提示办事群众先到统一登记处进行登记后，持凭条到窗口办理业务。截至12月底，政务服务平台受理各类业务5389件。

（王丹）

【公共资源交易】 2016年9月，根据上级关于公共资源交易平台建设部署，乳山市公共资源交易管理中心更名为威海市公共资源交易中心乳山分中心，为乳山市政府直属正科级财政拨款事业单位，人员编制增至11名。2016年，健全长效机制，提升监管质量，严纠违规问题，全年完成建设工程招投标、政府采购、产权交易等各类交易活动193场次，成交总额29.6亿元。

全方位参与招标采购项目 2016年，乳山市政府办公室转发《关于进一步加强对公共资源交易活动监督管理工作的意见》。威海市公共资源交易中心乳山分中心在继续规范开标和评标工作同时，从委托代理、编制招标采购文件、执行招标采购程序等重要节点入手，对招标采购项目实行全方位参与。意见实施后，对32个招标采购文件提出意见建议15条。对食品安全检验检测设备采购等大项目，邀请专家教授进行技术论证，对评分办法进行部门会商。

交易弹性空间压缩 2016年，威海市公共资源交易中心乳山分中心对评分办法和评委组成等作出刚性化规定，最大限度地压缩弹性空间。50万元以下的政府采购项目，采购单位不再派评委，评审工作全部由随机抽取专家负责。根据交易项目不同情况，在报价赋分和业绩赋分方面，分别有针对性地制定具体实施意见，能取消的一律取消，该降低的全部降低，有效防范人为因素影响。

招标采购代理公选 2016年，威海市公共资源交易中心乳山分中心针对招标采购代理市场存在的无序竞争问题，探索开展政府投资项目招标采购代理机构公开遴选工作，由各代理机构自主报价、公平竞争，同时配套出台招标采购代理机构管理考核办法，健全退出机制。通过放管结合，发挥市场在资源配置中决定性作用，从根本上杜绝暗箱操作等问题。

异地远程电子评标系统启用 2016年，威海市公共资源交易中心乳山分中心建成启用异地远程电子评标系统，降低评审费用，解决部分专业评委偏少问题，同时克服本地评委与项目单位和投标人可能存在的利益关系，使评标结果更加客观公正。外地评委所占比例上升至70%以上。

项目经理违规任职整治 2016年，威海市公共资源交易中心乳山分中心强力纠正同一建造师兼任多个项目经理问题，严肃处理存在问题的5个项目15名投标人，其中仅一个项目就废标11家，警示效应明显。坚持在建并举，建立项目负责人押证制度，使该问题基本绝迹。理顺评委和代理机构职责，责成评委对投标人提交的证件、业绩等进行集体会审，防范代理机构越位。

工作日志制度实施 2016年，威海市公共资源交易中心乳山分中心建立从主要负责人到一般工作人员全覆盖的现场监管量化考核指标。每次交易活动至少有一名领导干部和一名工作人员在场监管，对发现问题立即责成整改，并有针对性地提出改进建议。有关情况记入《工作日志》，定期集体交流。

（姜旭洲）

【外事侨务工作】 2016年，乳山市外事侨务办公室着眼服务经济社会发展，统筹外侨资源，创新工作方式，加强交流合作，在对外开放和国际经贸合作中发挥作用。

因公出国台账式管理 2016年，乳山市外侨办制作因公出国“明白纸”，业务办理一次性告知，做到每个审批环节、时间进度都有据可查。突出“因事定人，人事相符”原则，对出国目的不明确、出国路线不合理、团组人员构成不符合规定、出访日程安排不当团组一律不批不转，确保出访团组数和人数控制在限额内。全年审批因公出国（境）团组14个、36人次，出访地有韩国、日本、澳大利亚、新西兰等国家。

APEC商务旅行卡全覆盖 2016年，乳山市外侨办由过去只注重外资、侨资企业向市域中、小、微企业“全覆盖”延伸，让更多企业了解和使用APEC卡，为企业走出去、请进来提供高效、便捷通关服务。在调查摸底的基础上建立218家企业联系信息数据库，向企业发放APEC卡申办流程明白纸并寄信介绍申办流程和所需材料。全年新办理APEC卡17个，申办率100%。

两次访问韩国河南市 2016年1月20—23日、5月15—17日，乳山市市长周兵带领有关部门负责同志两次访问友好城市韩国河南市，围绕政府层面交流合作进行对接。考察组一行拜访韩国国会议员李贤在、京畿道政策咨询团团长白南红、河南市副市长李宗洙等韩国政界、工商界知名人士，就加强政府间经济、文化、教育等领域交流达成共识，商定开展官方和民间多元化交流往来，探讨两市今后开展公务员交流、青少年交流、文体交流等事宜。

侨胞侨企联络走访 2016年，乳山市外侨办利用贺年卡、电子邮件、电话、微信等形式，保持与海外重点侨胞的紧密联系。乳山市外事侨务办公室机关干部分包归侨，定人定期逐一走访联系，进一步了解侨情，涵养侨务资源。建立外资、侨资企业联系制度，两次走访分包重点外资、外贸企业，汇总反馈问题，对有能力解决的主动帮助协调解决，对不能解决的普遍性、苗头性问题梳理上报中共乳山市委、市政府和上级外事侨务部门寻求解决途径。通过召开座谈会、问卷普查、重点走访等形式，对全市11家侨资企业开展调研活动，完成调研报告1篇。

归侨侨眷帮扶 2016年，乳山市外侨办会同15个镇（街道）开展贫困归侨侨眷调查摸底工作，为17户贫困归侨侨眷建立档案，在此基础上与乳山市扶贫办沟通对接，明确其中3户为全市精准扶贫户，同镇村干部一起逐户研究脱贫措施。筛选10名特困归侨侨眷进行救助，每人发放1000元。春节、端午节和中秋节期间，走访慰问20名重点侨胞国内亲属和困难归侨侨眷。为17户贫困归侨侨眷争取上级侨务部门临时救助资金15200元，按照归侨1000元、侨眷800元标准发放到位。为1名“三侨”考生办理中考加分手续，为2名“三侨”考生办理高考加分手续。做好侨务信访工作，接待政策疑问、银滩房产纠纷、生活困难求助等各类来访5起、8人次，办结满意率100%。9月“侨法宣传月”期间，到乳山市华联广场宣传侨法，并开展外事法规和侨法宣传进社区、进家庭、外企、侨企活动。

招商引资平台搭建 2016年，乳山市外侨办收集汇总全市资源优势及企业与外合作需求，建立招商引资资源库，印发产业招商信息7期，协助镇区部门做好对外衔接、协调和服务工作，搭建招商活动平台5次，组织部分镇区部门参加洽谈交流。与美国华侨徐曙光、德国华侨宋英利签署协议建立海外联络站，为健康产业和招商引资工作搭建平台。做好对威海潮森建材有限公司和华信食品公司服务，对接设备购置、股权合作等事宜，力促企业效益提升。多次对接北京红塔创新投资有限公司总部和驻山东办事处，跟踪推进该公司与华信食品公司增资扩股合作项目，推进项目合作并签订二期投资2000万元增资扩股协议。赴广州、青岛、北京、深圳、大连、烟台、澳大利亚、新西兰等地开展招商活动9次，对接广州精点计算机科技有限公司、深圳环城自动化设备有限公司、大连九州创智科技有限公司、澳大利亚澳华集团等多家企业，寻求招商合作商机。

（姜新）

【公务接待】 2016年，乳山市接待各级客人300人，其中省部级以上领导2人。客人到乳山主要是调研、检查、督导工作和参观考察，较集中的领域有产业发展、社会事业等。

山东省海渔厅“两学一做”学习教育到乳山举办 2016年6月23日—24日，山东省海洋与渔业厅厅长王守信带领该厅全体党员干部，到乳山市进行“两学一做”学习教育，乳山市领导高书良、周兵、孙军分别陪同有关活动。王守信一行先后到华信食品产业园、山东温喜生物科技有限公司、大乳山国家级海洋公园和威海马石山红色教育基地开展调研学习。王守信表示，近年来乳山市以蓝色经济区建设和海洋生态文明示范区建设为抓手，在构筑现代渔业产业体系、加强海洋综合管理、保护和利用海洋资源、推动海洋产业转型升级等方面做大量创新性、开拓性工作，进一步彰显海洋特色和海洋优势，值得肯定。

赵润田调研乳山市海洋渔业工作 2016年7月12日，山东省人民政府副省长赵润田带领省直有关部门领导到乳山市调研海洋渔业工作，乳山市领导高书良、周兵、从龙海、孙军陪同有关活动。赵润田一行先后到银滩浒苔压榨中心、山东温喜生物科技有限公司和大乳山国家级海洋公园等企业和现场，听取汇报、了解情况。赵润田指出，乳山市以蓝色经济区建设和海洋生态文明示范区建设为抓手，加快“海上粮仓”建设，延伸海洋产业链条，坚守生态保护底线，在海洋综合管理、海洋产业提升、海洋科技创新等方面做大量突破性、开拓性工作，海洋经济总量持续攀升，海洋产业结构不断优化，海洋生态环境不断改善，予充分肯定。

孙立成指导乳山市公安基层基础建设工作 2016年9月21日，山东省副省长、公安厅厅长孙立成到乳山市指导公安基层基础建设工作。孙立成先后听取乳山市公安局和部分基层派出所在抓基层基础工作方面经验做法，与乳山市公安系统相关人员进行座谈交流。孙立成指出，乳山市公安局按照上级部署，聚焦基础建设、机制建设、手段建设等难点问题，以补齐短板为抓手，积极回应基层关切，切实深化基层警务机制改革，全面提升公安系统保一方平安能力，基层基础建设工作走在全省前列。

山东省政协调研组调研乳山市老年人公益维权服务工作 2016年10月18日，山东省政协常委、省老龄工作委员会办公室副主任肖培树带领省政协调研组一行，到乳山市就老年人公益维权服务示范站创建工作进行专题调研，乳山市领导卫玮、曲华良陪同。调研组听取乳山市老年人权益保护工作情况汇报，实地参观政务服务中心法律援助中心、幸福苑老年公寓、人民法院，认为乳山市从本地实际出发，采取一系列行之有效的措施发展老龄事业，切实维护老年人权益，形成一些好的经验和做法，值得学习借鉴。

杨玉贞调研乳山市人防工作 10月28日，山东省人民防空办公室主任杨玉贞到乳山市调研人防工作，乳山市领导战国生陪同活动。杨玉贞一行先后到乳山市人防地面指挥中心、人防宣教基地、市民服务中心、威海三智科技有限公司，了解设备设施运行情况，就推动人防事业发展听取基层意见。杨玉贞指出，乳山市在人防知识宣传教育、基础 建设等方面投入大、措施实，整体工作有亮点、有成效，走在全省前列。

（于志伟）

政协乳山市委员会

【概况】 2016年年底，中国人民政治协商会议中共乳山市委员会第九届委员会有委员230名，常委34名。政协乳山市九届委员会下设三胞联谊委员会、经济委员会、科教文史委员会、提案法制委员会4个专门委员会及办公室、委员活动工作室2个办事机构。2016年，政协乳山市委员会围绕乳山市工作大局，履行政治协商、民主监督、参政议政职能，为乳山市经济社会平稳健康发展做出新贡献。

【政协第九届乳山市委员会第五次会议】 于2016年2月18—20日在乳山市华玺大酒店国际会议中心举行。会议听取和审议政协第九届乳山市委员会常务委员会工作报告，审议政协第九届乳山市委员会常务委员会关于提案工作情况报告（书面），列席乳山市第十七届人民代表大会第六次会议，补选曲华良为政协第九届乳山市委员会副主席，审议通过政协第九届乳山市委员会第五次会议决议。

【政协常务委员会会议】

九届二十二次常委会议 于2016年2月19日在华玺大酒店举行。会议听取市委领导作的有关人事说明，通过补选九届市政协副主席、常务委员协商名单，审议通过九届市政协五次会议选举办法（草案），审议通过总监票人、监票人名单（草案）。

九届二十三次常委会议 于2016年2月20日在华玺大酒店举行。会议听取九届乳山市政协五次会议秘书处关于市政协常委会工作报告、提案工作报告、大会决议（草案）、政府工作报告和十三五规划纲要（草案）讨论情况汇报；听取九届市政协五次会议秘书处关于补选九届市政协副主席、常务委员候选人协商名单，选举办法（草案），总监票人、监票人名单（草案）讨论情况汇报，确定正式候选人；审议通过九届市政协五次会议决议（草案）；听取市政协提案委关于提案审查情况的汇报。

九届二十四次常委会议 于4月7日在乳山市政协会议室举行。会议审议通过有关人事事项，听取乳山市精神文明建设委员会办公室关于创建全国文明城市工作情况汇报，听取乳山市卫生和计划生育局关于创建国家卫生城市工作情况汇报，听取乳山市食品药品监督管理局关于创建国家食品安全城市工作情况汇报。

九届二十五次常委会议 于7月15日在乳山市政协会议室举行。会议听取乳山市财政局关于乳山市政府性债务管理有关情况汇报，听取乳山市金融办公室关于全市市域信用征询系统建设情况汇报，听取乳山市公共资源交易管理中心关于全市公共资源交易管理情况汇报。

九届二十六次常委会议 于9月23日在乳山市政协会议室举行。会议听取乳山市人民政府关于政协九届五次会议以来委员提案办理情况通报，听取乳山市司法局关于全市社区矫正工作情况汇报，听取乳山市民政局关于全市社会慈善和社会救助情况汇报。

2月18日，政协第九届乳山市委员会第五次会议召开　　（辛戈 摄）

【政协常委会主要工作】

协商议政和民主监督 2016年，乳山市政协全年召开全委会议1次、常委会议6次、主席会议8次。九届五次会议期间，组织委员就政府工作报告及其他重要报告、“十三五”规划纲要进行讨论，围绕全市改革发展和各界普遍关心重要问题，深入协商讨论，广泛议政建言，通过撰写提案、反映社情民意和分组讨论等形式，提出许多有价值意见和建议，特别是在产业发展、重大项目建设、统筹城乡发展等重大发展问题上进一步统一思想。召开专题议政性常委会议3次，组织政协各常委、各镇委员联络室负责人及部分委员代表，专题听取乳山市财政局、民政局等8个部门有关工作情况汇报，积极建言，广泛协商，提出可操作性强、利用价值高的意见和建议30条，推动相关工作开展。在威海市率先推行双月协商制度，与常委会专题协商有机衔接、互为补充。确定“非物质文化遗产保护”“金融支持小微企业发展”等主题开展双月协商，组织委员通过深入一线调研、外出学习取经、座谈研讨协商等形式，向中共乳山市委、市政府建言献策，征集意见建议20条。围绕城市管理、水利建设、电子商务、市场监管等全市重要工作开展调研8次，参加调研的委员200人次，提出具体意见建议。为推动“市域一体化、全域城市化”工作开展，按照市委统一部署，6月组织50名政协委员实地调研15个镇区、25个部门在重大基础设施建设、重点区域开发、美丽乡村建设、改善民生等方面工作情况，历时2天，调研项目42个，首次引入委员打分评议环节，评议结果报中共乳山市委，为市委考核各镇区及部门相关工作提供科学依据。

提案征集 2016年，政协第九

届乳山市委员会第五次会议期间共征集提案74件，合并立案48件，提案、立案数量实现“双提升”。其中，王伟杰委员的“加快电商产业发展”、张敬滋委员的“加快牡蛎产业发展”、于进东等委员的“规范市区停车位”等45件提案被市委、市政府或相关部门采纳，采纳率94%。联合乳山电视台继续开办“提案追踪”专栏，集中报道4家提案承办单位典型经验做法。

委员“界别活动月”活动 2016年，乳山市政协组织开展政协委员“界别活动月”活动，27个界别活动组、200名政协委员进社区、入园区、下乡村，广泛开展送医赠药、法律援助、政策宣传等惠民服务活动，走访企业45家，召开小型座谈会21次，向企业提合理化建议51条，反映社情民意信息103条，赠送各类书籍400册，调研扶贫项目17个。开展政协委员“爱心助学”微公益活动，政协主要负责同志带头捐款，46名政协委员及社会人士累计捐款16.3万元，救助163名贫困学生。

委员培训考核 2016年，乳山市政协邀请专家举办协商民主建设专题培训班，对政协委员进行集中培训，提升其履职能力。建好政协委员履职台帐，全面考核政协委员参加会议、撰写提案、调研及参与社会公益慈善事业等情况。协调纪检、公安、法院等单位，全面摸排委员违法违纪情况，考核及摸排情况及时提供给相关部门，作为评先树优、换届调整重要依据。

社情民意收集 2016年，乳山市政协组织政协委员开展“社情民意信息月”活动，以推动市域一体化为主题，收集“社情民意信息”34条，其中涉及民生的12条报送乳山市政府，作为确定2017年便民利民实事的重要参考。开通乳山政协微信公众号，政协委员及社会各界人士300人关注，收集“社情民意”信息24条。

（孙学成）

11月25日，乳山市政协委员调研乳山市电子商务产业发展情况

（张晓辉 摄）

中共乳山市纪律检查委员会

【概况】 乳山市纪委监察局内设办公室、组织部、宣传部、党风政风监督室、信访室、案件监督管理室、第一纪检监察室、第二纪检监察室、案件审理室9个室及4个派驻纪检组（监察室），市纪委监察局机关、派驻纪检组干部48人。2016年，乳山市纪委监察局聚焦中心任务，突出主责主业，坚持把纪律和规矩挺在前面，狠抓监督执纪问责，推动党风廉政建设和反腐败斗争向纵深发展。

【纪律审查力度加大】 2016年，中共乳山市委以山东省纪委“集中整治和查处侵害群众利益不正之风和腐败问题重点督导县”和威海市纪委“重点督导镇”工作为抓手，聚焦群众关心热难点问题，集中梳理排查问题线索410条，其中党员干部违纪类205条，利益诉求类201条，违法犯罪类4条，全部实行销号动态管理，明确责任单位，进行分类处置。结合中央巡视组对山东进行“回头看”，集中清理23名涉及违法犯罪却未受到党政纪处分的党员和国家工作人员。中央巡视组交办的38起问题线索，查实15起，查否23起，给予党政纪处分25人。山东省纪委重点督办的21起问题线索，1起移交司法机关调查，查实15起，给予党政纪处分27人。配合威海市纪委做好“重点督导镇”工作，交办的10起问题线索，查实6起，查否4起，给予党政纪处分6人。全年共立案105起，给予党政纪处分134人。

【联合巡察机制建立】 2016年，乳山市发挥巡察利剑作用，抓早抓小，从严正风肃纪。建立市纪委机关、派驻纪检组、镇（街道）纪（工）委联合巡察机制，采取动态暗访抽查、重要节点集中检查、镇（街道）纪（工）委交叉互查等方式，对群众反映强烈的“庸懒散”问题开展拉网式明察暗访。集中明察暗访7次，检查部门、单位114个（次），纠正“庸懒散”问题16起，处理24人。组织对教育、卫生、农机、环保等20个重点行业领域的市直部门主体责任落实、贯彻执行市委市政府决策部署等情况进行专项巡察，下发问题通报，督促整改落实。组织对15个镇区进行专项巡察治理，累计清退违规发放的津补贴、奖金326.12万元。

【作风纪律日常管理加强】 2016年，乳山市纪委通过下发通知、致领导一封信等形式，反复叮嘱提醒，推动作风纪律转变规范化、常态化、长效化。抓好日常管理，盯住关键节点，开展明察暗访，全年检查生活小区 230 个（次），排查疑似公车 960 辆，查处违反中央八项规定精神案件 3 起，给予党政纪处分 3 人。

【党风廉政主体责任落实】 2016 年，乳山市纪委督促各级各部门研究制定党风廉政建设的主体责任、“第一责任人”责任、领导班子其他成员“一岗双责”责任和纪委（纪检组）监督责任“四张清单”，理清分工职责。组织 13 名市级党政领导班子成员向纪委全委会述廉述责，选取廉政风险点较多、与民生保障密切相关的 11 个市直部门党委（党组）和 3 个镇党委主要负责人参加现场述廉述责会议。

【廉政教育深入开展】 2016 年，乳山市结合“两学一做”学习教育，组织廉政警示教育，筑牢党员干部思想防线。组织副处级以上领导干部参加威海市纪委举办的学《准则》《条例》专题培训活动。在全市范围内组织开展党规党纪专题教育活动，为各级党员干部作辅导 28 场次，累计受教育党员干部 4500 人次。在全市科级党员干部中开展“党风党纪和德廉知识测试活动”，763 名科级干部集中参加测试，合格率 95.7%。组织开展“学党内法规、学论述摘编”专题知识测试，并举办电视知识竞赛，以考促学，以学促廉。开辟《廉政专栏》，刊发违反中央八项规定精神案例剖析 9 期。成立 20 人的网宣队伍，网评工作走在全省前列。全年在威海市级以上新闻媒体发稿 60 篇，其中在《中国纪检监察报》发稿 4 篇。

（陈永升）

7 月 9 日，乳山市级党政班子成员向乳山市纪委全会述廉述责会议举行

（辛戈 摄）

社会团体

【乳山市总工会】 2016 年，乳山市总工会推荐评选 120 名各行各业优秀一线职工参加“威海市优秀职工”评选活动，推荐评选 16 名威海市劳动模范和 2 名省富民兴鲁劳动奖章获得者，在乳山电视台开设“劳模风采”专栏集中宣传劳动模范和优秀职工事迹。组织实施第 7 期爱心互助保险，22570 人参保，至年底，已为 242 名职工办理赔付手续，理赔金额 56 万元。与 14 家商家签订优惠服务合作协议，工会会员持会员证可享受各项优惠服务。

区域性和行业工会组织建设创新 2016 年，乳山市总工会在区域性工会组织建设方面，主要是加强镇街工会建设。针对镇街企业数量多、规模小、分散的实际，按照工会“六有”标准，抓大带小全面覆盖。强化区域职代会建设，同时根据各镇街所辖企业、职工数量，为镇街工会配备专门工作人员和专项工作经费。在行业工会组织建设方面，重点推进商务行业工会组织建设。通过召开座谈会、发放建会明白纸和法律知识手册等形式，对企业经营者和职工开展建会入会宣传发动，选举产生乳山市第一届商务企业工会联合会，全市商贸流通企业实现建会全覆盖。帮助建立健全行业职代会制度、行业劳动争议调解制度等规章制度，赠送价值 7000 元的图书建起职工图书室，并组织商务企业工会干部外出培训学习。乳山市商务企业建会工作经验做法分别在山东省、威海市工作会议上作典型交流。

职工权益保障制度落实 2016 年，乳山市总工会完善协商机制，举办专题培训 5 批，培训工会干部 300 人次，组织人员到先进县市区学习观摩，选聘 3 名专职工资集体协商指导员提升协商能力和水平，指导行业企业开展工资集体协商。全市签订工资集体合同 115 份，覆盖企业 406 家，覆盖职工 3.3 万人。引导企业进一步完善厂务公开和职代会两项制度，创树公交公司、徐家镇等一批职代会运作规范、公开及时有效工作典型，并召开现场观摩会。

职工成才平台搭建 2016 年，乳山市总工会开展“名师带高徒”及“五小”和合理化建议活动，将师徒结对帮带活动推广到全市规模以上企业，2016 年年内师徒结对 152 对。收集合理化建议 3870 条，发明创造 186 项，技术革新 165 项。以争创工人先锋号为载体，动员企业开展劳模创新工作室建设，国网山东省电力公司乳山市供电公司、山东昂仕集团公司分别获得山东省、威海市创新工作室称号。

职工安全生产保障 2016 年，乳山市总工会设计制作宣传挂图，量身制作“班组安全隐患排查记录簿”“车间安全隐患汇总记录簿”，印发宣传材料1.5万份、宣传挂图4000张、安全生产记录簿4000册，发至全市178个重点企业。将“查保促”活动与职工技术比武、岗位练兵劳动竞赛相结合，指导基层工会结合自身实际打造各类安全文化品牌，广泛开展安全技能大赛，提高职工安全生产意识。3月，威海市总工会在乳山召开“查保促”活动现场观摩会，观摩学习乳山市公共交通有限公司的经验做法，乳山市总工会作典型交流发言。

困难帮扶长效机制完善 2016年，乳山市总工会“春送岗位”，与人社等部门联动，举办春季用工招聘会，开展“就业援助月”活动，组织企业赴四川泸州、内江等地参加全国总工会举办的现场招聘活动，帮助解决“用工难”。“夏送清凉”，投入资金11万元，为10家企业1300名高温作业职工送去茶叶、矿泉水等降温消暑用品。“冬送温暖”，全年救助困难职工704人，发放救助金共计85.2万元。开展领导干部“一对一”活动，结对帮扶困难职工149对，提供帮扶资金20万元。

职工文化建设开展 2016年，乳山市总工会投入资金32万元，推进“齐鲁文化大道”创建活动，送报刊、送节目、送讲座进企业班组，建设企业职工书屋，并组织基层工会广泛开展职工文体活动。7月，举办庆祝建党95周年乳山市企业职工歌咏比赛，15支代表队、1200人参加演出。9月，举办“弘扬工匠精神，争做岗位能手”乳山市职工演讲比赛，27名选手参与最后决赛，教育局李宁、公交公司徐伟分获一等奖。

工会助力健康产业和创城工作 2016年，乳山市总工会开展“工会为健康产业发展助力”专项活动，培植昂仕集团、正洋食品为代表8家企业工会示范点及2家农家乐旅游项目。投入资金16.5万元，开展企业安全环保绿化提升活动，为企业栽种各类苗木16000株，绿化20000平方米，硬化4000平方米。开展“送健康进企业”活动，为55家企业免费更换健康宣传栏，发放宣传页200份。在企业开展病媒生物集中消杀工作，指导企业完善创卫档案。

（侯永绪 陈岩）

【共青团乳山市委】 2016年，共青团乳山市委以“五项行动”为统领，按照“下基层、接地气、办实事”要求提升服务青年能力。通过读书班、培训班等形式组织基层团委书记、社区（村级）团干部等集体学习，受训300人，覆盖率85%。

7月25日，乳山市纪念建党95周年职工歌咏比赛在乳山市东方广场举行（总工会提供）

青少年联系服务 2016年，共青团乳山市委开展团干部直接联系青年“1+100”活动，建成“团干部+青年+志愿者”的基础工作队伍，22名团干部联系青年6358名，组织线上线下活动1490次。建设“青年之家”，利用调研日等时机挖掘团属阵地资源，累计推报9处。暑期为18名大学生提供实习岗位，并组织20名优秀大中学生志愿者开展“学霸交流会”“共青团机关开放日”等分享活动，受到青年学生欢迎。开展青年集体婚礼品牌活动，9对新人参加。联合驻乳71670部队、福喜公司举办两场“青春有约、幸福牵线”军地、企业青年联谊会，吸引110名单身青年参加。组织开展青年篮球友谊赛、节水宣传、“奔跑吧青春”活动，400名青年志愿者展现风采。

关爱青少年公益活动 2016年，共青团乳山市委以助力成长为主线开展青少年公益活动，与乳山市供电公司团委共同策划“漂流吧图书”活动，为大孤山学校、黄山路小学捐赠图书2000本。与乳山市关心下一代工作委员会、乳山市慈善总会联合启动“牵手关爱行动”，61名留守儿童及30名残疾儿童在志愿者陪伴下参观冯德英文学馆、外事翻译学院等处。联合乳山市精神文明建设委员会办公室等部门发起“一城荧光·关爱童行”公益活动，17家爱心企业捐款116146元，使全市4000名小学生免费穿上荧光衣。以关爱帮扶为基础继续开展爱心助学活动，在白沙滩镇中学和大孤山镇中学分别开展“青春同行·圆梦助学”和“励青公益学子捐赠”活动，为243名困难青少年送去社会各界爱心助学款165600元。以“学雷锋月”为契机，开展“青春同行·爱心捐衣”活动，500名青年志愿者为特殊教育学校及青海玉树困难学生捐赠冬衣1500件。

青年就业创业扶持 2016年，共青团乳山市委举办3期“互联网精准扶贫培训班”，培训农村淘宝、企业、高校青年100名。开展

9月22日，青年之声·乳山——“一城荧光·关爱童行”公益行动启动仪式举行（团市委提供）

青春创业扶贫活动，创业青年阎勇通过发展特色蓝莓种植业带动周边30户就业。利用团属资源畅通资金扶持渠道，协助威海海润新材料科技有限公司等12家企业成功申报鲁青基准贷690万元、鲁青担保贷900万元。评选乳山市十大杰出青年，并择优推报于洋、胡璟鹏等5人参加威海双十佳等评选活动。乳山市青年志愿者协会与韩国统营市青年会所座谈交流，签订共建友好协会协议书。

“小手拉大手”志愿服务 2016年，共青团乳山市委以“五城联创”及城乡环卫一体化工作为契机，联合乳山市教育局下发“小手拉大手”活动实施方案，将活动延伸到全体少先队员和共青团员。开展“共筑碧水蓝天”“垃圾分类减量”等形式多样的主题志愿服务活动20次，参与300人。组织200名师生家长开展送清凉活动和节水环保宣传活动，熬制绿豆汤送到在高温下坚守的公交司机、环卫工人、人民警察和创城志愿者手中，并手持“文明上下车”“不乱扔垃圾”“节约用水”等宣传标语向社会宣传文明理念。

网上互动社交平台创建 2016年，共青团乳山市委建设乳山团委微信公众号和微博，关注量1000人。在利用网站、微信等新媒体平台基础上，建立200人的直属网宣员队伍，参与D吧出征、神州航天等全团重大网络舆论引导。营造充满活力的网络互动氛围，建立乳山市“青年之声”互动社交平台，覆盖全市42个基层团委，累计浏览量65.5万，已有专家100人，累计回答提问4600次，使该平台成为反映青年呼应、回应青年诉求、维护青年权益、服务青年成长的阵地。

（李娟）

【乳山市妇女联合会】 2016年，乳山市妇联以改革创新为动力，以精准扶贫为突破，以优化服务为重点，推动各项工作开展。发展乡村车间助力贫困妇女增收致富的经验做法在山东省巾帼居家创业就业脱贫行动现场推进会上推广，是仅有的两个县级妇联之一。与中共乳山市委组织部联合举办全市女干部培训班，培训女干部120名。

庆“三八”暨“成长与发展”巾帼创业创新推进会召开 2016年3月8日，乳山市召开纪念三八国际劳动妇女节106周年暨“成长与发展”巾帼创业创新推进会。会议动员社会各界关心支持妇女发展，把推动社会文明进步落实到更加自觉的新生妇女、关心女女事业、支持妇女工作，为妇女事业发展营造良好社会环境。会上，播放高胜良、于影、赵丽慧、于福丽、于素萍5名优秀创业妇性的事迹短片并向其颁奖。

“伊+e”创客驿站成立 2016年，乳山市妇联线上创办“姐妹来淘吧”网上商城，主推“农家小院”“巧姐手工”“海鲜排档”3大类产品，推出特色产品26种，线下开设巾帼电商精品。游客可通过扫描产品二维码，直接在“姐妹来淘吧”网上商城下单，打造“看得见、摸得着”的O2O销售模式。

“阳光假日”巾帼健康养生示范基地打造 2016年，乳山市妇联创建“阳光假日”巾帼健康养生示范基地。该基础位于海阳所镇后山于家村，通过养生三字经、敬母主题采摘园、孝德主题活动，将德孝文化融入基地建设，让游客在游玩中感受仁爱乳山魅力。发展“住农家屋、品农家饭、享农家情”的乡村旅游，主推乡情农家乐品牌。打造巾帼示范乡村车间，通过制定管理制度、制作宣传标语、统一服装等方式，促进茶叶加工车间提档升级，带动80名妇女就业。

妇联组织服务企业发展 2016年，乳山市妇联在女职工较多的企业成立妇女组织，设“星级职工”光荣榜等，打造特色企业文化。利用“巾帼创业贷”政策，为企业申请省级巾帼创业贴息贷款6万元。借助各级妇联产品展销售平台，为企业产品拓展销路。

省级妇女儿童家园打造 2016年，乳山市妇联根据互联网+形势要求，争取上级资金在海阳所镇德泰银海商贸城打造省级妇女儿童家园，为妇女儿童提供电商创业、就业、维权、娱乐等服务，实现妇女创业与妇女儿童家园融合发展。

贫困妇女帮扶 2016年，乳山市妇联帮助贫困村建立“妇女之家”，提供政策宣讲、增收培训等服务。为贫困妇女免费提供家政、育婴师、电商培训，共举办各类培训班26期，培训1200人次。组织贫困妇女到企业观摩学习，并将从事服装行业的女性集中起来成立衣姐联盟，采取

5月27日，乳山市2016年"社会妈妈虹桥拉手"活动举办（辛戈 摄）

"村居出厂房、企业上设备、妇女当工人"合作模式，开办"乡村车间"、加工点。对年龄偏大、不适宜进车间上班的妇女，放货到炕头，发展炕头经济。共开办乡村车间20处，吸纳400名贫困妇女在家门口就业。在贫困村建立10个有固定场所巾帼爱心超市、10个巾帼流动爱心超市。开展爱心捐助活动3次，收到物资3万件。为200名贫困妇女免费办理女性安康保险。开展"社会妈妈"虹桥拉手活动，55名贫困儿童得到资助。

组织妇女参与文明创建 2016年，乳山市妇联在全市推广普及《仁爱乳山》《健康乳山等你来》等广场舞，开展"舞前十分钟"宣讲活动，将德孝仁爱文化、五城联创、扶贫政策等制成音频文件，利用广场舞开场前10分钟时间组织群众学习。开展"寻找最美家庭"活动，组织事迹宣讲等活动15场次，参与妇女2000人，10户家庭获"威海市级最美书香家庭"称号。与电影公司联合播放最美家庭公益广告、事迹短片等7212场次。开展"新农村新生活培训"，利用农闲时间针对农村妇女需求开展关于实用技术、家政、家庭教育等方面培训，全年举办12场次，培训妇女1300人。

"巾帼心向党——听革命老妈妈讲过去的故事"座谈会举办 2016年，乳山市妇联邀请张瑞凤、于瑞娥两位革命老妈妈分别讲述抬担架、做军鞋、照顾伤员的经历。妇联全体机关干部、各镇（街道）妇联主席、部分村妇代会主任共计50人参加座谈。

（仇小民）

【乳山市科学技术协会】 2016年，乳山市科学技术协会履行"三服务一加强"（服务经济社会发展、服务提高全民科技素质、服务科技工作者、加强自身建设）职能，推动各项工作取得新成绩。乳山市海参协会被评为全国"基层科普行动计划"奖补单位，府前社区、龙山社区分别被评为山东省、威海市优秀科普示范社区，威海马石山红色教育基地和盛润农业科技示范园被评为威海市科普教育基地，乳山市梨业协会等7个单位和个人分别被评为威海市科普示范工程先进单位和先进个人，腾达社区被评为全省科学·关爱·和谐三星级示范社区，推报乳山市第二实验小学教师李辉获"第六届山东科普奖"称号。

"全国科普示范市"成功创建 2016年，乳山市被中国科学技术协会授予首批2016—2020年度全国科普示范县称号，是威海市唯一获此称号的市区。乳山市坚持将科普工作作为实施"科技兴乳"战略重要方面，建立健全领导保障、考核激励、多元投入机制，加强科技引领，推进科技创新，开展科普惠民，引导全民参与，市民科技意识和科学素质大幅度提高。把服务"三农"作为科普工作的着力点，通过服务助农、协会富农、典型引农，推动农村经济发展。创建威海市以上科普基地29个、科普示范点35个，并通过宣传栏、讲座、主题宣传、网络宣传等多种形式加强科普宣传，推动企业科技创新、青少年科技创新、社区科普创新等活动开展。

7月1日，"巾帼心向党——听革命老妈妈讲过去的故事"座谈会举办（仇小民 摄）

科普宣传进基层 2016年，乳山市科协在部门网站开设专栏，宣传普及减灾知识和技能，制作防灾减灾及卫生健康科学知识挂图，邀请威海市专家到滨海新区讲解防震减灾知识组织镇、社区经常性举办“科普大讲堂”讲座、观看数字科普终端播放的科普知识。更换社区科普宣传栏9个，村村通科普宣传栏33个。在全国科普日开展系列科普活动，参加乳山市食品安全周宣传活动。深入开展送科技下乡活动，将实用生产生活科技知识送到农村群众身边，累计发放资料30种、书籍2000册、明白纸10000份。

科普体验馆建设 2016年，利群社区科普体验馆设置光井、辉光球等大型科普展件20件，府前社区启动科普体验馆配套建设，设置包含科普展件体验、数字科技馆、科普图书阅览、错觉画体验和水写布书法体验5个展示区，在西馨苑社区创建科普大学和科技书屋。争取山东省科学技术协会投入40万元，在乳山市第二实验小学建设校园科技馆，展件设备包括测试类、多媒体数字、立体画等60件。

青少年科技创新 2016年，乳山市科协邀请山东省青少年科普专家团杨超等3位专家，到乳山市12所学校对3000名中学师生进行巡讲。与乳山市教育局联合组织青少年参加威海市、山东省科技创新大赛活动，参赛作品130件，获威海市级奖项45项、省级奖项21项。《唯美化学之旅——元素多维度教学新法》和《水风筝》两部作品入围全国青少年科技创新大赛。《人类健康的隐形杀手——磁辐射探究》获第七届全国青少年科学影像节三等奖。威海机械工程高级技工学校开展弘扬大国工匠精神、专业技能创新竞赛活动，提高学生探索能力。

老科协会员服务发展 2016年，两名乳山市老科协会员入围山东省科协专家服务团，参与“2016年山东省科协精准扶贫专家服务行动”首批项目，与乳山市3个省定贫困村实行对口精准服务，其倾心传授

4月20日，山东省青少年科普专家团在海阳所中心学校举行报告会
（姜曙利 摄）

技术、热情服务群众的做法被山东电视台宣传报道。2016年，老科协共有10名会员下乡开展科技服务活动。积极建言献策，拟写的《2016年厄尔尼诺下南美白对虾养殖的技术措施》等得到上级及有关部门肯定。刘方计的《思语萦回》获首届蒲松龄散文奖。

科普专家助力精准扶贫 2016年，以乳山市老科协和在职农技推广人员为主体，乳山市级科普扶贫专家队伍成立，根据省定贫困村产业特色和技术需求，通过开展科技培训、科技咨询、实地指导等形式，对10个村提供科技上门服务，对20名群众进行电话、微信对接，向张格庄、李家兴等村发放农业种养殖书籍500本及科技明白纸2000份。同时，发挥镇级科协作用，组织科技人员及土专家参与贫困村科技服务20次。

（姜曙利）

【乳山市工商业联合会】 2016年，乳山市工商业联合会主动适应新形势，创新服务方式，完善工作机制，以促进非公经济健康发展为主线做好工作，推进精准扶贫和“大众创业、万众创新”工作。

执委企业全面走访 从2016年3月份开始，乳山市工商联组织工作人员全面走访86家工商联执委企业。主要围绕企业基本情况及经营状况、对工商联工作的意见建议、面临的困难、下步打算以及对外合作信息等方面进行摸底，共收集合理化建议16条、对外合作意向信息2条。通过走访，进一步加强工商联组织与企业的联系，为有针对性地进行帮助打下基础。

会员企业精准扶贫 2016年4月初，乳山市工商联制订《会员企业精准扶贫工作方案》，向全体执委企业介绍贫困村基本情况和产业方向，引导其与贫困村结对帮扶。对涉农类企业，鼓励农业企业、农业合作社等经营主体，通过“龙头企业＋基地＋农户”“公司＋合作社＋农户”等方式，带动农村发展产业化种植，把更多农村贫困户纳入产业化经营链条；对加工类企业，引导企业把分厂、车间或加工点办到贫困村，带动外出就业困难人员发展手工工艺、来料加工等项目，实现就地就近转移闲置劳动力；对用工量较大企业，开展“就业培训下基层”活动，分析企业用工缺口，对有劳动能力和就业意愿的贫困人口有针对性地进行就业培训，推动其城镇就业；对热心公益企业，引导其援建贫困村道路桥梁、饮水工程、卫生设施、文化场所，帮助贫困村改善面貌。以

贫困学生、重病患者、空巢老人、残疾人为重点，对贫困户开展捐资助学、医疗救助、生活救助等公益活动。全年45家企业对45个贫困村实施帮扶，在村设立分公司、建立加工点9个，安置农村剩余劳动力650人，建立果蔬、农产品基地267公顷；开展就业培训150人；指导建立农村电商网点2个。

企研合作引导 2016年，乳山市工商联加强与山东省内外高校及科研院所联系，将省内外部分高校科研成果引进乳山，按行业特点分类，通过工商联网站对外发布，供企业查阅参考，全年发布高校研究成果246项。引导有意愿的企业建立研发中心，帮助企业与科研院所及高校联络合作，协助向上级部门报批。组织会员企业到外地参观学习4次，开阔眼界，增强信心

创业导师制度实行 2016年，乳山市工商联筛选部分执委企业负责人作为创业导师，对创业青年进行创业咨询、现场指导、定期培训，提高其创业成功率。全年组织创业导师对创业人员专业指导5次，集中培训1次。

招商引资活动开展 2016年，乳山市工商联加强与外地商会、企业联络，按月制订招商计划。全年外出开展招商引资活动23次，搭建招商平台活动5次，邀请8家外地商会、53家外地企业到乳山考察，确定意向项目1个。

（赵妍燕）

【乳山市文学艺术界联合会】 乳山市文学艺术界联合会共有乳山市作家协会、书法家协会、美术家协会、摄影家协会、京剧协会、女书画家协会、吕剧协会、心连心艺术团8个协会。2016年，乳山市文联认真贯彻落实习近平总书记在文艺座谈会上的重要讲话精神和全国文联十次代表大会精神，着眼既出人才、又出精品，组织引导全市广大文艺工作者深入生活、扎根基层进行创作，促进全市文化艺术事业繁荣发展。

文联所属协会组织建设加强 2016年，乳山市文联指导书法家协会、美术家协会、收藏协会换届，对领导干部在协会中兼任职务进行集中清理。全面加强“两新”组织党建工作，采取单独组建和联合组建形式，做到党组织建设全覆盖，提升协会的战斗力和凝聚力。

文艺精品创作 2016年，乳山市文联办好《大乳山》文学季刊。25件作品获第四届“威海文学艺术奖”，上百件书法、美术、摄影和文学作品在各级展览和比赛中入展或获奖。其中，乳山市文联心连心艺术团打造的独幕京剧《乳娘》获威海市第七届老干部艺术汇演特殊贡献奖、最佳节目奖和优秀组织奖。乳山市作协会员全年在纸质媒体发表作品356篇，其中省级以上89篇。刘方计的散文集《思语萦回》获“首届蒲柳松龄散文诗词奖”二等奖，宋红梅的散文《小城季节已变换》获中国校园文学第二届教师文艺作品大赛（中学组）三等奖。张敬滋的诗歌集《生命放歌》、宫文灵的儿歌集《启蒙诗画365》、李振华的纪实散文集《唐诗诞生的地方》、邓德光的散文集《故乡风铃》、徐园园的诗歌集《青春印记》、宋红的梅散文集《落满槐花的圈椅》及《宫本森诗词剪纸选集》7部文学书籍出版。

文艺活动开展 2016年，乳山市文联举办各类沙龙、培训30期，参加2000人次。举办“台依湖杯”第四届现代刻字展、“花香袭人”纪念建党95周年画展、第四届“福寿杯”书法大赛、首届乳山收藏展。组织协会会员850人次，深入农村、

社区、企业开展文化下基层活动。开展“我们的中国梦·百村万户书法下乡”活动，为乳山寨镇玉皇山后村、大孤山镇小孤山村群众和军队离退休干部免费赠送装裱书法作品420幅，为群众书写春联2000幅。

乳山市获评“中国秧歌之乡” 2016年，乳山市文联深入挖掘乳山大秧歌的历史文化内涵，认真整理申报材料，筹备秧歌之乡专家评审会和现场观摩。8月，中国民间文艺家协会主席、山东省文联主席潘鲁生一行到乳山市才地考察“中国秧歌之乡”创建事宜。顺利通过中国文联民间文艺家协会“中国秧歌之乡”专家组评审，成为当年全国唯一获此称号的县（市），极大地提升乳山大秧歌的品牌价值和文化影响力。

（于月奎）

【乳山市残疾人联合会】 2016年，乳山市残疾人联合会落实残疾人帮扶政策，提高服务质量。对行动不便残疾人提供入户办证服务制度，办理残疾人证1340个，组织专家为80名瘫痪在床肢体残疾人上门评残。

残疾人“大走访”活动 2016年，乳山市残联建立动态识别管理机制，组织残联干部对全市11847名在册残疾人入户走访。及时更新死亡和档案资料不实的残疾人信息，对124户、126名贫困残疾人建档立卡，全面详实地掌握全市残疾人的生活、生产状况，了解残疾人生活及就业需求，发掘残疾人自主创业典型，为科学指导全市残疾人工作、推进就业创业及脱贫攻坚工作提供一手资料。

残疾人帮扶政策落实 2016年，乳山市残联投入54万元，帮扶270户贫困残疾人家庭开发种养殖、手工业项目。投入43.2万元，对符合条件的残疾儿童进行机构康复救助，并发放每人每年4000元的交通和生活补贴。投入18万元，对120名肢体贫困重度残疾人家庭进行坡道、辅助器具配备等无障碍改造。投入27万元，为180名贫困白内障患者进行免费复明手术。投入30万元，为400名贫困精神病患者提供免费服药救助或者免费住院救助。投入5万元，为残疾人安装假肢、适配辅助器具。投入20万元，建立威海市级残疾人扶贫基地1处、乳山市级残疾人扶贫基地9处，带动残疾人发展适宜的种养殖项目。

残疾人补贴政策落实 2016年，乳山市残联投入12万元，为40名孤残独居残疾人购买家政服务。投入3万元，为100名下肢残疾人提供机动三轮车燃油补贴。投入14.9万元，为1000余名重度残疾人缴纳居民医疗保险金补贴。对接民政、财政等部门，开展重度残疾人生活补贴和护理补贴发放工作，惠及8000人次。

残疾人就业安置 2016年，乳山市残联面向残疾人开展电商、计算机、绘画、小儿推拿等技能培训450人次。对接人社部门，设置残疾人定向招聘岗位，组织残疾人参加乳山市春秋两季人才招聘会，安置残疾人就业20人。

盲人就业创业的孵化基地打造 2016年，乳山市市镇两级盲人协会成立。乳山市残联帮助协会完善制度。投入资金3万元，完成协会和盲人按摩培训指导站的家室改造。举办盲人按摩技术培训班，组织30名盲人参加培训，推荐就业3人。

残疾人辅助器具服务设施建设 2016年，乳山市残联投入10万元，完成市级残疾人辅助器具服务中心改扩建，在乳山市中医院和南黄、冯家等镇级卫生院建立残疾人辅助器具服务站8处，为患者提供便利的辅助器具服务。

（宋晓波）

5月29日，生态湿地

大崮头古民居

责任编辑：王　浩

法治·军事

Rule of Law, Military Affairs

政法委及综治

【概况】 2016年，乳山市政法综治部门贯彻落实上级政法工作会议精神，创新社会治理模式，落实“互联网+综治”目标，推进队伍建设、法治建设、平安建设。全年清理积案813起，破获刑事案件2078起，命案破案率100%；乳山市法院审、执结各类案件6701件，标的额11.85亿元。乳山市公安局获“全省情报平台红色指令追逃专项活动成绩突出集体”称号，乳山市人民检察院被省文明委复查表彰为2016年度省级文明单位。

【规范执法监督管理机制建立】 2016年，乳山市出台《进一步规范执法监督工作暨合理运用执法监督结果的意见》，加大党委监督、内部监督、社会监督力度，建立管用实效、科学规范的监督管理机制。开展“百案评查”活动、庭审观摩、人民陪审员、110语音回访、不满意事项征集等工作；开展“积案、执案”攻坚活动，清理积案813件；实施“检察官联系重大项目活动”，聚焦全市重大项目建设20个，助推服务企业发展。推进“窗口一站式”“网络互动式”“业务提醒式”服务，群众满意度达99.98%。开展“法律体检”活动，为农村司法合同见证、生产经营困难企业提出法律建议、处理法律问题200次。

【27个“互联网+综治”信息平台项目启动】 2016年，乳山市推进综治和平安建设大数据并网推送，为全市50万人口、4.2万名重点特殊人员以及13112个驻区单位、3920个基础设施信息纳入综治和平安建设信息平台，实现平台“大数据”与综治委成员单位互联互通、信息共享，补齐乳山市基础信息平台短板，提升综治和平安建设工作效能。出台《全市“互联网+综治”2016—2018年工作规划》，启动公共安全、社会治安、矛盾化解、管理服务四大领域27个“互联网+综治”建设项目，其中社管平台、网络化综治工作平台以及公共法律服务微信平台、校园一键报警安全平台等12个项目完成。年内，快报推介“互联网+”前沿信息，发布平安校园、城市街面反恐、公共安全体验等信息专刊8期。

【多元化矛盾纠纷化解格局建立】 2016年，乳山市注重源头预防，健全体制机制，构建矛盾纠纷多元化解格局。在198个社区选拔配备专职调解员常驻社区，负责辖区内矛盾纠纷调处化解，采取政府购买服务方式，对专职调解员进行奖励。组织在职党员、“两代表一委员”、律师、公安干警驻社区，帮解居民解决民生诉求，提供定时法律服务，化解各类矛盾纠纷1520件。在各镇街、重点部门设立工作室32个，组建专项问题调处工作组10个，化解重点矛盾纠纷56个。乳山市多元化调解工作经验受到山东省政法委肯定。

【社会治安环境治理力度加大】 2016年，乳山市开展惩治“盗抢骗”犯罪、“百日扫毒”等专项行动，结合“五城联创”活动，对校园及周边治安秩序、银滩区域非法传销活动、寄递物流行业、食品药品安全等方面，采取综治办牵头、多部门配合、社会力量共同参与等手段，实行综合治理。开展惩治传销集中专项行动，遏制传销活动在乳山市发展蔓延态势，维护市场经济秩序。推进涉法涉诉信访工作改革，建立涉法涉诉信访案件定期排查汇总制度，惩治非法上访涉嫌违法犯罪行为，为乳山市经济社会发展营造和谐稳定社会环境。

（王家美）

公　安

【概况】 2016年，乳山市公安局立足“创建全国最平安县域，锻造人民最满意警局”目标，抓落实促成效，强效能促提升，为乳山市经济社会发展创造良好治安环境。获“全省情报平台红色指令追逃专项活动成绩突出集体”“2011—2015年全市普法依法治理工作先进单位”称号，获地（厅）级以上表彰22人次。7月13日，威海市实施爱民固边战略10周年总结推进会在乳山市召开。

【乳山市公安机关基层基础三年攻坚座谈交流会召开】 2016年9月21日，公安机关基层基础三年攻坚座谈交流会在乳山市公安局召开。5个基层派出所负责人汇报交流基层基础工作面临的困难、存在的不足和短板、所做的探索和实践，以及加强和改进基层基础工作的意见和建议；乳山市公安局从派出所警务机制改革、等级评定、业务考核、非警务活动界定以及从优待警等方面，提出加强基层基础工作的意见和建议。会议就基层减负、信息平台整合、资源共享、装备研发、队伍管理等事关基层工作长远发展问题进行交流探讨。

【威海市社区戒毒康复工作现场会在乳山市召开】 2016年11月11日，威海市社区戒毒康复工作现场会在乳山市召开，乳山市公安局就社区戒毒康复工作经验做法在会上进行交流。乳山市在威海市率先建立社区戒毒康复工作室18处，招募专职禁毒社工23名，推动社区戒毒康复工作常态化、专业化、规范化，全年查获吸毒人员121人次，社区戒毒81人，强制戒毒39人。

【乳山市在全省公安机关警务保障工作会交流发言】 2016年，乳山市公安局在基层基础设施建设工作中投入396万元，完成局机关、基层派出所、交警大队执法办案场所改造建设，枪支（弹药）库室升级改造，配备智能枪弹柜管理系统和智能型枪、弹保险柜，提升公务用枪管理规范化水平，全局执法安全保障能力增强。9月28日，在济南市召开的全省公安机关警务保障工作会议上，乳山市公安局唯一在会上作交流发言。

2月1日，乳山市公安局民警在执勤中对人员身份进行检查

（于婷婷 摄）

【派出所警务网格化管理机制实施】2016年5月，乳山市推行派出所警务网格化管理，将派出所辖区划分为若干责任区，工作人员划分为若干警组，落实警组包区责任制，包区警组负责辖区内案件办理、行业场所管理、暂住人口和租赁房屋管理、信息收集录入等基础业务。出台《社区警务积分管理考核细则》，对社区民警工作实施量化考核，调动基层民警做好基础工作积极性。派出所警务网络化机制运行以来，“两抢一盗”等可防性刑事、治安案件发案率比上年分别下降5.9%、7.8%。

【社会治安防控体系完善】 2016年，乳山市出台《城区及滨海新区巡防工作方案及考核细则》，推行巡逻防范工作考核机制，强化对重点区域、重点目标、重点场所和部位巡逻守护，提高街面见警率和管控率。年内，抓获违法犯罪人员155人，比上年上升29.2%，“两抢一盗”等侵财性案件发案率比上年下降16.7%；强化流动人口涉案人员案前管控责任倒查机制，按照属地管理原则，开展责任倒查，提升流动人口管控效能，全年录入流动人口92934人，办理居住证4136张，发现违法犯罪线索48条，破获刑事案件6起，查处治安案件27起；完善扁平化指挥机制，开展110岗位练兵、强化监督考核，构建快速高效指挥处置机制，全年共接群众报警、求助13.86万起，日接警量379起，比上年上升3%。抓获违法犯罪嫌疑人71名，其中上网逃犯10人。

【交通安全排查整治工作强化】2016年，乳山市强化交通隐患排查整治，推行道路隐患排查登记、督导督促整改、部门联合验收“三项机制”，全年排查安全隐患92处，整治完成85处，完成率92.4%。开辟右转弯专用车道，提高路口安全通行效率。投资120万元升级改造市区重点路口信号灯8个，信号灯控制系统接入交警指挥中心，实现信号灯远程控制及绿波通行控制，道路通行效率进一步提升。开展酒驾毒驾、工程车、危化品运输车、车辆乱停放、农村接送学生车辆整治等专项行动，严管严控营运客车、大型货车、校车、危化品运输车、渣土车等重点车辆，严查严处“三超一疲劳”、酒驾、毒驾、涉牌涉证、超载等重点交通违法行为，全年查处各类交通违法行为13.3万起。

【消防安全检查专项行动开展】2016年，乳山市公安局开展冬春火灾防控、夏季消防安全检查等专项行动，联合教育局、卫计局、文物管理所、商务局等部门开展行业系统检查活动4次，检查单位4026家，督促整改火灾隐患3183处，行政罚款27万元，查封单位8家。加快微型消防站建设，全市3个社区、3家重点单位完成微型消防站试点建设工作，社会火灾防控能力提升。至2016年年底，境内未发生涉爆案件和影响恶劣的公共安全事故。

【民警实战技能训练加强】2016年，

11月12日，乳山市公安局民警在乳山汽车站武装巡逻

（于婷婷 摄）

乳山市公安局强化实战训练，组织一线配枪民警开展枪支专项训练，举办警务实战专项训练班 8 期，全局在职在编民警、边防官兵进行轮训，部分派出所进行实战能力抽测、现场教学，分批次对全局民警进行体能测试，提升民警实战能力。至 2016 年年底，全局获二等功 1 人、三等功 18 人。

【命案破案率连续十年 100%】 2016 年，乳山市公安局开展惩治“盗抢骗”犯罪、“百日扫毒”等专项行动，全年破获刑事案件 2078 起，破案率比上年提高 0.48%。八类主要刑事案件破案率 95.9%。现行 6 起命案全部告破，连续十年实现命案破案率 100%。抓获刑事作案成员 362 人，刑拘 310 人，逮捕 297 人，追回上网逃犯 162 人。破获盗抢犯罪团伙 17 个，抓获团伙成员 93 人，追缴并返还汽车、电动车等涉案财物价值人民币 469 万元。破获毒品案件 34 起，刑拘 36 人，逮捕 25 人，缴获毒品（冰毒）3091.27 克，在威海市公安机关严厉惩治毒品违法犯罪合成作战专项行动中，乳山市公安局考核成绩处于前列。

7 月 6 日，乳山市公安局侦破特大制售假药案 （孙凤侠 摄）

【侦破特大制售假药和有毒有害食品案件 13 起】 2016 年，乳山市公安局开展“利剑打假”专项行动，加强线索摸排，强化专案经营，严打危害食品药品安全犯罪。共侦破销售假药案件 8 起，生产销售有毒有害食品案件 5 起，抓获犯罪嫌疑人 24 人。侦破的豆某某、孙某某等人特大制售假药案，涉案金额 2000 万元，是公安部督办案件。威海市委、市政府主要领导作出表扬性批示。

【经济犯罪和传销案件破获 14 起】 2016 年，乳山市公安局经济犯罪案件立案 13 起，破案 8 起，抓获犯罪嫌疑人 12 人，涉案金额 3450.8 万元，挽回经济损失 300 万元。开展集中惩治整治传销专项行动 10 次，出动警力 800 人次，破获组织、领导传销活动案件 6 起，抓获犯罪嫌疑人 10 人，遣散涉嫌非法传销人员 5000 人。

5 月 26 日，乳山市公安局打击“盗抢骗”犯罪赃物发还仪式举行 （孙凤侠 摄）

【执法办案积分管理考核办法推行】 2016 年，乳山市公安局实行执法办案积分考核机制，出台《执法办案积分管理考核办法》，采取自查和法制员互查方式，将若干相邻派出所划成考核小组，办案民警轮流参与评查，现场打分、现场评比，总结易出错的执法问题和案卷点评中常见扣分项，每月评选优秀和最差案例，适时组织培训、讲评，提升全局整体执法办案能力。全年办理行政案件 648 起，行政拘留 814 人，比上年上升 6.4%、8.8%，无行政复议被撤销、变更或行政败诉案件。

【典型案例选介】

威海首例利用伪基站发送虚假短信盗刷信用卡电信诈骗案 2016 年 1 月，乳山市公安局成功破获威海市首例利用伪基站发送虚假短信获取受害人信用卡信息盗刷信用卡的电信诈骗案，抓获犯罪嫌疑人陈某、刘某某。二人自 2015 年 10 月起，实施盗刷信用卡案17起，非法获取苹果、三星等品牌手机21部及联想笔记本电脑2台，涉案价值12万元。

抢劫路虎越野车案 2016年3月2日20时许，乳山市区居民杨某被两男子抢走价值50万元的路虎车。案发后，乳山市公安局迅速启动重大刑事案件应急处置预案，在组织开展围堵的同时，将案情上报威海市公安局指挥中心，请求烟台、青岛警方协助查控。当晚22时许，被抢路虎车在烟台福山区城郊被当地警方截获，嫌疑人弃车潜逃。3月24日，乳山市公安局将莱阳籍犯罪嫌疑人杜某某、高某抓获归案，经审讯，2人交待抢劫犯罪事实。

"7·29"恶性故意杀人案 2016年7月29日晚，租住在银滩小区的任某被杀死于住宅内。案发后，乳山市公安局综合运用传统摸排、发布协查和视频侦查等手段，在"威海警方在线"微信公众平台发布悬赏通告，发动群众积极提供破案线索，最终通过群众提供的线索，8月4日19时许，在银滩福如东海公园将犯罪嫌疑人李某某抓获。经审讯，李某某交待犯罪事实。

特大系列攀爬入室盗窃案 2016年8月起，银滩明珠海苑小区连续发生攀爬入室盗窃案。乳山市公安局专案组克服嫌疑人伪装作案、案发区域监控条件差等困难，重点加强对新发案件现场勘查力度。经对每起案件现场细致勘查，最终提取嫌疑人遗留关键物证，经比对锁定文某某等2名重大作案嫌疑人。9月22日，在海阳市盘石店镇一石材厂将2人抓获，破获发生在银滩小区的系列攀爬入室盗窃案80起，涉案价值30万元。

（宋文杰）

检　察

【概况】 2016年，乳山市人民检察院围绕全市工作大局，履行宪法和法律赋予的检察职责，全年立案查处各类职务犯罪20件，挽回经济损失2000万元。年内，乳山市人民检察院被山东省文明委复查表彰为2016年度省级文明单位，派驻经济开发区检察室获全省检察机关一级派驻基层检察室。

【职务犯罪预防工作深化】 2016年，乳山市人民检察院依托警示教育基地、法治宣讲团、派驻检察室，开展干部家庭助廉、警示教育宣讲17场次，接受职务犯罪预防咨询15次。与乳山市扶贫办研讨制订《预防扶贫领域职务犯罪专项工作方案》，全市15个镇（街道）选任预防工作志愿者15名，参与扶贫领域职务犯罪精准预防工作。开展专项预防2件，发出预防检察建议2件，协助完善内控机制20条。报送年度报告、专题报告2份，提出对策建议10条。全年立案查处各类职务犯罪20件、22人，涉及处级干部1人、科级干部7人，国家机关实职负责人10人，大案要案13件、14人；严肃查处民生领域和涉农领域"蝇贪"窝串案3件、4人，教育领域3件、3人。法院作出判决16件、26人（含上年结转），有罪判决率100%，其中实刑判决7件、9人，为国家挽回经济损失2000万元。

【法律监督职能强化】 2016年，乳山市人民检察院强化刑罚执行监督，开展监管安全检查24次，建议变更强制措施14人；监外执行罪犯进行定期考察和跟踪监督382名，纠正脱漏管4人。加强对5名精神病人强制医疗执行程序监督，维护被强制医疗人的合法权益和社会安全稳定，经验做法被《检察日报》专题报道并获评威海市检察机关年度创新成果一等奖；深化刑事诉讼监督，监督立撤案12件，依法追捕10人，追诉追漏26人，不捕不诉49人。提出刑事抗诉3件，其中1件被评为山东省检察机关优秀诉讼监督案件；办理民事申诉案件26件，建议上级检察机关提请抗诉6件，发出检察建议11份，办理诉讼违法调查案件3件，办理调解监督和执行监督案件6件。受理审查批捕案件194件、263人，批准逮捕161件、218人，受理移送审查起诉案件380件、496人，起诉350件、443人，依法惩治破坏环境资源犯罪，起诉被告人3人，维护人民群众身体健康和环境安全。办理涉众型经济犯罪，批捕破坏市场秩序犯罪嫌疑人23人，提起公诉46人。开展虚假诉讼监督专项活动，办理社会影响较大的虚假诉讼案件4起，涉案价值680万元，阻止资产恶意转移，维护案件当事人合法权益和国家法律正确实施。

【涉法涉诉信访隐患化解30件次】 2016年，乳山市运用法治方式推进社会治理，完善检察环节矛盾纠纷解决多元化机制，落实涉法涉诉信访改革任务，畅通受理准入渠道，规范处理信访案件216件，化解重点信访隐患30件次，保持进京"零上访"。开展律师参与化解和代理涉法涉诉信访工作，深化以检察官宣告制度为主体的检察官以案释法机制，公开宣告案件8件，全部实现案结事了。加大司法救助力度，为符合条件的3名刑事被害人申请发放救助金4万元。

【检察队伍专业化建设推进】 2016年，乳山市人民检察院通过组织参加上级正规化业务培训、开展案例对抗赛、集体研讨、抽调业务骨干参与上级院重大案件办理等方式，提升检察人员的法律监督能力，在省市级以上业务竞赛和调研评选中获奖干警15名，其中获得国家级调研成果奖励1人，获评"威海市2016年度政法人物"1名，完成首批26名检察官遴选常态化任务，为检察队伍正规化、专业化和职业化建设奠定基础。举办"检察开放日"活动，依法公开案件程序性信息1861条，公开法律文书313份，司法透明度不断提高。组织对检风检纪、执法办案、来访接待开展检务督察活动13次，持续强力正风肃纪。接受人大代表、

2月15日，乳山市人民检察院马如意（中）获“威海市2016年度政法人物”称号
（姜海 摄）

政协委员、人民监督员、特约检察员的外部监督，推动检察人员公正廉洁执法。

法 院

【概况】 2016年，乳山市人民法院履行法律职责，推进司法改革，加大案件审结和执行力度，优化便民服务措施，各项工作取得新进展。全年受理各类案件7116件，审、执结各类案件6701件，标的额11.85亿元，维护社会大局稳定，保障人民安居乐业。

【刑事案件审结342件】 2016年，乳山市人民法院审结各类刑事案件342件，判处罪犯449人，其中判处十年以上有期徒刑23人，三年以上十年以下有期徒刑40人。突出惩治重点，依法严厉惩治严重危害公共安全、社会治安和人民群众生命财产安全犯罪，审结上述犯罪案件255件、319人。

【民商事案件审结4083件】 2016年，乳山市人民法院审结各类民商事案件4083件。完善审前调解工作机制，一审调解和撤诉2263件，占民事结案总数77.6%。民商事案件简易程序适用率达73.5%；审结各类行政诉讼案件59件，发出司法建议2份，引导行政机关运用法治思维解决问题。

【执行案件执结2377件】 2016年，乳山市人民法院修订《乳山市人民法院执行管理规定》，探索执行工作警务化工作方法并整合执行局内设庭室职责，采取“突击集中执行”方式，综合运用媒体曝光、限制消费等措施，督促被执行人履行义务；依托诚信“红黑榜”向社会公布“黑榜”名单40条，纳入最高人民法院失信被执行人名单库6323条；打击拒不履行、规避执行违法行为，依法拘留15人，罚款4人，维护法律尊严。推进网络执行查控，与公安、银行、国土、房管等部门实现信息互联共享，解决“被执行人难找、财产难寻”问题。

【重信重访案件排查化解满意度提升】 2016年，乳山市人民法院接待来访98件，处理来信28封，涉及当事人150人。进行重信重访排查，采取认真清理、任务交办、审慎处理方式，稳控案件530件。群众满意度提升。

【司法便民服务措施优化】 2016年，乳山市人民法院严格落实最高人民法院立案登记制改革要求，做到“有案必立、有诉必理”，在立案大厅增设导诉台、呼号机、数字化便民平台等设施，为当事人书写诉状、复印材料、联系律师提供方便；开展预约立案、邮寄立案、上门立案等便民服务，为老年人诉讼提供便利；启用POS机刷卡交费系统，方便当事人缴纳诉讼费用；新设立案窗口4处，基层法庭实现立案、开庭“一站式”服务。加大司法救助力度，依法缓、减、免交诉讼费20万元。开展送法进机关、进社区、进农村、进企业、进学校、进部队活动，受教育人员达5000人次，发放宣传材料1500份，提供法律咨询

12月15日，乳山市人民法院依法宣判黑恶势力团伙犯罪案件
（鞠慕 摄）

3月7日，乳山市人民法院在乳山市第二实验小学开展“法律伴我成长”法制讲座（鞠慕 摄）

200项。回应网民需求，发布微信418条、微博198条。

【首批43名入额法官遴选确定】 2016年，乳山市人民法院研究制订《首批法官入额考核工作实施方案》和《首批法官入额考察工作实施方案》，组织召开法官入额遴选工作大会，详细解读法官入额遴选范围、资格条件、考核要求。按照规范程序组织参与员额内法官遴选，经山东省法官检察官遴选委员会遴选，乳山市人民法院共43名法官被确定为首批入额法官。

链接：“入额”是一项正在推进的司法改革，在法院、检察院推行“员额制”，将法院、检察院工作人员分为法官、检察官，法官助理、检察官助理等司法辅助人员，以及行政管理人员三类。推行主审法官／主任检察官办案责任制，法官／检察官助理是法官、检察官的助手，也是未来法官、检察官的“蓄水池”。

（蔡佳）

司法行政

【概况】 2016年，乳山市围绕“法治乳山”建设，举办大型法律宣传活动10次，开展各类咨询活动260次，开展法律大讲堂活动18次；办理各类公证事项2951件；办理法律援助案件612件，减免代理费用15万元；接收安置帮教对象463人。获“全省普法依法治理工作先进市”称号。

【获“全省普法依法治理工作先进市”称号】 2016年，乳山市“七五”普法规划和依法治市规划编制完成，为“七五”普法开局之年打好基础；评选表彰威海市2011—2015年普法依法治理先进集体10个、先进个人16名，评选表彰乳山市2011—2015年普法依法治理工作先进集体30个、先进个人50名，推动普法依法治理工作向纵深发展。在乳山时讯、电视台、电台开设法制专栏，定期进行普法宣传，利用媒体举办普法宣传节目20期；通过发放明白纸、开展法律咨询、张贴标语横幅、主题普法等形式开展普法宣传活动。全年举办大型法律宣传活动10次，开展各类咨询活动260次，法律大讲堂活动18次；年内，获“全省普法依法治理工作先进市”称号。

【公证业务办理2951件】 2016年，乳山市公证处落实《公证人员日常行为规范》《公证卷宗装订规定》，完善工作管理制度，提升公证业务办理规范和效率。年内，办理各类公证事项2951件，其中，国内公证1133件、涉外公证1818件，取得良好社会效益和经济效益。

【法律服务人员执业管理加强】 2016年，乳山市有律师事务所5家，执业律师29人。以提高社会责任意识为切入点，采取以会代训形式，强化法律服务人员理想信念教育，查找其在执业思想、服务能力、工作作风等方面存在问题，强化执业管理，以考评结果作为年度审验、评先选优主要依据。在乳山市公共

11月4日，乳山市人民法院法官入额考试动员会召开（鞠慕 摄）

法律服务中心设置律师工作窗口，安排1名律师轮流坐班，设置法律服务监督台，公示乳山市律师照片、执业证号以及监督电话，接受社会监督。年内，法律服务人员参与法律宣传15次，办理法律援助案件80件，参与矛盾纠纷化解319件。

【法律援助案件办理612件】 2016年，乳山市法律援助中心有工作人员3人（均为执业律师），辖设基层法律援助站19个。降低法律援助门槛，扩大受援范围至出示老年人、残疾人、农民工等有效证件人员，同时将予以办理法律援助的月收入标准由低于450元放宽到低于600元；对农民工讨薪、老年人或者青少年请求赡养、抚养诉请，均给予法律援助；成立法律援助志愿者队伍，组织基层司法所具有法律专业知识参加法律援助志愿活动。畅通法律服务热线，免费为人民群众提供法律咨询服务，解答当事人法律疑难问题。年内，办理法律援助案件612件，减免代理费用15万元。

【社会矛盾纠纷调处率100%】 2016年，乳山市将预防化解社会矛盾作为重点工作。建立调解组织网络，推进行业、专业人民调解组织建设力度，在卫生、环保、交通等行业建立综合性调解委员会，在村（居委会）挑选经验丰富、具有一定法律知识人员担任调解员，在司法所试点设立专职调解员，多渠道提升调解工作实效性。开展排查化解矛盾专项活动，建立矛盾纠纷排查与信访处理机制，成立5～7人法律工作领导小组，集中力量化解积累的信访问题和矛盾，全年调处各类纠纷5400起，调处率100%。

【社区矫正安置基地资源整合】 2016年，乳山市建立完善社区矫正安置基地，实现社区矫正人员教育基地培训、生活卫生、公益劳动等资源有效整合。优化社区矫正手机定位系统，对社区服刑人员准许活动范围设定“电子围栏”，实现对社区矫正人员实时定位、跟踪管理、历史轨迹查询等功能。乳山市286名社区服刑人员纳入定位系统，做到定位监管、网上办公等实质性监管帮教。规范社区矫正工作程序、档案管理，确保社区矫正人员回归社会，维护社会稳定。

【全年接收安置帮教对象463人】 2016年，加大对刑释解教人员衔接力度，利用安置帮教对象网络信息资源数据库系统，实现安置帮教工作信息化管理，做到重点对象重点管理，确保安置、帮教责任落实。全年接收安置帮教对象463人，安置463人，乳山市安置帮教对象重新犯罪率稳定在2%。

（马强）

10月8日，诸往镇司法所进行社区服刑人员矫正宣告 （马强 摄）

军 事

【概况】 2016年，乳山市人民武装部坚持以习近平总书记强军兴军战略思想为引领，抓好创新理论武装和战斗精神培育，思想政治工作的服务保障效能有新提升。在全市开展向邢飞同志学习的活动。结合纪念红军长征胜利80周年，开展以“红色乳娘”为代表的乳山红色文化以及邢飞维和事迹系列挖掘宣传报道。全年在省级以上媒体发表署名文章20篇，其中中央级8篇，中国国防报头版头条2篇。

【军事斗争实战化准备】 2016年，乳山市按照实战化要求抓好战备设施建设。完善国防动员潜力数据整理，调整补充各类战备和行动方案计划；进行战备值班系统综合整治，规范设置作战室指挥席位和图表资料；调整规范战备器材库，按照“携行物资包囊化、前运物资箱组化”要求，分类包装上架；围绕可能担负的任务，加强应急分队战备演练，提升战备水平。抓好民兵应急分队训练。落实训练“内容、时间、人员、质量”，制定训练计划，全年组织执法局、机关工委等基干民兵分批训练；参加指挥所演习，检验国防动员潜力数据统计和指挥信息系统建设成果，学习探讨组织指挥流程，锻炼提高干部队伍军事素养，作战室指挥席位设置被威海军分区作为样板。

【国防后备力量建设推进】 2016年，乳山市坚持将国防后备力量建设作为主业来抓。筹划部署新年度

8月3日，乳山市2016年廉洁征兵教育暨征兵业务培训部署会召开（管水锁 摄）

国防动员工作，推进专武干部队伍年龄结构优化，调整超龄基层武装部长，激发基层武装工作活力。组织基层武装部长集训，落实武装部长例会制度。科学统筹乳山市基干民兵编组任务，发挥企事业单位专业技术优势，调整确立编组任务单位。投资20万元，以“乳山蓝天救援队”为基础，组建抗震救灾分队；以热电厂民兵为骨干，组建民兵应急连；以马石山周边的诸往镇、崖子镇、育黎镇民兵应急排为基础，组建马石山民兵连。通过巡回检查、考评验收，完成上级交办的基干民兵整组任务。围绕确保新兵质量和提升大学生数量的目标，采取走访慰问军属、发放年画传单、横幅标语激励等形式，激发适龄青年参军热情。设立山东外事翻译学院征兵工作站和乳山市人民医院“一站式”征兵体检站，开设大学生报名“绿色通道”，严把体检政考核走访调查关口，组织新兵役前教育训练3期，完成兵员征集任务。

【基层武装部基础管理正规化建设推进】 2016年，乳山市开展“四清两统”和百日安全竞赛活动，抓好大项活动和重大任务的风险评估、预测预防，加强车辆驾驶审批、枪支弹药管控、涉密载体管理。关注基层武装部建设，以白沙滩镇武装部“三室一库”和徐家镇东南埝村民兵连“部室家”为规范化建设试点，指导各镇级武装部加强基础设施建设。

【人民武装部参与地方建设活动拓展】 2016年，乳山市人民武装部参与筹备烈士公祭日活动，增强全民国防观念。组织干部职工参与乳山市“五城联创”、护林防火等活动，为驻地建设贡献力量。推动双拥共建，做好现役军人家庭和随军家属服务保障工作，发放随军家属困难补助，协调解决11名驻军子女择校问题。建立涉军维权工作站，做好涉军维权法律咨询服务，协调解决涉军纠纷。

人民武警

【概况】 2016年，武警部队乳山市消防大队接处警447起，出动警力5672人次，出动车辆902辆次，其中灭火184起。乳山市边防大队接处警3025起，破获刑事案件32起，查处治安案件200起，惩治处理157人，抓获网上逃犯19名。开展“主官家访”活动，打造“警家互动”从严治警模式，经验做法得到山东省公安边防总队肯定。

【消防隐患排查整改483处】 2016年，武警部队乳山市消防大队开展商（市）场专项整治行动、易燃易爆危险品场所、电气火灾防范、液化石油气市场、养老机构专项整治等8项专项治理工作，检查单位、企业1535家，发现消防安全隐患501处，督促整改消防隐患483处，对17家单位、1名个人实施行政处罚，罚款26.1万元，临时查封单位8家。举办大型消防宣传活动4次，发放宣传材料3000份。深入企业开展消防培训、演练活动30家，联合乳山市政府应急办等部门举行大型消防实战演练2次。印制《关于开展消防安全自查自改活动的通告》《关于积极推动发挥独立式感烟火灾探测报警器火灾防控作用的指导意见》1000份，在90个住宅小区、10个集贸市场、110家单位张贴。提请乳山市政府投入990万元购置消防车辆和消防装备器材，追加消防经费50万元。新建消防站1处，纳入2016年度便民利民实事工程，完成消防站选址工作。

【武警部队乳山市边防大队接处警3025起】 2016年，乳山市边防大队立足本职，开展反侵财大会战、禁毒会战、固边系列行动、惩治盗抢骗等专项行动，共接处警3025起，破获刑事案件32起，查处治安案件200起，惩治处理157人，抓获网上逃犯19名。组织开展治安清查90次，消除安全隐患100处，化解矛盾纠纷845起，维护辖区和谐稳定。开展沿海视频监控建设，在辖区17处码头、停泊点新增高清监控探头47个，完成两处海防视频监控站建设。对照公安部边防管理局“两个规定”和山东省公安边防总队正规化管理实施细则，开展库室改造，完成利于执法执勤、方便教育训练和生活的规范化营区及大队级指挥中心建设。

（宋文杰）

人民防空

【概况】 2016年，乳山市人民防空办公室履行“战时防空、平时服务、应急支援”工作职责，推进“两防一体”和“准军事化”建设，年内，乳山市人防地面指挥中心通过山东省专家组验收。

【“智慧人防”系统主体建设通过专家组验收】 2016年，乳山市人防地面指挥中心、移动指挥中心和智慧城市运营管理中心实现互联互通。系统融合人防工程和城市管理信息数据，提升乳山市防空防灾综合指挥能力和人防智慧化管理水平。系统建设得到山东省人防办主要领导高度评价，“智慧人防”系统主体建设通过专家组验收。

【人防工程受理审批48项】 2016年，乳山市人防办受理人防工程审批事项48项，结合人防工程信息普查，开展全市人防工程使用维护管理情况检查，督导竣工人防工程单位落实安全生产责任，进行人防工程信息数据、安全管理情况立卷建档。

【人防应急预案系统化编制完成】 2016年，乳山市人防办修编《乳山市突发人防工程事故应急预案》及《操作手册》，编制《乳山市人民防空办公室地震应急预案》及《操作手册》《乳山市人民防空办公室防汛应急预案》及《操作手册》，为应急工作的开展提供更加可靠保障。

（林超）

11月12日，大乳山

观上冯家冯德英故居

责任编辑：刘万波

经济管理与监督

Economic Management and Supervision

- 发展规划与综合调控
- 国有资产监督管理
- 统计工作
- 物价管理
- 审计监督
- 市场监管
- 国土资源管理
- 质量检验检测
- 粮食行政管理
- 食品药品监督管理
- 安全生产监督管理

发展规划与综合调控

【概况】 2016年，乳山市发展和改革局（以下简称发改局）坚持统筹协调、勇争一流定位，深化改革和依法行政，推动全市经济健康平稳发展。全年全市争取无偿资金78051万元，完成年度计划121%；发改局跑上争取无偿资金11092万元，完成年初计划201.7%，再创历史新高；争取山东省首批直投基金支持乳山，获批全省单笔最大国家专项建设基金5.1亿元，棚户区改造项目获批专项建设基金1亿元，化解政府历史债务1亿元。争取山东省社会信用体系建设试点市，夏村镇8村列入全国农村三产融合试点示范工程，乳山中诚果汁饮料有限公司研发平台获批省级工程研究中心。获“乳山市基层先进党组织”称号。

【政府投资项目数据库和民生工程数据库建立】 2016年，在完成乳山市“十三五”规划编制基础上，乳山市发改局编制出2016年度国民经济和社会发展计划指标，协调推进37个专项规划，建立3年滚动投资项目数据库、政府投资项目数据库和民生工程数据库，争取重大项目列入国家和省级以上规划，其中7个项目列入省以上“十三五”规划。

【经济数据分析监测预警运用】 2016年，乳山市发改局做好宏观经济分析，健全宏观经济运行分析联席会议制度，注重经济运行中的热点、难点问题，科学运用经济数据分析监测预警，提升经济运行分析的及时性、有效性和科学性，编发《发改工作动态》40期、发布政策动态90条；抓好重大问题论证，围绕青（岛）荣（成）城际铁路、通用航空机场、特色小镇建设、专项基金申报、化解过剩产能、淘汰落后煤电、煤炭减量替代等热点问题，先后向上级发改部门提交30个专题汇报，协调化解乳山热力公司、威海鑫山冶金等企业热点难点问题。

【服务企业基础数据库建立】 2016年，乳山市发改局编写《国家专项建设基金申报指南》，推动通用航空机场列入省市规划，银滩高尔夫首批通过全国督查验收；抓好重大政策落实，加大服务业重点载体培育力度，初步建立起全市服务业企业基础数据库，推动62家企业主辅业分离常态化。对接威海重点服务业企业监测平台，筛选确定32家重点服务业企业进行重点调度、监测。

【8村入选全国农村三产融合试点示范工程】 2016年，乳山市组织46个镇区、部门理清健康产业推进工作思路和重点事项、示范项目，逐月调度逐季通报发展成果。强化指导争取，夏村镇8村列入全国农村三产融合试点示范工程，成为推动农村产业发展、争创全国性试点示范又一亮点工程。

【固定资产投资项目在线审批监察启动】 2016年，乳山市以优化投资环境为重点，在推行“超前服务、容缺受理、即时办结”基础上，简化备案项目审批前置条件，取消社会投资项目招投标核准，提高服务质量、办事效率。自1月1日起，全面启动固定资产投资项目在线审批、在线监察，对接“山东省投资项目在线审批监管平台”，提高立项工作透明度和公信力，此项工作走在威海各市区前列。

【争资立项实现新突破】 2016年，乳山市争取上级资金支持，发展区域经济，全市26个部门跑上争取无偿资金78051万元，完成年初计划121%；发改局作为跑上争资牵头部门，坚持带头加压、奋勇争先，全年争取无偿资金11092万元，完成年度计划201.7%。会同有关部门编制“十三五”农网规划改造项目13亿元，停车场债项目12个40亿元，海岸带修复、地下水库绿色债项目2个15亿元，筛选储备26个基金项目投资145亿元纳入国家专项数据库；推进国家专项建设基金申报工作，争取龙角山水库及乳山河综合治理项目获批全省单笔最大国家专项建设基金5.1亿元，棚户区改造项目获批专项建设基金1亿元，化解政府历史债务1亿元，马石山红色教育基地获全国首批抗战纪念专项资金支持，争取山东省首批直投基金支持，经济开发区污泥处理项目争资比例全省最高。

【乳山市列入山东省信用体系建设试点示范市】 2016年，围绕加快全市社会信用体系建设，对接山东省发展改革委，跟进争取，使乳山

5月18日，威海市服务业发展局局长刘宝华（左二）到乳山市调研服务业发展情况
（刘梅芳 摄）

市列入山东省试点示范市。按照“建平台、归数据、搭框架、建机制”总体目标，以公共信用平台建设、制度建设为重点，形成基本框架。至年末，试点规划、方案已基本完成；“三库两网一平台”建成，威海统一的信用信息共享交换平台互联互通实现。

【企业创新平台与领军人才项目取得新成果】 2016年，乳山市通过引进专业机构包装，提升项目申报材料，从材料申报、专家评审等环节实行全程跟踪指导创新平台。中诚果汁公司研发中心获批山东省果蔬精深加工工程研究中心，温喜生物公司和韩威生物公司2个工程实验室分别获批威海市级创新平台；强化人才团队建设，培育泰山产业领军人才团队，筛选指导台依湖、福如东海、顺泰果蔬3家企业申报省级服务业领军人才项目并进入省级答辩环节，实现新突破；指导温喜生物公司推进人才项目建设，顺利通过威海市中期评估。

【公车改革经验获威海市肯定】 2016年，乳山市坚持深入调查、精心组织，全面启动公务用车制度改革，做好编制、人员、车辆、补贴摸底测算工作，制订改革方案、管理办法，做好政策解读和宣传引导，化解14个热点难点问题，实现公务用车规范化、平台建设高效化、人员分流人性化、公车拍卖公开化。年节俭财政公务支出397万元，节俭率达8.9%。经验做法得到威海市公车改革办公室的肯定。

5月14日，乳山市机关事业公务用车改革领导小组研究公车改革实施方案　　（卞小岩 摄）

【项目扶贫新进展】 2016年，乳山市印发《乳山市光伏扶贫工作实施方案》，建成小浩口、泊子庄等5个村级小型电站，项目总投资103万元，带动贫困户449户。推进全国新增千亿斤粮食产能规划乳山市2015年田间工程建设项目建设，完成投资3750万元，帮助大孤山、夏村等镇5个省定扶贫工作重点村建设完善农田水利建设。强化第一书记指导服务作用，帮助封赠山村找准工作着力点，在资金扶持、项目推进等方面予以倾斜，为扶贫村争取蓝区建设专项资金60万元，全年投入资金21万元，协助村推进大棚蘑菇种植、威海市级土地整治、点豆肥吧等项目，完成排水渠、办公室整修和开挖大口井等工程。

5月13日，山东省发改委工作组考察验收省级重点项目——台依湖国际酒庄生态文化区　　（卞小岩 摄）

链接：“三库两网一平台”，“三库”，指企业法人、自然人、非企业法人数据库；“两网”，指信用乳山网、金融服务网；“一平台”，指公共信用信息平台。

（李海波　王玲）

国有资产监督管理

【概况】 2016年，乳山市围绕实现国有资产保值增值、做大资产规模，落实管理制度，拓宽融资渠道，各项工作稳健发展。至年末，乳山市行政事业单位共191户，总资产12.79亿元，总负债5.34亿元，净资产7.45亿元。国鑫资产经营管理有限公司与城市国有资产经营有限公司两公司总资产207.37亿元，总负债61.93亿元，净资产145.44亿元。

【国有资产管理创新】 2016年，乳山市在通过资产评估基础上，将市政设施、水利设施、人防工程、林业资产等价值39.5亿元，按法定程序划转到乳山市国有资本有限公司挂账管理，做大资产规模。同时，将行政事业单位两证齐全房产、原广电网络公司股权、国际大酒店、客运公司、全市行政事业单位租赁性资产全部转移至国有资本有限公司运营管理。

【行政事业单位资产管理加强】 2016年，乳山市加强行政事业单位国有资产管理，把资产配置、使用、处置、收益收缴、信息报告等工作规范化、法制化。加强资产信息统计工作，做到全面及时。至年底，全市行政事业单位共191户，总资产12.79亿元，总负债5.34亿元，净资产7.45亿元，其中：土地、房屋及构筑物新增1.17亿元，通用设备新增0.39亿元；各有关单位撤销、分立、合并需划转资产，及时办理资产划转、注销登记及占有产权登记手续。提高资产信息动态化管理水平，在调研论证基础上，推行资产条码管理工作，提高行政事业资产信息数据质量。贯彻落实财政部资产清查会议精神，开展行政事业单位资产清查工作，完成191家行政事业单位系统上报。针对全市行政单位车辆改革，配合机关事务局做好车辆报废、划转对外公开拍卖等相关工作，确保车改工作顺利推进。

（兰胜玲　潘鲁峰）

【国鑫资产净资产达145.44万元】 2016年，乳山市国鑫资产经营管理有限公司（以下简称乳山市国鑫公司）与城市国有资产经营有限公司合署办公。至年底，总资产207.37亿元，总负债61.93亿元，净资产145.44亿元。担保总额15.26亿元，欧元2631.6万元，美元290万元。融资到位资金59.57亿元。

【国有资本经营监督管理严格实施】 2016年，乳山市按期收取国有控股、参股企业财务报表，动态监测权属单位财务运营情况，帮助企业查找问题。审计环卫处和路灯管理处年度资本运营和财务收支情况，帮助查找问题并提出整改意见。出席企业股东会、董事会和监事会，依法履行监管职责。参与国有资产经营管理体制改革，配合财政部门落实好《乳山市人民政府关于试行国有资本经营预算的意见》及有关配套措施，督促金洲集团、星歌公司、国投中鲁公司、鑫山集团、金华矿业等11家企业按时上报国有资本经营预算表，严格把关审核星歌公司、笙歌公司等企业处置、购置重要资产等重大经营事项，防止国有资产流失。

【国有资产增值6%】 2016年，乳山市国鑫公司加强与国有参股、控股企业衔接，按时收缴国有资产收益，依法履行股东监管职责，按时出席国投中鲁、金洲集团、鑫山公司等企业股东大会、董事会、监事会，行使股东职责，加强国有资产管理；强化对权属单位监管，动态监测权属单位财务运营情况，查找存在问题并提出整改意见，确保国有资产保值增值；加强对国有经营性单位负责人业绩考核，落实国有资产保值增值责任。2016年，收缴金洲集团等企业国有资产收益1140万元，国有资产增值6%。

【国有资本监督审查职能履行】 2016年，乳山市国鑫公司核实市政管理工程公司、路灯管理处、自来水公司、环境卫生管理处、园林管理处、国际大酒店、规划局等单位经营成果、资金状况和规范运作情况，完整反映其财务状况、经营成果和现金流量，规范权属单位经营行为，规避经营风险。通过监督审查，向被审计单位提出合理化建议达27条，帮助完善各项制度15条，增加投资收益，提高国有资本应对危机能力。

【城市建设融资渠道拓宽】 2016年，乳山市加强融资力度，拓宽融资渠道，为城市建设提供保障。以海岸线生态修复和水源拦蓄工程为建设项目，包装发行第三期城投债16亿元，发债申请资料10月底前上报国家发改委，项目流程正在审核；以龙角山水库及上游水系综合治理为建设项目，向农发行申请26亿元项目贷款，全部材料10月底通过省行审核，正向总行申报；策划2016年乳山债权融资计划，在青岛银行与北京金融资产交易所通过债权融资6亿元，资金10月到位。加大银行融资力度，缓解财政支出压力，发挥城投集团、水务集团、热力集团融资载体作用，与海晟融资租赁公司、邦银金融租赁公司开展融资租赁业务4.5亿元；与北京银行、华夏银行、威海市商业银行、恒丰银行、中信银行等金融部门沟通对接，争取项目贷款14.4亿元。当年融资到位资金24.9亿元。

（张玉文）

统计工作

【概况】 2016年，乳山市统计局开展各项调查，提升统计质量和服务水平，完成统计调研分析26篇、统计信息200篇；夯实统计基层基础，为实现“十三五”时期全市经济社会发展良好开局提供有力统计保障。年内，“省级文明单位”“省级统计系统先进单位”分别被山东省精神文明建设委员会、山东省统计局复审通过。

【普查方法创新】 2016年，按照农业普查“全国统一领导、部门分工协作、地方分级负责、各方共同参与”原则，乳山市成立机构，加强协调，形成工作合力；利用现代信息技术，创新普查方法，重点做好无人机电子监测、普查方案、普查区划分与绘图、PDA数据处理程序培训；借助电视、微信、微博、网络、报纸等媒体，开展宣传，增强调查对象配合支持程度。1%人口抽样调查采用手持电子数据采集终

6月13日，乳山市统计局检查指导镇区统计基层基础建设

（徐英 摄）

端设备(PDA)入户登记，分35个调查点5000人入户调查，反映调查对象居住、流动、教育、就业、参保、婚姻和生育7个方面情况。

【统计数据质量提升】 2016年，乳山市统计局坚持依法统计，提高统计数据质量，实行联网直报即报即验即审，做到统计设计、数据采集、数据评估等环节制度化、科学化、规范化，实现统计业务全流程、全覆盖质量管理和控制。基本单位名录库质量管理中，坚持“先入库，再有数”，3月，组织各专业人员走访检查“四上”企业，将走访检查发现的停产、倒闭企业从名录库中剔除；对上报数据不真实企业，区分不同情况进行处理，对达标企业将督促其严格执行联网直报各项规定，加强主要指标与历史数据及相关指标的逻辑性、关联性比对审核，保证上报数据真实可靠，对不达标的按规定进行转库。在新增入库企业审查中，加强与税务、工商等部门沟通，做好单位清查摸底，跟踪“四上”企业经营状况，确保达标企业及时入库。通过畅通出口、严把进口、挤压不实，提高“四上”企业统计数据真实性。

【统计服务职能发挥】 2016年，乳山市统计局挖掘统计资料，研判经济形势，开展预测预警，为中共乳山市委市政府定向调控、精准施策提供量化依据和重要参考。统计监测产能过剩、企业质效、房地产、金融风险等领域，完成统计调研分析26篇，统计信息200篇。关注新产业、新业态和新商业模式发展，做好“三新”重点领域统计监测准备，探索运用大数据为大众创业、万众创新提供统计服务；管好用好统计微博、微信平台，及时发布统计数据，定期加载进度数据。加强与社会公众互动，强化统计舆情监测应对。

【基层统计规范化建设提升】 2016年，乳山市按照巩固、促进、提高要求，强化统计基层基础工作。完善基层统计建设，修订《镇区考核办法》，将镇区考核重点由考核统计工作向考核统计工作和数据质量并重转变，加强镇区统计对辖区内企业数据掌控能力，满足“企业一套表”改革需要统计数据采集、审核、管理、上报规范化、制度化运作流程。完善基层统计交流平台，根据报表情况，利用电话、QQ群等形式加强与镇区、企业统计人员联系，探索基层统计服务新形式。加强企业和镇区统计人员教育培训，提高基层人员素质和规范化水平。

链接：“四上”，指规模以上工业企业、县以上批发零售企业、资质内建筑和房地产企业、规模以上服务业企业。

（徐英）

物价管理

【概况】 2016年，乳山市物价局加强市场价格监管，开展明码标价规范整治，做好为民价格服务，价格秩序稳定。全年受理案件97起，标的额463万元，涉案物品上万件，实现涉案鉴证零复议。获国家发改

12月15日，乳山市居民生活用水价格改革听证会举行 （林霞 摄）

委、中国经济导报社“价格宣传报道工作先进单位”称号。

【居民生活用气、水阶梯价格制度建立】 2016年，乳山市建立居民生活用管道天然气阶梯价格制度，6月22日，召开乳山市居民听证会，7月15日，公布实施；落实上级水价政策，结合乳山市城市供水水源现状，先行调整非居民用水价格。建立应急水价制度，经乳山市政府常务会议研究通过，于11月11日由政府办公室公布实施；12月15日，召开乳山市居民生活用水价格改革听证会，调整居民生活用水水资源费、污水处理费并推行阶梯价格。

【“价格服务进千企”工程实施】 2016年，乳山市物价局实施“价格服务进千企”工程，梳理乳山市涉企行政事业性收费，编制并公开乳山市行政事业性收费目录和涉企行政事业性收费目录清单；审核部门公开的涉及行政审批及相关行政权力中介服务收费标准依据；梳理编印《乳山市现行收费项目及收费标准汇编2016版》，并结合走访企业活动，免费发给企业。开发启用“智慧物价”系统软件，使市民在智能手机上关注“智慧物价”免费公众号，随即可查询商品价格、市场行情、供求动态、价格政策、收费标准等信息，实现足不出户可“价比三家”。

【受理群众价格投诉、举报、咨询160起】 2016年，乳山市物价局制订《涉旅价格投诉应急处置预案》，规范旅游市场价格秩序，健全涉旅投诉应急处理机制，预防重特大投诉及不良突发事件发生，营造和谐旅游环境，维护旅游者合法权益。开展各类专项和重点检查，4月，针对汽车销售中存在不明码标价、明码标价内容和方式不规范以及标价之外收取未予标明费用等问题进行重点整治，规范行业价格行为，营造良好市场价格环境；8月24日，召开乳山市药品价格和医疗服务收费检查暨政策提醒告诫会，强化行业自律，全年检查药店92家、诊所40家、镇村卫生室6家，对7家公立医疗服务机构的查处正在依照法定程序进行中；8月25日，召开39家涉企收费单位检查工作会议，通过调账和上门检查相结合方式检查涉企单位收费情况。推进明码标价监管，结合投诉举报热点问题、节假日和旅游旺季，以检查明码标价和价格欺诈为主要内容，检查辖区零售商业、餐饮、宾馆、娱乐、交通客运及旅游景点等行业价格执行情况，从源头上防范价格违法行为发生。受理群众价格投诉和政策咨询，发挥“12358”价格举报平台作用，及时查办各类价格投诉举报案件。全年通过来电、来访、民生诉求、“12358”平台转办等方式受理群众价格投诉、举报、咨询160起，涉及教育、交通运输、物业管理、商品零售等12个领域、20个类别。做到事事有回音、件件有着落，维护消费者合法权益，树立物价窗口良好社会形象。

9月23日，乳山市人民政府办公室举办物价政策解读新闻发布会

（姜芳 摄）

【价格收费政策按规定调整】 2016年，乳山市改革机动车驾驶员培训制度，根据上级文件要求，及时通知3家驾校，自5月17日起机动车驾驶员培训收费标准由机动车驾驶员培训机构根据培训成本和市场供求情况自行确定。制定相关收费政策，审核和批复乳山市老年大学学费收费标准，理顺乳山市殡葬服务项目及收费标准，确定2016年夏季小学学生装销售价格，将2013年制定的星级物业服务收费标准转为正式标准。解读部分价格政策，9月23日，召开新闻发布会，通报山东省物价局公布取消的部分服务收费项目、放开的部分服务价格，解读国家发展改革委放宽两部制电价执行方式限制，解答各界对价格改革及价费政策调整普遍关心的问题。

【“价比三家”信息服务活动开展】 2016年，乳山市物价局开展“价比三家”价格信息服务活动，规范商家价格自律，选择百姓关注的60个主要民生商品，通过网络媒体进行价格信息公开。同时，利用6处LED电子屏幕等公示价格信息，每周一期，让百姓在商家的公开、公平竞争中得到实惠。

【涉案物品价格鉴证实现零复议】 2016年，乳山市物价局严守操作规程，做好涉案认证，完善《乳山市价格认证中心工作制度》，并按照《山东省涉案物品价格鉴证操作规范》，开展价格鉴证工作，全年受理案件97起，标的额463万元，涉案物品上万件，实现涉案鉴证零复议。整合智力支持，提升工作水平，完善“乳山市价格鉴证专家库”，在工程造价、房地产、汽修、金银珠宝和园艺林木等10大行业，选聘并向省中心报送备案各类技术专家10名。

（秦芳）

审计监督

【概况】 2016年，乳山市审计局围绕全市中心工作，依法履责抓监督，强化服务促发展，完成各项工作任务。全年完成审计项目60个。获“山东省文明单位”称号。

【预算执行审计对象延伸】 2016年，乳山市审计局开展对市级财政预算管理、地税征管及5个市直单位预算执行情况审计。在审计范围上，运用信息化手段扩大审计覆盖面。在审计内容上，重点关注财政资金的存量和增量，审查财政资金安排、分配、使用环节存在的问题，及时提出整改建议，促进规范管理；同时，盯住行政运行绩效，重点关注违反中央“八项”规定等问题，查处铺张浪费和侵害群众利益等问题。在审计对象上，延伸审计二、三级预算单位，并对一些重点税源企业和使用财政资金相对集中的单位加强延伸调查，确保财政资金运行安全、使用高效。当年，重点审查乳山市地方税务局2015年度税收征管情况、纳税服务中心及乳山益正公路工程有限公司、乳山市农村自来水技术服务有限公司2个纳税企业，查出2户企业少征收税款26万元。已按要求及时收缴入库。

【经济责任项目审计完成51个】 2016年，乳山市审计局修订完善经济责任审计对象分类管理暂行办法等制度，分类管理审计对象，重点加强审前调查，主要关注履职尽责、权力运行情况，研究被审计单位职能和工作特点，制订审计实施方案，提高审计质量和效率。创新开展自然资源资产离任审计，将下初镇作为试点单位，在经济责任审计过程中，根据被审计领导干部所在地区实际情况，坚持定性评价与定量评价相结合，客观评价领导干部履行自然资源资产管理和生态环境保护责任情况，拓展经济责任审计内涵。年内，完成经济责任审计项目51个。

【政府投资项目审计】 2016年，按照“财政资金用到哪里，审计监督就跟到哪里”原则，以查错纠弊、增收节支为重点，围绕招标控制价、重大设计变更、工程结算等关键环节精准发力，组织对保障性安居工程、棚户区改造工作情况、既有居住建筑供热计量及节能改造情况4项政府投资工程进行审计；对城市地下管线基础设施建设政策落实情况跟踪审计。针对审计发现的问题，提出审计整改建议，督促相关单位加强管理，规范资金使用，确保项目落地、政策落实。

【政策落实跟踪审计】 2016年，乳山市审计局围绕各级政策落实和乳山市重点工作，将政策落实跟踪审计与本级预算执行审计、经济责任审计、专项审计或审计调查等结合起来，围绕项目落地、资金保障、风险防范等方面，突出工作重点，加大审计力度，先后完成精准扶贫、创新支撑引领经济结构优化升级、社会救助保障困难群众基本生活、推进简政放权转变政府职能等政策措施落实情况跟踪审计，并针对发现的问题提出意见和建议，推动各级重大政策措施落实。

【审计“倒逼”作用发挥】 2016年，乳山市审计局注重揭示体制、机制和制度不配套、不适应、不协调等问题，发挥审计“倒逼”作用，从体制、机制层面分析问题、完善制度方面提出建议，为乳山市科学决策提供依据。通过组织实施财政扶持资金、购建职工住房等方面专项审计调查，强化成果利用，推动问题整改。通过开展村居干部任中或离任经济责任审计工作试点，实现审计监督向基层延伸，先后对3个镇、11个村的集体资产、负债、财务收支情况及存在的问题进行审计，针对审计中发现的问题，对农村财务管理提出合理化建议，督促镇村严格执行“三资”管理有关规定，切实执行好整改落实，规范村级财务管理。通过优化审计资源整合，强化内审指导，挖掘乳山市直机关事业单位和国有企业内部审计潜力，发挥内部审计第一道防线作用。

（宫秀娟）

市场监管

【概况】 2016年，乳山市登记市场

11月10日，乳山市市场监督管理局组织干部职工学习中共十八届六中全会精神

（刘超 摄）

主体 36685 户，比上年增长 21.53%；资金 3821640.01 万元，增长 19.29%。其中，个体工商户 27298 户，增长 19.43%，资金 160333.36 万元，增长 39.25%；中小企业 8262 户，增长 23.78%，资金 3497572.34 万元，增长 17.84%；农民专业合作社 1125 户，增长 21.62%，资金 163734.31 万元，增长 36.07%。为 6112 户市场主体办理“三证合一”营业执照，其中换发营业执照 4540 户，换照率达 63.74%。帮助中小企业“个转企”178 家。指导“守合同重信用”企业省级 21 家、国家级 1 家网上申报；办理动产合同抵押 23 份，主债权金额 21202.45 万元。指导 55 家企业，111 项标准在产品标准信息公共服务平台完成自主公开声明，为 38 个企业进行信息数据补充、采集工作。“乳山文蛤”地理标志证明商标已核发商标注册证。全年受理消费者投诉 162 起，处理 156 起，处结率 96%，为消费者挽回经济损失 23.2 万元。

【乳山市市场主体总年报率名列威海市第二名】 2016 年，乳山市市场监管局加强企业年报工作，依托报纸、电视、广播等媒体广泛宣传，并利用电信、联通、移动通讯平台发布提示短信；针对不同市场主体类型印发 10000 份《致企业的一封信》《企业办理信息公示温馨提示》等明白纸，在注册局、各分局（所）设立年报自助区，免费提供上网设备，指定专人现场指导填写年报表；组织各科室集中时间督促年报。同时，强化抽查、严肃公示，完善信用约束机制，针对责令期满仍不履行公示义务、公示信息隐瞒真实情况弄虚作假、通过住所无法取得联系等行为，推行经营异常名录管理制度，依据抽查和举报核查结果，将 2015 年度未年报的 308 户市场主体列入企业经营异常名录，通过公示系统进行公示，并对外公布“红黑榜”公示名单。年内，乳山市市场主体总年报率名列威海市第二名。

【中小企业“个转企”178 家】 2016 年，乳山市市场监管局在企业注册窗口开辟“绿色通道”，设置专门窗口为个体户转型升级提供咨询指导、受理核准服务。按照乳山市政府考核标准及要求，每月统计调度，督促各市场监管所（分局）有针对性开展工作，全年完成“个转企”178 家。

【“三证合一”营业执照办理 6112 户】 2016 年，乳山市推进“三证合一”“五证合一”登记制度改革工作，利用新闻媒介宣传，解读改革内容，确保登记工作有序进行。至年末，为 6112 户市场主体办理“三证合一”营业执照，其中为 4540 户市场主体换发“三证合一”营业执照，换照率 63.74%。

【企业质量提升工作推进】 2016 年，乳山市市场监管局贯彻落实省、市质量工作会议精神，发挥质量管理牵头单位及标准、计量、认证认可在企业质量工作中基础性作用，推动企业走质量效益型路子。5 月 6 日，召开全市质量工作座谈会，通报乳山市质量工作现状，制定《全市质量工作提升要点》，推动全市上下形成目标明确、责任清晰、运行有序的大质量工作体系，对已实施分类监管的 15 家工业产品生产许可证获证企业和 12 家 5 类非工业产品生产许可证管理企业，按照职责分工、分类的级别实施监督检查，并对 2 家 C 类企业升级为 B 类、1 家企业由加严监管提升为常态监管。摸底排查危险化妆品及包装物、烟花爆竹、消防器材、儿童用品、食品相关产品、化肥、农药等重点工业产品企业质量安全风险，并对 26 家工业产品生产许可企业（含 11 家食品相关产品）、8 家 CCC 企业、1 家消防器材和 1 家儿童用品企业建立产品质量安全工作档案，对存在设备保养记录不全、产品标识标注不全、工艺考核记录不全、检验原始记录数据不全等 9 大类问题，责成企业及时改正。检查各类经营业户 30 户，抽检天然气、液化气、建材等商品 18 批次，立案调查 7 户涉嫌冒充合格产品经营销售；随机抽查成品油经营单位，检查经营业户 30 家，抽样检查 46 个油品，立案查处 4 家不合格经营单位。

【机动车检测机构公开作出行为规范承诺】 2016 年，乳山市强化机动车检测机构管理，采取日常监管和政府购买服务专家检查相结合方式，检查 7 家机动车检测机构，督促存在问题的检测机构集中整改，督促其签订《机动车安全检验机构检验行为规范公开承诺书》，向公众公开作出 10 项承诺。

【指导 6 家企业申报知名商标、著名商标】 2016 年，乳山市市场监督管理局参与乳山口港扩大开放相关工作，主要负责人带队赴国家质检总局对接工作，率先完成商检设置机构有关文件审批上报工作。发挥标准化管理职能作用，协助乳山市威茗茶业有限公司完成省级标准化项目验收，该项目为乳山市首批获省级农业标准化项目立项单位；围绕牡蛎种养殖、检验检疫、包装运输等查阅整理国家标准、行业标准、地方标准 42 项，为乳山市牡蛎协会申报国家级农业标准化示范区打下基础。发挥商标监管职能，确定 18 家有条件企业组成著名商标、知名商标培育企业梯队，指导企业完善申报资料、熟悉申报流程、创造申报条件。至年末，乳山市有 5 家企业申报威海市知名商标材料，1 家企业申报山东省著名商标，“乳山文蛤”地理标志证明商标已核发商标注册证。指导 55 家企业，111 项标准在产品标准信息公共服务平台完成自我公开声明，对 38 家企业进行信息数据补充、采集工作。

【不正当竞争和垄断经营整治行动开展】 2016 年，乳山市开展限制竞争、不正当竞争和垄断经营专项整治行动，排查 7 户公用企业、房地产行业、教育、医药领域以及大型零售商等市场主体，立案调查药店涉嫌违法开展有奖销售案 1 起，违

3月14日，乳山市市场监管局开展“3·15”国际消费者权益保护日宣传活动（徐向磊 摄）

法发布广告案1起。开展“红盾护农”专项执法行动，维护农民群众合法权益，确定285家重点农资经营，抽检化肥、地膜等农资300批次，查处未建立进销货台账及未索取检验报告农资经营户61户。开展计量专项检查行动，排查52个加油站156台加油机，检查衡器、出租车计价器，抽查43家企业230台衡器，对3家超出检定周期企业下达整改通知书。

【特种设备安全检查】 2016年，乳山市开展气瓶充装站年度检查，围绕资源条件、质保体系、人员持证情况，检查单位19家，查找隐患21处，发出特种设备安全监察指令书18份，立案查处1家。检查电梯812台（次），对电梯使用运营单位下达特种设备安全检查指令书7份，并举行电梯应急救援演练6次。

【消费者经济损失挽回23.2万元】 2016年，乳山市市场监管局与乳山市文明办、商务局、食品药品监管局等7个部门在乳山市利群商场东门等场所举办“3·15”国际消费者权益日活动，围绕“新消费、我做主”年主题发放宣传材料1300份，接受市民咨询375人次，销毁侵犯注册商标专用权白酒130箱。开展“5·20”世界计量日宣传活动，现场发放民用四表计量宣传册、诚信计量宣传单、节能降耗宣传单等400份。全年受理消费者投诉162起，处理156起，处结率达96%，为消费者挽回各类经济损失23.2万元。

（刘超）

国土资源管理

【概况】 2016年，乳山市国土资源局贯彻落实上级决策部署，凝心聚力，恪尽职守，为全市发展营造良好国土资源环境。年内，获“全省国土资源系统先进集体”“全省国土资源系统新闻宣传工作先进单位”“乳山市2016年度履行机关岗位目标责任制考核先进单位”等称号。

【土地利用总体规划调整】 2016年，乳山市开展土地利用总体规划调整完善工作，落实耕地保护、基本农田保护及建设用地规划指标，加强生态及资源保护、落实三线划定，推进多规合一。完成山东省政府批准规划调整14.41公顷、威海市政府批准规划调整15.08公顷，修改后规划建设用地布局合理。年内，执行新增建设用地计划指标33.60公顷，争取指标51.13公顷，保障全市发展需求。

【耕地保护任务完成】 2016年，乳山市成市镇村三级耕地保护目标责任状签订工作，完成耕地保护任务。年末，耕地保有量58588公顷，超出保护任务804公顷。基本农田划定50776公顷，占耕地总面积87%，基本农田保护率100%。年度土地综合整治立项完成11项，其中威海市级项目4个、县级项目7个。整理面积1059.59公顷，新增耕地125.02公顷。

【土地变更调查核实面积109.58公顷】 2016年，乳山市土地变更调查下发监测图斑546个，面积178.2公顷，其中占耕地86.05公顷。经过

11月24日，威海市国土资源局局长李大伟（左三）到乳山寨镇贫困村西驾马沟村调研精准扶贫土地整理项目（吴腾飞 摄）

实地核实，变更图斑 465 个，面积 109.58 公顷，占耕地 57.31 公顷。

12 月 21 日，山东省国土资源厅地质环境处调研员林海（右一）及相关专家验收宫家村废弃矿区治理与修复项目 （吴腾飞 摄）

【不动产登记信息平台建立】 2016 年，乳山市完善机构建立，整合工作职能，依法稳妥推进，完成不动产统一登记机构建设和职能整合。通过改造已有地籍管理系统，搭建完成不动产登记信息平台，确保登记发证工作需要，9 月 9 日，颁发首证，实现不动产登记停旧发新。

【耕地占补平衡落实】 2016 年，乳山市报批建设用地 4 批次，面积 103.71 公顷，其中耕地 49.71 公顷。全年供应土地 122 宗，面积 385.95 公顷（其中招标、拍卖、挂牌出让 119 宗，面积 380.92 公顷，成交价款 60.80 亿元；划拨供地 3 宗，面积 5.03 公顷）。全部落实耕地占补平衡制度，补充耕地全部通过验收。

【露天采石场和地下矿山依法关停 8 家】 2016 年，乳山市强化矿业秩序整顿，开展集中行动 3 次，依法查处越界开采 3 起，确保矿产资源勘察开发秩序稳定。深化源头治理，推进露天采石场和地下矿山关停，依法关停金矿 3 家、采石场 5 家。

【矿区生态环境恢复治理】 2016 年，乳山市加强地质灾害防治，编制《乳山市 2016 年地质灾害防治方案》，完善地质灾害信息网络系统和群测群防网络系统。强化矿山生态环境修复治理，宫家村废弃矿区治理与修复项目通过省级验收；金硝岭矿区恢复治理项目与城市建设项目有机结合，增添城市亮点；治理 103 处废弃矿井，9 个镇、50 个村群众受益。

【“十三五”基础测绘规划编制完成】 2016 年，乳山市强化测绘行业管理，定期开展测绘资质动态巡查，维护测绘市场秩序。加强测量标志管护力度，全市测量标志完好率 100%。准确把握各领域对测绘地理信息需求，完成“十三五”基础测绘规划编制。《乳山市地图》修编完成。

【国土违法行为整治】 2016 年，乳山市做好土地矿产卫片检查整改工作，查处违法违规用地 13 宗 4.72 公顷，违法占用耕地比例 1.85%，通过省级验收。开展全天候遥感监测图斑核查整改工作，12 宗违法违规用地全部整改到位。惩治国土违法行为，发现和制止违法违规行为 64 起，立案查处 25 宗、撤离非法采矿设备 12 台，捣毁、封闭违法井口 6 处。

（吴腾飞）

质量检验检测

【概况】 2016 年，乳山市检验检测中心围绕“食安乳山”建设及创建国家食品安全城市等工作，加强检验检测能力建设，完成食品、农产品、农村饮用水及企业委托等定量检测 2337 批次，其中政府安排创城检测 1980 批次（畜牧局 275 批次，农安办

9 月 9 日，乳山市市长周兵（右一）到乳山市不动产登记中心调研统一登记发证情况 （吴腾飞 摄）

12月26日，山东省农业厅专家指导农产品质量安全检验检测机构考核资质认证　（马辉　摄）

600批次，食药监局779批次，卫生局326批次），企业委托检测357批次，并依据检测结果，风险评估分析乳山市食品、农产品、饮用水等质量安全状况，每季度上报乳山市政府质量安全简报1期，对质量安全状况存在问题提出相应解决对策及建议。

【乳山市检验检测中心获认证资质】 2016年，乳山市检验检测中心按照国家相关管理条例，抓基础，抓细节，确保运行规范有序。在2015年12月26—28日通过山东省农业厅组织的专家现场评审基础上，于2016年2月取得农产品质量安全检验检测机构考核认证资质，11月通过山东省质监局认证资质检查。

【区域性检验检测中心建设项目获立项】 2016年上半年，由国家食品药品监督管理总局和国家发改委联合实施县级检验检测机构整合试点项目——区域性检验检测中心建设项目获立项。项目总投资1400万元，其中国家发改资金700万元，地方配套资金700万元。用于仪器设备采购资金800万元，实验室改造资金600万元。项目设备采购进入招标程序，改造设计完成，年底完成设备、改造及监理招标工作。

【应急检测演练能力提升】 2016年，乳山市检验检测中心除做好日常检验检测工作外，加强应急检验检测能力提升，成立应急检测领导小组，配齐应急检测人员，制订应急检测预案，应对各种应急检测任务，为各类食品安全事故、应急检测提供技术支撑和保障。乳山市食品药品监督管理局送检疑似过氧化值超标的乳山某花生制品厂花生样品出具应急检测结果为合格产品，为执法部门提供执法依据。

（马辉）

粮食行政管理

【概况】 2016年，乳山市粮食局适应经济发展新常态，落实粮食安全行政首长责任制，加强粮食安全保障能力建设，提高经济发展质量和效益，促进乳山市粮食事业持续、科学发展。全年完成粮油经营38000吨；集中巡查20次，检查粮食收购点20处，查处高水分粮、高杂质粮5宗，涉粮60吨；先后3次随机检查、突击检查有粮食收购资格的购销、加工企业，推进粮食执法工作制度化、常态化、科学化。被威海市粮食局授予“粮食工作先进单位”称号。

【累计收购国标夏粮小麦13500吨】 2016年，乳山市抓硬软件准备，做好夏粮收购工作。腾仓并容，通过“去库存”，销售原库存小麦6000吨，跨省移库玉米10000吨、稻谷5000吨；自筹资金35万元，维修改造3个储粮单位老旧仓库26幢，容量3000吨地面、墙面、屋面，并投入资金6万元，及时维修输送机、扒谷机、补仓机等设备；检验校正各种衡器26台（套），培训参与粮食收购过磅、监磅、粮机操作、验质、出纳、财会统计等32人。调查夏粮预产，掌握种植面积、产量及可出售商品粮信息；深入镇村宣传政策，采取下发宣传

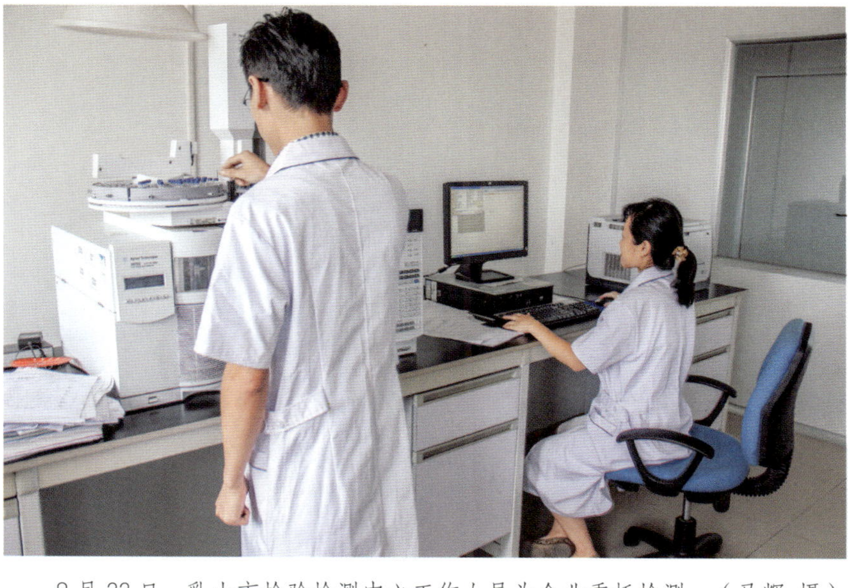

8月22日，乳山市检验检测中心工作人员为企业委托检测　（马辉　摄）

单、张贴告示和发微博等方式，向农民宣传国家粮食最低收购价政策和收购计划，并听取其意见和建议；搞好产销对接，组织人员资质检查全市粮食收购资格许可企业1次，与种粮大户洽谈购销业务，签订收购订单，与粮食经纪人签订行纪合同，确保足够粮源；强化银企沟通，保障粮食收购资金供给，确保夏粮收购工作实施，累计收购国标夏粮小麦13500吨。

【粮食流通市场稳定】 2016年，乳山市执行社会粮油供需平衡调查、粮价监测周报和粮食流通统计制度，把握粮食市场动态，确保粮食流通市场稳定。落实粮食经营信息统计报告制度，督导各类涉粮企业建立经营台账，定期报送统计数据，全市规模以上粮食经营企业统计覆盖面达100%。根据《乳山市突发粮食事件应急预案》，完善部门联动机制，开展突发粮食事件桌面推演，提高粮食应急反应和供应保障能力。争取到山东省财政“应急成品粮储备仓库建设项目”资金150万元，乳山市财政配套80万元，在大孤山镇原粮管所新建仓容2300吨应急配送中心，年末项目完成建设。与3家粮油加工企业和25个粮油购销单位（店）签订应急加工供应协议，建立粮油应急安全保障。

【储粮信息化管理系统开通】 2016年，乳山市开展“全省储粮规范化管理示范库”创建活动，争取省级资金210万元新上开通储粮信息化管理系统；与各储粮单位签订《2016年保粮责任状》《安全生产责任状》，明确各单位储粮责任，确保全市粮食安全；适应军粮供应保障社会化新形势，探索改善管理新途径，开创规范化管理军供站活动，跑上争资86万元，改造升级南黄、大孤山2处军粮供应站基础设施，提高平时战时军粮供应保障能力，同时组建军粮配送中心，送粮到偏远驻岛官兵军营，全年免费送粮50车次，大米82吨，面粉75吨。

【夏粮收购集中巡查20次】 2016年，乳山市粮食局做好《粮食流通管理条例》《2016年小麦最低收购价执行预案》宣传，确保执行国家收购政策，发放宣传资料2000份；夏收期间组成执法检查组，集中巡查20次，检查粮食收购点20处，查处高水分粮、高杂质粮5宗，涉粮60吨。

【粮食行业协会新增会员56个】 2016年，乳山市发挥市粮食行业协会作用，年内发展6个团体会员，50个个人会员，乳山市粮食经纪人达260名，通过“法律知识大讲堂”分批培训，宣传国家粮食流通政策及有关粮食收购工作要求，使其有序开展粮食收购业务。全年粮食经纪人收购入库夏粮占总入库数量80%。

4月21日，乳山市粮食局在北斜山村发放小粮仓 （于常青 摄）

【政府放心粮油网点布局优化】 2016年，乳山市优化放心粮油服务网点布局和促进工程建设提档升级，加大政策与资金扶持力度，鼓励、支持骨干涉粮企业参与配送中心和“放心粮油店”建设。全年从店容店貌、货物摆放、明码标价、台账管理、服务质量、环境卫生等方面规范化管理“放心粮油店”10家，并组织商户筹措资金进行店面改造，便于市民就近选购好粮油。

【粮食质量安全监管加强】 2016年，乳山市加强流通环节原粮质量和卫生管理，重点抓好粮食收购、储存和流通等关键环节质量检测，杜绝不合格粮食入市；落实《乳山市粮食质量安全突发事故应急预案》，建立粮食质量安全责任制和责任追究制度，依托威海市粮食质量检测中心和乳山市农产品质量检测中心进行质量检测，落实“放心粮油店”经营商品定期抽检和质量安全事故应急、追溯等制度。至年末，乳山市粮食局建起粮食质量检验室1个，拥有质检人员6人，检测粮油样品500份，实现粮油质量有效监管。

【农户科学储粮“示范仓”推广总数1.3万个】 2016年，乳山市完善落实农户科学储粮常态化服务机制，争取国家和地方配套资金扶持，争取农户科学储粮“示范仓”建设计划1000个，至年底，农户科学储粮“示范仓”按计划分配到4个省级贫困村和冯家镇20个村，聘请粮仓加工企业现场制作并发放完毕。全市科学储粮“示范仓”推广总数达1.3万个，年可减少农民储粮损失650吨。

（于常青）

食品药品监督管理

【概况】 2016年，乳山市食品药品监督管理局以“五城联创”为契机，落实属地管理责任，提升监管能力，推动食品药品安全整体形势稳定向好。至2016年年底，乳山市有食品生产企业76家，食品流通业户2856家（包括批发159家，零售2695家，批零兼营2家），餐饮单位1296家；药包材生产企业6家，二类医疗器械生产企业1家，药品批发企业1家，药品经营单位276家，医疗器械经营企业90家，镇级以上医疗机构18家，诊所79家，村卫生室333家，保健食品经营单位234家，化妆品经营单位184家。在创建食品安全示范城市和先进县中，取得威海市创城办2次测评、山东省食安办“双随机”现场检查、省级中期验收调度好成绩。

【食品药品监管机制完善】 2016年，乳山市制定完善行政执法责任制、行政执法过错责任追究制、重大案件集体讨论制、首问负责制等相关制度，层层签订责任状，确保依法办案、违法必究、有责必追，杜绝人情案、关系案。同时，采取公开举报电话、聘请监督员、邀请人大代表、政协委员调研等形式，监督日常工作和行政执法，提升执行力和案件查办公正性。建立市镇村三级监管体系，以体制改革为依托，在15个镇（街道）设立监管所，针对城区监管压力大实际，又增设1个监管所，并投入资金300万元，按要求对局机关及16个监管所配备执法装备设施；在601个村、25个社区设立食品药品安全协管员，将监管触角延伸到最基层，强化协管员考核培训，提高协管员工作积极性。制定农村集体聚餐食品安全监督管理办法，针对农村集体聚餐食品安全隐患多、监管盲区多、监管难度大等问题，发挥镇区政府、镇级食品药品监管所、村级协管员监管作用，通过监管办法对农村流动厨师实行备案制、集体聚餐活动实行双报告制度，对聚餐承办条件做出要求，降低集体聚餐发生食品安全事故风险。

【食品安全示范城市和先进县创建】 2016年，乳山市根据山东省委省政府提出在全省开展“市市创、县县创”食品安全示范城市和先进县（市、区）要求，制订乳山市创建工作方案及考核评价标准。针对乳山食品“四小”（小餐饮、小食品店、小作坊、市场内小摊贩）多小散乱差实际，推行规范执法、双向监督机制，完善管理标准，将市区及城乡结合部1415家作为管理重点，划分网格19个、小网格105个，做到“大网格到所，小网格到人”，落实专人巡查；统一制作食品安全监管信息公示牌等20000个，集中时间、集中人员，统一发放张贴到各食品经营业户；发放3000份双向监督记录簿，记录每次巡查，确保监管全覆盖，推动“四小”行业上档升级，取得威海市创城办2次测评、省食安办“双随机”现场检查、省级中期验收调度好成绩。落实创建责任，在创建国家卫生城市过程中，作为食品安全卫生专项整治牵头责任单位，重点按照创卫检查标准和“除四害”13条内容，指导创卫网格单位参与创建工作，规范食品安全管理，为乳山市一次性通过省级技术评估和国家级暗访贡献力量。同时，按照文明城、健康城、智慧城、卫生城创建标准，开展宣传引导、督导规范，抓好创建相关工作。

4月5日，乳山市食品药品监督管理局执法人员填写双向监督记录簿
（唐晓辉 摄）

【食品药品信息化监管平台优化】 2016年，乳山市优化“药品三级网络电子监管体系”“食品电子监管平台”及“阳光厨房远程监控平台”等模块功能，抓好保健食品电子监管平台建设，筹资54.8万元，建设“保健食品电子监管系统”，将全市经营保健食品药店和超市纳入监管平台，实时监测进销存数据，形成涵盖食品、药品、保健食品三大领域监管信息化体系。以“智慧城市”创建为依托，整合畜产品质量安全监管平台、农资“一卡通”监管系统、农产品质量追溯体系等信息平台，构建“食安综合监管平台”，实现全流程信息化监控。

【乳山市两大食品生产基地入驻企业46家】 2016年，2017年，乳山市规范食品经营企业，培育品牌突出、服务完备的食品生产加工园区和龙头骨干企业，集中打造“中韩食品与生物科技产业园”和“经济开发区海洋食品产业园”两大食品生产基地，其中，中韩食品与生物科技产业园已吸引国投中鲁乳山产业园、华隆食品、好当家荣佳食品等20家企业入驻，经济开发区海洋食品产业园入驻食品生产企业26家。

【“食安山东”示范创建】 2016年，

乳山市推进“食安山东”示范创建，促进企业提升管理水平，引导企业诚信经营，培育正洋、华隆、振华海洋、鲁酱、中鲁果汁5家食品生产加工企业为省级示范企业，培育省级食品流通经营示范店13家、省级餐饮服务示范街2条、省级餐饮服务示范单位（食堂）7家，威海市级餐饮示范单位示范食堂100家、示范街4条。

【城区便民摊点群规范设置】 2016年，乳山市规范食品摊贩主体资格、索证索票、食品质量、场所卫生、食品制售工具清洁等，并投入资金600万元，统一设置祥和、东山、新华、官地、海峰街、老批发城6处便民摊点群和怡园、夏东2处农民自产自销区，在“双随机”测评中受到山东省、威海市领导肯定。

【食品药品安全教育普及】 2016年，乳山市利用“12331”主题宣传日、安全用药月、科技活动周、食品安全宣传周等开展主题宣传，同时开展电影下乡活动，联合电影公司25个放映队在601个村、25个社区巡回播放食品安全知识科普宣传片，形成“全方位、立体化”食品药品安全知识宣传格局，提升市民食品药品安全意识。

【食品药品安全隐患检查力度提升】 2016年，乳山市加大专项检查力度，开展58项专项整治行动，查处无证生产、无证经营、制售假冒伪劣产品等行为，及时排除食品药品安全隐患。全年出动执法人员8865人次，检查食品经营业户4171家次、药品和医疗器械经营使用单位2186家次、保健化妆品经营单位800家次。加大食品药品抽检力度，扩大抽检监测范围，增加抽检监测频次，抽检生产流通餐饮环节食品1109批次、药械124批次、保健化妆品34批次、食品快速检测20000批次，同时配合省市级抽检，从源头上保障食品药品安全。全年查处一般程序立案违法案件111起，简易程序案件73起，入库罚没款104万元。

【食药系统“红黑榜”制度推行】 2016年，乳山市食品药品监督管理局推行“红黑榜”制度，点赞诚实守信企业22家，公开曝光失信对象7家，抽检不合格业户列入威海食药系统“黑名单”5家，约谈问题企业主要负责人9家；探索建立“三安”（食安、农安、公安）联动机制，把“110”“12331”“12315”等举报平台联合，做到信息共享、行刑衔接、互联互动，提升联合执法效能。全年向公安移交案件4起，配合公安查处制售假药案1起，涉案值2000万元。

4月15日，乳山市创建省级食品安全先进县动员会议召开 （辛戈 摄）

【旅游节点食品安全治理】 2016年，乳山市强化旅游旺季综合治理，组织旅游局、农业局、公安局等单位，摸底调查和规范整治农家乐、渔家乐，制定备案手册及监管标准；集中人力、物力、时间，采取错时轮班、划片分区、责任到人等方式，治理市区烧烤店、早餐点等及滨海新区餐饮单位，提升食品安全水平。加强红色旅游线路食品安全整治，将乳山市委党校—马石山—田家胶东育儿所一线列入食品安全整治重点，5—6月、11月底，先后2次逐户整治和规范党校食堂、宏福老年公寓以及沿途餐饮单位90家、商店28家。

（刘雪娟）

安全生产监督管理

【概况】 2016年，乳山市落实上级关于安全生产工作要求，强化重点行业领域监管，强化风险分级管控和隐患排查治理体系建设，严格执法检查和责任追究，确保安全生产形势总体稳定。全年发生事故7起，死亡7人，死亡人数与上年持平，事故起数和死亡人数均控制在威海市政府下达指标范围内。在威海市安全生产年终考核中排名第一，乳山市人民政府被山东省人民政府安全生产委员会表彰为“全省安全生产工作先进单位”。

【安全生产目标纳入绩效考核】 2016年，乳山市将安全生产工作纳入党政工作全局统筹，强化目标绩效考核。构建“党政同责、一岗双责、齐抓共管、失职追责”工作格局，调整乳山市人民政府安全生产委员会（简称市安委会）组成单位，由市长担任主任，市委副书记、市委常委、宣传部长和各副市长担任副主任，加强安全生产工作组织领导。修订《2016年度安全生产工作目标绩效管理考核评分细则》，强化过程控制、指标约束，加大“网格化”监管、重点领域专项整治等方面赋分权重，明确镇区、相关部门年度目标任务，以结果为导向，以考核促落实。根据山东省、威海市规划，编制“十三五”规划，依法推动企业安全生产主体责任落实。

【第15个“安全生产月”活动开展】2016年，乳山市围绕“强化安全发展观念，提升全民安全素质”，开展第15个“安全生产月”活动。营造社会“关爱生命、关注安全”氛围，开展“安全生产月宣传咨询日”、网络知识竞赛等宣教活动，增强社会安全意识；在乳山电视台黄金时间播放安全生产警示教育片《伤逝》，宣传先进典型，剖析事故案例。

【安全生产隐患检查整改率92.7%】2016年，乳山市制订《2016年度安全生产行政执法计划》，明确重点监管对象、检查内容和执法措施；对照安全生产法律法规，梳理出监管职权和责任清单，及时向社会公开，做到监管执法不缺位、不越位，同时按照简政放权要求，制定完善事中和事后监管办法，优化保留的安全生产权力事项运行流程，简化办事环节，缩短办事时限。发挥乳山市政府安委会办公室综合、协调、指导作用，成立乳山市“大快严”集中行动联席会议办公室，确保集中行动和企业主体责任专项执法工作有组织、有落实、有督查。按照“属地、分级”和“网格化、实名制”要求，采取联合执法、随机抽查、明察暗访等形式调查摸底全市生产经营单位安全生产情况，消除存在隐患。检查企业153家次，查处各类安全生产隐患575条，整改533条，整改率92.7%。

【非煤矿山安全生产监管】2016年，乳山市严把许可准入关，对达不到规模要求的地下矿山，依法收回、注销矿山安全生产许可证7家；开展在产矿山安全检查、尾矿库汛期安全检查62家次，查改问题和隐患120条。

【危险化学品安全监管实施】2016年，乳山市执行危险化学品存量周报制度，加大检查频次和力度，特别是对涉及“两重点一重大”（政府安监部门重点监管的危险化工工艺、重点监管的危险化学品和重大危险源的监管）企业的监督检查，强化动态监管；根据化工产业转型升级要求，开展化工企业“安全生产评级”工作，督导22家化工企业建立完善安全监管档案。

【职业卫生安全监管】2016年，乳山市加强职业病危害项目申报，256家企业健全“一企一档”管理台账，116家企业完成危害申报。开展职业病危害防治评估工作，经威海市安监局随机抽查确定为优秀等次。开展职业健康示范企业创建试点工作，根据卫生城、健康城创建要求，督促指导镇区、部门落实属地分级管理责任，指导10家企业完成创建试点工作。

【烟花爆竹领域和工贸重点安全隐患整治】2016年，乳山市安全生产监督管理局联合公安、市场监管等部门开展烟花爆竹领域整治行动，并对参加培训且考试合格的212家零售点发放零售许可证。开展涉氨制冷企业整治，37家企业重点隐患全部完成整改，其中构成重大危险源的4家企业履行备案手续；开展涉爆粉尘行业、有限空间作业整治，规范企业安全管理。

【风险等级管控和隐患排查治理体系建设标杆企业培育44家】2016年，乳山市坚持骨干先行，加快推进风险等级管控和隐患排查治理体系建设，将“两个体系”建设工作和“大快严”工作紧密结合，通过邀请专家为企业解读建设实施方案、下发实施指南、组织参加视频培训会以及答疑等形式，推动“两个体系”建设由点到面铺开，培育各行业领域标杆企业，实现省级标杆企业1家、威海市级标杆企业7家、乳山市级标杆企业36家。

【安全生产监管机制改革】2016年，乳山市改革检查方式，综合运用执法监察、督导检查、暗访暗查、挂牌督办、警示教育、谈心对话、事故追责等法律法规和行政手段，加大对镇区、部门及企业督办落实力度，公开曝光发现的问题。建立企业安全生产诚信约束机制，将企业诚信情况纳入公共信用信息平台；

7月1日，乳山市市长周兵（右一）调研恒邦化工安全生产工作
（王帅 摄）

建立企业安全生产承诺、不良信用记录、失信“黑名单”、安全诚信评价等制度并向社会公示。健全抓落实工作机制，改革执法方式，探索建立行政执法事前防范、事中制约、事后监督“全过程管理”及执法行为“全过程监管”机制，实现执法者与被执法者“双向监督”。

【安监中队标准化创建率先在威海市实现整体达标】 2016年，乳山市开展标准化创建工作，组织镇区和部门分管负责人、安全生产监管人员业务知识培训和考试，并邀请山东省安监局领导做专门业务知识培训，各镇区安监中队全部通过标准化验收，率先在威海市实现整体达标。全市45家规模以上工贸企业达标41家，达标率91.1%；小微企业达标54家，达标率33.1%。

【安全生产基层基础夯实】 2016年，乳山市安全生产监督管理局加强基层基础工作，提升安全生产保障能力。推进网格化监管，会同乳山市综治委联合下发“关于将安全生产纳入城乡社区网格化管理的通知”，整合安全生产监管网格与城乡社区网格，明确各级综治办、安委办以及村（社区）安全生产网格员职责。加强执法队伍建设，组织镇区进行执法文书点评，参加威海市岗位练兵执法竞赛比武和案卷文书评审活动，提高基层执法队伍业务能力。修订完善非煤矿山、危险化学品等多个市级专项《应急预案》以及相应部门预案和《操作手册》，指导督促重点监管企业全部完成生产事故应急预案编制和备案工作，并在重点监管的非煤矿山、危化品企业和一般工商贸企业开展应急演练68次，参与人数2200人。

（王帅）

8月1日，诸往镇下石硼村

段氏宗祠

责任编辑：高献东　陈宗坚

农　业

Agriculture

综　述

【概况】 2016 年，乳山市调整优化农业产业，扶持龙头企业发展，推进农业标准化生产，全市农业和农村经济发展势头良好。全年实现农业总产值 93.2 亿元，比上年增长 5.9%。其中农业 47.93 亿元，增长 4.2%；林业 1318 万元；畜牧业 16.65 亿元，增长 8%；渔业 26.7 亿元，增长 6%；农、林、牧、渔、服务业 1.8 亿元，增长 9%。实现农村经济总收入 493.51 亿元，农民人均纯收入 16301 元，分别比上年增长 4.50% 和 5.38%。

2016 年乳山市农村基本情况及农业生产条件一览表

表 4

项 目	单 位	数 额	比上年 ±%
年末耕地总资源	公顷	58540.93	0.3
常用耕地	公顷	58540.93	0.3
其中：水浇地	公顷	11687	0.04
临时性耕地	公顷	—	—
农业主要物资消耗	—	—	—
农村用电量	万千瓦小时	11444.1	1.4
农用塑料薄膜使用量	吨	1404.9	−1.1
地膜使用量	吨	802.4	−1.2
地膜覆盖面积	公顷	8240.1	−0.7
农用柴油使用量	吨	22522.1	0.1
农药使用量	吨	2807.2	−1.2
农用化肥使用量（按实物量）	吨	137156.2	−1.1
农用化肥使用量（折纯计算）	吨	39140.6	−1.1
乡村人口与从业从员	—	—	—
乡村户数	万户	18.64	−0.6
乡村人口	万人	46.29	−0.8
乡村劳动力资源	万人	29.54	−1.2
乡村人口从业人员	万人	25.72	−1.7

（郭美丽）

【“三轴三带三区”现代农业发展格局形成】 2016 年，乳山市“三轴三带”现代农业发展格局基本形成。“三轴”包括沿省道 206 两侧乡村养生产业轴、沿省道 207（牟乳线）两侧现代农业“接二连三”产业轴、沿省道 208 两侧生态农业旅游观光产业轴，“三带”包括沿国道 309 两侧高效农业产业带、沿省道 202 两侧设施农业产业带、沿滨海路两侧海上粮仓产业带，“三区”包括北部形成生态农业观光区、中部形成都市农业体验区、南部形成创意农业休闲区。

【乳山市获评“国家级农业产业示范化基地”称号】 2016 年，乳山市推进农业结构调整，调整面积 2033 公顷，其中规模调整面积 1333 公顷，新建 20 公顷以上产业基地 25 处。产业基地中，垛山生态现代农业与休闲观光园、东官庄现代苹果示范园、威一现代农业观光园等 8 家产业基地面积超过 66.7 公顷。农业产业化龙头企业 44 家，其中省级 9 家，威海市级 35 家。年内，乳山市获“国家级农业产业示范化基地”称号。

【农资经营市场监管力度加大】 2016 年，乳山市开展经常性农资市场检查、放心农资下乡宣传周、春秋季农资市场专项检查等活动，出动执法人员 500 人次，检查农资经营单位 650 店次，立案查处违法案件 8 起，结案 5 起，罚没款 1.3 万元。严格执行农资经营告知制度，公开告知农资产品 1500 余种，从源头上确保农资产品质量。

（王琰）

【乳山寨镇获评第四批“山东省一村一品示范村镇”】 2016 年，乳山市 9 家省级、27 家威海市级龙头企业完成年度监测工作，5 家威海市级龙头企业获奖励资金 41 万元。乳山市华隆（乳山）食品工业有限公司“东宝”牌花生、乳山市金果花生制品有限公司“海洋”牌山东大花生、乳山恒裕食品有限责任公司“享裕”牌洋梨罐头入选山东省首批知名农产品企业产品品牌名单，同时入选首批山东省知名农产品品牌名录。乳山巴梨、乳山草莓、乳山大花生获第二届威海市十大名优农产品品牌。乳山寨镇发展高效育苗基地 86.6 公顷、竹柳 20 公顷、桃 13.3 公顷、不老莓 33.3 公顷、矮化苹果 20 公顷，茶叶 20 公顷，获第四批“山东省一村一品示范村镇”称号。

（张力成）

【农产品质量认证新增 10 个】 2016 年，乳山市新增农产品质量认证 10 个。其中无公害农产品认证产品 2 个，获认证单位 1 个，绿色食品认证产品 8 个，获证单位 3 个。至年末，乳山市有效期内“三品”

3月22日，乳山市农业局执法人员开展种子市场抽样检测

（农业局提供）

认证产品（种植业）77个，包括苹果、花生、生姜、蔬菜等，其中无公害农产品14个单位18个产品，绿色食品27个单位50个产品，有机食品2个单位9产品，“三品”认证面积1.77万公顷。“乳山绿茶”“乳山大花生”“乳山苹果”等6个产品通过农业部农产品地理标志登记。创建全国绿色食品原料“乳山苹果”和“乳山大花生”标准化生产基地面积2.2万公顷。

（张强）

【农民专业合作社和家庭农场新增406家】　2016年，乳山市加快推进农民合作社规范化建设。年内，增加省级示范社1家，威海市级示范社7家。至年末，共有国家级示范社4家，省级示范社14家，威海市级示范社43家；新增各类合作社226个，共计1188家98172人；新增家庭农场180家，共计357家3439人。乳山市五良丰家庭农场和乳山庄户人家家庭农场被山东省农业厅认定为省级家庭农场示范场，乳山市金凤家庭农场等5家被威海市农业局认定为全市首批家庭农场市级示范场。

（王自伟）

【休闲农业示范园区新增52处】年内，乳山市发展各类休闲农业示范园区52处，面积2000公顷，其中规范运营型26处，提升达标型11处，新建培育型15处。乳山市台依湖国际酒庄生态文化区获“山东省休闲农业和乡村旅游示范点”称号，乳山市垛山生态休闲观光园有限公司、乳山市爱母茶叶专业合作社、乳山市山箭乐草莓专业合作社获“威海市精品观光采摘园”称号。

（陶皓）

农村经济管理

【概况】　2016年，乳山市以促进农村经济发展、农民增收为目标，实施农村产权制度改革，强化农村“三资”和农业生产管理，促进农村经济持续健康发展和农民收入稳定增加。年内，完成农村土地承包经营权确权颁证589个村；实行农村集体产权制度改革140个村，注册资金4.57亿元；农村集体资金实行委托管理及财务电算化管理601个村，托管资金总额3.33亿元。

2016年乳山市有关经济指标前15名的村一览表

表5

村　名	农村经济总收入（万元）	村　名	农民人均纯收入（元）
乳山口镇秦家庄村	57970	城区街道东里村	21650
乳山口镇打磨村	42554	城区街道黄埠崖村	21289
城区街道东耿家村	35014	乳山口镇旗杆石村	20805
乳山口镇旗杆石村	30681	城区街道夏东村	20468
乳山口镇南唐家村	29212	城区街道金碃岭村	20460
城区街道夏东村	29047	乳山口镇寨前村	20280
乳山口镇寨前村	27952	海阳所镇小石口村	19858
乳山口镇兰家村	26518	乳山口镇兰家村	19832
乳山口镇宅口村	26090	城区街道北江村	19825

续表 5

村　名	农村经济总收入（万元）	村　名	农民人均纯收入（元）
乳山口镇改造夼村	23077	城区街道草埠村	19800
乳山口镇西里村	20710	城区街道南江村	19800
南黄镇南黄村	19574	海阳所镇后山于家村	19800
城区街道官地村	17442	海阳所镇李家村	19623
南黄镇西浪暖村	17072	城区街道腾甲庄村	19303
诸往镇东诸往村	16792	乳山口镇打磨村	19261

（王自伟）

【农村土地承包经营权确权工作通过省级验收】 2016年，乳山市严格监督农村土地承包经营权确权登记颁证政策落实，完成涉及农村土地承包经营权确权登记颁证任务589个，完成率100%。至年底，土地确权登记颁证到村率92.64%，证书入户率91.32%，发证土地面积92%，通过威海市和省级验收。

【农村集体产权制度改革完成140个村】 至2016年年底，乳山市140个村完成农村集体产权制度改革，注册资本4.57亿元，注册社员个人股东71721人，发放经济股份合作社股权证书71721本。在工商部门登记注册产权改革村33个。汇编140个村经济股份合作社资料，由市、镇、村三级保管备案。

【农村土地承包经营权流转总面积14986.5公顷】 2016年，乳山市新增土地流转面积2026.7公顷，新增规模经营流转面积613.3公顷。全市土地流转总面积达到14986.5公顷，流转农户96738户。建立农村土地流转服务对象备案样本库，实行土地流转供求信息登记备案。2家土地规模经营主体获财政扶持资金15万元，4个新增成片连方规模流转较大村获财政奖补资金7万元。

【农村“三资”监管平台建立】 2016年，乳山市加强农村财务管理和民主监督，建立农村集体资产、资源、资金“三资”监管平台，狠抓“三资”管理工作。一是创新村级“三资”常年清查机制，实行台账管理；二是创新“农廉网”运行机制，将乳山市村级收支明细及村级“三资”清查数据全部录入“三资”管理系统，实行网络监督，农村集体资金实现委托管理及财务电算化管理全覆盖。至年末，乳山市农村集体托管资金总额3.33亿元。

【省级农民负担监督管理监测点设立】 2016年，乳山市按照省农业厅要求，在南黄、下初两镇设立省级农民负担监督管理监测点。年内，两次深入2个镇、6个村、30户农民家中，询问掌握监测农户各项收支及上级各项补贴是否发放到位，为上级农民负担监督部门提供第一手资料。

（王自伟）

5月31日，山东省农村土地承包经营权确权颁证成果验收组到乳山市入户抽查验收　（农业局提供）

种植业

【概况】 2016年，乳山市农作物播种面积7.75万公顷，比上年增加13.6%。其中，粮食作物播种面积3.76万公顷，比上年减少6.9%；经济作物播种面积1.9万公顷，比上年增加2.7%。全年粮食总产量30.01万吨。蔬菜及瓜类种植面积0.92万公顷，与上年持平；总产量45.8万吨，比上年增长0.05%。

2016 年乳山市主要农作物播种面积及产量一览表

表 6

品　种	面积（万公顷）	比上年 ±%	单产（公斤 / 公顷）	比上年 ±%	总产（万吨）	比上年 ±%
小麦	1.42	−0.08	5710.5	−0.0037	8.1	−0.07
玉米	1.82	−0.07	5652	−0.14	10.29	−0.2
地瓜	0.28	−0.07	6892.5	−0.0098	1.92	−0.158
花生	1.895	0.024	3919.5	−0.06	7.42	0.018
大豆	0.24	−0.075	2541	−0.11	0.61	−16.4

【农业技术推广应用】　2016 年，乳山市推广测土配方施肥技术，年内化验土样 520 个，化验项次 2600 项次，拟定配方 11 个，配方施肥应用面积 76666.7 公顷。推广小麦“一喷三防”、小麦宽幅精播、“花生套餐”技术、玉米“一增四改”、玉米“一防双减”、玉米晚收、农作物病虫害综合防治等新技术，为粮油产量提高奠定有利基础。

【优良品种实现全覆盖】　2016 年，乳山市在南黄镇南黄村建设小麦新品种展示基地 5.5 公顷、展示品种 14 个，建设玉米新品种展示基地面积 7.95 公顷、展示品种 94 个。重点推广烟农 5158、烟农 999、青丰 1 号等新优品种，全市优良品种覆盖率 100%。承担 2016 年粮食高产创建示范方建设项目，在乳山寨镇、夏村镇 52 个村建设面积 2000 公顷高产示范方，经威海市农业局组织专家测产验收，小麦、玉米两季单产 1160.2 公斤，超额完成 1100 公斤产量指标。

【耕地地力保护补贴发放到位】　2016 年，乳山市加强耕地地力保护补贴工作，实施耕地地力保护补贴（小麦种植补贴）、种粮大户（含种粮家庭农场）补贴项目。各村对农户种植小麦面积进行实地丈量，按照 1875 元 / 公顷标准发放补贴。年内，为 1.31 万公顷小麦发放补贴资金 2460 万元。种粮大户补贴工作经自愿申报、村初核、镇审核、村镇两级公示及市种子站审查，最终确定补贴户 17 户，补贴面积 145 公顷，其中小麦 138.3 公顷，单季水稻 6.67 公顷，补贴总金额 11.97 万元。

9 月 18 日，威海市农业局组织专家对乳山市 2016 年粮食高产创建示范方建设项目玉米产量测产验收　　（农业局提供）

【政策性农业保险理赔 3452.27 万元】　2016 年，乳山市实施小麦、玉米、花生政策性农业保险理赔。小麦、玉米每公顷保险费用 225 元，其中农户缴纳 45 元，国家补贴 180 元；花生每公顷保险费用 240 元，其中农户缴纳 48 元，国家补贴 192 元。年内，全市承保小麦 1.26 万公顷、玉米 1.32 万公顷、花生 7757 公顷。2016 年，乳山市秋作物遭受旱灾，玉米较前 6 年平均单产减产 48.19%，花生较前 6 年平均单产减产 46.2%，均达到保险理赔标准。年内，乳山市理赔总面积 2.03 万公顷，理赔总金额 3452.27 万元。其中，玉米 1.26 万公顷，理赔金额 2579.62 万元；花生 7676 公顷，理赔金额 872.65 万元。

（郑强）

【农产品质量实行“六有”管理】　2016 年，乳山市对 80 家规模化农产品生产经营主体进行检查巡查，抽样农产品 600 批次，速测 2 万批次，合格率 100%。完善茶叶、大姜、蓝莓等农产品可追溯监管工作，新筛选 40 家生产基地，按照“有管理制度、有专门人员、有生产记录、有质量检测、有产品标识、有产地证明”的“六有”要求，在产品上市前速测并打印可追溯条码，维护消费者知情权。开展基地技术人员、农残速测人员和镇、村农产品质量安全协管员培训 30 次，培训人员 1000 人，

7月6日，村级农产品质量安全协管员工作会议召开

（农业局提供）

夯实农产品质量安全监管基础。

（王琰）

果　业

【概况】　2016年，乳山市果园总面积19836公顷，果品总产量43.38万吨，其中，水果42.68万吨，较上年减少8.1%，干杂果0.7万吨。全市果品收入20亿元，其中苹果收入18亿元。

【大宗水果收购价格略降】　2016年，乳山市苹果套袋数与往年持平，苹果总产量比上年减少2%，价格比去年下降。80毫米富士苹果混级收购价格3～5元/千克，80毫米以上富士苹果最高8元/千克，红香蕉、红星直径80毫米以上混级苹果收购价格5元/千克，嘎拉苹果直径75毫米价格3～4元/千克，红将军苹果混级直径80毫米收购价格平均4元/千克、一级80毫米果最高5元/千克。梨产量比上年减少，价格比上年下降。葡萄产量比上年增加，价格3～5元/千克。桃产量与价格均与上年持平。樱桃平均单产比上年增长5%。杏单产比上年增长5%～10%，价格与上年持平。

【发展苹果现代矮砧集约栽培面积182公顷】　2016年，乳山市持续推进现代农业生产发展资金苹果产业项目，在白沙滩镇白沙滩村、大孤山镇宫家桃村、夏村镇马家庄村、育黎镇塔庄村、冯家镇东官庄村、大孤山镇吴家沟村建设苹果现代矮砧集约栽培示范园6个，成方连片面积均13.33公顷以上，总面积108.7公顷。高效特色农业发展平台项目获山东省财政扶持资金600万元，在冯家镇消水河村（2处）、东官庄村、大孤山镇河南村、育黎镇老由古村建设苹果现代矮砧集约栽培示范园5个，成方连片面积均13.33公顷以上，总面积73.3公顷。

【威海市第七届苹果擂台赛获奖23项】　11月28日，乳山市选送18个优秀苹果样品参加威海市第七届苹果擂台赛，获一等奖1个、二等奖1个、三等奖1个、优秀奖15个，获“优秀品牌奖”二等奖4个，乳山市农业局获“优秀组织奖”。

【意大利果树专家现场技术指导】　2016年，乳山市继续推进国外智力引进项目。5月13日，邀请意大利果树专家Kurt werth到乳山市对果农进行技术指导，在宏图培训学校授课，在冯家镇消水河村、东官庄村、白沙滩镇白沙滩村苹果矮砧集约栽培示范园进行修剪及拉枝等现场技术指导，180名果农参加培训，乳山市苹果高产优质高效管理技术水平得到提高。

5月13日，意大利果树专家现场传授现代苹果栽培管理技术

（农业局提供）

【新型长效反光膜推广】 2016年，乳山市继续推广新型长效反光膜，推广使用面积1200公顷。组织4个反光膜清理督导小组赴果业专业镇督导检查，将反光膜清理情况纳入乡镇年度考核，有效解决传统反光膜污染问题。

2016年乳山市水果业主要品种生产情况一览表

表7

品 种	面积（万公顷）	比上年 ±%	产 量（万吨）	比上年 ±%
苹果	1.15	-1.7	44.84	-2
梨	0.05	0	1.4	17
葡萄	0.09	0	1.6	0
桃	0.035	16	0.85	9.4
草莓	0.04	33	1.48	24.4
蓝莓	0.04	33	0.15	10

（王进）

茶 业

【概况】 2016年，乳山市继续加大乳山茶叶宣传力度，组织企业参加茶叶展销会，提高茶叶知名度。发展新茶园17公顷，茶园总面积1140公顷。

【乳山茶叶企业、合作社参展第七届威海茶博会】 2016年11月11—14日，乳山市极北、威茗、水云春、凤凰山、爱母、九龙山6家茶叶企业及合作社参加威海市农业局、威海报业集团举办的“2016年第七届威海国际春季茶博会暨紫砂茶具展”。通过参展，推介、宣传乳山茶叶品牌，拓展销售渠道。

10月19日，山东省茶叶创新团队到乳山威茗茶园观摩并现场指导

（农业局提供）

【山东省茶业创新团队专家团现场观摩指导】 2016年10月19日，山东省茶叶创新团队专家团到乳山威茗茶园现场观摩指导，对喷灌设备进行试验示范。使用该喷灌设备可节约用水30%以上。

（王进）

蚕 业

【概况】 2016年，乳山市柞峦面积1.1万公顷，柞峦放养面积0.35万公顷，比上年减少12.5%。全年发柞蚕种量12560万粒，比上年减少33.4%；柞蚕茧统价85元/公斤，比上年增加77%；柞蚕蛹均价50元/公斤，比上年提高66.6%。桑园种植面积不足3.33公顷，放养蚕种5张，产桑茧量200公斤。春蚕稚蚕期，晨有雾霾，空气中混杂农药污染成分，半岛蚕区受灾严重，春蚕减产，全年柞茧年产量200吨，比上年减少20%。

（王进）

【柞蚕种生产持证经营】 为加强蚕种生产经营管理，规范蚕种生产经营行为，2013年，在强柞蚕良种繁育专业合作社等3家柞蚕种生产经营企业申领蚕种生产经营许可证，有效期3年。2016年10月期满后，在强柞蚕良种繁育专业合作社等重新申领蚕种生经营许可证，柞蚕种生产始终坚持持证经营。

（何秀丽）

【乳山铭辉生物科技有限公司成立】 2016年，山东乐陵史晓明注册成立乳山铭辉生物科技有限公司，承包诸往镇东尚山村146公顷土地及荒山种植蓖麻，租赁废弃校舍1000平方米作为蓖麻蚕养殖、加工车间。

食用菌

【概况】 2016年，乳山市食用菌生产总产量3443吨，年产值4891

万元。其中，平菇年产量 1220 吨，年产值 726 万元；香菇年产量 1980 吨，年产值 3750 万元；干黑木耳年产量 10 吨，年产值 60 万元；毛木耳年产量21吨，年产值105万元；榆黄蘑年产量 210 吨，年产值 210 万元；松茸年产量 2 吨，年产值 40 万元。香菇菌棒出口韩国和日本 90 万个，创外汇 1450 万元。除黑木耳、毛木耳和松茸初加工成干制品外，其余食用菌均为鲜品，出口韩国和日本或在威海地区各大超市销售。

【省食用菌行业关键技术培训班在乳山举办】 2016 年 9 月 28 日，山东省农技推广总站在乳山宾馆举办全省食用菌行业关键技术培训班。威海市食用菌生产企业、合作社、正在从事或有意向发展食用菌种植的农民共计 130 人参加培训，其中包括 30 个贫困户。

【山东省农业技术推广蔬菜食用菌项目实施】 2016 年，乳山市以威海鑫宝食品有限公司为主体，实施山东省农业技术推广项目《香菇夏季高效安全生产关键技术示范与推广》，选择适宜夏季栽培品种武香一号，配套利用液体制种技术和夏季高效安全生产关键技术，建设核心示范区 1 个，辐射带动周边村香菇大棚 200 个，提高中高温型食用菌产品供应率。当年，威海鑫宝食品有限公司获食用菌菌种生产经营许可证。

（何秀丽）

畜牧业

【概况】 2016 年，乳山市坚持以绿色畜牧、和谐畜牧、现代畜牧建设为导向，以确保畜产品质量安全为目标，全面构建惠农服务体系、疫病防控体系、畜产品安全体系。至年末，乳山市生猪存栏 25.77 万头，比上年降低 2.2%。家禽存栏量 1490 万只，比上年提高 46.7%。

2016 年乳山市畜牧业生产情况一览表

表 8 单位：万只、万头

项目	名称	数量	比上年 ±%
年末存栏量	牛	0.45	−38.3
	生猪	25.77	−2.2
	羊	2.45	−45.4
	家禽	1490.46	46.7
出栏量	牛	0.12	−70.7
	生猪	39.52	−49.7
	羊	2.98	−24.2
	家禽	5610.28	35.1

【家畜禽养殖场（户）整治验收合格 253 家】 2016 年，乳山市成立养殖环境整治工作领导小组，23 个部门、15 个镇（街道）共同参与。重点对龙角山水库、院里水库、花家疃水库、乳山河地下水库等水源地以及城区街道辖区进行整治。争取市财政资金 550 万元作为种子资金，采取“先干后补”方式，对整治验收合格的养殖场发放 1 万～3 万元不等补助，带动社会投资 2000 万元。年内，整治 338 家畜禽养殖场（户），其中验收合格 253 家，发放补贴 245 万元。

【惠农服务体系建立健全】 2016 年，乳山市多渠道构建科技支农体系，提高畜牧兽医局技术人员素质，落实惠农政策。组织开展专家下基层、科技下乡、科技人员联千家带万户等活动；举办技术培训班 7 个班次，培训 760 人次。组织 45 名畜牧兽医技术人员赴山东农业大学培训学习。推进 2016 年度便民利民实事工作，发放病死畜禽无害化补贴，完成 1.7 万头病死猪无害化处理信息统计、上报工作，争取补贴资金 137 万元；处理病死鸡 507 万只、牛 8 头、羊 802 只、病害肉 23 吨。

【连续 17 年无重大动物疫情发生】 2016 年，乳山市开展春秋两季集中免疫和高致病性禽流感、高致病性猪蓝耳病、口蹄疫、猪瘟、鸡新城疫等重大动物疫病强制性免疫工作，免疫畜禽 613.64 万只（头），应免尽免率 100%。强化动物疫情监测，监测家禽血清 10.26 万份，家畜血清 934 份。检测畜禽产品 140 批次、饲料 95 批次和兽药 20 批次，合格率 100%。对全市畜禽养殖场、屠宰加工厂、村主要街道等重点场所进行消毒处理，消毒面积 900 万平方米，应消毒场所消毒率 100%。

【畜产品质量安全监管平台新增 33 项信息】 2016 年，乳山市继续完善畜产品质量安全监管平台建设，对纳入网络监管的 1 家畜药生产企业、2 家畜禽屠宰加工企业、19 家兽药经营单位、9 家饲料生产企业及 61 家规模化养殖场实行全过程实时监管，从源头上严把质量关。充实监管平台 11 大板块 33 项信息，新增饲养免疫备案记录 4.9 万条、病死畜禽收集记录 3000 条、从业人员信息 200 条、投入品备案信息 400 条。

【畜产品市场监管执法力度加大】 2016 年，乳山市畜牧局狠抓源头检验检疫，组织执法人员在畜禽养殖环节、兽药生产和经营环节开展隐患排查，出动监管人员 600 人次，

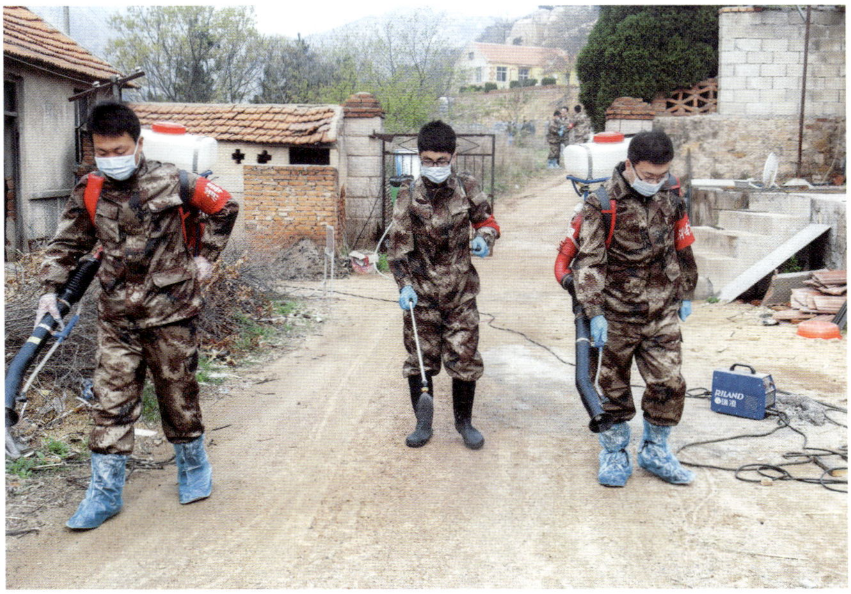
4月13日，乳山市兽医站开展重大动物疫病防控应急演练
（于晓艳 摄）

检查规模化养殖场300场次、兽药经营使用单位70家次、饲料生产经营企业45家次、检疫畜禽5957.08万只（头）。组织集中查处和严厉打击随意使用违禁药物、添加饲料添加剂，以及私屠滥宰、销售注水肉品、收购加工病死畜禽等违法行为，查获畜牧违法案件16起，罚款金额1.028万元，查处率100%。开展兽药、饲料和畜产品抽检工作，完成抽样监测295批次，均未发现问题。

【畜禽标准化生产推广】 2016年，乳山市推广畜禽标准化生产，通过宣传培训、政策引导、项目扶持等方式，推进畜禽标准化示范场创建工作。年内，新增畜禽省级标准化示范场2家，市级5家。开展绿色食品、有机农产品、无公害农产品及农产品地理标志“三品一标”认证工作，新通过无公害企业认证5家，复查换证1家，全市无公害畜产品认证比率92%。

【福喜（威海）农牧发展有限公司获评省级畜牧示范品牌引领企业】福喜（威海）农牧发展有限公司位于乳山市兴福路，成立于2009年。注册资金6550万美元，项目总投资3亿美元，职工2700名。公司坚持培育产业链条快发展，从最初的肉鸡养殖、屠宰低级生产发展到肉鸡孵化、饲料、饲养、屠宰、加工、销售一条龙产业体系。至2016年年末，投产肉鸡标准化养殖场46个，孵化厂、种鸡场、屠宰厂、饲料厂、熟食加工厂等全面投入使用，遍布于乳山寨、大孤山、徐家等10个镇。被山东省农业厅、发改委列为农业产业化省级重点企业，被评为“食安山东”全省性畜牧示范品牌引领企业。

（于晓艳）

林 业

【概况】 2016年，乳山市围绕生态文明建设和旅游兴市战略，抓好以沿海防护林建设为重点的荒山绿化、绿色通道管护、森林中幼林抚育以及封山育林等绿化工程，推动全市林业建设又好又快发展。年内，全市林业用地面积62601公顷，其中林地面积58179公顷，未成林造林地2907公顷，无林地1515公顷，林木蓄积879515立方米，森林覆盖率34.4%。

【乳山市获全国“板栗产业示范县”称号】 2016年，乳山市将发展板栗产业作为推进县域经济、帮助农民增收致富重点产业，从板栗品种选育、嫁接、修剪、施肥、病虫害防治、采收到储藏，制定严格生产标准，提升规模化、专业化、产业化水平。乳山市种植板栗666.7公顷，年产量1.5万吨。年内，乳山市被中国经济林协会授予“板栗产业示范县”称号，成为威海市唯一获此称号的县级市。

【采用混交造林模式绿化造林】2016年，乳山市采取混交造林模式开展荒山绿化造林，荒山中、下部栽植1～1.5米高的黑松，山上部栽植二年生黑松容器苗，山沟山腰部栽植刺槐、火炬、紫叶李、黄连木等彩色树种，中间呈块状、片状栽植连翘等树种，实施带状、块状、株间等混交模式，采用常绿树种、落叶树种和花灌木等树种相结合造林方式。年内，完成成片造林2000公顷，其中，防护林面积933.33公顷，经济林面积866.67公顷，用材林面积200公顷。完成新建农田林网666.67公顷，义务植树栽植树木230万株，育苗面积800公顷。

【造林管护力度加大】 2016年，乳山市创新造林管护方式，变以往造林管护1年为一包3年，重点加强32826.67公顷国家、省级、市级重点生态公益林保护。新建绿色通道30公里，折实造林面积120公顷。推行“联户互抚，出资代抚，承包专抚”等方式，投资520万元，完成16个林场3466.67公顷中幼龄林抚育工作，卫生伐3466.67公顷，修枝3466.67公顷。

【森林防火源头治理】 2016年，乳山市加大森林防火工作力度。根据林情、火情，科学划定高火险区、高火险期，向社会公布，张贴防火通告2万份、禁火令1.5万份，发放致学生家长一封信、致全市人民一封信7万份，广播电视台防火字幕

3月9日，乳山市林业局开展春季森林火灾应急演练　（林业局提供）

宣传、播放防火动漫、防火警示片300次，发送防火手机短信17万条，与广电网络公司协调在有线电视中设置电视防火开机画面，对重点林区经营户发放一封信2000份。在寒衣节、清明节开展“鲜花换烧纸”活动，增强群众防火意识。成立4个督导组，重点督导检查各镇（街道）队伍建设、防扑火装备建设、基础设施建设和制度机制建设等工作，防火重点期严格落实“日督导、日通报”制度。加强林区监控设施保养维护，新安装智能卡口监控探头20个。在国有院里林场、垛山林场建设2处固定式检查站、1处铁丝围挡；在防火重点镇新增3处固定检查站、3处防火瞭望台。改扩建瞭望台12处，实现林区全覆盖、无盲区监控。新建防火通道13条，长30公里，整修防火隔离带80公里，新购置本田TP40型大流量水泵16部、脉冲水炮16台、高压细水雾16个、水车4台、运兵车9辆。各镇（街道）分别成立森林消防队伍，配备训练器材，完成7个营区改造。

【林业有害生物防治实现“四个统一”】 2016年，乳山市成立4支林业有害生物防治专业队伍，按照统一时间、统一组织、统一标准、统一药物“四个统一”防控办法开展林业有害生物防治工作。以河滨公园测报点为中心建立6处测报点，制订《乳山市2016年林业有害生物防控防治方案》，发布森保情报7期。全年防治作业面积10666.67公顷次，其中，防治松毛虫、松针褐斑病及松树枯枝病1000公顷次；防治美国白蛾施药作业面积5466.67公顷次，释放周氏啮小蜂2亿头，剪除网幕2.7万个；防治松材线虫病的传播媒介松墨天牛，作业松林面积4433.33公顷，清除病死木2万株，处理伐桩3万个。年内，有害生物无公害防治率100%，有虫株率0.5%，叶片保存率97%，监测覆盖率100%，测报准确率95%，种苗产地检疫率98%，调运检疫率97%，死树鉴定率95%，死树伐除率100%，无林业有害生物成灾现象发生。

【争取林业专项资金1708.15万元】 2016年，乳山市林业局积极争取林业专项资金，为全市林业建设发展提供经济保障。当年共争取各类无偿资金1708.15万元。其中，林业补贴资金1102.55万元，林业有害生物防治资金239.10万元，贫困林场扶贫资金50万元，国有林场改革资金17万元，造林资金292万元，森林防火资金7.5万元。

（刘欣）

水　利

【概况】 2016年，乳山市水利局应对水资源短缺不利因素，坚持突出重点、多措并举、高效运转，集中力量组织实施重点水利项目，全市水利工作稳步推进。当年投入水利建设资金1.08亿元，完成水利工程建设8项。

【乳山河地下水库建设项目开工】 2016年1月，《乳山河地下水库可行性研究报告》通过山东省专家评审；3月，威海发展和改革局对可行性研究报告进行批复；6月28日，威海市对初步设计进行批复；11月25日，完成施工、监理开标工作；12月4日，工程正式开工。乳山河地下水库总库容2197万立方米，建设项目涉及截渗墙7600米、橡胶坝3处、生产桥1座等。

【花家疃水库引调工程完工】 2016年，乳山市遭遇极端干旱天气，年累计降雨量448.8毫米，至10月31日，龙角山水库水位28.5米，蓄水量仅373万立方米，城市居民生活和工业生产面临考验。乳山市水利局投资2689.88万元，开展花家疃水库引调工程建设，建泵站2座（首端泵站1座，加压泵站1座），铺设直径600毫米球墨铸铁管道27千米，日供水约30000立方米。工程经过4个镇、24个庄，12月18日正式通水。

链接：花家疃水库位于乳山市冯家镇花家疃村北，黄垒河支流清水河中游，是以防洪为主，兼顾灌溉、养殖等综合利用的重点中型水库。水库于1970年5月动工，1971年5月竣工。2009年8月，进行病险水库除险加固；2010年11月，加固完成，除险加固工程总投资2662万元。水库流域面积81平方公里，总库容1894万立方米，兴利库容558万立方米，死库容37.2万立方米。流域多年平均降雨量750.1毫米。水库保护下游冯家和南黄两镇，3.7万人、3.5万亩耕地，桃威铁路、309国道和青威高速公路三条重要交通干线。2016年，花家疃水库成功争创山东省一级规范化管理单位。

【成功争创山东省小型水库管护示范县】 2016年，乳山市水利局编制完成《乳山市小型水库管理体制改革实施方案》，市长办公会研究通过。落实全市106个小型水库管护人员，配备通讯工具，实时传输工程图片，形成网格化管理，确保防汛工作不留死角。12月，成功争创山东省小型水库管护示范县。

【民生水利工程竣工】 2016年，乳山市投资1100万元，对45个省定贫困村实施水利项目61项，实现贫困村村村有水利项目。投资475万元，实施20个库区移民项目，解决库区村饮水、交通及水利设施配套问题。投资286万元，实施农村规模化供水工程，徐家规模化供水工程管网延伸6个村；单村水质处理93个村。筹集资金60万元，解决15个特别缺水村庄饮水问题。

【小型农田水利项目县工程通过威海市级验收】 2016年，乳山市投资2110万元，实施小型农田水利项目县工程，发展高效节水农田700公顷，重点向茶叶、蓝莓、大姜等高效农业产业倾斜，解决灌溉问题。12月通过威海市级验收。

【防汛除险投入5874万元】 2016年，乳山市投资456万元，在全市14座小型水库安装视频，新上自动水位监测站25处，简易水位站15处、简易雨量站10处，实现小型水库防汛实时化、信息化，提升重点区域山洪预警能力。投资1600万元，除险加固74座塘坝，确保塘坝安全度汛和百姓平安。投资3818万元，新建防潮堤4500米，确保沿海防风暴潮安全。落实106座小型水库、773座塘坝管护责任人，实行网格化管理，运行管理到位。

【"1+5+15"水利设施管护模式实施】 2016年，乳山市创新建立"1+5+15"水利设施管护模式。"1"指依托乳山市农村自来水技术服务有限公司成立乳山市水利设施管护服务总站，"5"指建立5个镇级管护站，"15"指在全市15个镇（街道）完善水利站建设，通过硬件和软件建设，提升水利站服务水平，争创省级规范化水利站。年内，完成白沙滩、南黄等5个镇级管护分站建设，白沙滩、南黄、大孤山、冯家、诸往、崖子6个基层水利站被评为省级规范化管理单位。

【争取水利扶持资金7730万元】 2016年，乳山市水利局围绕农业节水、精准扶贫、防潮堤、河道治理、农村饮水、移民扶持等重点领域，搞好项目储备，做好对上衔接，争取上级无偿资金7730万元。

（耿海滨）

【龙角山水库蓄水水位降至历史最低点】 龙角山水库为城区供水水源地。2016年，受持续干旱天气影响，龙角山水库流域全年累计降水量419.2毫米，比正常年份（766毫米）减少346.8毫米。至10月31日8时，水库水位降至28.50米，已无法正常提供城市供水。11月2日15时，开始采用大功率水泵从水库抽水。12月31日8时，水库水位降

8月12日，下初镇上初村小型农田水利项目县工程施工 （刘波 摄）

8月2日，龙角山水库上游芦苇湿地　　（林业局提供）

至 26.96 米，库容 167 万立方米，为水库修建以来历史最低点。

【龙角山水库获“山东省一级水利工程”称号】　2016 年，乳山市对龙角山水库驻地环境进行改造，规划整理防汛路两侧，并种植绿化苗木 11000 棵；建设围墙防护栏 320 平方米，健身休闲活动场所 260 平方米，规范和搬迁防汛砂、石料堆，拆除主坝背水坡前旧厂房 93 间，硬化主坝背水坡前马道 2200 平方米，主坝防汛路沥青罩面处理 5500 平方米；更新供水出水口防护网 200 米，溢洪道出水口两侧护坡 107.4 米，改造旧防汛物资储备库，重新埋设水库界桩，整修水库渔业码头。保养维护供水启闭机、溢洪闸启闭机、备用发电机组及备用发电机蓄电池，更换水库溢洪闸启闭机升降钢丝绳，进行防锈处理，对溢洪闸、供水启闭机组等机械设施进行除垢重新涂油保养，除锈养护溢洪闸门（7 扇）。校核和增设水库大坝位移观测基准点，恢复水库大坝安全观测，做好维护、观测等记录。年内，龙角山水库获“山东省一级水利工程”称号。

【龙角山水库上游人工湿地工程投入 200 万元】　2016 年，乳山市实施龙角山水库上游人工湿地工程，面积 45.5 公顷，总投资 200 万元。该工程位于水库上游崖子镇肖家桥下，分为芦苇种植区和滩地平整区两部分，通过种植挺水性植物芦苇及平整河道，改善水库生态环境，提高和改善蓄水质量。

农业机械

【概况】　2016 年，乳山市农用拖拉机小型 65075 台，总动力 60.05 万千瓦；大中型 2975 台，总动力 11.79 万千瓦；拖拉机配套机具 11.29 万部。当年机耕面积 45050 公顷，机播面积 54186 公顷，免耕播种面积 20869 公顷，其中小麦 7333 公顷，玉米 13536 公顷。当年农机化投入 5763 万元，其中，财政投入 1166 万元，农民个人投入 4597 万元。

【秸秆打捆机械推广】　2016 年，乳山市实行“全价购机、定额补贴、县级结算、直补到卡”补贴方式，争取中央农机购置补贴资金 1050 万元，带动农户投资 4500 万元，补贴机具 5869 台，受益农户 5558 户。6 月 13 日，在城区街道仇家洼村召开

全市小麦秸秆打捆回收现场演示会，推广秸秆打捆机械，全市麦收期间打捆秸秆 667 公顷。年内，粮食烘干机、秸秆打捆机、现代果业生产机械等新型适用机具实现较大突破，全市农机装备水平得到提升。

【43 家农机专业合作社注册成立】 2016 年，乳山市鼓励扶持新增农机专业合作社，对已建成的合作社进行优化改造。至年末，全市共注册成立农机专业合作社 43 家，实现订单作业面积 667 公顷。年内，新增注册登记拖拉机、联合收割机 2599 台，新增核（换）发驾驶证 753 人，检验拖拉机、联合收割机 9868 台。

10 月 23 日，海阳所镇后山于家村茶叶机采演示会　（林业局提供）

【5 项农机服务项目取消收费】 2016 年，乳山市农机局深入各镇（街道）农机修配网点，对农机维修经营者从业资质、维修人员职业资格、维修质量及安全生产情况进行监督检查，确保网点证件齐全，从业人员持证上岗；通过赶大集发放宣传单、逐村镇广播农机法规等方式，提升机手安全生产意识。到机械保有量集中村庄进行上门年检审、挂牌办证和粘贴反光标识等服务。3—4 月，在各镇（街道）驻地统一开展便民登记，核对购机人身份，采集机具信息，发放行驶牌照。自 5 月 1 日起，取消 5 项收费项目，免费开展年检审、牌证发放等监理业务。

【茶叶机械化作业基地建立】 2016 年，乳山市获省级项目资金 40 万元，采购单人采茶机 40 台、鲜叶分级机 20 台、茶叶风选机 2 台，免费向茶叶合作社发放，签订使用协议。10 月，在海阳所镇后山于家村、大孤山镇上夼村、徐家镇辛家口村建立茶叶机械化作业基地，召开茶叶机采、机选、机械加工现场会及培训班。通过项目实施，填补乳山市中低档茶叶生产空白，促进茶产业增产增效。

【农机服务助力脱贫】 2016 年，乳山市农机局安排 315 名贫困村购机户优先享受农机购置补贴政策，购买各类机具 318 台，使用补贴资金 70 万元。扶持有经营农机意愿的贫困户投资农业机械增加收入，扶持符合条件的贫困村成立农机专业合作社，年内注册乳山市合力农机专业合作社、乳山市秀福农机农民专业合作社等 4 家。遴选聘任农机技术员，每村 1 名，下发聘书，登记造册，利用冬季农闲时节在贫困村开展技能操作培训，提升贫困户务工本领，开拓就业渠道。

（王涛）

11月9日，夕照玫瑰湾（宋潇颖 摄）

中尚山古民居

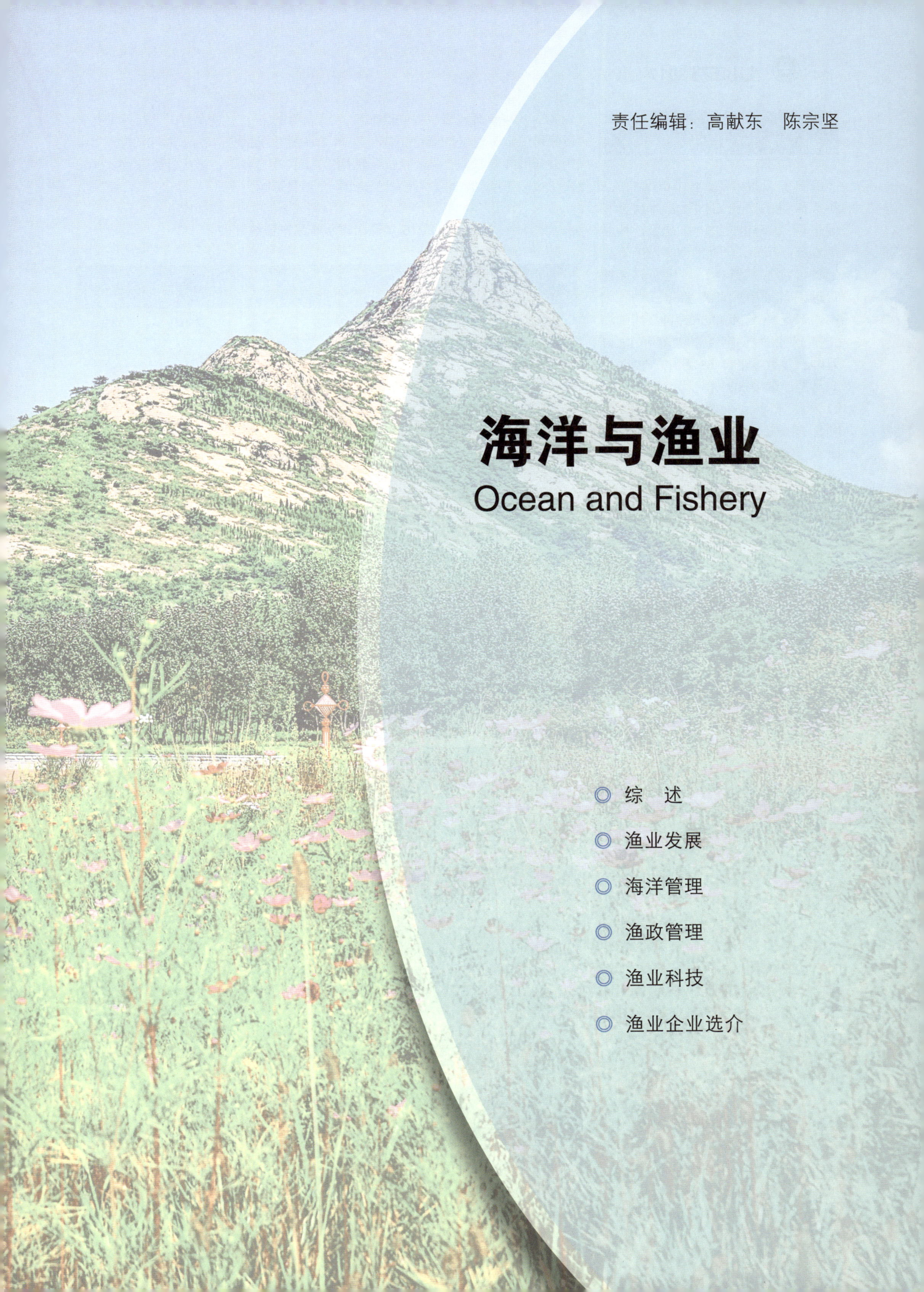

责任编辑：高献东　陈宗坚

海洋与渔业

Ocean and Fishery

综　述

【概况】　2016年，乳山市围绕“三年突破乳山产业结构”总体目标和促进现代海洋产业转型升级，科学规划产业布局，创新海水养殖方式，延伸涉海加工链条，强化海洋监控管理，各项事业取得新进展。乳山市水产品总产量43.56万吨，其中海洋捕捞4.37万吨，海水养殖38.51万吨，淡水养殖0.68万吨。实现水产品总产值46.08亿元，比上年增长12.2%。水产品养殖总面积11993公顷，其中海水养殖面积11573公顷，淡水养殖面积420公顷。水产品加工企业65家，年加工能力18.2万吨/每年，加工总量14.2万吨，产值19.43亿元。主要加工品种有鳕鱼、藻类、马哈鱼、红鱼、章鱼、鱿鱼、海蜇皮、虾酱等。

【涉海规划发布实施】　2016年，发布实施《乳山市海域使用规划（2015—2020）》，编制完成《大乳山国家级海洋公园总体规划》和《塔岛湾国家级海洋特别保护区总体规划》，为乳山市海洋开发保护及海域管理工作提供科学依据。

【海域生态修复整治工作启动】2016年，乳山市出台《乳山市海岸线开发、利用保护方案（2016—2020）》，以重点海域海岛海岸带生态修复整治为重心，规划乳山湾东流北侧岸段、潮汐湖岸段、黄垒河至徐家河岸段等六大板块建设项目，保护海洋生态环境，修复整治海岸带。成功申报和落实海域海岛海岸带修复项目，乳山市银滩海岸带整治与近海生态修复项目获省级补助1700万元，大乳山国家级海洋公园管护能力建设及生态修复项目获省级补助480万元。

【乳山市获评“中国牡蛎之乡”】2016年，乳山市建成中国首个牡蛎质量安全追溯体系，确定首批获权使用“乳山牡蛎”质量安全溯源体系主体18家，实现来源可查、去向可跟踪、责任可认定。立足打造牡蛎全产业链条，开展参观产地、品鲜牡蛎、牡蛎文化宣传等活动，举办乳山牡蛎品鲜汇和产业发展高端对话，对外推介乳山牡蛎品牌。年内，乳山市获评“中国牡蛎之乡”，乳山牡蛎获评“2016最具影响力水产品区域公用品牌”。

2016年乳山市水产品产量统计表

表9　　　　单位：吨

项　目	总　计	海水捕捞与养殖			淡水
		小计	捕捞	养殖	养殖
总产量	435584	428726	43655	385071	6858
一、鱼类	28492	21634	19634	2000	6858
其中：白姑鱼	5021	5021	5021	—	—
黄姑鱼	213	213	213	—	—
鲅　鱼	961	961	961	—	—
梭　鱼	1167	1167	1167	—	—
沙丁鱼	1299	1299	1299	—	—
鲳　鱼	2577	2577	2577	—	—
小黄鱼	1281	1281	1281	—	—
带　鱼	173	173	173	—	—
鲐　鱼	22	22	22	—	—
马面鲀	139	139	139	—	—
其他	15639	8781	6781	2000	6858
二、甲壳类	16596	16596	16096	500	—
其中：虾	10384	10384	10164	220	—
蟹	2298	2298	2018	280	—
其他	3914	3914	3914	—	—
三、贝类	367188	367188	3090	364098	—
四、藻类	17601	17601	—	17601	—
五、头足类	819	819	819	—	—
其中：乌贼	53	53	53	—	—
鱿鱼	250	250	250	—	—
章鱼	232	232	232	—	—
其他	284	284	284	—	—
六、其他水产品	4888	4888	4016	872	—
其中：海蜇	3261	3261	3261	—	—

渔业发展

【概况】　2016年，乳山市以渔业资源增值、渔业产业优化、水产品质量安全为重点，加快推进渔业转型升级发展。全年新建标准化生产基地5处，放流各类苗种4.05亿尾（只），比上年增长8%。

【圆斑星鲽种业提升项目获批】
2016年，山东科合海洋高技术有限公司的圆斑星鲽种业提升项目获批，获省级财政扶持资金100万元，用于开发与保存圆斑星鲽种质资源、优化圆斑星鲽苗种繁育技术、改造种质选育及受精卵孵化车间建设。圆斑星鲽种业提升项目共改造种质选育及受精卵孵化车间1200平方米，改建展示室、实验室各56平方米，选育优质体色、体型、速生家系1个，进一步提升科合园区的科技创新能力、产业化经营能力、综合竞争能力和辐射带动能力，实现与山东省海洋与渔业厅“一张图”信息化平台无缝对接。

11月11日，乳山市“中国牡蛎之乡评审会”召开（潘玉兰 摄）

【海上休闲渔业产业实现零突破】
2016年，乳山市探索推进海洋牧场建设，成立华信牡蛎养殖专业合作社，采取“科研院所+龙头企业+合作社+养殖户”合作形式，海上确权养殖面积1333.33公顷，主要养殖牡蛎、龙须菜、魁蚶等品种，实现贝藻生态立体混合养殖。依托乳山华信食品有限公司，打造133.33公顷海上休闲渔业基地1处，实现乳山海上休闲渔业领域零的突破。年内，威海市翁家埠实业有限公司、台依湖集团有限公司和乳山市华信休闲海上垂钓有限公司3家企业成功申报威海市休闲渔业产业发展奖励项目，分别获补助资金10万元。

【水产养殖标准化建设全面推开】
2016年，在全市范围内推广无公害标准化养殖，5家企业新申请无公害产地产品认证，8家企业复查换证，1家企业更改申报主体，无公害水产品认证面积达到全市水产养殖总面积的85%。成立环境卫生整治领导小组，对辖区内水产育苗、养殖单位进行环境卫生督查、评级，使企业生产基地实现标准化，年内新增环境卫生一类企业24处，2016年年末，乳山市环境卫生一类企业总数量达102处，其中养殖场58处、育苗场41处、渔港码头3处。

10月26日，“乳山牡蛎”品牌建设暨质量安全追溯体系启用新闻发布会召开（王宏伟 摄）

【水产品质量安全水平提升】 2016年，乳山市围绕提升水产品质量安全，开展“守护舌尖安全”专项整治行动、乳山牡蛎专项打假行动、大菱鲆专项整治行动等活动，对160家水产育苗养殖单位进行“拉网式”摸底排查，与企业签订水产品质量安全责任状；开展水产品生产企业抽检工作，完成苗种成品检、捕捞检、风险检及投入品抽检等302个批次，涉及海参、牡蛎、大菱鲆、南美白对虾等10个品种，合格率100%。出动水产品质量安全流动宣传车，在6处渔业镇巡回宣传，开展科普宣传教育活动15场，培训质量安全监管人员、水产养殖育苗单位负责人及管理人员4班次，提升从业人员质量安全意识。

【年度渔业资源增殖放流突破4亿尾】 2016年，乳山市持续开展增殖放流工作，成立增殖放流领导小组和验收小组，验收组全体成员签订承诺书。放流工作由威海市海洋与渔业局统一组织，采取县级渔业主管部门交叉验收方式，放流过程

10 月 9 日，山东科合海洋高技术有限公司放流圆斑星鲽　（李强 摄）

严格执行增殖放流管理制度和技术规范，苗种投放公开、透明，保证增殖苗种数量、质量和成活率。全年在乳山湾、塔岛湾、白沙湾等海区增设鱼、虾、蟹等品种增殖站点，放流各类苗种 4.05 亿尾（只），放流苗种数量创历史新高。其中，中国对虾 2.67 亿尾，日本对虾 0.63 亿尾，梭子蟹 0.18 亿只，海蜇 0.55 亿只，金乌贼 41.74 万只，黑鲷 133.5 万尾，圆斑星鲽 20.38 万尾，淡水鱼 3 万尾。

海洋管理

【概况】 2016 年，乳山市加强海洋环境监测，科学应对浒苔灾害，强化水产品源头监管，加大海洋执法力度，强化涉海大项目、海洋特别保护区近岸海域使用管理，实现绿色发展。

【岸线海域定期巡查】 2016 年，乳山市严格执行“三同时”制度，坚决制止导致海洋生态功能退化的开发活动；按照“海盾 2016”“碧海 2016”行动执法要求，严格落实岸线海域定期巡查制度，实行每周全市岸线巡查，创建巡查影像保存制度；强化海域使用管理，对威海广澳游艇俱乐部有限公司旅游码头、维多利亚海湾旅游开发有限公司群众性渔业码头、乳山口中心渔港等项目进行跟踪监管监察，深入现场对区域整体填海情况及在建项目进行测量定位。共查处非法占海用海案件 17 起，有效维护用海秩序。

【浒苔无害化处理 27 万吨】 2016 年，乳山市通过预警监控、海上打捞、陆域无害化处置、信息宣传等手段应对浒苔灾害，累计出动人员 4238 人次、机械车辆 28756 台次、船只 597 艘次，打捞处置浒苔 47.36 万吨。

7 月 5 日，温喜公司无害化处理浒苔　（郭永亮 摄）

配置浒苔脱水联合打包机 2 台和浒苔烘干机组 2 套，及时对到岸浒苔进行压榨脱水、烘干处理、资源化利用；规范浒苔处置程序，避免在打捞和运输等环节对环境造成二次污染。年内，资源化处置浒苔 27.24 万吨。

【海洋执法力度加大】 2016 年，乳山市严格落实岸段负责制，加大近岸海域巡查密度。全年开展岸线巡查 160 次，出动执法艇 60 次，检查各类用海项目 100 宗；围绕维护用海秩序，对乳山市内涉海大项目、海洋特别保护区、近岸海域，开展“海盾 2016”、“碧海 2016”、无居民海岛专项执法活动，年内，查处非法占海用海案件 17 起。

渔政管理

【概况】 2016 年，乳山市围绕捕捞渔具管理、伏季休渔管理、涉渔“三无”船舶管理等重点内容，通过开展伏季休渔专项执法行动、涉外渔船专项执法行动、渔港水域外安全专项整治行动、水生野生动物保护检查专项行动等系列整治活动，严格渔政执法，维护捕捞生产秩序，通过省级渔业文明执法窗口复查。

8月10日，乳山市海渔局组织水产品贸易市场伏休检查　（于连洋 摄）

【伏季休渔秩序稳定】 2016年，伏季休渔期间，严格执行船籍港、转港审批、海查陆处与执法协作等制度，成立海陆联合执法小组，对渔港、码头及渔船停泊点进行24小时不定时巡查，重点加强夜间突击检查、视频监控，及时掌握渔港内动态。强化异地坞修渔船监管，执法人员每三天赴渔船异地坞修地点进行现场查看、勘验，严防利用异地坞修时机出海作业。伏休期间，查获违规案件39起，查处率100%，没收并销毁地笼网800余套，清理圈网20套，维护休渔秩序。

【省级渔业文明执法窗口复查通过】 2016年，乳山市健全执法文书倒查机制和日常执法备案机制，对年度所有渔业执法卷宗进行倒查，确保执法工作规范化、合理化。开展“渔业执法规范提升年”活动，制订全程行动方案，严格执法工作流程，记录执法工作台账，提升执法管理水平；制订涉韩入渔、伏季休渔、清理外省籍渔船、涉渔“三无”船舶管理等13项工作方案，记录涉外管理、春秋季渔场管理、伏季休渔、专项资源管理、淡水渔业管理、水野6项工作台帐。年内，乳山市渔政监督管理站通过省级渔业文明执法窗口复查。

【渔业安全生产管理强化】 2016年，乳山市渔业安全生产管理部门落实监管职责，与船东（船长）签订《渔业安全生产守法作业承诺书》779份，与系统工作人员签订承诺书33份；增加并升级渔港视频监控设备15个，及时掌握渔船动态信息。在辖区内各渔港码头、人员集中地张贴宣传标语30副，印制并发放《渔业法规须知》1600册，组织开展“渔民安全生产和渔船管控教育培训”12期，培训渔民2000人；开展渔业安全生产大检查和隐患排查治理，查获违禁渔具400件，违法行为立案21起，办结率100%。

渔业科技

【概况】 2016年，乳山市深入推进产学研合作，强化平台合作，建立水产科技服务网络，推动海洋科技创新，渔业科技示范推广2000余公顷，渔业生产实现新突破。

【水产科技服务网络建立】 2016年，乳山市建成水产科技服务网络，由3名专家、18名技术指导员、232名示范户和1250名辐射带动户组成，示范带动海参养殖1600公顷、牡蛎养殖5333.33公顷。同时，邀请专家举办集中培训班5期、分散式培训18期，联合山东省贝类产业创新团队举办培训5期，举办新型渔民项目技术培训班3期、电子商务培训班1期，培训1158人次，发放刺参、牡蛎健康养殖教材200套，技术资料1200份。

【渔业科技示范推广2000公顷】 2016年，乳山市开展新品种、新技术、新模式引进、试验和示范工作。建成渔业科技试验示范基地66.67公顷；开展牡蛎筏式育肥生态养殖技术、魁蚶大规模苗种繁育技术、贝藻浅海生态养殖技术、牡蛎单体三倍体养殖技术4项新技术试验示范，新技术在全市的推广面积达2000公顷，养殖户养殖效益增加10%以上。联合润丰牡蛎养殖农民专业合作社开展大面积底播试验示范工作，投入1200万粒魁蚶苗底播，引进海参良种（俄罗斯红参）200万头，引进金牡蛎5000万粒，养殖户养殖效益增加25%以上。

渔业企业选介

【山东科合海洋高技术有限公司】 位于徐家镇，成立于2001年。注册资金1200万元，总资产2000万元，为股份制公司。占地11.33公顷，建有综合办公楼3000平方米，餐厅楼900平方米，实验楼1000平方米，工厂化标准育苗车间12000平方米，室外养殖池12.53公顷，为省级水产健康养殖示范场、省级现代渔业园区、省级圆斑星鲽原种场、威海市“海水地方名优珍稀苗种繁育”工程技术研究中心、威海市水产品质量可追溯试点单位和威海市科技型中小企业。主要生产品种有大菱鲆、圆斑星鲽、美洲黑石斑、牙鲆、海参等，其中圆斑星鲽为公司特有品种，2016年，纳入省级增殖放流品种。公司年生产繁育各类海水鱼苗400万尾，繁育海参苗种4000千克，销售优质海参种5000千克。2016年，主营收入520万元，利税40万元。

【乳山华信食品有限公司】 位于乳山市乳山口工业园，成立于2002年6月，公司原名乳山正洋食品有限公司，注册资本11829.4579万元，现有职工1600人。拥有新达食品、万和食品、华信休闲海上垂钓等9个全资子公司和威海正洋海洋生物技术研究院、威海久业仓储物流有限公司、乳山市华信牡蛎养殖专业合作社等8个关联企业，集研发、育苗、养殖、加工、检验、冷链物流、贸易等为一体。为农业部水产健康养殖示范场、农业部经济海藻遗传学与育种创新团队、高新技术企业、山东省农业产业化重点龙头企业、山东省水产健康养殖示范场、山东省现代渔业示范园区、山东省工业旅游示范点、山东省消费者满意单位等，拥有北美认证、欧盟认证、美国HACCP、BRC、MSC等国际性权威认证及国内QS食品安全生产许可证。注册“养生仙贝”商标、“◆”商标、“金龟岛”商标、“HOPE WELL”商标。取得冷冻扇贝柱、盐渍裙带菜的绿色食品A级认证和栉孔扇贝、裙带菜、牡蛎、龙须菜的无公害农产品认证和无公害农产品产地认证。2016年，销售收入8亿元，进出口总额2亿美元，出口创汇连续多年位居威海市同行业首位。扇贝加工销售位居山东省首位，全国排名前三。

【台依湖集团有限公司】 位于夏村镇，成立于2010年12月，注册资本10000万元，规划占地总面积

2000公顷，建筑面积14.08万平方米，可垂钓水面面积200公顷，建有酒庄8栋。拥有可容纳1200人同时用餐的高档餐饮会所和可同时接待千人并配备6种语言同声翻译系统的大型会议中心、5000平米接待中心及配套服务区、VIP专享室，游客钓客服务中心，天鹅堡酒吧、水上高尔夫、5000平米大型停车场等设施，集文化、旅游、娱乐、休闲、生态、商业、产学研于一体。公司被评为“2015年度山东省重点建设项目”“2015年度最具影响力山东产区最美葡萄酒庄”“中国钓鱼运动协会山东会员垂钓基地”“威海市农业产业化重点龙头企业和威海市十大文化产业品牌”。

【威海市恒源渔业有限公司】 位于乳山市城区，成立于2012年2月，注册资本3000万元，固定资产6000万元，职工103名。公司致力于远洋渔业开发，特别是南太平洋金枪鱼钓业。为中国远洋渔业协会会员，山东省远洋渔业协会理事单位，拥有农业部远洋渔业企业资格、交通部申办海员证资格以及自理报关报检资质。公司以斐济苏瓦港为渔船补给基地，渔场辐射所罗门至大溪地公海。以毛里求斯路易斯港为渔船补给基地，发展金枪鱼钓船和灯光围网船，逐步实现产业规模化。2016年，实施南太平洋和印度洋公海作业金枪鱼项目，作业渔船7艘，完成产量4125.5吨，产值4538万元，实现利润787万元。

（潘玉兰）

1月1日，湖光山色 （段建国 摄）

安氏宗祠

责任编辑：王　浩

工　业

Industry

综 述

【概况】 2016年，乳山市立足“产业强市、工业带动”战略，坚持稳中求进，主动适应经济发展新常态，以突破产业结构为目标，突出项目建设，深化改革创新，着力提高经济发展质量和效益。至2016年年底，乳山市拥有工业企业(单位)1892家，其中，规模以上工业企业355家，规模以下1537家。工业企业中内资企业279家，港、澳、台商投资企业12家，外商投资企业64家；大中型企业65家，小微企业290家。实现销售收入791亿元，利税60.43亿元。

【“三年突破乳山产业结构”工作推进】 2016年，乳山市贯彻落实“三年突破乳山产业结构”要求，推动产业转型、结构突破。围绕改造传统产业，实施重点工业技改项目15项，组织企业自动化改造8家，带动食品加工等产业向精深领域拓展，资源型企业向循环经济延伸，装备制造等产业向智能生产转型，推动制造业实现集群化拓展、链条化延伸和自动化升级。壮大新兴产业，强化新材料、节能环保等产业的招商引资、产业孵化、成果转化，研究制定健康产业发展规划，新材料产业产值突破130亿元。

【10家企业纳税过千万元】 2016年，乳山市以政策激励、规划引导、协调融资、优化服务等举措，引导和鼓励重点企业35户、成长型企业37户不断壮大、稳步发展。2016年，实施佰德信四期等重点项目22个，形成一批新经济增长点，金洲集团、正洋食品等10家企业纳税过1000万元。

【13项产业合作签约】 2016年，乳山市促成华信食品引入红塔集团资本、福建华昌食品投资扩大产能项目、隆图新型建材与东莞拉菲合作、成景有机硅与浙江客商生产汽车内饰布等13项合作，对外合作成为企业快速发展重要途径。

【品牌“三级联创”实施】 2016年，乳山市推进“政府引导、部门指导、企业主导”品牌三级联创工作，乳山市推荐的华隆（乳山）食品工业有限公司“东宝”牌花生、乳山市金果花生制品有限公司“海洋”牌山东大花生、乳山恒裕食品有限责任公司“享裕”牌洋梨罐头入选“山东省首批知名农产品企业产品品牌”。至2016年年底，全市有中国驰名商标1个，山东省著名商标14个，中国名牌产品2个，山东名牌产品及服务名牌13个，中国地理标志商标和农产品地理标志10个。

（宋晶晶）

【2016年纳税明星企业】

五星级企业纳税明星企业（1家）：山东乳山农村商业银行股份有限公司。

四星级企业纳税明星企业（2家）：山东金洲矿业集团有限公司、山东双连制动材料股份有限公司。

三星级企业纳税明星企业（6家）：金鼎房地产开发有限公司、国网山东省电力公司乳山市供电公司、威海鑫山集团有限公司、乳山市城投置业有限公司、威海伯特利萨克迪汽车安全系统有限公司、泰山石膏（威海）有限公司。

二星级企业纳税明星企业（13家）：乳山松海房地产开发有限公司、威海佰德信新材料有限公司、山东鲁菱果汁有限公司、乳山市富大房地产有限公司、乳山华信食品有限公司、山东乳山工艺品有限责任公司、乳山市益天房地产开发有限公司、乳山市富地渔具有限公司、威海恒邦化工有限公司、乳山国泰城建开发有限公司、乳山市城西置业集团有限公司、乳山市烟草专卖局（营销部）、山东日信工业有限公司。

一星级企业纳税明星企业（21家）：乳山市兴发房地产开发有限公司、乳山市安吉房地产开发有限公司、山东力久特种电机股份有限公司、威海市明珠硅胶有限公司、中国建设银行股份有限公司乳山支行、山东昂仕集团有限公司、威海华邦精冲科技股份有限公司、福喜（威海）农牧发展有限公司、乳山振华海洋食品科技有限公司、华隆（乳山）食品工业有限公司、乳山汉泰大麻纺织有限公司、威海海大塑胶有限公司、乳山市海天集团有限公司、山东省昆仑路桥工程有限公司、中国工商银行股份有限公司乳山支行、中国人民财产保险股份有限公司乳山支公司、中华联合财产保险股份有限公司乳山支公司、威海同仁食品有限公司、乳山亚细亚机电有限公司、乳山市龙马服装有限公司、乳山市振兴铸钢有限公司。

2016年规模以上工业企业主要产品产量完成情况统计表

表10

产品名称	计量单位	本年生产量
铁矿石原矿	吨	134381.00
小麦粉	吨	20839.00
饲料	吨	23539.00
其中：配合饲料	吨	18063.00

续表 10

产品名称	计量单位	本年生产量
鲜、冷藏肉	吨	128202.00
冷冻水产品	吨	204080.00
乳制品	吨	4546.00
固体及半固体乳制品	吨	4546.00
其中：乳粉	吨	4546.00
罐头	吨	25014.00
饮料酒	千升	15842.00
其中：白酒（折 65 度，商品量）	千升	5148.00
啤酒	千升	10694.00
软饮料	吨	31439.69
包装饮用水	吨	8873.00
果汁和蔬菜汁类饮料	吨	22566.69
布	万米	599.00
化学纤维短纤布	万米	20087.91
亚麻布（含亚麻≥ 55%）	万米	20087.91
蚕丝及交织机织物（含蚕丝≥ 50%）	万米	516.00
无纺布（无纺织物）	吨	279.01
服装	万件	4139.00
梭织服装	万件	1199.70
其中：羽绒服装	万件	947.01
西服套装	万件	910.67
针织服装	万件	252.69
家具	件	48947.00
其中：木质家具	件	48947.00
机制纸及纸板（外购原纸加工除外）	吨	1915.00
纸制品	吨	27450.00
其中：瓦楞纸箱	吨	13384.00
单色印刷品	令	283932.00
多色印刷品	对开色令	68191.00
硫酸（折 100%）	吨	95426.29
合成氨（无水氨）	吨	31825.88
农用氮、磷、钾化学肥料（折纯）	吨	117705.64

续表 10

产品名称	计量单位	本年生产量
磷肥（折五氧化二磷 100%）	吨	117705.64
涂料	吨	6778.00
初级形态塑料	吨	25149.00
塑料制品	吨	39934.00
泡沫塑料	吨	3560.00
塑料人造革、合成革	吨	0.00
水泥	吨	794558.22
商品混凝土	立方米	314014.00
石膏板	万平方米	4214.00
天然花岗石建筑板材	平方米	98586.00
生铁	吨	153971.00
铸铁件	吨	66518.00
铸钢件	吨	29398.00
锻件	吨	28857.18
粉末冶金零件	吨	9969.00
金属切削机床	台	1612.00
泵	台	4850.00
液压元件	件	1283.00
衡器（秤）	台	1416.00
模具	套	89315.00
电动机	千瓦	159666.00
交流电动机	千瓦	159666.00
电子元件	万只	4.53
钟	只	31224.00
自来水生产量	万立方米	1406.00

（丁培坚）

2016 年乳山市工业主要经济指标完成情况表

表 11

项　目	单位	实际完成
全部工业		
工业总产值（当年价）	亿元	861.94
工业销售产值（当年价）	亿元	846.94

续表 11

项 目	单位	实际完成
主营业务收入	亿元	852.71
规模以上工业		
工业总产值（当年价）	亿元	799.02
工业销售产值（当年价）	亿元	785.22
其中：出口交货值	亿元	157.22
主营业务收入	亿元	790.99
工业产品产销率	%	98.27
利税总额	亿元	60.43
其中：利润	亿元	37.18
资产总计	亿元	660
总资产贡献率	%	11.05
资产负债率	%	42.66
全部从业人员年平均人数	人	67308

（丁培坚）

2016 年乳山市规模以上工业企业主要经济指标完成情况统计表

表 12　　　　单位：万元

项 目	企业单位数	其中：亏损企业	工 业总产值（当年价）	工 业销售产值（当年价）	其中：出 口交货值	资产总计	主营业务收入	利税总额
总 计	355	53	7990225	7852236	1571235	6599978	7909971	604287
内资企业	279	44	6082024	6008308	859516	5174620	5994539	467879
国有企业	4	2	24242	22092		150900	21951	−510
集体企业	1		85550	77803	32436	35684	81223	4314
联营企业	1		25994	26214	2403	5592	25013	852
其他联营企业	1		25994	26214	2403	5592	25013	852
有限责任公司	58	8	1553220	1542721	161253	1671206	1527853	154077
其他有限责任公司	58	8	1553220	1542721	161253	1671206	1527853	154077
股份有限公司	8	3	325530	309310	34308	354487	327413	8819
私营企业	207	31	4067489	4030168	629116	2956752	4011087	300327
私营独资企业	55	9	1169292	1152024	155260	793025	1160427	73336
私营合伙企业	7		114404	113736	53125	59452	110823	11399
私营有限责任公司	139	20	2698060	2677434	395487	2030759	2656352	209677
私营股份有限公司	6	2	85733	86974	25244	73516	83486	5914

续表 12

项　目	企业单位数	其中：亏损企业	工　业总产值（当年价）	工　业销售产值（当年价）	其中：出　口交货值	资产总计	主营业务收入	利税总额
港澳台商投资企业	12	2	248305	242574	81329	180499	250894	14667
与港澳台商合资经营企业	5		103152	98062	39220	61070	105204	6267
与港澳台商合作经营企业	2		77426	77169		44077	76207	4140
港澳台商独资企业	4	1	65835	65451	42110	63463	67391	4174
港澳台商投资股份有限公司	1	1	1892	1892		11889	2092	86
外商投资企业	64	7	1659895	1601354	630390	1244860	1664538	121741
中外合资经营企业	26	4	771737	732855	253262	531533	791878	51221
外资企业	36	3	877393	859062	373349	707507	861553	68914
外商投资股份有限公司	1		3779	3779	3779	1580	3779	126
其他	1		6986	5658		4239	7328	1481

（丁培坚）

工业园区

【经济开发区全省排名 38 名】 于 1992 年 12 月经山东省人民政府批准成立。2007 年，乳山市将打磨、西里、崔家等 7 个村划归开发区管辖。2009 年 2 月，与乳山口镇合并，总面积 107 平方公里，其中，规划面积 36.49 平方公里，辖 41 个行政村，人口 4 万多人。2015 年 12 月 28 日，经山东省环保厅、商务厅、科技厅鲁环函〔2015〕972 号文批复，同意乳山经济开发区建设省级生态工业园区。2016 年，经济开发区引进项目 12 个，总投资 18.4 亿元；财政收入 1.15 亿元，全省排名 38 名。

项目合作引进投资 18.4 亿元 2016 年，乳山经济开发区创新招商方式、强化项目服务。赴京、津、冀及省内重点城市开展招商引资活动，共收集信息 50 条，跟踪项目 21 个。其中龙彩新材料项目投资 5.7 亿元，伯特利二期项目投资 3 亿元，威海远深新能源项目投资 2.5 亿元，投资 1.6 亿元的华信食品与外合作增资扩股等项目过亿元 7 个。全年引进新项目 12 个，总投资 18.4 亿元。

技改扩规投资 5 亿元 2016 年，乳山经济开发区技改扩规投入 5 亿元，重点实施伯特利、佰德信、华信、日信、华邦精冲等企业的技改扩规。其中，伯特利汽车完成投资 1 亿元的汽车零部件生产扩规项目，佰德信新材料完成投资 4000 万元的分子筛生产线 1 条，石油裂解催化剂生产线 2 条，华邦精冲完成投资 1500 万元的汽车排气系统和山东日信完成投资 1500 万元的新增四轮生产线扩规项目。

【威海市以上创新平台企业获批 9 家】 2016 年，乳山经济开发区开展创新平台建设。乳山市获批威海以上创新平台 9 家，其中省级 5 家，分别是华信食品获批博士后创新实践基地、华信食品、金牌生物获批院士工作站、鲁源科技获批省级企业技术中心、鑫宝食品获批“一企一技术”研发中心。

【威海市以上重点研发企业获批 2 家】 2016 年，乳山经济开发区提升企业创新能力。华信食品获批山东省重点研发计划；正洋研究院获批威海市重点研发计划；鑫宝食品、伯特利等企业申报高新技术企业；宏伟食品、宏远机床等企业申报威海市市级科技进步奖；力久电机、昊安金科、金牌生物等企业申报威海市科技发展计划。

【便民利民实事完成 9 项】 2016 年，乳山经济开发区将创城工作、便民利民实事工程与基础设施完善相结合，优化园区环境。全年投资 2280 万元，完成便民利民实事工作 9 项，其中，新建道路 1 项，投资 210 万元完成光电北路东段道路工程；道路改造工程 6 项，投资 1030 万元对创业一路、福州路、疏港路、台湾路等路段进行改造，改造面积超过 7 万平方米；绿化工程 1 项，投资 550 万元对创业二路、政通路等路段进行绿化，绿化面积 8 万平方米；河道疏浚 1 项，投资 150 万元对兰家庄、高格庄村河道进行疏浚。投资 340 万元敷设燃气管道 5900 米。

（王青霞）

【滨海新区城市化功能逐步完善】 成立于 2012 年 12 月 26 日。是“一体化”大威海新格局和乳山“南部提升”战略重要组成部分，区域规划总面积 348.94 平方公里，其中，陆地面积 278.65 平方公里，建设用地 120 平方公里。按照产业布局规划

10月15日，乳山市经济开发区 （朱剑宇 摄）

和打造特色园区的长远目标，规划银滩旅游度假区、大乳山滨海旅游度假区、海湾新城、新兴产业园等7个功能片区，规划定位为打造高端产业聚集区、幸福宜居养生区、休闲旅游样板区、城市发展中心区和中日韩合作先导区。2016年，滨海新区统筹推进招商引资、项目建设、基础配套等重点工作，提升区域经济社会发展质量和效益，实现公共财政预算收入8544万元，全区高峰期入住人口达15万人，保持率先发展、争先发展良好态势。

新兴主导产业带动区内经济发展 2016年，乳山市滨海新区以文化旅游产业为引领，突出健康产业，发挥景区、岸线、房产等资源优势，用"旅游+"的理念推动健康管理、工业旅游的融合发展，培植以温喜生物科技、帕斯砜新材料、康辉生物科技等健康食品、医疗保健产品为主体的新兴主导产业，区域产业结构优化，税源拓展。2016年，开工建设海立方梦幻王国水上乐园、银之帆旅游集散中心等过亿元项目4个，达成宝利钛合金、鸿联科技水印纸、韩国润滑油环保添加剂等新项目5个。推进康辉生物科技、帕斯砜新材料、四合生物、大学生孵化创业基地等产业项目7个，引导智创科技企业孵化器通过省级创业孵化基地复核，区域科技创新带动能力增强。完成服务企业培育及考核任务8家，引导个体商户进行"个转企"10家。

外资项目区内落户 2016年，乳山市抢抓中韩自贸区、中澳经济合作、中以技术合作等多重国家战略机遇，拓展对外开放的广度和深度。达成中海国际医疗管理集团、香港鑫嘉盛旅居有限公司、澳大利亚未来基金等一批外资项目，引进由韩国投资商河荣秀独资建设的韩国商品跨境电商、威海文博机械设计有限公司服务贸易等项目，全年实际利用外资2000万美元。

10月8日，海立方梦幻王国水上乐园在滨海新区动工建设 （刘建志 摄）

基础实施建设和便民服务提升 2016年，乳山市以维护好青山绿水、打造幸福宜居滨海新城为目标，加快构筑"产城融合、一体发展"新城区。全年融资8400万元，实施总投资2.53亿元的道路工程、绿化亮化、景观建设、附属配套等四大类基础设施建设；完成投资2.4亿元、涵盖4类、37项具体内容的便民利民实事工程，解决群众反映比较集中的交通设施、停车场所及部分小区水电气暖供应保障等民生热点问题。投资2.3亿元，完成威海蓝区重大事项9项。投资7亿元，完成威海市级重点项目5个。

区域发展环境优化 2016年，乳山市以城市标准化社区配套为基础，启动大庆、观海苑2个城市社区上档升级，在大庆社区新增应急救援中心1处，公开招聘选拔社区工作人员9名，组织社区人员开展涵盖物业、业主等内容的学习培训18次，提高城市社区服务精细化水平。推行"四位一体"精细化物业管理模式，创新开展社区网格员、小区物业、小区居民互补式"三方互动"物业考核新模式，全年解决居民矛盾纠纷200件，满意率达98%。

【健康产业招商推介会首次在韩国仁川威海馆举办】 2016年4月，滨海新区健康产业招商推介会首次在韩国仁川威海馆举办。推介会汇集韩中经济贸易促进协会、韩国国际整形美容协会、韩国安世医院等多家协会组织以及龙头企业，与会客商达70人。在前期沟通洽谈基础

5月11日，乳山市滨海新区 （高淑新 摄）

上，当场签订滨海新区与韩国安世医院、威海智创科技孵化器与世界文化奥林匹克促进委员会合作协议2份。5—6月，接待韩国商务考察团一行13人、韩国IMJINST（林进恩斯特）林永雨代表一行6人到滨海新区考察。

（徐园园）

【纺织染整工业园特色明显】 2003年，经威海市人民政府批准成立，总规划面积6平方公里，一期规划面积3平方公里，分纺织染整、服装加工、化工助剂3个区域，是威海市唯一以纺织染整为主导产业的专业特色园区。

服装创意小城规划方案完成 2016年，纺织染整工业园借鉴浙江特色小镇建设经验，在城区打造乳山服装创意小城，结合乳山服装产业特点，完成各服装企业走访摸底、前期调研，改建城西科技孵化中心项目为服装文化创意中心，与青岛大学纺织服装学院合作完成规划建设方案。

重点项目改造投产 2016年，纺织染整工业园园内企业正华纺织开发出系列防雾霾口罩、防刺防割头脖套、防刀砍护臂、防击打警用帽垫、充气帐篷等新型军警用产品，投放北京、西安、新疆、河南等市场；兴进印染引进数码印花生产线，改变传统滚筒印花工艺，提升产品档次，减少污水排放，提高产品附加值；丽浦维尔在传统棉布印花工艺上，新增加蜡染印花技术，拓宽产品种类和技术含量，产品出口非洲；亚细亚机电新增汽车生产线项目，是染整园纺织产业向装备制造产业转型的代表企业，在收购永美服装厂房基础上，扩大产业规模，汽车连接线由原来20条增加到25条；佑成纤维完成股权转让，投资1000万元进行车间升级改造，淘汰老旧落后设备，购置香港高勋集团新型染纱烘干设备。

污水达标排放 2016年，纺织染整工业园协调企业进行减产减排，在排污口设置絮凝剂投放装置，减轻污水处理厂压力，督导协助企业完成相关环评手续，有4家污水超标排放企业完成预处理设施建设并投入使用，解决超标排放。

入园企业配套服务完善 2016年，纺织染整工业园配合城市建设投资集团进行海河路、海口路污水管道改造及路面硬化工作；进行热力集团新热源项目建设服务工作，在新热电厂调试检修期间启动园区生物质锅炉，为园区企业生产供汽；配合热力集团进行园区蒸汽主管网改造，促进园区基础设施配套，改善招商环境。

【城区工业园整合面积5.65平方公里】 位于城区深圳路东侧，北依乳山市城区，南接经济开发区，由原城区科技工业园、夏村镇工业园、大孤山工业园、长庆工业园整合而成，占地面积5.65平方公里。

园区项目建设加快 2016年，投资1.8亿元的威海三盛汽车科技有限公司专用车生产项目于年底投产使用。新引进投资5000万元的中立车智能立体泊车位项目，图纸审查、立项手续办理完成，8月投入使用。投资1.5亿元的明珠环保餐具项目立项建设。

智能制造产业园区打造 2016年，乳山城区工业园围绕无人机和专用车生产项目，打造具有地域特色的智能制造产业板块。计划联动形成“城区智能制军造产业园”，引进光电项目、研发孵化中心、智能机器人、无人船等高科技产业，打造园区特色智能制造产业群，推动园区新项目转型升级，并同步“互联网+”技术，实现企业线上线下同步经营发展模式。

（庞毅敏）

黄金工业

【概况】 2016年，乳山市拥有黄金工业集团两个，黄金矿山8座，采选总设计能力3550吨/日。年生产黄金1080公斤，实现利润总额7956万元，比上年分别增长2.27%和20.36%；上缴税金3809万元。

【山东金洲矿业集团】 是以黄金勘探、采选为主业的省属矿山企业，公司前身是乳山县（市）金矿，于1970年4月建矿，2003年9月改制为山东黄金矿业股份有限公司（上市公司，股票代码：600547）的控股子公司。山东金洲矿业集团有限公司作为母公司，辖控股子公司山东金洲集团（以下简称金洲集团）千岭矿业有限公司和全资子公司山东金洲集团富岭矿业有限公司。企业总资产10亿元，职工1250人。2016年，生产黄金1080公斤，实现利润总额7956万元，分别比上年增长2.27%和20.36%；上缴税费及红利3809万元。年内，被山东黄金集团授予“企业文化示范奖”和“安全环保奖”，获“乳山市纳税明星企业”“威海市先进基层党组织”“山东省设备管理优秀单位”“全国黄金行业思想政治工作先进集体”“中国黄金行业社会责任大奖·最佳绿色环保奖”等称号。

【金洲集团采掘总量提高7.13%】 2016年，金洲集团采取保供矿、保运转、保接续方式，落实现场跟班作业制度，加强采出矿品位考核管理，开展劳动竞赛活动，提高采出矿质量和效率，全年完成采掘总量49.31万吨，按可比口径计算，比上年提高7.13%。全年残采矿石量7.59万吨，金金属量467.88公斤，残采产量达到全年总产量的43.32%。在金青顶矿区深部开拓工程建设，优化施工顺序，强化考核激励，克服作业面高温高湿、岩石破碎对施工的影响，全年完成井巷工程量1.45万立方米，完成投资2581万元，完成年计划113.36%和118.43%。至2016年年底，35线竖井系统全面形成，平巷开拓工程加快推进，为深部生产接续提供可靠保障。在探矿增储上，新增矿石量26.15万吨，金金属量830公斤，为矿山发展提供资源保障。

【金洲集团安全环保风险点管控到人】 2016年，金洲集团全面推进零工亡、零重大环保事故“双零”目标落实。年内，逐级签订安全环保责任状，做到安全压力逐级传递，安全责任落实到人，形成安全管理的强大合力。推进“风险管控和隐患排查治理双重预防机制”，进行各类风险点全面识别、评价并落实管控措施，提升安全管理科学化、精细化水平。加大安技投入，全年累计投入安技资金966万元，推进深部地压控制、井下通风系统改造、采空区治理等项目实施，矿山安技保障水平进一步提升。有计划、有重点开展安全法律法规、岗位技能培训，组织观看事故案例警示教育片，举办安全知识竞赛、安全征文演讲比赛，开展安全应急救援演练等活动，提升从业人员安全意识和技能。西泊、胡八庄矿区均成功领取扩界、扩能后的新采矿证，为矿山合规生产、长远发展夯实基础。

【金洲集团市场化运营框架构建】 2016年，金洲集团推进内部市场化改革，召开专题研讨会、培训会30次，编制各类文件制度24项、近13万字，构建市场化运营管理基本框架。在选矿车间进行试点改革，激发车间内部活力，车间经济、技术指标提升，实现管理效益280万元。深化降本增效，严格采购程序，加大市场化竞价力度，实现自行采购物资单价比上年下降17.7%。加强用电考核，严格调荷节电管理，利用大工业直供电政策，节约用电成本70万元。推进兼岗并岗和政策性减员，累计减员69人，节省人工成本费用167万元。围绕金价走势研判和黄金销售行情，增加黄金销售收益101.86万元。破解技术难题，全年完成科研投入350万元，实施《金青顶金矿床−1500米以下深部成矿规律研究及成矿预测》《西泊矿区缓倾斜厚大矿体回采方法研究》等科研项目，破解生产技术难题，提高科技创新贡献率。年内，开展新一轮员工创新成果评审活动，获奖项目41个，累计发放奖金10.8万元。

【金洲集团在岗员工人均收入增幅超11%】 2016年，金洲集团公司以“两学一做”学习教育为主线，开展“争做模范党员，创建党员示范岗”活动，加强党员党性教育，规范党内政治生活，提升党组织的战斗力，创造从严从实、风清气正的良好政治生态。全年投入教育培训经费103万元，累计培训员工1400人次。年内，在职业技能竞赛中，获奖励员工10名。为职工办好事、办实事，提高员工收入水平，在岗员工人均收入比上年增幅超过11%。在困难职工救助方面，全年走访救助困难职工93户次，发放救助金22万元。

【乳山市金华矿业有限公司】 公司成立于2007年7月，2012年11月完成企业改制，是青岛金王集团控股子公司，注册资金1亿元。公司集黄金矿产资源勘察和采选为一体，是威海地区拥有探矿、采矿、选矿的重要黄金采选企业。采选能力为800吨/日。公司位于乳山市午

9月23日，山东金洲矿业集团有限公司 （张岩峰 摄）

极镇唐家沟村，拥有唐家沟矿区，有竖井6条。辖设采矿车间、选矿车间、生产技术部等部门，员工188名，施工队4个，采掘人员300人。2016年，公司因探矿证变更等原因，停产1年。

冶金工业

【概况】 2016年，乳山冶金工业主要以威海鑫山集团有限公司（以下简称鑫山集团）为代表组建于2006年，该公司是以铁矿石采选、生铁冶炼、短流程铸件加工、资源综合利用（高炉煤气发电）、工业三废综合利用（高炉水渣生产水泥、工业冷却水全闭路循环、工业粉尘回收循环利用）、商贸物流为一体的综合性企业。企业拥有冶炼铸造生铁高炉2座，配套机械化烧结、高炉喷吹煤粉、高炉富氧喷吹等先进工艺和技术。2016年，威海鑫山集团有限公司化解行业产能过剩不利因素，根据市场行情增效减亏，全年亏损2164万元，比上年减亏1182万元。

【鑫山集团工艺改造节约经费233万元】 2016年，鑫山集团铁厂机修车间钳工班加工备品备件430吨，比上年增加100吨。制作安装烧结、炼铁除尘设备，节约制作费、安装费200万元。炼铁车间改装鼓风机、改造风机管路，年节约费用20万元。铸造车间为节约电费，利用深夜用电谷时段组织生产铸钢模600件，节约电费3万元。铁矿选矿车间在设备维修时，修旧利废，年节约费用10万元。

【鑫山集团销售空间向西扩展】 2016年，鑫山集团在原有客户的基础上，开拓新用户，开发新市场，销售空间向西部扩展，年销售产品1万吨。通过网上比对、信息反馈等途径，产品销售综合价格高于全省平均水平。坚持“先付款、后发货”原则，货款回收率继续保持100%。备品备件等辅助材料采购，利用“买方市场”，捕捉市场信息，修订供需协议，降低库存数量。

【鑫山集团铸造生铁生产基地通过认定】 2016年，鑫山集团围绕评选条件，在企业前景规划、地理优势、产品质量、工艺流程、节能降耗等方面进行改进、完善、提升。积极争创铸造生铁生产基地，获通过认证。

【鑫山集团矿山扩界通过审批】 2016年，鑫山集团通过现场勘查、实地测绘、合理规划、逐级汇报、联席审批，申请矿山扩界获通过，并按要求完成土地复垦方案。

机械工业

【概况】 2016年，乳山市规模以上机械制造及金属制品工业企业71家，全年实现工业总产值184.51亿元，销售收入182亿元，利税12.74亿元，出口交货值17.03亿元，销售收入和利税总额分别占乳山市规模以上工业总量23%和21.08%。主要产品产量：金属切削机床1612台，液压元件1283万件，交流电动机15.97万千瓦。

（丁培坚）

【山东双连制动材料股份有限公司产品销售收入突破2亿元】 山东双连制动材料股份有限公司（以下简称双连公司）始建于1990年，占地面积20万平方米，建筑面积6.5万平方米，员工360名，资产总额2.8亿元。是中国摩擦制动材料专业生产厂家，山东省高新技术企业，商务部和国家发改委授予的国家首批116家汽车零部件出口基地企业，中国摩擦材料行业首家向美国通用、福特和克莱斯勒三大汽车公司配套供货的原配供应商。产品连续多年被认定为山东名牌和山东省重点培育和发展的国际知名品牌。公司主要生产汽车用盘式刹车片、鼓式刹车片、手刹制动片、精冲及焊接等；有各类型号刹车片2000种，盘式刹车片生产线年产能4000万片；鼓式刹车片生产线年产能1600万片；精冲/普冲生产线，年产能3000万片钢背。国内为上汽通用五菱、奇瑞、北汽新能源汽车、力帆等配套供货；售后市场分布于北美、中东、南美、澳大利亚等20个国家和地区。2016年，实现销售收入2.3亿元，比上年提高1000万元，上缴税金3637万元，进出口总额3000万美元。

【双连公司研发省级以上科技创新项目20项】 双连公司拥有山东省企业技术中心、山东省汽车摩擦材料工程技术研究中心和山东省工程实验室；引进美国林科NVH惯量制动器试验台；拥有OEM品质配方，开发半金属、低金属和陶瓷等20种系列配方，满足原配及售后标准。承担国家级和省级科技创新项目20项，有4项技术达到国内领先和国际先进水平。其中：无石棉手刹制动片项目产品取得为美国天合（TRW）汽车底盘公司配套供货资格，产品辐射美国通用、福特和克莱斯勒三大汽车公司，结束中国摩擦材料行业在国际高端（欧美主机）市场无原配供应商的历史；陶瓷纤维增强树脂基摩擦材料系列产品获国家重点新产品证书、威海市科学技术一等奖，列入国家火炬计划项目、山东省第一批省级战略性新兴产业项目；温压法制备新型混杂纤维摩擦材料技术项目填补国内技术空白，获得国家发明专利、中国建材联合会硅酸盐学会科学技术奖科技进步类二等奖和山东省科技进步奖三等奖。无铜陶瓷纤维配方摩擦材料项目获得国家发明专利、威海市科学技术二等奖。

（姜新设）

【山东力久特种电机股份有限公司】 山东力久特种电机股份有限公司（以下简称力久公司）于2003年12月成立，位于乳山市经济开发区山海大道22号，是集科研、生产、销售、服务于一体的特种电机生产企业。

2016年，有职工409人，其中工程技术人员90人。拥有各项专利105项，各类加工设备528台套，各种检测量具、仪表710台套，有先进的电动机型式试验检测中心，年产能力300万千瓦。主要产品有特种电机、标准电机和电机控制系统三大类。以特种电机为主导，拥有NEMA、YE3、YE2（YX3、GX）、YVP、等20个系列、3000个规格电机品种，产品与服务广泛应用于石油机械、包装机械、冶金机械等行业，在石油机械、包装机械、冶金机械等行业处于业内领先地位。2016年，完成产量81万千瓦，营业额1.8亿元，实现利税1485万元。公司获批“山东省院士专家工作站”“威海市工业设计中心”。被山东省知识产权局认定为“山东省2016年知识产权优势培育企业”，被中国电器工业协会授予“中国电器工业领军品牌”称号。公司“YE3系列超高效率三相异步电动机”列入“国家节能产品政府采购清单”第19期和第20期。

7月3日，力久公司电机实验室获加拿大标准协会CSA集团认可（于真真 摄）

【力久公司智能送料机械手研制成功】 2016年，力久公司进行设备自动化、智能化升级。设计出具有3轴联动的高速冲槽机智能送料机械手，产品自动诊断故障、报警、检测冲片数量，具有自动化程度高、精度高、实用性强、操作简单等优点，成功实现1人操作4台高速冲床，生产效率提高2倍，劳动强度降低90%，突破制约产能提升瓶颈。

【力久公司国家专利产品达20项】 2016年，力久公司研发TYP系列超高效永磁变频电动机，具有启动运行平稳、宽调速范围、无极调速、智能测试参数等特点，替代传统通用电机，适用机床、造纸机械、机械加工、冶金机械等领域，节能效果显著；研发铝壳高效电机，具有重量轻、散热效果好、效率高等优点；研发Y2系列、YKK系列高压高效三相异步电动机，具有效率高、结构紧凑、运行可靠、使用寿命长的优点；研发TYJX系列高效三相永磁同步电动机列入山东省电机产品能效“领跑者”目录；研发SZVP、SZY、SZBY系列注塑机专用电机通过欧洲CE认证，注塑机专用电机，用于注塑机设备，具有噪声低、振动小，启动转矩高、性能优良、使用寿命长等特点。2016年，公司研发产品获得国家实用新型专利8项，外观专利12项。

8月19日，力久公司全自动冲压车间 （于真真 摄）

【力久公司电机实验室获加拿大标准协会CSA集团认可】 2016年4月12日，力久公司电机实验室测试结果获加拿大标准协会CSA集团认可，电机实验室的成立，节省样机报送时间，降低试验成本，为产品进入北美市场奠定基础。

【威海伯特利萨克迪汽车安全系统有限公司】 始建于2012年12月，由芜湖伯特利公司和印度萨克迪公司合资成立新型汽车零部件生产企业（以下简称伯特利公司），位于乳山经济开发区开拓三路2号，占地面积4万平方米，是专业铝制汽车零部件生产企业。2016 年，拥有固定资产原值 9521 万元，净值 8843.4 万元，职工 200 人，其中工程技术人员 20 人。公司采用先进的差压铸造工艺，主要生产设备（生产线）有铸造、机加工，年生产铸铝转向节 500 万件。2016 年，公司扩大产能，增加投资 3 亿元启动二期工程，规划建筑面积 2.6 万平方米，10 月投产，打造中国最大的铸铝转向节生产基地。

9 月 25 日，佰德信新材料公司生产车间　（王青霞 摄）

【伯特利公司铸铝件代替铸铁件研发成功】 2016 年，伯特利公司注重研发投入和人才培养，拥有技术研发人员 180 人，在上海、底特律设立技术研发中心，与国际知名汽车厂商同步开发新产品。研发出用铸铝件代替传统汽车转向节、控制臂用的铸铁件，各种性能指标符合国家要求，重量降低 50%，减轻车重降低油耗，深受汽车厂商青睐，产品供不应求。2016 年实现销售收入 4.7 亿元，税收 2218 万元，实现连年翻倍增长。

【威海佰德信新材料有限公司】 建于 2000 年，位于乳山经济开发区，占地 10 万平方米，建筑面积 4.5 万平方米，是由美国太平洋工业发展有限公司在中国投资兴建的外商独资企业。2016 年，公司拥有固定资产原值 1.02 亿元，净值 6882 万元，职工 340 人，其中工程技术人员 25 人。主要从事汽车用尾气净化处理载体催化剂材料、光电子材料和纳米材料等高端产品的研发与生产，是国内汽车尾气处理技术达到欧Ⅳ、欧Ⅴ以上排放标准的企业。产品覆盖国内所有合资品牌汽车生产企业，80% 销往欧美等国际高端市场，年生产能力 1 万吨。2016 年，实现销售收入 1.9 亿元，税收 1621 万元。

10 月 12 日，伯特利公司铸造自动化生产线　（王青霞 摄）

建材工业

【概况】 2016 年，乳山市规模以上建材工业企业 23 家，实现工业总产值 18.79 亿元，销售收入 18.43 亿元，利税 2.04 亿元，出口交货值 101 万元，销售收入和利税总额分别占乳山市规模以上工业总量 2.33% 和 3.38%。主要产品产量：水泥 79.46 万吨，商品混凝土 31.4 万立方米，石膏板 4214 万平方米，天然花岗石建筑板材 9.86 万平方米。

【乳山山水水泥有限公司】 位于育黎镇曹家村北，国道 309 北侧，隶属山东山水水泥集团有限公司。固定资产原值 5439 万元，净值 3369 万元。拥有水泥球磨机生产线 2 条，从事新型干法水泥生产，年产能力 100 万吨。主要产品有 P.C32.5R、P.O42.5、P.O42.5R 水泥。2016 年，生产水泥 52 万吨，比上年增长 47.34%，实现销售收入 9843 万元，利税 373 万元。

【乳山市极丰水泥有限公司】 位于乳山市午极镇，占地面积 5 万平方米，建筑面积 0.86 万平方米。1997 年由乳山市第三水泥厂改制成立。拥有固定资产原值 4000 万元，净值 3500

5月19日，乳山山水水泥有限公司水泥散装站 （武红 摄）

万元，职工70人，其中工程技术人员13人。辖原料车间、水泥粉磨车间、水泥包装车间。生产设备球磨机1台，水泥圆库2座，主要生产普通硅酸盐水泥、复合硅酸盐水泥，年产能力70万吨。2016年，完成工业总产值4200万元，利税360万元。公司申请生产普通硅酸盐水泥PO52.5生产许可证获批。“鲁厦”牌水泥系列产品质量达到国家GB175-1-2007标准，获“威海市知名商标”称号。

（王洪芳）

【泰山石膏（威海）有限公司】始建于2013年，位于乳山市下初镇驻地，占地面积12公顷，建筑面积5万平方米，为资源综合利用、生产建材型企业。2016年年底，拥有固定资产原值15146.1万元，净值13798.65万元，职工165人，其中工程技术人员12人。主要产品有纸面石膏板和装饰石膏板，纸面石膏板生产线达到国内领先水平，青烟威地区石膏板产品市场占有率80%。有年产4000万平方米纸面石膏板和年产400万平方米装饰石膏板生产线各1条。年综合利用磷石膏36万吨，节约堆存占地90公顷（高度6米），解决化工废渣占地和污染，实行资源综合利用。2016年，实现销售收入1.93亿元，利税2000万元。公司连续3年获乳山市纳税明星企业、安全生产工作先进单位等称号。

纺织与服装工业

【概况】 2016年，乳山市规模以上纺织与服装工业企业46家，全年实现工业总产值69.84亿元，销售收入68.28亿元，利税4.39亿元，出口交货值28.89亿元，销售收入和利税总额分别占乳山市规模以上工业总量8.63%和7.26%。主要产品产量：布120088万米，服装1199.7万件

（丁培坚）

【山东乳山工艺品有限责任公司】始建于1956年，1991年改制，位于乳山市胜利街131号，占地面积1.19万平方米，建筑面积2.55万平方米，拥有固定资产原值4582万元，净值2495万元，职工400人，其中技术人员18人，是大型服饰生产出口企业。辖服装厂、衣衫厂、抽纱厂三个分厂。公司主要产品有各类梭织服装、各类机织毛衫、家纺产品等，其中，“艺涟”牌家纺产品被评为山东名牌、山东省著名商标。主要生产设备有970台，年生产能力800件套，产品出口美国、意大利、巴西等国家，主要客户有沃尔玛、蔻丝、杰西潘尼、梅西等，加工品牌有TOMMY, NAUTICA, CK、O’SLIVER等名牌。2016年，公司外拓市场、内抓管理，开发日本、芬兰、意大利市场；弥补本地加工市场饱和局面，开发朝鲜、越南及山东西部等市场，扩充产品产能。全年完成技改投资205万元，购买全自动电脑机织机28台、全自动服装绗棉机5台，提高生产率及生产量。完成工业总产值12791万元、工业增加值2686万元，完成销售收入12796万元，出口创汇800万元，完成利税1049万元，分

8月16日，泰山石膏（威海）有限公司石膏板生产线 （孔庆涛 摄）

别比上年增长8.11%、8.13%、8.18%、54.7%。公司获山东省“自主品牌”中小企业称号；小疃分厂被评为“省级优秀乡村车间”，获威海市“专精特新”中小企业称号。

（宫锡玲）

9月14日，富豪公司销售人员在广交会与外国客商洽谈 （夏紫飞 摄）

【威海星歌服饰有限公司】 成立于2006年5月，位于乳山市世纪大道北金水街6号，占地面积1.2万平方米，建筑面积1.3万平方米，是集来料加工、一般贸易、品牌开发为一体的大型加工国有企业，公司主要产品有男装、女装、童装、家纺四大系列，滑雪装、羽绒服、棉衣、运动装、夹克等50个花色品种。“笙歌”牌系列产品被评为山东国际知名品牌，“笙歌”商标是山东省著名商标，“笙歌查迷孩童装”是山东省唯一在美国与中国同时注册的童装品牌，“笙歌休闲装”是山东省名牌产品。产品远销日本、土耳其、意大利、美国等14个国家和地区。主要生产设备300台，年生产能力62万件（套）。2016年，公司加强企业内部管理，合理调配管理人员，减少行政费用。积极参加深交会、华交会，参加土耳其服装展会、日本东京成衣展、德国慕尼黑服装展等，加强与国外客商接触和交流，提高公司在服装行业的知名度。至2016年年底，公司拥有固定资产原值2200万元，净值1800万元，职工280人。完成工业增加值3600万元，出口创汇1100万美元，利税600万元。

【山东富豪菲格尔皮具有限公司】 成立于1996年3月，位于乳山市天津路富豪工业园，占地12万平方米，建筑面积6.7万平方米。主导产品为“菲格尔”品牌箱包皮具。拥有职工390人，其中技术人员38人。固定资产原值5508万元，净值3760万元。主要生产设备800台（套），产品远销欧美及日本、澳大利亚、韩国等30个国家和地区。2016年，公司以广州设计中心为依托继续开发新产品，提高国际市场订单承揽能力，促进国内市场开发，参加广交会、华交会及2016日本东京秋季交易会，先后同法国、日本、巴西等国家客户达成合作意向。扩大网上销售，增加在“淘宝”及阿里巴巴等电商平台网络销售力度，培育公司新的经济增长点。全年生产各类箱包皮具70万只，完成工业总产值6200万元，工业增加值1806万元，出口交货值4320万元，出口创汇650万美元，利税408万元。

6月3日，威海星歌服饰有限公司在土耳其展会 （姜月霞 摄）

电力工业

【概况】 2016年，乳山市境内有风力发电企业2家、供电企业1家。有220千伏变电站2座、110千伏变电站5座，35千伏变电站18座，变电总容量142万千伏安；220千伏线路6条，110千伏线路9条，35千伏线路33条，总长度541公里；10千伏线路111条、长度1616公里，公用配变1351台、容量28万千伏安，覆盖供电区域1665平方公里。

【乳山市供电公司】 成立于1977年3月，2015年12月由国网山东省电力公司子公司改制为分公司（以下简称供电公司）。至2016年年底，公司固定资产9.4亿元，在册职工932人，担负着全市22万客户的电力供应与服务工作。全年完成售电量12.22亿千瓦时。获全国“守合同重信用单位”，山东省“重点工程立功竞赛先进集体”“电力行业安全生产先进单位”、国网威海供电公司“先进单位”等称号。

【供电公司获山东省“安全生产先进单位”称号】 2016年，供电公司组织安全培训16期、3400人次，为生产一线配置安全防护用具4254套。加强作业现场管控，首次引入现场作业全过程监督管控平台，领导干部和管理人员到岗到位监督1050人次，下发反违章督察通报130期、通知书93份，完成安全措施整改272处。推行输变配专业化管理，实施精益化检修，安全优质完成春秋检任务275项，排查消除各类隐患1827项。实行八级事件“说清楚”、七级及以上事件专题分析制度，八级及以上电网、设备事件比上年下降22.08%。推动政府将反光膜治理纳入全社会综合治理工作，形成政府主导、政企合作、专项考核长效机制，全年清理反光膜120万千克，反光膜引发故障跳闸同比下降68.75%。配合完成省公司大震应急演练工作，开展春节保供电等演习6次，增强跨专业、跨部门、跨层级联合应急保障能力。稳妥应对负荷四创新高考验，完成重要保电任务80项，得到地方党委政府、社会各界高度评价。公司获山东省“安全生产先进单位”称号。

8月9日，部队官兵与供电公司职工联合进行电力电缆抢修 （张杰 摄）

【配网改造入围国网公司“标准化示范工程”】 2016年，供电公司高质量完成乳山电网发展诊断分析报告，城乡电网规划报告通过地方评审，基建项目获核准2个，编制完成中低压项目222项。强化基建安全、质量和进度管控，35千伏车道、诸往、崖子站等4项工程按期建成投运，解决110千伏下初站、35千伏诸往站等5座变电站单主供电源和主变不满足“N−1”问题。成立一流配网办，建立与“一流配电网”建设相适应的管理机制和工作流程，强化人财物和信息支撑。农网项目竣工297个，新建改造中低压线路256公里，消除全部高损变压器300台，线路联络率由54.6%提升至71.2%，“N−1”通过率由29.09%提升至60.36%，户均容量从0.98千伏安提升至1.37千伏安。强化配网建设典型设计、标准工艺应用，人石村台区改造工程入围国网公司“标准化示范工程”，大庆Ⅱ线工程获评省公司“配电网优质工程”，争取60万元对口帮扶村修建水库、光伏发电设施等。

7月15日，山东省电力系统应急演练在乳山市举行 （张杰 摄）

【“网格化”供电服务模式推出】 2016年，供电公司行风评议位列乳山27个公共服务部门第1名。加强营销基础管理，排查整改异常数据3502条，升级终端7535只，采集成功率、终端在线率全省领先。坚持投诉“说清楚”“四查”监督等工作机制，明察暗访服务窗口11个，整改问题32项。推广“电e宝”“掌上电力”1.6万户，预约制服务率超过25%，电子化服务覆盖率超过40%。深化“五个一”标准化抢修，推进配网抢修指挥平台和台区综合监控系统应用，推广使用配网抢修手持终端22套，平均恢复送电时间缩短17%。开展带电作业和零点作业1000次，减少停电8.6万时·户。与乳山市热力集团达成3.3万户“多表合一”协议，建成并上线运行1403户。服务清洁能源发展，建成投运充电站6座，完成光伏工程并网7项。形成政企联合改造老旧小区电力设施机制，首批老旧小区改造5个、2700万元政企资金率先落实。

【供电公司获威海市“爱国拥军模范单位”称号】 2016年9月5日，“拥军拥属拥政爱民”命名表彰大会在威海市召开，国网乳山市供电公司被中共威海市委、威海市人民政府、威海军分区授予“爱国拥军模范单位”称号。乳山供电公司与市武警、消防、雷达站驻军部队等结成双拥共建单位，利用“八一”建军节开展慰问，电网迎峰度夏期间开展军民攻坚大会战，举办军企篮球联谊赛、舞会友谊赛等，丰富部队文化生活。部队帮助公司进行新进大学生入职军训，领导干部全封闭准军事化管理强化培训，邀请官兵为职工进行消防知识及有关国防知识讲座等，提高员工的综合素质。军队、公司双方相互支持，共建共促，促进公司改革发展和部队的全面建设，为建设和谐社会做出积极贡献。

（张杰）

2016 年全市用电结构一览表

表 13　　单位：万千瓦时

项　目	全年用电量	比上年 ±%
农林牧渔水利业	10695	2.64
其中：排灌	58	45
工业	64321	3.50
其中：轻工业	16991	0.93
重工业	47330	5.77
建筑业	4926	8.45
交通运输、仓储、邮政业	1059	11.71
信息传输、计算机服务和软件业	1325	8.87
商业、住宿和餐饮业	5292	1.73
金融、房地产、商务及居民服务业	1447	5.24
公共事业及管理组织	4228	6.74
城乡居民用电	28864	5.74
其中：乡村	13127	0.09
城市	15737	10.96

说明：此表不含其他企业自行发电用电量

（张杰）

食品与饮料工业

【概况】　2016 年，乳山市规模以上食品与饮料工业企业 88 家，实现工业总产值 186.03 亿元，销售收入 188.08 亿元，利税 10.61 亿元，出口交货值 70.68 亿元，销售收入和利税总额分别占乳山市规模以上工业总量 23.78% 和 17.56%。主要产品产量：饮料酒 15842 千升，软饮料 3.14 万吨，小麦粉 2.08 万吨，鲜冻畜肉 12.82 万吨，罐头 2.50 万吨，乳制品 4546 吨。

（丁培坚）

【山东鲁菱果汁有限公司】　成立于 1992 年 8 月 14 日，系山东中鲁果汁食品工业公司与日本三菱商事株式会社共同成立的中外合资经营企业。2014 年 3 月，鲁菱公司整体搬迁至徐家镇中鲁工业园，建设用地 9.56 公顷，项目投资总额 1.5 亿元。生产能力为：处理能力 50 吨 / 小时的浓缩苹果清汁生产线 1 条，年生产浓缩苹果清汁 2 万吨；处理能力 30 吨 / 小时浓缩苹果浊汁生产线 1 条，年生产浓缩苹果浊汁 5000 吨。2 条生产线具备清汁和浊汁同时生产功能。主要生产浓缩苹果清汁、浓缩苹果浊汁、梨汁等产品。公司建设储存能力 2 万吨冷库，确保产品质量稳定。构建销售网络遍布美国、日本、俄罗斯等 20 个国家和地区。在中国同行业中率先通过 ISO 9000 体系认证、果蔬汁 HACCP 体系认证和 KOSHER 认证，无条件通过美国 FDA 审核，与可口可乐、雀巢等国际大公司保持良好合作关系。2016 年，公司生产各类产品 1.87 万吨，产品质量合格率 100%。销售各类果汁 2.62 万吨，实现销售收入 1.78 亿元，净利润 5000 万元。

【华隆（乳山）食品工业有限公司】　成立于 1993 年 7 月，是中外合资企业（以下简称华隆公司）。公司占地面积 46 万平方米，建筑面积 13.9 万平方米，拥有总资产 2.8 亿元，固定资产原值 4674 万元，员工 220 人，其中，高级管理人员及科技研发人员 30 人。相关联企业有山东众合食品有限公司，乳山市华隆生物科技

9 月 25 日，山东鲁菱果汁有限公司出口加工车间　（李志伟 摄）

12月22日，华隆生物科技公司 （单春玲 摄）

有限公司，公司是集花生系列制品等生物科技产品研发与生产、种子加工及销售为核心产业的多元化企业集团。产品60%销往日本、韩国、美国、东南亚等国家和地区。“东宝”牌商标为山东省著名商标，2016年“东宝”获得山东省农产品知名品牌。2016年实现销售收入1.2亿元，上缴税金520万元，出口创汇650万美元。

【华隆公司销售渠道拓宽】 2016年，华隆公司稳步实施营销策略，以客户需求为出发点，从生产商向服务商转变，严格执行合同各项约定，信守承诺。年内，小包装产品实行自有品牌和贴牌服务双向营销，新增1号店和苏宁易购等自有品牌客户5家；新增日本全家便利店、欧发、天虹等贴牌客户8家，拓宽产品销售渠道。推出混合坚果和混合果仁，为产品升级奠定基础。

【华隆公司经营范围拓展】 2016年8月，华隆公司与东方集团粮油食品有限公司合作，参与公司内部管理工作，经营范围由单独花生制品拓展到大宗农副产品贸易。公司与各推荐机构合作，对接山东省政府直投资金360.5万元。年内，投资1000万元新建2000平方米检测楼和2000平方米小包装车间，投资500万元新进自动化包装机、贴标机等设备，小包装产品产能提高2.5倍。

【乳山恒裕食品有限责任公司】 2005年在乳山威美食品有限责任公司基础上整体改制为股份制企业，占地7.8万平方米，建筑面积2.8万平方米，成品储藏面积8000平方米，冷库储藏能力6000吨。是中国境内最早向国外市场出口罐头制品专业厂家之一。拥有生产线9条，其中国产制罐线2条，罐头生产线4条，包装生产线1条，进口罐头生产线2条；达到国际化标准的空罐车间、供料车间、实罐车间、包装车间4座。拥有自营出口权，年出口率占85%。洋梨罐头、大樱桃罐头是出口创汇主导产品，出口量居全国前列，产品远销美国、加拿大、日本、澳大利亚等50个国家和地区。取得BRC、IFS、KOSHER、HACCP等多项国际认证和QS、绿色食品等国内认证。2016年，公司出口额257万美元，销售收入4056万元，实现利税312万元。获“山东省农业产业化重点龙头企业”和“山东省农产品加工业示范企业”称号。

【山东鲁酱酒业有限公司】 2014年，由原国营乳山酿酒厂改制成立，隶属松海集团，位于乳山市滨海新区新兴产业园内，占地18公顷。公司有职工500人，其中专业技术人员50人。有生产技术中心、企业技术研发中心、品鉴文化中心和拥有原子吸收仪、分光光度计、安捷伦气相色谱仪等先进设备的中心化验室。投资2.2亿元，建设综合办公大楼5000平方米，包装车间6000平方米，酿造车间2万平方米，浓香型及清香型白酒发酵生产车间1万平方米。拥有浓香型窖池200个，酱香型窖池32个，清香型窖池72个，现代化灌装线2条，半地下通风式酒窖3000平方米，储酒容量为3000吨不锈钢酒罐。

【鲁酱牌白酒获“乳山市十大旅游名产”】 公司主要产品圣仙牌白酒、38度和53度为主的鲁酱牌白酒，以

3月10日，乳山恒裕食品有限责任公司制罐车间自动生产线 （王三霞 摄）

4 月 25 日，山东鲁酱酒业有限公司酿造车间　（王敏 摄）

“名优特”著称于生态白酒酿造行业。产品通过 ISO 9001 质量管理体系认证、ISO 14000 环境管理体系认证和 HACCP 食品安全管理体系认证。“圣仙”牌 38 度浓香型白酒和“鲁酱”牌 38 度酱香型白酒分获山东省白酒行业评委感官质量金质奖和银质奖，公司被评为“食安山东”食品生产示范企业。2016 年，产品获“乳山市十大旅游名产”最具市场潜力奖。

【鲁酱牌低度酱香型白酒获“国家发明专利”】 2016 年，鲁酱公司聘请中国科学院成都生物研究所、贵州省白酒研究院、茅台股份有限公司等知名酱香酒机构，在传统工艺中实施功能微生物强化制曲，在蒸馏取酒时加入强化酒醅，采取古法酿造出优雅细腻、醇厚饱满的低度酱香型白酒，获得国家发明专利。取得酱香型、浓香型、清香型保健酒生产许可证，拥有自主知识产权酱香型、浓香型及清香型白酒生产工艺。

【鲁酱牌白酒销售市场拓展至韩国】 2016 年，鲁酱公司产品销售由烟台、威海地区扩大到淄博、济南、临沂等省内各地以及东北、华北地区，并出口韩国。至 2016 年年底，生产浓香型、清香型、酱香型白酒 3000 吨。完成销售收入 2100 万元，利税 300 万元。

【乳山市曙光啤酒有限公司】 建于 1987 年 10 月，1998 年改制为有限责任公司。厂区占地 3.5 万平方米。主要产品为“威岛”牌啤酒。拥有固定资产 5000 万元，职工 80 人。公司通过 ISO 9001 国际质量体系认证，“威岛”商标被评为“山东省著名商标”，“威岛”啤酒被认定为“山东名牌”，产品质量达到国际先进水平，被农业部认定为全国乡镇企业创名牌重点企业，公司被授予“山东省重合同守信用企业”“威海市文明单位”等称号。公司应用新技术、新设备，加大新产品开发力度，2016 年，研制出 6 度麦香威岛啤酒和威岛果啤酒新产品 2 个，满足消费者不同需求。投资 50 万元，更新改造发酵和糖化车间，提高产品质量；投资 30 万元改造流水线，成品啤酒直接进库，节省大量人力。全年完成销售收入 882 万元，上缴税金 212 万元。

（徐世峰）

4 月 25 日，山东鲁酱酒业有限公司厂区　（王敏 摄）

5月12日，大乳山

田家古巷

责任编辑：高献东

旅游 · 会展

Tourism, Convention and Exhibition

- 综　述
- 旅游规划与项目建设
- 旅游市场开发
- 旅游行业管理
- 景区景点
- 旅游线路
- 会展业

综　述

【概况】 2016年，乳山市以加快旅游业发展契机，引导企业夯实资源，拓展市场，规范管理，促进品牌化水平提升，推动全市旅游业稳步发展。全年接待国内外游客972.9万人次，实现旅游综合收入59.8亿元，分别比上年增长8.1%和10.3%。乳山市新增国家AAA级旅游景区1家——益天生态旅游观光园，国家A级旅游景区数量达12家。多福山国际养生旅游度假区被山东省旅游局评为“原生态旅游景区”，白沙滩镇被评为“山东省全域旅游示范镇”，多福山国际养生旅游度假区、多福山旅行社、银滩大酒店被评为“2015—2016年山东省诚信旅游示范单位”。

【5村获评“山东省旅游特色村”】 2016年，乳山市坚持培训示范点，以点带面、点面结合理念，加快发展乡村旅游业，取得新进展。乳山市天禄生态旅游观光采摘园、郁锦生态旅游观光园被评为“山东省农业旅游示范点”，崖子镇田家村、岛子村、白沙滩镇徐家埠村、翁家埠村、乳山寨镇玉皇山后村被评为“山东省旅游特色村”，张琼文葫芦枣家庭农场被评为“山东省精品采摘园”，白沙滩镇被评为“山东省全域旅游示范镇”。

【乡村旅游从业人员培训】 2016年4月13日—14日，乳山市旅游局在乳山市乡村旅游培训基地——威海机械工程高级技工学校举办“乡村旅游素质提升培训工程”培训班，590人参加培训。邀请专业人士讲授“乡村旅游服务礼仪”“乡村旅游餐饮服务与管理”知识，现场操作演示农家菜制作、面点制作并进行考核，考核合格者由山东省旅游局发放山东省乡村旅游从业人员培训合格证书；根据威海市安排，组织岛子、徐家堡、北司马庄3个村负责人先后赴台湾、安徽、浙江等地考察学习，开展旅游精准交流，提高从业人员综合素质和服务技能，服务乳山市乡村旅游经济。

（朱晓琳）

【春节期间全市旅游收入突破4000万元】 2016年，“逛庙会、登山、泡温泉”成为游客春节期间外出首选。正华石佛山景区春节期间免门票，栽植的草莓正值收获季节，采摘和购买均有优惠，并推出秧歌表演、滑草等演出和参与性活动，满足游客需求；圣水宫景区也免门票，正月举行道教庙会活动，吸引众多游客参观游览。小汤温泉寒假期间推出“迷彩少年迎风雪，不惧严寒练本领”军事冬令营体验活动。春节期间，全市接待游客11.5万人次，实现旅游总收入4126.8万元，分别比上年增长10.5%、12.5%。其中，大乳山、岠嵎山、多福山、小汤温泉、正华石佛山等主要景区接待游客22977人次，增长8.6%，乡村旅游共接待游客7183人。

【新创国家、省级旅游景区3处】 2016年，乳山市旅游局加强精品景区创建，推进景区创A升级，指导多福山景区成功创建山东省原生态旅游景区，圣水宫景区成功创建山东省中医药健康旅游示范基地，益天生态旅游观光园成功创建国家AAA级旅游景区。

（秦子凯）

旅游规划与项目建设

【旅游规划编制完成3项】 2016年，乳山市为整合旅游资源，加快全市整体旅游提升，聘请中外建工程设计与顾问有限公司专业团队在深入实地调查摸底基础上，编制完成《乳山市旅游发展总体规划》《乳山市红色旅游概念规划》和《马石山景区景观详细规划》。

【重点旅游项目建设取得新进展】 2016年，大乳山景区投资1000万元，完成海上和沙滩娱乐项目建设并投入使用。完成欢乐木屋、泓兴寺、生态园、东海酒家、东海会馆、北大门餐厅改造维修及沙滩设施、湖心岛、大海情缘吧、耕渔酒店维修。

福如东海文化园　2016年，投资8600万元，完成韩国商品城装修和招商，进行开业前准备；基本完成文化展览馆水、电、消防、中央空调系统施工，进行装饰装修施工前准备；完成海洋论坛国际会议中心7～13层装饰装修、大如意广场、“福文化”“禄文化”和“寿文化”主题园路建设。

多福山景区　2016年，投资1200

6月17日，福如东海文化园　（旅游局提供）

万元，新建2个森林木屋；滑道建设基础筹备完毕，2017年开工建设；洽谈水上乐园土地征收问题。

台依湖国际酒庄生态文化区 2016年，投资4500万元，规划设计风情小镇、游客中心项目。景区在建酒庄7座，零零七酒庄建成投入使用，玛尔戈酒庄酿酒车间投入生产，6号楼竣工；天鹅堡酒吧、海盗船餐厅、房车营地、水上高尔夫等休闲娱乐项目对外营业。

崮山寺理想家园 2016年，投资8000万元，修建旅游通道、观光旅游路线、整修山谷观赏小路，完成山路排水管道铺设工程、休闲亭台5座、石刻字90个、33.33公顷生态采摘园以及18个特色观光山谷的苗木栽植20万株；完成生态停车场场地平整以及接待中心主体工程建设；修订完成中医药养生阁新规划设计图纸，并完成基础建设；建成18米高山门主体工程；清淤整形水库，绿化周边道路两侧。

（秦子凯）

旅游市场开发

【概况】 2016年，乳山市以“仁爱乳山”品牌为总揽，实施“品牌建设”与“营销推进”双结合战略，通过发展高铁游，拓展入境游，全面做热省内游，促进乳山市旅游市场保持良好发展势头；与威海大众网合作，开展形式多样的线上、线下旅游体验活动，提升景区知名度，吸引游客走进乳山。

【海外旅游市场营销】 2016年，乳山市衔接旅游信息平台、省市级旅游网站海外版，推进对韩旅游信息宣传服务平台建设，加强宣传推介与交流合作；5月，组织大乳山景区、多福山景区等旅游企业参加亚洲旅游营销节，通过开发海外市场对旅游资源进行整合、优势互补、协同增效。

【景区摄影宣传活动开展】 2016年8月28日，来自山东省内和黑龙江省各地市媒体记者、旅游达人、摄影爱好者30人汇聚大美乳山，先后探访乳山市多福山景区、挂子场海鸭蛋、银滩大拇指广场、福如东海等景区，实地探秘乳山市海、岛、渔、滩、湾独特风情，通过摄影活动推广乳山旅游景区，展示乳山独特自然、人文风情，扩大“仁爱乳山”品牌宣传效应。

【旅游精品线路推介】 2016年，乳山市组织举办“乳山牡蛎嘉年华”活动。乳山市旅游局推出涵盖七大景区的旅游精品线路，包括大乳山滨海旅游度假区、多福山风景区、台依湖葡萄酒庄园、福如东海文化园、金牛谷生态观光园、岠嵎山国家森林公园、小汤温泉等，展示乳山市旅游资源和旅游品牌。

【乳山旅游资源多渠道立体化推介】 2016年，乳山市组织全媒体立体化联动，开展乳山旅游资源推介活动。通过在济南电视台、动车南站售票厅等媒体平台投放城市宣传片，提升旅游形象；投资88万元打造新媒体宣传矩阵，利用旅游局官方微博、微信、网站终端，并与去哪儿网、大众网合作开展形式多样的“两微一端”宣传；投资50万元持续立体营销，通过《新商旅》《新航空》杂志，动态传递乳山市旅游资源、产品、线路、美食等资讯。

【乳山市旅游名产评选16个】 2016年，乳山市旅游局、商务局和威海大众网联合主办“乳山市十大旅游名产”评选活动，评选出乳山绿茶、乳山牡蛎、台依湖葡萄酒等旅游产品16个，推动乳山市地方特产、农副产品、手工艺品等的销售，促进旅游产业融合发展。

（朱晓琳）

旅游行业管理

【概况】 2016年，乳山市旅游局落实《中华人民共和国旅游法》，依法加强全市旅游行业管理，组织旅游行业安全生产大检查7次、旅行社市场专项治理整顿检查6次，执行《旅游投诉暂行规定》，完善旅游投诉体系，提升游客满意度。

【旅游业安全检查7次】 2016年春节期间、“两会”期间和旅游旺季，乳山市旅游局先后开展7次旅游行业安全生产大检查，明察暗访旅游企业安全生产工作，重点检查落实旅游安全生产责任制情况及应对突发事件的防控准备、应急预案、报告制度、防范措施落实情况，保障游客安全。

【旅游市场专项治理整顿】 2016年，乳山市旅游局联合公安、工商、质监部门开展对全市旅行社、国家A级旅游景区、星级饭店治理整顿检查3次，对违规旅行社下发整改要求，限期整改，规范旅游市场秩序，树立“文明、秩序、优质、安全”的乳山旅游形象。

【旅游投诉办结率100%】 2016年，乳山市旅游局执行《旅游投诉暂行规定》，依法、及时、公正处理旅游投诉，保持旅游投诉电话24小时畅通，及时处理旅游投诉和游客信访工作，确保所有投诉第一时间、第一地点得到有效处理。全年旅游执法监察大队受理旅游投诉23件，办结23件，办结率100%，无恶性游客投诉案件发生，接受旅游咨询电话217人次。

【乳山市旅游诚信“红黑榜”建立】 2016年，乳山市旅游局定期发布旅游服务质量信息、曝光旅游企业及从业人员不文明行为，打造乳山市旅游诚信“红黑榜”，评选出游客反映好、投诉率低、服务质量优的旅行社、景区，并在旅游网站发布，督促企业和从业人员诚信经营。提高城市文明程度，以健全旅行社诚信档案为基础，完善诚信记录、评价和奖惩制度，定期开展“诚信旅游单位”“明星导游员评定”，将发布虚假旅游广告、旅游合同欺诈、

“零负团费”等违规行为列入“黑名单”进行曝光，监督其限期整改，打造文明、诚信旅游环境。

（朱晓琳）

2016 年乳山市山东省级 AAA 级以上旅行社一览表

表 14

单位名称	电　话	等　级	地　址
乳山市春秋旅行社有限公司	6634566	AAA	乳山市胜利街 83 号
乳山市和顺旅行社有限公司	6635119	AAA	乳山市胜利街 104 号

2016 年乳山市国家 AA 级以上旅游景区一览表

表 15

景区名称	等　级	地　址
乳山市银滩旅游度假区	AAAA	乳山市银滩
大乳山滨海旅游度假区	AAAA	乳山市海阳所镇
正华石佛山景区	AAA	乳山市乳山寨镇赤家口村
小汤温泉度假村	AAA	乳山市冯家镇汤上村
圣水宫道教养生休闲度假区	AAA	乳山市冯家镇孔家村
多福山国际养生旅游度假区	AAA	乳山市白沙滩镇
金牛谷生态农业观光园	AAA	乳山市午极镇午极村
福如东海文化园	AAA	乳山市银滩旅游度假区
岠嵎山风景区	AAA	乳山市乳山寨
台依湖国际酒庄生态文化区	AAA	乳山市夏村镇
乳山市益天生态旅游观光园	AAA	乳山市银金大道
乳山马石山红色教育基地	AA	乳山市诸往镇马石山

2016 年乳山市三星级以上饭店一览表

表 16

名　称	电　话	等　级	地　址
国际大酒店	6870189	四星	乳山市胜利街 71 号
乳山宾馆	6606699	三星	乳山市商业街 121 号
东海宾馆	606588	三星	乳山市青山路 57 号
香榭丽舍大酒店	6855555	三星	乳山市宁波路北
银滩大酒店	6778888	三星	乳山市银滩度假区长江路中段
金海假日酒店	3603999	三星	乳山市银滩度假区长江路中段
望海山庄大酒店	6791088	三星	乳山市海阳所工业园
正华山庄大酒店	6614046	三星	乳山市乳山寨镇赤家口村西

景区景点

【概况】　乳山市旅游资源丰富，有国家 A 级以上旅游景区 12 家、其中，国家 AAAA 级旅游景区 2 家、AAA 级旅游景区 9 家、AA 级旅游景区 1 家。省级旅游度假区 1 处；省级以上农业旅游示范点 13 个，其中国家级 1 个；省级工业旅游示范点 5 个、旅游强镇 5 个、特色村 13 个。全市海岸线 199.27 公里，沿线海水清澈，滩平浪缓，松林成片，海鸟翔集。

【银滩旅游度假区】　银滩旅游度假区距市区 15 公里，位于乳山市东南部、中国著名旅游开放城市青岛、烟台、威海三市中心地带，南濒黄海，与日本、韩国隔海相望。始建于 1992 年。1994 年 7 月，被山东省人民政府批准为省级旅游度假区；2002 年 10 月，被国家旅游局批准为国家 AAAA 级旅游区。度假区规划控制面积 65 平方公里，海岸线长 21.7 公里，拥有 866.7 公顷的海边防护林带，3 个大型海水浴场，可供 10 万游人沐浴，可开展多种水上游乐项目。度假区天然质朴，沙质洁白，水质清澈，有“东方夏威夷”美誉，新华社前社长穆青曾为这里题词：天下第一滩。是养生、休闲、旅游、度假理想之地。先后获“中国自驾车旅游品牌十大景区提名”“山东最具竞争力旅游度假区”“山东省十佳旅游景区”“中国最美六大海岸线之一”等称号。2016 年，景区接待国内外游客 600.2 万人次，旅游总收入 7.36 亿元。

【大乳山滨海旅游度假区】　濒临黄海，与青岛、烟台、威海 3 个旅游城市之间的车程均在 1 小时左右。2004 年 8 月被山东省发展和改革委员会批准立项，由山东乳山维多利亚海湾旅游开发有限公司（2012 年更名为股份有限公司）投资建设，计划投资 30 亿元。2005 年开工建设。2006 年 8 月建成开放。2009 年，被国家旅游局批准为国家 AAAA 级旅

6月11日，银滩滨海公园二期完工　（旅游局提供）

游度假区。度假区以大乳山为中心，海陆面积60平方公里，山、海、滩、湾、岛资源齐全，景观丰富，环境优美，春温秋爽，冬暖夏凉，被誉为“北方三亚”，总体规划为乳山湾旅游风情镇、母爱文化片区、福地养生片区、幸福休闲片区、海洋公园片区5大片区，是集观光旅游、休闲度假、文化娱乐、养生康体于一地的综合性大型滨海旅游度假景区。先后获“山东旅游最具成长力品牌”“中国十佳休闲胜地”“中国旅游品牌十大景区”“中国休闲旅游最佳目的地”“国际知名旅游景区”“山东省十大齐鲁文化新地标”“国家级海洋公园”“国家水利风景区”“山东最具人气休闲旅游景区”“第四届中国最令人向往的地方”和“最受网民好评的旅游景区”称号。并被选定为中华母亲节永久性会址、国际休闲产业协会永久性会址、美中贸易发展协会旅游度假基地、“山东省文化产业示范基地”、“山东省环境教育基地”、中国妇女报社采风基地、中国社会科学院疗养度假基地和山东省文化产业示范园区。

2016年，景区接待游客66.2万人次，旅游综合收入10983.1万元。主要景点有：

泓兴寺　原名泓兴院，始建于南北朝北魏时期，已有1600年的历史，唐贞观十二年（638）曾因地震损坏重修，2012年5月18日经山东省佛教协会及当地政府、宗教部门批准重建并举行开光仪式。寺院整体为仿明清宫殿式建筑，总占地面积1.33万平方米，建筑面积3462平方米，由山门、天王殿、大雄宝殿、藏经楼、法堂等四进殿堂及众多配殿组成，依山面海，曲径通幽，享有“海天佛国”之称。

海天康乐园　该处沙滩总长2000米，占地34.87万平方米（陆地、沙滩），建有梦幻蓝天滨海娱乐场、凝海闻涛休闲区、海水浴场区、深海潜水俱乐部。其中，梦幻蓝天滨海娱乐区长1000米，占地21.9万平方米，区内设摩托艇、魔毯、拖坠降落伞、橡胶船、帆板、深海潜水、沙滩排球、沙滩摩托车等娱乐项目及休闲沙吧、营帐、树林草地广场、售卖亭、综合服务站等设施。

国际会议中心　位于大乳山景区核心景观区，建筑面积4600平方米，可提供会议及餐饮接待，设有会议厅、宴会间及多功能厅，会议厅装有多国同声传译系统、视频会议系统、计算机网络系统，可承接各种高端会议。

长寿廊　展示长寿之乡乳山市的百岁老人和景区内3个村的80岁以上老人影像。

巡福天路　从三神牌山至笔架山，全长2200米，沿途有百福广场、万福山、祈福台、奶奶庙、触摩顶等景点。

大乳山母爱文化苑　分为孝道文化区和母爱文化区。展示以中国传统剪纸工艺为灵感打造的母爱图腾，营造母爱文化氛围。

【正华石佛山景区】　位于乳山寨镇赤家口村西，占地200公顷，毗邻国家级森林公园——岠嵎山森林公园。主峰石佛山海拔326.4米，因其远观如一弥勒佛仰卧观紫微星而得名，景区峰奇谷幽，植被茂密，森林覆盖率90%，空气含有丰富负氧离子，形成独特的天然氧吧。景区内有百年古树200棵，并有胶东地区唯一的映山红林带及百亩樱花林；开辟13.33公顷向阳坡地种植茶叶，带动“茶园采风及采摘体验游”发展；特色养殖场内饲养观赏及食用

7月19日，大乳山滨海旅游度假区　（旅游局提供）

动物梅花鹿、马鹿、孔雀、珍珠鸡、火鸡、野猪、家猪；奇珍植物园位内栽种上百种南北方珍稀植物香蕉、芒果、柠檬、辣椒树、茄子树等，采用无土栽培与有机栽培技术，打造独特植物景观。正华石佛景区集绿色无公害蔬菜、应季水果采摘，滑草、漂流，特色植物园观光，餐饮、住宿、垂钓、登山、迷宫于一体，打造多功能娱乐休闲景区。2010年，“正华大乳山”绿茶获威海首家“山东名牌”称号。2013年，被评为国家AAA级旅游景区。2016年景区总接待游客15.9万人次，旅游综合收入774万元。

7月2日，圣水宫道教养生休闲度假区（旅游局提供）

【小汤温泉度假村】坐落在乳山市区东北20公里的冯家镇，是集温泉洗浴、餐饮、住宿、会议、娱乐为一体的现代化温泉度假村景区。在延续唐时距今近1400年的老汤原址兴建，属纯天然温泉。2013年12月，被评为国家AAA级旅游景区。泉水温常年保持在70℃左右，富含锶离子和偏硅酸、硒等矿物质。度假区设有热带雨林园景观温泉区，可供1000人同时沐浴、300人住宿，有会议室、餐厅、户外拓展基地及采摘园7个。2016年，景区总接待游客30.2万人次，旅游综合收入1555.7万元。

【圣水宫道教养生休闲度假区】位于冯家镇孔家村西。圣水宫，又名玉虚观，为省级重点文物保护单位，名列《中国名胜辞典》。景区内群山绵亘、林峦深邃、清泉奔涌，素有“小昆嵛”美誉，自古就以山异水奇闻名遐迩，自然人文景观丰富。据史书和碑碣记载，唐贞观年间（627—649）在此建庙曰“圣水宫”。其鼎盛时期在金元，曾是全真教三大圣地之一。度假区为国家AAA级旅游景区，占地130.67公顷，规划投资1.2亿元，主要规划为弘道区、道教养生休闲区、生态农业观光区，其中弘道区投资6079万元，竣工的玉虚观、财神宫、百草园、文昌塔、大仙堂等已对外开放。2016年，完成文化交流中心主体建设，景区总接待游客31.4万人次。

【多福山国际养生旅游度假区】多福山是中国第一座以参禅、悟道、祈福、养生为主题的文化名山，海拔395.95米，是乳山市滨海新区第一高峰。多福山国际养生旅游度假区由日百集团控股、威海多福山旅游开发有限公司开发建设，计划投资11.9亿元，占地10平方公里，规划建设“一心”（综合服务中心）、“一镇”（卢塞恩养生小镇）、“四区”（道教祈福区、禅修体验区、森林休闲区、温泉度假区），打造成为集观光旅游、养生度假、温泉疗养、休闲娱乐、宗教朝圣、会议会展于一体的大型综合性养生度假胜地。景区于2013年5月1日开园，获国家AAA旅游景区、山东省首个“长寿文化研究基地”和“2013好客山东最佳休闲旅游度假区”称号。2016年，景区总接待游客35.1万人次，旅游综合收入68.93万元。

7月18日，冯家镇小汤温泉内景（旅游局提供）

【金牛谷生态农业观光园】金牛谷生态农业观光园位于乳山市午极镇午极村北郊。总投资2.8亿元，占地200公顷，为国家AAA级旅游景区。以打造“胶东蓝莓第一园”为目标，建设集农业生产、科技示范、休闲娱乐、旅游度假、环境保护于一体的综合开发项目。景区完成投资1.2亿元，栽植树木1.8万棵、蓝莓56.67公顷、树莓3.33公顷、茶叶6.67公顷、其他果树26.67公顷，完成滑草、滑索等游乐项目及农业采摘园、烧烤广场、婚庆长廊、四合院、

7月13日，多福山霄龙禅寺 （旅游局提供）

木制别墅等项目建设。举办蓝莓产业文化节，实现旅游与农业融合发展。2016年，景区共接待游客18.8万人次。

【福如东海文化园】 福如东海文化园位于国家AAAA级旅游度假区——乳山银滩旅游度假区，占地106.67公顷，海域使用面积1.07平方公里。福如东海文化园是以“福文化”“东渡文化”及“东夷文化”为主题而打造的大型文化旅游综合开发项目，主要包括“一轴”——“福如东海”文化旅游主轴，“二带”——滨海景观带和沿着长江路的绿化景观带，“三区”（三个主题游览区）——“福如东海”书画院区、“福如东海”度假酒店区和“福如东海”游艇俱乐部区。2012年，中国美术创作研究基地山东省基地在园区落户。同年，被评为国家AAA级旅游景区。2014年8月，被威海市委宣传部确定为重点文化企业。2016年，福如东海文化园投资8600万元，完成韩国商品城装修和招商，正在进行开业前准备；基本完成文化展览馆的水、电、消防、中央空调系统施工，进行装饰装修施工前准备；完成海洋论坛国际会议中心第7～13层装饰装修、大如意广场、“福文化”、“禄文化”和“寿文化”主题园路建设。2016年景区总接待游客38.2万人次，旅游综合收入30.8万元。

【岠嵎山风景区】 位于乳山市区西18公里处。四周群山环抱，中间形成“人”字形峡谷，岠嵎山以此得名。岠嵎山地质奇特，原系海底山脉，后因太古到中生代的造山运动和燕山运动，构造当今秀俏天成、奇石林立的自然风貌。景区总面积1204公顷，主峰海拔599.5米，有植物180种、国家保护树种70种、动物170种、林地总面积746公顷，是天然的动植物王国。岠嵎山奇石因地貌奇特险峻，怪异嶙峋，如禽如兽，似人似物，而为齐鲁一绝，有“天然石雕园、植物园、天然氧吧”之称。2002年12月，被批准为国家级森林公园；2009年3月，被评为国家AAA级旅游景区。2016年，景区总接待游客1.4万人次。

【台依湖国际酒庄生态文化区】 由台依湖集团投资开发建设，总投资30亿元，规划用地2000公顷，拟建设300座大酒庄。依托乳山当地优良的葡萄种植环境，以台依湖水域为中心，投资3000万从法国引进葡萄破碎机、除梗机、全氮气保护气囊压榨机，意大利全自动灌装线，法国原产橡木桶，聘请原拉菲集团首席酿酒师，与国内外葡萄酒技术机构合作，从葡萄种植到酿造全程严控，酿造高标准酒庄酒，打造集葡萄种植与酿造、现代农业、科普文化、采摘体验、休闲旅游与度假为一体的综合项目。台依湖以葡萄酒文化为主题，打造葡萄酒学院、葡萄酒博物馆、葡萄酒主题小镇等核心体验项目，配备超五星级酒店、水上娱乐、商业休闲场所、葡萄科普体验园等，主题鲜明、格局清晰，按照国家AAAAA级景区标准规划建设，力争打造万亩葡园、千亩水景、千亩公园、百亩湿地四大生态景观，缔造中国乃至全世界最大的酒庄生

8月11日，台依湖国际酒庄生态文化区 （旅游局提供）

态文化区和葡萄酒产业集群。2015年被评为国家AAA级旅游景区。

【马石山红色旅游区】 马石山位于乳山市西北隅，海拔467.4米，是胶东名山。山体呈东西走向，从北面远眺，像一匹头西尾东的骏马，头、耳、鬃、背、臀清晰可辨，又因山多岩石，故名马石山。这里峰岭巍峨，山势陡峭，怪石嶙峋，森林茂密，鸟类繁多，保持着原始山林特有的秀美风貌。景点有姊妹石、棋盘石、五凤楼、天梯、勃鸽塘、威海马石山红色教育基地等景观，为乳山著名自然景区。同时，这里是抗日战争时期骇人听闻的“马石山惨案”发生地、马石山反“扫荡”突围战发生地，是省级重点文物保护单位，著名红色旅游圣地。

姊妹石 马石山西麓井乔家村旁，乳山河上游水潭龙湾岸边，耸立两尊高三丈许的巨石，其形似一对婷婷玉立的少女，仪态端庄，相互偎依在一起，人们称其“姊妹石”。

五凤楼 马石山主峰西南2.5公里处，陡峭的石崖上，有一天然而成的石窟，石窟分为上下两层，上层又有前后两窟，两窟中间相通：前窟门窗俱全，明柱支撑，飞梁走檐，造工精巧；后窟为一石洞，明亮宽敞，可容纳数十人。远观石窟，酷似人工凿建的石楼，当地人称其为五凤楼。

棋盘石 马石山主峰西坡有一巨大的方形岩石，周围松林芳草环绕。巨石紫黑色，高约3米，顶端平坦如砥，可容十余人围坐。令人称奇的是，巨大的岩石上，中间部分有纵横交错的岩石纹理，形似棋盘，“格线”清晰。

通天梯 马石山主峰以西的悬崖峭壁间，有一条斗折蛇行、层层相接的登山石阶，远眺似一条通向陡峭山顶的石梯，人们称其为“通天梯”。

鹁鸽塘 在“五凤楼”的西北处，有一狭窄的深谷，谷深30余米，深谷两侧岩壁陡峭险峻，是攀岩爱好者的绝妙佳地。岩壁经过风化形成许多小石洞，成为鸽子的栖息地，常年有大批野生鸽子在此繁衍生息，故称其为“鹁鸽塘”。

威海马石山红色教育基地 1942年11月，日本侵略军及伪军2万多人，对抗日根据地进行拉网合围式“大扫荡”。24日，在马石山残杀抗日军民500多人，制造震惊中外的“马石山惨案”。在反“扫荡”斗争中，胶东抗日军民同日本侵略军进行殊死搏斗。1970年10月，乳山市为纪念在“马石山惨案”中牺牲的抗日军民，决定在此修建马石山烈士陵园，分革命烈士纪念塔、抗日烈士纪念堂、广场、烈士陵墓和接待室与管理人员生活区4部分。1985年，许世友上将、林浩少将为革命烈士纪念堂题词。1990年6月被山东省人民政府批准为省级烈士纪念建筑物重点保护单位。2005年12月，被批准为山东省爱国主义教育基地。2013年，被省政府列为省级文物保护单位；2014年，被列入第一批国家级抗战纪念设施、遗址名录，马石山十勇士英雄群体为中国五大著名抗日英雄群体之一。乳山市资5000多万元，在原有基础上修建马石山红色教育基地，主要包括马石山十勇士馆、乳山革命纪念馆、宣传教育中心、烈士墓区4个部分，展示胶东抗战简史、日本侵略者制造马石山惨案的罪行，马石山十勇士及其他英雄群体视死如归、舍生取义救民众的英雄事迹。

【益天生态旅游观光园】 位于乳山市白沙滩镇徐家埝村北，规划占地65.33公顷，计划总投资2.12亿元，园区坚持生态优先的原则，将现代特色农业与生态旅游相结合，规划道观人文区、生态采摘区、生态园林区、水苑娱乐区、商务餐饮区5个功能区，是一座集体育休闲、采摘体验、宗教养生、旅游观光、商务活动等为一体的现代旅游景区。2014年，被评为山东省农业旅游示范点和精品采摘园,2016年被评为国家AAA级旅游景区。

道观人文区 位于益天生态观光园西北部，新建成的青龙观总投资4000多万元，该观在原旧址恢复重建，气势磅礴，设置典雅，焕发着新的光彩，为广大道教信徒、香客游人提供拜道、进香、旅游、休闲、度假的绝佳场所。

水苑娱乐区 位于生态园大门入口处，湖中成群的观赏鱼，湖畔绿地环绕。该湖为自然湖经人工改造而来，碧波荡漾，景色秀丽。湖中可垂钓，赏鱼，观景，亲子划船休闲。

生态采摘区 种植有苹果、大小樱桃、海棠、大枣、山楂、板栗、桃、梨、杏、柿子等采摘树种。步入秋冬季节，园内到处洋溢着丰收的色彩，黄里透绿的杨树叶，火红的枫叶，金黄的银杏叶，还有翠绿的松柏，一派别样风光。果园内果树成荫，硕果累累，散发缕缕果香，十几余种新鲜水果可供游人采摘、品尝、选购，让游客休验别样田园之乐。

生态观光区 种植成片的樱花、

10月19日，马石山十勇士纪念馆　（旅游局提供）

美人梅、榆叶梅、木槿、紫薇、紫荆、月季、金桂、玉兰、垂丝海棠、木瓜海棠、红叶石楠、耐冻、紫藤、凌霄、丁香、流苏、菊花、紫叶李等。春夏季节，沿着曲折环绕的游览步道，成排的树阵、成片的花海列队绽放，林荫路绿树环绕，湖中碧莲亭立，一片生机盎然。绿树花草相互映衬，如同绚丽的色彩魔盒，让人留恋忘返。

商务餐饮区 位于园区中部的仿古建筑——四合院，整体外观油漆彩画雕梁画栋，古色古香，院内种树种花，花木扶疏，幽雅宜人。木质仿古床榻和茶具，颇有点贵气的老北京王府味道在空气中弥漫。坐在庭院中，有别于喧嚣都市的随意和自然让人感到身心放松。步入其后花园，错落有致的花草，假山瀑布、小桥流水，石桌椅和竹藤休闲桌椅各占一边，不时有麻雀飞落地面，清静雅致，游客在此可品茗休憩养生避暑，体验老北京王府贵族生活。

（秦子凯）

旅游线路

【母爱文化之旅（一日游）】 路线安排：乳山市区母爱文化广场—大乳山滨海旅游度假区—银滩旅游度假区—福如东海文化园。

【红色文化之旅（一日游）】 路线安排：冯德英文化馆—胶东育儿所—马石山红色旅游区。

【葡萄酒体验之旅（一日游）】 路线安排：金谷园民俗展览馆—正华石佛山景区—台依湖国际酒庄生态文化区。

【乡村休闲之旅（一日游）】 路线安排：正华农林科技示范园—金牛谷生态农业观光园—极北绿茶。

【民俗文化之旅（一日游）】 路线安排：金谷园民俗展览馆—冯德英文化馆—乳山母爱文化广场—久久发古玩商贸城。

【道教文化之旅（一日游）】 路线安排：圣水宫道教养生休闲度假区—多福山国际养生旅游度假区—益天农业生态园青龙观。

【森林养生之旅（二日游）】 路线安排：大乳山滨海旅游度假区—多福山国际养生旅游度假区—正华石佛山景区—岠嵎山景区。

【海上观光之旅（二日游）】 线路安排：银滩旅游度假区—福如东海文化园—大乳山滨海旅游度假区—海上观光游—小青岛。

【康体养生之旅（二日游）】 路线安排：大乳山滨海旅游度假区—银滩旅游度假区—多福山国际养生旅游度假区—福如东海文化园—圣水宫道教养生休闲度假区—小汤温泉度假村。

（王宝磊）

会展业

【概况】 2016年，乳山市为应对国际大环境等因素影响下外需下降等问题，组织乳山市63家外贸企业参加广交会、华交会、亚洲纺织成衣展、日本国际食品及饮料展等国内外展会12个，拓宽出口渠道，开拓新兴市场，加快形成渠道多元、风险分散的市场格局。通过参展，乳山市18家出口过千万美元的骨干企业新获订单增长50%。

【中国·威海国际食品博览会参展】 2016年，第八届威海国际食品博览会（6月16日—19日）由山东省商务厅、山东出入境检验检疫局、威海市政府主办，威海市商务局、威海齐东城市品牌运营有限公司承办，展出面积3万平方米，其中A馆为示范省成果展，B、C两馆为食品博览会展馆。乳山市商务局积极组织华信集团、华隆（乳山）食品工业、金果花生等14家名优特产企业参加博览会，共展出乳山绿茶、牡蛎、结晶糖姜、花生地瓜粉条、不老莓饮品等200多种特色产品供采购商选择。通过宣传达成意向订单30多份，合计金额近千万元。此次展会加大乳山市名优特产宣传力度，让更多国际客商走近乳山特产，了解乳山食品产业，促进名优特产企业发展，提高地域特色食品知名度，提升区域竞争力。

【威海文化创意产业合作交流会参展】 2016年9月9日—12日，以“创意引领，融合发展”为主题的威海文化创意产业合作交流会在威海国际展览中心举行。中共乳山市委宣传部设计打造极具地域文化特色的“乳山馆”，9大文化创意产品和非遗项目亮相文交会。乳山台依湖葡萄酒生态文化区入选首届威海市十大文化产业品牌，乳山钩织家用手工纺织品、乳山镂绣、葫芦烙画、葫芦彩绘4个乳山文化产品被选为首届威海市特色文化创意产品。同时，组织商务局、文广新局等重点产业招商部门以及滨海新区、经区、各镇（街道）相关负责人，全市30多家文化企业、行业协会负责人参观展会，与亚洲新闻集团、韩国花茶协会以及韩国仁川参展企业开展交流洽谈。

【第十七届长春中国绿色食品博览会参展】 2016年9月2日—5日，由农业部、中国绿色食品发展中心主办的中国绿色食品博览会在吉林省长春农业博览园举办，展会集中展示无公害农产品、绿色食品、有机食品及地理标志农产品。乳山市在展会上设展位2个，金果花生、华隆食品、华美淀粉、吉利食品4家企业参展。展会期间，通过发放宣传册、宣传图板形式，推介乳山优势农产品，宣传乳山优质农产品品牌，从农产品生产各环节抓好农产品质量安全，树立乳山农产品质量安全市形象。

【第十四届中国国际农产品交易会参展】 2016年11月5日—8日，第十四届中国国际农产品交易会在云南昆明国际会展中心举办。秉承“展示成果、推动交流、促进贸易”办展宗旨和“精品、开放、务实”办会原则，以“供给改革、产业融合、绿色共享、创新发展”为主题，旨在现代农业成就展示、农业交流合作、农业贸易洽谈，努力打造符合“市场化、专业化、国际化、品牌化、信息化”的高品质农业贸易和交流

平台。乳山市组织金果花生、华隆食品、恒裕食品、青山包装、华美淀粉、台依湖酒业、威茗茶业、乳山好兄弟食品、吉利食品9家企业参加，展现乳山优势农产品整体形象，推介宣传乳山优质农产品品牌，其间，举办“乳山大姜”媒体发布会，同时展示宣传“乳山大花生”“乳山苹果”“乳山大姜”“乳山茶叶”等特色农产品30个品种，整合乳山市品牌资源优势，提高乳山名特优新农产品品牌知名度。

8月3日，岠嵎山

南黄庄学堂

责任编辑：刘万波

商贸·服务业

Industry of Services in Commerce and Trade

综　述

【概况】　2016年，乳山市社会消费品零售额237.64亿元，比上年增长10.93%。招商引资方面实际利用内资146.6亿元，比上年增长15%；实际到账外资55184万元，比上年增长2.2%。对外贸易领域完成外贸进出口534339万元，比上年增长8%。全年共引进新开工项目73个，其中，投资3000万元以上项目41个，远深新能源、三盛汽车、海立方旅游、银之帆旅游集散中心等过亿元项目13个，签订龙彩新材料、澳大利亚苹果酒等8个过亿元项目。现代服务业领域，引进阿里巴巴LBS跨境电商，推进“互联网+”行动，电商经济实现突破性发展。乳山市获“山东省电子商务示范县（市）”称号。

【精准招商战略实施】　2016年，乳山市抢抓中韩自贸区地方经济合作示范区和威海市国家服务贸易创新发展试点的政策机遇，实施全面精准招商战略。全年组织100次、1000人次赴韩国、日本、澳大利亚等国家和北京、天津、青岛、珠三角、长三角等地区开展招商引资活动。邀请韩国、日本等国家和北京、天津等地区110批次客商到乳山市开展考察活动。其中，3月，组织赴天津、青岛开展招商引资活动5次，与天津武清国家级经济开发区和天津北辰区相关企业对接，邀请对方到乳山市设立产业引导基金，推动重点产业加快发展，与蓝海股权交易中心达成合作意向。5月，中共乳山市委副书记、市长周兵率市商务局、滨海新区、经济开发区负责人赴韩国、日本开展经济交流考察活动，参加在仁川威海馆举办的威海服务贸易创新发展说明会，对接安世医院、三星高档老年公寓、爱恩思自动化公司和首尔香料公司。8月，中共乳山市委副书记徐明率商务局、外侨办、经济开发区相关负责人赴澳大利亚、新西兰开展商务考察对接活动，先后对接新西兰奥克兰市经济发展委员会、墨尔本投资贸易促进部、澳大利亚贸易委员会等部门，考察对接新西兰元家食品、澳大利亚Simplot食品、VAC（澳华）传媒等10家企业，邀请澳新企业到乳山投资兴业或与乳山企业开展贸易合作。

【中韩自贸区经济合作推进】　2016年，乳山市依托自身优势，以创建威海中韩自贸区地方经济合作示范区为契机，加强中韩健康产业园建设，广泛开展中韩自贸区经济合作。4月28日，在韩国仁川威海馆举办“乳山滨海新区健康产业招商推介会”，与韩国相关领域专家和企业家举行会谈，取得显著效果；组织考察团赴首尔、仁川、大田、水源、河南等城市与韩中经济贸易促进协会、韩中日亲善交流协会、河南企业人协议会、庆北机械组合等协会团体和忠南大学以及晓星电机、京东制药、首尔香料、BIONEER、爱恩思等高校和企业进行沟通，邀请上述协会、高校和企业到乳山市进行商贸洽谈，增进双方友谊并达成新合作共识，为促进双方经贸合作打下坚实基础。推动开工总投资1000万美元的新韩国际贸易项目；引进韩国特色产品展示中心项目；推进韩国爱恩思公司与威海技工学校的美容美发培训合作、乳山力久电机与韩国晓星电机合作以及乳山与韩国安世医院的医疗合作、与韩国忠南大学的孵化器合作等项目。

5月15日，乳山市市长周兵（右四）带团赴韩国考察访问　（商务局提供）

商贸业

【概况】　2016年，乳山市商贸业坚持以繁荣市场、保障供应为目标，转方式、调结构、促发展，搭建流通载体，完善经营网络，优化业态布局，开拓城乡市场，推动乳山市商贸流通经济持续平稳较快发展。全年实现社会消费品零售额237.64亿元，比上年增长10.93%。其中，国有、集体经济实现零售额48.16亿元、43.18亿元，分别增长9.01%、8.13%；个体经济零售额118.57亿元，增长12.61%；批发业零售额31.18亿元，增长10.45%。零售业零售额168.08亿元，增长10.19%。住宿业零售额4.57亿元，增长13.75%。餐饮业零售额33.81亿元，增长14.84%。城乡市场消费同步增长，全年城镇消费品零售额138.2亿元，增长11.11%；乡村消费品零售额99.44亿元，增长10.68%。

【商贸市场追溯体系建立】　2016年，乳山市为保证商贸业健康稳步发展，对商贸市场进行追溯体系建设，实施产品追溯设备安装和追溯信息采集。2016年内，一期完成肉、菜、海参、牡蛎、茶叶等农产品38个节点追溯设备安装，包括32个家家悦超市、5个种养殖基地（绿色阳光果蔬专业合作社、青艺蔬菜专业合作社、秋园农民专业合作社、小康蔬菜开发园、红乐生猪养殖基地）、1个屠宰企业（红乐公司）；二期完成32个节点所需电子秤数量、规格等相关基础信息采集。配合威海市肉菜等农产品追溯项目组完成商贸市场追溯体系建设调研工作。

【侵权假冒行为整治】 2016年，乳山市制定实施《打击侵犯知识产权和制售假冒伪劣商品工作要点》，为乳山市商贸业健康发展保驾护航。主要做法是，完善联络员、信息报送和数据统计工作制度及工作监督考核办法；组织相关部门，围绕互联网侵权盗版、农资、车用燃油、食用盐、烟草、食品药品、注册商标等重点领域假冒伪劣行为实施专项惩治整治行动。年内，乳山市共查处惩治侵犯知识产权和制售假冒伪劣商品案件108起，罚没款106.87万元。

【商务诚信体系建立】 2016年，乳山市专门印发《推进商务诚信制度化建设的实施方案》《乳山市商贸流通领域“诚信经营示范单位”创建活动方案》，建立企业信用认证和等级评价体系、守信激励和失信惩戒机制、信用红黑榜发布制度，加快商贸领域信用体系建设步伐。根据不同阶段工作重点，组织开展诚信经营示范单位创建、诚信兴商宣传月系列主题活动，提升企业主体意识，增强诚信经营的自觉性和主动性。乳山市泰和典当有限公司、乳山市振宇电脑网络有限公司、乳山市华润物流有限公司、乳山市母爱大姐家政服务有限公司等企业，登上乳山市商务诚信“红榜”。

【再生资源回收体系建成】 2016年，乳山市按照《关于加快再生资源回收体系建设的实施意见》抓好资源回收工作。依托缘溶再生资源有限公司，建成设立再生资源分拣中心1个、回收站（亭）100个。在乳山市形成设施适用、功能齐全、回收高效、分拣良好、管理规范、布局合理、网络完善、覆盖城乡的现代再生资源回收体系，通过上级部门完工验收及绩效评价。在绩效评价中，通过评价小组现场评价和非现场评价，在项目管理及项目绩效两方面进行评价打分，乳山市再生资源回收体系建设在威海各市区体系建设中得分排名第一。

（宋腾）

【粮油经营】

乳山粮库储备粮食1.9万吨 2016年，乳山市有收购许可证的粮食经营企业和个体工商户62家。收购国标三等以上夏粮小麦1.35万吨，全年累计收购粮食1.9万吨，其中政策收购1.35万吨、市场收购0.55万吨。乳山市粮食储备库，是政府投资建设的地方储备粮集中存放、集中管理的粮食储备库。2006年建成并投入使用，占地6.53公顷，设计仓容4万吨。年内共销售库存小麦0.6万吨，跨省移库玉米1万吨、稻谷0.5万吨。储备库粮食全部采用先进电子测温、低氧储存技术，达到数量准确、质量完好要求。粮食储备库投入使用11年来，年年被评为“四无（无害虫、无霉变、无仓鼠、无事故）粮仓”。

“放心粮店”增至10家 2016年，累计销售粮油3.8万吨。积极实施粮油放心工程，抓好“放心粮店”建设，让“放心粮店”的店容店貌、货物摆放、明码标价、台账管理、服务质量、环境卫生等方面达到规范化要求，2016年，乳山市“放心粮店”发展到10家，“放心粮油配送中心”2个。同时，加强粮食执法，开展集中巡查活动20次，检查粮食收购点20多处，查处高水分粮、高杂质粮5宗，涉粮60吨。先后3次对辖区内有粮食收购资格的购销、加工企业开展随机检查、突击检查。确保人民群众粮油买得放心吃得舒心。

（于常青）

【烟草专卖】

获表彰二星级纳税明星企业 2016年，乳山市烟草专卖局（营销部）累计销售卷烟15873箱，单箱销售额26683元，实现利税1.01亿元。销售细支卷烟1552箱，增幅41%；销售泰山系4651箱，增幅0.04%。被中共乳山市委、市政府表彰为二星级纳税明星企业。

烟草“齐鲁之盾”专项行动开展 2016年，乳山市烟草专卖局（营销部）严格执行国家卷烟专卖政策规定，开展烟草“齐鲁之盾”专项行动，“打大户、破网络、抓主犯、断源头”，“海上抓、岸边堵、口岸查、市场管”，全年查办烟草违法案件199起，查获非法卷烟166.9万支，案值172.1万元。查办万元以上案件62起，其中5万元以上案件3起，10万元以上案件1起；破获国标级网络案件2起，市标网络案件1起；刑事拘留6人，逮捕5人，判刑9人。

（张磊）

【石油供应】 2016年，中国石化销售有限公司山东威海乳山石油分公司（以下简称乳山石油分公司）新建加油加气站1处，共15处。设县公司管理部，大客户经理部、发卡经理部，共有员工98人。共销售成品油4.462万吨，实现销售总收入1220.2万。被威海石油分公司表彰为“先进单位”，乳山1站、15站被威海石油分公司表彰为“先进加油站”。

“四比四创双提升”活动开展 2016年，乳山石油分公司开展“四比四创双提升”（比先进创标杆、比服务创品牌、比督查创效能、比经营创佳绩，提升员工和客户满意度、提升零售经营和管理水平）活动，加强各站卫生整治，改善现场消费环境，实行微笑、跑步服务，完善各项便民服务项目，提高服务质量，完善服务设施，延长服务时间，真诚为用户着想，以优质服务塑造良好油站形象，促进经营发展。在春耕、麦收时节，开通离乡镇站近加油站为保供站，提前制订春耕、

麦收油品供应应急预案。各惠农站根据实际情况，采取员工轮休措施，保证油站24小时服务。利用当地媒体，宣传石化品牌和服务承诺，保证春耕麦收油品供应平稳，为增量打下坚实基础。

市场化用工机制建立 2016年，乳山石油分公司严格按公司法、劳动合同法经营管理企业。在用工方面，依法规范用工形式，严格控制企业用工总量。企业由“管人”转变为“管事”，由“用工”转变为“用服务”。对年销售超过4000吨以上的3座站点，放权配置劳动合同制员工，以缓解员工数量不足压力。至2016年底，市场化用工机制已建立。

安全管理周查制建立 2016年，乳山石油分公司每周开展一次“查思想、查隐患、查措施、查整改”安全排查工作。对石化设备设施安全、数量质量、应急处理风险等进行排查；对管理制度等程序进行梳理；对员工在操作容易出现失误造成重大事故的风险点进行分析、整改和预防。通过排查，落实安全生产岗位责任制，进一步加大安全管理力度，增强加油站员工的安全防范意识。2016年，乳山石油分公司15个站点安全管理达标。

（刘晓雁）

11月26日，金谷之园电商产业园举办乳山市精准扶贫展销活动（商务局提供）

【供销合作社联合社】 2016年，乳山市供销合作社联合社下辖企业6个，基层社16处，领办协办各类农民专业合作社92处，成立镇级农民合作社联合社13个，成立区域性农民合作社联合社2个，成立专业协会4个，系统职工1000人，总资产3.6亿元。下辖企业乳山市春江源食品有限公司被中华全国供销合作总社表彰为“供销合作社农业产业化重点龙头企业”，白沙滩、午极供销合作社被中华全国供销合作总社表彰为“基层社标杆社”。8月8日，全国政协委员、中国农产品流通经纪人协会会长于培顺带领中国农产品流通协会考察团到乳山市考察大病产业发展，乳山市大姜生产协会与中国农产品流通经纪人协会副会长单位中能昊龙集团签订大姜战略合作框架协议。

农业化肥服务体系建立 2016年，乳山市供销“三农”物资配送有限公司与山东点豆网络技术有限公司合作经营，推出“点豆肥吧”农化服务体系建设项目。运作模式主要是由供销“三农”物资配送有限公司提供免费测土化验，根据土壤及不同农作物生长需要，由点豆公司直接提供大厂家优质基肥（氮、磷、钾及微量元素肥料），智能配肥机为每块地“量身定做”适合作物生长的配方肥，农户亲眼目睹生产过程，实现农户自主，省去生产商、代理商和经销商三大环节，配好的肥料全国统一价格，比传统复合肥每吨便宜800～1000元。年内建成测土配肥站9处，生产各类配肥200吨，为农民节省费用20%～40%，提升服务“三农”能力。在冯家镇建设一处占地1.33公顷为农服务中心，服务内容涵盖测土配方、智能配肥、农资供应、病虫害防治、农民培训、农机服务等系列化服务，打造“三公里”土地托管服务圈。兴办农民专业合作经济组织，依托各镇供销社、农产品经纪人流通协会、农村合作经济组织，联合部分示范效应龙头带动功能强的专业农民合作社，推动乳山市农村经济转型跨越发展和农业产业化发展。工作中以规范化为手段，大力发展标准化生产、品牌化建设，先后建设大姜、苹果、茶叶、草莓、金银花等农产品基地13个，累计面积2万多亩。实施品牌战略，提高乳山农产品品牌知名度，协助领办的专业合作社、协会申请绿色商标、地理标志商标，组织外出招商引资、参加各类农产品交易会，引进农产品深加工意向，提升乳山农产品附加值。推行“互联网+”服务“三农”，搭建农资产品“供”、农产品“销”在“互联网+”中的广阔舞台。

精准扶贫项目设立 2016年，乳山市供销合作社联合社依托自身优势，开展精准扶贫工作。在对汤南山村帮扶中，发挥驻村第一书记作用，通过宣传发动，注册成立由南黄供销社领办该村乳山市众裕源果蔬专业合作社，把全村所有贫困户都吸纳到合作社中来，向上争取专项扶贫资金计2万元，在该村建设测土配肥服务站1座，投产后年生产掺混肥14吨，有机肥30吨，为村民节省费用2万元。在进村道路两旁铺设路沿石1400米，道路两旁栽种樱花树156棵，赠送体育设施3套，为发展农家乐等旅游项目打下基础。在对东横道口村帮扶中，争取上级资金20万元，建设300平方米测土配肥站，成立果蔬合作社，引导该村农民科学施肥、科学种田，脱贫致富。

“三农”物资配送服务 2006年11月，乳山华润物流有限公司成立，设有华润物流园，占地8公顷，仓储面积2万平方米，资产6000万元，主要经营仓储、货运配载、货运站场、危险品运输、“三农”物资配送等。“三农”物资配送是该园区物流支柱产业，设立乳山市“三农”物资分拨中心，开通“乳山三农网”，打造集三农“服务”、物流公交车、连锁超市、仓储配送于一体的网络服务平台，包括农资服务站、农资电子交易、供应及求购信息、今日聚焦、名优特产板块，实时发布与“三农”相关的政策信息，方便百姓查询利用。乳山华润物流有限公司取得道路危险货物运输经营2类（气体）、3类（易燃液体）资质，拥有10吨以上运输车辆13辆、10吨以下运输车辆6辆、配送车辆55台。2016年，该公司在乳山市10处农村建测土配方站，为农民送上适宜化肥，年货运量12.5万吨，货物周转量1425万吨公里。

（冷伟）

【食盐专营】 2016年，乳山市累计销售食盐2820吨，其中，销售小包装食盐1800吨，与上年持平；销售饲料添加剂（NaCl）773吨，比上年增长3.25%；销售渔盐678吨，比上年增长3.76%；销售小工业盐4600吨，比上年增长48.7%；销售精制工业盐58吨，比上年减少56%。

严格盐业市场管理 2016年，乳山市盐务局协同公安、食监、工商等部门，对乳山市超市、小卖部进行不定时食盐销售检查。同时检查食品加工业户、餐饮饭店、学校食堂等，严厉打击购进、使用假冒伪劣食盐、工业盐的违法行为。全年查办涉盐案件8起，其中，一般案件6起，简易案件2起，没收违法盐产品6.975吨，上缴罚没款18549.5元，涉盐案件处结率100%，盐政执法继续保持无错案。

营销网络体系完善 2016年，以现有营销盐网络体系为基础，做好销盐网点登记、台账设立等基础信息工作，登记营销户用户基本情况、盐的来源、购盐用途、盐的品种、年销用盐量。经常走访各超市和销盐大户，及时了解市场动态，以服务对象满意为标准，通过科学调度、产品直供等措施，提高供应保障能力和行业服务水平。与用盐企业签订用盐协议，根据用盐企业用盐时间，周密安排、制定完善出入库方案，保质保量、及时送达。同时根据企业用盐数量，对直供盐产品价格实行阶梯式优惠，实现互惠双赢。

食盐市场结构优化 按山东省盐务局及威海市盐务局关于优化调整食盐经营品种结构的要求，坚持“稳妥推进、合理引导”原则，综合考虑市民消费需求、食盐品质等因素，重点引进自然海精盐、弱碱盐以及低钠盐3个中档盐种，优化食盐市场结构。

（王君君）

【工贸资产经营】 2013年12月，撤销乳山市轻工资产经营公司（合署的市机械工业集团总公司、市建材工业集团总公司）、乳山市流通资产经营公司（合署的市商业集团总公司、市物资集团总公司、市对外贸易总公司），成立乳山市工贸资产经营公司，为市政府直属正科级事业单位，内设6个科室。

清偿职工债务52万元 乳山市工贸资产经营公司下辖企业178家，原在册职工1.2万名，除部分正常生产的改制企业外，其余企业均停产倒闭，职工大部分下岗失业，企业历史欠账多。2016年，乳山市工贸资产经营公司以服务企业发展为己任，坚持一企一策，切实帮助企业解决在融资、土地、市场等方面存在的困难和问题，破解企业发展瓶颈，减轻企业负担，助推企业发展。对停产倒闭企业，通过建立“一册一簿三库”（企业人员花名册，企业综合情况登记簿，企业合作需求库、闲置资产资金数据库、招商资源人脉库）服务企业平台，内引外联及闲置资产入股招商等措施，提高资产运行水平，既缓解资产闲置造成的维护修缮压力，利用租金等收入偿还职工历史欠账。全年偿还职工历史欠账52万元。

信访维稳流程重塑 乳山市工贸资产经营公司，秉承“勇于直面矛盾，善于解决问题”工作思路，按照“抓早、抓小、抓实、抓透”原则，重塑信访维稳工作流程。2016年，通过建立“七大员”（民情信息员、信访联络员、政策宣传员、舆情分析员、矛盾调解员、心理疏导员、信访代理员）“四到位”（矛盾排查到位、责任落实到位、调解化解到位、宣传引导到位）及“五位一体”（包案领导、工作班子、化解预案、处解时限、稳控措施）信访维稳工作机制，把信访工作重心从事后处理转移到事前排查化解上来，把抓事前源头预防、事中受理疏导、事后解决问题融为一体，形成信访工作从源头抓、主体疏导化解的新局面。年内，越级上访、缠访、闹访和职工来信来访比上年再次减少。

【主要商业企业】

乳山市海天集团有限公司 乳山市海天集团有限公司是一家集宾馆、酒店、摄影、彩扩、茶艺等为一体的综合性集团公司。拥有连锁加盟单位23家，其中“三星级涉外”宾馆3家，总床位1000个，总餐位10000个。拥有固定资产9000万元，员工1000多人。公司先后获“全省商业百强企业”“食品安全诚信单位”“餐饮业先进单位”和“威海市百佳诚信单位”等称号。2016年，全年营业额3293万元，实现利税189万元。

乳山国际大酒店 乳山国际大酒店隶属于乳山市政府，位于市区商贸、文化中心地带，于1994年7月正式营业；1995年6月，被评为三星级饭店。2006年，酒店经全面改造升级后被评审为四星级饭店。酒店占地面积5.1万平方米，建筑面积1.9万平方米，分1、2号主楼和3号辅楼（婚宴楼）。主体布局为仿唐风格，古朴典雅，别具一格，是一座融民族风格、地方特色与现代气息于一体的花园式酒店。客房91间，其中豪华套房2间，大套房

5月17日，乳山市振华购物中心 （王家洲 摄）

2间，小套房9间，单人间42间，标准间36间，共计127个床位。拥有各种接待规格的大、中、小型会议室5个，风情迥异的大小宴会厅23个，可同时容纳1100人就餐。康乐中心拥有一个豪华歌舞厅和16个不同风格的KTV包房，棋盘室、健身房、洗浴、咖啡、茶艺等服务设施一应俱全。先后获“山东省消费者满意单位”“山东省诚信旅游示范单位”“食品卫生等级A级单位”“金叶级绿色旅游饭店”，“威海市优秀星级饭店”“诚信单位50佳”等称号。2016年，全年营业额3129万元，利税77万元。

（于开美）

利群集团乳山购物广场 利群集团乳山购物广场是利群集团的第21座万平米商厦，于2005年4月28日营业。位于乳山市商业街东段、贸易城北侧，总建筑面积3万平方米，是乳山市最大的集购物、餐饮、娱乐、休闲于一体的综合性购物广场。经过11年发展，完成商场扩建，商场布局调整，品牌结构优化，经营范围涵盖影院、儿童娱乐、儿童培训及早教、男女服装、箱包皮具，家电、化妆品、黄金珠宝、日用百货、食品生鲜等，并推出利群网商项目，将网上购物与实体店相结合，网络营销与传统营销相结合，利用线上线下双重渠道拓展业务，实现足不出户逛利群。商场与肯德基、汤姆家的牛排、彤德莱、陕十三、阿香米线、丹香合作，提供美味可口的特色食品。乳山利群一直秉承“倡导低价、为您节省每一分钱”经营理念，保证每天生鲜、肉类食品的天天新鲜。先后获“乳山市消费者最喜爱的品牌”“百姓最喜爱的消费品牌”“威海市消费者满意单位”“威海市安全生产单位”“山东省第二届食品安全诚信单位”“治安保卫工作先进集体”“消防安全先进单位”“乳山市纳税明星企业”称号。2016年，营业额13516万元，利税737万元。

乳山振华商厦有限公司 原系威海华联集团乳山商厦，成立于2000年11月26日，位于乳山市城区繁华地带，北临商业街，东靠富山路，上下两层，营业面积1万平方米，是乳山市第一家大型、综合性商业服务企业。2006年年末，改制为综合性大型股份制商业企业，2009年5月更名为乳山振华商厦有限公司。开业以来，振华商厦发扬“团结、务实、开拓、创新”企业精神，牢记“荟萃精品、服务大众”经营理念，把“满足消费者需求，维护消费者利益，把微不足道的小事做得完美无瑕”作为企业服务宗旨，强化和完善经营管理机制，贯彻执行《中华人民共和国消费者权益保护法》《产品质量法》及《新“三包”规定》等法律法规，强化商品管理，严格把关，坚决抵制假冒伪劣商品，强化员工管理，开展优质服务活动，诚实守信的经营，为消费者提供满意放心的服务和宽松和谐的购物环境。2016年，为提升门店形象、改善购物环境，公司进行重装改造，增设电梯，引进众多知名品牌，扩增经营面积，超市成为乳山市最大的综合性超市。年内，营业额1893万元，利税95万元。

乳山振华购物中心 乳山振华购物中心位于乳山市最繁华的商业中心，2013年12月28日营业，总建筑面积3万平方米，集购物、休闲、娱乐、美食餐饮等综合性于一体。以市场为向导，以消费者需求为目标，秉持“荟萃精品，服务大众”的经营理念和“优质服务赢市场，科学管理创高效”的管理理念，发扬团结、务实、开拓、创新的振华精神，以提升消费者生活品味为宗旨，商场设备先进，功能齐全，配有双向电梯、自动消防系统、中央空调、电子商务系统等，尽显现代商业气息。汇集国内外名优品牌，以满足乳山市民高品质生活需求、繁荣乳山区域市场为己任，不断进行商品层次提升和商品结构调整，成为乳山靓丽的城市新名片。2016年，营业额10849万元。

山东家家悦集团有限公司 山东家家悦集团有限公司乳山区域有连锁门店34处。2016年，公司坚持创新驱动，推行供给侧结构性改革，实施“互联网+”战略，推动企业进一步发展。抓好线下实体门店扩张，强化网络建设密度，增强城市社区渗透能力，打造一刻钟便民生活服务圈。加快门店升级改造，推出第二代升级大卖场，根据顾客需求进行品类优化，为消费者提供专业化、精准化、个性化服务。以农村电商为突破口，加快线上线下融合，在现有农村店设置农村电商服务处，让农民足不出户就可以享受到电商带来的便利服务。拓展国际采购渠道，在欧洲、美洲、大洋洲、东南亚等地区开发海外采购基地，进一步增强差异化竞争能力。抢抓中韩自贸示范区机遇，加快与韩国企业对接合作，拓宽韩国商品进口渠道，开展跨境电商业务，为消费者提供韩品直邮服务。推广物流标准化，引进笼车、托盘等标准化载具，推广笼车装卸、带板运输，降低物流成本，提升物流综合运营效率。完善商品流通追溯体系，利用电子信息化手段，对所有食品进行单品管理，实现所有食品的整体可追溯，确保为消费者提供质量安全可靠的商品。是年，营业额3.4亿元。

【义乌小商品城营业额比上年增长6.7%】 义乌小商品城位于乳山市区向阳街35号，由个人筹资518万元，望海房地产开发有限公司兴建，占地5000平方米，经营面积1万平方米，设计摊位280个，主要经营服装、日用百货、小家电、文体、床上用品、工艺品、汽车用品等。2016年，营业额1600万元，比上年增长6.7%。

（宋腾）

【贸易城农贸市场营业额2.9亿元】 贸易城农贸市场位于乳山市深圳路中段，1993年由威海金桥房地产开发有限公司出资建设，占地1.6万平方米，分为交易大棚、海鲜早市和3个经营区。其中农产品交易大棚位于市场中心，占地8000平方米，设计摊位220个；海鲜早市位于市场大棚南侧，占地1100平方米，固定摊位56个、流动摊位20～30个，每日1:00—7:30营业，经营海鲜批发为主；3个门市经营区在交易大棚外围，门市房62个。贸易城农贸市场以经营海鲜产品为主，干货、蔬菜、水果、肉蛋为辅。2016年，营业额2.9亿元，是乳山市最大的综合性农副产品交易市场。

【金谷园农产品批发市场营业额9.2亿元】 金谷园农产品批发市场位于乳山市区世纪大道北端，由乳山市金谷园农机市场有限公司于2009年5月融资建设，2010年6月开业。总投资1.12亿元，占地7.9万平方米，总建筑面积4.7万平方米。农副产品交易大厅3个，其中蔬菜交易大厅营业面积6000平方米、固定摊位60个，水果交易大厅营业面积3800平方米、固定摊位60个，肉类交易大厅营业面积2000平方米、固定摊位36个；门市房220个，全部入驻业户；冷库18处，仓库40处，总面积3000平方米。市场以蔬菜、水果批发为主，干货、海产品、小商品、肉蛋禽等农副产品为辅，是乳山市唯一一家农产品批发市场。2016年营业额9.2亿元。

【黄山路农贸市场营业额0.7亿元】 黄山路农贸市场是乳山市较大的便民农副产品交易市场，地处黄山路北段，由城区街道办事处金硝岭村委会投资建设，2005年5月营业。投资800万元，占地2800平方米，摊位380个（其中门市房75个）。主营蔬菜、水果、禽类等农副产品，水产品为辅。日平均人口流动数量800人，2016年营业额0.7亿元。

外商投资与对外贸易

【概况】 2016年，乳山市引进外资项目15个，合同外资60971万元人民币，实际到账外资55184万元人民币，实现利用外资新突破。从外资项目结构看，第三产业项目占项目总数半数以上，特别是总投资1500万美元的嘉盛海立方旅游开发项目，投资额实现乳山市服务业利用外资新突破；从外资项目规模看，新引进的新韩国际贸易、成福海贸易、纵诚贸易等几家贸易公司投资均超过千万美元。另外，乳山市良好软硬投资环境得到外商认可，项目增资势头明显，其中美国福喜公司增资1500万美元，丰太新能源增资2749.8万美元。

2016年乳山市新设外资项目汇总表

表17 单位：万美元

序号	企业名称	总投资	合作方式	批准时间	所在地
1	乳山明瑞生物科技有限公司	70	合资	2016.1	午极镇
2	乳山市不老莓满雫农园有限公司	10	独资	2016.1	乳山口镇
3	威海成福海贸易有限公司	5000	独资	2016.3	经济开发区
4	乳山新韩国际贸易有限公司	1000	独资	2016.4	经济开发区
5	乳山马晋纺织面料有限公司	10	独资	2016.4	城区办
6	乳山萃航现代农业科技有限公司	280	独资	2016.6	冯家镇
7	乳山纵诚贸易有限公司	1580	合资	2016.6	滨海新区
8	威海嘉盛海立方旅游发展有限公司	1500	合资	2016.6	滨海新区

续表 17

序号	企业名称	总投资	合作方式	批准时间	所在地
9	乳山荣秀贸易有限公司	10	独资	2016.7	滨海新区
10	威海德辉新材料科技有限公司	7	独资	2016.7	下初镇
11	乳山真善农业发展有限公司	14	独资	2016.7	乳山寨
12	乳山望海贸易有限公司	14	独资	2016.8	海阳所
13	威海大派贸易有限公司	224	合资	2016.9	经济开发区
14	乳山秀锦国际贸易有限公司	280	独资	2016.10	经济开发区
15	威海兴饶电气有限公司	15	合资	2016.10	诸往镇

【对外贸易总额比上年增长 8 %】 2016 年，乳山市对外贸易总额 534339 万元，比上年增长 8.0%。其中，出口 441065 万元，比上年增长 5.4%，进口 93274 万元，比上年增长 22.7%。坚持常态化联系服务企业机制，强化对外贸企业的服务保障，外贸进出口增长势头强劲。扩大优势产品出口，放大“出口农产品质量安全示范区”和“汽车零部件出口基地”等品牌优势，引导优质企业结伴拓市场，传统产品出口优势明显，乳山市农副产品、机电产品出口分别达到 35404 万美元和 20019 万美元；扩大骨干企业出口。开展“点对点”走访企业活动，了解企业服务需求和工作建议，现场帮解企业生产经营难题，乳山市外贸出口过 1000 万美元企业达 18 家；扩大韩国市场出口。鼓励企业抱团参加韩国经贸洽谈活动，加大农产品海产品对韩优势产品宣传推介，支持企业抢订单、拓市场，对韩贸易总额突破 1.7 亿美元，同比增长 15%，成为拉动乳山市外贸增长的重要增长点。

2016 年乳山市对境外贸易进出口情况一览表

表 18 单位：万元

项目	进出口		出口		进口	
	金额	增幅	金额	增幅	金额	增幅
合计	534339	8.0%	441065	5.4%	93274	22.7%
按贸易方式划分						
一般贸易	283246	2.8%	271412	1.0%	11834	70.8%
加工贸易	240487	12.2%	164526	9.8%	75961	17.8%
其他贸易	5506	18.8%	27		5479	18.2%
按大类商品划分						
纺织服装	59701	−37.7%	57355	−38.6%	2346	−4.3%
农产品	233579	1.0%	172246	−0.9%	61333	6.9%
机电产品	132624	82.5%	112634	71.7%	19990	182.9%
高新技术产品	3345	146.5%	1683	101.6%	1662	218.4%
按地域划分						
美国	130494	29.5%	118958	31.0%	11536	15.9%
日本	89190	−0.9%	78321	7.0%	10869	−35.2%
欧洲	97295	22%	51673	12.7%	45622	34.7%
中国香港	14961	−41.5%	14750	−41.6%	211	−33.2%

9月17日，乳山市母爱大姐家政服务有限公司举办乳山市首届金牌月嫂大赛（商务局提供）

现代服务业

【概况】 2016年，乳山市推进电子商务普及应用，加快完善电子商务发展环境，电商经济发展实现新突破。推动建设金谷之园电商产业园、智创电商产业基地、海阳所电商产业园3个专业电商园区，培育引进久鼎电商、智创科技等第三方服务商负责园区运营，形成“专业园区为平台，品牌项目为带动，人才培训为支撑，各类电商业态齐头并进”的电商产业发展格局。10月，乳山市获“山东省电子商务示范县（市）”称号。继续推动家政服务业“互联网+”发展模式，致力于家政服务网站和手机APP客户端建设，将创新、协调、绿色、开放、共享发展的理念应用于传统家政服务业，建立线上签约、投诉处理与线下特色服务站联动的运行机制，进一步优化家政服务结构，推动基层社会服务的的管理和创新，解决广大市民生活实际问题，高起点、高标准、高要求搞好现代服务业。

【家庭服务机构达到97家】 2016年，乳山市家庭服务机构97家，其中，家政服务类83家，家政中介类14家，从业人员1200人。家政服务类中有6家为家政服务企业，分别为乳山市母爱大姐家政服务有限公司、乳山居雅保洁有限公司、乳山市福万佳家政服务有限公司、乳山市家家顺家政服务有限公司、乳山市广联家政服务有限公司和乳山银滩助手家政服务有限公司，其余均为个体工商户，注册资金10万以上的有24家，5万～10万元22家。家庭服务机构主要集中在城区街道办事处向阳、金丰、静园、利群、幸福、府苑、怡园、富大、腾达、松山、龙山、东里、府前、华冠14个社区，各镇社区有12家。

【母爱大姐家政服务产业链打造】 2016年，乳山市母爱大姐家政服务有限公司投资60万元成立华冠社区日间照料照料中心、母爱大姐诊所、康复理疗中心；投资30万开通母爱大姐网络信息平台及手机APP，实现线上签约，线下跟踪服务；投资28万元，新增禅心妈妈月子药膳调理师及保健按摩师培训项目。到年底，业务范围涵盖家政服务、月嫂培训、亲子早教、月子护理、养老养生等方面，辖有东生劳务服务公司、乳山市母爱大姐职业培训学校和母爱好宝贝早教咨询有限公司、母爱大姐健康养生咨理有限公司、乳娘月子护理有限公司等分公司，并在5个社区设立连锁服务网点，组织成立乳山市家庭服务行业协会，成为名副其实的乳山市家庭服务行业龙头企业。

【企业电商业务持续开展】 2016年，乳山市在工业企业继续推进发展电子商务，鼓励企业成立专门的电子商务运营部门或将其从传统企业中剥离，成立独立法人企业。乳山市企业电商应用效果显著，带动示范作用明显。华隆食品与第三方电商运营服务商合作开设“咔咔大陆”淘宝店，以市场为导向丰富冻干蔬菜干、即食海鲜等产品品类，研发冷榨花生油、蛋白质粉等高端产品。乳山市规模最大的海产品出口加工企业正洋食品集团与智创电子商务产业基地洽谈合作，深度开展电子商务业务。

【农村电商“千县万村”工程销售额3000万元】 2016年，乳山市推进阿里巴巴“千县万村”工程，在条件允许的109个行政村设置村级服务站点（其中淘帮手站点44个），年销售额3000万元。育黎村为山东省农村淘宝最高级别S8级“村小二”（全省仅2名该级别“村小二”）。引导海阳所电子商务产业园大力发展牡蛎产业，建设以牡蛎为特色的海产品集散中心，并以此为依托打造农村电子商务发展示范园区，成功获评威海市特色电商小镇。是年“双十二”电商节，乳山市村淘日订单量2691单，12个村站销量过万，58个村站过千，平均每个村淘站点产生近30笔订单，在全省50家县域村淘中成交额和订单量均为第一。

【电子商务产业园“线下体验、线上购物”生态链构建】 电子商务产业园位于乳山市城区世纪大道20号，由乳山金谷之园电子商务有限公司投资1.1亿元建设。园区建筑面积1.21万平方米，其中电商办公区3400平方米、仓储物流区5300平方米、特色产业文化体验馆3400平方米。2016年，电商办公区已吸引丫丫、月影豚豚等企业及个体网商共50家进驻，电商从业人员200人。仓储物流区，积极开展电商快递业务，已将该园区建成电商快递的主营业区。特色产业文化体验馆设有金色农业、银色工业、蓝色海洋、绿色养生4

10月27日，商务部投资促进事务局参观考察金谷之园电商产业园
（商务局提供）

个板块，展示装备制造、生物科技、优质农产品“乳山三宝”、国家地理标志等乳山优质产品，并依托“平台展示”，构建起“线下体验、线上购物”的电子商务生态链条。

【智创电子商务产业基地进驻电商企业60家】 智创电子商务产业基地位于乳山市滨海新区，是由上海华东理工大学科技园和北京大学北大青鸟集团投资组建的集科技企业、电子商务、海洋生物、智慧农业产业为一体的综合型孵化园。占地10万平方米，拥有2万平方米办公孵化大楼和1.1万平方米电商物流基地。为入孵企业提供公共服务管理平台和电子商务运营平台。2016年，已吸引60家电商运营和服务企业进驻，并在淘宝特色中国版块开设“山东馆乳山基地”和“淘宝特色中国·乳山馆”，投入100多万元围绕“乳山三宝”等特色农副产品开展电商营销，运转势头良好。

【海阳所镇电子商务产业园“互联网+养殖户”运营模式实行】 海阳所镇电子商务产业园位于海阳所镇德泰银海商贸城，投资1.2亿元，规划建筑面积2.5万平方米，主要功能区包括仓储物流基地、大学生创业中心、特色海产品展示厅、电商培训中心、单身公寓及餐饮娱乐区。2016年，园区依托乳山牡蛎资源，主打“乳山牡蛎”品牌，打造“互联网+养殖户”运营模式，鼓励引导养殖户借助特色海产品展示厅、赶海网以及第三方电商平台，构建“线下体验交流、线上购物创收”电子商务生态链条，带动产业园和养殖户共同发展。海阳所镇政府专门制定电子商务扶持办法，并投入100万元对“产业园”电商企业予以扶持，年内园区入驻电商企业7家。

【威海久鼎电子商务孵化器有限公司提供电商代运营】 威海久鼎电子商务孵化器有限公司于2015年9月成立，是一家由多年从事淘宝、天猫、京东等电商平台运营和推广优化的人员组建的电商服务公司，致力于为众多中小电商企业提供有价值的服务模式，为传统企业提供电商代运营、培训及技术指导服务，帮助企业摆脱电商运营瓶颈，完成企业电商化转型。公司有员工30人，有5年以上电商行业从业经验的专家级核心运营人员10人。2016年，组织每月定期公开课、不定期电商进阶培训以及线上电商公益培训10余次，培训电商创业、从业人员500人以上，并与星歌、虹龙、顺如、塞隆等多家公司签署代运营协议。

【乳山三宝农庄有限公司农特产品网上销售额530万元】 乳山三宝农庄有限公司2014年12月成立，位于乳山市智创电子商务产业基地，专注于农特产品网上销售。公司注册资金200万元，办公面积360平方米。设产品部、设计部、运营部、客服部和仓储物流部，有电商专业人才20人，涉及软件开发、网络应用、艺术设计、电子商务、广告策划及仓储物流多个流域。旗下有淘宝皇冠店“乳山三宝农庄”、企业店铺“乳山特产专卖店”和“中韩跨境电商免税店”。与乳山世康牡蛎养殖合作社、乳山伯瑞蓝莓种植基地、乳山南黄镇无花果种植基地和乳山正洋食品有限公司等签订电商战略合作协议，先后将牡蛎、蓝莓、无花果、正洋粉丝扇贝等乳山农特产品网上销售。2016年，在淘宝网牡蛎、扇贝、蓝莓等海产品、农产品销售额计530万元。

【电商企业联系扶贫村活动启动】 2016年，乳山市组织多家电商企业牵手帮扶贫困村。久鼎电商帮大孤山镇吴家沟村、乳山寨镇仇家兴村网上销售土鸡、旱稻、苹果等，在网上促成崖子镇张格庄村与烟台职业学院发展果业意向。依托阿里巴巴“千县万村”工程，在10个贫困村设立村淘服务站点，村淘服务辐射30个贫困村；依托华润物流“物流公交”体系，开通8条物流线路，在崖子镇、诸往镇等5个镇设立物流分拨中心，为贫困村农产品上行提供快捷的物流服务。针对农村电商人员短缺现状，组织“电商进镇”“农民上网”“贫困村第一书记商务培训”“电商扶贫直通车下乡”等培训活动5次，累计培训300人次，为农村脱贫培养电商人才。

（宋腾）

5月23日，台依湖国际酒庄生态文化区

责任编辑：王　浩

城乡建设·环境保护

Urban and Rural Construction, Environmental Protection

- ◎ 城市规划
- ◎ 城市管理
- ◎ 市政基础设施建设
- ◎ 城镇化建设
- ◎ 招投标监管
- ◎ 房地产开发与管理
- ◎ 建筑业
- ◎ 环境保护

6月12日，乳山市城区一角 （辛戈 摄）

城市规划

【概况】 2016年，乳山市坚持“全域城市化、市域一体化”，全面提升城镇化发展水平。完成《乳山市城市总体规划（2005—2020年）》《乳山市管线综合工程规划》《乳山市综合管廊工程规划》《乳山市停车设施专项规划》《乳山市电动汽车充电设施专项规划》《乳山市水系改造提升专项规划》等系列专项规划的编制工作，推动新型城市化有序发展。至2016年年底，乳山市建城区面积58.74平方公里，其中，城区33.74平方公里，银滩25平方公里。

【乳山市棚户区改造规划完成】 2016年，乳山市编制完成《乳山市棚户区改造规划（2015—2017年）》三年规划，完成白沙滩、腾甲庄、翁家埠等村棚户区改造项目规划审批；改造老城区危旧楼房规划建议，结合地下停车设施、商业设施建设，对人民广场及其以西老旧小区进行统筹规划研究，加快推进旧区改造步伐，打造示范引领样板。

【基础设施向城镇延伸工程实施】 2016年，乳山市实施基础设施向城镇延伸工程，完成冯家镇平安路、商业街道路设计及管线规划设计，完成南黄镇供销社改造规划方案、白沙滩农商行规划、午极及冯家镇敬老院规划方案审批；编制研究城市燃气管线向乳山寨、大孤山、午极等镇延伸规划。

【“三区十园”规划建设完成】 2016年，乳山市以城市总体规划修编为契机，完善“三区十园”规划建设，优化产业结构，打造特色产业园区。将医疗卫生、居家养老服务用房、体育活动场地等公共配套服务设施纳入项目规划设计条件，发展健康养生产业，编制完善《中韩合作健康产业示范园规划》。开展南黄、冯家、白沙滩等镇城镇规划提升工作，完善控制性详细规划、园区建设发展规划等，为中小学教育实践基地、通用机场、体育产业综合体、文化产业综合体等项目进行规划选址，为工程实施创造条件。完成道路桥梁建设、园林绿化、供水排水设施建设改造、供热管道改造工程等6大项、44个小项的城建重点工程规划设计工作。

链接： 2016年2月19日，在乳山市第十七届人民代表大会第六次会议上，市领导周兵在政府工作报告中提出着力打造“三区十园”，三区，滨海新区、经济开发区、主城区；十园，新兴产业园、食品和生物科技产业园、海洋科技产业园、临港产业园、装备制造园、新能源产业园、精细化工产业园、城区工业园、节能环保产业园、葡萄酒产业园。

【城市规划三级会审机制形成】 2016年，推行“城市规划技术审核小组会—局办公会—乳山市城乡规划委员会”三级会审工作机制，阳光操作城市重要规划。年内召开城市规划技术审核小组会37次，进行重点、复杂项目规划建筑方案技术审查131个。

【规划竣工验收面积91.96万平方米】 2016年，乳山市受理并查验规划验收材料46次，组织实地规划竣工验收46次，验收面积91.96万平方米。新建设项目（合计59个楼座）设立规划批后管理档案20处，按规划批后管理程序跟踪监管建设项目（合计36个楼座）14处。乳山市区立柱广告、沿街广告、门头广告等进行严格把关，审批门头广告4次，保证沿街广告和门头的整齐、规范。

【规划监察动态联动机制建立】 2016年，乳山市严格执行规划建设管理法定程序，强化责任追究，通过卫星遥感监测辅助城乡规划督察，核查违法图斑并将其作为治理违法建筑的突破口，实施联动机制，搞好违法建筑认定工作。乳山市规划局配合相关部门查处、惩治违法建设行为。在山东省督查办下发到乳山的51个疑似违法图斑中，违法建设7处，其中，城市边界用于农业生产未办理手续4处，交由土地部门处理；超出规划范围、侵占公共绿地，属严重违反规划法的图斑3处，移交执法局依法处理，由督察员作为重点督查图斑上报山东省督查办。强化规划监察函告联动，惩治违法建设，加强与土地、城市行政执法等部门合作，推进违法建设图斑查处工作，全年与执法局函告联动10次。

（王波 王忠阳）

城市管理

【概况】 2016年，乳山市结合“五城联创”工作，在全市开展城市道路、环境卫生、园林绿化、给水排水及路灯城市基础设施检查。全年完成道路挖掘审批57项、空白地补植20万平方米、人行道整修10万平方米、车行道整修3万平方米、盲道整修1.2万平方米，更换公交候车亭和重新选址30处。

（王欣淑）

【城管联合执法实施】 2016年，乳山市城市管理行政执法局建立联合执法、拆违联动管护、属地管理、执法巡查等机制，城市管理水平不断提升。年内，乳山市城市管理行政执法局获乳山市“2016年度履行机关岗位目标责任制先进单位”“威海市城市违法建设治理先进单位”“2016年度山东省卫生先进单位”“山东省文明单位”称号。

【城市环境整治销号管理】 2016年，乳山市开展违法建设、占地种菜等整治工作7项，排查违法建设187处，立案查处16处、拆除171处，拆除面积1.16万平方米；排查门前三包业户5300家，逐户签订责任书并粘挂星级牌；排查占地种菜62处34.17万平方米，销号59处，清理面积34.14万平方米，绿化7415平方米；排查烧烤业户245户，停业12户，新更换环保烧烤炉具213户；排查再生资源回收站点69户，完成整改50户；排查建筑垃圾及乱堆乱放106处，已清理整治95处；排查扬尘污染并全部整治销号54处。

【桃威铁路沿线环境整治启动】 2016年，乳山市开展桃威铁路沿线综合治理行动，排查问题42处，整治完成21处，粉刷垃圾广告180平方米，清理乱堆乱放、建筑垃圾等1400立方米，平整场地6.7万平方米，拆除有碍观瞻建筑物45平方米，栽种绿化树木75棵，整修屋顶50平方米，铁路沿线环境脏乱差现象得到治理。

【市区违法建设拆除167处】 2016年，乳山市城市管理行政执法局加大日常巡查力度，发挥智慧城管信息采集作用，强化部门属地管理，建立快速反应机制和“联合查违”防控体系，学习长沙市等地先进拆违经验，联合房管、规划、社区等部门建立拆违联动机制，乳山市区共拆除各类违法建设167处，拆除面积1万平方米，控制新增违法建设5处。

【露天烧烤整治达标】 2016年，乳山市采取政府补贴方式，全市烧烤业户更换环保烧烤炉具213个，确保室内烧烤油烟达标排放。采取错时执法方式，重点加大对夜间18:00—19:30时间段室外就餐、室外烧烤、私人露天休闲烧烤的整治，严控露天烧烤和室外就餐，确保整治成果。

【户外广告整治】 2016年，乳山市进行主次街道、背街小巷户外广告规范整治，完成道旗广告2688处，高炮立柱广告设计安装19处，拆除违规广告牌匾712处，清理落地广告灯箱956个，更新破损广告、门头1820处。

【市容环境整治常态化】 2016年，乳山市城市管理行政执法局以“治理乱点、消除盲点、营造亮点”为目标，组织开展“十乱”集中整治行动，规范城市秩序，重点清理占道经营、乱贴乱画、乱堆乱放、乱扯乱挂等现象。清理乱贴乱画1.57万处、乱挂乱晒2325处、乱堆乱放1768处，联合公安查处乱发、乱贴小广告18起，收缴小广告宣传单3500张，提高城市管理效果。

【城市管理“错时集中执法”实施】 2016年，乳山市城市管理行政执法局重点强化中午11:30—14:00和夜间17:00—21:30时段管理，实现全天候无缝隙覆盖，杜绝管理上的“真空”，疏导清理流动摊点9672处，清理店外经营6057处。健全网格化管理体系，落实定人定岗定责，强化监督考核，采取智慧城管信息采集和督查部门督查通报的方式，主动发现问题，限时进行整改。

【室外修车经营秩序规范】 2016年，乳山市城市管理行政执法局联合公安交警、交通、工商等部门，对全市128家室外修车门店统一修车行业标准、经营范围及条件，引导修车业户入室、入院规范经营，完成整改115家，取缔13家，拆除室外修车地沟等配套设施25处，规范全市修车行业经营秩序。

【“门前三包”诚信“红黑榜”建立】 2016年，乳山市城市管理行政执法局创新“门前三包”工作思路，建立“星级管理、纳入诚信红黑榜”管理机制。与全市商户签订责任状5300份，每季度进行“门前三包”综合检查、评审，与诚信红黑榜挂钩，评定出红榜66家，黑榜19家，实行星级挂牌管理，强化媒体宣传，展示星级形象，调动业户主动参与“门前三包”自律意识。

【便民服务“五走进”活动启动】 2016年，乳山市城市管理行政执法局开展走进广场、公园、街道、社区、平台“五走进”活动，提高为民服务能力和水平，为群众协调解决广场舞扰民、乱搭乱建、马路市场等各类热、难点问题3000起；答复办理民生诉求热线问题161个，办结率100%；信访量2件，满意率100%；处理电话举报案件375起，案件办结率100%；智慧城管案件5728件，处结率97.81%；审批占道经营事项473件；开展义工志愿服务活动和党员进社区活动128次。

【便民摊点建设运营市场化运作】 2016年，乳山市采取分类别管理方式，在城区设置便民摊点群7处、自产自销经营区2处、早市2处，以市场化运作方式，引导摊点入群、入市规范经营。全市有小修理摊点57处，早餐摊点24处，实行统一审批、管理、统一硬件设施配备，亮化城市环境。在乳山市区国安路、商业街、世纪大道等处设置春节临时年画市

11 月 12 日，金硝岭体育公园开工建设　　（李俊卿　摄）

场 6 处。

【便民信息栏规划建设 50 处】　2016 年，乳山市按照“疏堵结合、以疏为主”原则，引入市场化运作机制，由企业投资 100 万元，在乳山市区繁华路段和居民集中生活区规划建设便民信息栏 50 处，由企业负责便民信息栏的日常管理工作，上半部分用于广告招租企业获取收益，下半部分为即插式广告信息栏用于广告发布，解决乱贴乱画乱发小广告问题。

【电话亭统一标准改造 25 处】　2016 年，乳山市对 25 处电话亭、报刊亭统一式样标准，按照“谁主管、谁负责”原则，由产权单位提供优惠政策，业主自行投资采用防腐木材制作，提档升级改造。

（吴增辉）

市政基础设施建设

【概况】　2016 年，乳山市区道路长度 348.55 公里，面积 644.13 万平方米，人均城市道路面积 33.22 平方米。桥梁 86 座，路灯 1.97 万盏。排水管道长度 714.23 公里。污水年处理量 1540 万吨，污水处理率 98.09 %。供热管道长度 318.74 公里，燃气管道长度 343.79 公里。

【城区道路改造持续推进】　2016 年，乳山市实施建设街、海峰街东段、天津路东段等 12 条道路建设改造工程，完成道路更新 38.32 万平方米，人行道铺装 3.06 万平方米。至 2016 年年底，投资 1.4 亿元，新增道路长度 10.69 公里，新增道路面积 27.59 万平方米，城区道路总长度 348.55 公里，路面总面积 644.13 万平方米，比上年增长 3%和 4%。

【园林绿化工程升级改造】　2016 年，乳山市完成滨海路、疏港路景观绿化工程，开工建设金硝岭体育公园工程、能源路绿化优化工程以及新华街东段绿化工程。其中滨海路绿化工程总面积 35 万平方米，疏港路绿化总面积 1.36 万平方米，共栽植乔木 600 株，灌木 1000 株，地被种植 6000 平方米，草皮种植 5000 平方米。至 2016 年年底，金硝岭体育公园绿化工程栽植乔木 1260 株，灌木 90 株，种植草皮 3750 平方米；能源路绿化优化工程移植各类苗木 2300 株；新华街东段绿化工程栽植乔木 176 株。空白地补植完成 20.9 万平方米，累计新增绿化面积 35.74 万平方米。

【城市防汛措施细化落实】　2016 年，乳山市住建系统成立 18 个共 600 人的应急抢险队伍，备足抢险物资、器材和设备，防汛物资沙土袋 8000 条、砂石 4000 立方米、抢险车 57 辆、水泵 44 台、发电机 4 台、冲锋舟 2 艘、皮艇 2 艘，对防汛车辆、设备进行全面检修、保养；改造乳山市区易积水点 5 处，完成河道清淤 20 公里，雨污水管道疏通 220 公里，更换污水检查井盖 352 套，完成河道护栏等附属设施整修，维修橡皮坝抽水电机 6 台，维修闸门 5 套，满足汛期泄洪和汛后升坝要求；清理疏通雨水井、检查井 1770 座，银金大道排水沟清淤 2.49 万米，修砌排水沟 950 米，更换雨水井盖 484 套，更换城区内破损、缺失的雨水篦子 60 座，完成老旧管道改造 12 公里。

【城市燃气管网总长度 382 公里】　2016 年，乳山市办理燃气开工手续 33 个，共计 5817 户，燃气竣工验收备案 38 个 6691 户。投资 380 万元实施燃气“镇镇通”福喜—309 国道（车道站）项目，管道安装 7.4 公里。加大燃气基础设施配套建设，完成紫锦花园、金盛苑、星海湾二期等小区庭院管网建设 38 个，累计敷设燃气管线 8.2 公里，至 2016 年年底，全市燃气管网总长度达到 382 公里，全年新增居民燃气用户 1.7 万户，居民总用户 14.44 万户、新增公共福利用户 26 户，公共福利用户总计 142 户。

【城市供热系统升级改造】　2016 年，乳山市办理热力开工审批手续 19 个，共计 34.86 万平方米，热力竣工备案手续 5 个 6.83 万平方米。加大热力设备检修、管道新建、改造力度，加快外墙保温工程进度。投资 650 万元对新热电厂、北郊分厂、华地热力 8 台锅炉主辅设备进行检修和维护，完成 20 个换热站升级改造工作。投资 2500 万元对城区建设街主管道、政府办公区、东苑小区等老旧小区区间管道优化改造，新上公园东路供热主管道 800 米，阳光家园供热主管道 1240 米，技校专业供热管道 900 米。投资 150 万元新建北线蒸汽管线 900 米；按照环保超低排放标准，投资 5000 万元对乳山市热力集团新热电厂、北郊分厂、华地热力公司原脱硫、除尘设施升级改造，新建脱硝工程，降低污染物排放。完成既有居住建筑供热计量及节能改造项目建筑面积200万平方米。至2016年年底，总计完成469.6万平方米，其中外墙维护结构改造331.2万平方米，供热计量改造138.4万平方米，新增供暖面积35万平方米。

【城市照明维护】 2016年，乳山市按照上级“便民利民实事”和“五城联创”工作安排，乳山市区部分路段路灯设施新建和改建。幸福三路安装路灯16基，新华街东段安装路灯100基，滨河街安装路灯85基，能源路安装路灯288基，府前路安装路灯38基，金牛山一期路灯更换27基，金牛山体育公园安装路灯38基，胜利街十火花灯大修86基，商业街路灯大修932支，金银大道路灯大修224盏；路口渠化照明全部完成，共安装高杆灯17基、路灯58基；市区浦东路、世纪大道、青山路路灯升级改造完成，更换路灯993盏；铺设路灯线路3.2万米。维修路灯2800盏、路灯设施清理保洁3000套、维修路灯设施430处。

【道路环境卫生机扫率达到90%】 2016年，乳山市环卫处将城区道路清扫保洁包干到5个作业队，另设1个中、晚保洁队负责富山路、商业街、胜利街等乳山市区繁华路段的卫生保洁，增加街道巡回清扫频次及作业时间。道路清扫车、高压清洗车、护栏清洗车不间断进行道路、护栏清扫与清刷，防止扬尘产生，提高道路清扫保洁水平，机扫率达到90%。

5月26日，乳山市垃圾中转站运行中 （柳振华 摄）

【垃圾清运实现日产日清】 2016年，乳山市调整垃圾清运班次和清运时间，按照城区垃圾桶投放情况7辆压缩车划片清运，1辆压缩车负责午餐时段城区生活垃圾清运，6辆拉臂车负责镇中转站压缩后的垃圾清运。年内，日均清运生活垃圾450吨，垃圾清运及时率达99%，主街道垃圾桶清洁率99%。在垃圾填埋区四周铺设防尘网2.5万平方米。

【垃圾焚烧计量统计】 2016年，乳山市实行抽样检测和日常检测相结合方法，严禁建筑垃圾、泥土等不符合标准的垃圾进入发电厂，保证垃圾焚烧发电厂设施正常运营。年内，不达标垃圾40车、506吨。做好每日入厂垃圾量的准确统计，为各镇（街道）城乡环卫一体化工作考核做好基础数据储备。

【特殊天气城市道路应急管理】 2016年，乳山市制订防汛、除雪应急预案，进行相应物资储备，每月开展“车保日”活动2次，开展安全生产培训24次，培训720人次，车辆普查检修1344车次，应急演练2次，出动110人次，坚持“以雨雪为令，雨雪降即动”，雨中清淤，雪中清雪，保证特殊天气应急管理，最短时间内完成工作任务，保证城市道路的及时保洁，确保市民顺畅通行。

【城乡环卫一体化扩大覆盖】 2016年，乳山市以日常检查和集中检查相结合的方式，重点关注“三大堆”、村头街尾、房前屋后、排水沟、河道、连村路环境整治工作；每月与文明办、扶贫办及环卫一体化列席单位组成检查组，对15处镇（街道）及辖村、垃圾中转站环境卫生进行集中检查1次，实行销号管理，限期整改，跟踪复查，确保落实到位。与扶贫办、农工办开展扶贫村、待整治村环境卫生集中整治及国庆节前环境集中整治活动7次。采取日常检查督导、实地暗访等措施，进行15处镇（街道）辖村、垃圾中转站的环境卫生实地督导考核1800人次，全市601个村、10座垃圾中转站全覆盖，发现问题4000起，

8月26日，乳山市新购置高压清洗车投入使用 （王欣淑 摄）

销号率达到 85%。

（王欣淑）

【乳山市水务集团有限公司】 成立于 2013 年 10 月 18 日，承担城市输水、供水、排水、中水回用以及污水收集等职能。2016 年，新建供水管网 10.9 公里，改造供水管网 1.2 公里，新增用水人口 2.5 万人，延伸供水服务面积 8.5 平方公里；完成各类水质取样检测 1249 次，管网水质综合合格率 97.26%。水质综合合格率达 100%。

【城市河道集中整治启动】 2016 年，乳山市水务集团按照“治淤为先，分类推进，科学管护，确保长效”原则，实施城市河道和排水小干河集中整治，投入资金 150 万元，整治城市河道及排水沟渠 8.5 公里，清运淤泥 4.6 万立方米，打捞漂浮物 230 吨。修复沿河护坡 540 米，更换护栏和石立柱 400 根，维修亲水平台 4 座，整修橡胶坝管理房 9 座。全年城市排水设施完好率 99.2%，保障城市平稳度汛。

【城市供水应急保障】 2016 年，乳山市水务集团切实解决旱情严重导致的原水供应压力，以第三水厂“大小泵匹配”的硬件优势为依托，科学调控管网压力，在保障基本需求的前提下，压减水量 18%，缓解原水供应压力。8 月，投入资金 300 万元，实施龙角山水库机提工程以及乳山河于家庄段和邓家村段拦蓄提水工程。每日为第三水厂补充原水 2 万立方米。11 月，第三水厂投入 100 万元购置预处理装置对波动较大的原水水质进行积极应对。年内累计完成供水 1661.4 万立方米；新建供水管网 10.9 公里，改造供水管网 1.2 公里，新增用水人口 2.5 万人，延伸供水服务面积 8.5 平方公里；完成各类水质取样检测 1249 次，管网水质综合合格率 97.26%。在饮用水水质安全环节，自筹资金 200 万元建设标准化实验室，在全省县级市较早通过等级评定，夯实乳山市创建国家卫生城市硬件基础。

【水务“合同能源管理模式”实行】 2016 年，乳山市水务集团推行“合同能源管理模式”。与专业节能服务商合作，在零投入前提下对水厂、增压泵站等设施实施全方位、深层次节能改造，实现节能减排与企业效益双提升，年内减少电费支出 100 万元。

【水务“PPP”合作模式实行】 2016 年，乳山市水务集团以总额 9.2 亿元的 13 个水务项目为依托，开展融资运作。7 月，按照“区域项目打包建设”新模式，与重庆康达环保产业集团有限公司、山东毅康科技股份有限公司达成 PPP 合作协议，组建 SPV 项目公司，5 个月时间完成建设投资 2.6 亿元。

链接：“PPP”，是指政府与私人组织之间，为合作建设城市基础设施项目，或是为提供某种公共物品和服务，以特许权协议为基础，彼此之间形成一种伙伴式合作关系，并通过签署合同来明确双方权利和义务，以确保合作的顺利完成，最终使合作各方达到比预期单独行动更为有利的结果。

【水务行业连续 37 个月市民“零投诉”】 2016 年，乳山市水务集团打造“诚信为民，润泽万家”服务品牌，践行“替政府分忧，为群众解难”的行业宗旨，实现服务质量提升、服务环境优化，行业作风获得根本性好转。全年通过“水润”服务热线受理市民各项诉求 2413 件，其中三小时办结率 25%，六小时办结率 65%，当日办结率达到 95%。在“6512345”乳山便民服务热线受理统计中，城市水务连续 37 个月市民“零投诉”。

【水体污染降低】 2016 年，乳山市铺设污水收集管网 4.1 公里，完成污水收集 1020 万立方米，比上年提升 12.3%；处理污水 1231 万立方米，比上年提升 11%。全年削减 COD5429 吨、BOD1330 吨、氨氮 340 吨、总磷 340 吨，减少水体污染，改善城区环境质量。

（赵玉梅）

【乳山市城市建设投资集团有限公司】 成立于 2013 年 10 月 18 日，注册资本 10 亿元。辖乳山市绿城园林有限公司、市政建设工程有限公司、城投物业服务有限公司、城投置业有限公司，与威海市北洋电气集团股份有限公司合资成立乳山智慧城市网络技术有限公司。2016 年，完成融资 1 亿元，实施乳山市重点工程建设项目 19 个，总投资 1.06 亿元。

【城市基础设施建设进度加快】 2016 年，乳山市完成海峰街东段、天津路东段、滨河街（富山路至青山路段）等排水改造工程 6 处，完

6 月 12 日，乳山市城南河整治工程完工　（朱剑宇 摄）

5月22日，乳山市天津路东段道路改造工程现场 （王东 摄）

成幸福三路南延道路、松山路北拓、怡园中学西路等改造建设10处，天水路、文化街细粒沥青混凝土摊铺工程2处。对城区破损坑洼路面、背街小巷进行铣刨及沥青砼修补2.2万平方米、水泥混凝土修补硬化420平方米，维修铺装人行道板8000平方米、路沿石689米，安装路沿石230米，更换维修检查井1057套，安装更换水漏2356套。完成银金大道清淤排水沟2.5万米、清草1.2万米、修筑排水沟950米、世纪大道南端立交桥处整平人行道2600平方米、铺装人行道板2600平方米、安装锁边石750米，青山路仇家洼大桥以北维修人行道板1730平方米；完成金牛山公园新装健身器材16组，完成晨读公园、天水路、青山公园健身器材更换7组，粉刷维修112组；维护市区排椅26把，公园、广场、绿地内排椅160把；完成各公园、广场等破损铺装维修2100平方米。

【城区绿地保洁面积707万平方米】 2016年，乳山完成城区人行道树栽植补植、空白地补植、笙歌路口渠化改造等重点工程，栽植乔木8500株、灌木6.7万株、平剪124万株、草花273万株、地被13万株、草坪1000平方米。完成银金大道、金银大道、世纪大道等6处空白地绿化苗木补植，共栽植乔木1800株、灌木6600株、平剪18.7万株、草坪1000平方米、草花1万平方米。城区707万平方米绿地实施保洁，出动人员7万人次、运输车辆800台次，清理垃圾9000吨；配合绿地开道口、安装管道等其他市政工程搬迁苗木24.3万株。

【棚户区改造惠及11个片区2666户】 2016年，乳山市棚户区改造工程完成投资6.14亿元，其中新建工程项目费用4.53亿元，拆迁安置费用1.61亿元。惠及11个片区2666户，东南堆、南江村等6个片区462户采取货币购买存量房模式，夏西、翁家埠等5个片区采取货币化补偿模式64户、新建安置模式2140户。白沙滩镇翁家埠、宫家庄等7个片区开工建设，至2016年年底，主体工程基本完工。

【智慧城市建设扎实推进】 2016年，成功申得中国电子信息行业联合会颁发的“信息系统集成及服务四级资质证书”，两项计算机软件著作权证书，成为威海市软件和信息技术服务产业联盟理事单位，被山东省科技厅列入科技型中小微企业名单。完成乳山市电子政务外网平台建设项目，乳山市100多个部门办公外网进行集中整合，形成统一互联网出口、统一IP规划，方便部门之间互联互通，确保政务外网信息安全。升级改版政府门户网站，建设乳山市民网，搭载山东政务服务网并整理多项办事指南，方便企业、市民政务事项办理。

（王东）

【乳山市热力集团有限公司】 成立于2013年10月18日，是乳山市政府规划组建的国有独资企业，注册资金4839.57万元，干部职工362人。设办公室、党群工作部、财务审计部、生产技术部、企业管理部、物资供应部，辖乳山热电有限公司、乳山图曼热力安装有限公司、乳山市万佳热力服务有限公司。公司负责城市供暖（供热范围为城区深圳路以西区域）、供汽、发电、供汽工程设计和资产经营管理等工作。2016年累计完成发电量4381.598万千瓦时，供电量3042.4418万千瓦时，供热量769259百万千焦，完成供汽量4.28万吨。

【城市供暖设施持续改造】 2016

11月20日，乳山市笙歌路口渠化改造工程完工 （李俊卿 摄）

年，乳山市热力集团公司投资500万元对新热源厂4台锅炉和北郊分厂2台锅炉主辅设备及公用系统进行检修和维护；投资4028万元，完成北郊分厂2台58兆瓦循环流化床热水锅炉超低排放和节能改造；投资1938万元对城区供暖主管网、区间管网及供暖阀门进行安装改造和检修；投资1510万元完成建设街4600米供热主管道更换；新安装公园东路1536米供热主管道，满足悦商家园、巴黎世家等小区供暖需求；投资240万元对东苑小区、电业小区及城东一区、二区1464米区间供暖管道进行优化改造；投资150万元增容西馨苑小区、黄山小区等12个小区共计20万平方米接入城市集中供暖系统；投资38万元对城区250个小区共计1526栋楼的供暖阀门进行检修和维护保养，对1500个供热计量表进行检修和更换。年内累计新建和改造供暖管网1万米，新增供暖面积25万平方米。完成光明小区、笙歌小区、黄山小区等50个小区592栋楼的外墙保温工作，累计完成外墙保温面积200万平方米；完成文苑小区、金苹果小区等30个小区360栋楼共计1万只热计量表和2万只温控阀的安装。

【供暖呼叫报修平台开通运行】 2016年，乳山市热力集团供暖呼叫报修平台系统开通。用户供暖报修、维修处置派单时间大幅缩短，服务热线人员通过后台系统进行报修汇总，及时对辖区管理人员下派维修任务、通知，实时掌握维修进度和完成情况，提高维修效率及诉求服务质量。平台系统完整的报修记录，为夏季老旧管网改造实施提供科学的数字依据。

【供暖缴费卡缴费方式实施】 2016年，乳山市热力集团公司实施供暖缴费卡缴费，在供热缴费期内，用户持缴费卡就近选择到乳山热力客户服务厅、威海市商业银行各网点、乳山市建设银行各网点（手机银行或网银缴费）办理缴费业务，为采暖用户缴纳采暖费提供更加方便快捷的服务。

（崔国宁）

6月28日，乳山市浦东路南侧改造后的公厕投入使用　（柳振华 摄）

城镇化建设

【概况】 2016年，乳山市村镇办以推动新型城镇化建设、促进城乡一体化为目标，开展棚户区改造、农村危房改造、农村改厕、新型城镇化建设、美丽乡村建设、小城市试点申报、重点示范镇和特色小镇申报、传统村落申报及保护、宜居小镇及宜居村庄申报等工作。年内规划审批15个片区，危房改造253户，农村改厕5000户，申报传统村落7个，示范镇、特色小镇2个。

【15个棚改片区规划文本审批通过】 2016年，乳山市计划改造16个片区共4013户，其中回购存量房安置765户，货币补偿安置679户，新建安置2569户，货币化安置比例36%，总投资19.64亿元。住建局为加快棚户区改造工程，研究制定《乳山市棚户区改造管理办法》，指导全市棚改工作；建立“日调度、周汇总”棚改工作机制，每周组织成员单位参加棚改例会，解决棚改工作中存在问题；至2016年年底，签订完成棚改片区协议16个，棚改获批国开行授信额度15.45亿元，15个片区规划文本获审批通过。

【危房改造完成253户】 2016年，乳山市村镇办发挥组织协调作用，中央重要惠农政策有效实施。2016年，各镇危房改造共534户（建档立卡贫困户107户），到账专项资金841万元。与各镇合作，对本年度申请补助资金的农村危房改造实施鉴定，督促各镇危房尽快完成改造。年内，完成鉴定517户，改造253户。

【农村改厕完成5000户】 2016年，乳山市出台《关于农村无害化厕所改造和生活污水处理工作实施方案（2016—2018年）》，乳山市住建局组织各镇上报农村改厕三年计划，确定乳山市农村改厕计划51975户，其中2016年改厕计划17806户，2017年改厕计划17100户，2018年改厕计划17069户。至年底，中标厂家完成供货1.3万套，改造5000户。

【人口市民化阶段性任务完成】 2016年，乳山市住建局根据《威海市新型城市化规划（2015—2020年）》，按照“优先发展沿海各镇，沿海镇带动内陆镇”的城镇化发展思路，与山东省规划设计院进行乳山市新型城镇化规划的编制工作。至2016年年底，《乳山市新型城镇化规划（2016—2020年）》完成；人口市民化阶段性目标任务完成，外来人口市民化650人，城中村城边村居民市民化7524人，就地转移人口市民化1.2万人。

【美丽乡村建设连片提升计划实施】 2016年7月，乳山市美丽乡村建设及农村环境综合整治工作从农工办移交到村镇办，移交之前白沙滩村、玉皇山后村已获批省级美丽乡村精品示范村试点创建，环境综合整治工作进入验收阶段。村镇办按照创建标准指导试点村逐项实施，制订"十三五"美丽乡村连片示范区、精品示范区创建计划，提炼亮点优势；实施胶东育儿所、马石山红色教育基地所在地崖子镇、诸往镇美丽乡村精品线路连片提升计划，制订提升实施方案，进行任务分解。

【中小城市试点申报通过初审】 2016年，乳山市住建局根据山东省住建厅《关于做好中小城市试点申报工作的通知》，牵头相关部门配合省规划设计院完成材料申报，通过省住建厅初审。中小城市试点期限为2016—2020年，分为试点申报、名单公布、年度评估、总结推广4个阶段。其中，试点申报是在2016年9月—10月。2016年12月，山东省城镇化工作领导小组办公室会同省直有关部门，组织专家对申报试点城镇进行定量定性打分评估，形成初审意见报山东省政府审定后，公布试点城镇名单。

【省级重点示范镇、特色小镇申报】 2016年，乳山市根据《山东省人民政府办公厅关于印发山东省创建特色小镇实施方案的通知》及《山东省人民政府办公厅关于印发山东省设立新的中小城市试点方案的通知》，对15个镇（街道）进行调查摸底，经乳山市政府研究，确定海阳所镇及白沙滩镇申报重点示范镇及特色小镇。

【1镇1村获评省级宜居小镇及宜居村庄申报】 2016年5月10—13日，中共乳山市委书记高书良带队赴浙江考察学习特色小镇建设先进经验。2016年，乳山市住建局组织各镇开展第三批山东省传统村落申报工作。至2016年年底，有5个镇、7个村申报传统村落，分别是徐家镇东峒岭村、海阳所镇赵家庄村、大孤山镇大史家村、下初镇河南村、南黄镇靠山村、南黄镇崮山寺村、南黄镇归仁村。乳山口镇成功申报宜居小镇，海阳所镇后山于家村成功申报宜居村庄，宜居小镇获专项资金30万元，宜居村庄获专项资金15万元。

（王欣淑）

招投标监管

【概况】 2016年，乳山市执行国家发改委报经国务院批准公布的依法招标工程具体范围和规模标准，规范招投标行为，明确强制招标对象。国有资金占控股或者主导地位工程，除国家规定情形外，全部公开招标。不具备招标条件的坚决不予招标。招标工程编制资格预审文件和招标文件，使用国家标准文本和省示范文本。至2016年年底，乳山市公开招投标项目61个，工程造价9.32亿元。

【电子招投标全面推行】 2016年，乳山市按照威海市住建局《关于规范建设工程电子招标投标的实施意见》和《关于推行建设工程远程异地评标的实施意见》，与交易平台和软件公司沟通，做好电子招投标平台的建设和维护，年内电子招投标全面推行。

【标后评估长效机制建立】 2016年，乳山市在全面推行电子招投基础上，开展远程异地评标。建立标后评估长效机制，定期对年内开标的部分工程项目在招标文件编制的合法性、工程量清单的准确性、招标程序的规范性、评标办法的合理性、评标过程的公开性、评标意见的科学公正性等进行标后评估。年内评估工程3项。加大对招投标活动日常监督管理，规范招标投标行为，加大招投标违规处罚力度，对3项工程涉及的5家投标单位在招投标过程中存在的违法违规行为，按照相关规定进行行政处罚。

（王欣淑）

房地产开发与管理

【概况】 2016年，乳山市共有房地产开发企业90家，其中，二级资质2家，三级资质13家，四级资质35家，暂定资质40家。年内办理施工许可证49个，施工许可面积53.26万平方米，竣工面积82.52万平方米，竣工验收备案工程38个，办理合同备案70份。

【房地产业资质监管力度加大】 2016年，乳山市对房地产开发企业在人员配备、经营管理、业绩、税收、慈善及市场行为等方面进行全方面综合性考评打分排名，评审结果在乳山市住房和城乡建设局网站以及新闻媒体上公布。房地产开发企业信用评价活动作为建设主管部门的动态管理手段之一，对提高开发企业综合素质，推动乳山市房地产业平稳健康发展发挥重要作用。

（王欣淑）

【保障性住房受益规模历史性突破】 2016年，乳山市新增加保障性住房0.8万平方米、137套，租房补贴146户，全年累计为382户中低收入家庭提供住房保障，比上年提高42%。幸福小区、碧海苑小区的351套房屋对外实行配租，符合条件的108户家庭签订租赁协议，享受公租房保障家庭达236户。廉租住房租房补贴由最低收入家庭扩大到中低收入家庭，将城中村低保家庭、失独家庭纳入保障范围。将笙歌小区16套空置房和西城华府小区121套小户型商品房，通过政府回购的方式纳入乳山市保障房体系，增加租赁房源供应；对不符合申请条件、有特殊困难的家庭，经乳山市公安、民政、房管、街道等单位会审同意后申领补贴。2016年，为2户特殊困难家庭审批补贴。住房保障工作争取上级奖补资金998万元。

【小区物业管理整治完成147个】 2016年，乳山市区40家物业企业重点整治 147 个物业小区。累计清理小区小广告 45 万平方米；粉刷楼道 81.85 万平方米；清理乱堆乱放、垃圾死角以及小菜园等 4000 处；拆除乱搭乱建、违章建筑 300 处；补绿 15.35 万平方米；路面硬化 12.43 万平方米；更换垃圾箱 2500 个；设置毒饵站 4000 处；改造公共厕所 4 处；物业企业累计投入资金 1200 万元，通过国家级创城暗访验收。

【年度老旧小区改造完成】 2016 年，乳山市按照全省统一部署，对 1995 年前建成的老旧小区进行改造，全年改造面积 71.8 万平方米，涉及 8404 户，争取上级奖补资金 660 万元。实现住宅小区排水通、路面平、路灯亮、停车有序、环境美。

【智慧化小区试点建设 3 处】 2016 年，乳山市房管局牵线当意网与颐和、广润、致恒三家物业企业达成合作意向，在山水人家、海洋国际和香格里拉二区开展智慧小区建设试点，打造“移动互联网 + 智慧社区”平台，实现利用移动数字终端享受家政、购物、设施维修、快递、代驾等服务。

【房产交易有形市场建成运行】 2016 年，乳山市房屋登记工作移交乳山市国土资源局，房产管理局在久久发 8 号楼建成房地产有形市场，形成开发商楼盘和建材展示区、会展活动区、部门服务区、配套服务区等四大功能区。2016 年，办理二手房交易 6286 套，面积 50.9 万平方米，通过房管局网签平台共销售商品房 9782 套，签约面积 62.5 万平方米。

【房地产资金监管强化】 2016 年，乳山市列入预售资金监管的企业 47 家，监管预售项目 107 个，预售资金专用账户余额 8620.1 万元。缴存预售资金 1.39 亿元，拨付用于支付工程建设及税费的预售资金共计 1.07 亿元，新增预售监管项目 17 个，有 9 家开发公司的 11 个预售项目完成

4 月 23 日，乳山国泰大厦建成使用（高科 摄）

初始登记，办理取消资金监管手续，解除监管资金 762.6 万元。建立业主分户账 8847 个，归集资金 2943.83 万元；追缴历史资金本金 986.82 万元、延期利息 15.59 万元；办理退款 224 笔，退还资金 90.25 万元；办理全额退款 14 笔，退还资金 6.2 万元；办理资金支用划转业务 14 笔，划转资金 17.54 万元，在途业务 4 笔；办理维修资金业主过户 35 笔，签订维修资金代收代交协议 27 个，约定 6916 套 47.73 万平方米房屋代收资金 2625.39 万元。归集质量保证金 346.8 万元，退款 938.9 万元，账户余额 3648.9 万元。

【房产中介市场动态监管】 2016 年，乳山市建立“企业自管、行业自律、社会监督、政府监管”四位一体运行机制，制定备案和备案前公示制度以及相应的管理规定。乳山市备案评估机构 2 家，测绘机构 3 家。采取定期专项检查和不定期抽查方式，对房地产中介机构实行动态监管。重点检查售楼现场公示情况、准售房源公示情况、预售申报价格执行情况、合同条款情况、房地产广告情况、依法依规销售情况等，严厉惩治捂盘惜售、囤积房源、哄抬价格、炒房团购、网上竞价、人为制造房源紧张等扰乱房地产市场秩序违法违规行为。年内，检查整治中介机构 308 家，减星通报 10 家。

（贺明文）

【部分房地产开发企业简介】

乳山国泰城建开发有限公司 成立于 1985 年，1993 年取得二级房地产开发资质，2001 年在山东省房地产行业首家通过 ISO 9001 质量管理体系认证，是山东省房地产行业龙头骨干企业。公司有干部职工 92 人，其中专业技术人员 43 人，辖设营销部、工程部、办公室、财务部和供应部。公司下属的民安物业服务有限公司管理住宅小区及组团 28 个。公司是集住宅、别墅、商业网点及物业服务为一体的多功能综合性开发建设集团，成功开发建设世纪花园、宏泰花园、银泰海景花园等 20 个楼盘，累计开发面积 300 万平方米；其中世纪花园小区获得省建设厅颁发的“首届城市优秀住宅小区银奖”和“省级花园式小区”称号，东山小区先后被授予“精神文明示范小区”和“威海市优秀住宅小区”称号。2016 年内，总施工面积 6.27 万平方米，竣工面积 4.74 万平方米。2016 年，完成销售收入 8823 万元，上缴各项税费 1157 万元，实现净利润 1192 万元。

乳山市益天房地产开发有限公司 成立于 2001 年，具有房地产开发企业三级资质。技术管理人员 290

人，先后开发胜利花园小区、海渊小区、城东二区、祥和小区等项目，开发面积100万平方米。开发的小区被评为“无质量通病住宅工程”，威海市“花园小区”，威海市“科普文明社区”，益天花园小区被评为威海市“城市优秀住宅小区”和“优秀户型”、山东省优秀住宅小区。2016年，公司开发紫锦祥园小区，总建筑面积11.01万平方米656户，容积率1.25，绿地率35.8%。全年完成销售收入1.9亿元，利税1500万元。

乳山市恒信房地产开发有限公司 成立于2003年7月，注册资金3200万元，是国家房地产开发资质三级企业，公司先后开发海润观海苑小区、蓝湖观海苑小区、嘉盛苑小区等房产项目。德泰银海商贸城于2013年被列为威海市重点建设项目，成为乳山滨海新区最大惠民配套工程，商贸城总建筑面积5.2万平方米，涵盖物流、海产品、农副产品、旅游特色产品，实现年营业额达5亿元，提供就业岗位2000人，间接提供4000人。公司连续9年被评为威海市级“守合同重信用企业”。2016年，完成销售收入1032万元，利税100万元。

乳山市富大房地产有限公司 成立于1984年，是集房地产开发、建筑施工、安装、建筑幕墙、建筑门窗和室内外中高档装饰装修、物业管理为一体的多元化企业，辖设乳山市富达建设工程有限公司及乳山市富安物业服务有限公司，是国家“房地产开发四级”“装修装饰专业承包二级”“建筑幕墙专业承包二级”企业。公司占地面积4.87万平方米，固定资产3200万元。先后开发富大丽园一区、二区、富新花园、观海听涛等项目，2016年9月，开工建设翰林名苑小区1号、2号楼，建筑面积100万平方米。公司被授予威海市“文明单位”“劳动关系和谐企业”称号，山东省装饰装修工程“优质工程奖”，连续6年被乳山市委、市政府授予“纳税明星企业”称号。2016年，公司完成销售额2.2亿元，利税1044万元。

（王欣淑）

建筑业

【概况】 2016年，乳山市有建筑企业69家，其中施工总承包企业48家（外地进乳施工总承包企业9家），专业承包21家，从业人员2万人。年内，累计办理安全监督手续43份，累计监督工程55个，建筑面积131万平方米，涉及施工单位26家，监理单位3家；安全在建工程35个，建筑面积95.7万平方米，其中市区19个工地，建筑面积59万平方米。办理竣工验收备案工程38个，工程面积82.52万平方米，其中市区18个，面积35.51万平方米。施工许可24个，面积21.69万平方米。办理合同备案70份，其中施工总承包合同32份，监理合同28份，专业分包合同10份。

【建筑业资质动态核查】 2016年，乳山市开展年度建筑业企业资质动态考核，在企业自查基础上深入企业、实地考核，重点考核企业生产经营、注册类与非注册类技术人员、技能岗位持证上岗、技师持证上岗情况，企业违法违规及不良行为情况，安全生产许可证持有情况等，检查中对资质条件存在一般性问题和不足的企业，下达告知书12份，督促企业及时整改完善。

【获威海预拌砂浆生产资格企业2家】 2016年，乳山市加强商混企业监管，推广预拌砂浆。申报生产预拌砂浆的两家（康瑞特、凤凰）商混企业通过威海质监站检查，获得预拌砂浆生产资格。境内有金联建材有限公司、凤凰混凝土有限公司、康瑞特建材有限公司3家预拌砂浆生产企业。乳山市在建工程使用预拌砂浆累计4.2万吨，商混企业7家安装生产线数据自动采集系统，质监站不定期进行商品混凝土企业扬尘检查，建立治理长效机制。

【建筑材料质量监管力度加大】 2016年，乳山市加大建筑材料质量监管力度。加强钢筋、加气块、防水材料、非蒸压硅酸盐砖使用质量管理。乳山市质监站加大全市主体在建工程使用钢筋等材料的抽查力度，重点对带“E”钢筋使用情况、钢筋场外加工情况等进行监督巡查。年内，开展巡查17次，下发整改通知单1份，抽检钢筋原材8份、防水材料3份、加气块5份。要求施工单位禁止采购、使用非蒸压硅酸盐砖，引导德鑫建材公司申报蒸压硅酸盐砖生产资质。

【市政工程质量排查】 2016年，乳山市编写《市政工程质量监督监督计划》，对参建单位（建设、监理、施工单位）项目负责人进行监督交底。加大市政工程日常巡查力度，每周开展不定期巡查1～2次，发现质量问题责令整改。年内，乳山市质监站下发整改通知单10份，均已整改完毕并经复查合格。对整修的红色教育基地“胶东育儿所”旧址，协调各参建单位进行房屋现状检查，汇总隐患19处，督导参建单位按照技术要求进行专业处理，强化过程控制，消除安全隐患。检查学校20所、医院9所，提出影响校舍、医院安全质量问题和整改意见9条。

【政府投资非经营性房屋建筑项目建设实施方式改进】 2016年，乳山市根据国务院《投资体制改革的决定》和威海市《关于政府投资非经营性房屋建筑项目实行代建制管理的通知》要求，乳山市质监站开展调研、探索改进政府投资项目建设实施方式，起草《乳山市政府投资非经营性房屋建筑项目实行“代建制”管理的意见》，制定代建制工程项目建设管理指挥部制度、联席会议制度、工作例会制度、代建制项目管理实施细则，为工程建设项目顺利实施提供制度保障。

【优质工程创建6个】 2016年，乳山市创建“泰山杯”工程2个，威海市优质结构工程4个。

2016年乳山市获“泰山杯”工程一览表

表19

施工单位	工程名称	建筑面积（万平方米）	结构形式
山东起凤建工集团有限公司	威海乳山市银滩颐和山水人家38号楼	1.77	框架
乳山市正华装饰有限公司	久久发7号楼政务服务中心装修改造工程	3.6	框架

2016年乳山市创建威海市优质结构工程一览表

表20

工程名称	施工单位	结构	面积
幸福小区东区107号、108号、112号、113号	乳山市建业工程有限公司	剪力墙	20520
新力•银龙湾18号、19号	江苏南通三建集团股份有限公司	剪力墙	20387
乳山市南江村旧村改造30号住宅楼	乳山市建业工程有限公司	框架	5650
山东外事翻译学院3号	威海建设集团股份有限公司	框架	20677

【住宅工程“样板引路”制度覆盖率达100%】 2016年，乳山市加强住宅工程质量常见问题治理。组织乳山市房地产（开发）、施工、监理、设计等单位50名技术、质量负责人参加威海市建筑工程厨卫间反味串味问题防治现场观摩会；组织建设、监理、施工企业52人到威海参加建筑防水工程精细化施工管理现场观摩会活动，促进建设工程质量常见问题治理；以“提升供给质量，建设质量强市”为主题，开展建设系统“质量月”活动；举办乳山市建设工程质量管理培训班4期；开展工程质量治理两年行动检查活动，落实建设工程质量责任制，加大参建单位质量行为监督检查力度，检查工程项目7个，下发整改通知单5份，督导问题整改；推行住宅工程“样板引路”制度，明确施工标准，增强施工可操作性，加强重要部位、关键工序的质量控制。乳山市在建住宅工程样板引路制度覆盖率达100%。

【安全生产隐患整改到位】 2016年，乳山市住建局下发各类安全生产检查文件14份，累计排查施工现场安全隐患200条，下发隐患整改通知书68份，停工整改通知书17份，针对发现的隐患，监督企业限期整改落实。鼓励企业争创省市级安全文明工地，细化提高施工现场安全防护设施的标准化、定型化、工具化水平，施工现场安全防护设施全部按山东省标准图集制作，物料分类堆放整齐，悬挂名称、品种、规格等标志牌。工程外立面采用全新密目网进行封闭，脚手架必须规范搭设，架体统一刷新油漆，提高施工现场安全文明管理水平。2016年，申报威海市级安全文明工地5个。施工企业与乳山市建筑管理处签订《乳山市建筑施工防汛工作责任书》，所有在建工程制订防汛预案，成立应急抢险队伍，储备应急抢险物资，确保城市防汛工作顺利完成。

2016年乳山市创建威海市级安全文明工地一览表

表21

施工单位	工程名称	建筑面积（平方米）	结构形式
威海正华建工集团有限公司	乳山市宫家庄幸福小区	23958	框架
乳山市春华建设工程有限公司	乳山市2015年第一批棚户区改造项目施工第一标段白沙滩片区	91161	剪力墙
乳山市春华建设工程有限公司	白沙滩旧村改造闻莺苑小区2号、3号、12号楼	6867.2	框架
乳山市春华建设工程有限公司	白沙滩闻莺苑13号、17～19号、27号、28号楼工程	12416.7	框架
乳山市建业工程有限公司	乳山市幸福小区106～108号、112号、113号、115～118号商品住宅楼工程施工	52989	剪力墙

【“建筑节能公示牌”制度实行】 2016年，乳山市对在建建筑工程推行建筑节能现场公示制度，“建筑节能公示牌”制度规定所有批准建设的工程，其施工图设计文件由相关施工图审查中心按照有关法律、法规进行审查，节能技术性参数指标和构造措施达到国家、省、威海市节能要求，按照统一规格和样式制作“建筑节能公示牌”向社会公示。6月，威海市建设工程质量监管平台正式运行。

【农民工工资银行卡支付制度继续推行】 2016年，乳山市继续推行农民工工资支付银行卡制度。在完善劳动合同、民工登记备案、工资发放公示、工资支付月报的基础上，推行农民工工资支付银行卡制度，施工企业根据进场民工信息，为农民工办理银行卡，发放工资时通过银行转账，杜绝个别“包工头”截留工资行为，维护农民工合法权益。10月，开展施工现场农民工工资支付情况专项检查，结合日常工程进度及日常管理特点，对工程项目拖欠情况进行研判分析，集中进行管控，确保拖欠隐患不失控。落实约谈问责机制，坚持发生一起投诉启动一次约谈，对发生拖欠行为的施工企业及拖欠工程款导致施工企业拖欠农民工工资的房地产开发企业，即时对第一责任人和直接责任人启动约谈问责机制，及时化解矛盾。年内，协调处理劳资纠纷10件，涉及农民工工资100万元。

（王欣淑）

【部分建筑施工企业简介】

乳山市白沙滩建筑工程公司 成立于1976年，注册资本金2192万元。是集土木建筑、水电暖安装、铝塑门窗制作安装、幕墙工程施工为一体的股份制国家二级总承包施工资质企业。有在职职工290人，招用农民工2000人，其中高、中级专业技术管理人员270人。是山东省首家通过ISO：2000国际质量体系认证的建筑企业之一。共创建省优工程39项，获山东省建筑工程质量最高奖——泰山杯奖14项，创建市优工程201项，获山东省经济效益金杯奖，质量效益银杯奖和推广应用新技术省级示范工程奖及山东省安全文明工地奖，国家工程建设优秀质量管理小组三等奖、山东省建筑业优秀成果奖。2016年，公司完成生产总值5400万元，利税251万元。

威海正华建工集团有限公司 成立于1994年，辖设建工、装饰、房地产、物业管理、木业、药房10个子公司。主要经营建筑施工、房地产开发、物业管理、装饰设计施工、酒店、旅游等。企业通过ISO 9001、ISO 14001、OHSAS 18001三体系认证，注册资本9400万元，有固定员工800人，各门类专业技术人员齐全，其中一级建造师6人，高级工程师3人，工程师30人，环境艺术设计人员8人，公司职能机构、办公设施、机具设备完善，是威海极具影响力的民营企业之一。先后获山东省“守合同重信用”企业、省级“文明诚信民营企业”，山东省“消费者满意单位”“山东省建筑装饰行业优秀企业”等称号。施工的乳山政务中心装饰装修工程获2016年度山东省装饰装修质量“泰山杯”奖。2016年，实现销售收入2.22亿元，上缴税金1203万元。

乳山市战胜建筑工程有限公司 成立于2001年1月，位于乳山市城区黄山路北首岚子后村，房屋建筑工程施工总承包二级资质企业。主要从事土木工程建筑、水电暖安装、建筑装潢、市政公用工程等业务项目，具有承建28层或单跨度36米以上的房屋建筑工程的技术能力，通过ISO 9001:2008、GB/T50430—2007、SO 14001:2004、GB/T 28001—2001三个国际管理体系认证。承建乳山双连集团双连新厂区（包括大型车间、办公楼等整套基础设施）、乳山华隆畜牧发展有限公司肉食鸡加工厂、乳山市恒裕食品公司车间等项目。被评为“威海市优良工程”，嘉盛苑小区被威海市精神文明建设办公室、威海市环保局评为威海市级“绿色社区”。2016年，实现销售收入0.8亿元，上缴税金273万元。

乳山市中创工程有限公司 成立于2002年，注册资本2000万元，主营房屋建筑工程及钢结构工程、金属门窗工程施工。公司为房屋建筑总承包二级企业，占地面积5.07公顷，资产总额5000万元，固定资产2400万元。承建的鼎盛食品有限公司冷库、车间被评为市级安全文明工地；钢结构车间研究制作的钢柱半自动摘钩器获威海市建工系统优秀QC成果一等奖；乳山市首个新农村建设项目——海阳所镇陈家村建筑面积1.9万平方米安置多层住宅一期工程被评为省级安全文明优良工地；2016年中标的乳山市海阳所镇陈家棚户改造工程1.28万平方米、乳山市实验初级中学新建综合教学楼工程已进入主体施工阶段。2016年，实现销售收入0.5亿元，上缴税金180万元。

山东环建工程集团有限公司 成立于2002年，是具有开发、建筑工程、钢结构、物业管理资质三级的集团公司，注册资本1亿元，主要经营土木工程建筑、安装、室内外装饰、房地产开发、钢架结构制作、餐饮、农业机械。辖设乳山环建房地产开发有限公司、环保建筑工程有限公司、威海环建工程集团物业服务有限公司等6家公司。有职工120人，其中，高级职称7人，中级职称20人，完成投资项目威海环建工程集团有限公司1号车间、2号车间、职工宿舍2.46万平方米。2016年，获全国文明诚信示范单位、房地产开发企业信用评价AAA级企业、威海市房地产协会诚信企业、市级“守合同重信用企业”等称号。实现销售收入0.4亿元，上缴税金137万元。

（王欣淑）

环境保护

【概况】 2016年，乳山市环境保护工作围绕"改善环境质量、确保环境安全、服务科学发展"主线，贯彻新《中华人民共和国环保法》，推进环境监管、总量减排、处理和答复来信来访等专项工作，抓好污染治理、项目把关、审批效能、环境监管等重点工作。年内，环境优良天数333天，大气环境质量优良率91.2%。城镇集中式饮用水水源地水质达标率均保持100%。区域环境噪声和交通噪声均达到国家相应功能区标准。多福山景区获"省级原生态旅游景区"称号，全市有冯家镇唐家庄子村、大孤山镇上夼村、夏村镇台依村等9个村获省级生态村。

【环境质量提升】 2016年，乳山市加大环保投入，强化环境监管，乳山市环境质量稳步提升。辖区内近岸海域海水水质达到《海水水质标准》二类标准要求，水质状况优，达标率100%；乳山河、黄垒河、徐家河、白沙滩河、龙角山水库、台依水库水质等各监测指标年均值达到相应的功能区环境质量要求，达标率100%。其中，乳山河流域、龙角山水库水质各项监测指标均达到国家《地表水环境质量标准》（GB 3838—2002）Ⅲ类标准，黄垒河达到《地表水环境质量标准》Ⅳ类标准。城市环境空气质量符合《环境空气质量标准》（GB 3095—2012）二级标准。空气污染指数年均值为55，市区大气优良天数333天，全年优良率91%。城市区域环境噪声等效声级昼间年均值51.3分贝，交通干线噪声昼间年均值67.7分贝，均达到相应环境噪声功能区标准要求。

【废水、废气污染源治理】 2016年，乳山市以工业点源治理为重点，先后督导福强水产、华信食品、新达食品、华美淀粉、城西工业园染整企业对污水治理设施进行改造；对全市范围内的违规燃煤小锅炉进行清理整治，排查出违规小锅炉107台，拆除燃煤小锅炉44台，占全部拆除工作的41%；对使用10吨及以上燃煤锅炉的重点企业，督导其安装脱硫、脱销、除尘设施，完成超低排放改造工作，乳山北郊热电公司、龙峰硅胶、佰德信新材料、大洋硅胶、外事翻译学院、华地热力等企业完成脱硫、脱硝、除尘废气治理设备安装。

【固废、噪声污染源治理】 2016年，乳山市20家危险废物产生企业纳入日常监管范围。开展绿色护考行动，中高考期间对45家易产生噪声的敏感点位逐一进行检查；针对群众举报的建筑工地夜间施工噪声扰的问题，做到举报一起现场查处一起，全年出动50人次开展夜查15次，遏制噪声扰民行为的发生。

9月20日，滨海新区芦苇湿地涵养保护区 （毕炜杰 摄）

【项目环评审批流程优化】 2016年，乳山市推行环评豁免制度。根据《山东省不纳入建设项目环境影响评价审批的目录（试行）》，6大类、60小类项目不再办理环评审批手续。推行限时审批制度，审批时限由60、30、15个工作日缩短至7、3、1个工作日，不需要现场勘察的项目随到随办。属《建设项目环境影响评价分类管理名录》中的环境影响登记表项目（辐射类除外），试行环境影响评价承诺备案制，提高行政审批效率。

【"12369"环保投诉热线24小时开通】 2016年，乳山市建立环保案件民意征集、即时查处、回访反馈机制，搭建民意征集平台。发挥"12369"环保投诉热线作用、实行环保案件24小时值班受理，开通乳山环保政务微博实时了解群众环保诉求，加强与市民互动交流，形成一线一网"双通道"投诉受理平台。环保投诉案件实行专人受理、专人查办，提高实时反应和案件办理能力，建立案件查办前与举报人见面沟通信息、案件办结后向举报人回访反馈情况的"双见面"制度，提高市民对环保工作的满意度。

【环境在线监测设施更新】 2016年，乳山市监测省控以上河流断面监测3个、市控河流断面17个；集中式饮用水源地2个、监测断面2个；乳山市功能区噪声共5个点位、城市区域环境噪声201个点位、城市道路交通噪声22个点位环境质量例行监测工作；组织对5家省控以上重点污染源进行监测，监测率均达到100%。在企业排污口安装电子眼和废水、废气自动监测设备进行实时监控。新建在线监测设施，与市级环保监测平台联网，由随机化、粗放式的末端排放监控、转变为实时化、精确式的全过程监控。加强大气、噪声等公共环境监测，完成银滩管委空气子站与威海、省环保局联网。

抓好水源地监测，在每月65项水质监测分析的基础上增加到109项。加强龙角山水库上游新设立水质自动监测站运行管理，掌控牟平来水水质变化情况。

【城市环境噪声达到国家标准】

2016年，乳山市城市道路交通噪声昼间等效声级均值为67.7分贝，评价等级为好；功能区声环境昼间平均等效声级达到各功能区相应标准。城市道路交通噪声及功能区声环境总体保持稳定。乳山市城市道路交通噪声昼间平均等效声级范围为59.5～72.6分贝，均值达到国家标准。乳山市功能区声环境在每季度第二个月各监测1次，全年共监测4次，每个监测点位每次监测24小时，其中昼间为6时至22时，夜间为22时至次日6时，监测方法采用《声环境质量标准》GB 3096—2008附录B中定点监测法和普查监测法，依据《声环境质量标准》GB 3096—2008标准进行评价。2016年，乳山市区道路交通噪声昼间平均等效声级集中65～70分贝之间，占道路总长64.55%。超过70分贝的路段有8.37公里，占道路总长的15.54%。

【环境空气质量达到一级标准】

2016年，乳山市区环境空气质量监测采用自动监测方法，投资工控机等设施布设与国家、省、市联网的传输系统，有2处子站与国家联网，银滩管委子站实现与威海市联网。2016年，空气监测数据，除细颗粒物24小时平均第95百分位数未达到HJ663—2013环境空气质量评价技术规范（试行）日评价，二氧化硫、二氧化氮、一氧化碳年均值达到《环境空气质量标准》（GB 3095—2012）一级标准，可吸入颗粒物、臭氧日最大8小时年均值达到二级标准。

2016年乳山市功能区环境噪声统计监测结果一览表

表22　　单位：分贝

类型 / 市区	疗养区（0类）		居民文教区（1类）		混合区（2类）		工业区（3类）		交通干线道路两侧（4类）	
	昼	夜	昼	夜	昼	夜	昼	夜	昼	夜
乳山市	—	—	48.9	41.0	53.5	46.2	56.6	48.4	—	—
执行标准	50	40	55	45	60	50	65	55	70	55

说明：1类功能区噪声数据一般低于2类和3类功能区噪声数据；1类、2类、3类功能区噪声数据比较正常，即3类＞2类＞1类

2016年乳山市区道路交通昼间暴露在不同声级下的分布一览表

表23

声级范围 dB(A)	≤60	60～65	65～70	70～75	＞75
测点数（个）	1	4	14	3	0
路段长（千米）	2.64	8.08	34.76	8.37	0
占道路总长(%)	4.90	15.0	64.55	15.54	0

7月16日，银滩日落

东尚山古民居

责任编辑：高献东

交通·邮政·通信

Traffic, Postal Service, Communication

- ◎ 交通运输与管理
- ◎ 公路建设与管理
- ◎ 港口建设与管理
- ◎ 邮政与物流
- ◎ 电信业

交通运输与管理

【概况】 2016年，乳山市有公交线路76条，其中，城区公交线路11条，城乡包括银滩旅游度假区等公交线路65条，公交线路总长934公里。公交车374辆，其中，LNG型节能车46辆，新能源型纯电动公交车108辆，其他型公交车220辆；有乳山客运公司、威海交运集团六分公司、威海远航客运有限公司、乳山新干线巴士旅游有限公司4家客运企业，省际包车40辆、市际班车64辆、县际班车96辆，年完成客运量1169.3万人次；有出租车270辆，年载客344万人次；有陆路营运货车1754辆，年货运量561万吨，货运周转量73030万吨公里；有汽车维修企业117家、机动车驾驶员培训机构4家；年完成铁路客运量50万人次；有国家二类开发口岸1个，陆岛交通码头4个。海上客运船舶12艘，年完成陆岛旅游发送量2.82万人次，客运周转量15.86万人公里。海上货运船舶3艘，年完成货运量155.2万吨，货运周转量142950万吨公里。

【交通运输监察力度加大】 2016年，乳山市交通运输监察大队履行行政执法职能，加大交通运输监察力度。以域内设置的威海一类治超站为依托，严厉查处超限超载超员违法运输行为。依法严厉惩治“黑车”非法营运行为。开展公路运输撒漏污染、危化品运输车辆检查与整治行动。顺应时代发展要求和老年人需求，做好“老年代步车”监督检查安全工作。全年投入执法人员3000人次，执法车辆1000辆次，检查货运车辆10000辆次，客运车辆100辆次，查处违章货车100辆、客车10辆。

【纯电动公交车启用】 2016年，乳山市借助国家对电动公交车的优惠政策，投资626万元，购置108辆新能源型纯电动公交车。此纯电动公交车为中通8.1米大型LCK6809EVG风采系列电动空调客车，荷载52人，具有无噪声、易操作、运行安全、乘坐舒适的特点，理论续驶里程为130公里，主要用于城市公交、城乡一体化公交和通勤车方面。与普通公交车相比，每车每年至少减少碳排量约3300千克，有效减轻公共交通对环境的不利影响。同时，投资633万元，建设3处充电站，内含128个充电桩，充电站除为公交车辆服务外，还为社会车辆留出位置，以引领社会车辆向节能环保方向发展。

【银滩客运旅游集散中心成立】 2016年6月，乳山市客运公司在银滩福如东海景区租用威海远航客运有限公司柜台，成立银滩客运旅游集散中心。中心设2台电脑、1部电话及车船票打印机，承接省内外旅游包车、乳山银滩省内客运班车（济南、青岛、烟台、蓬莱、威海）业务，代售烟台至大连的船票。集散中心成立后，极大方便银滩游客出行。

【乳山客运站全部实行微机售票】 2016年4月18日始，通过实施威乳快线集约化改造，乳山至威海公交线路全部实行微机售票。乳山客运站内售票全部微机化，有效解决了乳山客运长期以来自售票存在的无序经营、节假日随意涨价、旅客无票乘车安全无保障等问题。同时，客运站微信平台也同步为旅客提供微信在线咨询及查找服务，向旅客提供更加优质、便捷、安全的服务。

【陆路平安交通建设活动开展】 2016年，乳山市交通运输局按担负的职责，结合交通运输行业实际开展陆路平安交通建设活动。认真落实“一岗双责”安全责任要求，对交通安全做到“定人、定岗、定责”。扎实开展大排查、快整治、严执法集中行动，结合春运、黄金周、小长假等重要时段，在道路运输管理方面深入开展隐患排查整治集中行动，共排查并整改隐患39处。开展企业暗访工作，联合各行业管理部门每月对交通运输领域企业进行暗访，对发现的问题给予当面指出和限期整改，及时排除安全生产隐患。全年共组织开展明查暗访17次，排查安全隐患39处，全部整改完毕。陆路平安交通建设，有效保障车辆安全出行，仅2016年春运期间，投放客车（含客运包车）153辆、出租车270辆、公交车265辆，安全运送旅客达200万人次。

【乳山火车站实现安全无事故7990天】 乳山火车站位于乳山市区北部距市中心8公里。火车站北部垂直距离2公里为与铁路东西同向的

12月23日，乳山市纯电动公交车启动仪式 （交通局提供）

国道309。隶属威海地方铁路管理局，是桃威铁路客运站之一。乳山火车站始终以优质服务为标准，认真落实“安全第一”方针，坚持“综合治理”，使铁路客运工作年年上新台阶。截至2016年12月31日18时，乳山火车站实现安全无事故7990天，实现第22个安全年。全年完成客运量50万人次。

（于芳）

公路建设与管理

【概况】 2016年，乳山市争取政策资金1.6亿多元，实施并完成省道206牟白线南黄至牟平界段28.519公里、省道202威青线迟家河桥至炉上桥段11.482公里的大修工程，以及国道309荣兰线冯家西桥维修工程和国道309荣兰线生命安全防护工程。投资6028万元，改造县乡公路5条线路共计15.24公里。至2016年底，境内有国省干线公路273.9公里，其中一、二级公路254公里，占干线公路总里程的92.73%。农村公路总里程1502.24公里，其中，县道17条253.12公里，乡道21条141.25公里，村道496条1107.87公里。

【省道206牟白线南黄至牟平界段大修工程全面完工】 2016年，乳山市大修工程南起南黄镇驻地，北至牟（平）乳（山）交界处，线路全长28.519公里。共铺筑沥青路面260.64千平方米，修筑加固大中桥6座、小桥13座、涵洞56道。该项目以国道309荣兰线为界，分南北两个合同段，其中，国道309以北14.913公里采用三级公路标准，设计速度40公里/小时，路基宽度9米，路面宽度8米，路面设计方案为再生补强；国道309以南13.606公里段采用二级路标准，设计速度60公里/小时，冯家大街和南黄大街路面设计方案为加铺补强，其余路段路面设计方案为挖除重铺。2015年，实施并完成路基小桥涵部分，2016年完成路面工程，总投资10900万元。

7月11日，省道202迟家河桥至炉上桥段大修工程施工现场（交通局提供）

【省道202威青线迟家河桥至炉上河桥段大修工程完工】 2016年，乳山市省道202威青线大修工程东起大孤山镇水井村迟家河桥东，西至炉上河桥东与省道208交叉路口处，线路全长11.482公里（K90+200—K101+681.56）。大修工程线路经过市区，主要控制点为胜利街、长庆路、浦东路、北环路、深圳路、世纪大道。K90+200—K92+113段路基宽度14米，路面宽度12米，双向二车道，二级公路标准；K92+113—K99+680段路面宽度34米，双向八车道，一级公路标准；K99+680—K101+681.56段路面宽度18米，双向四车道，二级公路标准。共维修中桥1座、小桥3座，新建涵洞1道，线路平面交叉57处，铺筑沥青砼路面340.6千平方米。2016年3月30日开工，10月底完工，总投资9300万元。

【县乡公路改造15.24公里】 2016年，乳山市紧抓县乡公路建设，改造县乡公路5条计15.24公里。其中，县道3条（河夏线、八宫线、孤白线）8.2公里，乡道2条（能源路、老国道309马石店路段）7.04公里，共投资6028万元。还投资727万元，在县乡道拆除重建大桥1座（育黎河大桥）、中桥2座（马台石河中桥、邢家庄河中桥），拆除重建涵洞7道。为贯彻落实国家、山东省、威海市“确保扶贫村有一条进村路”目标要求，投资603万元，对乳山市45个扶贫工作重点村道路、桥涵进行改造、维修，改造道路里程8.35公里，维修破损道路里程12.19公里，拆除重建小桥1座、维修加固5座，拆除重建涵洞10道、维修加固2道。为建好“威海马石山红色教育基地”，投资1388万元，完成胶东育儿所遗址田家村及周边村道路维修改造工程，实现道路沥青盖被，计14.2公里；完成西诸往至尚山线路肩培土、边沟清淤、路域整治、弯道加宽、增设安保设施、山石护砌造型等，实现沥青盖被10公里，流水头—尚山线上石硼路面维修、路边加固以及国道309—王家庄路段路面改造3.2公里。西诸往—尚山线、流水头—尚山线两侧路肩人工铺筑山石约2600多立方米，平交路口硬化约2500平方米；完成磨山钟家—崖子沥青挖补7000平方米、河边路段增设防撞护栏等。

【35条县乡路增设安保设施】 2016年，乳山市投资2500万元对35条县乡路380公里增设安保设施。包括波形梁护栏74969米，起、终端头1190个，道口标柱6296根，交通

标志 4250 面，路面标线 13059 平方米，轮廓标 2378 个，反光膜 506 平方米，橡胶减速带 315 米，爆闪灯 2 个，还对 8 处山体计 18152 平方米实施防护工程。同时，投资 1125 万元对 16 条县道、5 条乡道临村进出口、住户进出口、学校及幼儿园进出口、厂企路口及机耕路口进行硬化并增设安保设施。其中平交口硬化 48269 ㎡，增设标志牌 4686 面，橡胶减速带 9227 米，道口桩 5448 根，广角镜 13 面，爆闪灯 11 个。公路安全生命防护工程建设，提升县乡路安全保障能力。

（付伟强　于芳）

港口建设与管理

【概况】　2016 年，乳山市有 1 个国家二类开放口岸，4 个陆岛海运码头。港口企业 1 家，海运企业 3 家，其中水路货运企业 1 家，客运企业 2 家。拥有 3 艘散货船和 12 艘客船。2016 年，完成港口吞吐量 45 万吨，水路运输货运量 155.2 万吨，货运周转量 142950 万吨公里，水路旅客发送量 2.82 万人，客运周转量 15.86 万人公里。

【乳山港全年吞吐量 45 万吨】　乳山港主要由乳山口港作业区组成。位于境内南部乳山口湾北岸，为国家二类开放口岸，总占地面积 41 公顷，码头前沿长 390 米，前沿水深 −10.9 米。有 500 吨级泊位 1 个、1000 吨级泊位 1 个，2 万吨级散杂货泊位 2 个，设计年吞吐能力 180 万吨，港口装卸设备配备门座式起重机、装载机、叉车等，最大起重能力 25 吨。主营业务以散杂货装卸为主，进口货物主要是煤炭、水泥及磷矿、铜矿、铁矿熟料等。2016 年，受市场影响，全年完成港口吞吐量 45 万吨，较上年降幅较大。

【陆岛海运码头旅客发送量 2.82 万人】　乳山市有小青岛、旗杆石、南黄岛和挂子场 4 个陆岛海运码头。小青岛陆岛海运码头，长度为 50 米、宽 10 米，登陆点宽 10 米，水深 −3 米，码头顶高程 5.5 米；旗杆石陆岛海运码头，长度为 18 米、水深 −3 米，浮码头为钢制结构；南黄岛陆岛海运码头，长度为 35 米、宽 10 米，登陆点宽 10 米，水深 −3 米，码头顶高程 5.5 米；挂子场陆岛海运码头，长度为 47 米、宽 12 米，登陆点宽 10 米，水深 −3 米，码头顶高程 5.5 米。2016 年，四个陆岛海运码头旅客发送量计 2.82 万人，客运周转量 15.86 万人公里。

【海运企业货运周转量 142950 万吨公里】　乳山鑫川航运有限公司主业是在国内沿海及长江中下游进行散杂货运输，拥有 3 艘散货船，总载重吨 4.72 万吨，2016 完成货运量 155.2 万吨，完成货运周转量 142950 万吨公里。乳山兴港海上游乐有限公司，主要承担小青岛—旗杆石和南黄岛—挂子场陆岛旅客运输，公司拥有 4 艘客船和 5 艘快艇，有 188 个客位。2016 年，发送旅客 2.2 万人次，完成客运周转量 14.62 万人公里。乳山银滩海翔海上游乐有限公司，主要以银滩—宫家岛海上观光的旅客运输为主，拥有 3 艘快艇，共有 29 个客位，2016 年，发送旅客 6200 人次，完成客运周转量 1.24 万人公里。

【海上安全保障体系建立】　2016 年，乳山市严格规范港口海运企业经营行为，开展年度港口海运企业经营资质检查工作，督促企业加强安全管理和制度建设。同时，加强港口海运安全检查制度，建立动态安全管理体系，完善港口海运安全管理工作，督促安全隐患整改，完善突发事件应对机制。并与 6 处沿海镇政府签订《沿海船舶安全管理责任状》，建立起全方位安全管理责任保障体系，把安全工作落到实处。

【一类国家口岸威海港口岸扩大开放至乳山口港区申报】　2016 年 4 月，国家口岸办将一类国家口岸威海港口岸扩大开放至乳山口港区，并列入年度工作计划，启动国家层面开放意见征询工作，向国家质检总局、公安部、交通运输部、国家海关总署等国家级机关及中央军委联合参谋部征询意见。6 月底，四大查验机关全部复函国家口岸办同意将一类国家口岸威海港口岸扩大开放至乳山口港区。中央军委联合参谋部征询意见仍在进行中。

【乳山口港锚地进入环评阶段】　为争取将一类国家口岸威海港口岸扩大开放至乳山口港区，2016 年 6 月，乳山市聘请中航一局天津海湾工程设计院完成新设锚地可行性报告。8 月份，通过邀请招标方式，与武汉理工大学签订《乳山口港锚地工程通航安全评估》《乳山口港锚地工程通航安全影响论证》和《乳山口港锚地工程通航安全报告》3 份合作合同，委托其对乳山口港新锚地进行各项通航环境安全评估、影响论证工作。截至 12 月底，新设锚地环评及通航论证工作按合同顺利进行。

（于芳　焉媛媛）

邮政与物流

【概况】　2016 年，乳山市有快递物流经营网点 49 处，其中，乳山邮政分公司 19 处，民营 30 处。乳山邮政分公司，下设营业网点 19 处，其中，农村支局网点 14 处（各镇驻地网点），乳山市区营业网点 5 处。乳山邮政分公司依法经营邮政专营业务及其他业务，主要有：集邮、报刊零售、邮政金融及保险、函件与包裹寄递、物流分销以及综合性服务等。为适应市场需要，乳山邮政分公司不断拓展业务发展新领域，推出自邮一族、代收代缴、电子商务、买卖惠平台等新型业务。并始终坚持“一言一行树邮政形象，一心一意为人民服务”宗旨，促进业务发展。全年完成业务收入 5317.8 万元，比上年增长 23.8%。

【邮政业务拓展】 2016年，乳山邮政分公司提高服务质量，强化经营管理，拓展业务空间，金融代理、函件与包裹寄递、物流分销等，业务收入大增。尤其是物流分销业务，通过拓展“三农”邮政服务领域和发展电商包裹等，全年物流分销业务收入1412.2万元，占总收入的26.56%，比上年增长94.0%。

2016年乳山邮政分公司主要业务收入一览表

表24

业务种类	单位	数额	比上年±%
分销物流业务收入	万元	1,412.2	94.0%
代理金融业务收入	万元	2,268.7	17.7%
报刊发行业务收入	万元	185.2	1.4%
包裹快递业务收入	万元	249.1	38.3%
函件业务收入	万元	173.1	56.2%
报刊零售业务收入	万元	14.0	-23.0%
集邮业务收入	万元	177.9	43.5%
代理保险业务收入	万元	783.6	-15.9%
电子商务业务收入	万元	15.9	11.8%
收入合计	万元	5,317.8	23.8%

【邮政服务向“三农”倾斜】 2016年，乳山市邮政服务向“三农”倾斜，按照“合作社（农户）+示范田+农资配套供应+科技服务+邮政业务”搞好“三农”邮政服务。14处镇邮政支局共选定60个村、16个合作社、2150户，发展苹果20000亩。利用邮政分销渠道与化肥、农药厂家联系，负责化肥、农药等农资产品直销配送。邀请农艺师专家，进行农业知识讲座。秋收季节，联系举办农产品订货会。让“三农”邮政服务在农业生产中起生力军作用。

【电商邮政“买卖惠”日均邮寄800件】 2016年，乳山邮政公司利用互联网+，打造电商邮政。通过“市场分析+客户群定位+活动推动+专业整合+微营销”方式，创建“乳山邮政综合服务平台”、“乳山集邮”微信公众号、“乳山特产邮政旗舰店”微店、“乳山集邮”等系列微店。整合金融、函件集邮、分销营业、包裹寄递等业务，创建“买卖惠”网上交易平台。电商邮政，建立“买卖惠”平台，上线供应商47家，加盟零售商641家，通过运用互联网思维模式，整合社会资源搭建网上交易平台，向供应商招商产品，上线产品达10类3000个品种，尤其是在“三农”方面，解决农村配送“最后一公里”难题。向客商推销产品，将乳山牡蛎、大姜、茶叶“三宝”以及大樱桃、草莓、无花果、苹果等时令水果销往全国各地，电商邮政“买卖惠”日均邮寄达800件。

【邮政网络完善】 2016年，乳山邮政公司实物网、信息网、金融网建设日趋完善，用户可通过邮政网络办理全国所有地区的邮件寄递、电子汇款、按址汇款业务，及政用、商用、民用信息传递。乳山市邮路总里程3511.8公里，投递段道45条，投递员45人，其中，农村邮路里程2434.8公里，投递段道30条，投递人员30人；城区邮路里程1077公里，投递段道15条，投递人员15人。自办邮路6条，总长度450公里，实现每日2频邮车。

【快递物流发展加快】 2016年，乳山邮政公司快递物流经营网点发展到19处，有县级仓储库1处、2400平方米，镇级精品仓储库4处、200平方米、普通仓储库9处、270平方米，有30个段道24个地推经理。全年完成快递物流分销业务收入1412.2万元。民营快递物流，有顺丰、圆通、神通等经营网点30处，较往年发展步伐加快。

（王冲）

电信业

【中国联合网络通信有限公司乳山市分公司】 中国联合网络通信有限公司乳山市分公司（以下简称乳山联通公司），承担着普遍通讯服务和党政专用通信、应急通信等任务。乳山联通可为社会提供固话、4G/3G/2G移动电话、光纤宽带网、IPTV数字电视、网元出租、数据业务、电话信息服务等业务。2016年，有员工121人，2G、3G移动通信网络进一步完善，4G移动通信网络加快建设，4G/3G/2G移动通信网、数据通信网、固定电话交换网及光纤宽带城域网已覆盖整个乳山城乡。2016 年，乳山联通公司被授予“全国模范职工之家”称号。

光纤网络全覆盖实现 2016年，乳山联通新建 4G 室外基站 74 个，其中共享铁塔 4G 基站 72 个，4G 基站总数已达到 336 个，比上年增加 74 个；单用户下载速率可由 150 兆提高到最大 300 兆；新建室分站点 26 个。区域内上网速度等用户感知指标大幅改善，网络质量和用户终端体验超越其他运营商。通过开展 2G、3G 农村广覆盖工程，网络面积覆益率达到 100%。在乳山市范围内展开大规模的“光进铜退”工程。精品网络日趋完善，新建 PON 口 2271 个，新建 FTTH 端口 44064 个，FTTH 端口总量达到 15.8 万个，端口实占率 57.2%，并具备百兆接入能力。新开两条 10G 互联网出口，总出口带宽达到 100G。FTTH 新装组播率达到 100%，存量 FTTH 组播率达到 99% 以上。完成光纤到村、光纤进大楼、光纤入户工程任务，使光纤网络覆盖到乳山市城乡，率先在威海地区建成全光网络。

营销积分考核体系实施 2016 年，乳山联通公司调整组织机构，优化人员配置，对集团客户、中小客户等市场营销体系、运维体系进行理顺和优化，强化和提高运营效率。结合营销积分办法统一实施，横向对标，优化各专业线人员数量，专业线之间、区域之间人员分配趋向均衡合理。实施营销积分考核体系，强化业绩导向的薪酬分配，落地实施前台营销六岗位员工统一积分办法。严格执行员工晋升激励体系实施办法，为全体员工搭建公平、公正、透明的晋升发展平台。全年共有 51 人具备职级晋升资格并晋升一级。协助外包公司完善员工晋升激励体系，健全外包人员职业发展通道。业务管理不断规范，认真推进实名制，新入网客户严格执行实名制管理，国政通验证通过率达到 99.7%，全面梳理名单制客户，完成大带宽整治和语音专线及 400 业务整治工作，完成黑卡整治活动。

服务客户满意度100% 2016年，乳山联通公司以“做乳山服务最好的企业”为目标，坚持“以客户为中心、用服务促发展”服务理念，切实提高客户感知度、客户满意度和忠诚度，创树乳山联通全新社会形象和良好企业品牌形象。为提高用户感知，提高服务质量，乳山联通全面落实实施“480 服务承诺”。联通宽带郑重承诺：免费无条件提速最低 20 兆直至 100 兆，速率货真价实，推行 480/88 限时服务，城区 4 小时修障、8 小时装移机，零受理业务盲区；农村 8 小时修障、8 小时装移机；超时补偿。全年共投资 215.3 万元，对市区 282 处通信管道井盖进行换新和整治，对城区 23 个小区、309 栋楼电缆交接箱等更换处理 106 个，对 8 个城中村及城乡结合部架空线缆进行整治。乳山联通开展入户装维检查 12 次，组织营业窗口服务专项检查 12 次。注重客户服务质量的提升，客户满意度不断改善，通过“行风热线”，虚心倾听及时解答和处理群众提出的意见和问题，全年对群众提出的 329 件意见和问题，都给予满意解答和解决，处理及时率、客户满意度 100%。

（姜浩）

6 月 17 日，乳山联通公司在社区拓展宽带业务　（联通公司提供）

【中国移动通信集团山东有限公司乳山分公司】 中国移动通信集团山东有限公司乳山分公司（以下简称乳山移动公司）下设 4 个城区营业厅、9 个乡镇经营部。经营范围为主要经营许可证批准范围内的基础电信业务和增值电信业务。从事通信和互联网等网络的设计、投资、建设及出租；通信和互联网等设施的安装、工程施工和维修；经营与通信和信息业务相关的系统集成、漫游结算清算、技术开发、技术服务、广告业务、设备销售；出售、出租通信终端设备、互联网设备及其零配件，并提供售后服务。

网络建设再上新台阶 2016 年，乳山移动公司通过继续实施“宽带中国”战略，助力“智慧城市”建设，乳山市网络建设再上新台阶。在实施“宽带中国”战略，助力“智慧城市”建设中，做到“三加快三优先”，即“加快建设、加快验收、加快营销”和“资源优先、区域优先、客户优先”。新建宽带区域需要“FTTH”光纤入户，2016 年年底，建设有线宽带热点 786 处，比上年增加 236 处，做到有需求的乡村“村村通”、有需求的小区“户户联”。加快 4G 网络建设的全面覆盖和深度覆盖，4G 基站总数达到 378 个，比上年增加 20 个，城区及银滩旅游度假区基本实现无缝覆盖。新建设传输杆路90杆公里，新建设通信管道30公里。全力推进“全光网络城市”建设，网速由10兆提升到50～100兆的带宽接入能力。光纤网络实现“三网”（通信网、广电网、计算机网）融合，开展TV业务，推出4K电视专区，VOLTE高清视频传输，提高语音视频通话效果，普通4G通信2秒以内就能接起，比过去缩短4～7秒，30秒钟就可下载一部IGB蓝光电影。

互联网＋助力经济社会发展 2016年，乳山移动公司利用互联网＋助力乳山市经济社会发展。互联网＋农业，利用电商将农民需要的农资产品购回来，如化肥、农药、种子等；将农民生产的产品卖出去，如“乳山三宝”茶叶、大姜、牡蛎及水果等。互联网＋单位，根据单位运营特点为其提供网络服务，如车辆定位、互联网专线、IMS电话、移动OA、集团短彩信等个性化业务。还结合平安交通建设，为交警开办交通安全传输专线项目；结合人事管理，为人社局开办人事管理传输专线项目；结合民生工程，投资100多万元，建设人口健康信息专网，实现人民医院、中医院、银滩医院，市、镇卫计机构、社区卫生服务站、村级卫生室等机构信息互联。让医疗信息在医疗卫生领域，各参与主体间共享互通。智慧的医疗信息网络平台体系，让人民群众享受到安全、便利、优质诊疗服务，也方便医药费结算。

客户服务质量提升 2016年乳山移动公司始终把优质服务放在第一位，加强经营规范，坚决保护消费者权益，杜绝损害消费者权益行为的发生。严格执行新版入网、按规收费、清澈透明等“八项服务承诺”，对行业内扣费、增值费、梦网资费“三项消费”公开透明。严格执行“首问负责制”规章。开展“便捷服务 满意100”活动。参与行风热线，倾听客户意见，自觉接受社会监督，采取循环改善、动态管理等精细化管理手段，贴近客户需要提供优质的产品和服务，不断提升客户满意度。2016年，乳山移动被威海市文明委表彰为“文明单位”。

（姜丽丽　纪树坤）

【中国电信股份有限公司乳山分公司】 2016年，中国电信股份有限公司乳山分公司（以下简称乳山电信公司），突出价值导向，以全面深化改革和文化氛围塑造双轮驱动，努力实现有效益的规模新突破。同时，充分发挥4G移动网络和全光网宽带“双百兆”技术优势，全力助推“智慧城市”建设，为社会信息化和国民经济的发展做出积极贡献。

光纤网络覆盖率提升 2016年，乳山电信公司继续实施“乡镇宽带卓越计划”建设工程，投资60万元，对海阳所、白沙滩、乳山口、乳山寨、徐家、南黄、诸往、崖子、冯家、大孤山、夏村11镇进行光纤网络覆盖。投资120万元，完成对井子、市医院、格林豪泰、南江村、银滩、利源冷藏、平远国际、檀香丽湾、小单家等基站4G设备升级安装。投资103万元，对原来覆盖的AD小区进行全面光网改造，实现电信光纤网络覆盖。年内，乳山电信光纤网络和4G覆盖用户累计达10万多户。

新业务应用推进 2016年，乳山电信公司移动办公、天翼对讲、全球眼、销售管家、外勤助手、旺铺助手、翼机通、视频会议、位置定位等新业务新产品在乳山市党政、渔业、林业、物流、司法、交通、公交、医疗、制造、贸易、金融保险和军队等行业系统得到广泛应用，为众多企事业单位、大中小型企业和个体商户等提高运营效率、降低运营成本提供有力信息化支撑。乳山电信公司还大力推广手机支付民生应用一翼支付，实现话费、电费、加油、交通违章罚款、网购等在手机客户端上代缴费服务。2016年下半年始，电信出台“超牛卡”业务，取消漫游费，提速降费，此业务价格39元、6000兆流量、1000分钟通话，与过去比，价格80～90元，120兆流量，360分钟通话，既提速又降费，为用户可节省50元左右，至年底，办理此业务达5000多户。

服务质量提升专项活动开展 2016年，乳山电信公司始终坚持“用户之上、用心服务”经营理念，严格履行“首问负责制”“入户预约制”“装机、修障承诺服务制”，以贴心的服务巩固和提升电信品牌形象，提升客户满意度。开通企业微博、易信、微信、QQ客服，推出一翼支付、缴费易等手机客户端支付业务，为广大市民办理和咨询电信业务提供方便。提升客户可感知的服务标准和服务水平，围绕行风建设要求，重点在计收费服务、营业厅服务、宽带服务、垃圾短信整治等方面开展服务能力专项提升活动，确保服务营销遵守规范、资费收费准确明白，网络质量不断提升，垃圾短信深入治理。针对客户感知强烈、投诉集中的热点问题，做到“透明消费”“简化套餐”，坚决杜绝“三强”（在客户不知情情况下强开、强关、强捆业务）现象，消费者满意度提升。2016年，乳山电信公司万用户投诉率较上年下降50%，主要客户服务指标在全省名列前茅。

（刘培育　宋艳）

【山东广电网络威海有限公司乳山分公司】 山东广电网络威海有限公司乳山分公司（简称乳山广电网络公司），成立于2012年3月，隶属于山东广电网络威海有限公司，其前身为乳山广电宽带网络有限公司。2016年，有员工179人，设综合部、财务资产部、人力资源部、运行维护部、市场运营部5个部门。设市区营业中心、银滩营业中心2个营业中心，在15个镇、城区街道设服务站。担负着乳山市有线电视传输网络规划、建设、运营和管理工作，负责中央、省、市、县广播电视节目和数据信息安全传输。

高清数字电视占有率达80.62% 至2016年年底，乳山市建成网络宽带1千兆、拥有架空光缆2419.52公里及地下光缆375.76公里的立体有线电视主干线传输网，传送数字标清信号节目171套，其中，数字高清信号节目54套，3D节目频道1套，点播频道3套。有线数字电视用户为13.78万户，其中，高清数字电视用户11.11万户，高清数字电视占有线数字电视的80.62%。

SDH环形数据传输网达291.68公里 至2016年年底，乳山市广电网络公司开通10兆、20兆和100兆宽带互联网业务，视频互动点播、电视节目时移回看等业务，为用户提供丰富的视听享受。建有291.68公里SDH环形数据传输网，最大带宽2.5千兆，可为乳山市各类用户提供远程数据传输和视频监控等业务。2016年获乳山市“支持地方建设先进单位”称号。

（于雪芹）

【乳山市智慧城市建设管理办公室】 2015年4月，乳山市智慧城市建设管理办公室（简称智慧办）成立，为正科级事业单位，有工作人员10人。2016年，智慧办牵头全面展开电子政务、便民惠民、产业发展等领域的项目建设，推动乳山市智慧城市创建工作取得良好进展。智慧乳山入选“2016中国智慧城市优秀案例”。

政务网络云和信息发布平台建立 2016年，乳山市在全省率先对政务网络及部门机房统一规划、统一建设、统一管理，实现部门之间互连互通、信息共享，建设政务网络云平台，2016年2月底完成项目招标，3月开工建设，年底基本建成完工。此项目实现部门间互联互通、信息共享，年可节省财政投入网络费用100万元，硬件设备整合节省各单位机房维护费用。促进电子政务集约化和规范化建设。建成运行环境完善、安保措施齐全、技术支撑有力、运维管理规范的数据中心机房，对单位硬件设备统一运维管理，使信息安全得到充分保障。建设政务信息发布平台，以乳山市政府门户网站为主站，各单位业务网站为子站，率先在威海区、市建设统一管理、统一部署、统一规范、统一标准的

市政府网站群平台，实现“一站式网上政府”服务。至年底，完成项目一期政府主站和30家单位子站建设，上线运行稳定。通过该项目建设，统一政府网站的标准规范和后台管理，建立安全保障机制，实现集中管理和运维，解决政府网站信息公开规范化，达到上级关于政府网站建设管理的相关要求，为迎接全国政府网站普查做好准备。

便民惠民服务平台建成 2016年，乳山市在全国县级市率先建设便民惠民服务平台。以线上市民网、线下市民卡的实现方式，融合政府部门、社会资源、公共事业、金融机构的业务应用和服务项目，提高政府服务效率、效果和透明度。年内，乳山市民网一期建设项目完成。乳山市民网和手机APP于10月19日上线运行，加载服务事项173项；乳山市民卡项目已成立项目推进领导小组，完成《乳山市市民卡项目推进方案》编制并上报市政府。通过该平台，将企业和市民所需要的个性化服务及时推送到市民家中（电脑上）和手中（手机上），极大地方便企业和市民的生产、生活，提高群众满意度，使乳山市“互联网+”政务服务水平再上新台阶。

智慧社区项目创建 2016年3月，乳山市为滨海新区申报“山东省绿色智慧住区（社区）示范”项目。5月初，获省住建厅批复并拨付专项扶持资金200万元。智慧社区项目建设可有效提升社区管理服务的智慧化水平，还可通过与外交流展示与合作，促其健康产业的大发展。

“互联网+”创新创意大赛举办 于2016年3月初开始筹划，4月初完成方案制定并开始宣传发动，6月1日至10日进行初赛，6月29日组织决赛路演，评选出12个获奖项目，其中：创新项目8个、创意项目4个。此大赛有力推进互联网云计算、大数据开发利用和智慧城市建设。

（王长强）

11月2日，潮汐湖湿地

腾甲庄古民居

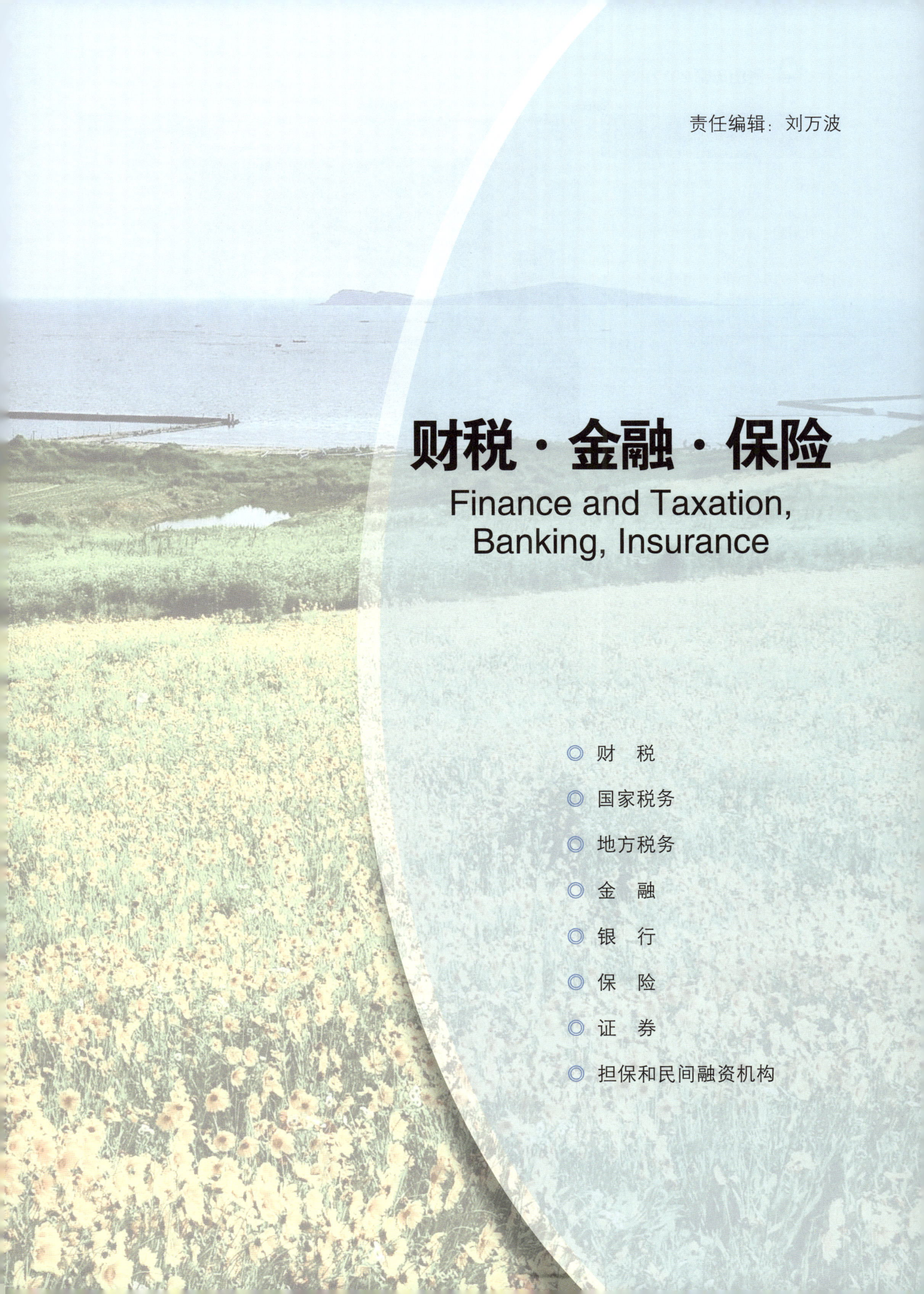

责任编辑：刘万波

财税·金融·保险

Finance and Taxation, Banking, Insurance

- 财　税
- 国家税务
- 地方税务
- 金　融
- 银　行
- 保　险
- 证　券
- 担保和民间融资机构

财　税

【概况】 2016年，乳山市创新综合治税机制，加大融资争资力度，坚持助推发展与保障民生并重，规范管理，实现资源、资本、资金互相转化、滚动增收的良性循环，收支预算执行情况良好。公共预算收入313298万元，完成预算100%，比上年增长10%；公共预算支出411441万元，完成预算101.08%，增长1.33%。镇区公共预算收入167929万元，完成预算102.05%，增长21.57%；公共预算支出61080万元，完成预算100.47%，增长21.48%。

12月29日，乳山市2016年财税年终结算座谈会召开　（石立委 摄）

2016年乳山市财政收入执行情况统计表

表25　单位：万元

项　目	金额	比上年（±%）	占年度预算%
公共财政预算收入合计	313298	10.00	100.00
税收收入	255350	6.90	100.00
增值税(50%)	19159	42.74	100.00
营业税(50%)	60717	−6.62	100.00
企业所得税（40%）	6336	−14.99	100.00
个人所得税（40%）	2393	−16.18	100.00
资源税	371	−30.91	100.00
城市维护建设税	8082	−11.63	100.00
房产税	3263	19.61	100.00
印花税	1974	26.46	100.00
城镇土地使用税	11838	67.23	100.00
土地增值税	83194	−9.75	100.00
车船使用和牌照税	1547	−2.83	100.00
耕地占用税	21437	27.12	100.00
契　税	35039	90.10	100.00
非税收入	57948	26.16	100.00
专项收入	8325	−11.73	100.00
行政事业性收费收入	6947	18.25	100.00
罚没收入	3314	−49.07	100.00
国有资本经营收入	38453	73.24	100.00
国有资源（资产）有偿使用收入	909	−52.73	100.00

2016 年乳山市财政支出执行情况统计表

表 26　　　　单位：万元

项　目	金额	比上年（±%）	占年度预算 %
公共财政预算支出总计	411441	1.33	101.08
一般公共服务支出	41545	−0.44	99.37
国防支出	91	405.56	133.82
公共安全支出	14567	9.37	108.35
教育支出	105715	1.37	99.28
科学技术支出	8245	2.74	100.94
文化体育与传媒支出	6110	4.02	101.51
社会保障和就业支出	59007	1.56	100.14
医疗卫生与计划生育支出	34485	8.32	101.93
节能环保支出	7702	−56.49	100.42
城乡社区支出	15696	−8.86	100.59
农林水支出	59401	2.14	101.91
交通运输支出	14627	44.55	100.61
资源勘探信息等支出	8056	30.50	97.67
商业服务业等支出	8110	−12.31	100.50
金融支出	74	196.00	100.00
援助其他地区支出	1225	—	106.06
国土海洋气象等支出	3653	−36.48	102.41
住房保障支出	14120	−1.27	101.13
粮油物资储备支出	1113	85.50	106.41
国债还本付息支出	4105	—	204.03
其他支出	3794	113.15	93.77

2016 年乳山市镇区财政收入执行情况统计表

表 27　　　　单位：万元

镇区	金额	比上年（±%）	占年度预算 %
总　计	167929	21.57	102.05
海阳所	33541	46.84	102.03
白沙滩	12510	0.25	104.08
大孤山	943	45.98	117.00
徐　家	2487	12.79	103.41
南　黄	683	72.04	165.78

续表 27

镇区	金额	比上年（±%）	占年度预算 %
冯　家	1985	20.82	103.76
下　初	3925	8.79	112.24
午　极	1271	91.70	174.35
育　黎	519	33.76	119.31
崖　子	567	50.00	133.10
诸　往	1780	−24.74	66.54
乳山寨	513	13.00	101.18
夏　村	2443	17.91	103.34
乳山口	6222	7.55	107.28
城区街道办	35025	13.64	101.10
经济开发区	12582	7.00	100.82
滨海新区	50933	28.54	100.73

2016 年乳山市镇区财政支出执行情况统计表

表 28　　单位：万元

镇区	金额	比上年（±%）	占年度预算 %
总　计	61080	21.48	100.47
海阳所	13536	9.29	99.35
白沙滩	2932	8.71	98.82
大孤山	1128	176.47	133.49
徐　家	704	107.06	100.57
南　黄	864	119.85	101.53
冯　家	1014	171.12	113.30
下　初	928	159.22	101.42
午　极	1246	142.88	129.12
育　黎	974	153.65	101.56
崖　子	1241	181.41	111.00
诸　往	976	130.19	93.40
乳山寨	1107	174.01	111.82
夏　村	1628	163.00	122.41
乳山口	3297	0.89	91.71
城区街道办	9885	9.18	99.26
经济开发区	5520	10.27	100.25
滨海新区	14100	6.74	97.03

【多元化财政融资规模扩大】 2016年，乳山市在抓好税收征管、综合治税机制等工作基础上，多元融资，推进城区供排水、银滩供排水、城市绿化景观建设及提升改造等3个PPP项目，引入社会资本14.9亿元。争取国家政策性银行贷款，棚改项目获农业发展银行批复授信11.6亿元，获国家开发银行授信15.5亿元；农村公路建设项目获农业发展银行授信10亿元；教育"大班额"、农村公路安全生命防护工程获山东省政府投融资管理中心融资需求批复5.4亿元；龙角山水库及上游水系综合治理项目获华夏银行6亿元贷款支持，并获批国家专项建设基金5.1亿元。同时，做好税收分析和"营改增"测算；深化税源普查，查处税收漏管企业290家，为370家个体工商户办理税务登记；开展财政干部下镇区走企业活动，探索推行"一镇一策、一企一法"工作机制。

【民生投入比上年增长7.8%】 2016年，乳山市把促发展、保民生作为财政保障首位，调度整合各类资金，集中财力解决重点工程、产业技改、招商引资、民生实事等项目资金需要，及时兑现机关事业单位在职人员及离退休人员基本工资调整政策；筹措资金8100万元，保障胶东育儿所修复、花家疃水库调水工程资金需要。根据"扩权强镇"工作要求，出台《关于调整理顺全市财政管理体制的意见》，调整理顺镇区财政管理体制；出台《乳山市镇级财政财务管理暂行办法》，规范财务收支行为。加大民生投入，调度整合各类资金，完成民生支出330606万元，比上年增长7.8%，占一般公共预算支出80.4%。加大惠农力度，补贴资金14405万元，落实新农村建设项目和农村干部报酬和村级组织运转经费。

【财政基础管理规范化水平提升】 2016年，乳山市财政基础管理和改革稳步推进。编制财政预算，实现财政可持续发展；推进国库集中支付制度改革向镇区延伸，实现集中支付全覆盖。出台《乳山市市级预算执行动态监控管理暂行办法》《推进预算单位公务卡强制结算目录制度》《乳山市市级国库集中支付大额现金管理办法》等制度，规范现金支出管理。梳理2013—2016年财政专项资金，盘活存量资金。加强政府债务管理，确保把政府债务水平控制在合理范围内。推进国有企业改革，促进国有经济发展。推进财政预决算公开，"三公"经费支出压减比例达21.2%。推进公车改革，节约一般公务支出397万元，节约率8.9%。加大政府采购监管力度，组织集中采购172次，采购金额110078万元，节支16465万元。完善政府投资项目全流程监管机制，全年减少不合理支出4469万元。

（石立委　张小敏）

5月29日，财政投资扶持三甲村水利设施项目建成　　（财政局提供）

【农业综合开发财政投资2465万元】 2016年，乳山市争取农业综合开发土地治理项目3个、产业化发展财政补助先建后补项目3个、产业化发展贷款贴息项目3个、省级土地治理和产业化发展结合试点项目1个，财政总投资达2465万元。

高标准农田建设投资1820万元 2016年，乳山市根据国家及省市要求，开始对省定扶贫村进行高标准农田建设，当年高标准农田建设总投资1820万元。包括：项目区建设项目，财政投资1260万元，实施土地综合治理600公顷。范围涉及下初镇外庄、江南头、山南头、段家、古初、三甲、下洼、张家沟、里庄、下草埠和冯家镇吕格庄、南泥沟、林家寨、上口、吴格庄，大孤山镇北姜家庄，午极镇宋家庄、韩家沟、石字岘，育黎镇七甲村；午极镇樗树崖村建设项目，财政投资140万元实施66.67公顷土地治理项目；南黄镇建设项目，财政投资420万元实施200公顷，项目区涉及李家疃、冷家、汤南山和大孤山镇吴家沟4个行政村，全部为省定扶贫村，主要工程包括修建拦河坝6座、排灌站12座，架设输变电线路3.15公里，疏浚渠道0.5公里，埋设管道10.885公里，建漫水桥3座、板桥6座、涵洞138座、平塘8座、蓄水池9座，新挖大口井21眼，扩建加固塘坝14座，修建谷坊4座，修建5米宽田间道路8.2公里，硬化14.8公里，栽植黑松0.3万株。

产业化发展贷款贴息项目投资561万元 2016年，产业化发展财政补助先建后补项目3个，补助资金351万元。分别拨付补贴资金98万元用于乳山市正华农林科技示范园有限公司3万公斤绿色果蔬设施栽培新建项目，补贴资金140万元用于乳山正洋食品有限公司千亩海洋生态养殖新建项目，补贴资金113万元用于乳山市坤特果蔬专业合作社100万公斤果蔬栽培新建项目。贷款贴息项目3个，贴息资金210万元，分别拨付贴息资金70万元用于乳山宏伟食品有限公司 1 万吨海洋调理食品加工扩建项目，贴息资金 69 万元用于乳山振华食品有限公司 3000 吨花生制品加工扩建项目，贴息资金 71 万元用于乳山市金果花生制品有限公司 3000 吨花生加工扩建项目。

省级土地治理和产业化发展结合试点项目投资 84 万元 用于乳山市怡园果蔬农民专业合作社实施 3.33 公顷优质果蔬采摘园建设项目。

（刘东刚）

国家税务

【概况】 2016 年，乳山市办理税务登记 14061 户，其中，国有企业 50 户、集体企业 57 户、私营企业 2982 户、股份企业 1069 户、涉外企业 135 户、个体工商户 9768 户。全年税收收入 59143 万元，增收 10555 万元，比上年增长 21.72%。其中营业税改增值税四行业实现税收 11803 万元。分行业统计，第一产业实现税收收入 27 万元，第二产业实现税收收入 36578 万元，第三产业实现税收收入 22539 万元。按企业类型统计，内资企业税收收入 41507 万元，比上年增收 8952 万元；港澳台及外商投资企业税收收入 9111 万元，比上年增收 923 万元；个体经营税收收入 8526 万元，比上年增收 681 万元。

2016 年乳山市国税局税收完成情况统计表

表 29　　单位：万元

项目	入库金额	比上年 ±%
税收合计	59143	21.72
国内“两税”	43158	32.63
增值税	42899	32.88
消费税	259	1.17
企业所得税	10945	5.44
车辆购置税	5040	−11.10

2016 年乳山市缴纳国税前 20 名的企业纳税人一览表

表 30　　单位：万元

企业名称	纳税额	法人代表
山东乳山农村商业银行股份有限公司	3768	于　洋
山东双连制动材料股份有限公司	2164	姜　涛
威海伯特利萨克迪汽车安全系统有限公司	2039	袁永彬
国网山东省电力公司乳山市供电公司	1709	邢晓军
泰山石膏（威海）有限公司	1667	贾同春
威海佰德信新材料有限公司	1386	武　伟
乳山市富地渔具有限公司	922	王春林
山东鲁菱果汁有限公司	913	张继明
威海鑫山集团有限公司	870	王　军
山东日信工业有限公司	768	高寺有三
山东力久特种电机股份有限公司	705	张　成
山东乳山工艺品有限责任公司	677	徐瑞兰
威海恒邦化工有限公司	677	常贵德
威海市明珠硅胶有限公司	630	周　凯

续表 30

企业名称	纳税额	法人代表
威海华邦精冲科技股份有限公司	623	庄华传
乳山光谷新力房地产有限公司	606	伊　刚
哈尔滨阳光房地产开发有限公司乳山分公司	575	伊　刚
乳山汉泰大麻纺织有限公司	549	丁洪亮
乳山正洋食品有限公司	460	刘海军
威海海大塑胶有限公司	447	姜付举

2016 年乳山市缴纳国税前 20 名的个体私营纳税人一览表

表 31　单位：万元

企业名称	纳税额	法人代表
乳山市富地渔具有限公司	922	王春林
威海恒邦化工有限公司	677	常贵德
威海市明珠硅胶有限公司	630	周　凯
乳山正洋食品有限公司	460	刘海军
威海海大塑胶有限公司	447	姜付举
乳山振华食品有限公司	420	姜振兴
乳山市富大房地产有限公司	379	孙福忠
山东同兴食品有限公司	372	于会同
乳山市安吉房地产开发有限公司	328	于炳喜
乳山市龙马服装有限公司	327	马绍海
乳山市振兴铸钢有限公司	254	王福振
山东省昆仑路桥工程有限公司	245	许丰财
乳山华信食品有限公司	238	刘海军
乳山恒裕食品有限责任公司	221	张玉锡
利群集团乳山购物广场有限公司	218	丁　琳
乳山市环宇化工有限公司	212	李文刚
威海龙峰硅胶有限公司	176	姜　峰
乳山国泰城建开发有限公司	175	李振石
乳山市东方硅胶有限公司	145	李　永
山东燕喜堂医药连锁有限公司五十九店	140	杨雪梅

【税收稽查、风险评估强化】2016 年，乳山市国税局研判经济和税收形势，强化税收稽查、风险评估，提高税收增幅和企业增收面。强化部门联动配合，推动税收稽查工作，完成成品油、药品及医疗器械经销等 9 个行业自查及电子数据采集上报工作；与公安、地税、社保部门配合，深化涉税信息对比和上下游企业追溯检查，加大查处虚开发票工作力度，稽查局入库滞纳金、补罚税款 864 万元，比上年多

5月10日，乳山市国地税成品油行业自查自纠部署会召开　（沙婷婷 摄）

入库72万元，增长9.1%。针对企业存在账目管理不规范等问题，实行新办企业巡查、部门联合巡查和工业企业精准巡查模式，辅导纳税人依法设立账簿、开具发票和申报纳税，全年巡查纳税人2316户次，财务核算差错率下降53.2%。开展风险评估工作，强化风险控制应对，完成28项任务，重点核查发票异常信息、财务费用列支异常等7大行业、31小项疑点信息；与地税等第三方信息数据综合分析比对，确定评估重点，筛选疑点数。全年风险应对纳税人245户次，入库税收1420.05万元。整顿税收环境，促进依法有序纳税，开展非居民企业股权转让和股息红利税收风险专项检查，累计入库非居民企业所得税61万元，增值税34万元；筛选关联交易金额较大企业，调增所得税603.9万元，弥补亏损99.4万元；分析申报退税150户企业出口数据，涉及抵退收入、免抵额等分析指标26项，通过函调开展重点外贸企业、重点商品实地核查，累计评估核查230户次。

【营业税改征增值税试点推行】2016年，乳山市推行营业税改征增值税试点。做好征管数据接收工作，建立国地税联席会议机制，提前从地税局获取2014年—2015年营改增纳税人税收收入数据，分析预测营改增税收情况，学习借鉴地税局发票管理、税款清缴等工作经验。营改增期间，完成3380户纳税人接收工作，并正常开具发票，完成纳税申报。分批次、类别组织纳税人专题培训9期，收集企业政策需求11大类、179个问题，培训纳税人2100人次。制定营改增4个行业管理办法，与房产管理、住建部门和镇（街道）政府合作，核查在建工程项目176个，涉及金额28.18亿元。

【纳税申报率达100%】2016年，乳山市优化纳税服务，提高纳税申报率。深化国地税合作，采取网络共享、软件统一、硬件保障等措施，整合优化国地税办税服务资源，深化征管系统对接，将综合服务窗口增至20个，主要办理税务登记、发票发售、发票代开、一般纳税人认定等业务，实现“一窗、一人、一机”办理两家业务。改善纳税服务质效，推行网上办税服务厅、免填单、预申请等系统软件，整合服务职能、优化业务流程、简并涉税资料，引导纳税人使用全省网上办税服务厅，同时利用自行开发的网上办税服务系统和各类网上办税软件，为纳税人办理涉税事项提供选择。全年指导兑现各类税收优惠2.17亿元，实现出口退税1.73亿元，为乳山经济结构转型升级、万众创新创业注入活力。解读政策，宣传辅导，在办税服务厅搭建咨询辅导台和“二维码”一次性告知区域，配合网站、微信、报纸、电视等媒体平台，打造纳税人“看得到”的宣传内容。全年接受纳税人政策咨询2万人次，依法纳税申报率100%。

（沙婷婷）

地方税务

【概况】2016年，乳山市登记地税纳税人18531个，其中，单位纳税

4月30日，乳山市国税局主要负责人在办税服务厅督导全面营改增试点首日开票情况，图为开具第一张发票　（滕凯 摄）

5月17日，乳山市国税局、地税局联合搭建营改增咨询受理区
（滕凯 摄）

人4485个，个体工商户14046户。全年组织各类收入259523万元，比上年减收8582万元。中央级完成9164万元，减收71万元；县市级完成250347万元，减收8501万元。第一产业收入241万元，比上年增收129万元，增长115.18%；第二产业收入72111万元，占总收入27.79%，比上年减收7584万元；第三产业收入187171万元，占总收入72.12%，比上年减收1127万元。全年全市缴纳地方税收100万元以上的企业纳税人115个，数量比上年略有下降。

2016年乳山市地税局各项税收情况统计表

表32　　单位：万元

项目	总计	其中			比上年 ±%
		中央	省级	县级	
一、税收合计	252262	9164	—	243098	-2.99
增值税	579	254	—	325	-
营业税	74061	2384	—	71677	-21.65
企业所得税	4896	2937	—	1959	-40.67
个人所得税	5981	3589	—	2392	-16.21
资源税	371	—	—	371	-30.93
城市维护建设税	8083	—	—	8083	-11.63
房产税	3263	—	—	3263	19.61
印花税	1974	—	—	1974	26.46
土地使用税	11838	—	—	11838	67.23
土地增值税	83194	—	—	83194	-9.75
车船税	1547	—	—	1547	-2.81
耕地占用税	21436	—	—	21436	27.12
契税	35039	—	—	35039	90.10
二、其他收入	7261	—	12	7249	-10.06
教育费附加	3529	—	—	3529	-10.04
地方教育附加	2353	—	—	2353	-9.95
残疾人就业保障金	232	—	12	220	0.43

续表 32

项目	总计	其中			比上年 ±%
		中央	省级	县级	
罚款收入	3	—	—	3	−57.14
水利基金	1144	—	—	1144	−11.93
总计	259523	9164	12	250347	−3.2

2016 年乳山市缴纳地方税收 100 万元以上的企业纳税人一览表

表 33　　单位：万元

序号	企业名称	法人代表	入库税款
1	山东金洲矿业集团有限公司	王立君	3279.51
2	乳山市城投置业有限公司	郑　宁	2407.69
3	山东乳山农村商业银行股份有限公司	于　洋	2220.14
4	威海鑫山集团有限公司	王　军	1680.49
5	乳山松海房地产开发有限公司	许大林	1613.34
6	山东双连制动材料股份有限公司	姜　涛	1413.40
7	国网山东省电力公司乳山市供电公司	邢晓军	1292.70
8	乳山市益天房地产开发有限公司	王春深	1134.84
9	威海广澳旅游投资有限公司	徐国岩	1123.15
10	乳山市富大房地产有限公司	孙福忠	1047.69
11	乳山市城西置业集团有限公司	宋好文	1044.39
12	乳山国泰城建开发有限公司	李振石	983.03
13	乳山市兴发房地产开发有限公司	李　波	934.70
14	乳山光谷新力房地产有限公司	尹　刚	707.95
15	乳山市安吉房地产开发有限公司	于炳喜	607.95
16	乳山银滩鸿海房地产综合开发有限公司宫家分公司	宫德明	591.83
17	福喜（威海）农牧发展有限公司	DAVID GERARD MCDONALD	585.18
18	威海正华建工集团有限公司	郑福玉	576.99
19	中国建设银行股份有限公司乳山支行	徐　辉	557.20
20	威海恒邦化工有限公司	常贵德	496.73
21	乳山市恒信房地产开发有限公司	刘战胜	490.36
22	威海市工田房地产开发有限公司乳山分公司	戚中瑜	471.27
23	乳山金鼎房地产开发有限公司银滩分公司	尹　刚	462.76
24	乳山市海天集团有限公司	王丛涛	460.00

续表 33

序号	企业名称	法人代表	入库税款
25	乳山华信食品有限公司	刘海军	440.58
26	中华联合财产保险股份有限公司乳山支公司	姜大勇	428.26
27	中国人民财产保险股份有限公司乳山支公司	于　杰	420.42
28	乳山市春华建设工程有限公司	于永玲	419.05
29	威海银泰体育设施工程有限公司	杨琳琳	398.47
30	泰山石膏（威海）有限公司	贾同春	383.44
31	威海市旅游房地产开发有限责任公司乳山分公司	唐崇豪	380.68
32	乳山市国有资本运营有限公司	冯　罡	370.90
34	中国工商银行股份有限公司乳山支行	宋　宁	342.39
35	中国农业银行股份有限公司乳山市支行	陶海华	325.72
36	山东昂仕集团有限公司	李文刚	324.51
37	中国平安财产保险股份有限公司乳山支公司	肖明广	313.07
38	华隆（乳山）食品工业有限公司	刘芳友	302.88
39	乳山市水利工程公司	于开杰	294.09
40	山东乳山维多利亚海湾旅游开发股份有限公司	刘新利	293.63
41	山东省昆仑路桥工程有限公司	许丰财	287.89
42	乳山市富地渔具有限公司	王春林	283.40
43	乳山益正公路工程有限公司	张　旭	281.34
44	中国银行股份有限公司乳山支行	于志强	270.90
45	乳山市东风房地产开发有限责任公司	黄泽聪	259.41
46	山东日信工业有限公司	桧森啓二	252.56
47	乳山振华购物中心有限公司	刘跃华	246.17
48	乳山华凯投资有限公司	林秀芹	243.92
49	中国人寿保险股份有限公司乳山市支公司	于洪兵	243.70
50	乳山市长城住宅开发有限公司	王学昭	235.18
51	威海佰德信新材料有限公司	武　伟	234.83
52	乳山市腾达房地产开发有限公司	于希钧	224.01
53	金丰房产开发（乳山）有限公司	姜桂芳	219.29
54	乳山市南江房地产开发有限公司	宋述波	218.18
55	深圳华来建筑装修工程有限公司	冯建峰	216.68
56	威海市明珠硅胶有限公司	周　凯	214.17
57	乳山市富豪城房地产开发有限公司	孙树仁	207.25

续表 33

序号	企业名称	法人代表	入库税款
58	山东路氏和顺房地产开发有限公司大乳山分公司	崔宪磊	203.86
59	乳山市金泰房地产开发有限公司	于开海	202.76
60	威海嘉信房地产开发有限公司	王　辉	202.73
62	乳山天骄村镇银行股份有限公司	王　飞	195.98
63	阳光财产保险股份有限公司乳山支公司	张本忠	195.63
64	乳山中诚果汁饮料有限公司	张　健	194.38
65	乳山绿色动力再生能源有限公司	侯志勇	193.89
66	乳山城市之光房地产开发有限公司	黄吉芬	192.52
67	山东鲁菱果汁有限公司	张继明	190.10
68	山东力久特种电机股份有限公司	张　成	186.26
69	威海房地美置业有限公司	王树跃	185.18
70	乳山隆利达路桥工程有限公司	宫峻青	183.29
71	威海市望海房地产开发有限公司	孙树仁	183.03
72	中国邮政储蓄银行股份有限公司乳山市支行	刘　利	181.44
73	威海伯特利萨克迪汽车安全系统有限公司	袁永彬	179.56
74	乳山市大陶家房地产开发有限公司	陶贵和	178.77
75	山东乳山工艺品有限责任公司	徐瑞兰	175.77
76	乳山市天宏建筑工程公司	宋云翔	174.93
77	乳山热电有限公司	王　晓	168.79
79	哈尔滨阳光房地产开发有限公司乳山分公司	尹　刚	167.09
80	中国农业发展银行乳山市支行	梁军文	156.96
81	乳山市绿城园林有限公司	柯常军	155.07
82	山东三庆置业有限公司乳山分公司	唐　辉	153.66
83	中国大地财产保险股份有限公司乳山支公司	张书周	152.73
84	乳山市建业工程有限公司	张　建	149.14
85	特来蓓丝特印染（乳山）有限公司	朴兴洙	146.32
86	中国太平洋财产保险股份有限公司乳山支公司	孙晨阳	145.32
87	威海市金港湾房地产开发有限公司	张德军	144.86
88	威海市商业银行股份有限公司乳山城区支行	宫本军	143.65
90	威海华邦精冲科技股份有限公司	庄华传	139.41
91	山东富豪菲格尔皮具有限公司	焦传忠	138.68

续表 33

序号	企业名称	法人代表	入库税款
92	乳山市金果花生制品有限公司	孙玉鼎	137.18
93	乳山市兴发房地产开发有限公司城区分公司	刘俊东	134.96
94	山东鑫晟新材料科技有限公司	张鑫玉	134.24
96	山东力牌石油化学有限公司	王治远	131.90
97	山东环建工程集团有限公司	陈书明	131.86
98	中国移动通信集团山东有限公司乳山分公司	黄嘉辉	128.66
99	太平财产保险有限公司乳山支公司	王媛媛	127.17
100	乳山市城东房地产开发公司	宋文殿	126.71
101	乳山市中创工程有限公司	单创中	126.60
102	利群集团乳山购物广场有限公司	丁　琳	124.27
103	威海同仁食品有限公司	于会同	116.71
104	山东美城房地产开发有限公司	马灵波	115.27
105	乳山亚细亚机电有限公司	申尊秀	113.23
106	日照丽城建设发展有限公司乳山山译分公司	王克田	110.12
107	乳山市自来水有限公司	徐武林	109.68
108	乳山市久业建筑安装有限公司	祝旦镇	108.68
109	山东银滩物业服务有限公司	王　密	107.96
110	招商银行股份有限公司威海乳山支行	史国兴	103.78
111	乳山金谷之园电子商务有限公司	丛　磊	103.69
112	乳山玉龙汽车配件有限公司	宋修富	103.59
113	江苏仪征建设工程有限公司乳山分公司	唐松青	102.60
114	北京燃气集团山东有限公司乳山分公司	曹　雷	101.32
115	山东威海烟草有限公司乳山营销部	陈　波	100.25

【税收征管质效提升】 2016 年，乳山市地税局落实《全国税收征管规范》，强化管理，提升征管质效。坚持“抓大、控中、定小，重点税源重点控管”原则，强化房地产和建筑行业分析，实时监控当期税款，落实征收环节制度管理、风险管理和绩效管理，申报率和入库率达 98%。跟踪督导新立项开发项目，每月采集并计算房地产企业计税收入，与系统税款申报入库情况比对，核查申报差异企业。坚持重点税种精细化管理，加强土地使用税管理，利用“金三”系统“财产登记”模块已登记土地面积、历年“两税”清查以及国土局掌控数据，结合土地证发放信息逐户、逐笔查找比对，查漏补缺，并将各镇（街道办、开发区）、各行政村已签订土地征用协议但未办理土地证纳税人信息，与实际控管土地比对核实，及时更新维护；加强房产税管理，核查纳税人固定资产账目中房产原值，修改数据平台信息，做好异常申报数据比对，并核查房产税申报资料，确保土地价值计入房产原值征收房产税。加强所得税管理，深入企业指导汇算清缴，全年查补税款 1819 万元，同时落实企业所得税税收优惠政策，为 12 户企业减免 558.25 万元，为 95 户小微企业减免 77.54 万元，同时注重政策宣传，强化年收入 12 万元以上个人所得税纳税申报工作，全年有 1017 人主动申报应纳税款 2678 万元。

【公平税收环境营造】 2016年，乳山市落实“山东省地税系统税收执法检查工作规范”，规范税收执法行为，完善执法程序，营造公平税收环境。全年检查纳税人33户，其中专项检查23户，查补税款36.97万元，罚款12.6万元；自查自纠纳税人9户，查出税款221.13万元。增值利用稽查成果，健全与法规、税管、征管、监察等部门良性互动机制，弥补征管漏洞。全年稽查部门向征管部门传递房地产、建筑业等5行业18条《征管建议书》，监控税款118.7万元。

12月29日，乳山市代市长宫本杲（右二）到纳税服务中心调研（王超智 摄）

【联合治税机制加强】 2016年，乳山市地税局加强联合治税机制，与市场监管部门合作，落实“先完税后变更股权”制度，加强股权转让税收管理，全年征收税款94.67万元。与房管部门协作，落实“先完税后变更二手房户主”制度，加强对房产转让环节税收监管，全年征收税款1020万元。与国土部门协作，建立信息交换制度，采集土地流转信息、探矿办证信息，加强土地流转环节征收管理，全年入库耕地占用税1.25亿元、契税2.11亿元，补缴土地使用税620万元。

【国税地税联合办税受省长批示】 2016年，乳山市建立国税地税联办窗口，明确联合办税合作形式和合作流程，打破部门界限，实现网络互访，融合办公系统，实现同步办税。整合办公硬件，实现便利办税，提升国地税联办窗口职能，实现一窗多能、一窗办结、两家业务通办。建立联合监督机制，每天抽查办税服务厅前台业务，每日盘点票证等重要单证。制订《乳山市国地税联合办税操作指南》，整理办税指南42项，业务流程61项，表证单书173个，明确干部职工岗位责任，规范大厅前台业务操作流程和规范。乳山市国税地税合作经验得到山东省省长郭树清肯定批示。

【欠税清理力度加大】 2016年，乳山市地税局与国税部门协调限售欠税企业增值税发票，与房管部门协商每月采集房地产企业预售商品房备案信息，掌握企业营业收入情况，核查重点欠税企业所有开户银行对账单，监控企业资金流动状况，全年扣划税款289万元。跟踪管理破产企业，及时向法院申请债权，确保欠税清缴入库。评估检查企业欠税数额，由企业法人签字确认，定期向社会公告欠税，并将欠税企业名单录入乳山市域信用征询系统，通过社会舆论督促企业及时清理欠税。按照税收法律规定和法律程序向欠税企业下达催缴税款文书，对逾期未缴的，采取查询银行账户扣划、拍卖查封财产等税收措施清欠，全年对7户破产清算企业申请债权3637万元。

【办税服务窗口被评为“十佳文明窗口”】 2016年，乳山市落实《全国县级税务机关纳税服务规范》，结合“金三”系统业务流程，按照“严规程，细操作，严把关，细审核”要求规范办税。推行全程服务、预约服务、提醒服务、延时服务等办税服务制度；推广网上纳税申报，推行以财税库银横向联网为依托的电子缴税方式；推行信息公开、限时回复、岗位承诺、首问负责等制度；利用互联网技术，与纳税人建立QQ群、微信圈，及时发布最新税收政策，发出纳税提醒和告知事项，在线解答纳税人疑难问题。开展“税收宣传月”“局长服务日”“科级干部走访企业”等活动，为企业提供税收政策宣传、

4月11日，乳山市地税局工作人员深入企业开展纳税辅导（王超智 摄）

11月16日，乳山市华隆生物科技股份有限公司在齐鲁股权交易中心成功挂牌 （李浩 摄）

咨询及纳税辅导、权益维护等个性化服务。在乳山市服务窗口问卷评议中，被评为“十佳文明窗口”单位。

（杨伟强）

金　融

【概况】 至2016年年末，乳山市有银行业金融机构12家。本外币贷款余额167.24亿元，较年初减少21.85亿元，下降11.56 %；本外币存款余额312.12亿元，较年初增加31.77亿元，增长11.33%。有证券机构1家，交易额191.75亿元，比上年下降48.9%。有保险支公司18家，实现保费收入4.16亿元，比上年减少12.5%。有融资性担保公司1家、小额贷款公司1家、民间资本管理公司6家，民间融资登记服务公司1家，1家企业实现区域市场挂牌。

【3公司获股权投资10263.5万元】 2016年，乳山市金融工作办公室（以下简称金融办）立足职能，帮助企业缓解融资难题，实现股权投资新突破。先后与中国民族证券有限责任公司、招商证券股份有限公司、广东光彩南粤投资管理有限公司等10家机构对接，就股权、债权融资方面调研企业30家，协助乳山华信食品有限公司引进股权投资9500万元，协助山东昊安金科新材料有限公司和乳山市华隆生物科技股份有限公司分别获省直投基金股权投资403万元和360.5万元，其中，山东昊安金科新材料有限公司是威海市第一家获投企业。

【规模以上企业规范化改制41家】 2016年，乳山市金融办每月联合券商、律师事务所等到规模以上企业走访，规范企业财务制度、会计制度、会议记录等，提出整改措施，指导企业完成规范化改制41家。

【华隆生物科技股份有限公司挂牌上市】 2016年，乳山市金融办联合券商、会计师事务所、律师事务所等中介机构先后走访振华食品、小汤温泉等企业50家，筛选有意向和符合在新“三板”、区域市场挂牌企业，建立企业上市后备资源库。11月16日，经威海顺迪投资有限公司推荐，乳山市华隆生物科技股份有限公司在齐鲁股权交易中心成功挂牌，股权代码100478。

【新型农村合作金融试点新增5家】 2016年，乳山市有10家新型农村合作金融试点资格，发生互助业务86笔，互助金额216万元，其中，新增5家，分别是乳山市康择大姜农民专业合作社、乳山市青艺蔬菜农民专业合作社、乳山市恒丰药材专业合作社、乳山市鼎盛花生农民专业合作社、乳山市大川生姜农民专业合作社。

试点新型农村合作社金融扶贫筛选6家 2016年，乳山市筛选新自然草莓、久大海珍品、顺泰果蔬等6家试点合作社作为金融扶贫载体，引导其参与精准扶贫，探索通过合作社、贫困户双向选择，通过项目带动、信用互助、土地流转等方式帮助贫困户实现脱贫、致富。年内，通过组织讲座、入村面对面交流等方式，培训干部群众600人次。

新型农村合作金融试点意见实施 2016年，乳山市制订《关于进一步推进新型农村合作金融试点工作的实施意见》，通过运用市、镇两级财政资金进行补贴、风险补偿以

3月22日，中共威海市委书记孙述涛（前排左二）调研乳山市新自然草莓专业合作社 （徐向向 摄）

及政策性担保基金等方式，实行“风险补偿、担保扶持”新办法，推动试点工作与精准扶贫加速发展。

双保惠农贷、众筹、产业链贷款探索 2016年，乳山市探索开展双保惠农贷、众筹、产业链贷款，丰富金融产品，缓解社员农业生产资金紧张难题。3月，协调乳山农商行采用合作社社员为合作社担保，合作社以其资产向社员反担保方式，向顺泰果蔬专业合作社发放贷款150万元，并给予比同档次一般保证贷款10%利率优惠。5月，以顺泰果蔬专业合作社为试点，指导其通过微信公众账号，在成熟客户群体中开展“产品＋债权”众筹融资，募集资金150万元。10月，引介威海市商业银行为华信牡蛎养殖专业合作社及社员提供产业链金融服务，合作社和社员以其与华信食品公司签订采购合同为基础，在不需提供额外抵质押物情况下，获得威海市商业银行授信，年内，开展业务3笔，贷款150万元。

【小额贷款公司实现利润137万元】 2016年，乳山市小额贷款公司呈现平稳发展态势。乳山市益兴小额贷款有限公司发放贷款43户，金额9378万元；收回42户，金额8676万元；贷款余额户71户，金额13898万元，其中公司类贷款29笔，金额8796万元，占比63.28%。全年实现净利润137万元，缴纳营业税、企业所得税等税金218万元。

（徐向向）

【中国银行业监督管理委员会威海监管分局乳山办事处】 2016年，中国银行业监督管理委员会威海监管分局乳山办事处贯彻银监会和山东省银监局年度工作会议精神，主动适应经济新常态下的监管形势和任务，应对复杂严峻的经济金融形势，防范化解各类风险，推进银行业改革，提升金融服务水平，增强监管能力质效，实现辖区金融业安全稳健运行。至2016年年末，核销不良贷款8.36亿元。

大额授信风险防控与不良贷款处置 2016年，乳山市坚守不发生系统性、区域性风险底线，全力防控大额授信风险，组织债权银行统一摸底调查大额授信风险，加强信息沟通，通过银行间信息交流，抑制过度授信和共同防范信用风险。对不良贷款按照“真实反映，充分暴露，加快处置，能核尽核”原则加快处置，改善银行发展态势。全年辖内银行机构核销造船业不良贷款8.36亿元。

信贷投放督导 2016年，乳山市督导辖内银行业金融机构主动适应经济发展新常态，加大信贷投放，推动地方经济协调发展。要求辖内银行业金融机构制定走访方案，分层次、有重点开展走访活动，并通过季度通报会形式定期进行调度，落实地方政府工作部署，确保支持当地实体经济发展取得实效。年内，乳山辖内银行业金融机构开展进走访活动170人次，为39户企业发放贷款7.62亿元。金融支农支持小微企业贷款持续增长，支农力度加大，年末，小微企业贷款余额42.16亿元，比上年增长13.56%；涉农贷款余额18.21亿元，增长8.27%。

（杨涛）

【外汇跨境收支和结售汇持续“双顺差”】 2016年，乳山市落实上级“控流出、扩流入”工作部署，加强监测预警，强化银行管理，做好市场主体政策宣传引导，辖内跨境收支和结售汇持续“双顺差”。全年跨境收支总额66779万美元，收支顺差41989万美元；银行结售汇总额39675万美元，结售汇顺差28551万美元。深化货物贸易外汇管理改革，全年办理企业名录登记27家，非现场监测分析603家次，核查重点监管企业4家，将1家企业直接调为C类企业，重点监管3家C类企业实施贸易外汇收支。落实资本项目外汇管理改革政策，7月，乳山市须之晟特种陶瓷有限公司采取全口径跨境融资模式从其日本母公司借入160万元，成为威海市首笔全口径境外融资。自9月1日起，国家外汇管理局威海市中心支局将外债业务管理权限下放至乳山市中心支局，9月—12月，办理外债签约登记11笔，金额3962万美元；办理外债注销登记1笔，金额83万美元。全年辖内93家直接投资企业完成存量权益登记，管控未登记企业19家。加强国际收支统计申报数据核查，数据质量提高，在威海市中心支局各季度考核通报中保持“零差错”；落实对涉外主体国际收支申报数据非现场核查制度，年内，核查数据9612笔，金额48724万美元，发出差错通知书7份。做好对银行机构外汇业务管理，促进合规经营，评估、考核辖内7家外汇指定银行2015年10月至2016年9月执行外汇管理规定情况，评定A级行5家、B级行2家。经逐级上报山东省分局同意，批复乳山农村商业银行开办即期结售汇业务。

（姜爱丽）

银　行

【概况】 2016年，乳山市有银行业金融机构12家，其中，政策性银行1家，国有独资商业银行4家，城市商业银行1家，农村商业银行1家，邮政储蓄银行1家，村镇银行1家，股份制商业银行3家；营业网点87个。各银行业金融机构贯彻执行稳健的货币政策，围绕全市经济转方式、调结构、提质量要求和经济发展规划，加快发展，优化服务，提高运行质量，支持地方经济平稳健康发展。至2016年年末，乳山市本外币贷款余额167.24亿元，较年初减少21.85亿元，比上年下降11.56%；本外币存款余额312.12亿元，较年初增加31.77亿元，比上年增长11.33%。

2016 年乳山市银行经营情况统计表

表 34　　单位：万元

项目		年末余额	上年末余额	比上年增减数	比上年 ±%
各项存款	总额	3121154	2803435	317719	11.33
	企业存款	351064	226274	124790	55.15
	储蓄存款	2069238	1957131	112107	5.73
	财政存款	13024	16200	−3176	−19.60
	机关团体存款	309648	306875	2773	0.90
	其他存款	378180	296955	81225	27.35
各项贷款	总额	1672445	1890954	−218509	−11.56
	短期贷款	273137	325482	−52345	−16.08
	中长期贷款	1282952	1365114	−82162	−6.02
	票据融资	116140	130092	−13952	−10.72
	其他贷款	216	70266	−70050	−99.69

【中国人民银行乳山市支行】 2016 年，中国人民银行乳山市支行根据经济新常态内涵要求，重点围绕县域经济发展新变化，将贯彻落实货币政策与服务地方经济有效结合，维护金融稳定，提升金融服务水平，支持地方经济社会健康发展。被乳山市政协确定为“金融支持小微企业发展示范点”。

常态化银企合作机制建立 2016 年，乳山市出台《关于认真贯彻稳健货币政策改进金融服务和外汇管理支持全市推进结构性改革和经济转型升级的意见》，引导金融机构把支持经济平稳增长和供给侧改革着力点放在改善信贷结构上，加强支持企业重点项目。开展企业生产经营及融资状况走访活动，联合经信局、金融机构深入重点企业 40 户，了解企业生产经营及融资状况，确定 10 家重点技改项目，其融资需求 5.48 亿元；组织金融机构与企业对接，建立常态化银企合作机制。相关工作得到地方政府肯定，被乳山市政协确定为“金融支持小微企业发展示范点”，并在乳山市政协举行的支持企业发展工作座谈会上经验交流。

9 月 29 日，人民银行威海中心支行行长王延伟（左四）一行调研乳山顺泰果蔬专业合作社　（姜爱丽 摄）

金融扶贫长效机制建立 2016 年，乳山市建立扶贫长效机制，提供金融服务，全年实现 45 个贫困村和 10290 户建档立卡贫困户全覆盖。建立信息呈报机制，为领导决策提供参考，抓住乳山市成为全省首批新型农村合作金融试点县契机，发挥金融助推脱贫攻坚突破口作用，至 11 月末，呈报乳山市发放扶贫贷款信息，被录入山东省金融精准扶贫管理信息系统 35 笔 567 万元，帮扶贫困户 35 户、贫困人口 99 名。

经济风险预警机制建立 2016 年，人行乳山市支行构建金融稳定工作平台，加强与政府及相关部门协作配合，发挥部门联动效应。做好辖区经济金融形势分析和风险防控工作，牵头制定《乳山市经济风险防控联席会议制度》，组成由人民银行、金融办、经信局、银监办、各银行业金融机构、非银行金融机构等为经济风险防控联席会议成员，加强经济金融信息交流。5 月 11 日，牵头召开第一次全市经济风险防控联席会议。上半年，联合金融办、经信局、商务局等部门摸底调查全市担保情况，根据不同担保情况，提出风险处置建议，并建立常态化工作及风险预警机制，维护经济金融秩序和社会稳定。突出重点领域风险和重点业务风险监测，将产能过剩行业、僵尸企业、房地产等实体经济风险列为重点监测对象。发挥好金融风险防范功能作用，通过发出书面提示、约见谈话或召开座谈会等方式，风险提示乳山市异地住房按揭高速增长的潜在风险，化解个人住房不良贷款。落实存款保险制度。7 月，组织评级乳山农村商业银行和天骄村镇银行 2 家投保机构，确定其风险差别费率并完成上半年保费交纳工作，并督促其提高风险管理水平。

5月12日，2016年乳山市第一次经济风险防控联席会议召开　（姜爱丽 摄）

电信诈骗联合整治机制建立　2016年，乳山市针对全国电信诈骗高发态势，建立联合整治支付结算重大违法犯罪工作机制，联合公安、工商等部门开展整治非法买卖银行卡信息专项行动暨打击电信诈骗违法犯罪活动，加大打击电信诈骗等违法犯罪行为力度。全年协助公安机关破获乳山市义浩电子有限公司等3起利用账户进行诈骗案件，涉案金额156万元，冻结资金16万元。

金融服务与管理水平提升　2016年，乳山市支持乳山农村商业银行改革后续进程，为其成功申请支农再贷款规模4.5亿元，并批复办理即期结售汇业务、上线国际收支统计系统，提升服务水平和市场竞争力。完善农户和小微企业信用信息征集体系，推动乳山农村商业银行、天骄村镇银行实现农户、小微企业信息电子化档案建设。加快推进辖区农村支付服务环境建设，推广银行卡助农取款服务、手机支付等非现金支付业务，持卡消费额达社会零售商品总额43.94%，为农村领取新农保的老年人办理小额现金交易3280笔、金额330万元。做好金融消费者权益保护工作，有序处理金融消费投诉案件，全年受理投诉21起，全部及时解决。开展“金融知识进万家”“金融知识普及月——走遍乳山”等宣传活动，重视不同群体消费者金融需求，提高消费者金融素养。建立农村金融消费维权联络点，逐渐形成覆盖农村金融消费维权网络，在乳山农村商业银行金融助农服务点基础上，13家农村金融消费维权联络点挂牌。

（姜爱丽）

【中国农业发展银行乳山市支行】

2016年，中国农业发展银行乳山市支行统筹贷款、存款、中间业务发展，履行支农职能，强化基础管理，各项工作有新发展。截至年末，各项贷款余额128063万元，较年初增加25970万元；各项存款余额96985万元，较年初增加62803万元；日均存款38846万元，较年初增加13545万元；办理国际结算业务4354.93万美元，收入46.09万元，分别较年初增加239.56万美元和9.83万元；实现账面利润1941万元，较年初增加949万元。

信贷支农稳健发展　2016年，农发行乳山市支行发挥政策性银行职能作用，及时供应政策指令性粮油信贷资金，向乳山市粮食储备库发放地方储备粮轮换贷款1000万元，收购小麦4461吨，夏粮收购期间，没有发生因政策性收购资金供应不到位给农民“打白条”问题，实现政府、农民、企业和银行“四满意”。按照有发放、有营销、有储备梯次推进思路，营销农业农村基础设施建设贷款业务，全年获批项目贷款21.6亿元，其中乳山市财金资产运营有限公司棚户区项目3.1亿元，山东省财金发展有限公司棚户区项目8.5亿元，乳山新港建设发展有限公司农村路网项目10亿元。及时投放项目信贷资金，全年投放贷款5.535亿元，其中，向乳山河综合治理工程项目、后尹家村至小泓村道路建设改造工程项目分别投放资金2000万元、4000万元，向乳山市棚户区改造项目投放信贷资金29350万元，向威海市2016年第二批棚户区改造工程项目投放资金2亿元（贷款行为威海市分行）。做好基金项目申报工作，申报乳山市龙角山水库及上游水系综合治理工程项目，并争取水利重点建设基金5.1亿元。支持产业化龙头企业，增加发展后劲，办理发放流动资金

11月3日，中国人民银行乳山市支行联合公安等部门召开整治非法买卖银行卡信息暨惩治电信诈骗违法犯罪会议　（姜爱丽 摄）

贷款、开立信用证等业务，支持企业发展。

存款营销多措并举 2016年，农发行乳山市支行坚持财政性存款与贷款项目配套资金一起抓，与财政等部门沟通，引导社保基金存款和水利项目、路网项目资本金等相关配套资金全部存入，全年吸收活期社保基金存款3.42亿元。坚持项目贷款客户和延伸客户存款一起抓，全年项目贷款下游客户存款41256万元。加大监测自营性客户存贷款力度，及时督促企业将各类资金存入，全年客户日均存款621万元，比上年增加30万元。关注同业存款利率变化，经常与商业银行联系，定期走访重点同业客户，对于资金充足、有合作潜力金融机构，及时传递合作信息，实现同业存款业务新突破，全年办理存款414万元。

国际结算业务平稳发展 2016年，农发行乳山市支行代理国际结算和融资顾问业务营销，利用乳山正洋食品有限公司1000万元国际贸易融资额度办理减免保证金开证13笔、466万美元，与上年持平。营销国际结算业务，办理乳山新达食品有限公司国际结算28笔、882万美元。

信贷风险防控能力提高 2016年，农发行乳山市支行强化粮食储备企业库存监管，除实地检查，还推广远程视频监管方式，运用信贷“鹰眼”报警功能，利用互联网摄像头采集图像，加强粮食库存管理，增强防控风险主动权。开展扶贫贷款认定工作，核查2015年、2016年贷款有无涉及省级贫困人口情况；核对中长期项目建设贷款所涉及村镇及轮换、自营性贷款等信息。做好信贷风险防控，按照信贷资金申报用途，规范中长期信贷资金和流动资金支付和使用，保障按合同约定期限及金额偿还贷款本息。

（宋词）

【中国农业银行股份有限公司乳山市支行】 2016年，中国农业银行乳山市支行围绕存款、贷款和中间业务收入三大主体业务指标，加强内部管理，防控风险，确保各项业务稳健快速发展。至年末，各项存款余额289488万元，较年初增加26261万元，较威海市分行下达必保计划增加1261万元；存款存量市场份额占比31.6%，增量市场份额占比61.6%，分居威海市第一位和第二位。其中个人存款余额223297万元，个人日均核心存款较年初增加20035万元，完成计划87.1%；时点增量22504万元，增加1037万元，完成计划97.7%。各项贷款余额144444万元，较年初下降113766万元，主要原因是收回乳山造船厂不良贷款7355万元，核销不良贷款83814万元。其中，个人贷款余额121986万元，较年初减少12849万元（个人住房贷款余额116101万元，较年初减少12702万元；商品房贷款余额728万元，较年初减少236万元；非住房贷款余额5156万元，较年初增加89万元）；不良个人贷款余额6727万元，占比5.5%，较年初增加1.62个百分点。全年实现拨备前利润1371万元，比上年增加28万元，完成计划91.4%；拨备后利润下降4718万元，减少9093万元，完成计划127.4%。实现各类中间业务收入2053万元，比上年增加613万元，完成计划110.4%。全年掌上银行活跃客户净增13549户，完成计划144.1%；K码支付客户净增12844户，完成计划116.8%；个人消息签约客户净增21956户，完成计划115.56%；个人消息服务及快e付签约客户净增34800户，完成计划116%。信用卡有效客户新增2368户，比上年增加784张，完成计划51.5%，其中鲁通卡客户新增2088张，完成计划130.52%。

网点服务质量提升 2016年，农行乳山市支行制定《乳山市支行2016年重点产品考核办法》《乳山市支行本部员工绩效考核办法》《乳山市支行特殊贡献奖管理办法》等，全方位考核，调动全员营销积极性，保证各项营销指标落实到位。深化网点转型，提升文明服务质效，每月在员工大会上点评网点服务质效。完善网点6S管理，促进全行服务质量提升；推进管户工作，提升管户人员维护客户能力。2016年，夏村分理处和海阳所分理处在省行网点转型抽查验收中顺利通过，其他网点也达到应有标准。

存款营销力度加大 2016年，农行乳山市支行加大个人存款力度，举办“进社区、进商场、进企业、进集市”等多种类型营销宣传活动30次，开办邀约种养殖大户讲座、走进高端社区宣传等方式，做到精准营销。实行支行班子成员、部室负责人挂点帮扶制，了解网点业务经营情况，协调解决营销中存在的困难和问题。利用CFE系统，了解客户资金动向，做到及时跟进、维护。利用系统向客户发送介绍该行新产品短信，让客户及时掌握其产品动态，将资金存入，推动存款增长。加大对公存款力度，在扩大客户规模、膨胀账户总量基础上，按照《对公账户承包管理办法》要求，组织网点将客户信息进行整理，实施分类分级管理，对于中高端客户，由支行配合网点负责人共同做好维护和营销。对一般客户，由柜台、大堂人员进行维护，侧重于服务营销。加大信贷产品优化力度，为威海龙峰硅胶有限公司办理美元存单质押贷款4000万元，为威海明珠硅胶有限公司办理缴纳50%保证金银行承兑汇票1200万元，带动存款增加6400万元。加大管理有信贷关系客户力度，随时关注其资金归行率和业务结算量，加强对企业销售收入归行管理，促进客户资金回流，通过对乳山海乐食品有限公司销售收入归集方式，带动存款增加662万元。

贷款投放客户拓展 2016年，农行乳山市支行开展业务基础知识培训，夯实贷款业务基础；拓展新楼盘，营销城区拟建、在建楼盘100%覆盖，及时了解销售进度及按揭比例，并对引导办理按揭销售管理人员给予物质奖励，提高个贷产品营销效率。加强网点对公客户营

7 月 9 日，农业银行乳山市支行员工到诸往镇集市宣传个人存款政策
（兰文彬 摄）

销管理，通过管户了解客户需求，挖掘对公贷款信贷潜力。增加小微企业信贷投放，提高信贷增长点，以小企业简式快速贷产品为切入点，拓展新客户和存量优质客户，全年新增贷款 2456 万元。

中间业务收入增长 2016 年，农行乳山市支行以普卡换芯片卡为契机，加大发卡量，并实行银行卡、短信通、网银等产品“捆绑式”营销。明确计价分配及岗位分工，实现系统性营销，实现银行卡业务收入 715 万元，比上年增加 29 万元。引导企业通过信用证、证托收交单提高单证业务占比；加大对全市结售汇量较大企业售汇业务营销力度，扩大售汇业务规模和占比，实现外汇业务收入 116 万元。加大代理保险业务营销力度，拉动中间业务发展，全年保费收入超额完成计划。

风险管控能力提高 2016 年，农行乳山市支行开展客户普查活动，了解客户需求，帮助其解决困难。全行公司类客户普查 6479 户，新开立对公账户 101 户，办理企业网上银行 92 个，公私联动营销电子商务企业 3 户，成功营销代发工资企业 8 户；办理单位结算卡 32 张。个人客户普查 11780 户，带动掌上银行、K 码支付、个人消息签约客户覆盖率持续提升。以操作风险为重点，整改内外部检查发现的问题；加强临柜人员培训管理，结合营改增业务上线，防控柜面操作风险；搞好员工思想行为排查，从根本上消除潜在风险及隐患；加大运营及安全保卫等各项规章制度落实力度，确保各项业务稳健运营。

（兰文彬）

【中国工商银行股份有限公司乳山支行】 2016 年，中国工商银行股份有限公司乳山支行优化服务功能，创新金融产品，加大贷款投放力度，支持全市重点项目和重点企业。截至 12 月底，各项存款余额 21.83 亿元，比上年增长 13.76%；各项贷款余额 14.11 亿元，下降 12.95%；全年累计发放贷款 2.58 亿元。被乳山市委市政府授予“支持地方建设先进单位”“纳税明星企业”称号。

信贷投放 2.58 亿元 2016 年，工行乳山支行结合国家产业政策导向，加大与政府机构及乳山市属国有企业合作，投放基础设施贷款。加大对重大工程和重点项目以及各领域优质客户信贷支持力度，做优增量、盘活存量，促进信贷结构优化调整。支持乳山市龙头企业及其上下游企业相关融资业务，重点抓好优质大项目及大客户贷款营销，并对基础设施（供热）、建筑、食品加工等行业资金需求持续跟踪营销，做好项目储备及项目贷款营销。全年累计发放贷款 2.58 亿元。

“融 e 购”乳山三宝电子商城搭建 2016 年，工行乳山支行支持企业和品牌发展电子商务，加强与政府部门合作，提供优惠条件，发展电子商务业务，在工商银行“融 e 购”电商平台中搭建乳山“三宝”（牡蛎、茶叶、大姜）电子商城，拓展乳山土特名优产品销售渠道，提高乳山“三宝”品牌影响力和知名度。年内，与一家牡蛎养殖农民专业合作社达成协议，将其牡蛎品牌免费加入“融 e 购”名优产品电商平台。

网点智能化推进 2016 年，工行乳山支行提升网点竞争力，开展

12 月 10 日，中国农业银行乳山市支行员工走进企业宣传信贷投放政策
（兰文彬 摄）

“重温服务规范提升服务品质”和“服务面貌专项整治季”活动。在加强“走出去”营销的同时，重点做好厅堂服务，并细化大堂经理岗位职责，提高各网点服务营销一体化能力。按照上级行靓化工程要求，自查整改营业网点、自助银行环境、门楣灯箱、标识灯光及LED显示屏等，落实管理责任，及时维护，提升公众形象。规范营业网点服务，提升客户满意度，整治客户投诉，缓解客户排长队，提高客户满意率”。发展营业网点智能化，加快智能设备应用，改进网点传统柜面服务模式，方便客户自助办理业务，减轻柜面压力和减少客户等候时间，服务效率较上年大幅提升。

（任绍军）

【中国建设银行股份有限公司乳山支行】 2016年，中国建设银行股份有限公司乳山支行按照国家金融政策及人民银行、银监局各项监管要求，正确处理稳健经营与支持地方经济建设关系，积极创新，优质服务，各项业务得到稳健发展。至年末，辖商业街分理处、府南分理处、银滩分理处3个营业机构，设立“附行式”自动存取款机9台，“离行式”24小时自助银行6台，有员工87人。全年全口径存款余额24.30亿元，一般性存款余额24.28亿元；各项贷款余额21.17亿元，实现利润6320万元，缴纳地税834万元。被乳山市委市政府表彰为“纳税明星企业”。

信贷融资业务开展 2016年，建行乳山支行支持乳山经济建设，做好贷款工作，全年发放各类贷款4.7亿元。配合乳山市政府推进政府购买服务工作，满足社会力量参与政府购买服务的融资需求，积极与上级行沟通、协调，争取政策和规模，全年完成授信业务2.8亿元。开展贸易融资工作，为全面发展奠定基础，累计办理汇出汇款87笔、730.48万美元；汇入汇款1017笔、2035.87万美元；办理跨境结算1227.13万元。办理即期结售汇业务1319.76万美元。

规范化服务考核办法完善 2016年，建行乳山支行检查完善规范化服务考核办法，突出一线网点在服务管理、服务能力、服务规范等方面考核。开展“三走进”活动，深入机关、学校、企业、商贸区、社区等单位，提供上门服务，方便客户，受到好评。加强客户投诉管理，理顺客户投诉机制，规范化服务检查小组加大现场检查和远程监控抽查频率和处罚力度，促进全行柜面人员服务效率提高。结合乳山市“五城联创”工作，投入资金3万元，完善服务设施、制作各种宣传标语牌等。

信贷风险监测预警机制建立 2016年，建行乳山支行面对复杂严峻的经济金融形势，坚持业务发展与风险防范统筹兼顾、有机统一，注重依法合规、稳健经营。建立信贷风险监测预警机制，严把贷款准入关，持续加强贷后管理，确保全行资产质量稳定，风险整体可控。健全各项规章制度，从完善体制机制、落实规章制度、创新技术手段、加强监督检查等方面入手，强化内部控制管理；落实运营风险核查工作，推动反洗钱工作开展。落实人防、物防、技防等措施，促进防控水平提升，杜绝各类案件发生，为打造“平安乳山”“和谐乳山”做出贡献。

（王佐福）

【中国银行股份有限公司乳山支行】 2016年，中国银行股份有限公司乳山支行坚持以效益为中心，拓展服务渠道，提升服务品质，发挥全行员工积极性和创造性，促进各项工作开展。至12月31日，各项存款余额132312万元，较年初增加10468万元：其中企业存款余额16161万元，较年初减少106万元；储蓄存款余额116151万元，较年初增加10468万元。各项外币存款余额3897万美元，较年初增加896万美元，其中外币企业存款余额1112万美元，较年初增加793万美元；外币储蓄存款余额2785万美元，较年初增加103万美元。各项贷款余额135898万元，较年初增加9017万元，其中零售贷款余额127748万元，较年初增加11517万元，中小企业流动贷款余额8150万元。

储蓄存款增加10468万元 2016年，中行乳山支行做好市场定位，加强储蓄存款业务相关产品宣传营销。加强对优质客户维护，做好VIP客户营销工作，实施“挖掘计划”，利用理财、基金销售、出国售汇、贵金属销售等业务积累客户资源，加强对个人高端客户营销，提高储蓄贡献度。做好助农服务站拓展和推广，将助农服务工作作为个人存款和客户拓展的重要增长点来抓。全年储蓄存款增加10468万元，比上年增长8.59%；外币存款增加896万美元，增长29.86%。

贷款投放增加9017万元 2016年，中行乳山支行强化个人住房贷款投放，营销新产品，综合运用贸易融资、供应链融资等优势产品加强营销，不定期组织业务人员深入企业了解情况，掌握需求，支持乳山优势集群行业和产业转型企业。全年贷款额增加9017万元，比上年增长7.1%。

国际结算客户维护拓展 2016年，中行乳山支行加强国际结算优质客户维护，对山东双连制动材料公司、辰瑞纺织公司等曾因同业让利营销有将外汇业务迁至他行打算的企业加强沟通，并结合推荐相关产品，为其寻找合适外汇保值增收产品，双连制动材料公司不仅增加大量外汇存款，还叙作多笔大额T+1结汇和300万美元/瑞士法朗外汇掉期业务。至12月末，双连制动材料公司和辰瑞纺织公司2家企业结算量达3855万美元。通过授信业务带动国际结算业务发展，为万和食品公司申请授信总量省行批额3000万元，该企业自三季度起陆续叙做进口开证和押汇等业务，国际结算业务逐步转到该行叙做。

网络金融农村辐射面扩大 2016年，中行乳山支行借鉴上年助农服务经验，加大网络金融在农村辐射力度，研究农村市场，强化对人、财、物等资源配置，年末助农服务网点达18处，通过转账方式让群众不出家门即可办理存取款业务。加

4月21日，山东乳山农村商业银行员工深入企业调研　（李晓莉 摄）

9月2日，山东乳山农村商业银行员工为种植户上门送贷款　（李晓莉 摄）

强智能化网点建设，改进工作流程，引导客户通过自助设备办理各项业务，打破传统服务模式，减轻柜台支付压力，为客户提供更便捷服务。

（宋颖超）

【山东乳山农村商业银行股份有限公司】 2016年，山东乳山农村商业银行股份有限公司坚持优化服务功能，加大信贷投放力度，为支持乳山经济社会发展做出贡献，银行化改革顺利完成。截至年末，各项存款余额121.95亿元，占全市存款总额39.86%；各项贷款余额70.05亿元，占全市贷款余额41.94%。获中共山东省农村信用社联合社委员会“先进基层党组织”、威海市总工会“女职工工作先进集体”、“威海市优秀志愿服务集体”、“见义勇为事业贡献奖”、“纳税明星企业”、“支持地方经济建设先进单位”等称号。

银行化改革完成 经过2015年银行化改革，2016年1月22日，山东乳山农村商业银行股份有限公司及山东乳山农村商业银行股份有限公司诸往支行等32家分支机构被山东省银监局批准开业，并核准《山东乳山农村商业银行股份有限公司章程》。1月27日，经威海市工商行政管理局注册登记，山东乳山农村商业银行股份有限公司正式成立。1月30日，山东乳山农村商业银行股份有限公司揭牌仪式举行，完成银行化改革。

资金实力增加5.69亿元 2016年，乳山农商行发挥农村金融服务网点辐射广、功能全优势，深入村企、机关揽存，力促存款增长。优化营业网点环境，推进规范化服务，实行大堂经理引导服务，开展上门服务、代收代付业务，促进服务理念创新、服务礼仪规范、服务环境优化、社会形象提升。全年各项存款余额121.95亿元，占全市存款总额39.86%，比上年增加5.69亿元，增长4.89%。

贷款余额占全市41.94% 2016年，乳山农商行加大扶持“三农”、中小微企业及高新技术产业力度，全年发放贷款53亿元。推进金融创新业务，开办威海市农信系统首笔应收账款质押业务；向237名福农卡客户发放贷款595笔、6476万元；加大微信申贷推行力度，通过微信申贷平台办理贷款136笔、2939万元；推广“信保扶贫贷”“信保农村产权贷”“双保惠农贷”等支农扶贫产品。其中，“双保惠农贷”经验先后被人民银行济南分行、威海市中心支行推广；威海市中心支行在省定贫困村夏村镇晁家庄村召开金融扶贫现场会；推行“幸福+家庭主办银行”模式，构建客户精准营销“产品套餐包”，办理“亲情家庭贷”53笔、1118万元。全年各项贷款余额70.05亿元，占全市贷款余额41.94%。

新业务开办 2016年，乳山农商行开办新业务，提升市场竞争力，发行首期同业存单2亿元；取得理财资格，发行双录系统及制度建设通过监管部门审核；开办外汇业务，为企业办理一笔汇入汇款10004.99美元；开办公务卡255张，授信1259万元，交易73笔69.3万元。

自有助农机具办理社保业务新模式在全省首创 2016年，乳山农商行加大资金投入，加快ATM、“农金通”、电话POS等金融自助设施布设力度。至年末，拥有自助银行14处、ATM36台（覆盖各镇、街道）、CRS机25台、银联POS535台、“农金通”80台、“农金达”50台、电话POS521台，实现农村金融自助服务全覆盖。同时，推进手机银行、网上银行等电子银行业务。年末，网上银行客户23278户，手机银行客户20439户，真正让农村居民享受到“足不出户可缴费，身不出村存取款”的便捷金融服务。在全省首创自有助农机具办理社保业务新模式，研发推出集银行业务办理、参保缴费、社保卡开户、社会保险信息查询功能为一体的“助农机具+社保”智能服务终端，11月末，威海市人社局在乳山召开推进居民社保卡发放暨“助农机具+社保”自助服务终端推广应用工作现场会议。推广“智e购”商城，全年签订“智e购”商城商户合作服务协议20户，为实现服务多样化奠定基础。

社会公益事业参与 2016年，乳山农商行参与社会公益事业，主动履行社会责任。全年缴纳税金5983万元，居乳山市首位；缴纳慈善基金70万元；冠名“乳山农商银行杯”大秧歌比赛、乳山农商银行杯“互联网

+”创新创业大赛、“乳山农商银行”杯全民生态健步行、“乳山农商银行杯”市直机关篮球赛篮球比赛；参与“荧光行动”，向中小学生捐赠1000件爱心荧光衣；为全市种养大户赠订2016年度《山东科技报》550份。

（李晓莉）

【威海市商业银行乳山支行】 2016年，威海市商业银行乳山支行面对日趋竞争激烈的金融市场，贯彻总行“打造创新型零售银行”经营方针，围绕年初制订工作目标和任务，提升服务内涵，强化营销，严控风险，推动各项业务稳健发展。至年底，各项存款余额35.12亿元，其中储蓄存款23.52亿元，对公存款11.6亿元；各项贷款余额603亿元。获乳山市委市政府“支持地方建设先进单位”称号，被乳山市金融消费者权益保护协会评为“金融消费权益保护示范窗口”。

营销方式创新 2016年，威海市商业银行乳山支行创新考核办法，修定《综合经营绩效考核办法》《日常管理考核办法》，形成“任务分配差异化，考核兑现统一化”机制，让员工扬长避短，找准发力点，发挥能动性。突破传统营销理念，建立市场营销微信群，各支行实时发布社区、集市营销信息，信贷人员实时发布新客户走访信息及营销进展，在增强支行与部门之间互动性的同时，营造支行之间“比、赶、超”营销氛围。拓展服务领域，提升小微企业贷款占比，与人社局、财政局沟通，取得乳山创业担保贷款经办资格，成为乳山4家经办机构之一。调研乳山各镇（街道）行业存贷款等情况，确定海阳所镇为该行申请的第一个镇（街道）网点，并在行内推行每月到3个自然村、3个农村集市营销宣传。

风险控制模式创新 2016年，威海市商业银行乳山支行变单模式为多模式检查，由风险部牵头制定检查制度、检查方案，各条线部门参与，采取定期检查与飞行检查结合方式，检查各部门风险点，确保取得实效。

（邵鹏飞）

7月20日，邮政储蓄银行乳山市支行开展个人金融业务演练大赛

（仇茜 摄）

【中国邮政储蓄银行乳山市支行】 2016年，中国邮政储蓄银行乳山市支行秉承“普惠金融、服务万家”服务理念，转变发展思路，拓展业务渠道，打造“功能全、产品多、实力强、服务周到”大型零售商业银行，各项业务得到发展。截至12月31日，各项存款余额158980万元，比上年净增26249万元，增长19.78%；各项贷款余额58033.1万元，净增4879.5万元，增长9.18%。

个人存款增加11734万元 2016年，邮储银行乳山市支行落实目标责任，发挥绩效考核激励作用，加大考核网点负责人、营销人员力度，提高全行人员整体营销能力。依托个人客户营销系统，做好存量客户维护工作，深入挖掘客户潜力，拓展业务范围；推进网点转型工作，提升一线窗口服务水平。推进智能化网点建设，提升服务效率，新上存折取款机4台，分流代发养老金客户。至年末，个人存款余额达115784万元，较年初净增11734万元。

贷款投放36162万元 2016年，邮储银行乳山市支行支持地方经济发展，加大贷款投放力度，全年投放贷款36162.5万元。支持企业发展，为小企业投放贷款9755万元，为企业票据贴现18513万元。支持农村种植、养殖业和其他农副产品生产，发放贷款余额10517万元，较上年净增2037万元。特色贷款产品——为青年创业贴息50%鲁青担保贷，全年申报并放款3笔、280万元，为客户节利息9.73万元。配合人社局做好下岗失业人员小额担保贷款业务，用于二次创业，全年投放再就业贷款1950万元。

理财产品保有量增加3247万元 2016年，邮储银行乳山市支行理财产品在原有基础上更加多样化，主要有：定期理财、灵活期限理财、资产管理计划、基金定投、贵金属买卖等。灵活性理财产品鑫鑫向荣B款，期限灵活，收益稳健“邮益宝”基金理财产品以“起点低、取现快、收益高”等特点受到客户青睐；定期理财、资产管理计划品种丰富，根据客户需要满足客户需求，多渠道为客户资产增值保驾护航。全年全行理财保有量净增3247万元，代销国债4035.8万元，代理保险6259万元。

5家支行获示范窗口和青年文明号称号 2016年，邮储银行乳山市支行加大网点转型工作力度，外聘瑞银达专业服务人员，与专设网点转型管理人员一起，于5—6月常驻网点，梳理服务标准，整顿不合格行为，采取网点演练与督导纠正双线推进措施落到实处。转型工作结束后，该行将其作为长效机制持续推进，不断纠错、整改，夯实业务发展服务基础，服务水平明显提升。所辖4个二级支行有2家支行获乳山市金融消费者权益保护协会“金融消费权益保护示范窗口”称号、3家支行获乳山市团市委“青年文明号”称号。

（仇茜）

【招商银行股份有限公司威海乳山支行】 2016年，招商银行股份有限公司威海乳山支行强化风险管控意识，保持各项业务协调稳健发展。至年底，各项存款余额31398万元，自营贷款余额25732万元；累计信贷投放3.02亿元，其中流动资金贷款1.55亿元；累计办理国际贸易融资855万美元。管理零售客户总资产11.93亿元，较上年新增2.73亿元。

4月5日，乳山天骄村镇银行社区公益行——防诈骗知识讲座 （焉玉翠 摄）

一卡通累计发行1.9万张 2016年，招行乳山支行推广“一卡通”业务，主要卡种有：一卡通、一卡通金卡、一卡通金葵花卡、一卡通M+卡等，将客户所有账户及业务集中到一张银行卡中，为各类客户提供“一站式”金融服务，提高客户资金管理效率。至年末，累计发行一卡通1.9万张。融资渠道除传统流动资金贷款和银行承兑汇票外，还包括国内信用证、国际信用证、国际贸易融资、出口押汇、进口押汇等融资产品，满足客户日益多样融资需求。

理财产品新品种推出 2016年，招行乳山支行提供期限灵活、收益稳健理财产品，主要品种有：基金定投、黄金定投、外币定投、银保产品、定期理财等。至年末，管理零售客户总资产达11.93亿元。同时，依托先进金融工具，推出稳健、便捷产品，主要品种有：“小企业E家”定期理财项目、同业理财项目等，通过“小企业E家”现金管理平台，为企业及其员工提供起点低、期限灵活理财产品，实现企业资产增值与员工薪酬倍增良性循环，调动员工参与企业经营的积极性。

“刷脸取款、转账”服务功能推出 2016年，招行乳山支行为简化用户取款流程，保障资金安全，运用互联网+及新兴技术，于2015年10月首创“刷脸取款”业务，将人脸识别技术应用于自动柜员机（ATM）。2016年，再次推出移动端“刷脸转账”功能，可通过客户面部识别确定身份后，在线办理20万～100万元大额转账业务。

（徐兵）

【乳山天骄村镇银行】 2010年9月，乳山天骄村镇银行成立。2016年，秉承“立足乳山，服务三农，服务小微企业，服务实体经济”理念，加强经营管理，发挥自身优势，拓展资金来源，创新金融服务，发展地方经济。至年末，有员工62名，设有综合管理部、审计稽核部、风险合规部、财务会计部、人力资源部、客户经理部、科技信息部、安全保卫部8个营业部，辖总行营业部、富山路支行、经济开发区支行、夏西支行、海阳所支行、崖子支行6个营业网点，1幢办公大楼在建。全年全行各项存款余额85349万元，比上年增长21.87%；各项贷款余额50466.69万元，增长16.12%；实现各项收入5074万元。

社区营销活动举办 2016年，乳山天骄村镇银行先后与全市17个社区居委会合作，与居民互动，提升乳山天骄村镇银行知名度和品牌形象，通过举办“天骄银行杯社区中老年趣味运动会”“社区棋牌比赛”“‘衣旧情深’爱心活动”“社区消夏晚会”等活动，介绍其借记卡、POS机、网上银行、存款、贷款等“惠民利民”金融产品，同时，开展“反假币宣传”“小微企业金融服务宣传月”等活动，深受社区居民认可。

4月20日，招商银行威海乳山支行“刷脸取款”系统运行 （徐兵 摄）

定期存款利率上浮40% 2016年，乳山天骄村镇银行发展存款业务，主要办理定期储蓄存款、活期存款、定活两便存款等业务，一年定期存款利率上浮40%，为全市最高。

贷款投向小微企业、农户、个体工商户 2016年，乳山天骄村镇银行以发放短期贷款为主，解决小微企业、农户、个体工商户贷款难题。针对种养殖户、渔民、个体工商户推出“助农贷”“助渔贷”“助商贷”等金融产品。同时深入市场调研，根据小微企业、“三农”、个体工商户生产经营情况和需求特点，开办信用贷款等产品。与政府相关部门合作，开办“创业贴息贷款”，提供“0利率”创业基金。

部分金融服务零费用 2016年，乳山天骄村镇银行根据银监部门要求，推出相关金融服务，主打“优惠牌”“免费牌”，让客户享受方便快捷的同时，实现跨行转账零手续费，账户管理零费用，开户、换折零费用。同时推出“七日盈”理财产品，利率高活期利率近4倍。

（焉玉翠）

保　险

【概况】 2016年，乳山市有保险机构18家，比上年减少5家，实现保费收入4.16亿元，比上年下降12.5%。其中，人寿保险8家，实现保费收入2.72亿元；财产保险10家，实现保费收入1.44亿元。各保险公司上缴税金2484万元，其中，人寿保险上缴360万元，增长37.4%；财产保险上缴2124万元，下降3.3%。

2016年乳山市人寿保险统计情况一览表

表35　　单位：万元

序号	机构名称	保费收入	理赔支出	赔付率(%)	上缴税金
1	中国人寿保险股份有限公司乳山市支公司	21449	1623	53.51	270
2	新华人寿保险股份有限公司威海市乳山支公司	599	181	98.00	1
3	中国平安人寿保险股份有限公司威海市乳山支公司	1062	312	60.00	71
4	中国太平洋人寿保险股份有限公司乳山支公司	3093	1373	92.26	18
5	阳光人寿保险股份有限公司威海市乳山支公司	439	66	95.00	0
6	富德生命人寿保险股份有限公司威海市乳山支公司	110	6	0.05	0
7	泰康人寿保险股份有限公司威海市乳山支公司	40	65	100.00	0
8	华夏人寿保险股份有限公司威海市乳山支公司	443	91	20.00	0
合计		27235	3717	—	360

2016年乳山市财产保险统计情况一览表

表36　　单位：万元

序号	机构名称	保费收入	理赔支出	赔付率(%)	上缴税金
1	中华联合财产保险股份有限公司乳山支公司	3297	2014	61.10	501
2	中国人民财产保险股份有限公司乳山支公司	3449	3420	112.46	504
3	渤海财产保险股份有限公司威海市乳山支公司	30	2	33.00	2
4	中国平安财产保险股份有限公司乳山支公司	2650	1131	42.70	377
5	中国太平洋财产保险股份有限公司乳山支公司	1580	1547	97.90	145
6	阳光财产保险股份有限公司乳山支公司	1241	638	47.60	227
7	中国大地财产保险股份有限公司乳山支公司	936	392	41.86	179
8	太平财产保险有限公司乳山支公司	821	388	51.06	147
9	紫金财产保险股份有限公司威海市乳山支公司	93	20	21.24	1
10	泰山财产保险股份有限公司威海市乳山支公司	286	172	60.00	42
合计		14383	9724	—	2124

（徐向向）

7月28日，中国人寿乳山市支公司员工走进社区宣传保险知识（于洪开 摄）

【中国太平洋财产保险股份有限公司乳山支公司】 2016年，中国太平洋财产保险股份有限公司乳山支公司履行《行业自律公约》及保监局规定的各项规章制度，支持地方建设，简化理赔流程，对赔款金额万元以下非人伤案件，单证收集齐全，双方就赔款金额达成一致，1小时内赔付；对万元以上人伤案件，单证收集齐全双方就赔付金额达成一致1天内赔付。做好农业保险服务工作，在原有2处“三农”服务站基础上，增加下初、南黄、诸往3处服务站。全年完成保费收入1580万元，上缴税金145万元；理赔支出1547万元，赔付率97.9%。被乳山市委市政府及上级公司分别授予“支援地方建设先进单位”“先进集体”等称号。

（姜佳林）

【中国人寿保险股份有限公司乳山市支公司】 2016年，中国人寿保险股份有限公司乳山市支公司秉持“诚实守信、客户至上”服务理念，依托覆盖全市城乡服务网络，向个人及团体提供人寿、意外和健康保险产品，涵盖生存、养老、疾病、医疗、残疾等多种保障范围，满足客户在人身保险领域的保险保障和投资理财需求。全年实现保费收入21592.5万元，处理理赔案件4700件，给付理赔保险金1719万元，上缴税金270万元。深化“互联网+”思维，打造“科技国寿”，提高运营服务提质增效升级能力，启动24小时自助签收电子回执和个人保单回访新技术服务应用项目。开展“珍爱荣耀，诚信为本”“诚信5分钟”等主题活动，弘扬诚信为本、注重内涵文化，提升销售人员遵规守纪诚信展业意识，推进综合治理销售误导和防范治理非法集资诈骗风险工作。做好满期给付和转保工作，处理满期5100笔，给付满期金额1.2亿元。继续与各大商业银行及邮政储蓄银行建立长期合作关系，为客户提供全方位投资、理财服务。

（于洪开）

【中华联合财产保险股份有限公司乳山支公司】 2016年，中华联合财产保险股份有限公司乳山支公司分析保险市场形式，制定发展规划，强化措施落实。组织员工学习业务新知识，提高业务素质及展业技能，并开展“我为党旗添光彩，我为团徽增光荣”活动，形成你追我赶比奉献，奋勇争先夺第一氛围。完善各项工作制度和考核办法，将任务分解到团队，量化到个人，促进业务发展，已连续多年成为乳山财产保险市场车险业务量第一。至年末，完成保费收入3297万元。践行“忠诚服务、笃守信誉、回报社会”服务宗旨，按照保监委制定的政策依法合规承保和理赔，做到不滥赔、不惜赔，同时组织员工积极参与公益事业，捐款捐物，奉献爱心。全年上缴税金501万元；理赔支出2014万元，赔付率61.1%。被乳山市政府授予“纳税明星企业”“支援地方建设先进单位”称号。

（于卓丹）

证 券

【概况】 2016年，中泰证券乳山胜利街营业部（以下简称营业部）培育全市资本市场，加大区域经济服务力度，服务企业上市，把自身发展与地方发展融为一体，收到良好成效。至12月末，新开户3337户，累计开户数1.81万户，托管客户资产市值13.45亿元，融资融券余额1.55亿元；股票和基金交易量191.75亿元，其中金融产品分仓3.62亿元，市场份额完成0.0072%；金融产品保有量21977万元；实现收入2705.90万元，其中，普通账户佣金收入1021.79万元，信用账户佣金收入496.86万元，两融利息收入1221.55万元，金融产品收入79万元，实现净利润807.92万元。

【资本市场服务质量提高】 2016年，营业部配合乳山市金融办公室走访服务重点企业30家，掌握上市资源企业信息，推动企业上市。与乳山市韩威生物科技有限公司达成新“三板”挂牌意向。帮助山东力久特种电机股份有限公司在新“三板”融资增发早日实现。做好客户服务工作，排查资产15万元以上客户，对没有参加新股申购的600户，分解到客户经理，加以提醒，同时给中签客户一对一通知，有电话失联等原因，尽力寻找。建立客户首问负责制，要求员工了解和熟悉客户，重视每一次和客户接触时机，搭建好服务通道，把完善客户信息、档案规范、锦泉汇金、理财开户、

3月28日，中泰证券乳山胜利街营业部举办投资报告会现场（李亚琴 摄）

创业板、新股申购、深港通等服务全覆盖。发挥“95538”客户服务热线、公司网站及营业部微信公众平台作用，及时与客户沟通，了解投资者意愿，为投资者提供多种可供选择低成本、高效率融资渠道。

【理财产品投资报告会举办6次】 2016年，营业部做强理财产品，强化客户对产品的信赖，举办专业投资报告会6次，邀请总部资深投资分析师到乳山讲课，在普及金融知识同时提升投资者投资能力，加深其对资本市场的认识，取得保有增量4000万元。

（宋岩峰）

担保和民间融资机构

【概况】 2016年，乳山市有融资性担保公司1家，即山东阿甘担保有限公司，公司总资产32634万元；有民间资本管理公司6家，分别是乳山恒通民间资本管理有限公司、乳山昌盛民间资本管理有限公司、乳山玉辉民间资本管理有限公司、乳山市恒达民间资本管理有限公司、乳山三和民间资本管理有限公司、乳山融盛民间资本管理有限公司，资产达18105.1万元；有民间融资登记服务公司1家，即乳山市元通民间融资登记服务有限公司。

【山东阿甘融资担保有限公司增资2亿元】 2016年，乳山市金融办对山东阿甘融资担保有限公司业务监管，不定期现场检查，监测其经营及风险状况，适时提出资本质量和资本充足率要求，并指导其引进国有股东乳山市金融投资有限公司，增资2亿元，增强担保能力。至年末，该公司总资产32634万元，在担保余额50637.9万元，协议放大倍数1.68，平均担保费率1.36%。担保对象多为小微企业及个体工商户，占在担保比例90%。

【民间资本管理公司投资7700万元】 2016年，乳山市地方金融监管局引导民间资本管理公司按照“支农、支小、分散”和“合规经营”原则，开展各项投资业务。至年末，乳山市6家资本管理公司资产达18105.1万元，全年投资86笔，金额7700万元。

【民间融资登记服务公司业务突破200万元】 2016年，乳山市地方金融监管局指导元通民间融资登记服务有限公司合规开展业务，为乳山市民间借贷双方依法提供资金供需信息发布、中介、登记等综合性服务，推动公司发展壮大。至年末，累计登记需求金额325万元，对接成功业务14笔、金额224万元。

（徐向向）

10月6日，生态湿地

田家古民居

责任编辑：高献东

教育·科技

Education, Technology

综　述

【概况】 2016 年，乳山市教育系统以“基层组织建设年”和“综合改革推进年”为主题，创建“全国义务教育管理标准实验区”，推进特色学校和解决大班额工程建设，促进各类教育优质均衡发展。年内，被教育部定为“全国网络教研创新研究试验区”，系威海市首家；获“山东省五四红旗团支部”“山东省学生资助工作先进单位”“威海市 2016 年关心下一代工作先进集体”“威海市青少年体育训练先进单位”等 18 个称号。学前三年幼儿入园率 99.5%；小学适龄儿童入学率、巩固率均达 100%；初中入学率达 100%，巩固率 99.9%；高中阶段普及率 99.6%。

2016 年乳山市中小学校基本情况一览表

表 37

项目	学校（所）	教职工（人）	毕业生（人）	招生（人）	在校生（人）
总计	25	4463	8177	6767	29323
小学	3	1573	2910	2438	13515
初中	18	1967	2839	2911	10657
高中	3	895	2428	1400	5060
特教学校	1	28	0	18	91

（沙晓军）

【“互联网＋教育”教职工培训体系形成】 2016 年，乳山市教育系统共有教职工 4564 人（含职能部门 101 人），其中，高级以上职称资格 731 人，中级职称资格 2095 人，初级职称资格 1615 人。2016 年，共有 100 名教师新取得高、中级专业技术职务资格，新录用师范类本科以上毕业生 8 人。2016 年，乳山市将“互联网＋教育”纳入教师培训重点工作，研究制订《乳山市教育干部、教师全员培训计划》，举办“互联网时代班主任专业成长”、“数字化时代中小学教师职业幸福感的生成路径”全员培训，“教研组文化建设与教研过程实施策略”高端培训，“互联网＋德育创新暨智慧型班主任专业成长”专题研修。探索实施“菜单＋学分”培训模式，给每位领导干部和教师规定年度内必须修满的学分，提供必修项目培训和选修项目，供干部教师根据自身专业成长需求自主选择。充分发挥网络培训载体作用，将每周五确定为乳山市信息技术教师“网上研训日”，对中小学信息技术教师进行全员网络研修培训。加强网络平台建设，征集千篇教学教研文章充实乳山教育网、教研中心网站；遴选 300 节市、县级优课充实教研平台，扩大优质教学资源覆盖面。开展校长培训 40 人次，举办乳山市第一届校长论坛；举办“有益讲堂”6 期，围绕党建、师德、家庭教育、心理健康等现场培训教师、家长 3000 人次，在线培训教师 20000 人次；共有 877 名高中教师、1760 名初中教师、1194 名小学教师和 218 名幼儿园教师参加远程网络培训，4376 名专业技术人员参加继续教育公需科目培训。加强干部教师业务培训，2016 年，有 10 名十佳教师、100 名优秀教师和教育工作者、350 名先进教师和教育工作者、12 个教育工作先进单位获乳山市委市政府表彰奖励。十佳教师为卢成刚、王桂霞、宋春华、崔冠军、李全刚、柳建升、汤军龙、于忠、邢国胜、宋丽波，张耘入选第二期齐鲁名校长建设工程，李振梅被评为威海市有突出贡献的中青年专家，张清华被评为威海市先进工作者，隋同玲等 22 人被评为威海市德育工作先进个人，徐丽娜等 50 人被评为乳山市“四有好教师”。

【教育系统“两学一做”学习教育活动开展】 2016 年，乳山市教育局党委根据市委统一部署，结合“基层组织建设年”系列活动，在教育系统党员中开展“两学一做”学习教育。先后召开“两学一做”学习教育工作培训会和党务工作者培训会；在乳山市教育网开设“两学一做”专栏，利用乳山教育微博和微信公众号，推介“两学一做”学习动态；分批组织党员干部到廉政警示教育基地、马石山红色教育基地、胶东育儿所教育基地接受教育；开展“两学”知识竞赛和“争党员先锋、做教师楷模”演讲比赛，把“学乳娘当先锋”活动和“最美教师评选活动”有机结合，深入挖掘党员教师先进典型，并通过媒体进行宣传，组织广大党员向典型学习；弘扬志愿服务精神，结合党员进社区等志愿服务活动，引导广大党员教师创新志愿服务形式，组建志愿服务团队，开展主题多样的志愿服务活动，积极投身创城、服务创城。

【师德师风制度体系完善】 2016 年，乳山市在教育系统内部开展“四有”（有理想信念、有道德情操、

6月15日，山东省教育厅副厅长张志勇一行到乳山调研　（教育局提供）

有扎实知识、有仁爱之心）师德主题教育活动，畅通群众诉求和信访渠道，即时受理群众师德投诉；贯彻落实师德建设例会制度、培训制度、督查制度和考核制度，形成完善的师德师风建设制度体系；创新载体，开展丰富多彩的师德教育活动，开展“最美班主任”“我最喜欢的教师”评选活动，挖掘典型，树立标杆；通过乳山电视台、乳山时讯、乳山教育网以及乳山教育微信群、微博、宣传栏、师德论坛等多种途径，宣传典型，弘扬正气；组织开展教师宣誓活动、师德标兵报告会、师德主题演讲比赛、有益讲堂、“爱心扶贫·书香情怀”手拉手图书捐赠、集中学习全国教育战线榜样李保国先进事迹等活动，激励广大教师爱岗敬业、无私奉献；抓住关键节点，完成“有偿家教和违规收受家长学生礼品礼金”“拒绝升学宴谢师宴”和“体罚学生排查”等专项治理工作，引导基层干部教师深刻反思，查找不足，认真整改。

【校长职级制改革继续优化】 2016年，完成中小学校长职级制改革前期任务后，乳山市继续优化校长职级制改革，搞好相关配套措施。制定实施《乳山市中小学校长学年度绩效考核办法》，突出校长聘期内业绩变化幅度评价，完善校长职务动态升降、交流轮岗、校长培养培训等机制，建设一支理念先进、管理精通、结构合理的校长队伍。

（孙胜利）

【教育经费投入保持增长态势】 2016年，乳山市教育经费总收入12.06亿元，比上年增长3.34%，其中，财政性教育经费10.59亿元，比上年增长1.34%；教育经费总支出11.96亿元，比上年增长1.53%。财政性教育经费投入保持增长态势，为教育事业的优先发展提供切实保障。建立教育经费保障机制，按标准落实中小学公用经费。年内，按照省定初中生均1010元、小学生均810元的标准全额落实初中、小学公共财政预算公用经费，到位资金2218.68万元；高中按照生均900元标准拨付公共财政预算公用经费551.52万元；特殊教育学校按照小学生均8100元、初中生均10100元标准拨付公共财政预算公用经费共计68.14万元。严格教育经费管理使用，完善落实教育会计集中核算、国库集中支付、大额开支审批、政府采购、经费使用效益考核等管理机制，强化过程监管，确保经费高效使用。加强收费管理，学校收费全部通过公示栏、“致家长一封信”等形式公开，接受群众监督。

2016年乳山市教育经费收入支出表

表38　　单位：万元

项　目		金　额
经费收入	合　计	120612
	公共财政预算拨款	105840
	政府性基金拨款	12
	社会捐资	27
	事业收入	14610
	其他收入	123
经费支出	合　计	119626
	工资福利支出	88799

续表 38

项目		金额
经费支出	对个人和家庭补助支出	13126
	商品和服务支出	7095
	其他资本性支出	8729
	经营支出	627
	其他支出	1250

【困难家庭学生资助面扩大】 2016年，乳山市发放资助金341.62万元，受助学生5772人次。其中，学前教育阶段，发放学前教育政府助学金93.6万元，受助幼儿1560人次，为15名建档立卡贫困家庭幼儿免除保育费3.6万元；义务教育阶段，发放乘班车补助28.80万元，受助学生960人次；普通高中教育阶段，发放普通高中国家助学金118.80万元，受助学生1188人次，减免学费47.62万元，受助学生1771人次；中等职业教育阶段，发放中职国家助学金6.4万元，受助学生64人次；发放残疾学生生活补助42.8万元，受助学生214人次。本着"应贷尽贷"的原则，开展生源地信用助学贷款工作，全年共为192名大学生办理贷款149.71万元。落实好"不让一名学生因家庭经济困难而失学"的要求。

（宋吉光 李进卫）

【教育基础设施投资5982万元】 2016年，乳山市增加教育基础设施建设投资5982万元，改善办学条件。投资2087万元，完成府前路学校、第二实验小学2所学校扩建工程和特殊教育学校迁建工程，启动光明街小学、实验学校（中小学生综合实践教育中心）2所学校新建工程。实施第六中学综合楼、实验楼及男女生宿舍楼校舍加固工程。实施教育教学研究中心和实验初级中学搬迁改造工程；投资120万元，为市直高中和小学更新学生计算机360台；投资3600万元，完成怡园中学、特教学校、畅园学校及崖子、诸往、育黎、午极、徐家镇中心学校8所学校塑胶运动场地建设和府前路学校塑胶球场建设，实现乳山市中小学校塑胶运动场地全覆盖，改善学生体育活动条件；实施学生课桌凳更新工程，投资175万元更新升降式课桌凳10000套，完成乳山市政府确定的学生课桌凳三年更新计划。

（潘咸强）

【校园安全网格化管理实施】 2016年，乳山市推行校园安全网格化管理，制订《乳山市教育系统安全网格化管理实施意见》，组织各学校对校园安全管理各个方面、各个环节进行梳理汇总，逐项明确工作要求，落实责任到部门、领导和具体人员，建立局校衔接的校园安全网格化管理体系，实现安全管理全覆盖、安全责任全落实；开展校园安防达标活动，按照《中小学幼儿园安全防范工作规范（试行）》标准，配备防暴头盔、防护盾牌、橡胶警棍等防卫器械，统一为乳山市所有中小学校安装与公安联网的"一键式"视频报警系统，会同电信部门为幼儿园安装集一键报警、幼儿接送考勤、日常管理等功能于一体的智慧幼儿园平台系统，校园安防水平得到提升；3月和9月，联合建设、卫生、公安等八部门对乳山市各级各类学校、幼儿园安全情况进行检查2次，并对问题整改情况进行跟踪督导。围绕暑期防溺水、冬季校车安全、消防用电安全、校园安保、食堂食品安全、校园周边摊点等，开展经常性、多轮次安全督导检查，每次督查有通报、有反馈、有落实，有效提升校园安全管理水平。全年没有发生学生溺水事故和校园安全责任事件。

（高光）

【10所镇中心幼儿园获评省级示范性幼儿园】 2016年，乳山市崖子、海阳所、午极、育黎、下初、徐家、大孤山、乳山口、诸往、南黄等10所镇中心幼儿园创建为山东省省级示范性幼儿园。开展第二届幼儿园区域活动展评。迎接威海市和山东省对乳山市二期学前教育行动计划督导检查。组织暑期远程研修、业务技能培训和幼儿园园长赴北京师范大学专题培训。组织以"幼小协同，科学衔接"为主题的学前教育宣传月活动。组织幼儿园综合督导评估。组织城乡联谊，将乳山市14处镇幼儿园划分为3个片区，分别与市直3所公办幼儿园结成联谊对子，开展幼儿园一日活动互访，促进城乡学前教育均衡发展。召开乳山市学前教育教学工作会议，强化过程督导，促进幼儿园规范化管理。至2016年年底，乳山市有幼儿园32所，在园幼儿7949人，教职工930人。

【3所民办教育培训机构成立】 2016年，乳山市制定出台《乳山市民办教育工作要点》，召开乳山市民办教育工作会议，强化过程督导与指导。依据《威海市民办培训学校办学评估细则》，组织民办培训学校年检。组织民办非学历教育机构专项清理检查。年内，宝威学堂被威海市民办教育协会评为"最受百姓信赖"品牌学校，丽慧外语培

3月14日，乳山市教育局举办家庭教育公益讲座　　（教育局提供）

训学校被评为“最具影响力”品牌学校；新批准成立全通教育培训学校等3所民办教育培训机构，开设专业主要有英语、作文、书法、绘画、器乐、声乐、舞蹈、剪纸等。

【规范化特殊教育学校改建】 2016年，乳山市特殊教育学校共设7个教学班，在校学生91名，教职工总数28人，专任教师中，学历达到大专以上的有21人，占教职工总数的75%。学校根据残疾儿童的发展需要，坚持特教特办，在开好文化课的同时，更注重学生的技能培养和实用技术培训，建立“内外联合，工学结合”“康复＋九年义务教育＋职业劳动技术教育”的现代特殊教育体系。针对智障儿童在运动技能、精细动作、言语表达、注意力、情绪等方面的障碍，学校开设缝纫、微机、家政、推拿等综合性实践课程，促进学生功能康复。对6～14周岁的具有一定接受能力的重度残疾儿童少年摸底登记，为11名残疾少年儿童提供送教上门服务。对原实验中学西校区按山东省规范化特殊教育学校标准进行改造，新建学生食堂、餐厅及感统训练、律动等专用教室，改造两幢教学楼，总面积6000平方米，同时配备办公教学、实验仪器、康复训练仪器设备等配套设施，为特殊教育创造条件。

基础教育

【德育课程一体化试点工作启动】 2016年，乳山市研究出台《乳山市中小学德育课程一体化试点工作方案》，确定黄山路学校、实验中学、乳山一中3个不同学段学校为德育课程一体化试点学校。试点中，注重学科渗透，将德育目标融入各个学科课程，推行中小学导师制和教师教书育人一岗双责制，实现全科育人、全员育人。把心理健康教育列入德育工作，与鲁东大学沟通协作，在乳山市设立心理健康教育培训基地，强化心理咨询师培训，以心理健康提升德育工作水平；举办家庭德育教育大型公益讲堂，用良好的家庭教育提升德育工作水平；举办“互联网＋学校德育”为主题的乳山市中小学德育论坛，深入探讨“互联网＋”时代背景下，学校德育工作面临的新情况新问题，不断探索德育新途径和新方法，总结推广乳山市中小学德育工作的成功经验，提高德育工作的针对性和实效性。开展“放学后托管”关爱感恩活动、“小手拉大手、共建美好家园”“文明骑车上下学”“不乱扔小食品袋等杂物”教育活动，收到“教育每名学生，带动每个家庭，提升整个社会”的功效，把德育工作做深做细做扎实。

【教学改革创新探索】 2016年，乳山市启动义务教育阶段“自主选课日”活动。召开“自主选课日”观摩现场会，推介二实小和白沙滩初中经验做法，在乳山市义务教育阶段学校全面展开，通过拓展学科类课程，丰富实践活动类课程，满足学生个性化发展需求。启动高中分层教学，探索高中学生“分层培养、人人成才”的多元化培养模式。在乳山一中、乳山二中，根据学生的基础、能力、态度、兴趣等方面差异，对学生进行适度分层，针对不同层次的学生，设计不同的教学目标与方案，采用不同的教学方法和流程，实行差异化教学；在银滩高中单独设立音体美特长班，进行针对性培养，为学生成才构建“立交桥”，让每个学生都能获得最优发展。启动小班化教学改革，相关负责人赴南京考察小班化教育工作，与专家、老师面对面交流和探讨实验工作的疑难困惑问题；组织小学语文教师赴威海、青岛等地观摩学习，开展学科教学改革与研究；开设教育网“小班化教学改革”专栏，及时发布实验动态和推介经验做法，制作每月工作简报，通报小班化教学改革工作进展情况，推介经验做法；邀请青岛市黄岛区教科所刘永春所长到校进行“小班化课程”指导2次，确定“学帮理练”的小班化基本教学模式，推进“小班化”教育改革试点工作落实。

【国家素质教育政策全面落实】 2016年，乳山市全面落实国家素质教育政策，开展学校体育、艺术、科技等教育，促进学生全面发展和个性化发展。在义务教育阶段，实施学生特长能力“2+1+1”（2项运动技能、1项艺术技能、1项科技技能）评价改革，为学生的特长发展创造良好条件。

体艺发展平台搭建 2016年，乳山市举办篮球、排球、足球、乒乓球、田径、健美操“六大联赛”以及才艺大赛、文艺汇演等大型活动，加强学生社团和特长小组建设，为学生搭建体艺发展平台。年内，乳山市健美操项目在威海市蝉联团体冠军，在山东省中学生运动会健美操比赛中获银奖，畅园学校健美操代表队在有中国、韩国、日本等9个国家参加的亚洲大众体操节及全国全民健身操舞大赛总决赛上，摘得轻器械、有氧舞蹈、集体徒手操三项冠军及健身轻器械亚军，府前中学篮球队获威海市亚军，学生艺术教育征文获全国第五届中小学生艺术展演活动“阳光下成长”金奖，黄山路学校的《画国旗》获省中小学生戏剧大赛一等奖，畅园学校被评为“全国体育工作示范学校”。

学校科技教育与实践创新推进 2016年，乳山市加强学校实验室建设，开展科普知识讲座、举办中小学生科技节、参加省市科技创新大赛，全面推进学校科技教育和科技实践与创新，培养学生的科技技能。4月，在第31届山东省青少年科技创新大赛中，乳山市21件作品获奖，其中一等奖8件、二等奖7件、三等奖6件。乳山口初中教师陈东《唯美化学之旅——元素多维度教学新法》获全省科技辅导员项目一等奖，第二中学学生于尚平《水风筝》获全省创意概念项目一等奖，同时入围全国青少年科技创新大赛。10月，在“2016年威海市第七届中小学生科技节”比赛中，乳山市获团体冠军4个、项目一等奖18个、项目二等奖44个、项目三等奖44个；有31件作品获展评类一等奖，乳山市获科技节展示最佳布展奖。12月，在第五届山东省青少年模型、无线电科技竞赛中，乳山市推荐参赛的10名选手全部获奖，其中，一等奖7人、二等奖2人、三等奖1人，获奖数量和质量居威海之首。

【畅园学校通过威海市级特色学校评估验收】 2016年，乳山市根据《威海市教育局关于推行中小学特色学校建设的意见》和《威海市特色学校评估认定与管理办法》要求，组织召开乳山市特色学校创建工作研讨会。确定乳山市第二实验小学、黄山路学校为孵化学校，分组对其他学校进行特色培育，各特色联盟小组定期组织交流学习，合力共促，加快乳山市特色学校建设。4月，教育局组织开展各学校特色学校自评，确定乳山市畅园学校、第一实验小学、怡园中学3所学校为第三批市级特色学校培育对象，重点跟踪指导。5月，经威海市级初评，畅园学校通过威海市级实地评估验收。

【标准化示范学校建设推进】 2016年，乳山市在上年确定府前中学等10所学校为“标准化示范学校”基础上，对照创建标准，推进学校标准化建设。健全和完善学校管理制度，确立学校标准化建设榜样和目标；教育局总结推广“标准化示范学校”经验做法，组织乳山市学校校长到府前中学等10所“标准化示范学校”参观学习，以健全和完善学校管理制度为抓手，组织开展学校管理章程网评达标活动，采取“他评”与“市评”相结合的方式，评出名次和等级，带动乳山市学校标准化建设。

【普通高中和中等职业学校招生规模相当】 2016年，乳山市立足统筹滨海新区教学资源、协调滨海新区学校均衡优质发展，白沙滩、徐家、海阳所3所滨海新区学校实行一体化招生，缓解白沙滩初中大班额和师资紧张问题。根据《威海市2016年初中学业考试及高中段学校招生录取工作意见》要求，乳山市严格执行普通高中招生比例，保持普通高中和中等职业学校招生规模大体相当。3处高中共录取新生1400人，录取率为51.9%。初中学业考试实现标准化，首次将初中学业考试的考场全部设在乳山市第一中学、第二中学两个标准化考点，编排考场91个。考试期间全程开启电子监控系统和手机信号屏蔽系统，按照高考的模式和标准组织，初中学业考试的考务管理工作迈上新台阶。2016年，乳山市初中学业考试英语科目首次增加听力口语考试，采取人机对话的形式进行。考试过程中通过统一选派检查员、对调监考员和严把入场关、身份验证关等措施，抓好考风考纪，确保考试顺利进行。

（宋吉安）

2016年乳山市小学学籍人数表

表39

一年级（2016）		二年级（2015）		三年级（2014）		四年级（2013）		五年级（2012）		合计	
班数	人数	班数	人数	班数	人数	班数	人数	班数	人数	班数	人数
66	2438	63	2569	71	2938	70	2932	61	2598	331	13515

2016年乳山市初中学籍人数表

表40

初一（2016）		初二（2015）		初三（2014）		初四（2013）		合计	
班数	人数	班数	人数	班数	人数	班数	人数	班数	人数
70	2911	58	2323	63	2668	66	2755	257	10657

2016年乳山市高中学籍人数表

表41

高一（2016）		高二（2015）		高三（2014）		合计	
班数	人数	班数	人数	班数	人数	班数	人数
34	1400	34	1656	39	2004	107	5060

2016年乳山市中小学校基本情况表

表42

项目	学校（所）	教职工（人）	毕业生（人）	招生（人）	在校生（人）
总计	25	4463	8177	6767	29323
小学	3	1568	2910	2438	13515
初中	18	1972	2839	2911	10657
高中	3	895	2428	1400	5060
特教学校	1	28	0	18	91

（王忠国）

【“全国网络教研创新研究试验区”确立】 2016年，乳山市开展国家级课题“依托网络平台开展区域内校际间常态教研活动的实验研究”，精心打造网络建设教研团队和网络教研课程平台，成功构建起区域教育信息化教研新模式。围绕“智慧教育”建设，修订和完善“乳山教育信息化三年建设规划”，通过资源建设、活动开展、竞赛参与等多方式提升教师整体教育信息化水平。推动录播资源平台应用常态化，通过“实堂、研讨”直播、“优课、微课”展评等活动，促进区域教育教学资源互通互联与共建共享，实现学科网络教科研和网络课堂教学即时观摩，教学和教研工作结合。利用“威海智慧教育云平台”开展多项活动，3所高中全部被选为首批“威海市智慧教育云平台”试点学校；改版升级“乳山市实验教学管理系统”，优化数据库，使各学段、各学科实验教学网络化管理更高效。加强基层单位的学科实验教学管理工作，按期分步更新学生机房，改善学校微机室的教学环境，年内，更新学生微机360台，提高学生微机使用效率。在高中学校投入运用大数据系统，教师将批改后的作业、试卷扫描上传，系统自动生成年级和班级成绩表、分数段分布表、大题小题和各知识点均分对比表，为师生的教与学提供精准指导，构建高效课堂。2016年，乳山市被教育部确定为“全国网络教研创新研究试验区”，系威海市唯一一家。

（孙京涛　宋吉安）

职业教育

【概况】 2016年，乳山市有职业教育学校2所，即威海艺术学校、威海机械工程高级技工学校（增挂乳山市职业中等专业学校牌子）。共有在校生2515人、专任教师296人。毕业生就业率100%。年内，乳山市职业中等专业学校成功申报五年制高职专业试点，通过山东省规范化中等职业学校验收。

（李元）

【威海艺术学校】 山东省威海艺术学校是直属于威海市教育局的一所国家级重点中等职业学校，位于商业街中段。2016年，学校占地3万平方米，建筑面积3.3万平方米，固定资产3500万元。拥有教职工137人，其中，高级讲师37人、讲师39人，研究生25人，齐鲁名师1人，山东省特级教师1人。在校生819人，毕业生一次性就业率100%，音乐、美术绘画高考本科升学率72%。

教师队伍素质整体提高 2016年，威海艺校针对教师队伍和教学实际需要，增加10个事业编制，改善教师队伍结构。加强新教师培训，促进新教师成长。注重提升教师综合能力，安排31名教师赴威海二中参加文化课封闭培训，组织30名骨干专业教师赴济南、青岛、绍兴等地艺术学校考察调研和参加影子培训，组织6名文化课教师参加省级培训。组织教学竞赛、校内公开课展示和优质课评比及听课评课等活动，督促教师用心做好教书育人工作。促进教师队伍素质整体提高，1名老师在全国中职学校班主任基本功大赛中获一等奖，1名教师在全国中职学校创新杯教学设计和说课大赛中获三等奖，6名教师在威海中职学校公共基础课优质课评选中获一等奖1个、二等奖2个、三等奖3个。

师德师风常抓不懈 2016年，威海艺校着力抓好工作作风转变，围绕作息与请假、行文与用印、传达与落实、网站建设与对外宣传、车辆使用与管理、财务与总务管理、教学与博学、责任与担当8个方面问题，组织各处室、教研室开展查摆整改，制定修订23项工作制度，处室人员规范意识逐步提高，教师纪律观念明显增强。持续抓好师德师风建设，建立师德考核一票否决和提升师德师能长效机制，重视青年教师理想信念教育，组织开展教师宣誓活动，推动教师增强教书育人的责任感、使命感和荣誉感。公布师德师风举报电话，聘请监督员，严格规范教职工从教行为。年内，在文明风采大赛中获国家级二等奖1个、三等奖1个、优秀奖5个，获省级一等奖1个、二等奖7个、三等奖3个、优秀奖7个。5名教师获“威海市师德标兵和优秀教师”称号，1人获“威海市德育工作先进个人”称号、2人获“威海市直德育先进个人”称号。

教学科研实践同步推进 2016年，威海一中围绕教学培养目标实施教材改革，从应对山东省春季高考需要出发，文化课各学科全部选用普通高中教材，对打牢学生文化课基础、提高应考能力起到基础性作用。重视考试结果分析运用，建立学科档案，实现以考促教、以考促学。着眼提高艺考技能，由单一的专业强化变为专业课和文化课兼顾，既有效减轻学生家长经济负担，又有利于促进校内外师资优势互补，提升学生专业课成绩和文化课水平。着眼提升办学质量，开展教学科研，开发4门特色课程，1项国家级、4项省级、4项威海市“十二五”教育学科课题结题，发表论文、作品20篇。有3名教师获“威海市直教育科研先进个人”称号。组织参加技能大赛，获一等奖5个、二等奖6个、三等奖10个。师生自演自拍的独立电影《红匣子》，受到业内专家好评；自演自拍的微电影《传递》在威海电视台播出。年内，本专科录取率达到100%，比上年提高62个百分点。高考美术班和音乐班文化课成绩本科上线率分别达到48%（50人上线24人）和37%（27人上线10人），比上年分别提高18%和17%。

（王飞）

【威海机械工程高级技工学校】 位于市区北环路，于2008年8月由乳山市技工学校、乳山市第二职业高级中学、乳山市经贸中专等专业学校、威海市商业职工中等专业学校整合组建而成。2016年，学校占地面积33.35万平方米，总建筑面积10万平方米，可容纳100个教学班，现有53个教学班，全日制在校生1696名，教职工256人，其中专任教师159人，具有高级职称教师126人，理论课教师全部具有本科以上学历，实习指导教师全部达到技师以上技能水平。学校总投资2亿元，按国内一流院校标准设计，分办公区、教学区、实训区、体育运动区、生活区五大区域。拥有先进的数控加工中心、数控车床、数控铣床、车床、钻床、铣床、刨床、电工电子实验台，实训设备价值2500万元。建有数字化校园系统、现代化的教育教学电视网、校园宽带网、电子阅览室、多功能电教室、多媒体网络教学系统教室。学校为国家级高级技工学校、全国重点技工学校、山东省首批规范化中等职业学校、全国农民工培训基地、全国职工培训优秀示范点、山东省再就业培训定点机构、山东省乡村旅游培训基地、威海市创业就业定点培训机构、威海市金蓝领培训基地、威海市中小民营企业培训基地、威海市巾帼星火创业就业培训基地，是乳山市各类专业技术人才培训和中小学生综合实践重要基地，多次获双拥工作创建模范单位、山东省文明单位称号。

获评全省技工学校先进单位 2016年，威海高级技工学校坚持“品牌立校特色兴校”办学理念，开设数控加工（数控车工方向）、数控加工（数控铣工方向）、机械设备维修等4年制高级工专业；数控加工（数控车工方向）、汽车维修、焊接加工、电气自动化设备安装与维修、农副产品加工、农村经济管理等3年制中级工专业；旅游服务与管理、会计电算化、服装设计与工艺、美术设计与制作、美发与形象设计、电子商务等3年制中职专业。其中，数控加工（数控车工方向）专业为山东省技工院校百强专业，机械设备维修专业为山东省技工院校首批重点专业。电气自动化设备安装与维修、数控加工、服装设计与工艺、焊接加工、烹饪专业实训基地为威海市中等职业教育示范实训基地。学校注重在教师中组织开展专业技能大赛、优质课堂教学大赛、精品课程大赛、信息化教学大赛，打造品牌立校、特色兴校的过硬教师队伍。年内，在上级组织的各类比赛中，29名教师获奖，其中国家级二等奖1人、三等奖1人，省级一等奖1人、二等奖1人，市级一等奖5人、二等奖12人、三等奖8人。学校教师共取得科研成果78项，其中市级成果53项（含一等奖10项），省级成果21项，（含一等奖8项），国家级成果4项（含一等奖2项）。2016年，学校获“全省技工学校先进单位”称号。

第三届校园开放周活动举办 2016年，威海高级技工学校打造人文校园、文明校园、和谐校园、知识校园，坚持全日制教育、短期培训、远程教育发展，同时以“弘扬工匠精神，打造技能强校”为主题，启动“威海机械工程高级技工学校第三届校园开放周”活动，乳山市18所初中学校校长、教务主任，毕业班班主任、学生及技校老干部代表、毕业生代表、专家指导委员会代表、合作企业代表、技校在校生家长代表等共计1600余人出席，促进技工技能和工匠精神传承。开展“订单式”“冠名式”培养，拓宽人才培养“绿色通道”，学校学生技能得到提高，2016年，在各类大赛中共31名学生获奖，其中省级三等奖4人，市级一等奖4人、二等奖6人、三等奖14人。

（杨合申）

高等教育

【山东外事翻译职业学院】 位于国家AAAA级旅游景区乳山银滩。是一所经教育部审核、山东省人民政府批准的全日制普通高校。1999年创立，占地106.67公顷。2016年，有在校生10067人，专任教师623人，设有外国语学院、管理学院、商学院、信息工程学院、继续教育学院5个二级学院和1个基础教学部，开设商务英语、商务日语、国际贸易实务等34个专业。有省级教学团队1个、品牌专业群1个、特色专业2个、精品课程4门、教学成果奖2项；省级优秀教师1名、院校教学能手30人、院校精品课程45门。

第一届教职工代表大会暨工会会员代表大会召开 2016年4月5日—6日，山东外事翻译学院召开第一届教职工代表大会暨工会会员代表大会，有119名代表和部分特邀代表参加。大会听取和审议孙承武院长工作报告，审议通过学院“十三五”发展规划（草案），选举产生第一届教代会执委会暨工会委员会。会议动员和激励全院教职工完成年度各项工作任务，全面实施“十三五”发展规划，开创山东外事翻译职业学院事业发展新局面。

教学工作再创佳绩 2016年，山东外事翻译学院围绕“以外语为基础、翻译为特色技能型人才培养”抓好教学工作。5月16日—18日，山东省教育厅专家组对学院人才培养工作评估进行回访。专家组肯定学院以评估整改工作为主线，将整改工作贯穿于学院的各项工作，将工作重心放在建立提高人才培养质量的长效机制方面取得的成绩。学院以教学工作评估回访为契机，加强教学制度、教学组织、教学活动和教师队伍建设，教学质量管理体系运行更加完善、规范，成效明显。继商务英语、国际贸易实务之后，学院商务日语专业与山东科技大学实施“3+2”对口贯通分段培养。2016年，学院学生参加省级以上技能竞赛18次，共获得一、二、三等奖35项。

教研工作推进 2016年，山东外事翻译学院以科研为抓手，把科研工作作为提高教学质量和社会服务能力，促进学科专业建设和师资队伍建设的抓手。2016年，组织申报山东省高等学校科研计划项目，山东省青少年研究规划课题等各级、各类项目30项，经各学术委员会委员评审，获准立项29项。学院获“威海市第十八次社会科学优秀成果奖”二、三等奖各1项，获“全省高校思想政治教育优秀成果奖”二、三等奖各1项。

学生工作服务水平提升 2016年，山东外事翻译学院着力提升学生综合素质，促进学生全面发展，构建教育、管理、服务相结合的全员育人体系，扎实开展学生日常管理、主题教育活动，学生工作服务水平不断提升。完善《山东外事翻译职业学院辅导员管理办法》，与辅导员签订《廉洁自律保证书》，强化辅导员的廉洁自律意识。加强校园安全工作，5月，开展“安全生产月”活动中，学院邀请威海消防、乳山市公安局等部门到校举办消防国家安全等讲座，召开校园安全稳定工作会议，组织全校师生进行防火、防震演练。针对校园网络诈骗频发的情况，学生处通过开展讲座、建立微信公众号、QQ信息发布等方式，教育学生加强自我防范意识。

新图书馆等基建项目启用 2016年4月28日，山东外事翻译学院新建图书馆启用。新图书馆建筑面积26000平方米，拥有阅览座位1600个，馆藏纸质图书121.2万册，电子图书7.5TB。新图书馆实行全开架、“一站式”服务模式，提升教学、科研服务功能。同时，科技楼、教学楼、两栋学生公寓、室内体育馆等相继竣工投入使用，总建筑面积8万平方米。基础配套设施不断完善，为学院发展提供有力的保障。

（刘忠伟）

科学技术

【概况】 2016年，乳山市投入经费1605万元，组织实施科技计划项目57项，促成技术合同103项，成交金额3.96亿元。高新技术产业产值188.60亿元，占规模以上工业产值24.18%。规模以上工业企业研究与实验性发展经费支出占生产总值1.23%，比上年增长1.14%。

【威海市级以上科技项目立项17个】 2016年，乳山市17项科技项目获威海市级以上各类科技计划立项，其中，山东省自主创新重大专项项目和山东省重点研发计划等省级以上项目3项，威海市科技发展计划、重大专项、产学研合作专项等项目14项。威海温喜生物科技有限公司引进人才获山东省泰山产业领军人才项目扶持；乳山华信食品有限公司、威海金牌生物科技股份有限公司、乳山市久大海珍品养殖专业合作社等企业获山东省农业科技园区专项资金扶持；威海正洋海洋生物技术研究院列入威海市专项扶持，当年进入技术研发运营阶段。2016年，新增高新技术企业4家、科技型中小企业80家。

【3家企业获评省级院士工作站】 2016年，乳山市以乳山正洋食品有限公司为龙头单位，组建山东省贝藻养殖加工科技园区；威海帕斯砜新材料有限公司建立威海市工程技术研究中心；乳山市汇众创新创业孵化器有限公司被批准为威海市级科技企业孵化器；成创乳山众创空间被批准为威海市级众创空间；威海金牌饲料、威海康利洁、乳山华信食品3家企业获省科技厅批准为省级院士工作站，实现乳山市高端研发载体创建新突破。

【乳山市获批山东省知识产权试点市】 2016年，乳山市全年受理专利申请720件，其中发明专利申请400件，专利授权223件，发明专利授权27件，实施专利191件，实施率85.7%。获批“山东省知识产权试点市”。山东昊安金科新材料股份有限公司、乳山市日晟机械制造有限公司取得知识产权贯标认证证书，乳山市累计5家。威海金牌生物科技股份有限公司被认定为国家知识产权优势企业，威海鲁源科技环保设备有限公司被认定为山东省知识产权示范企业；山东力久特种电机股份有限公司、乳山市环宇化工有限公司等4家企业被认定为山东省知识产权优势培育企业。年内，新培育华信食品、成景科技、安之源防水、鲁菱果汁等10家专利大户，发明专利申请总量170件，占申请总量47%。

【获评“全国县级防震减灾工作综合考核先进单位”】 2016年，乳山市以“加强防震减灾体系建设，提高地震灾害的综合防御能力”为目标，积极做好防震工作。修订完善防震应急预案，在威海市首次编制地震灾情操作手册、应急处置指南，完善速报机制，建立震灾应急物资储备数据库和工作队伍。全年利用广电、报纸等媒体，播放防震电视节目24期，印发防震知识5万份，开展讲座10次，组织各中小学校进行防震疏散演练。完善监测预警网络建设，完成13个地震烈度速报与1个地震预警工程站点勘选；完成3口水温、水位观测井项目安装验收。实施地震安居样板示范工程2项，建立省级地震科普示范学校4所、威海市级地震科普示范学校3所、省级地震安全示范社区2个。一般建设工程抗震设防要求确定审批完成11项。2016年，乳山市被表彰为“全国县级防震减灾工作综合考核先进单位”，为全省受表彰的7个县(市、区)之一、威海市唯一受表彰的县（市、区）。

（余淑英）

【国家自动气象观测站新型站启用】乳山市气象观测包括乳山市国家自动站观测和乡镇区域自动站观测两部分。2016年1月1日，乳山市国家自动站启用新型站，原自动观测作为备份站观测。自动观测项目为：空气温度和湿度、风、能见度、降水量、地温、气压等。人工观测项目为：日照、冻土、雪深等气象要素。乳山市设镇区域自动站14个，2016年，其中白沙滩、崖子、冯家、午极、乳山寨5个自动站完成升级改造，镇区域自动站的覆盖率达到100%，其中乳山寨、崖子、南黄、南黄岛为6要素观测，徐家为5要素观测，其余均为4要素观测，对各镇农业气象服务提供可靠依据。

【天气预报综合业务大平面启用】2016年，乳山市使用计算机软件MICAPS接收北京、欧洲气象中心以及东京等的气象资料，经预报员分析，并依据上级台指导作出预报结论。开展0～3小时短时临近预报、未来3天、7天中期预报和长期气候预报，重大活动或农时季节专项预报、预警信息发布等。2016年7月1日，启用设立新的综合业务大平面和气象应急处置办公室。现代化的业务大平面总面积为320平方米，安装16.56平方米的液晶大屏幕，布设业务工作台面16组、业务控制台面12组。分屏设计能同时参与威海市气象局会商和地方应急会商，并在遇到恶劣天气形势时快速发布预警信息。

【自动土壤水分观测站增至2套】2016年，乳山市气象局搞好农业服务，密切关注土壤墒情变化，加强农业关键期气象预报，做好春耕备播期、小麦生长关键期和夏收夏种期的气象服务工作，及时发布农业气象服务信息气象服务产品。2016年10月，新增一套自动土壤水分观测站，至此，乳山自动土壤水分观测站增至2套。

（于春霞）

11月26日，滨海新区

夏东骡子街

责任编辑：高献东

卫生·体育

Health, Sports

- 医疗卫生
- 计划生育
- 红十字会
- 体　育

医疗卫生

【概况】 2016年，乳山市卫生医疗机构达509个，其中公立医疗机构24处，按服务区分为10处市直医疗机构和14处乡镇医疗机构，有2个社区服务中心，设村级卫生室329个。卫生技术人员2750人，其中，执业（助理）医师1060人，注册护士1153人，床位2265张。乳山市级医院门诊78.24人次，比上年增加4.18万人次，住院病人4.91万人次，比上年增加0.22万人次，床位使用率88.77%，住院病人平均住院日9.93天，比上年减少0.7天。基层医疗机构门诊量46.65万人次，比上年减少7.05万人次，住院病人1.5万人次，比上年减少0.67万人次，床位使用率62.73%，比上年减少6.82个百分点，住院病人平均住院日6.87天，与上年持平。年内，获“省级卫生计生综合监督示范区”称号，争创“十三五”国家重大公共卫生公益试点项目——“心血管病高危人群早期筛查与综合干预”项目，通过“国家级卫生城市”省级、国家级技术评估。

【基本药物采购制度改革】 2016年，乳山市投资2339万元，在全市所有公立医院、基层医疗卫生机构和镇村一体化管理的村卫生室推行国家基本药物制度。以山东省药品采购平台为依托推进新一轮药品网上集中采购工作；依托威海公立医院药品采购联合体，对临床所需挂网、低价药品进行联合议价，发挥集中批量采购市场规模优势，降低药品虚高价格；对乳山市公立医院所需中药饮片进行集中配送管理，规范医疗卫生机构中药饮片采购行为，提高采购质量，降低采购配送成本，减轻百姓用药负担。

【社会医疗机构审批手续简化】 2016年，乳山市遵照相关法律法规，简化社会资本开办医疗机构的审批手续，严格准入制度、执业登记、变更登记、注销登记等程序，新批个体诊所17所、高校（山东外事翻译职业学院）医务室1所、村卫生室4个，对70所到期需要换证的医疗机构进行现场验收和执业登记，对20所医疗机构变更申请做出批复验收。

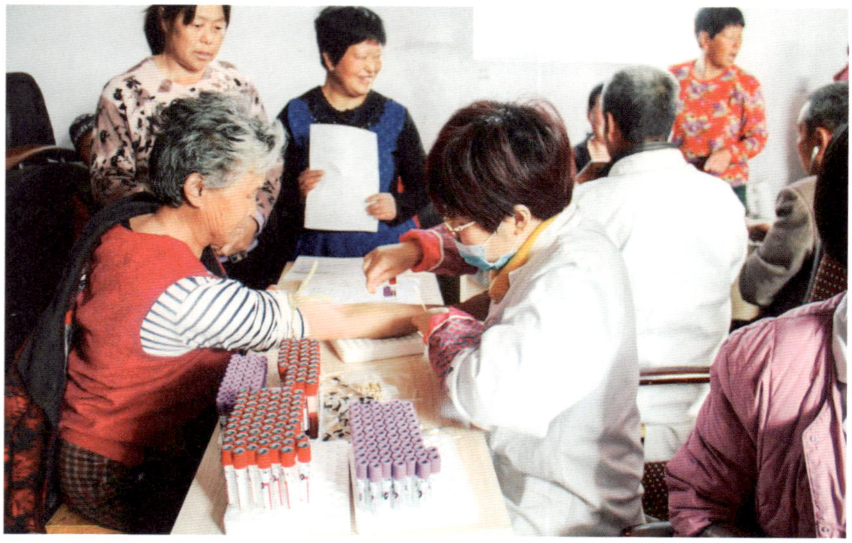

4月11日，乳山市卫计局组织为扶贫村双石村村民免费查体
（卫计局提供）

【医疗布局调整工程启动】 2016年，乳山市卫生和计划生育局（以下简称卫计局）按照《威海市医疗健康产业发展规划2016—2025》中提出的“加快推进‘紧密型’医联体建设，鼓励县级以上公立医院整合基层医疗卫生机构，探索组建紧密型医疗集团”要求，正式启动乳山市医疗布局调整工程。开展针对性调研考察，组织专家组到深圳港大医院等院校学习经验，借鉴成功案例进行专家论证，结合乳山实际筛选备选方案。拟将乳山市人民医院从老城区迁出，中医院、结防所迁入原市人民医院，妇保计生中心迁入原中医院，科学调配全市医疗资源，促使分级诊疗和双向转诊体系建设。2016年年底，卫计局对乳山市医院搬迁选址进行规划设计，成立专项领导小组，开展土地划拨、申请立项、资金筹措等前期工作。

【国医堂新建12家】 2016年，乳山市在上年启动国医堂建设的基础上，制订国医堂建设实施方案，重新规划中医门诊，整合中医药资源，完善基层中医药服务体系。年内，建成12家单位，中医药门诊服务量达3万人次，比上年增长12.1%，基层常见病、多发病的中医治疗率达30%。

【医疗质量控制中心达11个】 2016年，乳山市在第一批5个医疗质量控制中心基础上，组建6个临床急诊急救医疗质量控制中心。加强医疗质量控制与管理工作，完善医疗质量管理与控制体系，提高医疗质量，保障医疗安全。11月底，各质控中心根据卫计局统一安排，开展年度医疗质量控制督查工作，并将考核结果列入各单位年终目标责任制考核中，乳山市医疗质量进一步提高。

【医疗业务人才培训1000人次】 2016年，乳山市卫计局组织培训医疗业务人员，主要培训对象为乡镇卫生院、社区卫生服务中心及乳山市直医疗机构的业务院长及医疗、护理、检验业务人员，培训内容包括针刀医学在肩周炎治疗中的临床进展、帕金森病的治疗、妊娠期糖尿病的诊断及治疗、腰腿疼中医疗法等，参加培训1000人次。同时鼓励医务人员报名参加上级部门举办的各类培训班，提高业务水平。

【医疗矛盾调解成功率达 71.4%】 2016 年 3 月，乳山市按照《威海市医疗责任保险实施方案（试行）》要求，组织各公立医疗机构统一按照要求投保，利用医疗责任保险和医疗纠纷人民调解等第三方参与手段，化解医疗矛盾。年内，医患纠纷人民调解委员会受理医疗纠纷 7 起，调解成功 5 起，调解成功率达 71.4%。

【远程医疗诊断开展 360 例】 2016 年，乳山市中医院及 7 家基层医疗单位建立以乳山市人民医院为中心，连接北京大学人民医院的远程医疗项目。参加多类疑难病例会诊 60 次，提高医务人员诊疗水平和临床能力；为患者挂取北大人民医院就诊号，缓解本市患者进京“看病难”问题；以乳山市人民医院为平台建设乳山市医学影像诊断中心，通过互联网＋、医联体信息科技技术，实现远距离医学影像会诊、疑难病例图像讨论和实时诊断，其中疑难病例图像讨论和实时诊断 300 次，提高乳山市医学影像诊断水平；同时在卫计局直属医疗单位、镇卫生院、社区服务中心、社区服务站、村卫生室、计划生育服务中心全面搭建人口健康卫生计生业务专网；在乳山市两院、中医院、康宁、妇幼保健院布置人口健康信息数据采集设备。

【基本公共卫生服务水平提高】 2016 年，乳山市合理配置公共卫生服务资源，规范基本公共卫生服务，服务经费由人均 40 元提升至 45 元，城乡居民建档率 67.6%，“五苗”（卡介苗、脊灰疫苗、百白破三联疫苗、麻疹疫苗和乙肝疫苗）基础免疫合格接种率 95%，老年人健康管理率 76%，高血压患者管理率 40%，糖尿病患者管理率 35%。落实重大公共卫生服务项目，开展农村妇女增补叶酸和“两癌”筛查工作，免费增补叶酸 2513 人，“两癌”免费筛查 24750 人，乳腺癌 10 人，宫颈癌 2 人，宫颈癌前病变 146 人。提升突发公共卫生事件应对能力，年内，组织应急演练 4 次。

【妇幼保健工作扎实开展】 2016 年，乳山市扎实开展妇幼保健工作，提高 6 岁以下儿童和孕产妇管理率，做好艾滋病、梅毒、乙肝母婴阻断，婴儿死亡率 5.86‰，孕产妇连续 23 年零死亡。加强产前筛查和新生儿疾病筛查，免费筛查新生儿 3830 例，筛查出可疑阳性患儿 32 例。3062 名乳山户籍孕妇接受免费筛查，筛查出高风险孕妇 260 例，进一步提高出生人口素质。

【法定传染病呈低流行态势】 2016 年，乳山市通过网络直报系统报告法定传染病 16 种 1820 例，总发病率 318.17/10 万人，全年法定传染病总体处于低流行态势，未出现甲、乙类传染病暴发疫情。接种卡介苗、乙肝疫苗等一类疫苗 51675 针次，二类疫苗 25978 针次，报告接种率 95%。艾滋病防治上，加强高危行为干预，开展自愿咨询检测工作，扩大 HIV 检测覆盖面，提高艾滋病病毒感染者发现率。2016 年，乳山市疾控中心获“全省麻风病防治先进集体”“全省寄生虫病防治先进集体”“全省病媒生物防制先进集体”“全省健康教育宣传工作先进集体”“山东省慢性非传染性疾病防制先进集体”“全市基本公共卫生服务工作先进集体”等称号。

【乳山市获“山东省卫生计生综合监督示范区”称号】 2016 年，乳山市完善医疗卫生、公共场所卫生、学校卫生、生活饮用水、放射卫生、传染病防治监管工作，监督检查单位 1817 个，下达监督意见书 1859 份，限期整改 615 家，监督覆盖率、抽检完成率、卫生监督档案建档率达 100%。医疗机构、公共场所、生活饮用水、放射诊疗、母婴保健机构依法持证率达 100%。加强卫生计生综合监督，创建综合监督示范区。2016 年，乳山市获“山东省卫生计生综合监督示范区”称号，成为威海首个、全省 13 个获此荣誉的县之一。

【国家健康城市创建全面推进】 2016 年，乳山市制订《关于乳山市创建国家健康城市实施方案》，使健康城建设工作有章可循，组建健康城市建设工作领导小组，统一调度，形成全市健康城建设“一盘棋”格局；对 42 个城中村和城乡结合部村、10 家大型超市、4 条国省道、1924 家“六小”行业等进行环境综合整治；建设农村无害化卫生厕所，完成改厕 3399 余户；实施农村规模化供水工程，实现 93 个村单村水质处理；乳山市 85.5% 社区配备体育健身设施，新增体育健康设施 30 处。

【市镇村三级健康教育网络建立】 2016 年，乳山市建立起市、镇、村（社区）三级健康教育网络，全面普及健康教育知识。依托卫计系统宣传栏、

6 月 8 日，乳山市育黎镇南夼村举办首次健康知识讲座　（卫计局提供）

电子显示屏、宣传展板、候诊电视机、微博微信及网站等，将健康教育渗透到每个角落。利用健康巡讲、公益广告、新闻媒体及进农村、进社区、进单位、进学校等活动进行宣传，提升居民健康意识。举办各类健康教育宣传服务活动560场，发放慢性病防治、健康知识等宣传材料20万份。全面启动健康社区、健康企业、健康机关、健康学校等健康促进示范场所建设，提高全市健康促进示范覆盖面及群众受益度。开展控烟履约工作，开展“无烟单位”创建活动及公共场所、机关办公场所全面禁烟活动。无烟单位创建35家，各级医疗机构开展戒烟咨询和戒烟门诊服务，提高戒烟干预能力。

【爱国卫生运动常态化开展】 2016年，乳山市开展以病媒生物防治、爱国卫生月和改水改厕为主要内容的爱国卫生运动。健全市、镇（区）、单位、村（居）四级协调联动的病媒生物防制网络，投入27万元，购置一批病媒生物防制药械，推进除“四害”工作。开展消除病媒生物滋生地整治活动，加强环境保洁巡查，确保城区环境卫生质量。坚持开展“四害”密度常态化监测，实行日常消杀和集中消杀相结合、专业消杀和常规消杀相结合的工作方法，增强全民卫生意识。

【医德医风教育整治活动推进】 2016年，乳山市卫计局开展“两学一做”学习教育，结合治理医药购销领域商业贿赂、“九不准”专项整治和“三增一禁”便民正风活动，委托第三方对医疗机构进行财务检查，重点审计是否符合党风廉政规定和财经制度方面是否贯彻落实到位，排查涉医贪腐、医德医风差等严重损害群众利益行为的问题。教育卫计系统医务工作者牢固树立患者至上的服务理念，乳山市医院、中两院医务人员开展医德规范培训，促其转变服务理念，改善服务态度，提高廉洁行医的思想意识。

2016年乳山市医疗卫生机构基本情况表

表43

项目 \ 机构类别		机构数（个）	床位数（张）	人员（人）	卫生技术人员（人）			
					合计	执业（助理）医师	注册护士	其他
总 计		509	2265	3732	2750	1060	1153	537
医院	小 计	3	1502	1739	1471	488	739	244
	综合医院	1	885	1197	996	306	524	166
	中医（民族）医院	1	517	485	42	169	185	67
	专科医院	1	100	57	54	13	30	11
基层医疗卫生机构	小 计	484	737	1718	1128	525	388	215
	社区卫生服务机构	7		124	88	28	27	33
	镇卫生院	14	737	727	666	263	243	160
	村卫生室	335		505	13	13		
	门诊部	5		79	79	38	32	9
	诊所、医务室	123		283	282	183	86	13
专业公共卫生机构	小 计	19	26	256	138	43	17	78
	疾病预防控制机构	1		57	41	15		26
	专科疾病防治机构	1		17	15	7	2	6
	妇幼保健机构	1	26	76	58	21	14	23
	卫生监督机构	1		26	21			21
	计划生育技术服务机构	15		80	3		1	2
其他卫生机构	小 计	3		19	13	4	9	

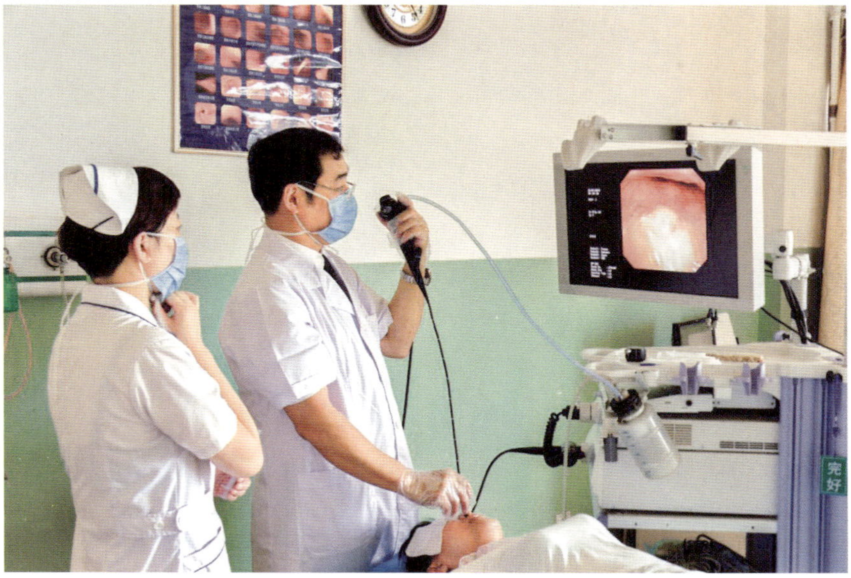

6 月 21 日，山东省千佛山医院派专家到乳山市医院帮扶　（高淑新 摄）

【医院选介】

乳山市人民医院　为滨州医学院附属医院，是一所集医疗、教学、科研、预防、保健为一体的三级乙等综合医院。始建于 1945 年，2016 年开放病床 897 张，临床科室 42 个，医技科室 18 个，行政后勤科室 26 个，年门诊量 50 万人次、出院病人 3 万人次。全院职工 1188 人，其中，专业技术人员 1028 人。

医疗设施与技术方面，2016 年，乳山市人民医院拥有美国 GE64 排 CT、美国 GE1.5T 核磁共振、西门子数字减影血管造影系统（DSA）2 台、飞利浦及西门子 DR 拍片机、美国 GEVV7 心脏彩超、LOGE9、胎儿四维彩超、罗氏全自动生化分析仪、西门子直线加速器、徕卡手术显微镜系统等医疗仪器设备。开展急诊冠脉造影及PTCA支架置入术、内镜下逆行胰胆管造影术、肿瘤三维立体定向适形放疗术、肿瘤综合微创介入治疗、周围血管病介入治疗、脑动脉瘤介入栓塞术、颈内动脉狭窄支架成形术、脑动脉瘤开颅夹闭术、人工关节置换术等新技术新项目。60 项科研成果获山东省、威海市科技进步奖，70 项获国家实用新型专利。神经内科、神经外科被确定为威海市临床重点专科。

医疗人才培养方面，2016 年，乳山市人民医院选派专业技术骨干到北京协和医院、解放军 301 医院、北京大学人民医院、上海长海医院、省千佛山医院等进修学习，并建立长期协作关系；邀请名院专家到院坐诊。2015 年 7 月 23 日起，省千佛山医院呼吸内科、内分泌科专家及烟台毓璜顶医院儿科、泌尿外科、神经内科、心内科的专家，每月一次到乳山市人民医院坐诊，并通过教学查房、专题讲座、手术示教、疑难病例讨论等方式，对该院进行对口帮扶，乳山百姓不出家门就能享受省城专家送来的医疗服务。2016 年，邀请外院专家共诊治门诊病人 894 人次，指导手术 79 台，支气管镜检查 48 例，疼痛科诊治操作 73 例。2016 年 4 月起，每月派送科室主任或业务骨干参加青岛大学附属医院、烟台毓璜顶医院的短期轮训，全年共派送临床医师 22 人、护理人员 15 名；安排到美国、北京进修学习 3 人。组织医护人员开展业务学习，采取院内业务讲座和邀请院外专家授课相结合的形式，稳固、拓展医务人员业务知识。

重点和特色专科建设方面，2016 年，乳山市人民医院麻醉科、心内二科通过综合评议，入选医院重点专科建设科室。投入 180 万元，引进系列康复设备，建立特色专科，对康复患者进行功能评定、肢体功能训练、心肺功能训练和认知功能训练，提高患者的生存质量和融入社会的能力。建成并启动家庭化产房（LDRP），年内，107 名产妇入住。投入 80 万元建设高标准的儿童保健门诊，实时监测儿童的生长发育、体格、营养和智力发育，进行早期疾病筛查。14 项新技术新项目不同程度开展。其中 3 项新技术、6 项新项目开展成熟，列入常规技术。重视科技创新，2016 年，医院两项科研成果同获威海市科技进步三等奖，继全省科技成果鉴定评审改革后首次获奖。

信息化系统提升方面，2016 年，乳山市人民医院建成医院信息管理系统、电子病历系统、检验管理信息系统、影像归档和调阅系统、远程病理会诊系统、办公自动化系统、数字化图书馆、检验结果自助打印系统、临床路径管理系统、院长（科主任）综合信息查询系统、医院感染管理系统、抗菌药物管理系统、危急值预警系统、慢性病管理系统、医院综合统计核算系统、健康体检系统等，实现医生用平板电脑查房、护士手持 PDA（掌上电脑）核对患者身份和治疗信息，保证治疗准确及时。与北京大学人民医院联手，构建远程网络医疗会诊系统，实现北大人民医院预约挂号、预约检查、查询检验结果、视频会诊以及专家授课和学习交流。年内，在全院范围内安装闭路电视 300 台，建成医院视频播放系统。

乳山市中医院　成立于 1983 年 5 月，是一所集医疗、急救、教学、科研、保健、康复为一体的二级甲等中医院，占地 3.74 万平方米，业务用房 3.2 万平方米，开放床位 513 张，医院设职能后勤科室 19 个，临床科室 28 个，医技科室 9 个，开放病区 11 个。年门诊量 19 万人次，住院病人 1.7 万人次。全院职工 507 人，其中专业技术人员 434 人，正高级职称 8 人、副高级职称 33 人、硕士研究生 28 人，有突出贡献中青年专家 2 人、威海市十佳医生 1 人、威海市名中医药专家 4 人、威海市优秀科技工作者 2 人。先后获山东省“文

4 月 28 日，乳山市中医院健康服务进大庆社区　　（卫计局提供）

明医院”“示范中医院”“价格诚信单位”“中医工作先进集体”“省级卫生先进单位”“省级青年文明号”称号。

重点专科建设方面，2016 年，乳山市中医院建有国家级农村医疗机构特色专科妇科、针灸理疗科，省级特色专科糖尿病科，威海市级重点专科中风病科、肝病科。康复科系乳山市唯一工伤康复和脑瘫康复定点单位。医院有 12 项科研成果达国内领先水平，获国家实用新型专利 18 项。与北京中医药大学附属东直门医院、广安门医院、北京大学人民医院、齐鲁医院、烟台毓璜顶医院、青医附院等建成长期业务合作关系，各临床科室用中医、西医、中西医结合及现代诊疗手段对常见病、多发病、危重病及疑难病救治形成自身特色。承担威海“120”院前急救及山东省中医药高等专科学校临床教学实践工作。

特色中医建设方面，2016 年，乳山市中医院取得山东省职业健康检查机构资质，成为乳山唯一获得该项资质的医疗卫生机构，为劳动者提供专业的职业健康检查。建设特色中医，投资 30 万元建立针灸推拿综合诊疗区，整合全院针灸推拿资源，扩大治疗区域，增加服务项目，培训和引进专业人才，为患者提供针灸、推拿、理疗一站式服务。设置自动化中药颗粒药房，多方邀请知名中医专家坐诊，把国医堂打造成乳山权威中医平台。开展“心医”、北京大学人民医院医联体远程会诊及微导诊等服务。

先进医疗设施方面，2016 年，乳山市中医院拥有美国、德国等国产 64 排 128 层 CT、DR、彩超、电子内窥镜、宫腔镜、腹腔镜、全自动生化分析仪、血液透析仪、实时动态胰岛素泵系统、超声乳化仪、肺功能仪、电测听系统等先进医疗设备 1000 台（件）。

基层义诊活动方面，2016 年，乳山市中医院组织知名专家进乡村、机关、学校、社区义诊，开展急救知识培训和健康教育宣讲等活动。编辑出版《杏林馨苑》《中药优势、品牌服务》等养生、保健服务手册。录制《养生堂》《健康视点》《中医养生》等医学科普讲座，为群众讲解健康知识。

（鞠佳霖）

计划生育

【概况】　2016 年，乳山市全面落实两孩政策，全市人口出生率 7.926‰，比上年提高 3.66‰，合法生育率 99.14%，晚育率 93.94%，自然增长率 −0.44‰，连续 20 年人口负增长。新生儿先天性畸形发病率、出生缺陷发生率稳定在 2‰以内，群众综合满意率达 98% 以上。

【“一孩二孩”出生数量大幅度增加】　2016 年，乳山市为一孩、二孩家庭分别发放生育服务手册 2984 例、1797 例，发放生育证 44 例。年内，乳山市出生 4419 人，比上年增加 2034 人，增幅 85.28%。其中一孩出生 2902 人，比上年增加 1172 人，增长 67.75%；二孩出生 1481 人，比上年增加 833 人，增长 128.55%。

【计生奖扶政策全面落实】　2016 年，乳山市落实计划生育农村独生子女父母奖励费、城镇失业（无业）人员独生子女父母奖励费、农村部分计划生育家庭奖励扶助资金、城镇部分独生子女家庭奖励养老补助、计划生育节育并发症人员生活补助、计划生育特困家庭社会救助、计划生育家庭特别扶助、特殊家庭代缴医疗保险和养老保险 9 项惠民政策，确保奖励扶助资金按时、足额发放到位。年内，乳山市计划生育奖励扶助受惠对象 87057 人次，发放资金 5511.48 万元。乳山市农村 38139 人获独生子女父母奖励费 218.53 万元，城镇失业（无业）人员 4580 人获独生子女父母奖励费 26.92 万元。34161 人获农村部分计划生育家庭奖励扶助金 3279.46 万元，1561 人获城镇部分独生子女父母养老补助资金 149.86 万元。1495 人获独生子女伤残死亡家庭特别扶助资金 927.3 万元，85 人获计划生育节育并发症对象生活补助资金 21.5 万元，1402 户（2323 人）获农村和城市计划生育困难家庭救助金 142.52 万元。为计划生育特殊家庭代缴医疗养老保险 1643 人，金额 30.39 万元；为 257 名原省属企业破产改制后以个人身份参保，发放独生子女养老补助 297.71 万元。

【“两非”案件零发生】　2016 年，乳山市开展出生人口性别比重点治理工作，从源头做起，严打“两非”（非

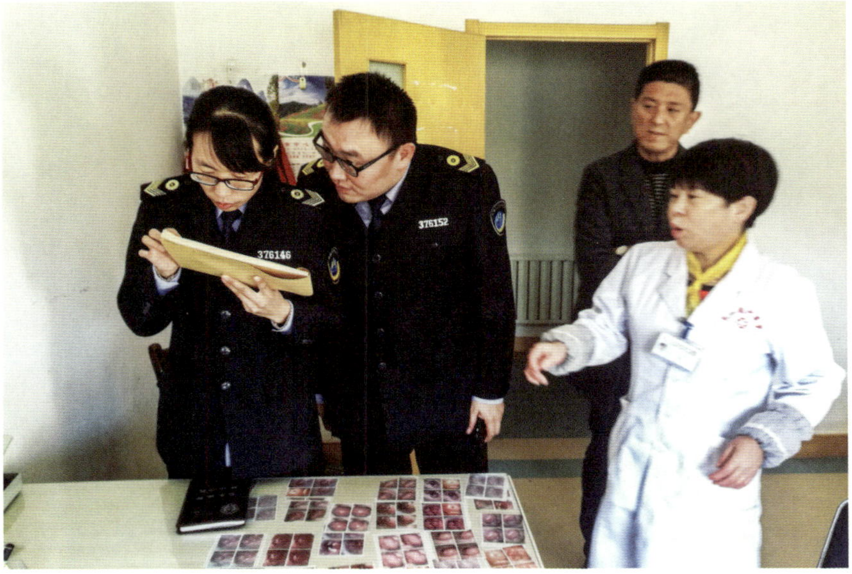

4月13日，乳山市卫计局开展“两非”行为检查 （卫计局提供）

法鉴定胎儿性别和非法选择胎儿性别终止妊娠）行为，形成上下齐抓、群众参与格局。对全市456个医疗卫生机构、104个私人诊所、252个药店进行全方位、拉网式清理检查，均未发现“两非”案件。

【流动人口基本服务均等化】 2016年，乳山市根据《山东省流动人口服务管理工作》要点，建立健全流动人口计划生育基本公共服务“均等化、个性化、优质化”运行机制，核查信息8600条，落实与乳山市户籍人口享有相同的基本公共卫生服务。

【计划生育特殊家庭扶助】 2016年，乳山市计划生育特殊家庭扶助对象一次性救助1310人，金额326.4万元。对8名特殊家庭成员免费提供计划生育手术服务和生殖技术补助，金额14.65万元，为2346名特殊家庭成员建立健全信息档案，实施重大传统节假日走访慰问制度；开通特殊家庭成员就医“绿色通道”，下发计划生育特殊家庭就医证；印发符合条件的计划生育家庭成员健康查体证1495本，每年免费查体一次，金额76.25万元。

【计划生育服务活动开展】 2016年，乳山市开展“生育关怀——计生助福活动”“关爱母亲健康”活动，表演文艺演出15场，展示宣传刊板88块，义诊4000人，慰问计生贫困户和流动人口计生户180户，发放慰问金、物资共6万元，发放宣传资料2万份。

【健康教育示范基地拓展】 2016年，乳山市新建4个健康教育示范站和2个阳光教育示范基地，创建示范中心和教育基地24个，9万名市民从中获益，形成覆盖0～18岁“大人口”素质提升格局。发挥先进典型引领作用，在龙山社区成立流动人口协会，在幸福社区创建青春健康教育示范基地。

【优秀乡村计生主任和群众自治示范村（居）评选】 2016年，乳山市各级经过推荐和筛选，共评出优秀乡村计生主任30名、群众自治示范村居24个，选评第三批“执守国策奉献者”——优秀乡村计生主任18名、“威海市群众自治示范村居”60个。截至2016年年底，乳山市共评选出“执守国策奉献者”——优秀乡村计生主任96名，国家、省、威海市“群众自治示范村（居）”445个，占全市村（居）比达74.04%。

【“青春健康教育”进校园活动开展】 2016年，乳山市人民医院科教科、乳山寨镇计划生育协会联合开展青春健康教育，推动青春健康科普知识进学校，让学生正确地认识自身的生理、心理发展及变化规律，引导学生正确与异性交往，增强自我保护能力。通过列举案例方式，与学生互动交流、谈心，引导青少年学生安全度过青春期。年内，举办青春健康教育培训5场，280名高校学生、中学学生、计生协干部、社区工作人员参加培训，取得良好社会效果。

7月11日，乳山市卫计局在乳山寨开展“7·11”世界人口日宣传服务活动 （卫计局提供）

3月4日，乳山市红十字会应急救护培训班举办　　（红十字会提供）

【省级计划生育药具管理示范站创建】　2016年，乳山市争取政策扶持资金16万元，创建省级计划生育药具管理示范站。采取日常管理、规范和拓宽药具发放渠道（安装14台智能避孕套自动发放机），推行药具“双六一”管理服务模式等系列措施，方便服务育龄群众。乳山市避孕节育措施落实率、应用率、随访率均达99%，药具使用有效率、群众满意率均达98%。10月，省级药具管理示范站通过山东省计划生育药具管理站评估和验收，成为威海市唯一获此荣誉的县（区）。

（鞠佳霖）

红十字会

【概况】　2016年，乳山市红十字会履行职能，凝聚人道力量，弘扬人道理念，推进造血干细胞捐献、遗体及器官捐献、应急救护培训等工作，全年投入帮扶资金23.9149万元，帮扶物资价值15.764万元。

【人道主义救助持续开展】　2016年，乳山市红十字会向350户因灾因病致贫家庭发放大米700袋，价值8.7万元；向10名患白血病、心脏病等大病少儿发放慰问金2.72万元；走访慰问冯家敬老院老人，赠送价值5000元的大米及价值3000元的温暖箱；为28户生活困难婴幼儿家庭发放奶粉29箱，价值62640元；接受社会捐款救助困难家庭3个，金额79749元。

【应急救护知识“六进”活动开展】　2016年，乳山市红十字会在祥和社区、西馨苑社区、大庆社区设立红十字服务站，配备练习心肺复苏术模拟人、血压计、血糖仪、应急救护相关器材和书籍，为推广应急救护知识提供保障；推进应急救护“进机关、进农村、进社区、进学校、进企业”活动，开展应急救护培训8次，培训下岗职工、学生、出租车司机、企业员工及社区红十字服务站志愿者1000人；在威海市红十字会举办的“大庆石油杯”威海市应急救护技能大赛中获“优秀组织奖”。

【3名志愿者成功捐献造血干细胞】　2016年，乳山市红十字会在乳山电视台播放造血干细胞志愿者事迹专题片，组织造血干细胞捐献者参加“志愿者之夜”公益消夏晚会，通过采访志愿者、发放急救手册、急救日宣传等方式普及造血干细胞捐献知识，让更多群众了解造血干细胞捐献的过程及意义。全年采集造血干细胞志愿者血样93例，山东外事翻译学院学生杨伟、陈何缘及乳山市中医院外科医生高亮3人成功捐献造血干细胞。

【遗体（器官）捐献登记7人】　2016年，乳山市通过《威海晚报》《乳山时讯》开展遗体及器官捐献宣传，举办专题活动向居民宣传遗体器官捐献知识，介绍遗体捐赠的意义，消除人们对遗体捐献的误解和偏见。年内，有7人报名登记遗体（器官）捐献，实现遗体捐献1例。

【“金鼎·映刚基金”救助金启用6.22万元】　“金鼎·映刚基金”由金

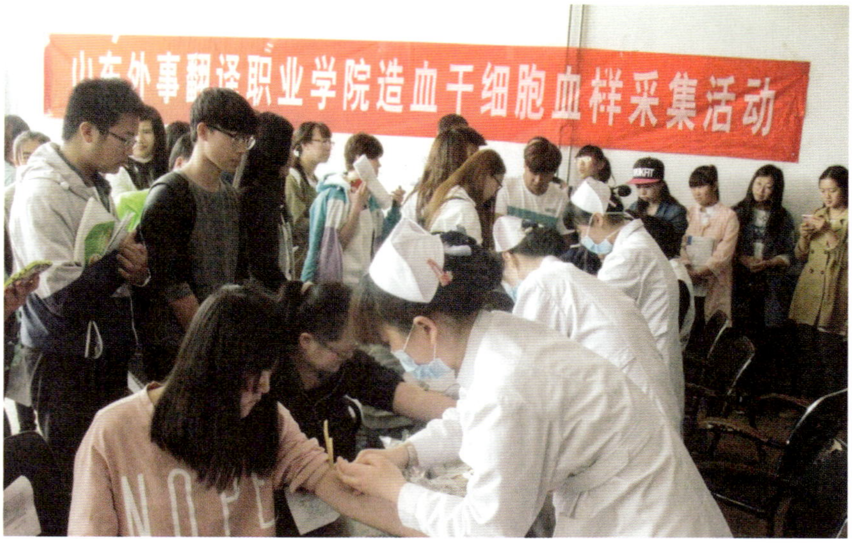

5月10日，山东外事翻译职业学院造血干细胞血样采集活动开展

（红十字会提供）

6 月 22 日，山东省沙滩排球甲组锦标赛在乳山市银滩举办（体育局提供）

鼎房地产开发有限公司 2015 年出资 100 万元作为本金设立、持有并管理，每年向乳山市红十字会捐赠 10 万元，用于开展救助活动，救助期限 10 年。2016 年，启用"金鼎·映刚基金"62200 元。其中发放救助金 12200 元，救助乳山口镇中心学校的困难学生 9 名；发放奖学金 50000 元，鼓励乳山口镇中心学校和银滩高级中学成绩优异的学生。

（连莎莎）

体　育

【概况】　2016 年，乳山市成立市、镇、村三级体育总会组织，在 601 个行政村设立全民健身辅导站或老年体协，拥有各级社会体育指导员 2742 名，其中国家级 16 人，一级 192 人、二级 316 人、三级 2218 人，占乳山市总人口数的 3.8‰。年内，召开乳山市第八届运动会，举办篮球、象棋、乒乓球、羽毛球、广场舞、跳绳、围棋、武术等 24 项赛事活动，参加威海市第六届全民健身运动会篮球、乒乓球、围棋、门球等 13 项赛事。在全国以上比赛中获金牌 1 枚、银牌 5 枚、铜牌 6 枚；在山东省各项比赛中获奖牌 35 枚，其中金牌 14 枚，银牌 9 枚，铜牌 12 枚；参加威海市年度锦标赛，获金牌 83 枚。向山东省、威海市体校输送运动员 45 人。

【全民健身月活动影响扩大】　2016 年 5 月 4 日，乳山市在东方大厦广场举行 2016 年全民健身月启动仪式暨香榭里中心花园杯全民健步走活动。乳山市 1000 名体育爱好者参与。8 月 13 日，在银滩旅游度假区广场举行全民健身日系列活动暨太极拳集体项目比赛，来自银滩社区 16 支代表队、300 人参加。采取健康咨询、健身指导和发放宣传材料等方式，扩大系列健身活动影响，提高全民健身意识，引导群众科学健身。

【山东省沙滩排球甲组锦标赛在乳山市举办】　2016 年 6 月 22 日—25 日，由山东省排球运动管理中心主办，乳山市体育局承办的"中国体育彩票杯"山东省沙滩排球锦标赛（甲组）在乳山银滩举办，竞赛项目包括沙滩排球男子、女子甲组，全省 11 个地市 57 支代表队、110 名运动员参加。经过四天角逐，青岛一队、淄博一队、威海一队分获市女子甲组前三名，济南一队、淄博一队、青岛一队分获男子甲组前三名。

【山东省首届老年人羽毛球比赛在乳山市举办】　2016 年 9 月 12 日—15 日，由山东省老年人体育协会主办，乳山市体育局承办的山东省首届老年人羽毛球比赛在乳山市健源羽毛球馆举办。全省 10 支代表队 80 名运动员参加。经过 3 天角逐，乳山市气象局于新力和教育局姜俊巧分别获得 B 组男、女冠军，乳山市供电公司刘夕军和陈梦娇分获 A、C 组男女冠军。

【山东省第六届全民健身运动会万人游泳系列赛在乳山市举办】　2016 年，由山东省体育局主办，山东省游泳运动协会主管，乳山市体育局承办的"浩沙杯"万人游泳系列赛威海乳山站在银滩海水浴场举办。青岛、烟台、威海、乳山等地 200

5 月 4 日，2016 乳山全民健身月启动仪式举行　　（体育局提供）

9月12日，山东省首届老年人羽毛球比赛在乳山市举办（体育局提供）

名运动员参赛，现场观众千人。经过角逐，威海市王毅获甲组第一名，威海市刘洪全获乙组第一名，烟台市王立权获丙组第一名。

【乳山市镇村体育总会试点工作开展】 2016年，乳山市着力抓好镇村体育总会试点工作，印发《关于建设镇（街道）、村（居）级体育总会的实施方案》，明确全市镇、村级成立体育总会组织的目标任务、方法步骤和工作要求，规定各镇、村级体育总会要达到有总会牌子、有机构编制、有专职工作人员、有办公场所、有全民健身活动经费的“五有”标准。加强各单项体育协会建设，新建篮球、朝阳武术俱乐部等体育协会，筹办钓鱼、轮滑、游泳等协会，并加大对已成立单项体育协会指导力度，发挥协会在组织比赛等方向的作用，满足群众体育生活的需求。

【乳山市中小学生体育联赛举办】 2016年，由乳山市体育局和教育联合举办的乳山市中小学生体育联赛在乳山市一中、实验中学等地举办，有274支代表队、2699名运动员参加，比赛为期15天。排球联赛于4月16—17日举行，11所学校、40支代表队430名运动员参加；足球联赛于7月9—11日举行，11所学校、34支代表队、336名运动员参加；篮球联赛于7月20—22日举行，15所学校、42支代表队、442名运动员参加；田径（包括跳绳踢毽）联赛于10月21—23日举行，乳山市所有中小学80支代表队、1257名运动员参加，2人打破乳山市运动会记录；乒乓球联赛于11月19—20日举行，有78支代表队、234名运动员参加。

【山东省和威海市中小学生体育联赛获奖5项】 2016年，经乳山市中小学生体育联赛选拔，37所学校638名运动员参加威海市举办的乒乓球、排球、健美操、田径、篮球、足球联赛，乳山市同时承办威海市中小学生乒乓球联赛。通过竞赛选拔，乳山市健美操代表队获威海市小学组、初中组团体冠军，获高中组团体亚军，男篮代表队获初中组亚军，健美操代表队获省中学生运动会初中组亚军。

【威海市锦标赛获金牌83枚】 2016年，乳山市组织298名运动员参加威海市手球、足球、篮球、橄榄球、排球、田径、乒乓球、摔跤、举重、拳击、射箭、柔道、跆拳道、自行车14个项目锦标赛，共获得金牌83枚，其中在自行车锦标赛取得金牌16枚，夺得该项目金牌总数第一名。

【两项全国青少年夏令营在乳山市举办】 2016年，乳山市体育局与国家体育总局中国现代五项运动管理中心和铁人三项协会签订协议，6月承办“体育彩票杯”乳山市全国铁人三项青少年夏令营活动，8月承办“体育彩票杯”乳山市全国现代五项青少年夏令营活动，促进本地学生获得现代五项和铁人三项运动技能，提升团队协作意识。

【乳山市体育综合体项目动工】 2016年，乳山市体育综合体项目开工建设。该项目位于乳山市胜利街北侧、浦东路东侧、珠海路西侧、光明街南侧，占地63.79公顷，建筑面积22万平方米，总投资14亿元。建设项目主要包括体育学校（500名学生规模）、主体育场、体育馆、

9月30日，乳山市第八届运动会在威海机械工程高级技工学校举办（体育局提供）

游泳馆、妇女儿童活动中心、青少年活动中心、体育公园及其他附属设施，建成后将极大改善群众体育活动设施。

【镇级全民健身中心新建6处】

2016年，乳山市在海阳所镇、白沙滩镇、南黄镇、城区街道、午极镇、乳山口镇6个镇（街道）新建镇级全民健身中心，配备篮球架、健身路径、室内健身器材、台球案、乒乓球案、棋牌桌等设施；器材空白村重新核实配备器材，实现农村器材安装覆盖率100%，推动全民健身活动开展。

【城南体育公园二期扩建工程竣工】

2016年，乳山市城南体育公园二期扩建工程竣工，新建5人制笼式足球场2处，11人制足球场1处，笼式排球场2处，塑胶篮球场2处，健身路径健身区1处，配备场地灯光照明设施，各类场地向社会免费开放。该工程填补乳山市无公共足球场和塑胶篮球场、排球场空白，为市民提供健身休闲新场所。

【体育彩票销量总额达3500万元】

2016年，乳山市体育局注重日常抓实体育彩票工作，通过提升网点形象、服务水平和销售总量，拓宽销售渠道。利用广播、电视、公交车车载广告等媒体及大型赛事和会议活动等形式，向全社会广泛宣传和展示体彩公益事业及全民健身运动成果，推动体彩市场步入正规化、良性化轨道。2016年，乳山市新增体彩销售网点10家，全市体彩销售网点达55家，体育彩票销量总额达到3500万元。

2016年全国及以上比赛成绩一览表

表44

姓名	性别	比赛名称	时间	地点	成绩	输送教练
郑建伟	男	全国场地自行车锦标赛4千米团体追逐赛	9.22—25	沈阳	第三名	牟晓红
阮军超	男	全国场地自行车B千米锦标赛	8.1	成都	第三名	牟晓红
		青年男子越野赛团体			第一名	
		个人赛			第三名	
		计时赛			第三名	
刘　威	男	全国自行车锦标赛4千米团体追逐赛	9月	沈阳	第三名	宫爱红
		全国自行车冠军赛4千米团体追逐赛	5月	田径	第二名	
		全国自行车冠军赛4千米团体追逐赛	6月	北京	第二名	
于　珊	女	全国赛艇锦标赛轻量级个人	10月	厦门	第二名	李凯建
于性哲	男	全国男子手球锦标赛		湛江	第二名	马晓峰
徐佳斌	男	全国划艇锦标赛		福建	第三名	马晓峰
马挺利	男	全国大学生橄榄球锦标赛	11.9	珠海	第二名	董兰鑫
姜泽鑫	男	“红色照金”第八届中国中西部青少年	8.14	保定	第三名	董兰鑫

2016年山东省比赛成绩一览表

表45

姓名	性别	比赛项目	比赛成绩	输送教练
王涵青	男	4公里团体追逐赛甲组	第一名	宫爱红
朱家辉	男	4公里团体追逐赛甲组	第一名	牟晓红
胡晓晶	女	4公里团体追逐赛甲组	第一名	李凯建
胡雯雯	女	4公里团体追逐赛甲组	第一名	宫爱红
于淑君	女	4公里团体追逐赛甲组	第一名	孙延财

续表 45

姓名	性别	比赛项目	比赛成绩	输送教练
周海燕	女	柔道甲组 78 公斤	第一名	牟晓红
王盛霖	男	自由跤甲组 86 公斤	第一名	宋岩岩
史　杰	男	10000 米越野	第一名	牟晓红
刘智新	女	铅球	第一名	邵　政
高浩杰	男	皮划艇甲组 500 米单皮	第一名	马晓峰
栾玉鹏	男	赛艇公开级 2000 双桨甲组	第一名	宫爱红
栾玉鹏	男	公开级 2000 八人单桨无舵手	第一名	宫爱红
张文杰	男	4 公里团体追逐赛甲组	第一名	董兰鑫
滕振润	男	公开级乙组 2000 双人双桨	第一名	邵　政
刘燕妮	女	山东省手球甲组冠军赛	第二名	王志强
王涵青	男	自行车 4 千米个人追逐赛甲组	第二名	宫爱红
王雅婷	女	公路自行车个人计时赛乙组	第二名	李凯建
王雅婷	女	公路自行车个人赛乙组	第二名	李凯建
宋彦霖	男	柔道＋ 100 公斤甲组	第二名	王志强
王家志	男	小轮车个人乙组	第二名	杜国润
黄文康	男	小轮车个人甲组	第二名	李凯建
滕振润	男	赛艇公开级 2000 双单乙组	第二名	邵　政
刘智新	女	铁饼甲组	第二名	邵　政
胡晓静	女	自行车 3 千米个人追逐赛甲组	第三名	李凯建
胡晓晶	女	4 公里团体追逐赛甲组	第三名	李凯建
胡雯雯	女	4 公里团体追逐赛甲组	第三名	宫爱红
于淑君	女	4 公里团体追逐赛甲组	第三名	孙延财
张莲莲	女	举重乙组 48 公斤	第三名	王益强
罗晨颖	女	柔道乙组 78 公斤	第三名	王志强
冷晓寒	女	柔道乙组 57 公斤	第三名	王志强
辛　成	男	自由跤团体甲组	第三名	李凯建
宋子安	女	自由跤乙组 72 公斤	第三名	马晓峰
于路倩	女	小轮车乙组团体	第三名	马晓峰
赵庆洋	男	小轮车乙组团体	第三名	牟晓红
滕振润	男	公开级 2000 八人单桨无舵手	第三名	邵　政

（谭中良）

7月3日,《山菊花》拍摄地 （庞韶青 摄）

责任编辑：高献东

文　化

Culture

综 述

【概况】 2016年，乳山市立足文化服务效能，坚持一手抓公共文化服务惠民生、一手抓文化产业促发展，文化工作创出新佳绩。乳山市370个村（社区）综合文化服务中心进行完善提升，年底，在威海市村（社区）综合文化服务中心考核中合格率达到100%。年内，乳山市成功申报为“中国秧歌之乡”“红色气质传承县（市）”。

【“四馆一院一站”免费开放】 2016年，乳山市文化馆、图书馆、冯德英文学馆、美术馆、书画院、各镇文化站充分发挥自身优势，设立品牌文化活动项目30多个，定期开展服务群众活动。文化馆的“戏曲票友之家”活动、图书馆的“国学经典诵读”和“读书沙龙”等活动、冯德英文学馆的“5·18”国际博物馆日活动、美术馆和书画院的“精品书画展览”活动、各镇文化站“村文艺骨干培训”等活动免费开放，形成品牌，在社会上产生良好反响。

【文化活动丰富多彩】 2016年，乳山市围绕“建党95周年”“红军长征胜利80周年”举办歌咏比赛、“红色记忆”书画展、摄影展；围绕“节庆”“志愿者服务”“纳凉”等开展活动，举办迎新年剪纸艺术作品展、春晚、秧歌汇演、“志愿者之夜”公益晚会、纳凉晚会、广场舞大赛等群众文化活动。全年举办书画和摄影展20场，文艺活动112余场。送戏下乡178场，送电影下乡7212场。组织文化队伍“六进”（进农村、进社区、进军营、进企业、进机关、进学校）活动。举办“唱响仁爱乳山，创建文明城市”社区广场舞培训班，培训舞翎2000人次。举办“爱国主义教育影片进校园”“重大节日电影进社区、敬老院”活动，放映影片70场，观影1.8万人次。举办吕剧《乳娘》进社区、进企业、进学校活动演出30场，举办“戏曲票友之家”“青春萨克斯风”培训，服务群众3000人次。

8月20日，“志愿者之夜”消夏公益晚会举办 （文广新局提供）

【社区文化设施建设完善提升】 2016年，乳山市370个村（社区）综合文化服务中心完善提升。通过整修“家”“室”及文化广场，整合利用村委办公场所，增挂门牌、张贴挂图、制度上墙、补充图书、购买文化娱乐器材、添置演出灯具和音响、增设善行义举“四德榜”等，村（社区）文化设施建设再上新台阶。年底，在威海市综合服务中心考核中合格率达到100%。开展文化行业精准扶贫工作。在调查摸底45个扶贫村文化需求基础上，制订《乳山市脱贫攻坚文化建设专项方案》，实施免费送戏、电影，送书、音响器材、演出服务等，为贫困村免费送戏45场、电影450场，为农家书屋流通图书15000册、配备拉杆式音箱45套、演出服装360套。

【图书馆自助借还书系统引进推广】 2016年，乳山市引进自助借还书系统，配套门禁、监控系统等设备，实现一卡通借书、还书、续借、借阅查询等自助服务，提升图书利用率，提高服务效率。在开展“文化六进”活动中，搞好图书借阅服务，建成机关服务点9个、贫困村农家书屋基层服务点45个、社区图书室服务点10个，流动配送图书64次，图书总量达到24000多册。年内，实现全部图书纳入图书馆总分馆服务体系。

（王丹）

文学艺术

【概况】 2016年，乳山市广大文艺工作者认真贯彻落实习近平总书记文艺座谈会上的重要讲话精神和全国文联十次代表大会精神，坚持文艺“二为”方针，大力搞好文学艺术创作。年内，发表各类作品356部（篇），其中，省级以上89部（篇）；书法、美术、摄影获威海市以上奖上百件；获“威海市文学艺术奖”25件。

【戏曲类精品创作成果丰硕】 2016年，以战争年代乳山人民哺乳革命后代事迹为题材，创作的独幕京剧《乳娘》获威海市艺术汇演最佳节目奖。同时，将吕剧《乳娘》申报为国家艺术基金传播交流推广项目。以将自己节衣缩食省下的30万元全部献给村里的共产党员邵本道事迹为题材，创作现代吕剧《邵本道》，年底创作完成。同时，将吕剧《邵本道》申报为“山东省舞台艺术重点选题创作剧目”“山东省地方戏振兴与京剧保护扶持工程重点剧目”“山东省剧本扶持工程重点文化企业专项资金剧目”。以构建和谐社会为主题，将传统古装吕剧《三女拜寿》《三子争父》《珊瑚与凤姑》重新打造演出，群众百看不厌，演出中获得喝彩声。组织参加威海市“爱文明家园、做文明市民”主题文艺展演活动，策划创作《“爱文明家园、做文明市民”三项活动组歌》《别拿小事不当事》等4个歌曲、舞蹈、小品、戏曲节目，节目演出全部获奖。

【文学类精品25件在威海市获奖】 2016年，乳山市组织实施精品创作工程，共有25件作品获第四届“威海文学艺术奖”。乳山市作协会员全年在纸媒发表各类体裁作品356篇，其中省级以上89篇。刘方计散文集《思语萦回》获“首届蒲柳松龄散文诗词奖”二等奖；宋红梅《小城季节已变换》一文获中国校园文学“第二届教师文艺作品大赛”（中学组）三等奖。出版张敬滋诗歌集《生命放歌》、宫文灵儿歌集《启蒙诗画365》、李振华纪实散文集《唐诗诞生的地方》、邓德光散文集《故乡风铃》、徐园园诗歌集《青春印记》、宋红梅散文集《落满槐花的圈椅》以及《宫本森诗词剪纸选集》7部文学书籍。

【画展笔会活动开展】 2016年，乳山市举办“台依湖杯”第四届现代刻字展、“花香袭人”纪念建党95周年画展、第四届“福寿杯”书法大赛、首届乳山收藏展。开展“我们的中国梦、百村万户书法下乡”活动，为乳山寨镇玉皇山后村、大孤山镇小孤山村群众和乳山市军队离退休干部免费赠送装裱书法作品420幅，组织为群众书写春联2000幅。组织书法协会会员850人次，深入农村、社区、企业开展书法笔会下基层活动。年内，开展各种书法培训和各类笔会沙龙30期，2000人次参加。

（于月奎）

【专题摄影展活动举办6次】 2016年，乳山市在文化中心艺术展廊举办专题摄影展6次。分别是：“仁爱乳山万事兴”2016春节联欢晚会暨“农商银行杯”2016年乳山市秧歌汇演图片展，展出图片130幅；纪念建党95周年歌咏比赛图片展，展出图片30幅；乳山市第二届广场舞大赛图片展，展出图片30幅；2016年“欢乐乡村”——威海市农村（社区）群众文艺汇演（乳山专场）图片展，展出图片20幅；“君子之风·美德威海”威海市广场舞大赛图片展，展出图片20多幅；“农商行杯”2016年“仁爱乳山·缤纷夏日”消夏晚会图片展，展出图片30幅。通过图片形式展示仁爱乳山建设成果。

群众文化

【概况】 2016年，乳山市共组织大型群众文艺演出活动24项，主要是“仁爱乳山万事兴”2016年春节联欢晚会、“农商银行杯”2016年乳山市秧歌汇演、“农商行杯”2016年“仁爱乳山·缤纷夏日”消夏晚会、欢乐乡村——乳山市农村（社区）群众文艺会演。举办基层文艺骨干培训班19期，培训基层文艺骨干2000人次。开展文化下乡活动60次。

【消夏文化夜市专场演出21场】 2016年6月中下旬至9月中下旬，乳山市组织为期3个月的消夏文化夜市，举办专场演出21场。以“仁爱乳山”为主题，结合中国共产党建党95周年、红军长征胜利80周年和“两学一做”学习教育，举办乳山市纪念建党95周年暨长征胜利80周年歌咏比赛，营造奋勇争先、开拓创新、奋发有为的浓厚氛围；结合乳山市志愿服务工作，举办“志愿者之夜”公益晚会，弘扬“奉献、友爱、互助、进步”的志愿者精神。晚会场场精彩，场场爆满，参加演员达4000人，现场观看演出的群众累计达到10万人以上，宣传“仁爱乳山”城市品牌，丰富群众精神文化生活。

【“仁爱乳山万事兴”春节联欢晚会举办】 2016年，乳山市举办“仁爱乳山万事兴”2016年春节联欢晚会，精心组织策划创作，演出歌舞、小品、情景剧等17个精彩节目，汇报演出当晚数千名市民观看演出。同时，乳山电视台进行现场录制，春节期间播放，为乳山市人民献上一份节日大餐。

【“农信杯”秧歌会演】 2016年正月十五，乳山市组织“农信杯”2016年秧歌汇演，共有来自各镇（街道）以及威海艺校、老年体协19支秧歌队的2000名演员共同出演舞龙、耍狮子、划旱船、踩高跷、大花鼓等传统节目，数万名群众观看演出。

【文艺活动下基层持续开展】 2016

1月15日，乳山市2016年春节联欢晚会举办　（文广新局提供）

年5月16日—6月23日，乳山市举办“唱响仁爱乳山、创建文明城市”社区广场舞培训班，为乳山市各镇（办）特别是17个城市社区、滨海新区8个社区培训广场舞骨干计2000多人次，培训《威海之恋》《仁爱乳山》《健康乳山等你来》等6支广场舞曲目；到龙山社区、第二实验小学、威海艺校，辅导培训戏曲、扬琴、萨克斯100多场次；隔周五到黄山路学校和畅园学校，集中为乳山市音乐教师进行萨克斯演奏和扬琴演奏培训；每周二、四到老年大学进行民族民间舞蹈培训和国画培训；“八一”期间，组织书法、歌唱、舞蹈等文化艺术人员50多人赴驻乳部队进行慰问笔会和演出活动。

文博与图书

【概况】 2016年，乳山市对崮山寺理想家园等5处区域进行文物情况勘探，对48个文物单位进行立标保护和修缮，对域内古代名人进行宣传并展示其留下的文物。乳山市图书馆全年免费开放，开通免费Wi-Fi供读者使用，读者流通人次、图书借阅册次持续增长，以“传承经典·品味书香”为主题的全民阅读活动兴起。

【可移动文物普查完成】 2016年，乳山市完成第一次全国可移动文物普查工作任务。此次普查，是继第三次不可移动文物普查之后进行的第一次全国可移动文物普查。通过对可移动文物普查，进一步全面掌握文物资源，做好文物保护工作。此项普查自2013年开始，历时4年。乳山市共有6家国有文物收藏单位进行普查登记，共普查登记上报数据15379件/套，其中，乳山市文物管理所13330件/套，乳山市文化馆37件/套，乳山市档案局3件/套，乳山市党史市志办公室1件/套，乳山市冯德英文学馆1971件/套，马石山烈士陵园37件/套。

【重要工程建设文物勘探完成】 2016年，乳山市文物所对崮山寺理想家园项目、莱阳500千伏变电站1号主变扩建输变电工程线路、乳山市银凯特生态农业大棚光伏发电项目、六村屯、西浪暖区域进行文物勘探，出具文物批复意见。协同山东省海岱文化遗产保护咨询服务中心对省道207莱乳线乳山绕城段改造工程进行考古勘探，对公路沿线地下可能存在的古遗址、古墓葬的范围大小、形制结构以及时代性质等进行详尽勘查，为文物保护和工程建设提供详实可靠的勘探资料。

【红色文化遗址新公布14处】 2016年，乳山市人民政府公布第六批县级文物保护单位，包括东海医院诞生地旧址、北海印钞厂旧址、于得水活动纪念地旧址、胶东军区临时指挥所旧址、胶东军区司令部旧址、谷牧教学旧址、胶东特委诞生地旧址、牟平县委诞生地旧址等14处红色文化遗址。修缮东林家贞节牌坊。编制馆藏金属器部分文物修复资金方案和南黄庄墓群环境整治保护方案。编写《山东文物大系青铜器卷·乳山馆藏青铜器》《威海可移动文物精品集·乳山部分》和《胶东乡韵》等。

【文物宣传展示持续深化】 2016年，乳山市文广新局组织人员远赴广西、湖南、河南、陕西等地，对乳山籍古代清官鞠珣、李尚卿、张菘、宫炳炎等13位清官廉吏进行详细调查，掌握乳山清官廉吏馆资料。录制电视片《美丽乳山行》，在乳山电视台播放，以古蕴乳山之先民遗迹、文明曙光、东夷余晖、春秋遗珍四集系列，让域内外人们系统了解乳山灿烂悠久的历史，提高公众文物保护意识。精选一批馆藏精品文物，制作图文并茂、设计精美的小开本手册一本，以深入浅出、通俗易懂的文字，介绍乳山的精品文物，增加读者对乳山文物的历史艺术价值及乳山文物工作了解，普及文物知识。开展“第十一个中国文化遗产日”进校园活动，通过宣传看板展示、发放宣传材料、现场讲解的形式，对学校师生进行文物知识的广泛宣传教育。

【乳山市第四届读书节活动举办】 2016年，乳山市以“传承经典·品味书香”为主题，开展一系列系列丰富多彩、灵活多样的读书学习活动，全面阅读蔚然成风。在“4·23世界读书日”，启动乳山市第四届读书节活动，即2016全民阅读活动。其间，举办国学经典诵读、少儿国画专题讲座、好书推荐、经典影片展播等系列活动，数千名市民、中小学参与；开展全民阅读进军营活动，为武警中队官兵送去图书300册，并开展读书交流活动；开展23期“易经精读”、3期“孝经共读”读书讲座系列活动；开展读书沙龙活动，每周举办一次共读一本好书心得座谈；举办18期亲子故事会活动，每期家长与孩子根据读书心得，或自编故事，或绘声绘色的演讲，让孩子进一步收获知识，增长见识，也学会勇敢与坚持；举办“快乐成长”亲子共读活动，活动从7月24日开始举办，每周末一次，共举办36期；开展公司志愿者走进校园开启图书“漂流”之旅行动，公司志愿者将2000本图书分别送到大孤山镇初级中学和黄山路学校；开展优秀传统文化传承系列活动，图书馆尼山书院国学经典诵读、优秀传统文化体验每周末定期开展，引导未成年人深入了解中华民族深厚的文化内涵，感受传统文化艺术的魅力，着力延续历史文脉。乳山二实小开展“读圣贤书，做博雅人”活动，形成“晨诵、午读”的诵读方式，同时设国学经典兴趣班，聘请专业老师对学生进行国学学习的指导，让学生在每一天的成长中得到国学经典的浸染。乳山电视台、《威海晚报》、大众网等媒体对开启图书“漂流”之旅行动和开展优秀传统文化传承系列活动进行专题报道。乳山市图书馆建起图书流动服务点，投放图书4300册，在10个城市社区投放图

4 月 27 日，乳山市政协委员考察乳山市非物质文化遗产保护工作
（文广新局提供）

书 3000 册，在 40 个农村社区投放图书 15000 册，针对视障人员投放盲文图书3100册，满足人民群众阅读需要。

非物质文化遗产

【概况】 2016 年，乳山大秧歌、乳山钩织被公布为第四批“省级非物质文化遗产名录”。乳山市依托省级非物质文化遗产——乳山大秧歌，被中国民间艺术家协会批准命名为“中国秧歌之乡”；宫家彩绘葫芦制作技艺、乳山杆秤制作技艺被公布为第五批“威海市级非物质文化遗产名录”；寨前生食小伏虾制作技艺、乳山芦苇席编织技艺、宫家彩绘葫芦制作技艺、乳山杆秤制作技艺被公布为第四批“乳山市级非物质文化遗产名录”。

【非物质文化遗产项目传承人收徒达 366 人】 2016 年，本着“保人就是保艺”原则，乳山市文广新局确认宫家彩绘葫芦制作技艺传承人于芳为乳山市级代表性项目传承人。乳山市 19 名非物质文化遗产代表性项目传承人累计收徒 366 人，主要包括乳山剪纸、乳山镂绣、乳山大秧歌、乳山钩织、乳山粉条制作技艺及牛郎棍等传统美术、传统舞蹈、传统技艺、传统体育游艺与杂技类的行业人员，为非物质文化遗产的保护和传承奠定基础。给予 19 名非物质文化遗产代表性项目传承人资金扶持，共计 16.6 万元。

【非物质文化遗产项目宣传展示】 2016 年，乳山市在“非物质文化遗产宣传月”期间，开展非物质文化遗产进校园、进社区活动，不断提高公众的参与意识和保护意识。借助各类文博会、展览会等平台，广泛组织乳山镂绣、乳山钩织、姜家柳编制作技艺、葫芦烙画制作技艺、乳山剪纸、牛郎棍、宫家彩绘葫芦制作技艺等非物质文化遗产项目，开展展览、展演、讲座、培训、特色文化创意产品评选会等交流活动，使非物质文化遗产在活动中得以展示，推进非物质文化遗产在传统节会中传承。1 月，乳山大秧歌、牛郎棍参加山东省首届非物质文化遗产宣传月威海分会场展演。4 月，乳山钩织代表性传承人于淑兰到越南、缅甸、柬埔寨等国家和中国香港等地区考察乳山钩织市场。6 月，乳山剪纸代表性传承人潘周参加山东工艺美术学院举办的“中国非物质文化遗产传承人群木版年画技艺培训班”。期间，潘周被中国孔子基金会孔子学堂邀请讲课，被聘为孔子学堂特约讲师。9 月，姜仁索在济南参加第四届中国非物质文化遗产博览会传统工艺项目（草柳藤编织）展演赛决赛中获优秀奖，乳山钩织代表性传承人于淑兰、乳山大喜饼代表性传承人于彬参加济南举办的第四届中国非物质文化遗产博览会展演、展示。

（王丹）

威海马石山红色教育基地

【概况】 威海马石山红色教育基地包括马石山红色教育基地和胶东育儿所红色教育基地两个基地。马石山红色教育基地依托马石山烈士陵园改建而成，于 2015 年 8 月 15 日完成改陈布展并对外开放。马石山烈士陵园为“国家级烈士纪念设施保护单位”。马石山红色教育基地占地面积 1.69 万平方米，建筑面积 3100 平方米，主要包括“两馆一中心”，即马石山十勇士纪念馆、乳山革命纪念馆和宣传教育中心。“马石山十勇士”英雄群体，为国家公布的“五大著名抗战英雄群体”之一。马石山红色教育基地先后被命名为“全国爱国主义教育示范基地”“全省党史教育基地”“山东省国防教育基地”。胶东育儿所红色教育基地位于马石山脚下崖子镇田家村，在原胶东育儿所旧址、胶东行政主任公署旧址上修缮建成，教学点由胶东育儿所纪念馆、胶东育儿所旧址两大部分组成。弘扬战争年代乳山人民忠心向党、大爱无疆的乳娘精神。2016 年 12 月，胶东育儿所红色教育基地被命名为“威海国防教育基地”。

【胶东育儿所纪念馆和旧址启动修缮】 2016 年年初，乳山市着眼推进红色文化建设，打造“两学一做”学习教育基地，对原胶东育儿所旧址、胶东行政主任公署旧址 17 栋、170 间民房进行置换搬迁。按照修旧如旧的原则，对年久失修的胶东育儿所旧址

6月10日，胶东育儿所红色教育基地展室 （王家洲 摄）

进行修缮，建成一处红色教育基地，由胶东育儿所纪念馆、胶东育儿所旧址两大部分组成，共10处展室，总投资3400万元。2016年12月，被命名为“威海国防教育基地”。

【胶东育儿所纪念馆和旧址对外开放】 2016年5月，乳山市完成崖子镇田家村胶东育儿所建筑修复、资料征集研究、教学点解说词撰写、旧址实物征集等工作，完成胶东育儿所旧址的改陈布展，同步进行沿线路域环境提升，6月初，对外开放。胶东育儿所纪念馆和旧址建筑面积7520平方米，布展面积763.8平方米。基地工作人员征集革命文物总计700件，精心挑选400件进行修复和陈列，按历史原貌进行布展，给参观者更直观感受。

【威海市干部教育培训基地建成两处】 2016年2月，马石山红色教育基地和胶东育儿所红色教育基地被中共威海市委组织部和中共威海市委党校列为威海市干部教育培训基地。9月30日国家公祭日，马石山红色教育基地承办烈士公祭仪式，中共乳山市委和乳山市政府主要领导、机关干部、驻乳部队代表、师生代表和部分群众代表参加纪念仪式，一起重温历史，缅怀先烈。截至2016年年底，总计有10万名各界人士到此瞻仰、接受教育。

（崔峰硕）

文化产业

【概况】 2016年，乳山市制订《乳山市“十三五”文化产业发展实施意见》《乳山市“十三五”文化产业发展规划》，编订《文化产业政策汇编》与《文化产业招商手册》，编印《文化产业发展动态简报》10期。对乳山市文化及相关企业进行全面摸底排查，确定乳山市吕剧团等文化企业及乳山市海太喷绘广告有限公司等文化相关企业计260家，建立文化产业大数据库。对5家威海市文化产业示范基地和5家威海市优秀文化企业进行复核，新申报1家威海市文化产业示范基地和5家威海市优秀文化企业。

【文化产业项目建设推进】 2016年，乳山市继续推动文化渗透和文化融合工程建设。与青岛瀛森创意规划顾问有限公司对接，5次搭建招商平台赴深圳、上海、苏州等地开展专题招商活动。建立文化产业项目引进定期调度机制，与企业沟通交流，积极推进文化产业项目建设顺利开展。引进的文化创意大厦项目顺利开工建设。山译图书馆、台依湖美术馆建成对外开放。银泰创意文化产业园、福如东海展览馆主体工程完工，开始内部装修。

【文化产业发展扶持】 2016年，乳山市研究运用国家和山东省、威海市关于扶持文化产业发展的有关政策，赴山东省文化厅、财政厅，帮助福如东海文化园争取贴息贷款86.1万元；为银泰创意文化产业园项目争取上级服务业专项资金35万元，力求促进全市文化产业做大。

【公益电影下乡放映7212场】 农村电影“2131”工程是国务院和国家广电总局提出的新世纪电影普及工程和建设项目。2016年，乳山市电影公司开展公益电影下乡活动。活动自4月8日启动，至10月20日结束。乳山市601个行政村每村每月放映1次，每次2场，每村全年6次，全年放映7212场，观众人数40万人次。

（王丹）

【校园书店和新华阅读吧开设】2016年，乳山市山东新华书店集团有限公司乳山分公司坚持“服务为先”，落实信用征订制度，不发行盗版教材，不搞违规经营。一般书籍和音像制品营销，注重改善购买图书音像制品环境，赢得读者购买者的美誉度；开展丰富多彩的促销活动，拉动销售。利用“五一”“六一”“十一”等节庆和暑假、寒假期间，开展优惠售书促销活动；开展“全民阅读·书香乳山”活动，到机关、企事业单位、农村、社区、学校，进行书籍音像制品上门直销；开设校园书店和“新华阅读吧”，为广大师生提供最新图书和音像制品、正版图书和音像制品。建立和规范缺书缺音像制品登记、来书来音像制品电话通知、微笑导购、主动推荐、代查代找代运、免费摘抄摘录等，让读者购买者在书店就像在家里一样方便。

（孙美玲）

【文化市场监管力度加大】 2016年，乳山市有网吧43家、歌舞娱乐场所 20 家、电子游戏游艺娱乐场所 18 家、图书报刊经营场所 26 家、音像制品经营场所 8 家、电影放映经营场所 2 家、营业性演出团体 3 家、印刷企业 19 家、复印打印经营单位 69 家、电视台 1 家、广播电台 1 家、报社 1 家、互联网文化经营单位 22 家。为确保文化市场健康繁荣发展，乳山市对文化市场实行依法、科学、有效的监督管理。

【文化市场执法检查 3000 家次】 2016 年，乳山市文化市场执法部门以网吧、KTV、出版物市场、印刷复制企业、游艺娱乐场所、营业性演出市场、广电市场以及繁华街区闹市、城乡结合部、校园周边等关键部位为重点，在元旦、春节、国庆、各级“两会”、寒暑假期间，联合公安、工商、文广新局等部门，深入开展文化市场执法检查，惩治各类违规经营行为。全年出动文化市场执法人员 8000 人次，检查文化市场经营单位 3000 家次，查处违法案件 30 件，查缴非法出版物 2000 本（份），取缔非法店档摊点和不法游商 8 个，查缴卫星地面接收设施及其他非法设备 16 套（件），拆除私自安装的卫星地面接收设施 23 套。受理各类投诉举报 16 起，举报办结率、回复率均 100%。

【“扫黄打非”五大专项行动实施】 2016 年，乳山市以“净网 2016”“护苗 2016”“秋风 2016”“清源 2016”“固边 2016”五大专项行动落实“扫黄打非”工作。“净网 2016”专项行动，文化执法、公安等部门共处置网络淫秽色情信息 200 条，收缴淫秽色情出版物 100 件；“护苗 2016”专项行动，查缴含有妨害少儿健康成长的淫秽色情、暴力、恐怖、迷信等内容非法出版物 200（本）篇，查处发布含有妨害少儿健康成长的互联网音视频、游戏、小说、动漫等 180 人次；“秋风 2016”专项行动，收缴非法报刊 1000 件；“清源 2016”专项行动，严厉惩治假记者、假记者站、假媒体，同时严厉惩治非法采编、非法印刷、非法出版、非法新闻网站，清查各类非法报刊包括非法互联网报刊，收缴侵权盗版出版物 1000 件；“固边 2016”专项行动，收缴非法安装有害国家安全的电视天线接收器 15 套。年内，乳山市文化市场综合执法局获山东省“扫黄打非”工作先进集体称号。

【文化市场消防安全排查整治】 2016 年，乳山市文化市场综合执法局会同公安消防等部门，组织开展文化市场消防安全排查整治和文化市场安全生产大检查等行动，重点排查和检查电影院、网吧、歌舞厅、游戏厅、印刷厂等经营场所的消防设施、设备及消防安全责任制落实情况。举办文化市场经营业主法律常识和安全知识培训班 1 期，组织开展文化市场消防应急演练 1 次，有效增强经营业主的安全生产和消防安全意识。全年排查和检查出文化市场安全隐患 40 处，下达责令整改通知书 18 份，与文化经营单位签订安全生产责任书 66 份，签订文化经营单位安全生产承诺书 66 份，有效保障乳山市文化市场安全生产经营。

【文化市场服务文明城创建取得实效】 2016 年，乳山市文化市场综合执法局围绕服务创建全国文明城市，组织召开乳山市网吧、歌舞厅等文化娱乐场所负责人会议，传达市委、市政府关于开展创建全国文明城市的指示要求，对网吧、歌舞厅等文化娱乐场所发放创建全国文明城市宣传材料，帮助提高经营业主对创建全国文明城市工作的认识，共发放宣传手册及海报 700 份。投资 3 万元制作文明创建管理制度牌 23 个。重点对 35 家网吧和 19 个歌舞厅的卫生间改装脚踏式冲厕，加装防蚊蝇门帘、纱窗、通风设施，增设消毒间和消毒设施。督促 2 家网吧、1 家歌厅重新装修，13 家网吧粉刷墙面 2000 余平米。开展辖区内网格卫生清理活动，共投资 2 万余元，拆除违章建筑 15 处，搬运预制板 3 车，清理社区小广告 70 处，清理花坛内的垃圾 200 余桶，开展文明停车劝导 200 余次，让文化市场在文明创建中靓丽出彩。

广播电视

【概况】 2016 年，乳山市广播电视台学习贯彻习近平总书记在党的新闻舆论工作座谈会上的重要讲话精神，深化“新闻立台、栏目活台、广告促台”的办台理念。创新提质，办台质量和能力提高，生活频道、农村频道、图文频道 24 小时全天候播出，实现所有频道 24 小时播出全覆盖。全年对上发稿 300 条，获山东广播电视台“2016 年度电视宣传先进集体一等奖”称号。

【对内宣传板块更新】 2016 年，乳山市广播电视台开设《聚焦乳山市经济工作会议——一把手访谈》《学习十八届五中全会精神专访》《深入开展“两学一做”学习教育——学做有榜样、学乳娘当先锋》《深入学习贯彻党的十八届六中全会精神》《记忆 2015》《外地人在银滩过大年》《精准扶贫奔小康》《巾帼电商创业典型》《乳山市精准扶贫纪实》等新栏目，同时在《创城在行动》专栏更新板块，发挥新闻舆论的引领作用。配合威海民族复兴教育基地乳山教学点的提升工作，制作《远落你在哪里——寻找胶东育儿所养育的革命后代》8 集系列片，宣传乳山的红色文化，推动基地建设。在反映大美乳山主题的《美丽乳山行》栏目推出古韵乳山、美丽乡村、美丽社区、美丽教育等 40 期节目，以崭新视角讲述乳山之美。为充分发挥公益的力量，创作《礼让斑马线》《爱·陪伴》《节约用水》等 10 部公益广告，加大社会主义核心价值观、“五城”联创、安全生产、环境保护、节约用水、森林防火等公益广告播放频度，推动相关工作开展。

【省级及以上媒体发稿 30 条】 2016 年，乳山电视台加强与上级台对接力度，完善向上级台发稿激励机制。全年在省级及以上媒体发稿30条；在威海市级以上广播、电视台等媒体发稿300条。“七一”前夕，红色教育基地胶东育儿所的故事两次登上央视《新闻联播》；山东卫视庆祝建党95周年大型纪录片《人民的选择》也分别在7月1日和3日对红色教育基地乳山兵工厂和胶东育儿所的故事进行详细报道；《山东：营改增红利推动产业提质增效》《合同护农打造良好社会秩序》在山东电视台《新闻联播》以长消息的形式播发；《乳山：精准谋划下好发展“先手棋”》在《威海新闻》头条报道；《寻找母亲》继获全省电视新闻系列报道一等奖之后，又获“中国新闻奖”三等奖；反映红色教育基地的《胶东育儿所：炮火中的革命摇篮》获电视社教专题片二等奖。另外，《村里来了个年青人》《乳山女性造血干细胞捐献第一人》《微笑女孩》3期仁爱故事在全省电视专题片评奖中获奖。

【广播电视设施建设投资133万元】2016年，乳山市广播电视基础设施建设投资133万元。其中，投资10万元对电视播出系统二级存储扩容；投资44万元补充更新7台摄像机；投资13万元购买三脚架、题词器、字幕机，用于配套新改造的新闻演播室；投资65万元更换广电大厦电梯，从根本上解决安全隐患。设施、设备的投入使用，提升乳山广播电视台的业务水平。

【地面数字电视工程完工】 2016年，乳山市根据上级统一部署，抽调专人，靠前指挥，按期完成地面数字电视工程建设，2016年10月底，各项工程全面完工。在现有发射区域内，用户可收看16套电视节目，其中央视12套、省台2套、威海台1套、乳山台1套，覆盖区域内的观众可免费享受基本电视公用文化服务。

【电视荧屏创新】 2016年，乳山市本着求变、求新、求好原则，改变电视频道多年老面孔，重新包装1、2、3频道，突出频道定位，彰显时代特征，用最新三维技术重新包装设计电视台呼号，《乳山新闻》《民生关注》《生活360》等主要自办栏目，为观众提供全新的视觉效果。另外，《民生关注》采用LED屏幕背景，以新的主持方式、接地气的内容进行栏目风格改版。同时延长栏目板块，增加民生新闻信息量，扩大宣传平台。

（李丹）

报刊与网络

【概况】 2016年，乳山市报社强化大局观、增强执行力和创新力，确保新闻宣传工作靠得上、跟得紧、报得准，强化党报舆论主阵地作用。特别加大“两学一做”学习教育、“五城联创”、精准扶贫、民生工程等方面的宣传力度，凝聚方方面面加快发展的合力，营造促上经济社会发展的良好氛围。全年共编辑出版《乳山时讯》147期，开辟新闻专栏40个，宣传先进典型60个，推出一批有影响力的重头稿件和深度报道。

【《乳山时讯》编辑出版147期】为中共乳山市委机关报，由乳山市报社编辑出版，原名《乳山市报》，1996年9月8日创刊，于2001年编入国内统一刊号。2004年，按政策规定改为内部出版物《乳山市讯》，向机关企事业单位和农村免费赠阅。2006年5月，挂靠威海日报社，改为《威海日报·乳山时讯》。2012年7月，与威海报业集团脱钩，更名为《乳山时讯》并进行全新改版。为对开四版周三刊彩报，国际流行黄金报型，期发行量1万份，免费赠阅市直机关、企事业单位、各镇村、社区、主要宾馆酒店、沿街主要门市部、威海市党政机关、部分离退休老干部及乳山籍在外知名人士。

【《乳山时讯》手机客户端推广】2016年，乳山市报社促进报纸与新媒体的融合发展。在开通乳山时讯官方微信公众平台、开通乳山时讯数字报、手机报的基础上，2016年11月，开发推出乳山首个集新闻、生活服务类应用为一体的手机APP平台——乳山时讯手机客户端“掌上乳山”，通过智能手机终端为市民提供全方位的新闻、政务、便民生活资讯及应用服务，实现24小时无间断滚动发布。《乳山时讯》的重要内容和报纸电子版，均在乳山新闻网、乳山时讯官方微信、乳山市报社官方微博、《乳山时讯》数字报、手机报及“掌上乳山”手机客户端同步发布或推送；网络媒体获得的新闻线索，报纸及时跟进报道，实现信息共享、报网互动、融合发展。

（高山）

【《大乳山》季刊累计出版27期】2009年创刊，由中共乳山市委宣传部、文联、文广新局主管，乳山市作家协会承办。《大乳山》季刊为16开本，每期80页，著名作家冯德英先生题写书名。主要开设小说、诗歌、散文、乳山名人、乳山记忆、会员采风等栏目，服务对象为乳山市广大作家和文学爱好者、文化各部门。《大乳山》季刊创刊以来，坚持“百花齐放，百家争鸣”“文化活市”方针，倡导“包容和谐”精神，积极与周边县市刊物进行交流，取长补短，借鉴学习，提升办刊质量。至2016年12月底，出版27期，不仅为乳山文学爱好者搭建了一个文学创作交流的平台，而且成为乳山对外文化交流的一张“名片”，受到专业人士和读者的好评。

（王忠阳）

【《银杏》杂志累计出版10期】2011年12月创刊，是由中共乳山市委统战部主管，乳山市党外知识分子联谊会主办的综合性文化书刊。《银杏》杂志为16开本，每期80页。《银杏》杂志遵循“贴近时代，关注社会，反映民生，服务会员”的办刊宗旨，挖掘深厚文化底蕴、传承传统文化、培育现代文明，创树“高雅、清新、精美、隽永”的刊物风格。主要开设刊首寄语、专题报道、前沿观察、文艺天地、生活随笔、时尚视窗、会员风采、域外传真、风情乳山、企业剪影等丰富多彩的栏目。立足乳山，面向省内外，努力办成融思想性、艺术性、学术性、乡土性和可读性为一体的高品位刊物。至2016年年底，共出版10期。

（刘小萌）

【乳山政府网全年公开政务信息1.24万条】 乳山市人民政府在互联网上建立的政府门户网站，是乳山市人民政府及各部门信息发布的总平台、对外宣传和为民服务的总窗口。于2002年1月1日上线运行。随着县域经济社会发展需要，网站不断创新运行内容。2016年，网站主要设立机构、咨询、公开、服务等板块。是年，乳山市各部门、单位通过政府门户网站公开信息1.24万条，开展在线访谈9次，发布政府公报12期，公开行政权力清单3251项，责任清单2219项，涉及行政审批及相关行政权力的中介服务事项51项，有效保证群众的知情权。

（李鸿鹏）

【乳山新闻网】 2007年5月29日开通，由乳山市报社主办与维护。2007年，注册域名为“http://www.rs.whnews.cn”，内设新闻、时讯、时讯记者、乳报动态等22个新闻和资讯频道。2010年6月，域名更改为“http://www.rushannews.com”。2011年，网站进行全面改版，设有时讯电子版、视频乳山、图片乳山、银滩之窗、行风热线等16个栏目版块。2013年，网站再次改版，新设乳山三宝、民生关注、民生诉求回音壁、银滩3600等栏目。2015年5月域名更改为“http://www.rushannews.cn”。现已成为展示乳山形象的重要窗口。2016年，乳山新闻网重点围绕市委、市政府中心工作和乳山市发展大局做好新闻宣传，《乳山时讯》每期所刊发新闻稿件全部提前一天上传，重要新闻随时上传，确保将最新的乳山资讯传送给网友。设置完善“乳山要闻”“社会主义核心价值观”“全民参与五城联创、共同建设仁爱乳山”“乳山新闻发布厅”“视频新闻”“民生诉求回音壁”等专栏，关注乳山发展，传递正能量，营造良好的网络舆论环境。

（高山）

【乳山网访问量达130万人次】 2013年7月上线，由中共乳山市委宣传部主办，设有“新闻资讯”“产业乳山”“魅力乳山”3个宣传区，每个宣传区设有不同的板块和专题，依据时势需要不断创新建网。2016年，增设“三严三实”专题教育、“违法建设治理在行动”等专题网页，增设“学习六中全会精神”“落实乳山市总结表彰大会精神”等专栏。与乳山市政府新闻办公室对接，以民众关心的热点问题为抓手，建立乳山市新闻发布会联合发布机制，以乳山网为首要网上信息发布载体，建立网上新闻发布厅专题网页，对乳山市每期的新闻发布会进行网上提前预告、网上直播、视频播报，并做好相关政策解读。全年发布新闻发布会13场，推送政策解读文件60条，发布交通、医疗、就业、社保等与民众相关的便民讯息2000条，更新信息4200条，总访问量130万人次。

【“乳山发布”粉丝量超2.5万人】 2014年11月上线，由中共乳山市委宣传部主办，发挥微信平台传播快、受众面广的优势，借助图片、视频、图表等表现形式，将重大主题宣传与受众口味融合，受众的需求与官方宣传需要融合，变单向枯燥传递为双向互动、多方交流，增强宣传效果。2016年，官方微信“乳山发布”创新推送方式和编辑方式，以微视频、微刊、微访谈等形式，运用网络化的语言，图文并茂，增强发布内容的可读性和趣味性，全年新推主题性宣传板块10个。秉持“准确、及时、有效”的处置原则，紧跟事件热点，把握舆论导向，引导舆论发展。以民众需求为出发点和落脚点，收集民生讯息，将“乳山发布”打造为大众的办事指南。官方微信“乳山发布”粉丝数量超过2.5万人。全年发布招工、就业等民生信息300条，服务民众60万人次。

（王嘉）

【乳山热线最高日访问量突破17万人】 乳山热线网站（www.rushan.com）是乳山市最早开设的地域性门户网站，始建于1998年，由乳山市联通公司主办。致力于为老百姓提供所需的日常实用信息，是乳山热线最大的特点，同时，为广大网民提供交流平台，由传统营销转型到新媒体营销。网站设有跳蚤市场、人才市场、新闻、网友社区等板块，还承接网站建设、视频宣传制作和网络技术服务业务。为扩大乳山热线知名度影响力，举办“百姓大舞台”选秀节目演出、“百姓大舞台”拜年晚会等。2016年，乳山热线积极参与乳山公益组织“乳山爱心帮困服务中心”活动，并组织“志愿者跨年夜”公益晚会，通过晚会向其筹措善款近3万元。全年网站更新新闻类信息5000篇，网友发布交流信息2.8万条，最高日访问量突破17万。

（姜浩）

【乳山教育网综合访问量日均达万人】 创建于2003年7月，是乳山市综合性的教育信息资源应用平台，主要用以发布教育信息、宣传教育成果、整合教学资源、提供教育服务，致力于实现乳山城域教育网络化、现代化，为广大师生、家长和社会各界人士提供教育服务。主要由教育网主网站、教研中心子网站、学校网站群、学科网站群以及业务网站群（如办公网、招聘网、干部管理网等）组成。主网站设有教育简讯、公文发布、队伍建设、教育科研、推介交流、信息公开、便民服务、专题栏目等主体栏目，以及党建、师德、规范办学等常规主题版块，为社会提供解教育的窗口。子网站主要围绕教研中心教学研究、指导和服务等职能，搭建师生学习交流的平台。学校网站群主要发布与学校教育教学相关的资讯，展示师生风采、宣传办学成果、提升教育形象。学科网站群集成最优教学素材，提供教学资源，助力教育发展。教研中心网管处负责网站的管理和维护，根据需要定期对网站进行调整。至 2016 年年底，经过 7 次改版，乳山教育网已从最初基于 Asp 程序、Access 数据库的动易模板，升级为基于 PHP 程序、Mysql 数据的 DedeCMS 模板，网站功能更强、服务项目更多。年内，乳山教育网综合访问量日均达万人次。

史　志

【概况】 2016 年，乳山市党史市志办公室以存史资政育人为根本，统筹推进编鉴修志、地情资料库、方志馆、红色教育基地建设等重点工作。《乳山年鉴（2016）》获全国地方志优秀成果（年鉴类）特等年鉴、全省优秀年鉴。

【乳山市志第一稿编修完成】 2016 年，乳山市坚持专家修志、购买服务，跟踪调度、重点指导，派 2 名骨干参加全省精品志书培训班，协调 14 名编辑指导供稿，1 名副主编统稿，合力加快市志编修工作。至 2016 年年底，《乳山市志（1996—2015）》完成第一稿。

【《乳山市国土资源志》出版发行】 2016 年，乳山市党史市志办公室抓住二轮修志的有利时机，督促指导《乳山市国土资源志》《乳山市教育志》《乳山地名志》编修工作。协调乳山市国土资源局重新制作乳山市政区图等，为下步编鉴修志提供地图资料。指导教育志、地名志启动编修。召开《乳山市国土资源志》评议会，邀请威海市国土资源局领导邱洪殿、威海市史志办原主任毕吉玲、《威海市国土资源志》主编车国进以及威海各市区国土地资源志主编 40 余人参加评议会，乳山市党史市志办主要负责人徐华伟主持评议会。2016 年 11 月，《乳山市国土资源志》出版发行，成为乳山部门志新范例。该志是乳山市第一部土地矿产资源专志。记述乳山有史以来至 2012 年年底国土资源事业发展历程，反映新中国成立以来特别是改革开放以来乳山国土资源的保护、开发、利用等方面的成就、经验与存在的问题。该志共 15 编、49 章、167 节、83.4 万字，大 16 开本。2016 年 11 月出版发行，印数 1500 册。

11 月 17 日，《乳山市国土资源志》出版发行　（王家洲 摄）

【地情资料编纂统筹推进】 2016 年 11 月，红色革命史读本《红色乳山》出版发行，该书共 34 章，36 万字，16 开，2016 年 11 月出版发行，印数 5000 册；借乳山市古村资料编修机遇，编纂乳山古村《乡愁百村记》，90 个村已定稿排版，《乳山时讯》每周刊发；服务马石山教育基地，重编《马石山 1942》，全书共设 10 篇，74 章，已完成 30 万字初稿；着眼抢救革命史料，发动胶东抗战红色文化研究会成员征集调查革命故事 130 多篇，汇编口述史《根据地史话》；联合组织部编印市情宣传书籍《人文乳山》，全书设市情概况、区域沿革等 11 篇，内部印刷 2000 本；组织《民俗乳山》编写，全书设 12 章，56 节，完成 35 万字初稿。

【《乳山年鉴（2016）》获评全国地方志优秀成果（年鉴类）特等年鉴】 《乳山年鉴》创刊于 1999 年，由乳山市人民政府主办、乳山市党史市志办公室承编，至 2016 年已连续出版 18 卷。《乳山年鉴（2016）》主编徐华伟，副主编王浩、于惠年，设专记、特载、大事记、乳山概况等 23 个栏目。全书在条目设置、内容记载等方面提档升级，增加特色性条目设置，反映主体事业的特色性条目占到 50%，在选题选材上综合考虑社会价值和资料价值，突出体现时代特色、地方特色和年度特色，获评全国地方志优秀成果（年鉴类）特等年鉴。2016 年 12 月，《乳山年鉴（2016）》由方志出版社出版，大 16 开，105.4 万字，印数 2500 册。

【史志成果数字化存档】 乳山市党史市志办公室坚持资料征集、编辑加工、排版设计全程电子化处理，注重收集、整理、保存史志产品初稿、定稿电子文档。2016 年，注重电子文档保存，将原有志、鉴、地情资料等各项史志产品通过光盘、U 盘、地情资料库等方式保存，为史志资料存档、查证、对外服务及打造数字方志馆奠定基础。

【地情资料电子化 1100 万字】 乳山市情网创建于 2002 年 7 月 19 日，旨在全方位介绍乳山市，是乳山市的对外宣传的重要窗口，设“乳山概况”“乳山市志”“乳山年鉴”“长寿之乡”等栏目 21 个。2016 年，乳山市情网更换“乳山风光”栏目图片，“史志动态”保持每周更新，且新闻信息稿件均采用图文相配模式，全年更新信息 100 条，网站可读性增强，起到宣传乳山、展现单位风采的作用。全年开展自查 2 次，排查空栏目、死栏目，保持网站内容常新。

坚持上传信息备案审查制度，做到专人维护、专人审查，确保信息的规范性和保密性。2016年，完成《乳山市志》及18本年鉴共计1100万字资料电子化及上传工作，并将史志产品上传至省情资料库平台，在全省乃至全国平台上为社会提供信息化服务，对扩大宣传和保存资料具有深远意义。

【史志信息微信微博推广】 乳山市党史市志办公室自2014年开通微博，2015年开通“rsdsszb”微信公众平台。至2016年年底，关注量已达590人，更新微博850条、微信信息94条，宣传乳山市情、党史知识，为大众了解乳山、了解乳山市党史市志工作提供更广泛的平台。

【网络手机年鉴推出】 2016年，乳山市委托专业公司开发手机志鉴软件，年鉴手机版与2016卷年鉴同步推出，实现手机端便捷查阅；配合智慧办完成政府门户网站网页建设，着力服务招商发展，促进市情传播。

【情景剧《乳娘》列为全省建党95周年晚会重点节目】 2016年，乳山市党史市志办公室联合省党史部门及专家丁龙嘉积极推介，山东电视台录制的情景剧《乳娘》在济南举办的全省建党95周年晚会上进行首演和录制，通过卫星频道向全省播出后，引起强烈反响。全省全国党史、文保、博物馆等系统领导专家及革命后代30个团队到乳山市考察参观，有力推介红色乳山革命根据地品牌。

【《全国地方志事业发展规划纲要》宣传落实】 2016年，根据《全国地方志事业发展规划纲要（2015—2020年）》和《山东省地方史志事业发展规划纲要（2016—2020年）》要求，结合本地实际，制定《乳山市地方史志事业发展规划纲要（2016—2020年）》，规划2016年—2020年乳山市史志工作思路和发展方向。改建乳山市方志馆和数字方志馆工作纳入乳山市“2017年便民利民实事”项目。乳山市党史市志办坚持依法行政，利用培训会、上门指导、“六进”活动、民情走访等时机，向社会各界广泛宣传《地方志工作条例》《山东省地方史志工作条例》。加大行政执法力度，要求相关单位及时将编纂出版的《乳山市国土资源志》等行业志、部门志送党史市志办公室备案审查。

9月21日，乳山市举办《改革开放实录》撰稿业务培训班 （高献东 摄）

【史志编辑、供稿员年度轮训举办】 2016年，乳山市党史市志办公室采取集中与分散相结合形式，对乳山市二轮修志基层供稿人和编辑进行业务培训。3月17日，举办《乳山年鉴（2016）》编纂培训班。邀请中国版协年鉴工作委员会副主任、中国年鉴研究会副会长、广东年鉴社社长莫秀吉到乳山市授课，威海市史志办副主任冷文波出席，乳山市政府党组成员张平出席并主持开班仪式，乳山市140家单位年鉴供稿员参加培训。9月21日，开展《改革开放实录》撰稿业务培训，乳山市承担改革开放实录威海卷、乳山卷供稿任务的单位全部选派骨干参加。会上，威海市委党史研究室副主任张修成采取案例分析和重点剖析相结合的方式，对改革开放实录资料收集、编写体例、写作方法及时间、质量、图片等方面要求进行全面讲解。通过培训，参训人员提高对改革开放实录的认识，掌握改革开放实录的撰稿规范、质量要求，为做好编修工作打下坚实基础。

（高献东）

档 案

【概况】 2016年，乳山市档案局接收归档文件6654件、电子档案3731件，收集现行文件资料30件、重大活动照片552张并归类存档。全年接待档案利用者1105人次，提供档案1297卷次。连续5年被威海市委、市政府授予“文明单位”称号。

【档案数字化工作启动】 2016年，乳山市抓住国家档案局开展《关于2016年度国家重点档案保护与开发项目申报工作通知》时机，申报编写《炮火中的革命摇篮》一书项目，该项目被国家档案局列为社会关切的重点专题开发项目，是山东省上报的100个项目中获批准的10个项目之一。编写《“十二五”乳山市档案利用效果典型事例汇编》，汇集档案馆及基层档案室“十二五”期间档案利用后产生效益的大量实例，选取其中有代表性的62件。争取乳山市财政分三年拨款165万元开展馆藏档案数字化，成立档案数字化工作领导小组，制订详细计划，明确质量标准，优先通过数字化扫描处理珍贵、重要、利用频繁的档案，确保数字化工作顺利进行。开展胶东育儿所史料征集和提报工作，配合胶东育儿所红色教育基地建设，赴济南、烟台、海阳、文登、威海等地档案馆，查阅和征集大量相关历史资料，提供给相关机构，为红色教育基地提供丰富准确的一手资料。

【基层综合档案室建设标准出台】2016 年，乳山市档案局为搞好基层档案管理工作，出台基层综合档案室建设标准，下发《关于进一步做好当前档案管理工作的通知》，要求各镇（街道）、部门档案做到集中统一管理，让基层档案工作管理有章可循。至 2016 年年底，各镇（办）部门都建有专门档案室，印制标准档案盒，配备专门设施，镇（办）部门档案工作步入正规、合理、有序管理。

举办乳山市档案人员培训班，培训范围涉及镇（办）、市直各部门单位、驻乳机构、部分企业、学校，培训156人，其中专门举办教育系统档案员培训班，培训乳山市35所学校的档案员；为基层档案室和档案员提供业务指导。指导水利局、房管局、法院、龙管处等20家单位档案室建设工作，接受基层档案人员上门及电话业务咨询120人次。

【档案利用服务1105人次】 2016年，乳山市档案局对到档案馆利用档案者，接待热心、解答耐心、查阅细心，高质量地为利用者提供档案查询服务。2016年，接待各类办理离婚、复婚、落户口、贷款、房产公证、出国等档案利用者1105人次，提供档案1297卷次。减免群众查档费用，全年减免档案查询费7500元。

（李剑波）

11月9日，大乳山滨海旅游度假区

东尚山古民居

责任编辑：吕素坡

社会生活
Social Life

- 人力资源和社会保障
- 民政事务
- 住房公积金管理
- 民族事务
- 宗教事务
- 老龄事业
- 慈善事业
- 居民生活

人力资源和社会保障

【概况】 2016年，乳山市坚持服务大局、增进民生福祉，做好人力资源和社会保障工作。全市就业形势继续保持平稳，新增就业再就业人员6436人，城镇登记失业率1.49%。社会保障水平提高，企业职工基本养老保险、机关事业单位基本养老保险人数分别达84785人、11293人；职工医疗保险、城镇居民基本医疗保险失业保险人数分别达120990人、381502人；工伤保险、生育保险参保人数分别达87909人、89493人。全年接收人事档案266份，转出人事档案187份，为社会各界提供档案查询5324次。

【新增就业再就业人员7103人】 2016年，乳山市增加招聘会场次。举办春季、秋季两次就业洽谈会，开展"春风行动""就业援助月""扶贫日"等专项活动，发挥人力资源市场促进就业主渠道作用。全年举办就业招聘会6场，295家企业参与洽谈，发放用工信息登记表5000份，提供岗位7200个，入场人数5300人，达成就业意向1744人。全年新增就业再就业人员7103人，其中就业转失业人员再就业3041人，就业困难人员实现再就业848人，转移农村劳动力3907人。

【创业担保贷款发放383笔】 2016年，乳山市申请创业担保贷款范围涵盖法定劳动年龄内，具有本市户籍、诚实守信、有创业愿望和具备创业条件的登记失业人员、军队退役人员、被征地农民、残疾人、随军家属、返乡农民工、大学生（即毕业5年内普通高等学校毕业生和驻威高校在校大学生，无户籍要求）等自主创业人员。贷款最高额度为30万元，贷款期限2年，给予全额贴息。全年创业担保贷款申报440人，审批发放383笔，总计5429.9万元。为各类创业人员和企业发放创业补贴209万元。

【首批省级创业型社区获评4个】 2016年，乳山市推进省级创业型社区建设，利用社区劳动保障服务平台开展创业"一站式"、个性化、专业化服务，提供各类政策性补贴培训，推动全民创业。12月，乳山市城区街道府苑社区、怡园社区、向阳社区、金丰社区通过山东省人社厅评估验收，被认定为"首批省级创业型社区"，获省级奖补资金共计20万元，创业带动就业显现良好态势。

【就业技能培训3621人】 2016年，乳山市开展就业技能培训67期，培训3621人。对有意愿从事二、三产业的农村劳动力特别是大龄劳动力，就近开展保健按摩师、家政员、中式面点师等培训，建立任务明确、分工负责、政策共享、运转协调的工作机制，培训农村劳动力1895人，其中保健按摩师912人，家政员426人，中式面点师556人，计算机1人。对重点骨干企业新录用并签订1年以上期限劳动合同人员，开展基本职业技能、操作规程、安全知识、规章制度、从业素质等方面岗前培训，全年培训60人。

【社会保险征缴发放】 2016年，乳山市实现各项社会保险基金总收入17.38亿元。连续11年调增企业离退休、退职人员养老金，企业离退休、退职人员人均每月领取养老金增加240.17元。年内，26544人通过自助终端机或网上代扣缴纳保费。

企业职工基本养老保险 2016年，乳山市参加职工社会养老保险企业1371家，参保职工84785人，全年企业养老保险基金总收入11.1亿元。依据相关政策为5559人办理企业职工基本养老保险补缴。为42264名离退休人员和1166名遗属支付离退休费和遗属补助费93172万元，支付率99.98%。

机关事业单位职工基本养老保险 2016年，乳山市参加机关事业单位职工基本养老保险单位280个，参保职工11293人，全年机关事业单位养老保险基金总收入23880.9万元。为7781名离退休人员和636名遗属支付离退休费和遗属补助费53790万元。

基本医疗保险 2016年，乳山市参加职工医疗保险120990人，参保率100%，收缴职工医疗保险费27401万元，支付医保费28959.1万元。乳山市有离休干部336人，公费医疗参保率100%，全年收缴公费医疗保费369.6万元，支付离休干部医疗费735万元。参加城乡居民基本医疗保险381502人，参保率100%；收缴保险基金5657.8万元，为43747名参保居民报销医疗费用20060.5万元；居民大病保险补偿10804人次、2174万元。年内，异地直接结算职工553人次、居民81人次。

城乡居民基本养老保险 2016年，乳山市参加城乡居民基本养老保险263872人，参保率99.24%。9月，城乡居民基础养老金由每人每月95元调高到110元，从7月1日开始执行。全年为114612名居民养老保险参保人员发放养老14511.7万元。

工伤保险 2016年，乳山市参加工伤保险87909人，征缴工伤保险费2518.7万元。全年受理工伤案件413起，认定430起，支付工伤保险费3346.5万元。

生育保险 2016年，乳山市参加生育保险89493人，征缴生育保险费855万元，2400人享受生育保险待遇，支付生育保险费641.9万元。

失业保险 2016年，乳山市参加失业保险企事业单位1641个，参保职工50811人。全年收缴失业保险费2749.6万元，为1659名失业职工发放失业金10112980元，代缴医保费2839772元。

【工资福利落实到位】 2016年，乳山市为10913名机关事业单位在职人员晋升年度考核工资，人均月增资96元。为9180名事业单位工作人员核定绩效工资总量8600万元。为

11月16日，乳山市白沙滩镇白沙滩村村民领取农村居民社保卡

（辛戈　于海泳　摄）

441名警察调整警衔津贴标准，调整标准后人均月增资1053.61元。按照国办发〔2016〕62号文件规定，自7月1日起为机关事业单位工作人员调整工资标准，为离休人员增加离休费。

【机关事业单位人员管理】 2016年，乳山市新录用43名公务员、78名事业单位工作人员。参照事业单位公开招聘办法，为部分单位配备编外聘用人员180人。年度考核机关事业单位人员11331人，其中合格、称职及以上等次11062人，不称职4人，不合格17人，基本合格6人，不进行考核103人，不定等次139人。办理机关事业单位调动120人次，其中市外调入30人，调往市外1人，市内调动89人。办理1名公务员和23名事业单位工作人员辞职手续。

【军队转业干部安置12人】 2016年，乳山市接收安置军转干部12人，其中，计划安置军队转业干部1人，接收自主择业军队转业干部11人。做好企业军转干部解困政策落实，全年发放企业军转干部各项困难补助820.76万元，做到核算准确、发放及时。

【招才引智工作推进】 2016年，乳山市企业引进紧缺专业本科以上学历大学生413人，其中硕士以上学历大学生65人。新增留学回国人员11人。新增福喜（威海）农牧发展有限公司、威海久鼎电子商务孵化器有限公司2处就业见习基地，见习基地总数达到9家。协助智创孵化基地赴韩参加洽谈活动，该基地与韩国忠南大学LINC事业团就忠南大学创业保育中心在高层次人才引进、创业培训、实训方面师资交流及创业项目合作方面签署合作协议。组织三智科技、韩威生物、鑫宝食品、华隆食品等12家重点企业参加“威海国际英才创业峰会”，邀请12名专家到乳山进行实地考察，达成签约意向4个。为山东力久特种电机股份有限公司成功申报2016年度山东半岛蓝色经济区人才发展项目，争取项目经费10万元。

【劳动关系协调“双维护、两服务”】 2016年，乳山市按照维护劳动关系双方合法权益，服务经济、服务民生的目标，从源头上促进劳动关系和谐发展。加强监测研判，及时了解经济形势变化对企业用工成本、用工机制、劳动关系运行等的影响，建立企业劳动用工和规模裁员情况、困难企业工资支付情况、欠薪逃匿和拖欠工资引发群体性事件情况等统计报告制度。加强法律宣传，通过政策法规培训班等方式对120家企业人力资源管理人员进行劳动法律法规培训，开展劳动保障法律法规“进企业、进校园、进社区”活动，覆盖15个镇（街道），组织宣讲活动12场，发放宣传资料、明白纸3万份。推动劳动关系和谐企业创建，发挥劳动关系三方协商机制作用，完善劳动关系协调组织网络。抽查140家企业的劳动合同签订、用工备案和工资集体协商情况，劳动合同签订率达97%。

【劳动保障监察稳步推进】 2016年，乳山市通过日常巡查和开展农民工工资支付、劳务派遣专项检查等活动，依法为2078名职工追讨工资760万元。全年处理劳动保障监察案件387起，其中立案受理167起，参与协调220起。全年答复网上信访858条、群工部派单168条，接待群众来访1960人次。

【劳动人事争议结案率100%】 2016年，乳山市劳动人事仲裁院发挥建立330名企事业单位人力资源管理人员加入的QQ群作用，对遇到的劳动争议、社保政策等问题进行在线交流，解答疑难问题1000余个。4月，成立劳动人事争议法律援助工作站，对残疾人、生活困难职工等特殊群体提供法律援助，全年援助职工12人。实行阶梯式调解制度，由企业调解委员会、基层调解组织先行介入调解，进入仲裁程序后由仲裁院在立案前、开庭前、庭审中、结案前通过电话、建议书、组织当事人当面协商方式，对事实明确、标的较少、分歧较小的案件进行调解，提高调解效率，全年组织调解355次，达成一致调解意见213起，收到“定纷止争、案结事了、息事宁人”效果。全年收到仲裁申请338起，受理314起，其中因工资争议100起，因经济补偿、赔偿金争议104起，因工伤待遇争议54起，其他争议53起，结案率100%。

（裘玉东）

民政事务

【概况】 2016年，乳山市提高社会救助标准，进一步完善养老服务体系，做好双拥优抚及安置工作，加强社区及基层政权建设，强化社会组织培育，做好婚姻登记、殡葬服务、地名、福彩等专项工作。

【社会救助规范提高】 2016年，乳山市规范社会救助工作机制，开展“精准低保”专项行动，从信息核查、宣传公开、监督查处等方面入手，规范低保审批程序，取消低保资格2163人，新纳入556人。提高社会救助保障标准。城乡低保标准分别提高至每人每月540元、每人每年3850元，农村集中和分散五保供养标准分别提高至每人每年7000元和4600元。

【社区养老综合服务中心建立】 2016年，乳山市创新社区日间照料中心运营新模式，探索社会化运作，建立华冠社区、幸福社区等社区养老综合服务中心，实现社区日间照料中心上档升级。新建农村幸福院17处，搬迁改造夏村镇、午极镇、冯家镇等部分农村敬老院，更好地满足农村群众养老需求。实施养老机构消防设施改造工程，对全市22处养老机构进行消防设施达标改造。

【社区服务设施升级改造】 2016年，乳山市着眼城市社区管理服务水平提升，开展社区服务设施升级改造工程，改造静园社区、祥和社区等5处城市社区服务设施。按照“一社区一品牌”思路，督导每个社区至少开发1个社区公益服务项目。实施“农村社区综合服务中心三年行动计划”，至2016年年底，完成80处农村社区综合服务中心达标建设工作。

【乳山市第七次获评全省双拥模范城】 2016年，乳山市探索建立军地政治指导员制度，增强军地互通交流、融合式发展，乳山市第七次获“全省双拥模范城”称号，乳山市民政局被授予“威海市爱国拥军模范单位”称号。开展复退军人信息排查工作，摸排有上访记录的人员，建立涉军信访人员数据库，实现涉军信访人员信息化管理。投入资金50万元，修缮5处散葬烈士纪念设施。继续加大马石山烈士陵园建设、保护力度，调整陈设布展，烈士褒扬工作得到上级认可，马石山烈士陵园被国务院批准为“国家级重点烈士纪念设施保护单位”。

【社会组织培育管理】 2016年，乳山市从激发社会组织发展活力入手，加大社会组织管理、培育力度。实行直接登记制度，对行业协会商会类、在自然科学和技术工程领域内从事学术研究和交流活动的科技类、城乡社区服务类及提供扶贫、济困、扶老、救孤、恤病、助残、救灾、助医、助学服务的公益慈善类社会组织，实行直接登记。推行社会组织登记“三证合一”“一证一码”制度改革，加强社会组织统一信用代码制度建设，完成“三证一码”新证书换发工作。加强社会组织监督管理，开展社会组织年检工作，撤销连续两年不参加年检或年检不合格的社会组织。加大社会组织扶持力度，抓好社会组织孵化园建设，按照“招募入驻一批、孵化出园一批”原则，强化业务指导和资金扶持，为入园的9家社会组织在项目申报、策划、活动、财务等方面给予协助。

【专项社会事务管理】 2016年，乳山市全年办理结婚登记3699对，离婚登记1063对，补办婚姻登记证书1250对，出具婚姻登记记录证明4份。火化遗体5209具，落实福利化殡葬政策，免除4736具遗体基本殡葬服务费，减免金额247.9万元。实施殡仪馆除尘设施改造工程，新建遗物焚烧炉1台，减少环境污染。对3个住宅小区命名。继续开展第二次地名普查补查工作，收集各类地名信息资料3601条。开展公益性公墓整治工作，摸底全市墓地建设情况，并着手制定公益性公墓建设规划。坚持“安全运行，健康发展”的工作方针，推动福彩事业健康发展。全年销售福利彩票5668万元，比上年增长5.25%。

（于波）

住房公积金管理

【概况】 2016年，乳山市以抓好归集扩面、拓展信贷、完善网厅为工作重点，加大公积金管理力度，完善管理机制。至年底，全市新增开户单位24个，新增缴存职工329人。全年完成住房公积金归集额23383万元，完成年度计划129.9%。全年向470户职工家庭发放住房公积金个人购房贷款12760万元，占当年归集额54.6%。全年4776人次提取使用住房公积金，提取金额公1.4亿元，比上年增加4305万元。

【住房公积金制度受益群体扩大至农民工】 2016年，乳山市将农民工纳入住房公积金制度受益群体，加大对中小型企业催缴力度，对已缴纳住房公积金的但缴纳人数不足80%的企业继续催缴，对经反复做工作、有能力缴纳却拒不缴纳住房公积金的企业加大行政执法力度，确保大部分农民工都能享受到住房公积金制度优惠政策。对不理解住房公积金的农民工，深入企业车间、班组进行宣传。

【住房公积金归集扩面】 2016年，乳山市把未依法建立公积金制度的三资企业、中小企业作为征收管理工作重点。在加大新闻媒体宣传力度的同时，深入企业面对面向职工宣传优惠政策，提高职工缴存公积金积极性。严格规范企业缴存行为，按照“抓大带小”工作思路，对经济效益好的大企业严格执行规定的缴存政策，对经济效益一般的中小企业适度降低缴存门槛，尽量做到应缴尽缴、应建尽建。加大行政执法强度，进一步增强单位依法缴存公积金法治观念。

【住房公积金服务机制优化】 2016年，乳山市完善窗口行业服务标准及首问责任制、限时办结制、一次性告知制等服务机制，推行窗口延时服务和预约服务，方便缴存单位和办事群众，做到现场受理、一次性办结、当场到账。优化业务流程，缩短办理业务时间，下放住房公积金使用审批权限。实行住房公积金服务零收费，每户房产抵押贷款人补贴80元房产抵押登记费。

（朱强）

民族事务

【概况】 2016年，乳山市开展“民族团结进步宣传月”等活动，帮扶少数民族群众，3名个人和3个单位分别被威海市政府表彰为“全市民族团结进步模范个人”和“全市民族团结进步模范集体”。8月31日，山东省政协副主席许立全到乳山市调研民族宗教工作。

【少数民族困难群众帮扶活动开展】 2016年，乳山市以精准扶贫为抓手，继续开展少数民族困难群众项目帮扶活动，争取威海帮扶资金5万元，在冯家镇、大孤山镇确定少数民族困难群众10户，每户帮扶5000元，帮助其新上养羊、养猪、果树等项目，提升致富能力。向少数民族困难群众发放救助金及化肥等物资5万元，向穆斯林群众发放牛羊肉补贴6000元，向全市33名贫困少数民族家庭考生发放救助资金3.3万元。新成立少数民族农民专业合作社2个，争取威海帮扶资金10万元，并指导4个合作社根据实际发展致富项目。组织开展“民族团结进步宣传月”活动，在城区街道腾达社区举办少数民族文艺晚会，以寓教于乐方式宣传民族政策法规。为符合条件的少数民族考生办理中、高考加分手续各14名。

宗教事务

【概况】 2016年，乳山市开展“宗教政策法规学习月”活动，做好重大宗教活动安全保障，玉虚观被山东省宗教事务局、山东省慈善总会授予“全省宗教公益工作先进集体”称号。

【省级和谐宗教活动场所达标10个】 2016年，乳山市在全市宗教活动场所开展和谐宗教活动场所创建活动，出台全市宗教工作标准化管理意见，10个宗教活动场所达到省级“和谐宗教活动场所”标准。统计摸底全市宗教活动场所、教职人员，完善宗教基础信息数据库建设，完成主要教职任职备案和宗教教职人员备案工作。开展“宗教政策法规学习月”活动，组织各宗教团体、宗教活动场所教职人员深入学习习近平同志在全国宗教会议上的重要讲话精神、教职人员行为规范等，提高其思想政治觉悟和基本素质。组织全市宗教界开展“宗教慈善周”“慈心一日捐”等活动，为贫困地区捐款捐物20万元，关爱孤寡老人、社区义工100人次，资助贫困学生2名，大病救助4人。

（陈强）

老龄事业

【概况】 2016年，乳山市保障老年人权益，发展健康养老产业，老龄事业全面推进。至2016年年底，乳山市有60岁以上老年人161361人，占乳山市总人口29%；其中100岁以上老人84人。城区街道向阳社区居委会、白沙滩镇白沙滩村和下初镇段家村获评威海市首届“慈孝文化传承基地”。

【诸往镇司法所获批山东省老年人公益维权服务示范站】 2016年，乳山市以6个老年法律维权工作站（5个中心司法所和市法律援助中心）为骨干，建立健全市、镇、村三级老年维权网络。年内，诸往镇司法所创建“山东省老年人公益维权服务示范站”，总数达3个。全年接待群众来信来访26人次，调处各类涉老纠纷9起，为180名老年人免费提供法律援助。督促相关单位落实老年优待政策2项。老人节期间，中共乳山市委、市人大、市政府、市政协主要领导带队，分头走访慰问百岁老人和敬老院的老人，社会各界开展各种尊老敬老助老活动。

【健康养老产业稳步发展】 2016年，乳山市组织福星老年公寓、小汤温泉老年公寓、宏福老年公寓、东方国际养生园、大乳山旅游渡假区5家企业参加山东省第八届国际老龄产业博览会，宣传推介乳山市优良的生态环境和健康养生资源及各具特色的养老企业。组织4家银滩房地产企业相关负责人赴北京考察对接养老服务企业，为企业转型发展搭建平台。组织华信食品等8家农产品加工企业参加杭州中国长寿之乡养生名特优产品展，推介乳山名优产品。引进华龄智能养老产业发展中心与山东颐和房地产有限公司合作，在“颐和山水人家”小区开展“华龄尚医老年应急救援服务体系”建设试点。

【乳山市第二十四届老年人运动会举行】 2016年10月12日，乳山市第二十四届老年人运动会在威海机械工程高级技工学校体育场举行，设托球跑、篮球运球跑、100米接力跑、乒乓球反弹投穴、套圈、投标、跳绳、钓旱鱼等8个项目，来自各镇（街道）、部门、单位19支代表队152位老年人参赛。

乳山市百岁老人名单一览表

（2016 年 12 月统计，含当年已去世老人）

表 46

姓 名	性 别	出生日期	所在镇（街道）
于秀香	女	1908.11.7	城区街道
于正光	男	1912.2.16	城区街道
张文卿	女	1914.1.9	城区街道
兰洪芝	女	1914.1.25	城区街道
邢振兰	女	1914.4.1	城区街道
李芳芝	女	1914.11.10	城区街道
于德珍	女	1915.11.8	城区街道
崔秀凤	女	1916.4.19	城区街道
王梅昌	女	1916.5.5	城区街道
许桂英	女	1916.6.2	城区街道
杨宗学	女	1916.11.10	城区街道
邵竹玉	女	1913.1.23	夏村镇
徐荣花	女	1913.5.2	夏村镇
赵典英	女	1914.9.29	夏村镇
王京云	女	1915.1.23	夏村镇
于惠卿	女	1916.7.12	夏村镇
胡秀兰	女	1916.10.15	夏村镇
蒋凤娥	女	1912.7.28	乳山口镇
崔世芝	女	1912.10.19	乳山口镇
王滋兰	女	1913.9.17	乳山口镇
刘金花	女	1914.9.17	乳山口镇
吴本芝	女	1915.12.19	乳山口镇
于素卿	女	1916.11.13	乳山口镇
仇翠年	女	1910.1.16	乳山寨镇
宋玉兰	女	1913.11.28	海阳所镇
赵秀英	女	1915.2.1	海阳所镇
宋翠凤	女	1915.10.22	海阳所镇
张秀竹	女	1915.10.26	海阳所镇
陈钦会	男	1916.6.24	海阳所镇
刘淑芝	女	1916.9.2	海阳所镇
王京芝	女	1916.9.18	海阳所镇
宫芬兰	女	1916.9.30	海阳所镇
于秀真	女	1916.10.14	海阳所镇
姜书兰	女	1916.11.5	海阳所镇

续表 46

姓 名	性 别	出生日期	所在镇（街道）
李玉仁	女	1908.12.12	白沙滩镇
宋夕芝	女	1914.4.26	白沙滩镇
于礼昭	男	1914.5.29	白沙滩镇
侯凤仙	女	1914.10.28	白沙滩镇
王淑英	女	1914.12.29	白沙滩镇
赵夕芝	女	1915.3.15	白沙滩镇
孙顺英	男	1915.5.18	白沙滩镇
姜盈泮	女	1915.12.25	白沙滩镇
单荣洲	男	1916.9.23	白沙滩镇
孙翠珍	女	1914.9.11	大孤山镇
于连英	女	1915.4.3	大孤山镇
从合晞	男	1915.4.18	大孤山镇
崔福起	男	1915.9.30	大孤山镇
从仁芝	女	1915.10.2	大孤山镇
刘德友	男	1914.11.28	徐家镇
姜云山	男	1915.2.17	徐家镇
李曰桂	女	1915.10.7	徐家镇
王文兰	女	1915.11.9	徐家镇
王保真	女	1908.11.2	南黄镇
宋协开	男	1913.12.29	南黄镇
高永志	男	1915.11.7	南黄镇
李玉芝	女	1911.10.7	冯家镇
高清明	男	1913.10.10	冯家镇
李桂芝	女	1914.5.8	冯家镇
宋文合	女	1915.2.15	冯家镇
史福英	女	1915.2.23	冯家镇
姜孟花	女	1916.1.20	冯家镇
曹秀月	女	1916.6.15	冯家镇
王同伦	男	1910.7.6	下初镇
胡秀芝	女	1915.12.10	下初镇
倪延东	女	1915.1.5	午极镇
孙凤英	女	1915.12.1	午极镇
韩书卿	女	1916.3.6	崖子镇
许玉卿	女	1914.10.18	崖子镇
郑秀英	女	1916.5.12	崖子镇
李国玉	女	1916.8.19	崖子镇

续表 46

姓 名	性 别	出生日期	所在镇（街道）
倪翠芝	女	1914.1.31	育黎镇
孙德升	男	1915.2.6	育黎镇
邓福英	女	1915.8.20	育黎镇
于忠枝	女	1915.11.9	育黎镇
曹善玉	女	1916.1.12	育黎镇
于秀花	女	1916.2.10	育黎镇
刘玉芝	女	1912.8.6	诸往镇
刘云山	男	1915.7.22	诸往镇
张翠凤	女	1916.5.22	诸往镇
刘培经	男	1916.7.10	诸往镇
宋秀芝	女	1916.9.7	诸往镇
王克礼	男	1916.10.3	诸往镇

（宋礼夫）

慈善事业

【概况】 2016年，乳山市慈善总会完善工作机制，组织开展各项慈善救助活动。全年募集善款1219.2万元，支出善款1276万元，救助困难群众40800人次。

【“慈心一日捐”捐款1219万元】 2016年，乳山市开展“慈心一日捐”活动，累计接收捐款1219.2万元。其中，137个机关事业单位、驻乳单位个人捐款331.6万元，1037家企业、团体等集体、个人捐款162.8万元，认捐基金企业缴纳基金利息724.8万元。

【慈善救助金投入1276万元】 2016年，乳山市开展“慈善大病救助”“慈善大学生救助”“关爱老年人”等慈善救助项目，累计投入救助金1276万元，40800人次获慈善救助。其中，投入善款409.1万元，开展慈善助医活动，救助752名大病患者；开展慈善情暖万家及救助农村贫困户、企业特困职工等活动，为2371户困难家庭发放救助款191.4万元；开展关爱老年人活动，投入善款364.78万元，救助全市农村75周岁以上老年人3.6万名；开展慈善助学活动，救助2016年度新考取大学家庭贫困学生166人，发放救助款65.8万元；投入善款3.15万元，救助因失火造成房屋及其他财产损失的贫困家庭25户；投入善款60万元，为流浪乞讨等人员开展应急性救助活动；定向捐赠支出等2万元。

（于波）

居民生活

【概况】 2016年，乳山市着力增进民生福祉，城乡居民收入稳步增长，人民生活水平提高。城镇居民收入增长主要是工资待遇提高，就业形势保持稳定，居民理财形式多元化，退休人员基本养老金、城乡居民养老保险基础养老金和城镇最低生活保障标准上调。农民收入增长主要是农民工工资收益得到保障，蔬菜及草莓、牡蛎、茶叶、大蒜等农产品价格较往年上涨，政府鼓励农民流转土地地经营权促民增收，城乡居民养老保险基础养老金、农村最低生活保障和农村五保供养标准上调。

【城乡居民收入持续增加】 2016年，乳山市城市居民人均可支配收入32955元，比上年增长8.2%，其中工资性收入21516元，比上年增长7.9%；经营净收入4903元，增长6.7%；财产净收入2029元，增长11.1%；转移净收入4507元，增长10.7%。乳山市农民人均可支配收入14828万元，增长7.6%，其中工资性收入7166元，比上年增长8.2%；经营净收入5352元，增长5.1%；财产净收入221元，增长13.9%；转移净收入2089元，增长12.0%。

【城乡居民生活品质提升】 2016年，乳山市城市居民人均消费支出18184元，比上年增长8.7%。从消费结构看，食品烟酒消费支出5575元，比上年增长3.0%；衣着支出2329元，增长5.6%；居住支出3103元，增长9.2%；生活用品及服务消费支出1260元，增长9.3%；交通通信支出2537元，增长15.9%；教育文化娱乐消费支出1664元，增长15.1%；医疗保健支出1181元，增长16.3%；其他商品和服务支出534元，增长14.0%。乳山市农村居民人均消费支出8411元，比上年增长8.3%。从消费结构看，食品烟酒消费支出2869元，增长2.8%；衣着消费支出793元，增长2.5%；居住消费支出1292元，增长3.9%；生活用品及服务消费支出556元，增长15.8%；交通和通信消费支出1108元，增长16.4%；教育文化娱乐消费支出727元，增长18.0%；医疗保健消费支出774元，增长12.8%；其他商品和服务消费支出153元，增长19.2%。

2016年乳山市城镇居民收入、消费统计表

表47 单位：元

指标名称	2016年	2015年	增长（%）
人均可支配收入	32955	30445	8.2
工资性收入	21516	19951	7.9
经营净收入	4903	4597	6.7
财产净收入	2029	1827	11.1
转移净收入	4507	4070	10.7
人均消费支出	18184	16731	8.7
食品烟酒	5575	5412	3.0
衣着	2329	2205	5.6
居住	3103	2843	9.2
生活用品及服务	1260	1153	9.3
交通通信	2537	2188	15.9
教育文化娱乐	1664	1446	15.1
医疗保健	1181	1016	16.3
其他用品和服务	534	468	14.0

2016年乳山市农村居民收入、消费统计表

表47 单位：元

指标名称	2016年	2015年	增长（%）
人均可支配收入	14828	13775	7.6
工资性收入	7166	6623	8.2
经营净收入	5352	5093	5.1
财产净收入	221	194	13.9
转移净收入	2089	1865	12.0
人均消费支出	8411	7768	8.3
食品烟酒	2869	2791	2.8
衣着	793	774	2.5
居住	1292	1244	3.9
生活用品及服务	556	480	15.8
交通通信	1108	952	16.4
教育文化娱乐	727	626	16.1
医疗保健	913	774	18.0
其他用品和服务	153	128	19.2

（统计局）

责任编辑：高献东

人　物
Figures

- 市级领导人
- 机构与领导人
- 先进模范人物

市级领导人

（截至 2017 年 2 月）

中共乳山市委员会

周　兵　中共乳山市委书记、市委党校校长。潍坊安丘市关王镇人，1968 年 1 月出生。1998 年 4 月，加入中国共产党，大学文化。1992 年 7 月，参加工作，先后任威海市财政局科员，财政部驻山东省财政监察专员办事处威海组科员、副主任科员，威海市财政局办公室副主任科员，威海市财政局教科文科副主任科员、主任科员，威海市财政局办公室主任。2009 年 9 月，任威海市财政局副调研员。2010 年 1 月，任威海市财政局副调研员、党委委员。2011 年 6 月，任威海市财政局副局长、党委委员。2012 年 7 月，任威海市民航局（民航站）副局长（副站长）、党委副书记（主持工作）。2013 年 5 月，任威海市民航局（民航站）局长（站长）、党委书记。2015 年 4 月，任中共乳山市委副书记，市政府党组书记。2015 年 5 月，任中共乳山市委副书记，市政府市长、党组书记。2016 年 11 月，任中共乳山市委书记，市政府党组书记。2016 年 12 月，任现职。

宫本杲　中共乳山市委副书记，市政府市长、党组书记。威海环翠区孙家疃街道办事处人，1974 年 3 月出生。1999 年 5 月，加入中国共产党，大学文化。1996 年 7 月，参加工作，先后任威海市轻工业品进出口有限公司职员，威海市招商引资中心科员、综合业务部副部长，威海市国际投资促进中心综合业务部副部长，威海市国际投资促进中心副主任、主任。2013 年 8 月，任文登市政府副市长。2013 年 9 月，任文登市政府副市长、党组成员。2013 年 11 月，任文登市政府副市长、党组成员，威海综合保税区筹建处主任。2014 年 3 月，任威海市文登区政府副区长、党组成员，威海综合保税区筹建处主任。2014 年 8 月，任威海市文登区政府副区长、党组成员（主持人社局工作），威海综合保税区筹建处主任。2015 年 4 月，任威海市文登区委常委，区政府副区长、党组成员。2015 年 5 月，任威海市文登区委常委，区政府副区长、党组副书记。2016 年 2 月，任威海市金融办（市地方金融监督管理局）副主任（副局长）、党组副书记（主持工作）。2016 年 11 月，任中共乳山市委副书记。2016 年 12 月，任中共乳山市委副书记，市政府党组书记。2017 年 1 月，任现职。

李国徽　中共乳山市委副书记。乳山经济开发区崔家村人，1969 年 11 月出生。1991 年 12 月，加入中国共产党，省委党校研究生文化，农业推广硕士。1988 年 7 月，参加工作，先后任乳山县（市）委办公室干事、保密科副科长，乳山市委保密办公室副主任，乳山市委保密办公室（政府保密局）主任（局长），乳山市委办公室副主任，乳山市委办公室副主任、主任科员，乳山市徐家镇党委书记、人大主席，乳山市委办公室副主任、主任科员，乳山市发展和改革局局长、党组书记。2007 年 12 月，任乳山市政府副市长、党组成员。2011 年 12 月，任乳山市政府副市长、党组成员，市委政法委书记。2012 年 1 月，任乳山市委常委、政法委书记，市政府副市长、党组成员。2012 年 2 月，任乳山市委常委、市委政法委书记。2016 年 12 月，任乳山市委常委。2017 年 1 月，任现职。

丁甫春　中共乳山市委常委。青岛胶南市泊里镇人，1971 年 5 月出生。1994 年 4 月，加入中国共产党，研究生文化，工学硕士。1999 年 4 月，参加工作，先后任威海市国内招商局联络科科员、副科长，威海市国内招商局招商管理科科长，威海市经济合作局合作一科科长。2010 年 1 月，任威海市经济合作局副局长、党委委员。2014 年 1 月，任乳山市政府党组成员。2014 年 2 月，任乳山市政府副市长、党组成员。2015 年 4 月，任乳山市委常委、市纪委书记。2016 年 12 月，任现职。

战国生　乳山市委常委，市政府副市长、党组副书记。乳山市冯家镇呰里村人，1968 年 12 月出生。1989 年 5 月，加入中国共产党，省委党校研究生文化。1989 年 7 月，参加工作，先后任乳山县人民法院下初法庭书记员，乳山县（市）政府办公室秘书，乳山市政府调研科副科长、调研科科长，乳山市政府办公室副主任科员、调研科科长，乳山市政府办公室副主任、政府法制局局长，乳山市夏村镇党委书记、人大主席，乳山市政府党组成员、办公室主任，乳山市政府党组成员、银滩旅游度假区管委会副主任、党工委副书记（主持工作）。2012 年 12 月，任乳山市政府党组成员，银滩旅游度假区管委会主任（副县级）、党工委副书记。2013 年 1 月，任乳山市银滩旅游度假区管委会主任（副县级）、党工委副书记，白沙滩镇党委书记、人大主席。2013 年 3 月，任乳山市滨海新区党工委副书记，银滩旅游度假区管委会主任（副县级），白沙滩镇党委书记、人大主席。2013 年 7 月，任乳山市政府党组成员，银滩旅游度假区管委会主任（副县级）。2013 年 8 月，任乳山市政府副市长、党组成员。2016 年 4 月，任现职。

樊西民　乳山市委常委、市委组织部部长。郓城县郓城镇大樊庄村人，1973 年 2 月出生。1997 年 5 月，加入中国共产党，省委党校大学文化。1994 年 7 月，参加工作，先后任威海环翠省级旅游度假区招商局科员、党政办秘书，威海市环翠区张村镇党政办公室副主任，威海市环翠区张村镇党委组织委员，威海市环翠区张村镇党委组织委员、威海环翠省级旅游度假区党政办副主任，威海市环翠区张村镇党委副书记、纪委书记，威海市环翠区张村镇党委副书记，威海环翠省级旅游度假区党政办主任、张村镇党委副书记，威海环翠省级旅游度假区党工委副书记、管委会副主任、张村镇党委副书记、镇长，威海环翠省级旅游度假区党工委副书记、张村镇党委书记、人大主席。2015 年 5 月，任威海环翠省级旅游度假区管委会主任（副县级）、党工委副书记，张村镇党委书记、人大主席。2016年4月，任乳山市委常委、组织部部长、统战部部长。2016年12月，任现职。

卫 玮 乳山市委常委、市委政法委书记。威海市环翠区人，1980年2月出生。2001年6月，加入中国共产党，大学文化，公共管理硕士。2001年7月，参加工作，先后任威海市环翠区温泉镇党政办科员，温泉镇党委宣传委员，温泉镇党委宣传委员、副镇长，温泉镇党委委员、纪委书记、副镇长，温泉镇党委副书记。2012年8月，任共青团威海市委副书记、党组成员。2015年4月，任乳山市政府党组成员。2015年5月，任乳山市政府副市长、党组成员。2016年12月，任乳山市委政法委书记，市政府副市长、党组成员。2017年1月，任现职。

孔祥雷 乳山市委常委、市委统战部部长，市政府党组副书记。荣成市埠柳镇孔家村人，1977年11月出生。2003年3月，加入中国共产党，大学文化，法律硕士。1999年7月，参加工作，先后任威海高区新闻中心科员，威海高区管委（工委）办公室行政科副科长，威海高区信息调研室副主任，威海高区应急管理办公室主任，威海高区怡园街道办事处党委副书记（正科），威海高区怡园街道党工委副书记（正科），威海高区怡园街道党工委副书记、办事处主任，威海市副县级后备干部班学员（2012年10月至2013年2月挂职任威海市信访局接访科科长，2013年2月至2013年10月挂职任威海市商务局正科级干部）。2013年10月，任威海市委办公室副主任（2016年6月至2016年12月挂职任乳山市委常委，市政府副市长、党组成员）。2016年12月，任现职。

李映华 乳山市委常委、市纪委书记。湖南常宁人，1977年5月出生。1998年4月，加入中国共产党，大学文化，公共管理硕士。2000年7月，参加工作，先后任威海建设集团股份有限公司秘书，共青团威海市环翠区委科员，威海市环翠区委办公室秘书科科员、科长，威海市环翠区委办公室副主任科员，威海市环翠区委政策研究室副主任，威海市环翠区委办公室副主任，威海市环翠区委办公室副主任、政策研究室主任，威海市副县级后备干部班学员（2012年11月至2013年10月挂职任荣成市俚岛镇党委副书记）。2013年10月，任威海市委组织部副调研员。2013年11月，任威海市委组织部副调研员、干部教育科科长。2014年8月，任威海市委组织部副调研员、研究室主任。2015年5月，任威海市委组织部副调研员。2015年10月，任荣成市崖西镇党委书记、人大主席（副县级）。2016年12月，任现职。

纪华艳 女，乳山市委常委、市委宣传部部长。山东威海人，1972年11月出生。1995年6月，加入中国共产党，省委党校研究生文化。1996年7月，参加工作，先后任威海环翠区温泉镇科员、镇长助理，威海环翠区泊于镇党委委员，威海经技区妇联副主席、团委副书记，威海经技区妇联主席、团委书记，威海经技区凤林街道办事处党委副书记、主任，威海经技区凤林街道办事处党委书记。2016年4月，任威海经技区社会事务管理局（人武部）副调研员、凤林街道办事处党委书记。2016年12月，任现职。

乳山市人大常委会

姜翠萍 女，乳山市人大常委会主任、党组书记，威海机械工程高级技工学校校长、党委副书记。乳山市白沙滩镇曹家庄村人，1962年12月出生。1988年11月，加入中国共产党，省委党校大学文化。1982年7月，参加工作，先后任山东掖县滕家粮所会计，乳山县财政局会计，乳山县财政局驻厂员管理所副所长、所长，乳山县（市）财政局副局长、党组成员，乳山市财政局副局长、党组副书记、地税局局长、党组书记，乳山市财政局副局长、党组副书记、市重点工程办公室主任，乳山市人事局副局长、党组副书记、主任科员、机关事业保险处主任，乳山市劳动和社会保障局副局长、党委副书记、主任科员、机关事业保险处主任，乳山市妇联主任、党组书记，乳山市政府党组成员。2003年1月，任乳山市政府副市长、党组成员。2007年11月，任乳山市委常委、宣传部部长，市政府党组成员。2007年12月，任乳山市委常委、宣传部部长。2013年10月，任乳山市人大常委会党组副书记，威海机械工程高级技工学校校长、党委副书记。2017年1月，任现职。

高翠玲 女，乳山市人大常委会副主任、党组成员。乳山市南黄镇高家屯村人，1962年12月出生。1987年12月，加入中国共产党，省委党校大学文化。1984年10月，参加工作，先后任乳山县南黄镇妇联干事，乳山县徐家乡妇联干事、副主任，乳山县（市）徐家镇党委委员、妇联主任，乳山市徐家镇副镇长，乳山市下初镇党委副书记，乳山市妇联副主任、党组成员，乳山市乳山口镇党委副书记、镇长，乳山市妇联主任、党组书记，乳山市人口和计划生育局局长、党组书记，乳山市人大常委会党组成员。2012年2月，任现职。

矫伟宏 乳山市人大常委会副主任、党组成员。烟台市牟平区埠西头镇人，1964年3月出生。1983年12月，加入中国共产党，省委党校大学文化。1981年11月，参加工作，先后任乳山县烟酒公司职工，乳山县徐家公社党委交通员，乳山县徐家乡团委书记、党委委员，乳山县（市）海阳所镇党委宣传委员，乳山市海阳所镇党委副书记，乳山市海阳所镇党委副书记、镇长，乳山市乳山口镇党委副书记、镇长，乳山市乳山口镇党委书记、人大主席，乳山经济开发区管委会副主任、党工委副书记、乳山口镇党委书记、人大主席。2009年9月，任乳山经济开发区管委会主任、党工委副书记（副县级），乳山口镇党委书记、人大主席。2011年12月，任乳山经济开发区管委会主任、党工委副书记（副县级）。2014年1月，任乳山市人大常委会党组成员（副县级）。

2014年2月，任现职。

高　波　乳山市人大常委会副主任、党组成员。乳山市南黄镇湾头村人，1960年8月出生。1992年8月，加入中国共产党，省委党校大学文化。1978年12月，参加工作，先后任烟台海洋渔业公司工人，乳山县乡镇企业局会计，乳山县财政局会计，乳山县（市）财政局预算科副科长，乳山市财政局预算科科长，乳山市财政局局长助理，乳山市财政局副局长、党组成员，乳山市财政局党组书记、副局长，乳山市财政局局长、党组书记，乳山市政府市长助理、党组成员、财政局局长、党组书记。2009年9月，任乳山幼儿师范学校党委副书记，财政局局长、党组书记。2013年12月，任乳山幼儿师范学校党委副书记，财政局局长。2014年1月，任乳山市政协党组成员，财政局局长（副县级）。2014年2月，任乳山市政协副主席、党组成员，财政局局长。2015年4月，任乳山市政协副主席、党组成员。2017年1月，任现职。

孙保广　乳山市人大常委会副主任、党组成员。乳山市南黄镇姜家庄村人，1964年8月出生。1994年7月，加入中国共产党，省委党校研究生文化。1987年7月，参加工作，先后任乳山幼儿师范学校教师，乳山县（市）司法局干部，乳山市委组织部干事、干训科副科长、干训科科长，乳山市党员电化教育中心主任，组织部干训科科长，乳山市党员电化教育中心主任、组织部组织科科长，乳山市委组织部副部长、党员电化教育中心主任，乳山市委组织部副部长，乳山市委组织部副部长、农村党员干部现代远程教育中心主任，乳山市委组织部副部长、人事局局长、党组副书记、编委办主任，乳山市委组织部副部长、人事局局长、党组书记、编委办主任。2009年12月，任乳山市委党校常务副校长（副县级）、市委组织部副部长、人事局局长、党组书记、编委办主任。2010年4月，任乳山市委党校常务副校长（副县级）。2013年1月，任乳山市委党校常务副校长（副县级）、人力资源和社会保障局局长、党委书记。2014年10月，任乳山市人力资源和社会保障局局长、党委书记（副县级）。2015年4月，任乳山市人大常委、党组成员、市委组织部常务副部长（副县级）。2016年2月，任现职。

侯常青　乳山市人大常委会副主任，外商投资促进服务中心主任。乳山市午极镇石字岘村人，1968年10月出生，无党派，大学文化。1991年8月，参加工作，先后任乳山县（市）活塞环厂技术科技术员、车间主任，乳山市外商投资服务中心翻译、副主任，乳山市对外贸易经济合作局科员，对外贸易经济合作局局长助理、外资管理科科长，对外贸易经济合作局局长助理、副主任科员，对外贸易经济合作局副局长，乳山市商务局副局长，乳山市政协常委、商务局副局长，乳山市政协常委、商务局副局长、外商投资促进服务中心主任。2016年2月，任现职。

乳山市人民政府

宫本杲　中共乳山市委副书记，市政府市长、党组书记。（详见《人物·市级领导人·中共乳山市委员会》）

战国生　乳山市委常委，市政府副市长、党组副书记。（详见《人物·市级领导人·中共乳山市委员会》）

宫洪霞　女，乳山市政府副市长。乳山市诸往镇大龙口村人，1976年8月出生，无党派，大学文化。1998年9月，参加工作，先后任乳山市马石店镇党委干部，乳山市崖子镇党委干部，乳山市审计局科员，乳山市监察局副局长。2012年2月，任乳山市政协副主席，监察局副局长。2013年6月，任乳山市政协副主席，发展和改革局副局长。2017年1月任现职。

袁国选　乳山市政府副市长、党组成员，公安局局长、党委书记、督察长。威海市荣成市成山镇人，1964年6月出生。1996年6月，加入中国共产党，中央党校大学文化。1987年7月，参加工作，先后任荣成市公安局保卫科侦察员，威海市公安局环翠分局二科侦察员、副股级侦察员，中国人民建设银行威海市分行职工，威海市公安局高区分局办公室科员、办公室副主任，威海市公安局高区分局吉林路（卧龙）派出所所长，威海市公安局高区分局副局长，威海市公安局国内安全保卫支队支队长。2013年8月，任威海市公安局副县级侦察员、国内安全保卫支队支队长。2016年4月，任乳山市公安局局长、党委书记、督察长（副县级）。2016年12月，任乳山市政府党组成员，公安局局长、党委书记、督察长（副县级）。2017年1月，任现职。

许　鹏　乳山市政府副市长、党组成员，经济开发区管委会主任。乳山市诸往镇许家村人，1970年9月出生。1995年11月，加入中国共产党，省委党校研究生文化。1992年7月参加工作，先后任乳山县（市）华星实业有限公司干部，乳山市委宣传部干事、副科长，乳山市委办公室秘书科副科长，乳山市委保密委员会办公室副主任、主任，乳山市委办公室副主任，乳山市委办公室副主任、档案馆馆长，乳山市委办公室副主任、市委农村工作领导小组办公室主任，乳山市交通局局长、党委书记，乳山市交通运输局局长、党委书记，乳山市发展和改革局局长、党组副书记，乳山市发展和改革局局长、党组书记，乳山经济开发区管委会副主任、党工委副书记。2015年4月，任乳山经济开发区管委会主任、党工委副书记（副县级）。2015年7月，任乳山经济开发区管委会主任、党工委书记（副县级）。2015年11月，任乳山经济开发区管委会主任、党工委书记。2016年12月，任乳山市政府党组成员，经济开发区管委会主任。2017年1月，任现职。

曹永刚　乳山市政府副市长、党组成员。乳山市冯家镇瑞木山村人，1973年7月出生，2002年11月加入中国共产党，大学文化。1997年9月，参加工作，先后任乳山市水利局水土保持监督管理站干部，乳山市水利局工程科科员、副科长、科长，乳山市水利局党委委员、工程科科长，乳山市水利局副局长、党委委员，乳山市下初镇党委副书记、镇长，乳山市午极镇党委书记、人大主席，乳山市委城区街道党工委书记。2016年12月，任乳山市政府党组成员。2017年1月，任现职。

政协乳山市委员会

王祥芹　政协乳山市委员会主席、党组书记。乳山市南黄镇西浪暖村人，1963年7月出生，1986年7月加入中国共产党，省委党校大学文化。1982年7月，参加工作，先后任乳山县水利队技术员、副队长，乳山县（市）水利队队长，乳山市水利局局长助理，乳山市水利局副局长、党委委员，乳山市诸往镇党委副书记、镇长，乳山市冯家镇党委书记、人大主席，乳山市乳山口镇党委书记、人大主席。2003年9月，任乳山市岠嵎山国家森林公园管委会主任（副县级），乳山口镇党委书记、人大主席。2005年2月，任乳山市乳山口镇党委书记、人大主席（副县级）。2005年3月，任乳山市政府副市长、党组成员。2009年12月，任乳山市委常委，市政府副市长、党组成员。2010年1月，任乳山市委常委，市政府副市长、党组副书记。2013年4月，任乳山市委常委，市政府副市长、党组副书记，滨海新区管委会副主任、党工委副书记（主持工作）。2013年10月，任乳山市政府党组副书记，滨海新区管委会主任、党工委书记（正县级）。2015年2月，任乳山市政协主席，市政府党组副书记，滨海新区管委会主任、党工委书记。2015年4月，任现职。

李新权　政协乳山市委员会副主席，水利局副局长。乳山市白沙滩镇西北庄村人，1967年1月出生，无党派，省委党校大学文化。1987年7月，参加工作，先后任黑龙江省前锋农场技术员，乳山县（市）海阳所镇农技站技术员、副站长、站长，乳山市海阳所镇副镇长，乳山市海阳所镇副镇长、大乳山风景区管委会副主任（正科级），乳山市下初镇镇长，乳山市水利局副局长、主任科员。2007年12月，任现职。

丛宝云　政协乳山市委员会副主席，科学技术局副局长。乳山市大孤山镇河南村人，1963年3月出生，无党派，大学文化。1984年7月，参加工作，先后任乳山县午极农技中学教师，乳山县科学技术开发中心干部，乳山县（市）科学技术器材公司干部，乳山市科委干部、成果科副科长，乳山市科学技术局成果科科长、综合科科长，乳山市科学技术局局长助理、副主任科员，乳山市科学技术局副局长。2007年12月，任现职。

曲华良　政协乳山市委员会副主席、党组成员。威海市文登区泽头镇人，1962年10月出生，1985年12月加入中国共产党，省委党校大学文化。1980年11月，参加工作，先后任乳山县拖拉机站工人，乳山县政府办公室干部，乳山县崖子镇党委委员（挂职），乳山县石头圈乡党委委员，共青团乳山县委副书记，共青团乳山县（市）委副书记、党组成员，共青团乳山市委书记、党组书记，乳山市大孤山镇党委副书记、镇长，大孤山镇党委书记、人大主席，乳山市环境保护局局长、党组书记，乳山市发展和改革局局长、党组书记，乳山市政府市长助理、党组成员、发展和改革局局长、党组书记。2009年9月，任乳山经济开发区党工委书记（副县级）、发展和改革局局长、党组书记（2012年10月，到重庆云阳挂职副县长，时间半年）。2012年11月，任乳山经济开发区党工委书记（副县级）、发展和改革局党组书记。2013年6月，任乳山市政协党组成员、经济开发区党工委书记（副县级）。2013年12月，任乳山市政协党组成员、经济开发区党工委书记（副县级）、总工会主席、党组书记。2014年10月，任乳山市政协党组成员、总工会主席、党组书记(副县级)。2015年4月，任乳山市政协党组成员（副县级）。2016年2月，任现职。

于　馗　政协乳山市委员会副主席，乳山幼儿师范学校副校长。乳山市大孤山镇八里甸村人，1970年3月出生，无党派，大学文化。1993年7月，参加工作，先后任威海教育学院教师，威海市电大教育学院教师、科研处副处长，威海市教育局办公室副主任、主任科员，威海市教育局综合教育科科长，威海市教育局职业教育与成人教育科科长。2012年12月，任乳山幼儿师范学校副校长。2016年12月，任现职。

张　平　政协乳山市委员会副主席、党组成员，乳山幼儿师范学校党委副书记。乳山市诸往镇扫帚涧村人，1965年10月出生，1987年6月，加入中国共产党，省委党校研究生文化。1984年7月，参加工作，先后任乳山县委办公室机要科秘书，乳山县委办公室秘书科副科长，乳山县（市）委办公室研究室副主任，乳山市委办公室副科级秘书、研究室副主任，乳山市委办公室副主任，乳山市委办公室副主任、政策研究室主任，乳山市审计局局长、党组副书记，乳山市审计局局长、党组书记，乳山市民政局局长、党委书记，乳山市政府党组成员、办公室主任。2015年4月任乳山幼儿师范学校党委副书记，市政府党组成员。2017年1月任现职。

乳山市纪律检查委员会

李映华　乳山市委常委、市纪律检查委员会书记。（详见《人物·市级领导人·中共乳山市委员会》）

（市委组织部干部科）

机构与领导人
（截至2017年2月）

【中共乳山市委员会】

书　记　高书良
（2016年11月离任）
周　兵
（2016年11月任职）

副书记　周　兵
（2016年11月离任）
宫本杲
（2016年11月任职）
徐　明
（2016年4月任职，2016年11月离任）
李国徽
（2017年1月任职）
常　委　高书良
（2016年11月离任）
周　兵
宫本杲
（2016年11月任职）
徐　明
（2016年11月离任）
丛龙海
（2016年12月离任）
李国徽
邢海波
（2016年4月离任）
王建华
（女，2016年12月离任）
鲁向阳
（2016年12月离任）
丁甫春
张大庆
（2016年4月任职，2016年12月离任）
战国生
（2016年4月任职）
樊西民
（2016年4月任职）
卫　玮
（2017年1月任职）
孔祥雷
（2016年12月任职）
李映华
（2016年12月任职）
纪华艳
（女，2016年12月任职）

市委办公室（挂市委政策研究室牌子）
主　任　刘建忠（兼）

市委政策研究室
主　任　于晓东
（2016年3月离任）

市委目标绩效管理考核办公室
主　任　孙明义
（2016年3月任职，2016年12月离任）

维护稳定工作办公室
主　任　郑　晓

市委、市政府信访局（挂市社会矛盾调处中心牌子）
局　长　姜春龙
（2016年12月离任）

市社会矛盾调处中心
主　任　于　刚

市委组织部
部　　长　邢海波
（2016年4月离任）
樊西民
（2016年4月任职）
常务副部长　宋国华
（2016年3月任职）

市委非公有制经济组织和社会组织工作委员会（与市委组织部合署）
书　记　（缺）

市委老干部局（市委离退休干部工作委员会与其合署）
局　长　李万册

市委宣传部
部　　长　王建华
（女，2016年12月离任）
纪华艳
（女，2016年12月任职）
常务副部长　鞠红燕（女）

市委统战部（挂市委对台工作办公室牌子）
部　　长　邢海波
（兼，2016年4月离任）
樊西民
（兼，2016年4月任职，2016年12月离任）
孔祥雷
（2016年12月任职）
常务副部长　刘玉刚

民族宗教事务局（2017年2月，由市政府直属正科级事业单位调整为正科级行政机构，与市委统战部合署办公）
局　长　宋　英（女）

市委对台工作办公室（挂市政府台湾事务办公室牌子）
主　任　王庆革
（2016年3月离任）
于　伟
（2016年3月任职）

市委政法委员会
书　记　李国徽
（2016年12月离任）
卫　玮
（2016年12月任职）
常务副书记　（缺）

社会治安综合治理委员会办公室（与市委政法委员会合署，2016年4月由社会管理综合治理委员会办公室更名）
主　任　（缺）

机构编制委员会办公室
主　任　王世建
（2016年3月离任）
冷书杰
（2016年3月任职）

事业单位登记管理局（隶属机构编制委员会办公室）
局　长　（缺）

市委市直机关工作委员会
书　记　陈凤梅（女）

市委群众工作部
部　　长　（缺）
常务副部长　唐克波

扶贫开发领导小组办公室
主　　任　刘建华

市委农村工作部（挂市新农村建设办公室牌子）
部　长　孙明义
（2016年3月离任）
刘建华
（兼，2016年3月任职）

【乳山市人大常委会】

主　任　马　泽
（2017年1月离任）
姜翠萍
（女，2017年1月任职）
副主任　于新建
（2017年1月离任）
高翠玲（女）
矫伟宏
高　波
（2017年1月任职）
孙保广
侯常青

办公室
主　任　薛连文

内务司法工作委员会
主　任　王少华

人事代表工作委员会
主　任　高书鹏
（2016年3月离任）

财政经济工作委员会
主　任　宋　强
（2016年12月任职）
农业与农村工作委员会（与财政经济工作委员会合署）
主　任　高强斌
（2016年12月离任）
王全利
（2016年12月任职）
教科文卫工作委员会
主　任　林纪钦
（2016年12月离任）
城乡建设与环境资源保护工作委员会（与教科文卫工作委员会合署）
主　任　李　伟
（2016年12月离任）
民族宗教侨务外事工作委员会（与教科文卫工作委员会合署）
主　任　王壮然
（2016年12月离任）
王贵贤
（2016年12月任职）
预算工作委员会
主　任　姜国臻
（2016年3月任职）

【乳山市人民政府】
市　长　周　兵
（2016年11月离任）
宫本杲
（2017年1月任职）
副市长　徐　明
（2016年4月离任）
陈卫萍
（女，2016年12月离任）
战国生
张大庆
（2016年5月任职，2016年12月离任）
孙　军
（2016年12月离任）
卫　玮
（2017年1月离任）
郭　祝
（2016年12月离任）
宫洪霞
（女，2017年1月任职）
袁国选
（2017年1月任职）
许　鹏
（2017年1月任职）
曹永刚
（2017年1月任职）
市政府办公室（挂市政府法制办公室牌子）
主　任　于　海
市政府法制办公室
主　任　于　海（兼）
发展和改革局
局　长　耿仁书
物价局（发展和改革局直属机构，副科级规格）
局　长　谭先志
粮食局（发展和改革局直属机构，副科级规格）
局　长　秦宪臻
统计局（发展和改革局直属机构，暂按正科级运行）
局　长　李宏飞
经济和信息化局（挂民营经济局、中小企业局牌子）
局　长　宋福臣
教育局
局　长　焉　涛
科学技术局
局　长　王世建
（2016年3月任职）
公安局
局　长　苏卫军
（2016年4月离任）
袁国选
（兼，2016年4月任职）
政　委　张书松
公安局交通警察大队（分局）
大队长（局长）王　炜
教　导　员　孙贤义
公安局刑事侦查大队（挂市禁毒委员会办公室牌子）
大队长　（缺）
监察局（与市纪律检查委员会合署）
局　长　李云俊
（兼，2016年2月离任）
李学兵（兼）
民政局
局　长　姜炳旭
（兼，2016年12月离任）
马　骏
（2016年12月任职）
司法局
局　长　孙旭升
财政局
局　长　刘培根
人力资源和社会保障局
局　长　卢志强
国土资源局
局　长　陈　明
住房和城乡建设局（挂城市管理行政执法局牌子）
局　长　宫在津
住房和城乡建设局滨海新区分局
局　长　刘煜亭
城市管理行政执法局
局　长　许玉安
交通运输局
局　长　马洪强
（2016年12月离任）
张本成
（2016年12月任职）
水利局
局　长　姜国臻
（2016年3月离任）
隋岩波
（2016年3月任职）
农业局
局　长　冯夕永
林业局（农业局直属机构，暂按正科级运行）
局　长　隋岩波
（2016年3月离任）
于晓东
（2016年3月任职）
海洋与渔业局
局　长　马　祝
商务局
局　长　刘志勇
文化广电新闻出版局
局　长　张新龙
体育局（文化广电新闻出版局直属机构，暂按正科级运行）
局　长　隋浩杰
卫生和计划生育局
局　长　姜云志
审计局
局　长　孙明义
（2016年12月任职）
环境保护局
局　长　李树谦

安全生产监督管理局
局　长　陶　刚
市场监督管理局
局　长　刘本江
食品药品监督管理局（挂市食品安全委员会办公室牌子）
局　长　马　骏
（2016 年 12 月离任）
于吉东
（2016 年 12 月任职）

【政协乳山市委员会】
主　席　王祥芹
副主席　李新权
从宝云
王月珍
（2017 年 1 月离任）
宫洪霞
（女，2017 年 1 月离任）
高　波
（2017 年 1 月离任）
曲华良
于　馗
（2016 年 12 月任职）
张　平
（2017 年 1 月任职）
办公室
主　任　王　刚
（2016 年 3 月离任）
张运海
（2016 年 3 月任职）
三胞联谊委员会
主　任　李　杰
经济委员会
主　任　（缺）
科教文史委员会
主　任　李春光
（2016 年 3 月任职）
提案法制委员会
主　任　丁玉晓
委员活动工作室
主　任　曹玉超

【中共乳山市纪律检查委员会】
书　记　丁甫春
（2016 年 12 月离任）
李映华
（2016 年 12 月任职）
副书记　李学兵
（2016 年 4 月任职）
于炳涛
市委巡察工作领导小组办公室（2016 年 12 月设立，为市委巡察工作领导小组日常办事机构，正科级规格，列为市委工作部门序列，设在市纪委）
主　任　（缺）
市委第一巡察组
组　长　（缺）
市委第二巡察组
组　长　（缺）
市委第三巡察组
组　长　（缺）
市纪委（监察局）派驻第一纪检组（监察室）
组　长（主任）　（缺）
市纪委（监察局）派驻第二纪检组（监察室）
组　长（主任）　史旭光
市纪委（监察局）派驻第三纪检组（监察室）
组　长（主任）　史　记
市纪委（监察局）派驻第四纪检组（监察室）
组　长（主任）　侯美霞（女）

【市委、市政府派出机构】
滨海新区
主　　任　从龙海
（2016 年 12 月离任）
工委副书记　姚　飞
副 主 任　姚　飞
单志强
刘兴海
银滩旅游度假区
主　任　姚　飞
经济开发区
主　　任　许　鹏（兼）
工委书记　许　鹏
（2016 年 12 月离任）
工委副书记　马洪强
（2016 年 12 月任职）
潘显臣
副 主 任　马洪强
（2016 年 12 月任职）
潘显臣
宋　强
（2016 年 12 月离任）
刘　伟
（2016 年 4 月离任）
张东健
政务服务中心管理办公室
主　任　于　军

【乳山市人民法院、人民检察院】
乳山市人民法院
院　长　原永忠
执行局
局　长　马明强
乳山市人民检察院
检察长　连业文（女）
反贪污贿赂局
局　长　（缺）

【乳山市人民武装部】
部　长　付登峰
政　委　鲁向阳
（2016 年 5 月离任）

【人民团体】
总工会
主　席　于留泮
共青团乳山市委员会
书　记　马　成
（2016 年 12 月离任）
妇女联合会
主　席　赵红日（女）
科学技术协会
主　席　冷书杰
（2016 年 3 月离任）
高书鹏
（2016 年 3 月任职）
工商业联合会
副会长、党组书记　高洪军
（2016 年 3 月离任）
王庆革
（2016 年 3 月任职）
残疾人联合会
理事长　李　栋
归国华侨联合会
主　　席　（缺）
党组书记　刘　利
政府外事侨务办公室
主　任　刘　利（兼）

【正科级以上事业单位】

威海机械工程高级技工学校
校　　长　姜翠萍（女，兼）
党委书记　温训昌
副 校 长　姜成锁
　　　　　王　涛
　　　　　刘洪超
　　　　　林　兵
（2016年4月任职）
纪委书记　李淑波（女）

广播电视大学
校　长　（缺）

职业技术教育中心（与广播电视大学合署）
校　长　（缺）

岠嵎山国家森林公园管理委员会
主　　任　胡新会
党组书记　（缺）
副 主 任　于君义
　　　　　于　刚
　　　　　徐忠波
（兼，2016年12月离任）
　　　　　段英鹏
（兼，2016年12月任职）

威海马石山红色教育基地管理中心（2016年3月由威海马石山红色教育基地管理处更名，市政府直属事业单位，副处级规格）
主　任　姜炳旭
（2016年4月任职）

市委党校（挂社会主义学校、行政学校牌子）
校　　长　高书良
（兼，2016年11月离任）
　　　　　周　兵
（兼，2016年12月任职）
常务副校长　刘建忠
（2016年4月任职）

行政学校
校　长　高胜勇

农村党员干部现代远程教育管理中心（隶属市委组织部）
主　任　王　刚
（2016年3月任职）

老年大学（隶属市委老干部局）
校　长　张运海
（2016年3月离任）

精神文明建设委员会办公室（与市委宣传部合署）
主　任　郑永刚
（2016年3月任职）

社会科学界联合会（与市委宣传部合署）
主　席　刘国贤
（2016年3月任职）

党史市志办公室
主　任　徐华伟

市报社
总编辑　李　超

档案馆（挂档案局牌子）
馆　长　（缺）

档案局
局　长　徐和平

广播电视台
台　长　江文强
总编辑　姜　山

文化市场综合执法局（隶属文化广电新闻出版局）
局　长　孙洪竹

机关事务管理局
局　长　林　洋

住房保障和房产管理局
局　长　宋清林

城乡规划管理局
局　长　林　兵（兼）

城乡规划管理局滨海新区分局
局　长　杨　勇

城市规划设计院
院　长　曲灵军

畜牧兽医局（隶属农业局）
局　长　刘　杰

农业机械管理局（隶属农业局）
局　长　宫在敏

老龄工作委员会办公室
主　任　杨晓辉

龙角山水库管理处
主　任　马长江

旅游局
局　长　焉　强

金融工作办公室（挂地方金融监督管理局牌子）
主　任　姜永红（女）

人民防空办公室
主　任　姜福潭

红十字会办公室
主　任　王贵贤
（2016年3月离任）
　　　　王　倩
（女，2016年12月任职）

国际大酒店
总经理　李　峰

国鑫资产经营管理有限公司
总经理　兰　东

城市国有资产经营有限公司（与国鑫资产经营管理有限公司合署）
总经理　（缺）

工贸资产经营公司
总经理　孙国乐

供销合作社联合社
理事会主任　毕建武
监事会主任　石仁育

经济技术协作委员会（与供销合作社联合社合署）
主　任　毕建武（兼）

检验检测中心
主　任　刘庆芳

威海市公共资源交易中心乳山分中心（2016年9月，由乳山市公共资源交易管理中心更名）
主　任　邹　光

智慧城市建设管理办公室
主　任　肖凌峰

对外联络办公室
主　任　宋　军

大乳山风景区管理委员会（与海阳所镇合署，隶属滨海新区管理委员会）
主　　任　张本成
（兼，2016年3月离任）
　　　　　王　飞
（2016年3月任职）
党组书记　王　飞
（2016年3月任职）

城区工业园管理委员会（与城区街道办事处合署）
主　任　（缺）

威海纺织染整工业园管理委员会（与城区街道办事处合署）
主　任　王文水

农业科技园管理委员会（2016年12月设立，正科级事业单位，与科技局合署）
主　任　（缺）

台湾工业园管理委员会（挂新兴产业园管理委员会牌子，隶属滨海新区管理委员会）

主　任　王卓德

海湾新城开发建设办公室（隶属滨海新区管理委员会）

主　任　单志强（兼）

塔岛湾海洋生态国家级海洋特别保护区管理委员会（隶属滨海新区管理委员会）

主　任　单志强

（兼，2016 年 3 月离任）

李　梁

（2016 年 3 月任职）

市政府调查研究室

主　任　宋　林

（2016 年 3 月任职）

大项目推进办公室（隶属政府办公室）

主　任　（缺）

蓝色经济区管理办公室（隶属发展和改革局）

主　任　（缺）

政府口岸办公室（隶属交通运输局）

主　任　马端波

港航管理局（隶属交通运输局）

局　长　（缺）

道路运输管理处（隶属交通运输局）

主　任　于　龙

交通战备办公室（隶属交通运输局）

主　任　（缺）

社区工作管理办公室（隶属民政局）

主　任　（缺）

农业综合开发办公室（隶属财政局）

主　任　李海波

农村综合改革办公室（隶属财政局）

主　任　秦利强

国有资产管理局（隶属财政局）

局　长　郑连臣

政府投融资管理中心（2016 年 12 月设立，正科级规格，隶属财政局）

主　任　（缺）

农产品质量安全区域化管理办公室（隶属农业局）

主　任　冷振腾

贸易办公室（隶属商务局）

主　任　（缺）

外商投资促进服务中心（隶属商务局）

主　任　侯常青（兼）

市政府驻韩国办事处（与外商投资促进服务中心"一个机构、两块牌子"）

主　任　（缺）

国内投资促进服务中心（隶属商务局）

主　任　张长青

（2016 年 3 月任职）

文学艺术界联合会（与文化广电新闻出版局合署）

主　席　焉　光

经济责任审计办公室（隶属审计局）

主　任　姜爱丽（女）

医疗保险事业处（隶属人力资源和社会保障局）

主　任　徐　高

人力资源公共服务中心（隶属人力资源和社会保障局）

主　任　李　勇

第一中学（隶属教育局，无行政级别）

校　　长　郭崇江

党支部书记　（缺）

第二中学（隶属教育局，无行政级别，2016 年 6 月由乳山市金岭中学更名）

校　　长　王波彬

党支部书记　（缺）

教学研究中心（隶属教育局）

主　任　孙希敏

人民医院（隶属卫生和计划生育局）

院　　长　马锡卓

党总支书记　刘志强

中医院（隶属卫生和计划生育局）

院　长　邵明磊

疾病预防控制中心（挂卫生检测检验中心牌子，隶属卫生和计划生育局）

主　　任　姜泽春

党总支书记　胡苏兰（女）

【市属国有企业】

城市建设投资集团有限公司（归口财政局管理）

董 事 长　姜朝晖

（2016 年 3 月任职）

总 经 理　姜朝晖

党委书记　姜朝晖

（2016 年 3 月任职）

热力集团有限公司（归口住房和城乡建设局管理）

董 事 长　周范鹏

总 经 理　孙福东

党委书记　周范鹏

水务集团有限公司（归口住房和城乡建设局管理）

董 事 长　徐武林

总 经 理　徐武林

党委书记　徐武林

国有资本运营公司（归口财政局管理）

负责人　冯　罡

【各镇、城区街道】

城区街道

工委书记　曹永刚

（2016 年 12 月离任）

姜春龙

（2016 年 12 月任职）

主　　任　宋　磊

（2016 年 12 月离任）

王　庆

（2016 年 12 月任职）

夏村镇

党委书记　王永照

镇　　长　姜中华

（2016 年 12 月离任）

王　斌

（2016 年 12 月任职）

乳山口镇（与经济开发区合署）

党委书记　刘　伟

（2016 年 4 月离任）

姜春龙

（挂职，2016 年 4 月任职，2016 年 12 月离任）

辛　丽

（女，2016 年 12 月任职）

镇　　长　姜宇航

海阳所镇

党委书记　张本成

（2016 年 12 月离任）

徐忠波

（2016 年 12 月任职）

镇　　长　王雪光（女）

白沙滩镇

党委书记　孙志浩

镇　　长　于　伟

（2016 年 3 月离任）

高胜欣

（2016 年 3 月任职）

大孤山镇

党委书记　于荣恺

镇　　长　王　庆

（2016年12月离任）
刘坚强
（2016年12月任职）

徐家镇
党委书记　于吉东
（2016年12月离任）
宋　磊
（2016年12月任职）
镇　　长　于海洋

南黄镇
党委书记　鞠鹏飞
镇　　长　宫晓波

冯家镇
党委书记　赵　磊
镇　　长　王　倩
（女，2016年12月离任）
马　成
（2016年12月任职）

下初镇
党委书记　张伟峰
镇　　长　辛　丽
（女，2016年12月离任）
于晓杰
（2016年12月任职）

午极镇
党委书记　宋海波
镇　　长　孙福斌

崖子镇
党委书记　董　辉
（2016年12月任职）
镇　　长　董　辉
（2016年12月离任）
宋文强
（2016年12月任职）

诸往镇
党委书记　孙常学
（2016年12月离任）
姜中华
（2016年12月任职）
镇　　长　仇晓明

育黎镇
党委书记　田玉刚
镇　　长　冯希勇

乳山寨镇
党委书记　徐忠波
（2016年12月离任）
段英鹏
（2016年12月任职）
镇　　长　段英鹏
（2016年12月离任）
刘冠兰
（2016年12月任职）

【威海市以上驻乳单位】

山东省乳山幼儿师范学校（山东省威海艺术学校）
校　　长　车学辉
（2016年6月任职）
车学辉
（216年9月离任）
苗　雨
（2016年6月任职）
党委书记　车学辉
党委副书记　张　平
副 校 长　于　馗
马书强

山东外事翻译职业学院
院　　长　孙承武
党委书记　魏世江

乳山市国家税务局
局　长　毕建立

乳山市地方税务局
局　长　龙　建
（2016年3月任职）

乳山市气象局
局　长　毕　明
（2016年1月离任）
姜中民
（2016年1月任职）

中国邮政集团公司山东省乳山市分公司（2015年5月由乳山市邮政局更名）
总经理　王鸿雁
（2016年7月离任）
陈振华
（2016年7月任职）

威海市乳山公路管理局
局　　长　李树阳
党委书记　王维国
（2016年8月离任）
于水军
（2016年8月任职）

中国移动通信集团山东有限公司乳山分公司
总经理　黄嘉辉

中国联合网络通信有限公司乳山市分公司
总经理　宋文杰
（2016年6月离任）
张　阔
（2016年6月任职）

中国电信股份有限公司乳山分公司
总经理　孙文正
（2016年3月离任）
辛衍春
（2016年3月任职）

山东广电网络威海有限公司乳山分公司
总经理　陶　龙

中国银行业监督管理委员会威海监管分局乳山办事处
主　任　杨　涛
（2016年7月）

中国人民银行乳山市支行
行　长　高　伟

中国工商银行乳山市支行
行　长　宋　宁

中国农业银行股份有限公司乳山市支行
行　长　陶海华

中国银行股份有限公司乳山支行
行　长　于志强
（2016年8月）
曲军强
（2016年8月）

中国农业发展银行乳山市支行
行　长　梁军文
（2016年12月离任）
王传胜
（2016年12月任职）

中国建设银行股份有限公司乳山支行
行　长　徐　辉

乳山市农村信用合作联社
理事长　于　洋
主　任　郑　利

山东乳山农村商业银行股份有限公司（2016年1月由乳山市农村信用合作联社改制）
董事长　于　洋
行　长　郑　利

威海市商业银行乳山支行
行　长　孙京柱

中国邮政储蓄银行山东省乳山市支行
行　长　刘　利

招商银行威海乳山支行
行　长　史国兴

中信银行股份有限公司威海乳山支行
行　长　孔凡木

中国民生银行股份有限公司威海乳山支行

行　长　蔡一升

乳山天骄村镇银行股份有限公司

董事长　王　飞

（2016 年 6 月离任）

尔定图

（2016 年 6 月任职）

行　长　孙志胜

（2016 年 6 月离任）

李向东

（2016 年 6 月任职）

中泰证券有限公司乳山胜利街营业部

经　理　郑新基

中国人民财产保险股份有限公司乳山支公司

总经理　于　洁

中国人寿保险股份有限公司乳山市支公司

经　理　于洪兵

中国太平洋财产保险股份有限公司乳山支公司

经　理　孙晨阳

中华联合财产保险股份有限公司乳山支公司

经　理　姜大勇

中国平安财产保险股份有限公司乳山支公司

经　理　肖明广

泰山财产保险股份有限公司威海市乳山支公司

经　理　徐广志

国网山东省电力公司乳山市供电公司

总 经 理　邢晓军

党委书记　于英海

中国石油化工股份有限公司山东威海乳山分公司

经　理　樊伟东

山东威海烟草有限公司乳山营销部（挂乳山市烟草专卖局牌子）

经　理（局长）　陈　波

乳山盐业公司（挂乳山市盐务局牌子）

经　理（局长）　席长伟

（2016 年 6 月离任）

李　全

（2016 年 6 月任职）

威海市住房公积金管理中心乳山管理部

主　任　李阿青

山东新华书店集团有限公司乳山分公司

经　理　李　凯

武警乳山市消防大队

教导员　陈　浩

（2106 月 12 离任）

杜　尘

（2106 月 12 任职）

大队长　张　栋

（2106 月 12 离任）

陈　炜

（2106 月 12 任职）

武警乳山市边防大队

大队长　贺业晓

（2016 年 8 月离任）

曹建波

（2016 年 8 月任职）

政　委　李　强

乳山市国家安全局

局　长　姜　文

威海乳山海事处

处　长　任传偶

［注］各部门、单位行政负责人凡未特别注明者，均同时为党组织主要负责人。

（市委组织部干部科）

先进模范人物

【2016 年度获省部级表彰的先进个人】

李英宇　男，汉族，乳山市地震局副局长。山东省乳山市人，1978 年 4 月出生，大学文化。李英宇自 2005 年从部队转业到科技局工作以来，热爱本职、忠心职守。2014 年 11 月，正值乳山震情形势严峻和乳山地震台大地电场项目改造时期，恰逢妻子又在医院生产，他没有陪在妻子和孩子身边，而是在山上夜以继日地做好地震监测设施的安装、管理与维护工作，确保观测仪器设备正常运转和数据的及时传递。2015 年，推动建成乳山市第一个海岛地震台——宫家岛台，为乳山市地震监测提供有力补充；建成全市 24 个市级应急避难场所，提高规范化和管理的水平；完成滨海新区 90 多平方公里范围的地震小区划工作。2014 年，被山东省地震局评为“全省地震系统强化监测主题月活动先进个人”；2015 年，被国家地震局评为“全国市县防震减灾人员考核先进工作者”；2016 年，再次被国家地震局评为“全国市县防震减灾人员考核先进工作者”，并连续多年为乳山市争得全国、全省防震减灾先进单位等称号。

【第三支赴利比里亚维和警察】

郝北京　男，汉族，1990 年 9 月出生，2008 年 9 月入伍，公安部常备维和警队副营职参谋。2014 年年初，被选拔为第三支赴利比里亚维和警察防暴队队员；2015 年 3 月至 2016 年 3 月，被派遣至利比里亚执行维和任务；2016 年 8 月至 2017 年 7 月，被借调至公安部边防局工作。在维和任务期间每天开展巡逻，完成对锡诺州内 6 条主路线的踏查，对 200 处村镇、企业的基础数据收集工作，生成 67 份路线导航表、165 份地区基本情况信息表和 204 份情况专报，充实勤务工作资料库。参与 38 次军警联合大型勤务、101 次日常巡逻勤务，对责任区进行全面踏查，完善基础信息，更新地图注记，探索建立防暴队定期轮转模式、“八步”标准化操作模式、“七定”分工负责制，协助建立军警联合勤务协助机制，将中国防暴队特色勤务模式在联利团广泛推广。作为值勤官负责指挥中心值班、收发文电、翻译、报告撰写、调度勤务等工作，参加 1400 小时值班，撰写中英文日报、周报、月报等 200 份，处理往来文电 180 封，处理哨位异常情况 20 次，制作《防暴队岗位练兵学习计划》52 份，完成 274 份中、英文行动报告的撰写报送。撰写分队勤务轮换、勤务总结等大型材料 15 份，每天更新勤务数据并完善地图标注。被称为防暴队领导的“好助手”。维和期间，面对日益繁重的勤务压力，该同志每项大型勤务均冲锋在前，参与突发事件处置、长途武装巡逻、要人警卫、活动安保等大型勤务 16 次。

2016年获地厅级表彰的先进个人一览表

表49 （按姓氏笔画为序）

姓　名	工作单位及职务	所获荣誉全称	授奖部门
于　江	海阳所镇后山于家村党支部书记	威海市劳动模范	威海市人民政府
于　洋	山东乳山农村商业银行股份有限公司董事长	山东省富民兴鲁劳动奖章	中共乳山市委、威海市人民政府
于　洋	山东乳山农村商业银行股份有限公司董事长	威海市劳动模范	威海市人民政府
于　洋	山东乳山农村商业银行股份有限公司董事长	山东省农村信用社优秀共产党员	中共山东省农村信用社联合社委员会
马江水	乳山市公共交通有限公司经理	山东省富民兴鲁劳动奖章	山东省总工会
马德松	乳山市公安局南黄边防派出所教导员	齐鲁海疆好卫士	山东边防总队
王晓杰	乳山市公安边防大队驾驶员上士	红旗驾驶员	山东边防支队
王　容	乳山市公安局出入境管理大队二级警员	全省公安机关清理打击毗邻国家“三非”人员和立案突出问题治理专项行动成绩突出个人	山东省公安厅政治部
孔　磊	乳山市公安局海阳所边防派出所干事	全省边防部队优秀共产党员	山东边防总队
左洪杰	山东力牌石油化学有限公司 科长	威海市劳动模范	威海市人民政府
龙　建	乳山市地方税务局局长	威海市劳动模范	威海市人民政府
丛素娟	乳山市母爱大姐培训学校校长	山东省富民兴劳动奖章	山东省总工会
兰　东	乳山市国鑫公司总经理	威海市优秀共产党员	中共威海市委
兰　东	乳山市国鑫公司总经理	威海市优秀机关工作人员	中共威海市委、威海市人民政府
刘　刚	乳山市总工会 职工服务中心主任	全国“安康杯”先进个人	中华全国总工会国家安全生产监督管理总局
刘兴海	滨海新区管委会财政审计局局长、管委会副主任	威海市优秀机关工作人员	威海市人民政府
刘青山	乳山市公安局刑事侦查大队科员	威海市“最美青年”提名奖	中共威海市委宣传部、共青团威海市委、威海报业集团、威海市广播电台、威海市青年联合会
刘　波	乳山市环卫处主任	威海市优秀机关工作人员	中共威海市委、威海市人民政府
许晓燕	乳山市畜牧兽医工作站职工	山东省畜牧兽医行业技能大赛—兽医化验员职业技能一等奖	2016年山东省畜牧兽医行业技能大赛兽医化验员职业技能大赛组委会
孙百俊	乳山市公安局刑事侦查大队四中队副中队长	全省环保公安联勤联动执法工作先进个人	山东省环境保护厅、山东省公安厅
孙楠楠	乳山市公安局食品药品与环境犯罪侦查大队副大队长	二等功	山东省公安厅
孙楠楠	乳山市公安局食品药品与环境犯罪侦查大队副大队长	全省公安机关食药环侦部门“破案能手”	山东省公安厅
苏国洪	乳山市安全生产监察大队副大队长、一中队中队长	威海市安全生产工作先进个人	威海市人民政府安全生产委员会
李玉娥	乳山市机关事务管理局节能科科长	山东省公共机构节能工作先进个人	山东省机关事务管理局
李树阳	乳山市公路局局长	威海市劳动模范	威海市人民政府

续表 49

姓　名	工作单位及职务	所获荣誉全称	授奖部门
李振梅	乳山市第一中学教师	第五批威海市有突出贡献的中青年专家	威海市人民政府
李晓伟	乳山市公安局交通警察大队副大队长	威海市优秀共产党员	中共威海市委
李　鸽	乳山市公安局法制大队二级警员	全省公安机关法制宣传教育和普法依法治理工作成绩突出个人	山东省公安厅政治部
李　梁	行政执法局滨海新区分局局长	山东省优秀党务工作者称号	中共山东省委
李　辉	乳山市第二实验小学教师	第六届山东科普奖	山东省科学技术协会
杨卫东	威海伯特利萨克迪汽车安全系统有限公司经理	威海市劳动模范	威海市人民政府
杨刚强	乳山市公安局党委委员、副局长	山东省征兵工作先进个人	山东省人力资源和社会保障厅、山东省军区司令部、山东省军区政治部
杨景山	乳山市环卫处副主任	威海市劳动模范	威海市人民政府
杨景山	乳山市环卫处副主任	威海市先进工作者	中共威海市委、威海市人民政府
来大明	乳山市公安消防大队参谋	山东省优秀宣传讲师	山东省消防总队
宋东阳	乳山农商银行副行长	2015—2016 年度“银团合作优秀个人”	中央金融团工委
宋福臣	乳山市经信局党委书记、局长	2016 年全省经济和信息化工作先进个人三等功	山东省经信委
张清华	乳山市第一中学教师	威海市先进工作者	中共威海市委、威海市人民政府
张清华	乳山市第一中学教师	威海市劳动模范	威海市人民政府
陈　淑	乳山市农广校校长	在 2016 年度中成绩突出被评为先进个人	山东省农业广播电视学校
邵明磊	乳山市中医院院长	威海市劳动模范	威海市人民政府
武　鹰	市检察院 党组成员、政治处主任	《山东检察》宣传优秀通讯员	山东省人民检察院
武　健	乳山市公安局南黄边防派出所教导员	全省边防部队优秀共产党员	山东边防总队
林　卉	乳山市财政局社会保障科副科长	全市基本公共卫生服务工作先进个人	威海市卫计局、威海市财政局
周春龙	乳山市看守所副所长	全省公安系统先进个人，记三等功	山东省人力资源和社会保障厅山东省公安厅山东省公务员局
单成炜	乳山市白沙滩镇翁家埠村党支部书记	威海市劳动模范	威海市人民政府
赵红日	乳山市妇联主席	“幸福进家”活动先进个人	山东省妇联
段君创	乳山市财政局	六五普法先进个人	山东省财政厅
姜　玥	市检察院 办公室主任	《山东检察》宣传优秀通讯员	山东省人民检察院
姜兴盛	乳山市经营管理指导站副站长	全省农业宣传暨科学技术普及工作嘉奖	山东省农业厅
姜　凯	市检察院 检务督察办公室副主任	全省检察机关网络安全业务能手	山东省人民检察院
姜府佐	市检察院 反贪局副局长	全省检察机关开展查办职务犯罪专项侦查工作先进个人	山东省人民检察院

续表 49

姓　名	工作单位及职务	所获荣誉全称	授奖部门
姜振兴	乳山振华海洋食品科技有限公司董事长	威海市劳动模范	威海市人民政府
姜　峰	乳山市公安局禁毒大队二中队副中队长	全省公安机关扫毒攻坚专项行动成绩突出个人	山东省公安厅
宫在津	住建局党委书记、局长	威海市优秀党务工作者	中共威海市委
宫福祝	山东金洲矿业集团有限公司维修电工	齐鲁首席技师	山东省总工会
倪哲平	乳山市安监局副局长、党组成员	山东省安全生产工作先进个人	山东省人民政府安全生产委员会
徐芳芳	乳山市海天集团有限公司副经理	威海市劳动模范	威海市人民政府
徐建义	乳山市人民法院庭长	威海市劳动模范	威海市人民政府
唐克波	乳山市委群工部 常务副部长	威海市优秀党务工作者	中共威海市委
焉　涛	乳山市教育局局长	威海市优秀机关工作人员	中共威海市委、威海市人民政府
常　琨	乳山市财政局基层财政管理处科员	2015 年度全省基层财政信息工作先进个人	山东省财政厅
崔俊晔	乳山市人民医院副院长	“齐鲁文化大道”品牌创建工作先进个人	山东省总工会
阎　勇	乳山顺泰果蔬专业合作社社长	威海市劳动模范	威海市人民政府
隋秀泉	办公室副主任	2016 年度价格宣传报道工作先进个人	国家发改委中国经济导报社
隋岩波	乳山市水利局党委书记、局长	2016 年度威海市优秀机关工作人员，给予记二等功奖励	中共威海市委、威海市人民政府
阚西忠	乳山市公安局特巡警一大队大队长	威海市先进工作者	中共威海市委、威海市人民政府
阚西忠	乳山市公安局特巡警一大队大队长	威海市劳动模范	威海市人民政府
潘显臣	乳山经济开发区管委会副主任	威海市劳动模范	威海市人民政府

福如东海书画院

责任编辑：高献东　陈宗坚

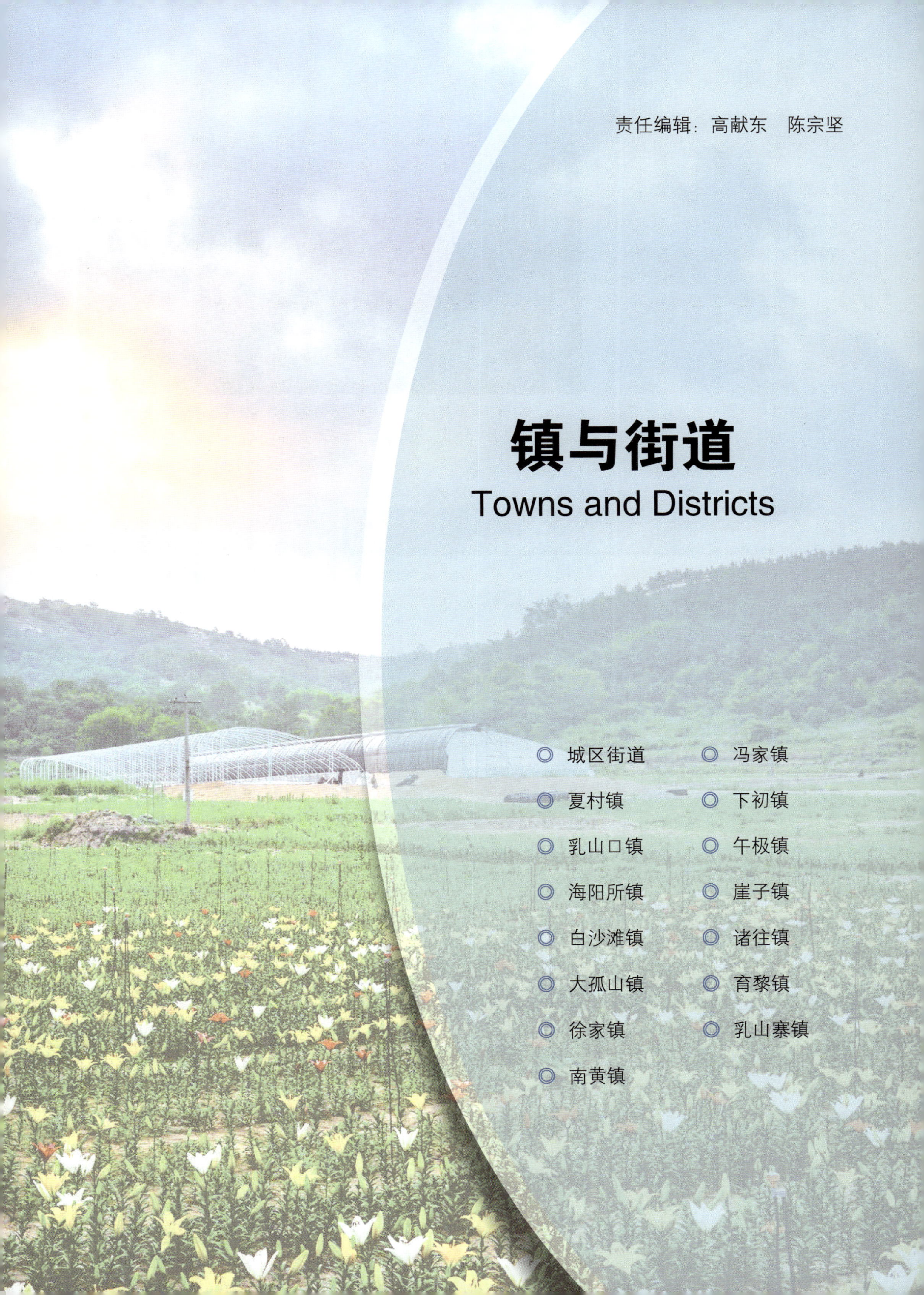

镇与街道
Towns and Districts

- 城区街道
- 夏村镇
- 乳山口镇
- 海阳所镇
- 白沙滩镇
- 大孤山镇
- 徐家镇
- 南黄镇
- 冯家镇
- 下初镇
- 午极镇
- 崖子镇
- 诸往镇
- 育黎镇
- 乳山寨镇

城区街道

【概况】 城区街道办事处 2001 年成立，位于城区驻地商业街东段，辖 19 个行政村、17 个城区居委会，面积 37.2 平方公里，耕地总资源 330 公顷。2016 年，完成财政收入 3.5 亿元，实现生产总值 146.70 亿元。其中，工业总产值 143.21 亿元，农业生产总值 3.49 亿元。农村经济总收入 19.9 亿元，农民人均纯收入 19700 元。年内，获“2011—2015 年全市普法依法治理工作先进单位”称号。

12 月 10 日，威海市市长张惠（左二）一行到三盛汽车科技有限公司生产车间调研 （城区街道提供）

2016 年城区街道各村基本情况一览表

表 50

村　名	党支部书记	村委会主任	经济总收入（万元）	人均纯收入（元）
夏　东	王东全	黄泽聪	29047	20468
夏　南	王炳乾	王林召	12060	16600
夏　西	宋好文	宋好文	4527	18642
夏　北	（缺）	李　波	6420	18500
黄埠崖	周海江	周海江	8227	21189
金碃岭	于开海	于开海	10687	20460
东耿家	宋吉波	宋吉波	35014	18650
腾甲庄	于希钧	于　琪	16743	19303
桥东庄	宋文江	宋文江	773	17202
草　埠	孙守清	孙守清	6770	19800
官　地	周炳勤	周江山	17442	19030
曹　城	崔世田	崔世田	7536	19180
南江村	宋述波	宋述波	7100	19800
北江村	宋黎明	宋黎明	4160	19825
石　村	徐永强	徐永强	16200	17783
仇家洼	仇　亮	仇　亮	4270	17685
洼九埠	徐廷法	徐　萍	1464	15960
黄依台	徐国才	徐国才	2780	17650
东里村	刘乐广	刘乐广	7881	21650

【特色智能制造产业群建设】 2016 年，乳山市城区街道围绕无人机项目和专用车生产项目，打造具有地域特色的智能制造产业板块。引进威海三盛汽车科技有限公司专用车生产项目，总投资 1.8 亿元，年内投产使用；引进光电项目、研发孵化中心、智能机器人、无人船等高科技产业，打造特色智能制造产业群。艾文生物科技项目一期工程两个车间及化验室竣工，厂区道路硬化、绿化及室外管网配套完成，合成实验室和应用实验室投入使用，车间内主要大型设备安装结束；邀请青岛大学纺织服装学院专家教授规划设计城西科技孵化中心，筹划建设“乳山服装创意小城”；中立车智能泊车位项目开工建设，引进投资 5000 万元；明珠环保餐具等项目立项建设，投资 1.5 亿元。

【社区“四化”建设全面展开】 2016 年，乳山市城区街道以社区管理网格化、信息智慧化、品牌特色化、服务项目化为内容的“四化”建设全面展开。管理网格化，以社区党建引领社区建设，设立一级网格（网格党支部）108 个、二级网格 205 个，设网格协管员和联络员 1856 人，实现“网格全覆盖，管理无缝隙”；信息智慧化，建立居民信息大数据库，逐步完善各类档案，17 个社区依托社区热线、社区网站、QQ 群、微信、微博等渠道，搭建全方位信息沟通平台；品牌特色化，推进“一区一特色、一居一品牌”建设，打造“金色阳光”“e路幸福”“大爱府苑”等社区品牌；服务项目化，根据社区地域特点、居民特点、公共资源特点以及居民需求，探索完善服务内容，推行服务项目化，组织呵护天使、爱心有约等服务项目20个，开展活动180次。

【老城区环境整治力度加大】 2016年，乳山市投入资金6000万元，解决卫生难点1.4万处，集中整治老旧小区89处、停产及僵尸企业456家、小微企业800家。官地村、东里村、夏东村、北江村等村采取自我筹资建设、物业公司或第三方运营方式，投入970万元，规范治理原来自发形成的小市场。完成官地、东里村、夏东便民市场和北江村花卉市场搬迁工作。推进棚户区改造，制定棚户区改造三年计划，利用国家棚改资金优惠政策，重点突破夏南、夏东、金碃岭等城中村棚改工作。

【社区党组织网络体系健全完善】 2016年，乳山市城区街道依托“创城”网格，在社区内形成纵到底、横到边的党组织网络体系。建立社区趣缘、业缘、地缘等特色党支部36个、楼宇党小组560个，创建“百花齐放”“心手相连”等56个党建服务项目，组建与爱同行、杏林公益、艺海墨香等24支党员志愿服务队伍，举办各类知识讲座、文艺演出、爱心捐助等活动100场次。

夏村镇

【概况】 全镇面积99.9平方公里，耕地总资源面积3727公顷。镇政府驻城区腾甲庄村，辖45个行政村。乳山火车站位于境内，桃威铁路穿境而过。与青岛、烟台、威海3大机场均相距100公里，距乳山口港5公里。2016年，镇级财政收入2442万元，实现工农业总产值44亿元，其中，工业总产值37.2亿元，农业总产值6.8亿元。农村经济总收入58.8亿元，农民人均纯收入16976元。镇域企业主要有台依湖国际酒庄、龙峰硅胶、成景科技、南庄内燃机配件厂等。主导产品有葡萄酒、啤酒、硅胶、液压缸、皮革制品、内燃机配件等，形成葡萄酒产业、精细化工业和机械制造业3大支柱产业。粮食总产量2.9万吨，果品总产量1.7万吨，蔬菜总产量2.8万吨。形成西部蔬菜、东部水果、北部养殖3大特色基地。年内，获“2011—2015年全市普法依法治理工作先进单位”称号。

2016年夏村镇各村基本情况一览表

表51

村 名	党支部书记	村委会主任	经济总收入（万元）	人均纯收入（元）
东秦家庄	耿先东	耿先东	2147	15640
赫家庄	史美翠	刘书江	607	16436
张八庄	宋协清	由文杰	761	14963
朱家庄	梁平义	梁平义	935	14233
晁家庄	崔 晓	崔 晓	385	7155
二 甲	王国选	王家晓	1594	14765
黄 村	张志芳	张志芳	5220	15438
邢 家	（缺）	于吉海	741	14601
石头圈	胡新军	胡新军	1569	7013
马家庄	马端东	马海峰	1338	14891
林 水	宋君国	宋君国	1205	1466
西北庄	张 明	宋修文	1288	14595
大王口	刘焕禄	刘焕崇	1028	14935
胡八庄	胡国礼	胡国礼	2821	14963
胡家沟	胡吉强	胡吉强	2552	14856
六甲庄	胡新伟	胡新伟	684	14065

续表 51

村　名	党支部书记	村委会主任	经济总收入（万元）	人均纯收入（元）
邵　家	邵洪寿	邵洪寿	2364	14314
三甲庄	刘　强	刘　强	465	15996
十甲庄	胡　松	胡　松	1051	14519
东　家	张成山	张成山	3609	14383
宋家庄	宋德忱	宋德忱	274	7283
任　沟	马廷全	马廷全	924	15766
东周格庄	李书德	徐书刚	1417	14531
西周格庄	于守学	于守学	1272	14307
阜西庄	王佳龙	王佳龙	400	14517
房　屋	于明刚	于明刚	1272	15766
小　疃	倪文信	邓云刚	3027	16308
战家夼	梁清华	孙　辉	2809	14433
羊角盘	姜书杰	姜书杰	977	14340
簸箕姜家	（缺）	倪玉芳	1013	14715
郑　家	郑宝忠	郑宝忠	1119	14601
于家庄	于海云	于海云	2162	16368
台　依	徐龙义	徐龙义	3255	14994
东泗水头	刘光涛	刘光涛	562	7818
西泗水头	高滕斌	高滕斌	2073	14535
肖　家	肖　军	肖言明	2281	14693
冷　家	冷海波	冷海波	990	14591
桑行埠	宋喜宝	（缺）	2308	16475
西　圈	邢美杰	邢美杰	1085	16301
庄　上	张　锐	仇祝明	2896	17226
北庄上	任永武	任永武	459	14859
炉　上	刘树贤	刘树贤	2661	16428
官　庄	于复永	刘永成	4286	15644
井　子	马云述	马晓东	6931	15608
清口涧	赵新军	赵新军	2067	14642

【葡萄酒产业小镇项目可持续发展】 2016年，夏村镇重点推进葡萄酒小镇项目建设，年内生产葡萄酒600吨，接待游客12万人次，实现营业收入2520万元，新流转土地100公顷，新增葡萄种植面积66.7公顷，完成6号、8号、9号、12号、12-A号酒庄外部装修工作和国家AAA级旅游景区申报工作。健康环保产业改造升级，重点推进龙峰硅胶与南庄内燃机配件厂两个传统产业改造升级。其中，龙峰硅胶引进硅胶末端产品

9月4日，胶东伯瑞蓝莓基地　（夏村镇提供）

深加工技术，生产啤酒硅胶、大孔硅胶等高端产品，实现产值1.5亿元，比上年增长26.7%；南庄内燃机配件厂与重汽集团、潍柴集团合作，开拓粉末冶金市场，产值增加500万元。

【蓝莓主题都市化农场主体建设完成】 2016年，夏村镇推进胶东伯瑞蓝莓基地建设，胶东伯瑞农业发展有限公司流转土地69.73公顷，新增蓝莓种植面积53.33公顷，完成200亩蓝莓主题都市化农场主体建设，为中国北方最大蓝莓种植和鲜果深加工集结地。郁锦农庄流转土地13.33公顷，建成160亩果园，并投资60万元建成水库一座，用于垂钓园建设。

【葡萄酒产业引进6000万元投资项目】 2016年，夏村镇按照全市“一册一盘一码五库”建设要求，制作招商推介手册、招商引资专用U盘，完善全镇在外能人信息库、农村闲置土地、禽畜养殖信息、特色果树种植、企业合作需求库、历史文化资源库等资产资源数据库。开展特色产业招商，以园区产业优势为资本，葡萄酒小镇成功引进投资6000万元鼎泰大健康项目，打造“私人定制”式高端健康管理体系。借助企业资源进行招商引资，与河南房地美置业集团深化合作，打造花千墅美食街、牡丹生物科技产业园两个项目，整体开发乳山西部200公顷区域。

【农村环境综合整治率达95.6%】 2016年，夏村镇组织2000人次，车辆500架次参与创城工作，平整路面12000平方米，清理三大堆2900处，浆砌水渠580米，清理水沟1977处。开展城乡环卫一体化工作，投入160万元，清除垃圾13225吨，清理草堆6200处，新购置垃圾箱354个，发放明白纸6.4万份，全镇农村环境综合整治率达95.6%。开展精准扶贫工作，突出产业扶贫，采取“1+X+1”模式，打造每村一个专项资金项目、X个辅助项目，一个葡萄酒庄兜底的扶贫格局，2016年年底贫困人口全部脱贫，其中石头圈村和宋家庄村集体收入均超过3万元。推进便民利民实事工程，硬化石头圈—邢家等4条主干道共计3.25公里，整修山路12.8公里。推进夏村镇敬老院改扩建工程，新建老年公寓1座，新增床位354张，入住120人。

（孙佳男）

乳山口镇

【概况】 全镇面积89.21平方公里，耕地总资源3140公顷，海岸线长38.69公里。镇政府驻祝家庄村，辖41个行政村。北接市区，南临乳山口港和大乳山风景区，海上景区东小青岛是旅游胜地。渔业资源丰富，有对虾、鲅鱼、牡蛎、黄花鱼、梭子蟹等海产品百种。名优佳品“秦米”“寨虾”产自该镇。2016年，镇级地方财政收入4086万元，实现工农业总产值211.7亿元，其中，工业总产值203亿元，农业总产值8.7亿元。农村经济总收入54.7亿元，农民人均纯收入1.97万元。镇域工业主要有化工、机械、建材、水产品加工、水产育苗、新型材料等。年内获“山东省第三批美丽宜居小镇”“威海市先进基层党组织”“2011—2015年全市普法依法治理工作先进集体”称号。

2016年乳山口镇各村基本情况一览表

表52

村　名	党支部书记	村委会主任	经济总收入（万元）	人均纯收入（元）
南唐家	唐克永	唐克永	29212	18987
北唐家	唐克永	唐光利	5066	18927
西王家庄	于进路	于进路	5624	18927
秦家庄	秦绍会	秦绍会	77970	18930

续表 52

村　名	党支部书记	村委会主任	经济总收入（万元）	人均纯收入（元）
河　口	唐　光	邵春淑	4718	18942
刁家埝	孙京志	于庆德	2450	18727
兰家庄	许桂芹	谭志强	6069	18939
兰　家	兰庆光		26518	19832
封增山	于富开	于富开	6174	15867
择　村	宋吉义	宋吉义	8620	18987
前尹家	尹见发	马　浩	15003	18935
后尹家	尹若湖	于梓政	5171	18247
康　家	唐崇环	唐崇环	3069	19091
寨　前	于　一	于　一	27952	20280
新　庄	于振修	于振修	6283	18480
陈　家	陈　兵	陈明伯	6073	19167
刘家庄	刘占利	刘占利	10931	18167
旗杆石		于喜刚	30681	20805
西北岛	刘玉会	高明波	2878	20417
锅　上	刘月清	李　春	10246	18815
院　前	于振波	于振波	4626	18910
张家庄	张连朋	张连朋	9867	18987
安　家	安天全	安天全	5738	19097
西南赵家	陈　键	赵利强	8659	16060
江村洼	杨君诚	兰仁服	1997	18987
新　建	高树立	高　军	850	18927
改造夼	孙京志	邢　程	23077	18426
常　疃	李华文	李国峰	33803	18560
毛　家	郑丙波	朱恒汉	9897	18426
野　子	董　强	董　强	9505	18760
西耿家	无	耿竹玲	8703	17557
庄　头	张书明	杜可兴	3671	19020
蚄子嘴	无	杜可光	2533	18754
祝家庄	李保山	祝旦臣	3689	18927
西里村	从才明	崔建涛	20710	18936
高格庄	赵锡岳	赵志勇	8633	19007
岚　子	史恒山	焉华杰	22476	18727

续表 52

村 名	党支部书记	村委会主任	经济总收入（万元）	人均纯收入（元）
打 磨	王衍荣	于吉年	42554	19261
崔 家	杨忠儒	杨明华	7841	17029
宅 口	张志典	张 磊	26090	19191
辛家庙	王 强	王 强	2097	16285

【重点产业项目落地 3 个】 2016 年，乳山口镇坚持扩大招商引资规模与提升产业层次并重，提高利用内外资水平，引进优质项目，进行精准招商。引进威海龙彩新材料有限公司环保聚酯树脂新材料项目，一期投资 2.5 亿元；引进乳山市不老莓满霁农园有限公司项目，总投资 10 万美元；增建新能源有限公司光伏发电设备总成及零部件生产项目，总投资 9000 万元，年内完成车间基础建设。

【农业龙头企业引进 3 家】 2016 年，乳山口镇加快农业产业结构调整，以工业化理念谋划农业项目，引进农业龙头企业，实施规模化经营。在安家村建设 20 公顷的蓝山庄园蓝莓基地 1 处，发展蓝莓采摘、近郊休闲一体化乡村旅游；引进韩国客商，在赵家村发展 33 公顷不老梅种植项目；在安家村建设 20 公顷现代苹果示范园。优化村集体企业奖励办法，新增对村集体引进发展工贸项目奖励，提高村级发展经济的积极性，村级在谈项目 3 个。

【镇村基础设施建设投入 1000 万元】 2016 年，乳山口镇投资 600 万元，推进道路硬化、河道清淤、“四化”等工程建设。出动挖掘机、工程车等机械设备 150 次，硬化路面 1.23 万平方米，浆砌沟渠 0.48 万立方米，新增垃圾箱 400 个，绿化 12910 株，新增路灯 48 盏。投资 400 万元，建设西片高标准农田项目，配套修建平塘 8 个，深水井、大口井 3 眼。争取前尹家、封赠山两个村总面积 200 公顷土地整理项目，提高农业水利设施覆盖率，为镇域农业生产提供便利。

【获评省级“美丽宜居”小镇】 2016 年，乳山口镇完成兰家庄二期、毛家二期、打磨村、西里村共 680 份棚改协议签订；开展旱厕改造调查摸底 700 户，完成 400 户旱厕改造和 48 户危房改造。做好西里村、打磨 11 个村创建卫生城工作，抓好 41 个村城乡环卫一体化工作，建立城乡环卫一体化“网格化管理”制度。

6月12日，乳山口渔港（乳山口镇提供）

6月23日，旗杆石村道路面貌　　（乳山口镇提供）

1月6日，毛家村旧村改造项目　　（乳山口镇提供）

投入484.65万元，完成常疃、兰家庄等9个村环境综合整治，通过威海市验收。年内，获评省级“美丽宜居”小镇。

【威海市被征地农民养老保障工作现场会到乳山口镇召开】 2016年，乳山口镇做好被征地农民保障工作，完成被征地农民参加居民养老保险所涉及24个村、2.1万人、2726万元资金分配工作，威海市被征地农民养老保障工作现场会在乳山口镇召开。落实各类惠民政策，评议低保户479户、681人；征缴养老保险469万元、医疗保险金438万元，参保率分别达98.5%、100%；参保小麦保险1000公顷，玉米保险1066公顷，花生保险466公顷。

【农村基层班子从严管理】 2016年，乳山口镇加强党风廉政建设和反腐败工作，对领导干部强化“一岗双责”，出台《乳山口镇关于镇村干部不作为的处理意见的会议纪要》《关于进一步加强私搭乱建行为监管及信息上报工作的有关规定》等规定，推进政务公开、村务公开及农村“三资”管理。从严从实加强镇村班子和干部队伍建设，约谈镇村干部5人次，处理违纪党员1名，树立领导班子和机关良好形象。

（姜胤）

海阳所镇

【概况】 全镇面积98.67平方公里，耕地总资源面积2255公顷，海岸线长98.69公里。镇政府驻海阳所村，辖39个行政村。该镇毗邻银滩旅游度假区，大乳山滨海旅游度假区位于境内。渔业资源丰富，海产品主要有带鱼、鲅鱼、黄花鱼、对虾、海参、梭子蟹、牡蛎、扇贝、蚬子等，其中牡蛎养殖面积2200公顷，是乳山市最大的牡蛎出产镇。2016年，镇级财政收入2285万元，全镇工农业总产值77.78亿元，其中，工业总产值61.89亿元，农业总产值15.89亿元。农村经济总收入40.07亿元，农民人均纯收入19778元。年内，镇级获“全国美丽宜居小镇”“中国长寿之乡·乡情体验基地”“威海市先进基层党组织”等称号，西泓于家村获“省级文明村”称号，后山于家村获“省级美丽宜居村庄”称号。

2016年海阳所镇各村基本情况一览表

表53

村名	党支部书记	村委会主任	经济总收入（万元）	人均纯收入（元）
海阳所	王应虎	王应虎	6239	18186
吕家庄	吕在秋	吕在秋	1031	19000
陈　家	陈述敏	陈锡秋	1904	18255
所后常家庄	常大乐	常大乐	664	19693

续表 53

村名	党支部书记	村委会主任	经济总收入（万元）	人均纯收入（元）
所后张家庄	冯玫瑰	张树洲	631	18900
所后王家庄	王义生	王义生	148.8	13868
赵家庄	王清成	王清成	1537	18925
海　疃	马军磊	刘春杰	711	18597
邹　格	姜　涛	宋晨光	1533	13800
三甲疃	宋继辉	宋继辉	1141	13300
大　庄	于福洲		2521	13000
池　源	宋钦高	宋钦高	468	19836
邢　家	姜明生	姜明德	500	18500
水　头	于会鹏	于会鹏	1564	18700
姜　格	曹庆涛	姜成捍	3521	19000
赵东庄	赵守彬	赵守彬	488	19169
西泓辛家	辛自富	辛自富	705	11730
西泓于家	于培红	于培红	1097	19023
西泓赵家	赵永光	迟金日	1900	18227
金　港	姜　程	姜　程	802	12536
姜家庄	姜成竹	姜成竹	647	15180
西　山	赵　利	赵　利	1189	18500
后山于家	于　江	于　江	1998	19800
双峰庄	迟金友	迟金友	1893	19078
杜家岛	杜清茂	杜世平	2375	19200
西黄岛	迟明雪	姜　冰	749	15748
芦　头	宋　涛	宋　涛	600	17493
李　家	李云志	李云志	2539	19623
薛　格	刘永宁	刘永宁	751	17560
半海山	任沛杰	任沛杰	453	18200
杜　家	于栋梁	任夕国	1913	18055
南泓北村	姜　涛	宋文德	1768	18000
南泓西村	宋合强	宋合强	1757	19508
南泓南村	宋合光	宋合光	3070	16200
小　泓	于永刚	于永刚	2566	19000
小石口	宋书涛	宋书涛	2645	19165

续表 53

村名	党支部书记	村委会主任	经济总收入（万元）	人均纯收入（元）
南　夼	宋钦连	宋夕刚	2807	22390
南黄岛	王乐强	王乐强	422	15000
小青岛	于政海	于政海	1100	10780

【获评全国“美丽宜居小镇”】 2016年，海阳所镇按照美丽宜居小镇创建工作要求，围绕风景美、街区美、功能美、生态美、生活美等五个方面改善镇容镇貌。海阳所村、陈家村240户村民完成棚改搬迁；完成黄海路、阿里山北路、东海路、滨海路、兴城路、村间路、杜家岛进村路等7条路改造建设，20处平交路口和400米路沿石改造；划设2处停车场、100个停车位，更换50户门头广告，增设2处公厕及一批交通警示标识牌。年内，获评全国“美丽宜居小镇”称号。

4月20日，海阳所电子商务产业园投入使用　　（海阳所镇提供）

【房车休闲旅游等项目试运行】 2016年，海阳所镇引进房车休闲旅游和绿植庄园海洋生物科技项目。房车休闲旅游项目由济南刘氏汽车服务有限公司投资建设，总投资额6500万元，从事休闲旅游采摘开发，年内，汽车租赁店铺装修完成，房车、轿车部分到位，处于试运行阶段；绿植庄园海洋生物科技项目总投资5000万元，利用海洋原材料如海肠、蛎子虾、牡蛎等生产海洋调味素，年内租赁厂房3000平方米，车间生产设备安装完成，进行试生产。电子商务产业园入驻电商企业8家、快递物流企业2家，大学生创业中心、电商培训中心、休闲沙龙暨党员活动室、健身活动室规划完成，特色海产品展示厅建成使用。

【环境卫生整治机制健全】 2016年，海阳所镇加大投入力度，完善基础设施，镇村新增垃圾桶600个，新装、更换垃圾桶盖400个，发放9000个垃圾桶奖励镇驻地门市房及环境卫生达标农户。对部分经济薄弱村先行拨付部分环卫启动资金，对成效明显村分批拨付奖励资金，对部分经济条件较好村，发放的福利待遇改为“乡村文明奖”。加强环卫工作日常考核，定期对村民房前屋后的“三大堆”进行检查拍照，

1月10日，海阳所镇航拍　（海阳所镇提供）

记录台账。对沿海村，动用挖掘机和工程车1000台次，彻底整治、清运陈年垃圾。建立环卫长效保洁机制，做到垃圾日产日清，垃圾清运率和垃圾无害化处理率100%。将镇驻地分为六大网格，定期督促检查，完善商户门前三包制度，发现问题，及时整改。

【镇域"两新"组织党支部全覆盖】2016年，投资20万元建设乳山市老年大学海阳所镇分校，以老年大学为依托，将农村退职干部纳入管理，强化老干部党支部功能，提升老干部党员队伍活力与干事创业热情。在镇电商园试点"双孵化"工作模式，孵化社会组织、"两新"组织党支部6个，镇域"两新"组织党支部实现全覆盖，吸引40名年轻人才返乡创业。

（唐晴　刘敏）

白沙滩镇

【概况】　全镇面积119.98平方公里，耕地总资源面积4413公顷，海岸线长38.03公里。镇政府驻白沙滩村，辖47个行政村。2016年，镇级财政收入1.3亿元，实现工农业总产值45亿元，其中工业总产值38亿元，农业总产值7亿元。农村经济总收入61亿元，农民人均纯收入18950元。盛产牡蛎、生姜、茶叶，是乳山"三宝"的主产区，花岗石材、海参、鲍鱼、对虾、蓝莓等物产丰富。镇域经济以工业为主，镇域发展以工业转型、农业提质、服务业繁荣为重点，建成温喜生物科技、鲁酱酒业等税源型工业企业。年内，获"省级卫生镇""山东省全域旅游示范镇""平安家庭示范镇"等称号。

2016年白沙滩镇各村基本情况一览表

表54

村名	党支部书记	村委会主任	总经济收入（万元）	人均纯收入（元）
小陶家	丁良东	丁良东	3160	18960
小侯家	侯风杰	潘荣盛	3653	18960
小单家	潘显春	单国锋	4996	18947
大陶家	陶纪明	陶纪明	1241	18960
韩家庄	韩　波	韩　波	518	18387
宫　家	宫德明	宫德明	7577	18960
宫家庄	宫荣文	宫荣文	3375	18960
常家庄	张五夕	张忠锡	3565	18979
小　滩	（缺）	孙祝溪	5875	18772
八　甲	周连杰	周连杰	953	18092
桃村李家	李　梁	李　峰	2192	13000
白沙滩	许大林	许大林	7407	18958
堡　上	董国龙	董国龙	580	17800
桃村王家	姜全丰	姜全丰	1338	18624
六村屯	王学金	王学金	6633	18048
翁家埠	单成炜	单成炜	4160	18900
焉　家	焉　建	焉　建	3268	18960
邹　家	邹礼夫	邹礼夫	1872	18290
蔡　家	单　平	单　平	223	15682
单家庄	单庆水	单庆水	1078	17350
稗子刘家	李勤峰	李忠兴	1273	18960

续表 54

村名	党支部书记	村委会主任	总经济收入（万元）	人均纯收入（元）
潘　家	潘传珠	潘传珠	4756	19078
王家口	于伟峰	于伟峰	2705	17195
邵家庄	邵春万	邵春万	1290	16976
大单家	单庆模	单庆模	3138	18971
唐曲洼	唐　泉	单　建	669	18560
孔家庄	孔庆文	孔庆文	1112	13950
潘家庄	潘万信	潘正河	1657	18950
洼于家	于永万	于永万	1505	18930
焉家庄	焉德昇	焉德昇	159	18720
祉家庄	于国胜	于国胜	186	18950
念　头	王家湘	王家湘	8868	17067
董格庄	刘　磊	刘　磊	2009	18000
沟李家	李文金	李文金	1150	18432
南马家庄	宋　旗	马　骁	1368	18614
南西北庄	李　辉	李　辉	1100	12000
曹家庄	宋克江	姜显峰	3754	18960
丈八石	刘夕龙	刘云奎	2097	14511
港　头	于晓军	于培富	2052	18960
刘家埝	刘崇增	于占海	640	18141
林家埝	林田法	林田法	753	18427
玉前庄	张合熙	张合熙	800	17614
徐家埝	林　辉	徐天洲	1257	18695
吉　林	姜海涛	任洪强	924	17700
北王家庄	王德开	王德开	1307	16480
贾家庄	贾祥明	贾祥明	895	18244
望海庄	王　利	王栋彬	202	18960

【凤凰山田野公园营业】 2016年，白沙滩村完成20公顷现代苹果园栽种工作，聘用村剩余劳动力在园内打工，发展高效、特色、观光农业；投资200万元建成翁家埠村凤凰山田野公园项目，该项目占地22.67公顷，集农家乐、公寓、采摘园、垂钓园、苗圃基地为一体，年内实现营业。

【重点为民实事工程完工】 2016年，白沙滩镇投资400万元修建微山湖北路，改善区域发展大环境。投入150万元进行镇驻地改造提升工程，完成临街商铺户外广告安装、沿街建筑粉刷、原镇贸易城破损路面修复及绿化带整修工程。投入60万元完成白沙滩河河道清淤与漫水桥工程，投入70万元完成白沙滩村—桃村李家—桃村王家村河边道路护栏安装工程，安装护栏3560米。

【农村环境整治投入467.8万元】 2016年，白沙滩镇加快农村环境综合整治进度，投资467.8万元完成港头、贾家庄、六村屯等5个村环

5 月 28 日，游客游览白沙滩镇徐家埝村“再见乡村”农家小院

（白沙滩镇提供）

境整治任务。结合国家级重点镇建设，完成白沙滩、宫家、小滩等 5 个村集市整治搬迁工作。抓好城乡环卫一体化工作，创新农村保洁员队伍管理考核机制，强化村规民约自治约束，对村庄环境管护工作进行“回头看、再整治、后评比”，形成常态化管理机制，促进环境上档升级，村容村貌、村风民风改善，实现村庄靓化、环境美化、卫生保洁常态化。

【镇域重点项目建设稳步推进】 2016 年，白沙滩镇以项目建设为突破口，加大引进、服务项目力度，推动镇区经济发展。温喜生物科技投资 3000 万元新上 2 条浒苔生产线，完成浒苔处理 5.7 万吨；投资 5700 万元建立鱼蛋白肽提取车间。山东鲁酱酒业实施二期改造工程，规划建设 1200 个专业生产酱香型白酒小窖池、3000 平方米专业酒窖及 4500 平方米酒类博物馆。蓝莓深加工一期冷链物流配送项目正式投产，年内完成蓝莓冷链配送 200 吨。引进总投资 2000 万元的圣水宫矿泉水项目，年内建设车间 3100 平方米。投资 50 万元，建设徐家埝村“再见乡村”农家乐扶贫项目，用时 34 天，建设餐饮住宿区、休闲采摘区、开心农场区、田园体验区四大功能区，打造“游青龙观、吃农家饭、体验农家乐”的特色休闲旅游亮点。2016 年 5—10 月，接待游客 4000 人，经营收入 10 万元。

【30 个乡村文明示范村升级打造乡村文明“五个一”】 2016 年，白沙滩镇投资 60 万元对 30 个乡村文明示范村进行升级，打造乡村文明“五个一”，即一处文体小广场、一家农家书屋、一个宣传栏、一面文化墙、一个百姓大舞台，丰富群众精神生活。开展学习模范、崇尚模范、争当模范活动，涌现出山东“诚实守信”好人孙吉所、王洪林，“孝老爱亲”道德模范陶红芝等典型。

【农村财务第三方审计监督实施】 2016 年，白沙滩镇聘请泰和会计师事务所进行农村财务审计；乳山市纪委介入，对发现问题的村和个人进行调查处理。严格落实《关于加强土地补偿款管理规定》《规范农村福利发放的有关规定》《关于农村大额资金审批的管理规定》和《农村合同管理规定》等文件，杜绝违规腐败现象发生。

【镇域基层组织建设细化落实】 2016 年，乳山口镇开展“两学一做”“学乳娘·当先锋”、十八届六中全会精神专题学习及“戴党徽、亮身份”活动，搭建无职党员设岗定责、党员致富带头先锋工程、双培双带、党员承诺、为民服务全程代理等活动载体，引导党员发挥作用。加强村办公场所建设和管理，47 个村改建或新建办公场所，配置远程教育设备、党建刊板、党务公开栏等。落实党风廉政建设责任制，健全教育、制度、监督并重的惩治和预防体系，编制《白沙滩镇村务工作权力清单》及《小微权力操作手册》。

（姜姿芳）

大孤山镇

【概况】 全镇面积 95.98 平方公里，耕地总资源面积 3093 公顷。镇政府驻大孤山村，辖 36 个行政村。该镇紧邻市区，青威高速公路、省道 202 横贯境内。物产资源丰富，是有名的“水果之乡”“自然文化福地”“休闲养生圣地”，是全国著名的柞蚕生产基地、胶东大姜第一镇、国家地理标志注册商标“乳山绿茶”主产区、清朝贡品“册梨”原产地，也是胶东半岛铸钢产业大镇。镇域内有元昭武大将军姜房遗址、千年银杏、清朝贞节牌坊等历史古迹。2016 年，镇级财政收入 940 万元，实现工农业总产值 48 亿元，其中工业总产值 43.6 亿元，农业总产值 4.4 亿元。实现农村经济总收入 4.4 亿元，农民人均纯收入 14330 元。镇域工业主要有铸钢制造、麻纺加工、毛衫加工、新型建材、蔬菜加工、水果储藏加工等。年内，乳山市在强柞蚕良种繁育专业合作社获评“全国林业专业合作社示范社”，吴家沟村获“威海市农村党建示范点”称号。

2016 年大孤山镇各村基本情况一览表

表 55

村名	党支部书记	村委会主任	经济总收入（万元）	人均纯收入（元）
北念头	王吉国	王吉国	486	11705
下刘家	刘富平	刘富平	1331	9477
上刘家	刘成新	刘成新	639	12071
士子于家	于行千	于行千	1026	10805
万　户	姜泽法	无	862	12561
八门邹家	柳　伟	任君琪	1171	10810
胡　家	姜兆桥	无	1048	13300
南　口	王允加	王允加	1463	13200
入　夼	姜文庆	姜文庆	70	9050
李家庄	李丕竹	李丕竹	250	9500
林家庄	林树壮	林基国	261	8152
上　夼	于　杰	丁乐赴	1147	11616
小孤山	于金芝	于金芝	1632	11978
八里甸	于治华	无	2405	12200
石硼杨家	于　洋	无	960	14000
河　东	丁新日	丁新日	3071	12910
大孤山	林合云	林合云	4064	11355
东林家	王峰山	王峰山	1558	12026
西林家	林清占	魏　光	734	10800
山东头	李丕桥	李丕桥	587	12107
俞介庄	宋文法	宋文法	782	12271
河　南	丛龙秋	丛龙秋	2080	13655
店子头	王树义	无	1277	12700
水　井	崔德生	崔德生	2279	11200
山西头	林成琳	林成琳	616	11000
赵　家	林宁芳	林宁芳	1175	10000
大　木	于尚修	无	1105	9400
吴家沟	姜仲臣	姜仲臣	1433	12223
小史家	王书彬	无	428	9187
宫家桃	刘亨宪	刘亨宪	894	12635
北姜家庄	姜保状	姜保状	651	13230

续表 56

村名	党支部书记	村委会主任	经济总收入（万元）	人均纯收入（元）
任家夼	任振夕	任振夕	487	9800
从　家	从　国	从　国	335	12548
大史家	史成龙	史成龙	1800	10600
上　册	丁京峰	丁京峰	2709	11600
果　园	林永姜	林永姜	776	10200

（许文娟　于佳欣）

【闲置资源招商引资突破】 2016年，大孤山镇盘活闲置土地和厂房对外招商，引进投资1200万元的威海四方爆破有限公司项目；引进威海汉泰纺织有限公司项目，租用闲置厂区及标准车间新上成衣水洗厂，占地0.33公顷，车间面积1800平方米，改建实验室、化验室面积60平方米，9月正式投产。突出新能源等领域招商，引导威海汉泰新能源有限公司加快闲置屋顶光伏发电项目建设，扩大规模提升总量。以镇域旅游资源为依托，发展乡村旅游，引进乳山市天禄生态旅游观光采摘园项目，平整进区道路，对水库进行清淤、护坡整修，新建游客厕所1处，栽植猕猴桃4公顷、各类苗木0.67公顷。打包申报碧云天、卫生院改造、农村环境整治等项目，争取上级补助资金900万元，助力地方经济发展。

【现代矮砧苹果示范园产业链建成】 2016年，大孤山镇动员大孤山籍在外能人回乡投资发展高效农业，在大史家村新建20公顷矮化苹果基地1个，在上刘家村新建20公顷蓝莓基地1个。在吴家沟村流转土地30公顷，建设20公顷现代矮砧苹果示范园1处，栽种蓝莓6.7公顷、无花果3.3公顷，宫家桃村新建66.7公顷现代矮砧苹果示范园1处，采取立体栽培，机械化作业，水肥一体式灌溉等现代栽培技术，确保产品达到无公害标准，配套采摘区、垂钓区、接待中心、气调库、精深加工区，形成一条完整的产业和价值链条，统筹一、二、三产业融合发展。完善农业基础设施配套，争取资金300万元实施400公顷土地整理项目，投入500万元实施333公顷土地高标准粮田项目，投入750万元实施400公顷土地千亿斤粮食项目。

4月30日，宫家桃村现代矮砧苹果示范园建成　　（李婧宜　摄）

【镇驻地和村庄环境面貌改善】 2016年，大孤山镇开展驻地环境重点整治行动，对临街商铺店外经营、乱摆乱放等进行执法，下发门前三包责任书；组织镇机关60名干部，清理小广告、垃圾，美化驻地环境。抓好城乡环卫一体化，对垃圾清运车安装GPS定位系统，实行垃圾清运全程监管；投资10万元，新增垃圾桶300个。推进农村改厕工作，完成改厕500户，全镇环境面貌不断改善。

【产业扶贫五种模式探索】 2016年，大孤山镇探索出产业扶贫五种模式。一是产业基地带动“1+1”型。北姜家庄村引进投资6000万元的“威一现代农业观光园”项目，带动4个村流转土地66.7公顷，村里新上2.7公顷现代苹果园1处。二是村社拉手合作型。吴家沟村与乳山市润涛果蔬专业合作社联手发展苹果基地20公顷，其中吴家沟村集体发展苹果1.8公顷，通过村社合作，降低风险、提高收益。三是集体自主创业领办型。利用财政专项扶贫资金，在山东头村、小孤山村发展村集体产业，引进苹果育苗和无花果种植项目，吴家沟村、山东头村、北姜家庄村、小孤山村4个贫困村相继建设冬暖果蔬大棚，形成稳定收益。四是巧借外力扶助发展型。整合各级帮扶资源，小孤山村新上楸树育苗项目，吴家沟村、北姜家庄村新上旱稻种植项目，有效解决种植产业项目收益空档期难

12 月 31 日，山东头村果蔬大棚建成　（李婧宜 摄）

题。五是电子商务助力型。线下依靠电商展览馆，在吴家沟村、山东头村设立展位，用于展示推销农村土特产；设立镇特色产品展览馆，在扶贫村开设阿里巴巴农村淘宝服务站，线上成功注册大孤山镇特色农产品淘宝网店，与威海家家悦集团、"久鼎电商微商城"签订农产品销售意向协议，拓宽销售渠道。

【获"全国林业专业合作社示范社"称号】　乳山市在强柞蚕良种繁育专业合作社成立于 2011 年，位于乳山市大孤山镇河东村，占地面积 2000 平方米，注册资金 80 万元，固定资产 62 万元。合作社成员 173 人，年销售额 1345 万元。合作社柞蚕生产基地遍布乳山市多个镇，北至烟台市牟平区，东至文登、环翠等地，山峦面积 333 公顷。合作社年利润 500 万元，人均收入 3 万元，拉动大孤山镇柞蚕农民收入，是当地农民主要经济来源之一。2016 年 2 月，获"全国林业专业合作社示范社"称号。

（于佳欣）

徐家镇

【概况】　全镇面积 69.29 平方公里，耕地总资源面积 2253 公顷，海岸线长 22.64 公里。镇政府驻东王家庄村，辖 23 个行政村。2016 年，镇级财政收入 2483.07 万元，全镇实现工农业总产值 16.26 亿元，其中，工业总产值 13.74 亿元，农业总产值 2.52 亿元。农村经济总收入 13.2 亿元，农民人均纯收入 15013 元。镇域企业主要有果蔬汁加工、花生加工、牡蛎加工、海产品冷冻加工、泡菜生产、服装加工、汽车电子线束生产、石材加工、农产品深加工、海珍品加工、温泉养生等。全年粮食产量 1.58 万吨，果品产量 2.84 万吨，蔬菜产量 1.84 万吨，奶类产量 235.7 吨，禽蛋产量 1026 吨。年内，通过国家级林业标准化建设，获"山东省卫生乡镇""履行机关岗位目标责任制先进单位"等称号。

2016 年徐家镇各村基本情况一览表

表 56

村　名	党支部书记	村委会主任	经济总收入（万元）	农业人均纯收入（元）
东南埖	于同浩	于同浩	2417	13800
东南寨	于京湖	于效乐	868	14571
老　庄	刘桂超	刘桂超	946	11283
洋　村	于良文	于良文	2508	11800
杨家屯	李国强	李国强	2030	10720
邢家屯	李坤水	李坤水	610	13000
吴家屯	孙书国	孙书国	519	7887
许家屯	许风强	许风强	332	10997
马　场	焉军旗	焉军旗	1350	7654
东刘家庄	于炳周	于炳周	1087	13379
徐　家	徐文平	徐文平	2885	11500
东王家庄	于翠芝	于翠芝	1412	10230

续表 56

村　名	党支部书记	村委会主任	经济总收入（万元）	农业人均纯收入（元）
四　甲	姜云光	姜云光	577	8953
大浩口		刘明兰	1761	10400
小浩口	刘书臣	刘书臣	2280	10536
东峒岭	姜振明	姜振明	2450	10821
西峒岭	姜占国		2390	12597
黄　疃	杨爱莲	姜占波	1592	11414
辛家口	王维仁	王龙辉	479	7972
车门口	徐世财	徐世财	295	8868
圣石前	马文海	马文海	243	7117
桑　行	姜守志	姜守志	123	9558
光明顶	夏锡海	夏锡海	75	9286

【省级卫生镇创建通过威海市验收】 2016年，徐家镇结合城乡环卫一体化工作，联片成区打造10个美丽乡村示范区，投资300万元修建改造海岸带，完成省道704沿线绿化工程拆除任务。投入140万元完成水源地保护工作，完成浒苔清理、东南耩村棚户区改造二期工程、危房改造及改厕工作；为镇域6个缺水村打井通上自来水。年内，省级卫生镇创建通过威海市验收。

【招商引资储备项目增加】 2016年，徐家镇制作招商推介手册，推进总投资5亿元的澳大利亚苹果酒项目及华隆公司与东方集团粮油食品有限公司合资的食品贸易项目，东方粮油出资3770万元收购华隆，融资2亿元，年内资金全部到位。与海南兆涛科技发展有限公司大姜加工项目、北京汉业生物科技有限公司、青岛利邦达琼脂、香港绿色能源等项目达成合作意向。

【小城镇建设投入457万元】 2016年，徐家镇加快小城镇建设，投入120万元提升镇区面貌，栽植各类苗木35000株，硬化医院路、农商行路路面，完善路灯、平安行设施；投入30万元，整修雨水管网；投资90万元，整修海水管道；投入20万元，将徐家集搬迁到镇文化站附近。完善农业设施，投资150万元整修徐家村南1.3公顷耕地，投入47万元整修徐家村和王家庄村引水管道。组织全镇企业自查自改安全隐患，对鲁菱和中诚两家企业开展职业危害防治评估，配合国土、安监等部门关闭峒岭金矿。

12月20日，游客在小浩口村草莓“扶贫大棚”内采摘草莓　（徐家镇提供）

【党建智慧管理平台建成运行】 2016年，徐家镇成立园区综合服务中心，投资30万元打造党建智慧管理平台，实现镇村会议全程纪实、资料定期存储，通过电视公开到户，村民不出家门就了解镇情村情及参与评议干部、党员等村务管理工作。完善《徐家镇机关干部考核办法》，制定农村大额资金、农村“三资”管理、招投标和预决算等制度，成立预决算评审小组，对资金审批、工程管理、资源发包等进行修订完善。成立督查办公室，落实机关规章制度和党委工作情况。

（于晓莎）

南黄镇

【概况】 全镇面积89.33平方公里，耕地总资源面积2855公顷，海岸线长10.42公里。镇政府驻南黄村，辖33个行政村。2016年，镇级财政收入682万元，实现工农业总产值13.14亿元，其中，工业总产值9.09亿元，农业总产值4.05亿元。实现农村经济总收入23.4亿元，农民人均纯收入15232元。盛产大鲮鲆、海参、对虾、梭子蟹等海产品和草莓、韩国梨、茶叶、苹果、西红柿等农产品。全镇粮食总产量19125.5吨，果品总产量23076.4吨，蔬菜总产量2191.3吨，水产品总产量2339吨。年内，获“乳山市2016年度履行机关岗位目标责任制先进单位”称号。

2016年南黄镇各村基本情况一览表

表57

村　名	书记	村主任	经济总收入（万元）	人均纯收入（元）
汤南山	孙豪杰	孙豪杰	2060	11715
南台子	孙树竹	孙树竹	263	15416
庄子园	孙树芳	孙树芳	406	12795
仙人脚	高明忠	高明忠	561	13500
归　仁	刘建奎	刘建奎	3175	15100
宫家庄	宫云智	宫云智	861	15240
湾　头	高振胜	高振胜	2113	16212
河　崖	姜明早	姜明早	1682	16912
冷　家	冷传波	冷传波	3305	13845
凤西庄	姜连湖	姜连湖	1180	14590
母鸡屯	陈宗卫	陈宗卫	538	15025
北　埝	王树勤	王树勤	1535	14370
南　黄	乔聚广	乔聚广	8911	15550
南黄庄	李洪亮	李洪亮	2496	15975
南斜山	姜良涛	姜良涛	888	15250
北斜山	宋修广	宋修勇	5077	15285
靠　山	宋国刚	孙鹏波	2351	14377
崮山寺	李才军	李才军	820	11000
上　庄	姜林雨	姜林雨	5363	13625
西珠埝	姜明利	姜明利	2680	14760
东珠埝	孙顺斗	孙顺斗	5469	15760
姜家庄	孙建刚	孙建刚	2017	15112
李家疃	于梓言	于梓言	2233	15240
高家屯	李永清	李永清	5913	18630
朱家屯	李卫海	李卫海	2110	15745
西洋水	鞠　坤	鞠　坤	653	14056
东洋水	迟永湖	迟永湖	3132	14037
院　后	杨秀丽	杨秀丽	1702	11700
孙家埠	孙锅锁	孙锅锁	2398	14526
柯家庄	柯本海	柯本海	153	12780

续表 57

村 名	书记	村主任	经济总收入（万元）	人均纯收入（元）
陈家屯	陈　悦	陈　悦	1294	15985
岭　上	蔡东见	孙玉强	5985	15656
西浪暖	林吉江	林吉江	9912	16080

8 月 3 日，西珠埝无花果培育基地　（宋筱楠 摄）

【三产融合发展模式建立】 2016 年，南黄镇以建设滨海绿色农业产业带为目标，调优农业结构，提升农业品质，培育高效农业。推进西浪暖村高标准蔬菜大棚、北斜山易养茶庄园和湾头大榛子等十大农产品生产基地扩规升级，重点打造无花果和不老莓 2 个千亩产业基地，创建“南黄产农产品系列”地理商标，打响“南黄产”农业品牌。依托十大农产品生产基地，以优质农产品吸引产业集聚，配套引进农产品深加工项目，重点发展不老莓和无花果项目，指导成立农民果蔬专业合作社，形成农户种植、企业加工、合作社销售一体化产业链条。打造 AAAA 级崮山寺理想家园项目、易养茶庄园项目，实现龙头带动、双轮驱动，拉开南黄特色小镇建设发展大框架。加大旅游资源整合力度，对接圣水宫、小汤温泉、多福山、银滩以及文登南海新区旅游圈，打造休闲、采摘、观光、养生度假胜地。

【电子村务管理服务平台建立】 2016 年，南黄镇创新打造电子村务管理服务平台，通过信息公开板块、评议投票板块及短信答题板块，每月将各村党务、村务、财务及月办实事等以手机信息形式向各村手机用户进行通报，增强党员群众对组织的归属感和认同感。开展党风廉政建设，对包村干部进行严格培训，建立日常考核台账，实行对驻片包村和农村“双考核”；对在职党员开展“两地报到”活动，做好在职党员居住地和出生地登记报到工作，每季度为“两地”群众提供服务 1 次。

【镇驻地道路拓宽改造完成】 2016 年，南黄镇结合省道 206 改造，完成镇驻地正阳路路面拓宽，硬化路面 2.4 万平方米，配套地下管网 1500 米，绿化面积 1000 平方米，安装路灯 12 盏，提升镇驻地美化、亮化水平。

【为民实事工程持续推进】 2016 年，南黄镇持续开展为民实事工程，为优扶对象争取解“三难”救助款，为困难群众发放临时性困难救助金和救济物资，为大病家庭申报争取救助资金；辖区参加城镇居民基本医疗保险 16920 人，居民养老保险参保 13478 人，发放救助金 300 万元。冷家、汤南山、李家疃 3 个村扶贫项目进展顺利，年集体收入均超 3 万元，年内 180 户、387 人完成脱贫任务。

（战亚男）

9 月 1 日，茶溪谷生态园内景　（宋筱楠 摄）

冯家镇

【概况】 全镇面积135.76平方公里，耕地总资源面积4393公顷。镇政府驻冯家村，辖53个行政村。镇域主导产业是种植业，特色物产有苹果、葡萄、板栗、樱桃、大姜、芦笋等。镇域主导产业主要有食品加工、果品储藏、制造、采掘、建筑、畜牧养殖，形成罐头、花生制品、渔具、板材等支柱产业。距今约1400年的小汤温泉原址位于冯家镇汤上村。2016年，镇级财政收入1985.48万元，实现工农业总产值43亿元，其中，工业总产值26亿元，农业总产值17亿元。农村经济总收入24.22亿元，农民人均纯收入15291元。年内，获"中国老年宜居小镇"称号。

2016年冯家镇各村基本情况一览表

表58

村名	党支部书记	村委会主任	经济总收入（万元）	人均纯收入（元）
冯家	冯常永	冯常永	15578	16897
马山前	姜孟桥	姜孟桥	2616	15138
北汊	姜永	姜川	2817	14819
北河崖	姜伟华	姜伟华	3923	14929
北泥沟	于同臣	于全洋	2654	14170
南泥沟	曹建岐	曹建岐	1724	14133
东泥沟	于克财	于克财	6451	15187
山北头	姜贵	姜贵	4862	17550
汤上	刘跃志	刘跃志	3421	15505
汤后疃	孙合然	孙合然	2297	15166
汤东疃	孙金山	孙金山	2230	13955
汤南场	孙桂福	孙桂福	1718	13310
石城	姜先忠	姜先忠	7153	14029
葛口	姜云光	姜云光	2289	15111
南汊	姜永刚	姜永刚	4101	15476
吕格庄	曲秀福	曲秀福	8434	15210
王疃	王琳	王华勇	2264	15387
南刘伶庄	姜洪峰	姜洪峰	2138	15470
北刘伶庄	宋修国	宋修国	4829	14820
马山沟	孔凡周	孔凡周	1804	13844
消水河	李振福	李振福	3299	16364
林家寨	林立华	林立华	2028	15096
中寨	姜洪秋	宋文海	5517	15260
张家寨	张君山	（缺）	7069	15970
盘石	王庆明	李全军	8549	17881
北高格庄	周淑明	周淑明	5572	17177

续表 58

村 名	党支部书记	村委会主任	经济总收入（万元）	人均纯收入（元）
南高格庄	袁凤霞	袁凤霞	4169	15611
徐家村	宫润洋	宫建明	10422	15823
合 子	韩玉战	姜文军	6455	15225
合子庄	张本船	张本船	1947	15852
吴格庄	宫云杭	宫云杭	2090	14039
鲁 家	鲁林强	鲁林强	3144	13967
唐家店子	唐公奎	唐公奎	4033	15115
花家疃	姜洪阳	姜国军	7888	13778
上 口	孙培县	孙培县	4845	17881
东吉子园	孙忠国	曹积敏	2996	14130
北吉子园	王夕明	王夕明	1073	14282
西吉子园	高玉强	高玉强	2898	15216
南吉子园	高天云	高天云	1773	15091
砦 里	刘春术	刘春术	7562	15233
庄子夼	战 东	战 东	962	15311
王家庵	王立志	王立志	1603	14704
观上冯家	冯曰明	冯曰明	1895	14253
孔 家	孔志兴	孔志兴	2934	15465
万 家	孔令传	孔令传	6968	15247
高家台	高玉留	高玉留	2226	15112
赵家庵	赵占国	赵占国	1170	15341
卧 龙	陈大福	陈大福	5780	15184
东马家庄	马乐勋	于德生	6505	15341
马家泊子	马顺平	马顺平	9734	15277
沽水头	于志宁	牟曰亮	3522	16369
瑞木山	冯常永	冯常永	11832	16389
东官庄	姜孟桥	姜孟桥	10524	15648

【获评“中国老年宜居名镇”】 2016 年，冯家镇投资 5000 万元，建成集养老养生、休闲娱乐、养老服务的老年公寓 1 处，打造休闲采摘园 3.3 公顷、高规格老年门球场 1 处，承办乳山市老干部门球赛及全国老年人门球比赛；投入 500 万元，在镇驻地南侧建设镇级敬老院 1 处，兼具健康养老和休闲娱乐功能；投资 300 万元，完成镇驻地自来水管网铺设、国道 309 两侧绿化及富民路、商业街硬化、亮化、绿化工程，完成平安路路基和排水工程，安装路灯 62 盏，商铺外墙粉刷和商铺门头广告牌更新。2016 年，冯家镇被中国老年学会授予“中国老年宜居名镇”称号。

6月13日，全国老年人门球比赛举办 （冯家镇提供）

【温泉特色小镇规划完成】 2016年，冯家镇投入40万元，聘请山东省瑞艺轩旅游规划设计院，完成冯家镇旅游产业总体规划设计，加快发展以温泉、圣水宫为中心的旅游观光带，打造温泉特色小镇。引进华淇能源项目，建设以色列现代农业园、科普展示馆、龙洞寺，建设圣水宫道教文化中心、道医馆、观上冯家农家乐，连点成线，形成完整旅游产业链条，打造吃住行游购娱育美多元融合温泉小镇。

【圣水宫文化交流中心建成】 2016年，冯家镇投资34万元建成圣水宫文化交流中心，占地面积0.58公顷，建筑面积3090平方米，展示胶东道教、民俗文化，为游客提供道教文化交流研讨场所。在圣水宫景区沿线打造高品质休闲观光采摘带，开展中草药康复养生特色医疗旅游及中医药理疗、中医服务等项目，提升景区文化内涵。

【现代化农业生产基地建立】 2016年，冯家镇以加快农业产业结构调整为核心，加快农村土地流转和农业产业结构调整，引导土地向大农场、大农业集中，建成茂盈农场、官庄农场等现代化农业基地。依托全国绿色食品原料生产基地优势，实施农产品质量安全区域化管理工作，引进农产品精深加工项目，延伸产业链条，打响安全农产品品牌，抓好苹果、蘑菇、茶叶等规模化种植及产品品种上档升级。

1月22日，圣水宫雪景 （冯家镇提供）

【威海市党员科技示范培训基地获批1个】 2016年，冯家镇严格基层党组织建设，完善《冯家镇农村考核管理办法》，健全干部队伍建设、组织生活开展等6大项、23小项考核指标，出台农村"小微权力清单""负面言行清单"。采取单独建立、联合建立等方式，实现全镇两新组织党组织全覆盖、全镇53个农村活动场所全覆盖，设立14个农村社区，基本达到建设标准。整顿软弱涣散班子10个，建立农村后备干部数据库。投入7万元对村级公开栏及党建刊板进行更新维护。争创威海市党员科技示范培训基地1个，向上争取扶持资金10万元。

（于丽　张译方）

下初镇

【概况】 全镇面积126.31平方公里，耕地总资源面积4067公顷。镇政府驻下初村，辖37个行政村。桃威铁路和国道309横贯东西，河夏线纵贯南北，镇内拥有铁路货运站1处。矿产资源丰富，主要有金、银、铜、锡、硫、石灰石、钠长石、花岗岩等，尤其是黄金储量全国闻名，素有"黄金之乡"美称。主要物产有苹果、大姜、花生、茶叶、高丽参、蓝莓、桑葚等。工业形成化工建材、金属冶炼、食品加工3大支柱产业，镇域有山东金洲矿业集团有限公司、威海恒邦化工有限公司、泰山石膏（威海）有限公司、乳山市华润食品有限公司、下初镇建筑公司、威海北极建材有限公司、威海凯虹精密化工有限公司等企业。2016年，镇级财政收入3925万元，实现工农业总产值41.87亿元，其中，工业总产值22.89亿元，农业总产值18.98亿元。农村经济总收入18.68亿元，农民人均纯收入15300元。年内，获乳山市"履行机关岗位目标责任制先进单位"称号。

2016 年下初镇各村基本情况一览表

表 59

村名	党支部书记	村委会主任	农村总经济收入（万元）	农民人均纯收入（元）
里　庄	段　海	段　海	2359	14058
外　庄	段连阳	段连阳	3209	15043
埠南头	段云朋	段云朋	3227	15115
山南头	无	姜国强	3056	14738
段　家	段桂德	段桂德	8039	16504
古　初	宋文述	无	4238	15115
三　甲	段德云	段德云	4324	14469
下　洼	刘宗峰	刘宗峰	4198	12767
下草埠	刘明勋	刘明勋	5909	15416
上草埠	王京涛	王京涛	3668	16249
黄格庄	刘忠德	刘忠德	10541	16924
胡家口	高明臣	无	5490	15717
辛　庄	王　刚	王玉松	7331	13802
西　泊	宋广龙	宋广龙	3908	14409
英格庄	王树强	王树强	5388	15611
初家沟	初明钢	初明钢	2111	14549
上　初	无	王永兴	4048	14590
下　初	谭先龙	谭先龙	10956	16641
张家沟	张连顺	张连顺	3164	14661
史家疃	宋力波	宋力波	11674	16654
日照庄	徐永开	徐永开	5163	16458
辛家疃	宋卫卫	宋卫卫	4113	16703
垒冢前	宋志勇	无	3414	14756
北芦头	王永平	王永平	2753	14489
山前庄	宋玉波	宋玉波	4461	15230
簸箕掌	刘子海	刘子海	4002	14812
东马台石	徐宗光	徐宗光	4952	15236
西马台石	孙常言	王树泽	6280	16458
葛格庄	林乐虎	林乐虎	7501	16020
河南村	曹玉国	曹新文	8113	17438
巫　山	张乐波	张乐波	8818	16866

续表 59

村名	党支部书记	村委会主任	农村总经济收入（万元）	农民人均纯收入（元）
西　庄	张保信	张保信	6810	15869
北东庄	王书光	无	4017	14407
南东庄	于文明	于文明	3773	16532
单家疃	无	刘喜军	1479	12445
皂　地	周子奎	周卫丰	3207	14037
车家夼	辛书凯	宋小波	4106	15255

6月2日，下初镇综合文化服务中心　（下初镇提供）

【镇域重点项目建设持续推进】 2016年，下初镇完成恒邦化工建材园区审批工作，引导恒邦化工新上伴生矿有价金属综合循环利用项目。泰山石膏新上年产800万平方米装饰石膏板生产线。引进总投资3000万元的辛庄生态休闲农业项目，年内栽植大樱桃、核桃等各类果树53公顷，完成部分路面硬化、塘坝、接待中心等基础设施建设。引进总投资6000万元的黄山寺佛教文化休闲旅游项目，完成大雄宝殿等主体建设和装修。

【特色现代农业规模发展】 2016年，下初镇在古初村发展现代高效苹果1.7公顷，间种旱稻1公顷。在三甲发展金银花基地3.3公顷，建设梅花鹿养殖基地1处，养殖规模200头。在下洼村发展反季节草莓大棚5个，每个棚占地面积0.067公顷，草莓总产量15000千克。整合辖区内蓝莓、樱桃、桑葚和大枣等特色农业资源，在辛庄、下初和里庄初步形成以樱桃、大枣和桑葚采摘为主的特色精品生态园区，吸引游客观光采摘。完成37个村土地确权工作，实现集体资产保值增值。

【民生事业统筹推进】 2016年，下初镇投资50万元，对镇驻地东侧、国道309两侧及占地菜园裸露土地进行硬化绿化。购置400个垃圾桶、350个垃圾桶盖，通过以旧换新方式更换各村垃圾桶；建立环卫一体化督查通报制度，发放“环卫一体化督办单”，对镇村卫生进行督导整改；完成初家沟环境整治工作，通过威海市验收。按照“一厅一校八室”标准，对朝阳、双山、富岭、金洲、河南5个社区进行达标建设。成功争取投资857万元的400公顷农业综合开发项目和投资750万元的333公顷“千亿斤粮”项目，完成河南村、日照庄、三甲等7个村水源地保护工作和山前庄、外庄、日照庄等5个村泵房改造工作。

（徐海妍）

午极镇

【概况】 全镇面积109.99平方公里，耕地总资源面积3680公顷。镇政府驻午极村，辖35个行政村。烟乳公路纵贯南北，国道309横穿东西。黄金、雪花大理石等地下矿藏丰富。主要农特产有苹果、大姜、地瓜等。2016年，镇级财政收入1280万元，实现工农业总产值26.56亿元，其中，工业总产值21.3亿元，农业总产值5.26亿元。实现农村经济总收入20.48亿元，农民人均年纯收入14600元。镇域产业主要有食品加工、建材、针织服装等，主导产品有水泥、生鱼片等。全年粮食总产量2.3万吨，果品总产量6.8万吨，蔬菜总产量3.3万吨。

2016年午极镇各村基本情况一览表

表60

村名	党支部书记	村委会主任	经济总收入（万元）	人均纯收入（元）
午　极	杨兆福	杨在谭	14686	14645
孙家疃	倪宇臣	倪宇臣	2676	14460
于家疃	于龙臣	于春光	2673	14445
东柳家	（缺）	刘艾红	4270	14372
西柳家	张克阳	张克阳	1512	14460
于　庄	于开龙	于开龙	1420	14620
湘　沟	柳尧清	（缺）	3590	14588
辉　湛	李振高	李振高	7890	14398
鲁家夼	林永波	林永波	8306	14334
小　寨	段　强	段　强	6114	14480
卢　家	卢永民	卢永民	4383	14436
房　家	房林基	房林基	4604	14441
杨家庄	（缺）	杨庆勇	8143	14334
小虎岚	王书岳	王书岳	3347	14518
大虎岚	姜本俊	姜本俊	10633	14480
唐家沟	刘学海	刘学海	3407	14428
北　庄	徐文山	徐文山	5430	14625
石字岘	孔祥林	孔祥林	11297	14587
正甲夼	谭书富	谭富平	11594	14920
由家庄	由法青	姜志爱	2608	14512
中　庄	李　刚	李　刚	9542	14554
泽　上	张军臣	（缺）	9772	14550
西　埝	徐仁明	徐卫民	1775	14372
马家夼	张秀军	张秀军	1842	14461
韩家沟	韩吉福	韩书臣	1390	14588
南　庄	张海波	张海波	8528	14182
椤树崖	王进波	王建辉	10106	14387
张家屯	（缺）	张永军	4277	14193
于家屯	罗永超	罗永超	3581	14375
曲家屯	曲善刚	曲延刚	2094	14396
宋家庄	宋永刚	宋永刚	5345	14588

续表 60

村名	党支部书记	村委会主任	经济总收入（万元）	人均纯收入（元）
车　道	郭宝文	（缺）	6445	14554
土心头	李海波	李海波	8958	14390
下万口	王福强	王福强	8124	14554
上万口	宋修训	宋修训	4462	14223

【农业产业化项目转型升级】 2016年，午极镇引进润昌农业科技有限公司投资7000万元，盘活原威海润兴农业有限公司部分厂房。打造格林弘卓农牧生态园、清泉农业发展有限公司生态采摘园和辉柯生物科普示范观光基地3个乡村旅游项目建设，构建集亲子休闲、农时体验、餐饮娱乐、采摘观光于一体的镇域旅游格局。以辉柯生物为依托，新增蓖麻种植133.3公顷；加强与盐城工业职业技术学院、台湾浦凯绿能集团技术合作，对蓖麻油萃取、蓖麻蚕生物制药、蓖麻蚕丝被等健康产品进行攻关突破。采取村集体流转农民土地集中对外发包经营方式，通过锦丰源农业开发项目在省定贫困村宋家庄村建设66.7公顷现代农业示范园，实现企业标准化生产和精准扶贫工作同步发展。年内，组织各类外出招商活动33次，收集意向信息40条。

【“企业＋基地＋农户”农业产业化发展模式推行】 2016年，午极镇以现代农业为核心，引进辉柯生物、锦丰源、龙马农牧、宏兴农业等一批现代化农业产业公司，采取村企合作方式，打造“企业＋基地＋农户”发展模式。在石字岘村建成3.3公顷蓝莓基地和1个花菇大棚，车道村建成3.3公顷晚熟桃和猕猴桃果园示范基地，宋家庄村发展5个蔬菜大棚，韩家沟村发展5.7公顷冬桃和丹参扶贫基地。

【3层老年公寓新建1栋】 2016年，午极镇实施高标准农田配套设施建设，新建平塘6个，大口井6个，硬化山路12公里，整修河道300米，漫水桥5个，修建拦河坝1座。投资576万元，新建3层老年公寓1栋，新增床位60张，总床位数达到179张。投资50万元，对年久失修的办公楼进行修缮改造，消除安全隐患。投资430万元，实施学校塑胶操场建设，集中整治校舍安全隐患，新上变压器1台，可升降桌椅550套；投资30万元，对镇级初中的食堂房屋及室内吊顶进行整修，对幼儿园校舍房屋整体整修。

5月8日，石字岘村花菇大棚生产　　（午极镇提供）

【农村文化建设提升】 2016年，午极镇投资10万元，打造35个村文化一条街，设立宣传栏70个，张贴四德榜和社会主义核心价值观宣传贴画420张。投入6万元，改造提升镇级综合文化站、16个文化大院。成立红白理事会，加大移风易俗宣传力度，通过村广播反复播放、宣传栏集中张贴和入户走访等方式，提升群众知晓率。年内，35个村全部成立红白理事会，群众知晓率达98%，发放宣传材料16000份，绘制手绘墙500平方米。

【农村干部队伍管理细化】 2016年，午极镇梳理完善《农村考核管理办法》，设立干部队伍建设等6大项23小项考核指标，出台农村“小微权力清单”“负面言行清单”；建立完善农村党员数据库、农村两委干部数据库、入党积极分子数据库。围绕“两学一做”学习教育，开展“党员固定活动日”“学乳娘当先锋”活动，优化党员干部作风。

【安全生产网格化管理推行】 2016年，午极镇推行信访维稳卷宗化建设，将责任量化分解、落实到人。

成立环保领导小组，建立环保督查台账，与环保、国土、行政执法等多部门联合执法，发现隐患点限期整改，整改不到位依法取缔。落实安全生产网格化管理，将极丰水泥、福强水产、金华矿业3家企业纳入安全生产网格化平台，定期检查涉氨制冷企业，制定矿山尾矿库防范措施，年内，全镇未发生安全生产责任事故。抓好森林防火、防汛抗旱工作，在重要制高点设置管护房，在重要进山路段设置防火警示牌，24小时值班，确保安全防控到位。

（李明静）

崖子镇

【概况】 全镇面积187.05平方公里，耕地总资源面积5173.33公顷。镇政府驻崖子村，辖58个行政村。南临国道309，桃威铁路、烟海高速、文莱高速横贯境内。马石山风景区、胶东育儿所及乳山境内最高峰垛山位于该镇境内。2016年，镇级财政收入568万元，实现工农业总产值34.98亿元，其中，工业总产值25.3亿元，农业总产值9.68亿元。农村经济总收入33.42亿元，农民人均纯收入16430元。特色物产包括苹果、樱桃等水果，板栗、银杏等干果，是全国有名的“干杂果”之乡。

2016年崖子镇各村基本情况一览表

表61

村 名	党支部书记	村委会主任	经济总收入	人均纯收入
崖　子	于天成	孙世波	5344	16400
河　北	王忠振		1928.2	16450
北地口	滕新国	滕新国	1918	16431
南地口	滕占德	滕格雨	1257.2	16430
西崮头	王海军	王海军	1657	16430
上肖家	肖春显	肖春显	1578.5	16430
下肖家	肖春锋	刘小伟	863	16430
泥渡夼	张永江	刘福龙	1297.2	16449
哨　里	王宗理		3647	16430
井乔家	宫家宾	乔玉志	1058.1	16430
枣　林	宫家宾	宫开先	1507.2	16720
泊乔家	宫家宾		353.7	16428
青　山	宫家宾	宫家宾	10650	16436
马石店	荀兆武	荀　杰	3514.7	16430
北果子	曲　芳	曲绵利	904.8	16300
南果子	刘春山	刘春山	1024	16430
姜家夼	姜秀良	姜秀良	665.8	16430
南马石	宫兆磊	宫兆磊	1983.9	16430
台　上	栾福乐	栾福乐	2275	16430
转山头	刘建忠	刘建忠	1658	16500
矫家泊	矫田波	矫田波	948.3	16430
南　寨	刘锡通	刘锡通	2246	16430
沟　东	唐言龙	唐言龙	1481	16500
北　寨	孙红新	孙红新	1714.5	16430

续表 61

村 名	党支部书记	村委会主任	经济总收入	人均纯收入
康家夼	戚永良	戚永良	1255	16400
岛 子	宋东亮	宋东亮	3292.7	16430
山 下	宋金绣	宋晓君	1621	16430
草 庵	矫训波	矫训波	725.3	16436
东凤凰崖	杨志涛	杨志涛	2013.9	16500
西凤凰崖	杨海涛	杨海涛	840	16420
西涝口	姜 山	姜 山	2637	16430
东涝口	沙暑东	沙暑东	1287	16430
西井口	张志远	张志远	974	16449
东井口	张 松	张永义	2025.2	16430
下沙家	沙崇真		672	16430
上沙家	沙庆春	沙庆春	794	16430
田 家			1863	16500
史 家	史本航	史泽江	1570	16401
蓬家夼	沙成良	矫习杰	2014	16500
山 西	宋海波	宋海波	1994	16430
河 西	王文良	徐仁刚	703	16430
申 家		王好彬	2598.1	16100
炉 上	任培海	王少辉	1141.4	16400
张格庄	李振孟	李春波	1019.4	16328
姜 家	姜全义	姜全义	1496	16430
河 南	钟 青	钟 青	706	16430
泽 科	钟方修	钟云强	2367	16430
石甲庄	李培旭	李培友	730	16490
磨 山	钟建伟	钟国胜	1158.6	16430
双石村	钟云民	孙忠义	490	16430
东 夼	钟轩录	钟 安	2035	16406
山 东	滕长民	滕长民	783	16430
万格庄	李文龙	李文绍	1737.6	16430
东 庄	高恩言	高恩言	743.7	16353
阎家夼	李乃胜		1439.8	16430
王 疃		王永峰	669.2	16430
大崮头		李建伟	3728.6	16453
兴 村	滕云峰	王世军	1400	16430

9月28日，家乐福超市与岛子村签订苹果基地认证合同（崖子镇提供）

【垛山生态观光园项目推进】2016年，崖子镇引进垛山生态观光园项目，占地面积136公顷，总投资5200万元，年内完成投资4200万元。引进中原农业观光园项目，发展果业和林业，种植果树37.3公顷、风景苗木1.3公顷。引进山东兴业源现代农业发展有限公司果蔬仓储物流及分选加工项目，完成一期工程建设并投入使用，二期主体工程中电子商务中心、农民培训教育基地完工。宏福老年公寓项目投资1000万元，与兰州、山西、武汉等地养老机构建立"候鸟"式养老合作。

【266.7公顷苹果标准化生产基地建立】2016年，崖子镇以东井口、大崮头、哨里果蔬交易市场周边村200公顷老果园为改造重点，带动全镇果农进行果园改造。依托山东兴业源农业发展有限公司、威海宇祥果业、昱丰果蔬，建立266.7公顷苹果标准化生产基地，与沃尔玛集团签订合同，建立"家优鲜"品牌直供基地。实施郁闭园改造工程，以哨里村、转山头村、王疃村为中心，改造周边果园66.7公顷。打造苹果电商品牌，以"垛山"绿色品牌为基础，在天猫、淘宝设立销售网店，提升果品产业附加值。

【镇村"大联社"扶贫格局形成】2016年，崖子镇在岛子村、张格庄村分别建设现代草莓樱桃大棚，在双石村开发山岚6.7公顷，对外发包，带动3个村收益5万元。融合包扶单位及社会资金100万元，进行道路硬化、河道治理、水利项目建设。与威海市市联社合作，利用老党委闲置房产引进乳山市供销社为农服务中心项目，为果农提供技术指导和平价农资。至年末，22个村建立农民专业合作社，入社社员1000人，授课30次，形成以镇党委为中心、58个村为分支的"大联社"扶贫格局。

【胶东育儿所教育基地打造完成】2016年，崖子镇配合市委市政府打造胶东育儿所红色教育基地，融合推进红色教育、民俗展示、生态旅游、休闲采摘和基地建设，接待2万人次观摩学习。加强配套建设，投入30万元对省道208沿线进行绿化整修，拆除沿线违建大棚25个，投入10万元对镇驻地改造提升，投入50万元对岛子河、崖子河、康家夼河道进行治理，修建拦河坝。

【重点领域安全隐患排查治理】2016年，崖子镇围绕水域安全、食品安全、交通安全、企业安全生产等重点领域，每月进行一次排查摸底，推进全镇安全生产工作。投资1万元制作护林防火宣传刊板，投资5万元购置防火器具，投资6万元为南寨瞭望台通电，投资4万元修建青山瞭望台。

【农村后进班子集中整治】2016年，崖子镇对11个村班子进行集中整治，对1990名农村党员进行集中教育，集中理顺党员组织关系，排查出长期失联党员32名；重新核算党员党费，补缴党费102718元。投资5万元，更换维修全镇各村党务村务公开栏。

（刘长凯）

诸往镇

【概况】全镇面积160.17平方公里，耕地总资源面积4820公顷。镇政府驻东诸往村，辖49个行政村。埠乳公路、国道309、省道208和烟海高速在境内穿过。盛产苹果、大姜、葡萄、樱桃、桃、板栗等。矿产资源丰富，鑫山冶金公司铁厂、铁矿位于境内。镇域工业主要有铸造、建筑、制衣、电子等行业。2016年，镇级财政收入1790.52万元，全镇实现工农业生产总值32.92亿元，其中工业总产值29.01亿元，农业总产值3.91亿元。农村经济总收入37.03亿元，农民人均纯收入13802元。

2016年诸往镇各村基本情况一览表

表62

村名	党支部书记	村委会主任	经济总收入（万元）	人均收入（元）
东诸往	隋浩杰	隋明言	16150	14154
西诸往	刘　博	王洪湖	10876	14092

续表 62

村名	党支部书记	村委会主任	经济总收入（万元）	人均收入（元）
沟　西	隋玉刚	隋玉刚	3189	13678
田　家	王福强	王喜锋	9197	14141
姚家埠	王洪范	丛书江	10476	13956
光　明	于同福	于同福	4622	13115
泊　子	李佰江	刘大勇	11089	14253
许　家	（缺）	许军芳	10676	12638
泊子庄	郑子波	郑子波	6881	13596
安　夼	王伟强	王伟强	7520	13898
唐　家	唐玉柱	唐言庆	7088	14047
姜格庄	许云洪	许云洪	10546	14245
沟留家	郑忠礼	郑洪杰	6046	13454
冷格庄	李　杰	李乃林	10489	13946
大　院	彭学云	（缺）	9974	14843
流水头	于京师	（缺）	13576	13535
王家疃	于高福	杜仁强	5931	14020
凤凰台	姜树荣	姜树荣	2743	13690
李格庄	郑炳献	许建国	4954	13672
九龙圈	刘　文	刘　文	7962	14560
崖　后	宫云国	孙锡义	6955	14397
口　子	（缺）	宫建勇	9876	14280
王家庄	宫云国	（缺）	3527	13595
岳　家	岳洪伍	岳洪伍	4530	13591
东尚山	（缺）	刘　安	6732	14088
中尚山	乔春勇	乔春勇	3160	13679
西尚山	（缺）	王海杰	3470	13565
上石硼	王永岗	（缺）	4062	13662
下石硼	王守起	王守起	5438	13531
大龙口	宫润峰	宫润峰	7650	13808
二龙口	宫润洲	刘建波	8433	13809
东辛庄头	李振辉	李振辉	5118	13659
西辛庄头	张成功	张成功	4544	13820
野　房	（缺）	隋保产	8088	13420

续表 62

村名	党支部书记	村委会主任	经济总收入（万元）	人均收入（元）
绕　涧	刘银全	刘银全	9341	13714
青石楼	钟生强	钟　林	1822	12763
孙家夼	于　强	王桂欣	10041	13538
招民庄	隋春鹏	王克江	12132	13731
于家圈	于福德	于福德	5726	13609
扫帚涧	高　波	朱永军	7258	14080
燕山泊	王明涛	王明涛	8236	13931
神童庙	许全堂	张永远	11324	13540
马　陵	姜云勇	姜云勇	11102	13534
前　进	李文见	（缺）	11610	13430
前　夼	李文见	（缺）	1214	14384
后　庄	王克誉	栾良春	8774	13814
垛　疃	王玉春	王玉春	9406	13916
铁　山	王士强	王士强	9937	13627
后　店	王桂月	王桂月	5175	14416

【镇域重点项目加快推进】 2016年，诸往镇投资1.2亿元，加快推进银凯特光伏二期工程建设，扩大项目规模，年内主体施工完成。引进泰立达电子有限公司项目，生产印刷电路板链条产品和电子组合产品，年内一期工程正式运营生产，二期拟投资3000万元，用于产品研发及设备投入。跟进烟台欧姆电子有限公司合作生产电子集成产品、大龙口养生养老等储备项目。

4月10日，东尚山村古村落建筑群　　（诸往镇提供）

【镇村干部管理制度细化】 2016年，诸往镇推行干部“两公开、两承诺、一述职、一考评”机制，公开村级事务、账务、民生实事、计划等；通过组织“每月小读”“人人登讲台”等活动，提升干部敢想敢说能力，机关干部整体素质提高；制定《诸往镇机关制度汇编》，规范机关干部行为，专设基础管理工作室，专人管理基础工作，提升机关工作效能；推进“两学一做”学习教育活动，开展党员集中活动日活动，学习“乳娘”精神、“七一讲话”、长征精神、十八届六中全会等精神，提升党员政治素养；推行“党员政治生日卡”，为干部送去组织关怀。

【银凯特光伏精准扶贫样板建立】 2016年，诸往镇开发银凯特光伏精准扶贫样板点，依托光伏企业综合优势，6个省定贫困村共同出资15万元，企业帮扶15万元，集中建设6个农业大棚，由承包商统一经营管理，收益全部归村。形成企业参与扶贫、统一经营无风险、长期受益有保障、群众务工有依靠多方共赢扶贫开发格局，2016年贫困户全部实现脱贫。

【农业产业结构调整133公顷】 2016年，崖子镇镇级财政对成片连方大户种植、规模种植给予奖励补贴，鼓励专业化、规模化农业发展模式，在大龙口河流域建设666.7公顷苹果产业园、6.7公顷樱桃采摘园、20公顷葡萄采摘园。对接京春果蔬有限公司项目，形成水果初级深加工，发展储存、加工、销售一体化综合性现代果业产业链条。发展山区观光型农业，完成马石山沿线农业结构调整调查摸底，引导种植季节性观赏性农作物，年内全镇农业产业结构调整133公顷。

【生态旅游和传统文化资源开发】 2016年，诸往镇深挖历史名人故事及文化遗产；征收山里五村古房，加快古韵和红色生态民居复建。编制《山东省乳山市诸往镇东尚山村传统古村庄规划》《东尚山旅游发展规划》《东尚山美丽乡村建设规划》《诸往镇马石山红色教育基地提升工作规划方案》。

【农村环境综合整治推进】 2016年，诸往镇投入资金50万元，完成马石山沿线村庄三大堆清理、河道清淤、道路绿化等工作；投入60万元，完成青石楼村、王家庄村环境综合整治。对村级保洁员实行分片管理，调度各村垃圾清运工作，新增垃圾桶450个。完成镇汽车站搬迁工作，拆除违章建筑17处，年内新汽车场站投入使用。推进50户农村危房改造和7个村、1100户无害化厕所改造，加强20处畜禽养殖点环境整治工作，督导整改镇域14项重点环保问题。

（薛芳）

育黎镇

【概况】 全镇面积110.09平方公里，耕地总资源面积2989.9公顷。镇政府驻育黎镇，辖42个行政村。北倚龙角山水库，乳山河从境内流过，水资源丰富。国道309、省道208、桃威铁路、烟海高速、文莱高速贯穿全镇东西。农业资源丰富，特色产品主要有葡萄、草莓、网纹瓜、草菇、大姜、苹果等。2016年，镇级财政收入519.12万元，实现工农业总产值25.6亿元，其中，工业总产值19.7亿元，农业总产值5.9亿元。实现农村经济总收入18.9亿元，农民人均纯收入14800元。

2016年育黎镇各村基本情况一览表

表63

村 名	党支部书记	村委会主任	经济总收入（万元）	人均纯收入（元）
北由古	郑希信	郑新福	495	14800
三泉庄	郑洪臣	（缺）	479	14800
东由古	郑炳水	郑炳水	159	14500
孙家沟	郑水国	（缺）	454	14500
于　家	隋洪奎	林杰玉	1054	14800
藏金夼	郑会良	（缺）	1639	14575
帽张家	郑仁辉	唐守香	990	14805
东横道口	郑忠波	郑文岗	629	14800
西横道口	郑永利	郑忠明	1306	14800
东纪村	郑　杰	郑　杰	816	14000
西纪村	王典庆	（缺）	2490	14800
龙角山	许同惠	许同惠	529	14800
南由古	郑新留	郑绍玉	780	14812
老由古	郑君（挂职）	郑晓东	455	15000
城　阴	于开虎	（缺）	1722	14800
汪　水	宋云湖	（缺）	3612	14600
社　庄	刘在林	刘汉玉	1607	14800
北勇家	勇　颖	勇治军	1282	14800

续表 63

村 名	党支部书记	村委会主任	经济总收入（万元）	人均纯收入（元）
中勇家	勇维春	勇维春	195	14719
南勇家	勇绪芳	（缺）	1283	14800
王母夼	李振江	于 超	724	14800
南李家	李振同	李振同	750	14800
西屋南夼	李振东	李炳晨	14000	14000
鲁 济	李 永	李 永	1330	14800
鲁济山后	郭坤增	郭占春	536	14794
南西屋	陈京云	李 浩	3412	15000
北西屋	孙吉礼	孙吉礼	2127	14960
宅子夼	任宗元	辛 勇	1314	14790
邓 家	邓太福	邓京福	1969	14825
郭 家	郭书高	郭书高	812	14801
南北山	王成珊	（缺）	3150	14800
大 洼	曲善江	曲善江	299	14500
曲 水	王 东	（缺）	2457	14798
曹 家	（缺）	刘书龙	2500	14849
孙 家	孙吉海	孙吉周	600	14800
塔 庄	冯君锋（挂职）	倪洪江	2589	14800
育 黎	宋连海	宋连海	3635	14800
七 甲	宋文亭	宋文亭	640	14800
马 庄	孙常明	孙维法	1117	14800
上宋格庄	宋文山	宋文山	625	14800
下宋格庄	丁文明	（缺）	649	14800
白 石	宋建利	郭 见	1538	14800

【利用外资实现零突破】 2016年，育黎镇引进枣庄栗源食品有限公司板栗基地及深加工项目，总投资5000万元，年内流转土地66.7公顷。德禧现代农业项目开工建设，流转土地73.3公顷，年内完成53.3公顷新型苹果和6.7公顷百果园种植，建成21个草莓大棚、2个桃大棚、1个蘑菇大棚，完成农产品科普展厅、加工车间、游客接待中心及垂钓区建设。引进烟台仁德管件、济南仁大生物科技等6家外地企业，引进南非红酒贸易及浆果加工项目，实现外资零突破。

9月13日，德禧示范园全景　（育黎镇提供）

【威海市生态循环农业示范基地建立】 2016年，育黎镇实施“接二连三、全产业链”战略，推动农业与二、三产业深度融合，农业产业结构上档升级，年内，德禧农业示范园获评“威海市生态循环农业示范基地”，创建山东省一镇一品葡萄种植示范镇。与家家悦、振华商厦合作拓展品牌优势，年内新增葡萄种植46.7公顷，至年末，全镇葡萄种植面积266.7公顷。依托德禧农业矮化苹果示范基地，带动群众新发展苹果种植133.3公顷。加大“山箭乐”草莓商标宣传力度，实现农超对接，提升产品竞争力；引导群众新上草莓、有机蔬菜大棚100个。至年末，全镇大棚总量400个。

【休闲旅游和休闲农业示范区建设】 2016年，育黎镇规划建设龙角山自然生态旅游区，引进北京星美旅游、广州人脉银行等企业，年内完成厕所改造120处，新发展农家乐餐饮2个；依托南西屋葡萄种植示范村，规划建设金手指庄园，配套建设采摘大棚园和餐饮住宿等，实现休闲旅游和休闲采摘融合升级；德禧休闲农业投资40万元，建设高标准农产品及科普展厅1处，建设绿色食品生产规程，年内通过省级休闲农业示范园区评审，并列为山东省休闲农业和乡村旅游示范点；投资100万元，在城阴村新发展丹参种植33.3公顷，建设养生、文化、旅游一体化中药材种植基地。

【镇域民生工程务实推进】 2016年，育黎镇扎实推进精准扶贫工作，在七甲、南夼、于家、东横道口4个省定贫困村建设草莓蔬菜大棚12个，发展冬桃11.3公顷、苹果6.7公顷、大姜8公顷，新建大口井6个，整修硬化道路11000平方米，完成3个村自来水改造。进行镇驻地改造提升，投入资金30万元，栽植各类苗木4.06万株，粉刷野广告1000平方米，设置公益广告牌10个。高标准完成2015年50户危房改造工作和2016年45户鉴定工作，全部通过验收。完成22个家庭农场建设，完成4个村农村股份制改革和39个村土地确权颁证工作，发证村数和发证率均达90%。争取上级扶持资金120万元，对14个水源地进行保护，年内全部通过验收。完成南夼、于家自来水改造工程，完成南夼、于家、北由古街道硬化，曹家村2个大口井建设，东口流域河道疏浚，汪水桥、南北山危桥重建工程，优化群众生产生活环境。

【“两学一做”学习教育微信平台建立】 2016年，育黎镇扎实开展“两学一做”学习教育，利用党员活动日时间，组织农村和企业支部党员上党课，提升基层党员政治和党性修养；建立“两学一做”学习教育微信平台，即时将学习内容和工作进展发至微信平台，确保学习全覆盖。开展“工作落实年”活动，制订活动方案，确定干部联村、联企、联项目名单，建立干部联村、联企、联项目台账和治学、治穷、治稳考核台账，每月调度干部联系情况，整顿完成4个软弱班子。

（刘建伟）

乳山寨镇

【概况】 全镇面积135.92平方公里，耕地总资源面积3933公顷，海岸线长17.67公里。镇政府驻寨东村，辖44个行政村。境内有国家级森林公园岠嵎山风景区和正华石佛山国家AAA级旅游景区。青威、埠乳公路穿境而过。2016年，镇级财政收入525万元，实现工农业总产值48.1亿元，其中，工业总产值39亿元，农业总产值9.1亿元。农村经济总收入3.7亿元，农民人均纯收入14312元。有民营企业40家，主导行业有农药、铸件、食品生产、服装加工等。实现固定资产投资10亿元。主要农特产有茶叶、花生、苹果、梨、桃、板栗、草莓等，海产品有对虾、海参、蟹、牡蛎、文蛤、带鱼、黄鱼等。年内，获得“山东省一村一品示范镇”“山东省书香之乡”称号。

2016年乳山寨镇各村基本情况一览表

表64

村名	党支部书记	村委会主任	总经济收入（万元）	人均纯收入（元）
人　石	高庆宝	高庆宝	3404	12801
到根见	高国基	高崇岭	1470	10300
滩甲庄	高学勤	孙付明	1061	9940
孤石河	王德生	高庆安	194	11000
梅　家	高明松	高明松	572	10800
横山后	隋培江	隋培江	1029	11702
杨　家	杨奎春	杨绍梓	420	10800
刁　家	孙中仁	孙中仁	1052	11500

续表 64

村名	党支部书记	村委会主任	总经济收入（万元）	人均纯收入（元）
贾　家	王正法	王正法	1150	11900
夏　家	戴本源	冷仔述	153	12239
滕　河	高胜学	高胜学	408	9686
管　村	于　刚	于开松	425	9800
小　岚	于红开	于红开	173	11000
宋　河	于建刚	于建刚	543	11000
风台顶	于开利	于开利	1009	12490
玉皇台	于开辉	于开辉	2603	10012
玉皇山后	于开胜	于开胜	496	10630
楼　村	张书涛	张书涛	717	9507
沙　沟	张　伟	张　伟	280	9200
耳　沟	刘占生	刘占生	270	9500
乳山屯	刘新堂	刘新堂	300	10500
圈　港	单福刚	单福刚	1083	10096
寨　西	于福年	于福年	1345	10650
寨　中	王迪新	王迪新	1337	13789
寨　东	王同岭	王同岭	1732	13711
芦根滩	邵永强	臧泽东	625	9500
乔家庄	乔金光	乔占述	180	9908
崔家沟	（缺）	李延志	512	9358
仇家兴	于俊复	于复广	353	8092
李家兴	于占本	于占本	279	7226
高家兴	刘吉东	于复岭	143	10300
小　庵	于习武	于向武	867	10390
盘古庄	徐华荣	高志庆	1501	10050
车　村	郭峻山	郭峻山	1031	11090
石硼崔家	崔学军	崔美粉	209	9634
东驾马沟	于付友	张志合	891	12540
西驾马沟	董　迅	董在广	690	9990
北司马庄	于尧华	于尧华	487	5679
南司马庄	（缺）	于开光	1653	11208
东司马庄	于　龙	于忠仕	540	8439

续表 64

村名	党支部书记	村委会主任	总经济收入（万元）	人均纯收入（元）
赤家口	于开岩	宋维洲	1093	10501
果枣夼	于京凯	于京凯	1235	11060
小管村	于礼年	邵明川	1069	9707
宝　口	刘国涛	（缺）	921	10000

【清溪菩提叶等重点项目推进】 2016 年，乳山寨镇引导清溪菩提叶投入 1.1 亿元，完成土地整理、微滴灌管网铺设及河道沟渠疏通等，栽植清溪白桦、竹柳、等 70 万棵。协调连云港客商投资 1500 万元新上好兄弟辣酱项目，年产 30 万瓶。推进韩孚生化技术改造项目，投资 1120 万元新上废气过滤系统、扩大 2−4D 产品生产线 2 条，年增产量 500 吨，销售收入 1000 万元，利税 200 万元。

【镇域农产品特色品牌推广】 2016 年，乳山寨镇流转土地面积 266.6 公顷，发展高效育苗基地 86.6 公顷、竹柳 20 公顷、桃子 13.3 公顷、不老莓 33.3 公顷、矮化苹果 20 公顷，茶叶 20 公顷。注册旱稻、无花果等特色农业商标，组织鑫杰家庭农场、赤家口蓝孔雀基地、仇家兴旱稻基地与礼尚威海等电商平台签订合作协议，推广镇域农产品特色品牌。

【镇域旅游规划实施】 2016 年，乳山寨镇提出“全景古寨、全域旅游”发展思路，将岠嵎山、石佛山、于相宸故居、蓝孔雀基地、新自然农场、清溪菩提叶、济南军区总医院旧址等旅游资源连点变线，编制旅游地图，打造景观游、乡村游、红色游和休闲游多位一体全域旅游新格局。发挥镇域生态、旅游、产业、文化等资源优势，依托石佛山、岠嵎山、中华传媒影视基地三大景区，突出乡村旅游和民宿经济目标定位，规划“山谷人家”“山后人家”“山海人家”三大休闲旅游品牌，注册镇村旅游开发公司。

【社会事业建设力度加大】 2016 年，乳山寨镇推进到根见村搬迁避让水、路、电等配套设施建设，完成搬迁工作。投资 400 万元，加大城乡环卫一体化和乡村文明建设力度，提升镇村环境、乡风文明程度。投资 180 万元，完成康乐安公寓建设，提高农村养老能力；投资 20 万元，完成镇中心学校教学楼整修工程，改善全镇教育环境。投资 142 万元，完成贾家千亩土地整理项目，改善农业生产条件；完成 42 个村土地确权证发放工作，完成 41 个村土地确权档案整理，组织仇家兴、夏家 2 个村集体产权制度改革。投资 150 万元，完成楼村至芦根滩村路硬化、滕河到刁家、横山后至杨家等道路硬化 3 公里。投资 440 万元，推进玉皇山后美丽乡村建设，规划建设茶文化交流中心、徒步攀岩基地、露营基地、高端民宿居住区、乡村文化记忆馆、写生基地、高效产业带等板块，带动全镇乡村旅游和民宿经济发展。

【“两新”组织新成立 9 家】 2016 年，乳山寨镇继续深化“三定二评一监管”工作机制，明确干部包村、管村责任；在南司马庄、李家兴、仇家兴 3 个村开展农村班子和农村干部经常性考察选用机制，推进 6 个后进班子整治工作。新成立“两新”组织 9 家，新建威海市远程教育示范点 1 处、乳山市党建示范点 1 处，基层组织建设上档升级。

【省定贫困村精准脱贫投入 245 万元】 2016 年，乳山寨镇在 4 个省定贫困村投资 245 万元，新建 1 座拦水坝、1 座塘坝、13 眼机钻井和大口井，疏通河道 1300 米；李家兴村入股兴源园林公司，发展 7.3 公顷速生楸育苗基地，按年享受保底分红；仇家兴村利用村自有 5.3 公顷机动地，成立农民专业合作社，购置大型农业机械，发展旱稻种植和农机服务；西驾马沟村依托威海环山集团发展 680 头标准化养猪基地，发展订单养猪；北司马庄村依托正华农林发展 6.7 公顷无花果基地，与公司合作发展采摘旅游、现代农业。

（刘兴华）

11 月 25 日，乳山寨镇乡村记忆展馆布展完工　（刘兴华　摄）

7月3日，田家村古巷 （田艺菲 摄）

青山古民居

责任编辑：王　浩

附　录

Appendix

- 先进集体名录
- 文件题录
- 2016 年度重要文件选编
- 媒体关注报道
- 乳山投资指南
- 部分便民服务事项

先进集体名录

2016 年获省部级以上表彰的先进集体

表 65

荣誉称号	获得单位	授奖部门
全国科普示范市	乳山市	中国科学技术协会
国家级抗战纪念设施、遗址名录	威海马石山红色教育基地	国务院
300 名著名抗日英烈和英雄群体名录	威海马石山红色教育基地	国务院
山东省重点烈士纪念建筑物保护单位	威海马石山红色教育基地	山东省人民政府
山东省重点文物保护单位	威海马石山红色教育基地	山东省人民政府
全国爱国主义教育示范基地	威海马石山红色教育基地	中共中央宣传部
第六批 96 处国家级烈士纪念设施	威海马石山红色教育基地	民政部
中国人民解放军国防大学现地教育基地	威海马石山红色教育基地	中国人民解放军国防大学
山东省国防教育基地	威海马石山红色教育基地	山东省人民政府

2016 年获地厅级表彰的先进集体

表 66

荣誉称号	获得单位	授奖部门
“幸福进家”活动先进集体	乳山市妇女联合会	山东省妇女联合会
山东省“劳模创新工作室”	国网山东省电力公司乳山市供电公司刘海林高技能人才创新工作室	山东省总工会
全省老干部工作部门调研宣传工作先进单位	乳山市老干部局	中共山东省委老干部局
2016 中国智慧城市优秀案例	乳山市智慧城市建设管理办公室	中国智慧城市论坛、中国科学技术法学会智慧城市工作委员会
山东省爱国主义教育基地	威海马石山红色教育基地	中共山东省委宣传部
山东省社会科学普及教育基地	威海马石山红色教育基地	中共山东省委宣传部、山东省社科联
山东省党史教育基地	威海马石山红色教育基地	中共山东省委党史研究室
2016 年度全省气象服务先进集体	乳山市气象局	山东省气象局
山东省五四红旗团支部（总支）	乳山市教育局	共青团山东省委
全国网络教研创新研究实验区	乳山市教育局	教育部教育管理信息中心
2016 年度全省“扫黄打非”工作先进集体	乳山市文化市场综合执法局	山东省“扫黄打非”工作领导小组
2016 年度山东电视宣传先进集体“一等奖”	乳山市广播电视台	山东广播电视台
2016 年度山东广播宣传先进集体“一等奖”	乳山市广播电视台	山东广播电视台
山东省守合同重信用企业	乳山市水务集团有限公司	山东省工商行政管理局
山东省卫生先进单位	乳山市水务集团有限公司	山东省爱国卫生运动委员会办公室

续表 66

荣誉称号	获得单位	授奖部门
山东省 2016 年度省级文明单位	乳山市人民检察院	山东省精神文明建设委员会
《山东检察》宣传工作先进	乳山市人民检察院	山东省人民检察院
全省检察机关一级派驻基层检察室	乳山市院派驻经济开发区检察室	山东省人民检察院
全省检察机关一级派驻基层检察室	乳山市院派驻经济开发区检察室	山东省人民检察院
全省检察机关一级派驻基层检察室	乳山市院派驻经济开发区检察室	山东省人民检察院
中国黄金行业社会责任大奖·最佳绿色环保奖	山东金洲矿业集团有限公司	中国黄金协会
全国黄金行业思想政治工作先进集体	山东金洲矿业集团有限公司	中国黄金协会
山东省安全生产工作先进单位	山东金洲矿业集团有限公司	山东省人民政府安全生产委员会
山东省卫生先进单位	乳山市环境卫生管理处	山东省爱国卫生运动委员会办公室
全省公安信访窗口示范单位	乳山市公安局信访科	山东省公安厅
全省公安机关大数据警务云计算建设应用工作先进集体	乳山市公安局指挥中心	山东省公安厅
全省情报平台红色指令追逃专项活动成绩突出集体	乳山市公安局	山东省公安厅
山东省级巾帼文明岗	乳山市公安局出入境管理大队	山东省妇女联合会
山东省先进中队	乳山市公安消防大队金岭中队	山东省公安消防总队委员会
全省公安机关执法示范单位	乳山市公安局刑事侦查大队	山东省公安厅
公安系统先进集体记二等功	乳山市看守所	山东省公安厅
全省公安机关“210 工程”建设先进集体	乳山市公安局警务保障室	山东省公安厅
全省公安机关系列安民行动先进集体	乳山市公安局刑事侦查大队	山东省公安厅
先进基层党组织	乳山市公安局乳山口边防派出所	山东省公安厅政治部
山东省文明单位	乳山市审计局	山东省精神文明建设委员会
先进基层党组织	乳山农村商业银行股份有限公司	中共山东省农村信用社联合社委员会
2016 年度价格宣传报道工作先进单位	乳山市物价局	国家发改委中国经济导报社

2016 年获威海市委、市政府表彰的先进集体

表 67

荣誉称号	获得单位	授奖部门
威海市先进基层党组织	威海市乳山公路管理局党委	中共威海市委
威海市先进基层党组织	山东金洲矿业集团有限公司	中共威海市委
威海市重点文物保护单位	威海马石山红色教育基地	威海市人民政府

文件题录

2016 年度中共乳山市委及其办公室重要文件题录

表 68

文　号	文件名称	印发时间
乳发〔2016〕1 号	关于市委常委班子专题民主生活会情况的报告	1.26
乳发〔2016〕2 号	关于表彰 2015 年度履行机关岗位目标责任制先进单位和先进个人的决定	2.15
乳发〔2016〕3 号	关于表彰 2015 年度经济发展突出贡献企业的决定	2.15
乳发〔2016〕4 号	关于开展向邢飞同志学习活动的决定	3.7
乳发〔2016〕5 号	中共乳山市委常委会 2016 年工作要点	4.1
乳发〔2016〕6 号	关于深入推进扶贫开发工作坚决打赢脱贫攻坚战的实施意见	4.1
乳发〔2016〕7 号	关于 2016 年度岗位目标责任制考核的实施意见	4.6
乳发〔2016〕8 号	关于市委常委工作分工的通知	4.14
乳发〔2016〕9 号	关于命名表彰先进基层党组织、优秀共产党员和优秀党务工作者的决定	6.30
乳发〔2016〕10 号	关于加快推进农业现代化提前实现全面小康目标的实施意见	6.30
乳发〔2016〕12 号	关于印发《关于进一步规范“三重一大”事项决策暂行办法》的通知	8.5
乳发〔2016〕14 号	中国共产党乳山市第十三届委员会第八次全体会议公报	9.6
乳发〔2016〕15 号	关于印发《中共乳山市委工作规则》的通知	9.6
乳发〔2016〕16 号	关于表彰奖励 2015—2016 年度教育工作先进单位和个人的决定	9.10
乳发〔2016〕19 号	关于深化供销合作社综合改革的实施意见	10.11
乳发〔2016〕20 号	关于认真学习宣传贯彻党的十八届六中全会精神的通知	11.2
乳发〔2016〕21 号	关于转发《市委宣传部 市司法局关于在全市公民中开展法治宣传教育的第七个五年规划（2016—2020 年）》的通知	11.24
乳办发〔2016〕1 号	关于印发《关于开展集中整治和查处侵害群众利益的不正之风和腐败问题的工作方案》	3.28
乳办发〔2016〕2 号	关于印发《乳山市镇（街道）纪（工）委书记、副书记提名考察办法（试行）》《乳山市纪委派驻纪检组组长、副组长提名考察办法（试行）》《乳山市市属国有企业纪委书记、副书记提名考察办法（试行）》的通知	3.28
乳办发〔2016〕3 号	关于进一步加强督查工作的实施意见	4.19
乳办发〔2016〕4 号	关于印发《关于在全体党员中开展“学党章党规、学系列讲话，做合格党员”学习教育实施方案》的通知	4.30
乳办发〔2016〕5 号	关于印发《乳山市建设健康城市实施方案》的通知	5.9
乳办发〔2016〕6 号	关于组织开展“两学一做”学习教育宣讲工作的通知	5.16
乳办发〔2016〕7 号	关于调整“五城联创”工作指挥部组成人员的通知	5.16
乳办发〔2016〕8 号	关于市委常委参加“两学一做”学习教育工作安排方案	5.25
乳办发〔2016〕9 号	关于印发庆祝建党 95 周年系列活动工作方案的通知	6.4

续表 68

文 号	文件名称	印发时间
乳办发〔2016〕10 号	印发《关于在“两学一做”学习教育中开展“学乳娘当先锋”活动的实施意见》的通知	6.22
乳办发〔2016〕11 号	关于印发《关于推行“三联一线”工作法化解矛盾隐患的实施意见》等五个文件的通知	6.22
乳办发〔2016〕12 号	关于印发《乳山市党政机关公务用车制度改革实施方案》的通知	6.28
乳办发〔2016〕15 号	关于进一步深化农村环境整治推进美丽乡村建设的实施意见	6.30
乳办发〔2016〕19 号	关于印发《乳山市 2016 年“慈心一日捐”活动实施方案》的通知	8.8
乳办发〔2016〕20 号	关于举办乳山市第八届运动会的通知	8.24
乳办发〔2016〕21 号	乳山市铁路沿线环境综合治理实施方案	9.18
乳办发〔2016〕22 号	乳山市各级党委、政府及有关部门环境保护工作职责（试行）	10.24
乳办发〔2016〕23 号	关于做好 2017 年度重点党报党刊发行工作严格规范报刊发行秩序的通知	11.3
乳办发〔2016〕24 号	关于印发《党的十八届六中全会精神学习教育方案》的通知	11.7
乳办发〔2016〕25 号	关于印发《乳山市违法建设治理行动实施方案》的通知	12.2
乳办发〔2016〕26 号	印发关于加强城市街道、社区区域化党建工作的实施方案的通知	12.4
室字〔2016〕1 号	关于组织学习习近平总书记重要讲话精神的通知	1.5
室字〔2016〕2 号	关于做好人民日报、大众日报客户端推广使用工作的通知	1.6
室字〔2016〕3 号	关于开展党的十八届五中全会精神精准学习的通知	1.12
室字〔2016〕4 号	关于征集《乳山市志》人物和《乳山籍人物》信息资料的通知	1.20
室字〔2016〕5 号	关于做好《乳山年鉴（2016）》编纂工作的通知	3.16
室字〔2016〕6 号	关于推荐马术朝等同志提拔重用的请示	3.19
室字〔2016〕7 号	《关于深入推进扶贫开发工作坚决打赢脱贫攻坚战的实施意见》的分工方案	4.1
室字〔2016〕8 号	关于认真抓好 2016 年度创新亮点工作落实的通知	4.15
室字〔2016〕9 号	印发《关于贯彻落实〈中共乳山市委常委会 2016 年工作要点〉分工方案》的通知	4.27
室字〔2016〕10 号	关于做好 2016 年市级领导分包工作的通知	5.3
室字〔2016〕11 号	市委办公室党风廉政建设主体责任清单	5.16
室字〔2016〕12 号	关于印发《威海市 2016 年目标绩效管理考核工作责任分工》的通知	6.8
室字〔2016〕14 号	印发《〈中共乳山市委 乳山市人民政府关于加快推进农业现代化提前实现全面小康目标的实施意见〉重点任务分工方案》的通知	7.1
室字〔2016〕15 号	关于印发《〈改革开放实录〉征编工作方案》的通知	7.26
室字〔2016〕16 号	关于进一步规范公文处理工作的通知	8.12
室字〔2016〕17 号	关于孙飞龙等同志任免职的通知	8.15
室字〔2016〕18 号	关于调整理顺乳山市环境保护工作委员会的通知	9.9
室字〔2016〕19 号	关于贯彻落实威海市党政系统办公室主任会议精神的情况汇报	11.2
室字〔2016〕20 号	关于推荐孙飞龙同志作为提拔重用差额人选的请示	11.26
室字〔2015〕21 号	关于印发《乳山市简化优化公共服务流程方便基层群众办事创业实施方案》的通知	12.15

2016 年度乳山市人民政府及其办公室重要文件题录

表 69

文 号	文件名称	印发时间
乳政发〔2016〕1 号	关于印发《乳山市行政机关首问责任制规定》的通知	1.26
乳政发〔2016〕2 号	关于公布第六批文物保护单位的通知	1.5
乳政发〔2016〕3 号	关于印发乳山市环境空气质量全面优化行动计划的通知	2.3
乳政发〔2016〕4 号	关于公布实施乳山市海域使用规划（2013—2020 年）的通知	4.16
乳政发〔2016〕5 号	关于公布实施乳山市海域使用规划（2013—2020）的通知	4.18
乳政发〔2016〕6 号	关于同意乳山市水产养殖协会申报“乳山文蛤”地理标志证明商标的函	4.19
乳政发〔2016〕7 号	关于公布第四批非物质文化遗产代表性项目名录的通知	5.9
乳政发〔2016〕8 号	关于调整理顺全市财政管理体制的意见	9.7
乳政发〔2016〕9 号	关于印发乳山市服务贸易创新发展试点实施方案的通知	10.24
乳政发〔2016〕10 号	关于印发乳山市 2016—2020 年依法治市规划的通知	11.28
乳政发〔2016〕11 号	关于公布市级行政执法主体的公告	11.30
乳政发〔2016〕12 号	关于桃威铁路线路安全保护区划定的公告	12.15
乳政发〔2016〕13 号	关于印发乳山市全民健身实施计划的通知	12.23
乳政发〔2016〕14 号	关于“先照后证”改革后加强事中事后监管的实施意见	12.30
乳政办发〔2016〕1 号	关于调整市企业改革领导小组成员名单的通知	1.26
乳政办发〔2016〕2 号	关于印发乳山市国家卫生城市管理长效机制的通知	2.15
乳政办发〔2016〕3 号	转发市审计局关于 2016 年审计项目安排意见的通知	3.14
乳政办发〔2016〕4 号	关于成立规模企业规范化公司制改制联席会议领导小组的通知	4.8
乳政办发〔2016〕5 号	关于印发 2016 年度全市应急管理工作要点的通知	4.11
乳政办发〔2016〕6 号	关于印发乳山市创建省级食品安全先进县工作实施方案的通知	4.14
乳政办发〔2016〕7 号	关于在全市开展依法行政基础规范年活动的实施方案	4.25
乳政办发〔2016〕8 号	关于印发城市环境重点整治行动实施方案的通知	4.26
乳政办发〔2016〕9 号	关于印发农村无害化厕所改造和生活污水处理工作实施方案的通知	4.26
乳政办发〔2016〕10 号	关于规范防空地下室易地建设费收费范围及标准的通知	5.10
乳政办发〔2016〕11 号	转发市人民防空办公室关于加强民用建筑结建防空地下室管理的意见的通知	5.10
乳政办发〔2016〕12 号	转发市经济和信息化局《全市成品油经营企业专项整治行动方案》的通知	5.9
乳政办发〔2016〕13 号	关于印发乳山市农村集体聚餐食品安全监督管理办法的通知	5.25

续表 69

文 号	文件名称	印发时间
乳政办发〔2016〕14 号	关于印发乳山市食品安全举报奖励办法的通知	5.25
乳政办发〔2016〕15 号	关于印发乳山市创业担保贷款管理暂行办法的通知	5.25
乳政办发〔2016〕16 号	转发市海洋与渔业局关于 2016 年乳山市海洋伏季休渔管理工作实施方案的通知	5.26
乳政办发〔2016〕17 号	关于印发乳山市地震应急预案的通知	6.1
乳政办发〔2016〕18 号	关于进一步推进新型农村合作金融试点工作的实施意见	6.14
乳政办发〔2016〕19 号	关于印发乳山市保护提升乳山牡蛎品牌重点工作安排的通知	7.6
乳政办发〔2016〕20 号	关于印发乳山市提升农产品质量安全可追溯体系实施方案的通知	7.8
乳政办发〔2016〕21 号	关于印发乳山市病死畜禽无害化处理工作实施方案的通知	7.8
乳政办发〔2016〕22 号	转发市国土资源局关于乳山市 2016 年地质灾害防治方案的通知	7.18
乳政办发〔2016〕23 号	关于印发乳山市中美海洋垃圾防治“姐妹城市”工作实施方案的通知	7.19
乳政办发〔2016〕24 号	关于印发乳山市小型水库管理体制改革实施方案的通知	7.19
乳政办发〔2016〕25 号	关于印发政府投资非经营性房屋建筑项目代建制管理意见的通知	8.2
乳政办发〔2016〕26 号	关于印发传统村落和古建筑保护及文物收集工作方案的通知	8.2
乳政办发〔2016〕27 号	转发市住房和城乡建设局关于扬尘腥水污染综合整治实施意见的通知	8.4
乳政办发〔2016〕28 号	关于印发乳山市畜禽养殖环境整治工作方案的通知	8.10
乳政办发〔2016〕29 号	关于加强新建畜禽养殖场报批管理的意见	8.10
乳政办发〔2016〕30 号	关于印发乳山市重污染天气应急预案的通知	9.19
乳政办发〔2016〕31 号	关于印发乳山市推进分级诊疗制度建设实施意见的通知	9.29
乳政办发〔2016〕32 号	关于转发市旅游局关于建立旅游工作联动机制的意见的通知	10.27
乳政办发〔2016〕33 号	关于印发《“中国乳山”政府门户网站管理办法（试行）》等制度的通知	10.26
乳政办发〔2016〕34 号	乳山市棚户区改造管理办法（规范性文件）	10.28
乳政办发〔2016〕35 号	关于印发乳山市应急用水价格制度的通知	11.11
乳政办发〔2016〕36 号	转发威海市公共资源交易中心乳山分中心关于进一步加强公共资源交易活动监督管理工作的意见的通知（规范性文件）	11.18
乳政办发〔2016〕37 号	关于做好城区清雪工作的通知	12.18
乳政办发〔2016〕38 号	关于印发乳山市建立镇（办事处）、村（居）级体育总会实施方案的通知	12.18
乳政办发〔2016〕39 号	关于印发乳山市全民科学素质行动计划纲要实施方案（2016—2020 年）的通知	12.30
乳政办发〔2016〕40 号	关于印发乳山市全面推行“双随机、一公开”监管改革实施方案的通知	12.31

2016年度重要文件选编

关于印发乳山市棚户区改造管理办法的通知

（10月28日乳政办发〔2016〕34号）

第一章 总 则

第一条 为加快我市棚户区改造步伐，改善棚户区居民的居住条件和生活环境，保护棚户区居民的合法权益，根据国家、省、市有关规定，结合我市实际，制定本办法。

第二条 本办法适用于我市城镇规划控制区内棚户区改造项目的规划、征收、补偿、建设、安置等工作。

第三条 本办法所称棚户区改造项目是指纳入我市年度棚改计划的项目（包括城市连片棚户区、城中村、城边村、建制镇）。

第四条 本办法所称棚户区改造安置住房，指棚户区改造范围内住房被征收居（村）民改造后的安置住房。

第五条 坚持以人为本、安置先行，按照“全面规划、合理布局、综合开发、完善配套”的原则进行改造，并应当有利于产业结构调整和城市生态环境改善。

第六条 市政府成立棚户区改造领导小组，负责协调解决棚户区改造过程中的重大问题。领导小组办公室设在市住建局，负责棚户区改造的管理、协调、指导工作；成员单位包括住建局、发改局、规划局、财政局、国土局、房管局、环保局、审计局、地税局、人防办、财金公司、城投置业公司、各镇（办事处）等，各成员单位按照职责分工，做好棚户区改造相关工作。

第七条 通过财政拨款、银行贷款、企业支持、中央和省专项资金补助等方式，多渠道筹集棚户区改造安置住房建设资金，并鼓励社会资金积极参与棚户区改造活动。

第二章 棚改模式

第八条 棚户区改造采用政府主导和企业参与两种模式。

（一）政府主导模式。对于政府主导的棚户区改造项目，由政府成立平台公司负责居民安置住房、商业经营用房及其他配套设施的建设或货币化安置。棚改村划出等值面积的土地纳入政府储备，通过净地拍卖、融资或商业开发等模式获取收益，用于偿还棚户区改造项目借款本息。土地回收时，由国土局按照已批准的规划方案中的容积率测算土地回收价格，具体地块位置由棚改领导小组与村集体协商确定。在完成土地回收前，棚改片区所在村的土地原则上不得用于任何商业项目，若确有需要可申请一事一议。

（二）企业参与模式（仅限于目前已经有企业参与的棚户区改造项目）。开发企业参与新建安置住房、商业经营用房及其他配套设施的建设，按原成本测算方法，确定用于开发的用地面积。

1. 开发企业仍然具备安置住房建设能力的，由开发企业继续投资建设并按期完工，安置住房竣工验收备案后交付使用。

2. 对于开发企业由于资金状况无法继续进行安置房建设的项目，由平台公司同开发企业和村委会协商后，采用以下两种方式中的一种进行改造。

（1）剥离建设方式。开发企业已部分建设完成且交付使用或具备交付使用条件的，仍按企业参与模式进行。剩余部分安置住房、商业经营用房及其他配套设施的建设与原开发企业剥离，由平台公司按照政府主导模式完成。

（2）回购建设方式。开发企业已部分建设完成但不具备交付使用条件的，由平台公司按照经具备相应资质的中介机构评估且双方认可的价格进行回购，开发企业返退项目建设过程中享受的优惠政策和各项规费；剩余部分安置住房、商业经营用房及其他配套设施，由平台公司按照政府主导模式完成建设。

第三章 计划确定

第九条 棚户区改造应符合乳山市城市总体规划和土地利用规划，按照经批准的棚户区改造规划合理确定改造计划，分步实施，有序推进。在改造计划确定过程中，优先考虑老城区的棚户区，老城区以外的村庄自愿申请，在获得棚户区改造领导小组批准后纳入棚户区改造计划。在符合城市统一规划的前提下，鼓励采取合村并点的方法进行一体化改造。

第十条 棚户区改造领导小组召集成员单位对棚户区改造计划进行审核，充分考虑征收、安置等实际因素，按照最终批准的棚户区改造计划制定实施方案。

第四章 安置方式

第十一条 棚户区改造安置方式分为实物安置和货币化安置两种，在尊重群众自主选择权的前提下，鼓励实行货币化安置。

第十二条 选择实物安置的，由建设单位与村（居）委会协商后，在充分考虑村（居）民就业、就医、就学、出行等需求的前提下，合理规划选址，完成安置住房建设。

第十三条 货币化安置分为政府统一购买存量商品房进行安置和货币补偿安置两种。

（一）对于选择政府统一购买存量商品房进行安置的，可以采用“政府采购”方式公开购买、获取房源，价低质优的房源中标；也可以根据被征收人意愿，合理确定房源，房源价格参照有资质中介机构的评估价格。

政府统一购买存量商品房按照“等价原则”进行，超出（不足）原价值部分，按照已选择房源单价的标准，采用货币方式补齐差价。房屋登记管理部门提供交易手续集中办理服务，购买完成后由村（居）委会按协议对已购安置住房进行分配。

（二）对于选择货币补偿安置的，补偿标准按照村集体与村民签订的拆迁安置补偿协议中规定的货币补偿标准执行。

第五章 征收补偿

第十四条 征收补偿的对象为合法取得土地使用权及地上建筑物、构筑物和其他附着物的权利人。

第十五条 镇政府（办事处）负责监督村（居）委会与被征收村（居）民签订征收安置补偿协议，并报棚户区改造领导小组办公室备案。镇政府（办事处）协助村（居）委会做好棚户区改造范围内的征收安置工作。

第十六条 征收过程中，集体土地上的住宅房屋按照所在村（居）委会与村（居）民签订的征收安置补偿协议进行补偿；国有土地上的住宅房屋按照政府出台的相关标准进行补偿；对非住宅房屋按照相关规定进行征收补偿。补偿工作完成后，收回土地使用证和房产证。征收安置补偿协议签订后，一方当事人不履行协议约定的，另一方当事人可以依法提起诉讼。

第十七条 征收安置补偿协议签订时，村（居）委会负责对房产证、土地证、户主身份证等三证信息的一致性进行核对，镇政府（办事处）负责监督。对于三证信息不一致或者证件不齐的房产，村（居）委会应督促、指导村（居）民通过司法程序，依法确定房产权利人。

第十八条 安置房楼位、层数、户型、平层户数及配套设施等内容应按相关规定征求意见并公示。改造项目安置房屋的交房条件和标准应当与协议约定内容相一致。

第十九条 对列入棚户区改造计划的项目，由市国土资源管理部门和市房产管理部门分别对涉及的土地和房屋（国有土地上）征收行为依法进行监督。未列入改造计划的项目，不得实施征收。

第六章 工程建设与管理

第二十条 市国土资源行政主管部门会同市住建、规划部门，根据批准的棚户区改造年度计划，合理确定棚户区改造项目的总体用地数量和位置。

第二十一条 棚户区改造安置住房用地纳入土地供应计划优先安排。要充分利用存量土地，依法收回的国有土地和具备“净地”条件供应的储备土地优先用于棚户区改造安置住房建设。

第二十二条 除应由政府投资建设的基础设施及公益公共服务设施外，棚户区改造范围内的基础设施及公益公共服务设施由项目单位负责建设，并保证与主体建筑工程同期交付使用。

第二十三条 项目建设单位及勘察、设计、施工、监理等单位，必须严格执行国家和省市的有关法律法规及相关的工程质量管理标准，依法履行法定义务，建立并落实工程质量责任制和责任追究制，确保棚户区改造项目达到国家规定的质量标准。

第二十四条 棚户区改造项目竣工后，由项目建设单位按规定组织竣工验收。竣工验收合格后，项目建设单位应到建设行政主管部门办理备案手续。

第二十五条 棚户区改造领导小组成员单位要加强改造过程中的监督管理，对棚户区改造过程中发生的违法违规行为，有关主管部门依法依规查处。对因监管不力造成严重后果的，依法依规追究有关责任人员的责任。

第七章 回迁安置

第二十六条 棚户区改造项目的回迁安置工作，由镇政府（办事处）、村（居）委会负责组织实施，市棚户区改造领导小组负责监督管理。

第二十七条 棚户区改造项目征收工作完成后，立即启动安置房建设程序，保质保量的完成建设任务，确保按时回迁。

第二十八条 安置用房达到协议约定条件后，镇政府（办事处）、村（居）委会应当及时发布回迁安置公告，按照征收安置补偿协议有序分配。

第二十九条 房屋所有权登记部门应当及时为被征收人办理产权登记手续。

第八章 后期保障

第三十条 由人社、民政、房管等部门及镇政府（办事处）采取纳入失地保险、大病救助、困难补助、提供公租房（廉租房）等措施对已完成棚户区改造且生活困难的居民进行保障，解决就业、养老、医疗保障等问题。

第三十一条 在建设安置房的同时，同步建设相应面积（某区段某村给安置居民提供的人均福利待遇 ÷ 相应安置区商业门市的单位面积平均租赁价格 = 某村人均门市房面积，各村再取平均数）的商贸中心或商业网点，建成后资产转交村集体，由村集体经营或对外出租（如果出售、抵押，须经村民代表大会讨论通过并报镇政府或办事处审批，按照《山东省农村集体资产管理条例》执行），收益主要用于村集体成员长期生活保障和集体经济发展。

第三十二条 结合新型社区建设，设立便民服务中心，提供就业指导和基础服务，为零就业家庭提供就业指导和岗位推荐，为失地人群提供就业保障。

第三十三条 物业管理全部纳入市场化管理，鼓励村根据村集体实际经济情况，给予安置户适当的物业管理费补助。

第九章 优惠政策

第三十四条 新建棚户区改造安置项目，免收防空地下室易地建设费、城市基础设施配套费、散装水泥专项资金、新型墙体材料专项基金、教育费附加、地方教育附加、城镇公用事业附加等各项行政事业性收费和政府性基金。供电、供水、供热、供气等专项配套部分优惠 20%，其他企业收费按政策规定下限收取。

第三十五条 对改造安置住房建设用地免征城镇土地使用税。对改造安置住房经营管理单位、开发商与改造安置住房相关的印花税以及购买安置住房的个人涉及的印花税予以免征。

第三十六条 个人因房屋被征收而取得货币补偿并用于购买安置住房的，对与原征收补偿额等值的购房款部分免征契税；因房屋被征收而进行房屋产权调换并取得改造安置住房，按有关规定减免契税。对被拆迁人按照国家有关城镇房屋拆迁管理办法规定的标准取得的拆迁补偿款，免征个人所得税。

第三十七条　对原已列入旧村改造计划且由企业参与建设的项目政策如下：

安置房建设部分按本办法执行（仅限于目前仍有安置房建设的改造项目）。

非安置房建设部分，土地净收益金全额返回村委会，并由村委会负担相关的土地报批费用。减半缴纳基础设施配套费及防空地下室易地建设费。

第三十八条　本办法执行期间，若相关优惠政策有所调整，按调整后的新政策标准执行。

第十章　附　则

第三十九条　在棚户区改造实施过程中，如遇特殊情况采取一事一议的方法协调解决。

第四十条　本办法由市住房和城乡建设局负责解释。

第四十一条　本办法自发布之日起施行，有效期至2019年12月31日。《乳山市棚户区改造暂行办法》（乳政办发〔2015〕27号）同时废止。

媒体关注报道

乳山打造醒目“红色文化”名片

全国爱国主义教育基地，国家国防教育示范基地，连续七次荣膺全省双拥模范城——乳山市作为革命老区、胶东抗战重要的革命根据地，“红色文化”成为一张醒目的“名片”。

新形势下，乳山市通过加大红色遗址保护修缮力度，打造红色精品工程，放大红色资源优势，让红色文化基因融入党员干部群众血脉，成为社会发展“内驱力”。

不惜重金留存“红色记忆”

胶东育儿所是乳山重要的红色资源之一，在上世纪三四十年代斗争岁月里，300多名乳娘和保育员曾养育了1223名革命后代。

为了留住这段珍贵的历史记忆，乳山相关部门编写了《关于胶东育儿所的历史材料》，举办了红色文化传承与发展研讨会，研究乳娘精神等红色文化。今年5月，乳山利用胶东育儿所原址民房，修缮了胶东育儿所教育基地，通过文物、照片、影像、复原展室等多种形式，展现胶东育儿所历史，让党员干部群众重新了解乳娘感人事迹、感受乳娘精神。

在留存“红色记忆”上，乳山从不吝惜投入。在寸土寸金的市中心地带，乳山不搞商业开发，建设了全国爱国主义教育基地——冯德英文学馆，占地1500余平方米，馆内陈列和收藏的冯德英文学创作生涯中的图片、作品以及胶东抗战史料、文物多达2000余件。自2013年8月以来，乳山市先后投资5000万元对以“马石山十勇士”为主题的马石山红色教育基地进行修缮改陈，整个布展面积由原来的330余平方米增加到2900余平方米。改陈后，布展主题突出、内容丰富翔实，立足乳山，外延胶东，成为承载胶东抗战精神的重要载体。

“红色精神”滋养城市内涵

“每年的吕剧《乳娘》巡演我都会看，乳娘玉英舍弃亲生骨肉、收养革命后代的大爱精神着实让人感动，看着身边的故事改编的节目，更有教育意义。”乳山市民于海说，他非常期待由乳娘事迹改编的电影，将来会带着全家人一起看。

为了避免红色历史在史料上、展馆内“沉睡”，近年来，乳山通过创作影视文学作品、组织红色书画联展、图片展、红色主题歌曲征集、红歌比赛等多种形式，让红色文化走进群众生活中，在交流互动中传承发扬。

吕剧《乳娘》就是乳山倾力打造的红色文化精品之一。乳山请来吕剧表演艺术家郎咸芬担任艺术顾问，并盛邀其弟子史萍担纲主演。经过专家名角精心打磨剧本唱词，大型原创红色题材吕剧《乳娘》一经问世就受到了社会广泛好评，先后荣获山东省文艺精品工程和泰山文艺奖，被评为山东省京剧和地方戏十大重点保护剧目。

去年，乳山对《乳娘》剧目进行改造提升，修改完善剧目情节、唱段、对白，革新创作唱腔、音乐，重现设计改造、编程舞美和灯光效果。历经三次改造提升的《乳娘》，作为全国唯一一个县级院团选送节目首次登上中央电视台。今年乳山举行了电影《生死相依》（暂定名）启动仪式，胶东育儿所感人事迹将搬上荧屏，让更多人了解乳娘精神，传承乳娘精神。

吕剧《乳娘》引发了联动效应，乳山先后创作了大型专题片《红色的爱之革命摇篮》，拍摄了电影《马石山十勇士》等文艺精品工程，每年“七一”“八一”、国庆节等期间组织红色书画展、专题讲座，通过各种形式传承，让红色文化入心入脑。

红色精神的传承，凝练了区域精神品格，促动了干部作风转变，坚定了服务群众的意识。乳山组织开展党员干部红色教育基地接受党性教育、“红色关爱”志愿服务、学乳娘当先锋、重温乳娘精神等系列红色主题教育，激发了党员干部发挥先锋模范作用。

“红色旅游”带动经济发展

端午节期间，马石山红色教育基地迎来了近千人参观。“有组团来的，有开私家车来的，虽然要通过盘山公路进山，但阻挡不了红色文化对游客的吸引力。”威海马石山爱国主义教育基地管理处副主任耿德恒说。

“上午去马石山爱国主义教育基地、胶东育儿所教育基地接受红色革命教育，下午游览垛山，采摘樱桃、桑葚，欣赏生态美景，一天下来很充实。”游客李志新说，红色革命旅游很有教育意义，他特意带孩子来看看当年抗日英雄们奋战的地方。

利用得天独厚的红色文化资源，乳山整合周边旅游资源，从过去的主打“观光休闲游”过渡到“红色文化精品游”，推动红色文化旅游产业规模化发展。目前，乳山已经规划了占地20平方公里的马石山红色旅游风景区，修缮了“胶东育儿所”“胶东军区卫生部四所”等革命遗址，还将陆续复原“胶东八路军兵工厂”“胶东特委”等遗址。

在突出红色旅游社会功能的同时，乳山打造全域红色旅游，推动红色旅游与其他产业融合，实现红色文化内涵发掘与产业培植并举。在摸清文化资源底数的基础上，乳山邀请专业设计团队，以红色文化为主导，整合乡村游、民俗游、休闲度假游等资源，增强红色旅游中“可玩”“可参与”，形成综合性旅游产业链，打造红色体验及休闲度假一站式旅游目的地，形成地域特色鲜明的红色文化旅游品牌。借助“红色之旅”的拉动作用，截至目前，今年乳山接待游客数量比往年增长了8%，旅游总收入增长10%。

红色文化是社会发展的有益供给

（中共乳山市委书记　高书良）

历史是最好的营养剂。没有挖掘，再丰厚的精神财富也难有价值；没有发扬，再伟大的精神血脉也难以传承。红色文化的传承、发展离不开载体，只有让红色文化可知、可看、可感，才能真正做到内化于心、外化于行。

乳山是革命老区，红色文化资源丰富而独特，先后涌现出以马石山十勇士、胶东乳娘为代表的一大批革命英雄群体。新时期，乳山深挖红色文化资源，加大对革命历史遗迹的保护、修缮，加强对革命英雄故事的搜集、传播，把教育基地打造成为“两学一做”学习教育重要载体，发挥红色文化的引领教育和服务推动作用，让红色基因代代相传。同时，乳山大力弘扬红色文化，整合周边文化资源，完善配套，发展文化旅游产业，打造经济增长新亮点。

（6月22日《大众日报》　作者：彭辉　史建峰　王嘉）

乳山：新理念引领旅游发展换挡增速

新理念带来大格局

近年来，乳山旅游持续火爆，国内外游客数和旅游综合收入分别增长10.6%和13%，全市旅游业继续呈现健康稳步的发展势头。在这些数字的背后，体现着乳山旅游的新思想、新观念。以旅游为龙头的现代服务业发展迅速，拥有银滩旅游度假区、大乳山滨海旅游度假区等2个AAAA级和台依湖国际酒庄生态文化区、岠嵎山风景区、福如东海文化园、多福山养生文化城、圣水宫道教养生休闲度假区等8个AAA级景区，大乳山滨海旅游度假区被评为全省十大齐鲁文化新地标，跻身山东省文化产业示范基地，塔岛湾成为国家级海洋特别保护区。

乳山市旅游局按照“重内涵、建精品”的要求，把项目建设作为旅游提升的关键内容，在项目推进、完善配套、品牌创建上下大气力。全市主要景区项目建设累计完成投资48亿元，其中大乳山景区完成投资14亿元，海上和沙滩娱乐项目已全部建设完成并投入使用；福如东海文化园完成投资10.3亿元；台依湖国际酒庄生态文化区完成投资4亿元，完成房车营地建设。在品牌创建上，先后成功创建乡村旅游品牌集群化发展县、山东省乡村旅游示范村，银滩旅游度假区完成国家级度假区材料申报，台依湖国际酒庄生态文化区成功创建了AAA级景区，马石山风景区成功创建了AA级景区，市旅游局也获得省人社厅评定的省旅游先进集体称号。

全市旅游规划工作的稳步开展，促使旅游特色进一步彰显，《乳山市旅游发展总体规划》《乳山市红色旅游概念性规划》《马石山景区修建性详细规划》相继修编完成。

此外，乳山市旅游局还组织全市A级景区开展首批“全国旅游价格信得过景区”创建工作，大乳山景区、多福山景区、金牛谷景区、福如东海景区4个景区被评为首批“全国旅游价格信得过景区”，大乳山滨海旅游度假区获评“全省原生态景区”。

立体营销塑造城市新形象

要满足不断提升城市形象的需求，首先要从品牌宣传、市场推介营销开始，这是旅游作为城市名片最重要的价值体现。“乳山市旅游局将继续强化传统营销方式，瞄准重点目标客源市场，通过与全国、全省主流媒体的合作，扩大乳山旅游的知名度，并通过适时举办专题推介、参加旅游交易会等形式，努力提升乳山旅游的影响力，进一步巩固老市场，拓展新市场。”乳山市旅游局局长焉强表示。

乳山旅游的知行合一，使其有了长足的发展，在旅游信息化建设工作，旅游推介方式，以及旅游促销效果等方面都有了显著的成效。在景区、旅游宣传资料和旅游网站推行相关景区手机客户端二维码扫描功能，实现景区游览手机语音实时导游功能，方便游客自由出游、智慧出游；依托公共服务中心网络平台，积极开展OTA（在线旅游代理商）工作，大力推广网络营销新模式；依托公共服务中心智能手机客户端系统，增加微信自动回复功能，第一时间为游客提供服务支持，实现与游客的良好互动。

品牌的营销力来源于对品牌、文化的塑造与积淀，如何做？怎么做？

乳山市旅游局以实际行动践行着他们的承诺，努力着付出着，首先，全市旅游加强了媒体推广宣传，紧抓青荣高铁开通契机，通过列车冠名、列车广播、镜框展板等7种载体对乳山市旅游资源进行宣传展示，打造仁爱乳山号动车组列车。其次，在《新航空》《新商旅》两个具有较强影响力的杂志上进行形象宣传，先后在山东卫视早中晚黄金时段、济南电视台《爱旅游》栏目对乳山城市形象进行集中宣传，逐步提升全市市近郊辐射影响力。再者，积极打造乳山旅游宣传年，与同程旅游网、大众网签订全年合作协议，整合推出“乘城铁、游乳山”“熊猫展”“风车季”等旅游线下活动，有效聚拢了景区人气，活动网上关注转发量过万，游客增长近万人次，景区知名度得到了有效提升。

多维模式带来多彩品牌

旅游服务质量稳步提升，进一步优化着旅游环境，乳山市从根本上解决了旅游发展的加法和乘法问题。应该说，乳山市的旅游发展不再是单一的发展模式，而是多维化的，只有这样乳山旅游才能从根本上完成对战略发展的需求。

在未来，乳山市旅游局将继续紧抓各级旅游工作要求，以提升旅游产业发展层次为主线，探索创新旅游发展模式，持续完善旅游服务设施，加快促进产业融合发展，不断增强旅游发展动力，推动旅游业向休闲度假型、质量效益型转化升级，促进全域旅游跨越发展。

创新旅游发展模式，加快组建国有旅游发展集团公司，这是乳山旅游的一个大举措。在集团化运作过程中，将各类旅游资源评估后统一纳入集团公司管理运营，整合旅游资源要素，实现统一管理、统一规划、统一开发、统一经营“四统一”，按照旅游公司的功能布局合理设置组织部门，招聘专业团队进行市场化管理运作，打造旅游产业融资平台，吸引各类资金参与旅游项目开发建设，提升与外合作开发力度和可信度，解决旅游项目“占而不建、建而不快”等问题，确保旅游资源的保值增值。

旅游市场的主体需要打造“多彩”旅游品牌，为进一步完善乳山旅游的体系化奠定基础。在休闲文化和健康产业融合景区开发建设中，打造以马石山为重点的“红色”文化旅游，以农家乐，农业观光、采摘体验为重点的“绿色”乡村旅游，以海上观光、休闲垂钓、渔家乐为重点的“蓝色”滨海旅游，以弘扬乳山精神、展示乳山文明为重点的“金色”文化旅游等旅游产品，规划推出健康养生旅游精品路线，大力开发休闲旅游项目，打造仁爱乳山多彩旅游品牌。

乳山旅游的崛起，不是偶然的，所有的一切都是基于消费者的信赖和爱护。来自西安的程先生很有诗意地表示，乳山这边风景独好！阳光、沙滩、草屋酒店，外在古朴，内在精致典雅，这样的日子选择到乳山休闲度假，一定不会后悔。

大乳山春天给你不一样的精彩

大乳山景区集山、海、滩、湾、岛、湖、林、泉为一体，拥有大小 9 个海湾，6 个海岛，年平均气温 12 度左右，空气洁净，湿度适中，气候宜人，是非常适宜绿色健身和生态旅游的休闲度假目的地。自 2005 年开发建设以来，景区将生态建设、打造生态品牌作为发展旅游的第一要务，在一片荒山荒滩上栽种了近 2000 万株各类树木，并采取系统的综合举措进行生态修复，实现了旅游开发和环境保护的良性循环，使 10 年生态品牌建设真正融入国家发展战略，成为践行中央领导“绿水青山就是金山银山”科学论断的生动典范。2015 年 6 月 21 日，景区生态建设的经验和做法作为展现生态文明、美丽中国的主要内容在央视《新闻联播》播出。2015 年 11 月，由国家 20 多个部委共同制作的专题片《应对气候变化，中国在行动》，将大乳山景区作为中国生态修复的典范，展现在联合国巴黎气候大会的国际舞台，引起了国内外广泛关注，中央电视台、人民网等 100 多家媒体进行了报道，极大地提升了大乳山景区的知名度、美誉度和品牌价值，有力地塑造了景区生态品牌的公信力。

大乳山处于最适宜人类居住的北纬 37 度，胶东半岛昆嵛山脉的南侧、崂山山脉的东侧，三面环海、山环水绕、冬暖夏凉、四季分明，没有极端天气，是北方地区春季赏花的好去处。景区所在地的半岛环境因素和大乳山的独特小气候，形成了春季时间长，各类花卉的花期比内陆晚的特点。尤其是樱花，因工作忙绿错过了其他地方观赏樱花的游客，可以在 4 月底到 5 月初到景区观赏大乳山下花吹雪的缤纷美景。

备受期待的“奔向大乳山　绿跑在行动”迷你马拉松绿色长跑比赛，于 4 月 24 日在大乳山滨海旅游度假区拉开帷幕。参赛的各路选手在春风十里的绿色长廊近距离体验生态运动的乐趣。本次绿色长跑比赛由大乳山景区和新浪网联合举办，活动以“生态绿跑”为主题，旨在让每一位选手在碧海蓝天、红花绿柳间感受最美的生态体验。此外，5 月 14 日“万人游乳山活动”也即将全面启动。

景区热点

乳山市地处山东半岛黄金南海岸，位于青岛、烟台、威海三市中心，辖省级乳山经济开发区和省级银滩旅游度假区。近年来，乳山市旅游局打破旧格局，不断深化改革思想，完善旅游发展新观念，围绕“在资源整合上有突破、发展效益上有突破、集聚能力上有突破、品牌影响上有突破”的发展思路，突出规划引领，引导旅游企业加大资金投入、完善设施配套，大力推动旅游业与其它产业相结合，全市旅游业实现了转型升级跨越式发展，这对于区域性旅游发展具有借鉴意义。

（4 月 25 日《大众日报》　作者：于鹏）

乳山 20 万亩农田实现产品全程可追溯

“白芸豆，产地：西浪暖村绿色阳光合作社；采摘时间：7 月 10 日 6 时（豆荚生长周期 7 天，达到采收标准）；农残速测结果：无农药残留，达到农产安全标准，可上市出售……”7 月 11 日，在乳山市西浪暖村绿色阳光合作社的仓储区，青岛客商徐峰按程序对欲采购的芸豆进行随机抽检，当他用手机扫描一件白芸豆包装包上的二维码后，该包芸豆的生产“来历”和相关安全信息便尽收眼底。

“一个‘健康码’汇集了生产管理全程信息，这些信息准确可靠，特别是农药残留，这可都是来不得半点马虎的真实记录，现在来乳山采购蔬菜，让人更放心了。”徐峰告诉记者。

为推动乳山农产品生产管理安全模式创建，该市在每个农产品可追溯标准化基地都安装了农残速测仪、条码打印机、扫描枪，配备了电脑、冰箱，并安装了监控摄像头，对农残速测情况全程监控。各基地配备 1 至 2 名技术员及时做好农事记录，对什么时候育苗、什么时候播种、什么时候施肥、什么时候用药、什么时候收获等生产记录都定期录入农产品质量追溯系统终端，并按时上传至市农安办的农产品质量追溯系统。

“这里不光有基地的技术员来做生产记录和技术指导，还配备了专门的农药残留速测人员，在产品上市前进行农残速测，对合格的农产品打印出可追溯条码，贴到产品包装上，检验部门和消费者均可通过二维码扫描得知农产品生产过程中的全部信息。”乳山南黄镇绿色阳光合作社负责人林强说。

乳山农产品全程可追溯模式开启以来，经过试点、推广、再完善，如今已把全市农资纳入可追溯监管体系，严把投入品关。全市所销售的农资，都要通过终端设备扫描农户的会员卡信息和农资上的追溯码，直接打印出销售票据，并自动记录购买时间、产品名称、数量、规格等内容，形成电子台账传送到乳山市农资监管平台，实现实时监管，杜绝假冒伪劣和未经备案产品流入农资市场，保障农产品质量。

今年以来，乳山市在总结此前32处可追溯基地的监管经验基础上，又新增设5处标准化基地，使全市可追溯管理的农田面积达到了20万亩，可追溯体系也更加完善、便捷。

（7月26日《大众日报》　作者：任松高　隋海滨）

“乳山三宝”上网变成“香饽饽”

7月26日，记者在乳山金谷之园电子商务产业园见到姜宇青时，他正在对自己的淘宝店铺“装修”，里面新增添了“乳山绿茶”“乳山大姜”“乳山苹果”等相关的宝贝分类、描述和图片。

“土货越来越受青睐，我要抓住商机，在网上扩大乳山当地特色农产品销售品种。”姜宇青说。在电子商务产业园的帮助下，今年姜宇青在淘宝上注册了网店，将自家地里产的大樱桃拿到了网上卖，由于樱桃品质好、口感好，虽然卖价不低，但每天的销售量平均保持在二三百斤，多的时候能突破五百斤，一个销售季节下来，除了销售自家产的樱桃外，还帮助周边果农销售了两千多斤樱桃。而这之前他还是提篮小卖，每天凌晨三四点天不亮就到果园摘樱桃，吃过早饭，到路边摆摊，一个星期卖不到五百斤。

乳山市是“水果之乡”和“水产之乡”，绿色、无公害、有机食品认证产品近百个，但部分特产都局限于本地市场销售，知名度急待进一步提升。乳山市主动把握“互联网+”优势，出台了鼓励电子商务产业发展和扶持电商经济的意见等一揽子政策，促进“电商+店商”的线上市场和线下市场融合发展，让更多的优质土货走向更广阔的市场。自从搭上了“互联网+”顺风车，乳山农产品、水产品不仅能在最短时间销往全国各地，乳山品牌也得到了消费者的认可。以乳山牡蛎为例，网上售卖的日订单量最多达到5000单，日销量25000斤，在淘宝网牡蛎类目销量排名第一。

发展电子商务，推动乳山土货品牌提升，需要完备的平台作支撑。乳山已建成了规模分别为5.3万、3万平方米的金谷之园电子商务产业园、智创电子商务产业基地，展示厅、办公区、仓储场地等设施一应俱全，使园区具有承接电子商务网上交易及物流运输等完善功能，吸引了包括农民电商创业者在内的70多家电商业户进驻。

电子商务的发展离不开人才的支撑。乳山邀请阿里巴巴、杰夫电商等专业讲师、电商专家等专业人士进行集中授课培训，提升电商从业人员的实战能力与发展理念。同时，在园区建设金谷之园大学生实习创业基地、智创科技企业孵化园，打造集大学生实习、创业、创新等于一体的“创客”平台。

在乳山市政策的引领下，乳山土货已成为国内市场甚至国际市场的畅销“贵族”。自去年以来，以“乳山三宝”（牡蛎、茶叶和大姜）为代表的农副产品在淘宝网等网络平台上销售额达13亿元。

（8月7日《大众日报》　作者：任松高　王嘉　周晓春）

把党建抓在“掌上”

新形势下，基层党建如何才能实现精细化管理？今年以来，乳山市研发运用于手机平台上的“智慧党建”，实现党建考核可追溯、重大村务全程可纪实、群众随时随地可参与村务管理。

二维码让党建考核可追溯

“有了这个二维码，党员基本信息、参加会议等情况用手机扫一扫就能自动记录。”11月8日，乳山市委组织部工作人员兰建向记者展示新研发的党建工作移动认证系统。

点击手机上认证系统APP界面，依次输入党建活动主题、地点，发起当日认证，打开“扫一扫”对每一名参加活动的党员“二维码”扫描签到，活动结束后扫码签离，最后自动生成会议记录以存档备查，以往费时费力的检查考核变得省时省力。

针对以往基层党建考核人力物力相对不足等问题，乳山研发了党建工作移动认证系统和党员二维码，二维码涵盖党员姓名、身份证号等基本信息，系统实现对党员参加活动全程动态考核。目前，乳山已为全市4万余名党员生成了专属二维码，将二维码贴到党员证上，即可实现党员持证凭码参加组织生活。

“APP操作相对简单，全市50余个党委平日开展组织生活可以化整为零，以包村、包片，或者支部、党小组为单位，确定专人负责，对活动情况进行智能认证、考核，手机操作的公开透明，也避免了‘人情关’。”兰建说。

除了现场考核，系统还能对活动情况进行统计汇总。通过系统后台，乳山组织部门可以集中分析相关信息，实现基层党建的动态跟踪和针对性管理服务。

云网络让重大村务全程可纪实

“虽然镇上已经给村里配备了2名保洁员，村内环境卫生有了很大改善，但是由于人手不足，有的村民反映垃圾清运仍然不及时，所以今天召集大家开会讨论一下，村里是否再增加 1 名保洁员，每月由村集体支出 1200 元用于保洁员工资。”11 月 7 日，乳山口镇王家庄村召开全体党员会议，就加强村内卫生长效管护征求党员建议。

在距王家庄村 2 公里的乳山口镇党委办公室内，包村干部孙双双通过手机同步收看了该村召开会议的实时画面。

“有了电子眼，感觉像‘出镜’一样，工作程序想不规范都难了。”王家庄村书记于进路说。

以往个别村在民主决策、发展党员、村务公开等一些程序性较强、党员群众比较关注的工作中，操作不够规范，该开的会议不开，该表决的不表决，引起群众不满；有个别村不注意保存会议记录和原始档案，事后群众反映问题说不清道不明，处理难度大。

针对这些问题，今年乳山推行“全程纪实”平台，通过在村“两委”办公室、党员活动室安装摄像头、路由器等设备，形成一套远程视频监督系统，对村级重大事务决策进行全程录像。运用云网络平台，在手机和电脑上同步安装 APP，随时对村级重大事项决策进行全程工作督察。平台的各类活动记录均采取书面、光盘、云盘三种方法进行存储，实现了文件的永久保存，以及资料的可查询、可追溯。

目前，乳山“全程纪实”平台建设已覆盖乳山口、徐家等镇的 30 余个村。“全程纪实平台让重大村务曝晒在阳光下，同时通过镇党委的全程参与和督导，既提高了村务决策的科学性和公开透明程度，也真正实现了让群众明白、让干部清白。”兰建说。

短信平台让群众随时随地参与村务管理

“一条短信就申请到了市里上万元的大棚扶持资金，这个平台管事。”10 月 28 日，乳山南黄镇西浪暖村蔬菜大棚种植户林强高兴地说。

林强在村内合作社承包了 2 个蔬菜大棚，月初他通过手机短信向镇上电子村务管理平台咨询大棚补贴事宜。该村驻村干部于明丽接到平台转来的信息后，详细查阅了相关政策，并邀请镇经管站的工作人员来到西浪暖村实地察看，5 个工作日内，为符合条件合作社的 200 多亩蔬菜大棚统一申请了补助资金。

面对以往党务、村务、财务公开走过场、形式单一、监督难度大等问题，今年乳山在镇区试点建设了电子村务管理平台。

平台下设机关、农村、双管单位、各村干部、各基层党支部 5 个群组，包括三务公开、评议互动、学习教育 3 个板块，覆盖所在镇域各行政村所有常住人口的手机号码，每月为手机用户推送当月村内各类公开事项，发布最新惠民政策、就业招工、养老保险等便民信息。

为方便群众诉求办理，该平台还设置了咨询功能，群众在生产生活中遇到什么问题，可以直接发送短信到平台进行反馈咨询。现在村民只要打开手机，就可以轻松了解村级事务，参与村务管理。

据了解，仅南黄镇平台，一年下来共计发布了党务、村务、财务公开及便民服务信息 30 万余条，开展“评议投票”“短信答题”“两学一做”知识培训 30 余次，接收咨询、投诉 300 余条，完结率 100%。

手机变为移动的“公开栏”，也为干部与村民之间搭建了一座“连心桥”。目前，全市已在近三成镇区建立村级短信平台，实现“互联网 +”与基层党建、便民服务、政务公开的无缝对接。

（11 月 22 日《大众日报》 作者：任松高 彭辉 姜勇 司伟）

乳山搭建健康产业平台 “健康 +”聚力产业新城

上海高新企业帕斯砜新材料落户银滩，自主研发的尖端生物医用材料成功打破了欧美垄断；康辉生物科技开发医疗康复产品，负压式旋转拔罐器获国家专利；温喜生物科技将浒苔等海洋“废物”转化为高附加值的浒苔多糖等系列产品……时下，一批贴有“健康”标签的产业项目在乳山强势崛起。

“我们以‘健康 +’的思路，充分整合现有健康资源，引进与之契合的健康项目，延伸产业链，完善功能布局，不断形成大健康产业发展的合力。”中共乳山市委书记高书良说。

上世纪 90 年代，乳山良好的生态环境吸引了外地人前来投资置业，海景房一度成为乳山的代名词。虽然乳山银滩海景房出售率高达 90%，但也存在半年闲的问题。为此，乳山叫停传统意义上的海景房开发，利用丰富房源转型发展健康养生产业，形成专业机构、社区居家、医养结合、异地互动等多种养生养老发展模式。

香港天权集团蓝湖管理有限公司对银滩嘉盛苑小区 88 套存量房产进行改造，成立了老年公寓，180 余个养生床位在营业 1 个月内就被抢购一空，年内还将拓展 500 个床位提升承载力。此外，东方国际养生园建设了颐养中心，配套了中医保健院、百岁俱乐部、地下温泉水游泳馆等养生设施，居民不出小区就能享受五星级的医疗保健服务、生活照料服务和文化娱乐服务。

依托丰富的房产资源发展养生养老服务业，是乳山启动健康产业的一环。经过反复论证，在深入分析现有资源优势基础上，乳山顺势而为，提出“健康 +”发展理念，融合推进健康营养食品、健康生物制药、健康产品制造、健康养生养老、健康休闲旅游、健康保健管理等六大产业，加快发展“健康新城”。

不仅如此，乳山健康产业朝着“大健康、全链条”方向推进：健康食品产业由产地优势向品牌优势、由资源优势向产业优势转型，在拉长产业链条、精深加工、高附加值转化上做好结合文章；鼓励企业加大与外合作研发力度，加快生物医药创新平台建设，实现医药产业新突破；适当引入养生设备与养生器械生产企业，打造健康产品制造产业“乳山样本”；把健康理念和文化内涵融入景区开发建设，打造滨海度假、医疗养生、温泉体验、美食休闲等健康休闲旅游产品，提高景区吸引力；鼓励社会资本进入各类医疗机构，支持发展健康体检、专业护理、医疗康复等专业健康保健。

“台依湖从葡萄种植、葡萄酒酿造到葡萄酒文化体验的全链条发展模式吸引了我。”前拉菲首席酿酒师热拉尔·高林来到乳山台依湖国际酒庄生态文化区，做起了6000亩葡萄园的“大管家”。有机葡萄种植基地、国际先进酿酒生产线、体验式葡萄酒文化博览馆、千亩水上观光休闲区……在台依湖国际酒庄生态文化区，“健康+”让一产“接二连三”，小葡萄变成了大产业。

抢抓中韩自贸区地方经济合作示范区、国家服务贸易创新发展试点政策叠加机遇，乳山规划了中韩健康产业示范园，形成了以海湾新城、新兴产业园为重点的健康产业核心区，乳山口湾拥湾发展翼与滨海新区沿海发展翼，北部山区绿色生态健康产业聚集带与“城港”健康制造与服务业聚集带的“一区、两翼、T型延展”布局。

“乳山中韩健康产业示范园主要规划了旅游休闲、海洋文化、健康养生、生物科技、健康制造、绿色食品、海上牧场等九大重点板块，通过引入韩资工业项目、与韩开展医疗合作项目、深度策划包装对韩特色美容旅游线路等方式，打造对韩发展首选地和聚集区。”乳山滨海新区管委会主任丛龙海介绍。

与韩国安世医院达成初步合作协议，引进韩国高端医疗服务体；与韩国食药处、食品工业协会对接，承接韩国健康项目转移……今年以来，乳山滨海新区铆足了劲借韩掘金健康产业。着眼于叫响医养结合品牌，滨海新区将建设医养结合特色医疗机构，加快引入韩资医疗机构，鼓励区域内房产开发商和养老机构自建或合作建设医院、医疗机构，开办护理院、康复中心、中医保健所等，发挥先行先试和辐射带动作用，不断做强做优健康产业，激发发展活力。

集聚式布局，集群式发展。“健康+”在农业、工业、服务业等领域同步发力，推动乳山健康食品品牌效应、健康保健品研发生产能力、健康服务水平不断跃升。

（5月10日《威海日报》 作者：连涛 王嘉 杨大杰）

乳山挖掘红色旅游内涵
红色基因融入城市血脉

乳山，一片英雄的红色土地。

马石山十勇士四进包围圈救出老百姓的英雄壮举，惊天地、泣鬼神。巍巍马石山，是党和人民军队与群众生死与共、以命相救的见证。

300多名乳娘和保育员把最后一滴奶留给乳儿吮，最后一口粮留给乳儿吃，最后一件衣留给乳儿穿。浓浓乳娘情，是群众与党和人民军队生死与共、以命相助的写照。

革命战争年代，乳山儿女用血肉抗击了敌人，用真情支援了革命。今天，乳山人依托丰厚的红色旅游资源，在潜移默化中传播红色文化，在交流互动中弘扬红色精神，让红色文化基因融入现代城市的血脉，为自身发展注入了强大精神动力。

多元开发红色资源涵养文化产业

“‘把孩子给俺是信得过俺，待孩子必须比对俺的更金贵’，乳娘肖国英用实际行动实践着自己的承诺……”6月6日，在修缮一新的胶东育儿所教育基地，乳娘们忠心向党、感恩图报、坚贞不屈、慷慨无私的精神让参观者们深受感动，落下了热泪。

今年5月，乳山利用胶东育儿所原址民房修缮了胶东育儿所教育基地，设胶东育儿所纪念馆和胶东育儿所旧址两个部分，10处展室。

“在修复过程中，我们一直坚持原汁原味，尊重历史，寓教于游，让游客在游中感悟爱国主义和革命英雄主义精神，接受润物细无声的红色教育。”负责胶东育儿所修复的工作人员说。

胶东育儿所教育基地是继马石山爱国主义教育基地之后，乳山境内修缮的又一革命遗址，乳山还将着手复原“胶东八路军兵工厂”等革命遗址，将红色人文景观与绿色自然景观相结合，聚力打造胶东地区的红色教育基地和红色旅游集散中心。

红色是乳山旅游的“主色调”。作为革命老区的乳山，红色历史悠久，曾发生过马石山突围战、双山突围战等荡气回肠的英雄故事，拥有马石山红色教育基地、八路军胶东兵工厂诞生地、济南军区总医院旧址等红色文化载体，红色文化资源丰富、底蕴深厚。

利用这些独特的文化资源，乳山科学规划旅游线路，从过去的主打“观光休闲游”过渡到“红色文化精品游”，推动红色文化旅游产业规模化发展，“文化之旅”带热了“精神之旅”，也使得当地的“红色经济”方兴未艾。

位于乳山中心地带、建筑面积达1500余平方米的冯德英文学馆，这个地段寸土寸金，但乳山却不搞商业开发，而是将其作为爱国主义教育基地。如今，馆内陈列和收藏冯德英文学创作生涯中的图片、作品以及胶东抗战史料、文物等2000多件，每年吸引数万名游客。

乳山在对红色文化进行修缮保护的基础上，还依托红色文化资源，推进文化精品创作。根据乳娘事迹拍摄的专题片《红色的爱之革命摇篮》获中组部纪实片一等奖，《马石山十勇士》被解放军八一制片厂拍摄成电影，以胶东育儿所为题材编导的红色现代吕剧《乳娘》荣膺山东省第七届泰山文学奖、山东省精神文明建设文艺精品工程奖。

红色文化的内涵发掘与产业培植如何实现并举，一直以来都是乳山探索的重点。以红色文化为主导，打造旅游、休闲、乡村特色经济紧密关联的综合性旅游产业链，成为乳山的解题思路。乳山将红色文化建设与旅游发展紧密结合，进一步整合乳山红色游、乡村游、民俗游、休闲度假游等资源，增强红色旅游的参与性、体验性，增强红色旅游中的“可玩”“可视”“可参与”，形成地域特色鲜明的红色文化旅游品牌。

借助"红色之旅"的拉动作用，今年以来乳山接待游客数量比往年增长了8%，旅游总收入增长了10%。

精神传承干群连心越来越亲

"在艰苦的战争时期，党依靠群众，联系群众，保持党和人民的血肉联系。在改革发展的攻坚期，更要从人民群众的根本利益出发，保持密切的干群关系。"中共乳山市委书记高书良说。

然而，长期以来主动服务意识差、存在"衙门"习气、有以自我为中心的"官本位"思想、甘做"太平官"、面对风险不敢担当……这样的思想和行为在乳山一些干部身上不同程度地存在着。

这些不良作风，不仅疏远了干部与群众的鱼水关系，也在很大程度上影响了党委政府在群众中的威信。如何重树威信、密切干群关系，成为乳山发展中亟需解决的问题。

直面问题、直击要害，必须要找准群众关心关注的难题。一段时期以来，乳山不断探索开辟更好的服务民生工作机制，在干部常态化联系走访群众的基础上，开通市民热线、设立网络问政平台民情网，搭建起集政策宣传、回应诉求、干群互动于一体的新平台，对群众反映的问题即时接收、转办。

近几年，乳山把民生建设作为各项工作的根本出发点和落脚点，民生投入增幅每年都高于财政收入增幅。

为把每件民生实事都办到百姓心坎上，乳山转变群众工作理念，在全省率先成立了独立的市委工作部门——群众工作部，由中共乳山市委副书记任部长，依托民情网和市民热线两大民情汇集平台，结合全覆盖式民情大走访、群众最不满意事项征集、智能平台进村办公等常态化服务群众工作机制，提高为民服务能力。今年以来，乳山累计征集汇总群众反映的问题7300余条，为民生改善工作开展树起了"靶子"，找准了"穴位"。

为确保事事有回音、件件有落实，乳山规定，对于群众所有诉求，承办单位都必须在5日内予以回复或办结，超期未办结，中共乳山市委群众工作部民生服务中心系统自动向部门"一把手"发送督办短信；对超过2日仍未办结的，系统自动给分管副市长发送督办短信；对两次提醒仍未办结的，系统将直接给乳山市委书记和市长发送督办短信，并转给纪检监察机关跟踪问责。

对办理难度较大、周期较长、需综合协调解决的问题，中共乳山市委群众工作部将把这些问题提交至乳山市委常委扩大会议，在更高的层面上集中研究解决方案，确保群众的诉求件件有回音、事事有着落。

办结群众诉求不是终点，让群众满意才是目标。围绕群众对办结事项是否满意这一问题，乳山责成中共乳山市委群众工作部会同市纪委、考核办等部门，采取入户回访、电话抽查、实地暗访等方式，对群众反映问题的办结情况进行复检，每半年对各单位民生诉求事项办理数量、质量和群众满意度等情况进行综合考评和通报。目前，乳山群众对诉求处理的满意度超过98%。

乳山干部好作风，红色基因有传人。在新的历史条件下，红色文化感染和教育了一大批党员干部，涌现出了一大批新时期先进模范人物。

乳山干部邢飞先后三次参加驻外军事行动，是省军区唯一一位三次执行过维和任务的军官，被联合国授予荣誉勋章。夏村镇邵家村87岁高龄老党员邵本道将自己毕生积蓄的30.5万元全部捐出，用于村里公共建设。乳山组织全市3700多名机关企事业单位在职党员，到居住的社区开展扶弱扶贫、政务咨询、代理服务、职工维权等服务，充分发挥先进性作用。与此同时，广大机关干部还发扬不怕苦不怕累的志愿服务精神，积极参与到城乡环境卫生清理等工作中，为"五城联创"贡献力量。

社会志愿服务也由"盆景"变"风景"。目前，乳山有巾帼志愿服务队、金盾学雷锋志愿服务队、善小志愿服务队等10余个志愿服务品牌，118支志愿者队伍常年活跃在基层一线，用浓浓的暖意传播着关爱他人的正能量。

鼓足干劲以红色精神冲出"经济洼地"

乳山基础差、底子薄，在经济发展新常态下，该如何实现发展"弯道超车"？

"革命年代，党领导人民攻克了难关，谱写了壮丽的诗篇，在今天三年突破乳山产业结构中，也要有'突破、攻克'的精神。"高书良说。

有精神才会有力量，唯有"干"字当头，才能改变面貌；唯有拼搏奋进，才能后发赶超；唯有构筑"精神高地"，才能冲出"经济洼地"。近年来，乳山通过开展思想大解放运动，极大地激发了干部群众干事创业的"精气神"，凝聚起加速发展的强大正能量，精神面貌焕然一新。

工业是乳山最大的短板，破除乳山干部对发展工业的"自馁"情绪刻不容缓。通过"比学赶超"，乳山以背水一战的决心坚定了以工业振兴为突破的经济发展方向，全市上下如火的激情被再次点燃。

乳山确定了工业发展的路径，制定出台了工业振兴"十大计划"，打出以产业助推、百企改造、骨干攀登、强企闯关、科技强企、项目倍增、融资突破、减负提速、素质提升、温暖激励等为内容的工业振兴"组合拳"，开启了重塑工业的新征程。

工业振兴，离不开产业支撑。为改变单一的产业格局，乳山突出集群培育，狠抓产业升级，装备制造、食品与生物科技、纺织服装、节能环保、新材料等主导产业横空出世。

产业升级，项目先行。在招引项目落地上，乳山变传统"大呼隆式"粗放型招商为精准招商，坚持招商选资，好中选优，落实24个重点产业招商部门牵头组织行业招商活动，灵活运用产业基金招商、总部经济招商、电子商务招商等方式开展招商活动。

发展路上，乳山在一些方面已经落在了其他区市的后面。要摘掉落后的“帽子”，实现后发赶超，乳山干部必须出大力、流大汗、受大罪。

强化“产业转型、项目先行”的理念，乳山健全完善了项目建设全程服务、动态管理、人才培养、配合联动、督导问责等机制，特别是调整完善了招商考核意见，加大奖惩力度，对招商引资工作实行每月调度，要求市级领导每月外出招商时间不少于1/5，重点产业招商部门不少于1/3，镇区不少于1/2，对半年内没有项目的镇区主要负责人实行离岗招商，对年内没有新开工项目的镇区主要负责人责令辞职，从而激发了干部干事创业的激情。

“下猛药”般的严格考核，似乎不近人情，却是祛除干部不思进取思想惰性的最有效方法。

“革命时期条件那么艰苦，党的干部们从不叫苦。现在条件这么好，抓不好经济就对不起广大乳山百姓。抓不好项目，就在全市干部中抬不起头来。”一年有一半时间靠在招商现场和项目建设现场的午极镇党委书记宋海波感叹道，项目压力无时不在，制度的“敲打”让他不敢轻视自己所肩负的招商重任。

在指挥棒的引导下，乳山干部全身心地扑在项目上，谋发展、求突破的热情空前高涨，结出了乳山工业突破的累累硕果：今年以来，乳山组织外出招商活动280多人次，新储备在谈项目50个，新开工投资3000万元以上项目20多个，其中过亿元项目8个。

（6月21日《威海日报》　作者：连涛　王嘉）

乳山投资指南

【概况】　乳山市是一座新兴的生态型花园式滨海旅游城市，总面积1665平方公里，人口55.8万人，辖经济开发区和银滩旅游度假区2个省级开发区，14个镇、1个街道，601个行政村，获得国家环境保护模范城市、国家生态市、中国优秀旅游城市、国家园林城市、中国爱心城市、中国长寿之乡、全国文化先进县、全国科技进步先进市、全国文明城市等称号。2016年，完成地区生产总值799.02亿元，固定资产投资660亿元，公共财政预算收入31.3亿元，外贸进出口总值157.22亿元。

【投资环境】

自然环境优美　乳山市位于山东半岛黄金南海岸，地处“神奇纬度”北纬37°线附近，属于典型的暖温带海洋性气候，依山傍海，四季分明，冬无严寒，夏无酷暑，被誉为最适合人类居住的城市之一。乳山市旅游要素完备，山、海、湾、滩、岛、泉等生态资源丰富，199.27公里海岸线上分布大小港湾12个、岛屿22个，拥有银滩、大乳山2个国家AAAA级旅游景区，岠嵎山、多福山、小汤温泉、圣水宫等8个国家AAA级旅游景区，2016年接待游客1000万人次。

区位条件优越　乳山市与日本、韩国隔海相望，地处青岛、烟台、威海三市中心腹地，毗邻胶东三大港口，青岛、烟台、威海三大机场，济威铁路、青威高速公路、G309国道、文莱高速（在建）、S202省道横贯东西，烟海高速公路、S207省道纵连南北。优越的地理位置，使乳山市融入青岛、烟台、威海1小时经济圈，2016年生产总值总量超过1.8万亿元，社会消费品零售总额7600亿元，对乳山市形成强力产业辐射，同时也带来广阔的消费市场。

物产资源丰富　乳山市是全国首批出口农产品质量安全示范区、全国绿色食品原料标准化生产基地，是著名的水果之乡和水产之乡，拥有苹果、花生、大姜、牡蛎、茶叶、板栗、巴梨、蓝莓、樱桃9个国家地理商标，其中苹果栽植面积1.3万公顷、年产量49.92万吨；花生种植面积1.9万公顷、年产量7.42万吨；牡蛎养殖面积0.5万公顷、年产量30万吨。

政策条件利好　乳山市地处山东半岛蓝色经济区，威海市成为中韩自贸区地方经济合作示范区、国家服务贸易创新发展试点城市、国家自主创新示范区，使乳山市处于多重国家级发展战略核心区域内，在税收减免、审批服务等方面享受一系列优惠政策。

人才支撑有力　青烟威地区有20多所本科院校，每年输送本科以上人才近10万人；乳山市境内的山东省外事翻译职业学院、威海机械工程高级技工学校、山东省乳山幼儿师范学校（山东省威海艺术学校）每年输送各类人才8000多人，短期培训1万多人次。乳山市出台人才引进奖励政策，对高层次创新创业人才给予50万～300万元创业启动资金，设立高标准、人性化专家公寓，对高层次人才发放最高50万元的安家补贴。

文化底蕴深厚　乳山市是著名作家冯德英的家乡、“三花”故里，是马石山突围战、胶东育儿所等革命历史事件的发生地，红色文化、母爱文化、养生文化、海洋文化等地域文化深厚。

【产业招商】　乳山市是中国投资环境百强城市之一，投资软硬环境得到广泛认同。韩国、日本、美国等20多个国家和地区客商到乳山兴办企业，投资领域涉及高新技术、机械、电子、化工、建材、纺织服装、新能源、海洋经济、环保等多个行业。产品出口到世界90多个国家和地区，主要出口产品有手工艺品、服装、皮包、玩具、浓缩果汁、花生制品、水产品、五金矿产、花岗石、生铁、挂锁及活塞环、刹车片、液压刹车装置、刹车盘等技术密集型汽车零配件等。乳山市按照突出实施工业立市、旅游兴市、文化活市三大战略，转变发展方式，优化经济结构，经济社会保持又好又快发展态势，区域经济实力显著增强。坚持“产城融合、市域一体、镇区联动”思路，完善产业园区布局，强化园区设施配套，提高园区承载能力，推动产业项目向特色园区聚集，重点形成经济开发区临港产业园、新能源产业园、新材料产业园（原开发区精细化工园），滨海新区食品与生物科技产业园、新兴产业园、科技产业园、海湾新城健康服务产业园，城区创新创业园、高新技术产业园、节能环保产业园“三区十园”的园区发展体系。

【产业方向】乳山市现已形成装备制造、绿色食品与生物科技、新材料、节能环保、纺织服装五大主导产业，并加快推进健康产业、海洋经济、现代服务业三大领域发展。乳山市拥有规模以上工业企业338家，拥有高新技术企业17家，省级企业技术中心21家，省级以上名牌产品和著名商标40个。

装备制造产业 现有企业67家，年产值177亿元，主要产品有特种电机、刹车片、转向节、连杆、曲轴、气门座、气门导管、水泵、机床等。今后重点发展汽车及零部件制造、数控机床、精密铸造加工、海洋装备、工程机械等行业，积极引进新能源汽车、制动装备总成、特种汽车改装等装备集成项目。

绿色食品与生物科技产业 现有企业100家，年产值27亿元，主要产品有海洋食品、花生制品、大姜制品、水果罐头、果汁、酒、淀粉、茶叶等。今后重点发展绿色食品、有机食品、营养食品、功能食品产业，引进纳米技术、调理技术、冻干技术，开发冷冻调理产品、小包装休闲食品、冻干食品和方便食品，积极培育保健品、营养品等生物科技产业。

新材料产业 现有企业29家，年产值10亿元，主要产品有硅胶产品、新型建材、汽车尾气催化材料等。今后重点发展稀土催化、先进高分子、高性能复合材料、无机硅胶等行业，大力推进碳纤维、石墨烯、纳米材料、生物材料等前沿新材料的技术研发和产业化，打造国内重要的汽车尾气净化材料基地和国内最大的功能硅胶生产基地。

节能环保产业 现有企业21家，年产值8亿元，主要产品有空气净化设备、可降解环保餐具、资源循环利用产品以及新能源利用、节能技术改造、环保咨询服务等。今后重点围绕节能环保装备制造、资源循环利用、节能环保技术服务，以环保设备、环保建材、能源利用、节能关键技术为重点，全力打造节能环保产业基地。

纺织服装产业 现有企业1000家，从业人员1.8万人，年产值120多亿元，主要产品有各种面料、服装、箱包、工艺品等，以出口为主。今后主要围绕纺织面料、服装、皮革及制品等领域，大力发展功能化、特色化、品牌化优势产品，引入云平台、云计算等技术手段，推动传统产业转型，再造乳山纺织服装产业的新优势。

健康产业 依托优良的生态环境，坚持“健康+”发展理念，大力发展健康制造业和健康服务业，加快构建高端化、品质化、全链条的“大健康”产业体系。健康制造业，重点围绕营养食品、生物医药、健康产品生产，做大做强健康制造产业链条；健康服务业，重点围绕养生养老、健康休闲、健康管理等领域，引进品牌养老机构、专业医疗机构、高端养生机构，发展慢性病诊疗康复、区域性体检中心、专业化养老社区以及文化娱乐设施、医疗美容、母婴保健等项目，提升区域健康管理水平和养生养老品牌。

海洋经济 做大“海上粮仓”，重点养殖贝、参、藻三大品类，壮大现代渔业基地；做强“蓝色工业”，重点发展海洋食品、海洋生物科技、海工装备等项目，打造海洋产业基地；做活“临港产业”，重点发展跨境电商、港口物流等项目，打造临港物流基地。

现代服务业 积极发展电子信息、智能装备、物联网、服务外包、服务贸易、总部经济、文化创意、电子商务等新兴产业项目。

【乳山市主要出口商品目录】

粮油、食品 花生类有手扒花生、花生烤果、油炸花生、乳白花生、带种皮花生、花生碎。淀粉类有地瓜淀粉、土豆淀粉、玉米淀粉、机制粉条、手制粉条。果蔬类有板栗、苹果、阳梨、桃、樱桃、葡萄、生菜、生姜、日本风味萝卜、韩国泡菜、AD脱水制品、FD脱水制品。罐头类有阳梨罐头、苹果罐头、鱼罐头、草莓罐头、樱桃罐头、白桃罐头、黄桃罐头、芦笋罐头。水产品类有对虾、扇贝、牡蛎、赤贝、海参、大鲮鲆鱼、章鱼、黄花鱼、虾蛄、鳕鱼片、文蛤、海蜇皮、河蟹、河豚。其他有蚕蛹。

纺织、服装 真丝类有真丝绸、真丝服装。棉纺类有印花毛巾、提花毛巾布、毛巾布、小方巾、各种针织布、床上用品。蚕丝类有白厂丝。其他有羊毛衫、钩针衣、防寒服、滑雪衫、夹克衫。

箱包、手套 箱包类有高尔夫包、高档皮包、帆布包、牛津皮包。手套类有生活手套、运动手套。其他有皮衣、皮鞋。

抽纱、工艺品 抽纱类有棉麻布扣眼绣花、钩针工艺装饰品、机绣制品、手绣品。工艺类有金银首饰、长毛绒玩具、动物玩具。

建筑材料 水泥、花岗石板材、路边石、木地板块、塑钢门窗。

化工产品 化工类有生物农药、海藻酸钠、干燥剂。纸制品类有办公用纸、生活用纸、工业用纸、纸箱。塑料类有编织袋、钓鱼竿、塑料管、塑料用品。稀土类有稀土制品。

机械、设备 机械类有工业缝纫机、各种电机、微型变压器。车辆、船配件类：汽车、摩托车连杆，金属刹车片，刹车盘，摩托车刹车装置，轮船。冶金类有生铁、铸件、铸钢。

部分便民服务事项

【城区公交线路站点】

102路（1）：郑家至久久发

途经站点：郑家、东泗水头、西泗水头、西圈、桑行埠、南庄、北庄、前卫、炉上、阳光水岸、西苑学校、华润物流、瑞晟小区、车管所、交

警大队、电业局、老汽车站东门、市医院、中国银行、市报社、市政府、国税局、胜利花园东门、建材市场、久久发

102 路（2）：西南赵家至技工学校

途经站点：技工学校、怡园小区、静园小区东门、妇幼保健院、国税局、市政府、市报社、中国银行、市医院、图曼市场、网通公司、富豪小区、西城华府、西馨苑小区、吾星纤维、大得力有限公司、炉上、崔家、官庄、清口涧、井子、野子、西耿家、蛎子嘴、西南赵家

103 路：胡八庄（马家庄）至兰家

途经站点：胡八庄（马家庄）、石头圈、黄村、二甲、晁家庄、朱家庄、长庆工业园、精工塑料、广电大厦、法院、检察院、国税局、市政府、市报社、中国银行、市医院、图曼市场、青华园、市政公司、人民广场、中医院、馨园小区、新华书店、幸福小区、河滨小区、金岭高中、隆利德机床、全兴宾馆、兰家庄、汽车站、南唐家、北唐家、兰家、康家

105 路：火车站至旗杆石

途经站点：火车站、小疃、房屋、西周格、旭日驾校、台依、黄依台、洼九埠、啤酒厂、仇家洼大集、石村、石油公司、交警大队、老汽车站东门、市医院、中国银行、市报社、市政府、国税局、胜利花园东门、贸易城东门、贸易城南门、夏村镇政府、金牛山公园、人寿保险、馨园小区、中医院、人民广场、市政公司、电影院、水景绿城、烟草公司、名门小区、电机厂、昂仕集团、经区医院、兰家庄、汽车站、刁家埠、河口、秦家庄、王家庄、新庄、寨前、陈家、乳山口

106 路：冷家至旗杆石

途经站点：冷家、肖家、石村、仇家洼、金谷园、北江村、笙歌小区、永熙大酒店、笙歌西门、中国银行、市医院、图曼市场、青华园、电影院、水景绿城、烟草公司、名门小区、高格庄、海东内燃机厂、光大科技、元邦房产、永达驾校、辛家庙、乳山口镇政府、祝家庄、院前、锅上、张家庄 安家、江村洼、西北岛、刘家庄、旗杆石、乳山口

107 路：宫家桃至义乌商品城

途经站点：宫家桃、小史家、大木村、吴家沟、张八庄、东秦家庄、圣川新城、精工塑料、广电大厦、法院、检察院、胜利花园东门、贸易城东门、贸易城南门、夏村镇政府、金牛山公园、人寿保险、馨园小区、中医院、人民广场、市政公司、青华园、图曼市场、老汽车站南门、义乌商品城

108 路：环城绕行（义乌商品城至义乌商品城）

途经站点：义乌商品城、市医院、中国银行、笙歌西门、永熙大酒店、祥和小区、金苹果小区、静园饭店、机关托儿所、国安小区、妇幼保健院、胜利花园东门、贸易城东门、建材市场、久久发、华东建材、宏远机床、公安消防、隆利德机床、全兴宾馆、兰家庄、汽车站、兰家庄、全兴宾馆、隆利德机床、金岭高中南门、金岭小区、名门小区、西西里苑小区、地毯厂宿舍、振华食品、夏北南站、仁和广场西站、食品厂宿舍、夏南村、夏北北站、富豪小区、网通公司、图曼市场、老车站南门、义乌商品城

109 路：环城绕行（老车站至老车站）

途经站点：老车站东门、图曼市场、网通公司、富豪小区、夏北北站、夏南村、果胶厂、仁和广场西站、仁和广场、富城宾馆、烟草公司、体育局、防保站、河滨小区、幸福小区、河滨公园、新华书店、人寿保险、金牛山公园、夏村镇政府、贸易城南门、贸易城东门、兴东小区、豪门小区、规划局、紫锦花园、广电大厦西站、香格里拉小区东站、香格里拉小区南门、怡园小区、静园小区、金苹果小区、祥和小区、格林豪泰酒店、金硝岭、路灯管理处、电业局、老车站东门

110 路：大史家至义乌商品城

途经站点：大史家、姜家庄、林水、马家庄、石头圈、黄村、二甲、晁家庄、朱家庄、香格里拉北站、技工学校、盐务局、光明小区东站、静园小区东门、妇幼保健院、胜利花园东门、利群商厦、府前中学、府前饭店、国泰城建、馨园小区、中医院、人民广场、市政公司、青华园、图曼市场、老车站南门、义乌商品城

111 路：胡家沟至崔家沟

途经站点：胡家沟、邵家、十甲庄、东家、任沟村、宋家庄、金谷园、北江村、笙歌小区、永熙大酒店、笙歌西门、中国银行、市医院、老汽车站南门、天筑绿洲、中鲁果汁、阳光水岸、炉上、南庄、桑行埠、官庄、井子、乳山寨镇政府、乳山寨、寨中、寨西、乔家庄、崔家沟

112 路：义乌商品城至上册

途经站点：义乌商品城、老汽车站南门、市医院、中国银行、市报社、市政府、国税局、胜利花园东门、贸易城东门、地税局、腾达二区、聚龙园小区、滕甲庄路口、罗马阳光城、富豪皮革、后尹家、前尹家、河南、店子头、水井、上册路口、山西头、赵家、上册

113 路：张家庄至技工学校

途经站点：张家庄、安家、锅上、祝家庄、经区医院、汽车站、兰家庄、全兴宾馆、隆利德机床、金岭高中、幸福小区、河滨公园、新华书店、国泰城建、府前饭店、利群商厦、胜利花园东门、妇幼保健院、静园小区东门、光明小区东站、盐务局、技工学校

【银滩公交线路站点】

201 路：老车站东门至银滩集贸市场

途经站点：老汽车站东门、图曼市场、清华园、电影院、水景绿城、烟草公司、名门小区、鑫岭家园、泽口小区、隆利德机床、全兴宾馆、兰家庄、汽车站、双连集团、振华食品、远大可建、港头、六村屯、翁家埠、望海山庄小区、所后常家庄、贾家庄、海阳所、海阳所医院、华隆商厦、海林花园、海洋明珠、台湾城、飞机模型、海水浴场、康复中心、大庆一区、银之帆、大庆购物广场、

阳光海岸、中房、金长城花园、海都花园、党校、益天花园、海韵阳光、明珠海苑、将军滨海花园、曲水绿荫、碧海华庭、银滩物业、忆海苑、皇冠假日、海岸明珠、金鼎大厦、恋海苑、锦绣花园、银滩集贸市场

202 路：海阳所至滴水湾

途经站点：华隆商厦、海林花园、海洋明珠、台湾城、飞机模型、海水浴场、康复中心、大庆一区、银之帆、大庆购物广场、阳光海岸、中房、金长城花园、海都花园、党校、益天花园、海韵阳光、明珠海苑、福如东海、福海苑南门、香格里湾、山水花都、香港平远、碧海苑、翰林名苑、外事翻译学院、海之缘、银泰海景、檀香丽湾、山水佳园、龙海丽都、长城文华苑、假日港湾、海岸国际、银港花园、滴水湾

203 路：海阳所至多福山（霄龙禅寺）

途经站点：华隆商厦、海湖家园、海阳所车站、贾家庄、海郡小区、望海庄、望海大酒店、翁家埠、环球塑业、富迪渔具、白沙滩六中、孵化科技工业园、白沙滩新区、白沙滩社区、盛世滩、白沙滩党委、鲁酱酒业、蓝湖海景、嘉盛园、碧海康居、月亮湾社区、恋海苑、金鼎大厦、海岸明珠、皇冠假日、忆海苑、银滩物业、碧海华庭、曲水绿荫、明珠海苑东门、福如东海、福海苑、海之梦、香格里湾、山水花都、香港平远、碧海苑、碧海苑东门、阅海苑、山海天、山水嘉苑、第二人民医院、东方国际养生园、霄龙禅寺

206 路：闻涛美域小区（东南埠）至金谷园

途经站点：闻涛美域（东南埠）、雍华苑、银港花园、假日港湾、长城文华苑、海之韵、山水佳园、檀香丽湾、银泰花苑、海之苑、外事翻译学院、翰林名苑、碧海苑、香港平远、山水花都、香格里湾、宏泰阳光、福海苑、福如东海、明珠海苑、海韵阳光、益天花园、银滩管委、御宫花园、宫家庄、海韵豪庭、维利亚、山水人家、碧海明居、爱琴海景、银滩热力、唐曲洼、董格庄、沟李家、马家庄、丈八石、西林家、俞介庄、三中队、赫家庄、圣川新城、精工塑料、广电大厦、法院、检察院、国税局、市政府、市报社、中国银行、市医院、老车站东门、电业局、交警大队、商业街派出所、公交公司、北江村、金谷园

207 路：闻涛美域小区（东南埠）至技工学校

途经站点：闻涛美域（东南埠）、老庄 东南寨、白银小区北门、海之韵小区北门、部队、小候家、小单家、观海听涛、小陶家、东方国际养生园、第二人民医院、韩家庄、大陶家、宫家、山海明圣、望海花园、维利亚、山水人家、碧海明居、爱琴海景、常家庄、湖畔人家、孵化科技工业园、白沙滩学校、便民服务中心、盛世滩、白沙滩社区、白沙滩新区、白沙滩六中、松海驾校、六村屯、港头、远大可建、振华食品、双连集团、汽车站、兰家庄、全兴宾馆、隆利德机床、金岭高中、幸福小区、河滨公园、新华书店、国泰城建、农村信用社、中国银行、市医院、老车站东门、交警大队、商业街派出所、公交公司、北江村、气象局、盐务局、技工学校

【城乡公交线路站点】

（一）冯家方向

301 路（1）：义乌商品城至盘石

途经站点：义乌商品城、老汽车站南门、图曼市场、青华园、市政公司、人民广场、中医院、馨园小区、人寿保险、金牛山公园、夏村镇政府、老年大学、贸易城南门、贸易城东门、胜利花园东门、检察院、法院、广电大厦、精工塑料、圣川新城、赫家庄、金三角大酒店、城东工业园、水井、上册路口、山西头、赵家、上册、果园、八门邹家、万户、下石灰刘家、北念头、石城、葛口、南泥沟、北泥沟、冯家镇政府、北刘伶庄、肖水河、马山沟、林家寨、中寨、北寨、夏家庵、盘石

301 路（2）：义乌商品城至盘石

途经站点：义乌商品城、老汽车站南门、老汽车站东门、交警大队、石油公司、石村、仇家洼大集、啤酒厂、洼九埠、黄依台、台依、旭日驾校、西周格、房屋南站、房屋、小疃南站、小疃、车道、土心头、下万口、下万口东站、上万口、辛庄、胡家口、黄格庄、下初、段家、山南头、姜南头、王疃、吕格庄、冯家三中、南汉村、冯家、北刘伶庄、肖水河、马山沟、林家寨、中寨、北寨、夏家庵、盘石

302 路：义乌商品城至北高格庄

途经站点：义乌商品城、老汽车站南门、图曼市场、青华园、市政公司、人民广场、中医院、馨园小区、人寿保险、金牛山公园、夏村镇政府、老年大学、贸易城南门、贸易城东门、胜利花园东门、检察院、法院、广电大厦、精工塑料、圣川新城、赫家庄、金三角大酒店、城东工业园、水井、上册路口、山西头、赵家、上册、果园、八门邹家、万户、下石灰刘家、北念头、石城、葛口、南泥沟、北泥沟、冯家镇政府、河崖、北韩村、马山前、唐家店子、三义、花家疃、花家疃、棘子园、吴家庄、辛家庄、徐家村、南高、北高

303 路：义乌商品城至合子

途经站点：义乌商品城、老汽车站南门、老汽车站东门、交警大队、石油公司、石村、仇家洼大集、啤酒厂、洼九埠、黄依台、台依、旭日驾校、西周格、房屋、小疃、车道、土心头、下万口、上万口、辛庄、胡家口、西泊、黄格庄、下初、段家、山南头、姜南头、王疃、吕格庄、南汉村、冯家、河崖、北韩村、马山前、唐家店子、三义、花家疃、棘子园、吴家庄、辛家庄、徐家村、合子

305 路：义乌商品城至上口

途经站点：义乌商品城、老汽车站南门、图曼市场、青华园、市政公司、人民广场、中医院、馨园小区、人寿保险、金牛山公园、夏村镇政府、老年大学、贸易城南门、贸易城东门、胜利花园东门、检察院、法院、广电大厦、精工塑料、圣川新城、赫家庄、金三角大酒店、城东工业园、

水井、上册路口、西林家、东林家、顺通道路维护中心、大孤山、河东、上夼、林家庄、李家庄、入夼、南口、胡家、下石灰刘家、北念头、石城、葛口、南泥沟、北泥沟、冯家镇政府、河崖、北汉村、马山前、唐家店、三义、呰里、南棘子园 、西棘子园、东棘子园、上口

306 路：义乌商品城至赵家庵

途经站点：义乌商品城、老汽车站南门、图曼市场、青华园、市政公司、人民广场、中医院、馨园小区、人寿保险、金牛山公园、夏村镇政府、老年大学、贸易城南门、贸易城东门、胜利花园东门、检察院、法院、广电大厦西站、香格里拉、香格里拉北站、朱家庄、晁家庄、二甲、黄村、石头圈、马家庄、林水、古初三甲、下洼、下草埠、下初、段家、山南头、姜南头、王疃、吕格庄、冯家三中、南汉村、冯家、河崖、北汉村、马山前、唐家店子、三义、呰里、庄子夼、万家、小于家、高家台、赵家庵

307 路：义乌商品城至卧龙

途经站点：义乌商品城、老汽车站南门、图曼市场、青华园、市政公司、人民广场、中医院、馨园小区、人寿保险、金牛山公园、夏村镇政府、老年大学、贸易城南门、贸易城东门、胜利花园东门、检察院、法院、广电大厦、精工塑料、圣川新城、赫家庄、金三角大酒店、城东工业园、水井、上册路口、山西头、赵家、上册、果园、八门邹家、万户、下石灰刘家、北念头、石城、葛口、南泥沟、北泥沟、冯家镇政府、东泥沟、东官村、瑞木山、沽水头、马家泊子、东马家庄、卧龙

308 路：义乌商品城至圣水宫

途经站点：义乌商品城、老汽车站南门、图曼市场、青华园、市政公司、人民广场、中医院、馨园小区、人寿保险、金牛山公园、夏村镇政府、老年大学、贸易城南门、贸易城东门、胜利花园东门、检察院、法院、广电大厦西站、香格里拉、香格里拉北站、朱家庄、晁家庄、二甲、黄村、石头圈、马家庄、林水、古初、三甲、下洼、下草埠、下初、段家、山南头、姜南头、王疃、吕格庄、冯家、南汉村、冯家、北泥沟、东泥沟、东官庄、瑞木山、万家、王家庵、观上冯家、圣水宫

309 路：大乳山至圣水宫

途经站点：大乳山东门、西泓于家、西泓辛家、姜格、水头、邢家、吕格庄、海阳所、华隆商厦、海林花园、海洋明珠、台湾城、飞机模型、海水浴场、康复中心、大庆一区、银之帆、大庆二区北门、月亮湾社区、恋海苑、金鼎大厦、海岸明珠、皇冠假日、忆海苑、银滩物业、碧海华庭、曲水绿荫、明珠海苑东门、福如东海、福海苑、海之梦、香格里湾、山水花都、香港平远国际城、碧海苑、翰林名苑、外事翻译学院、海之缘、银泰花园、檀香丽湾、山水佳园、龙海丽都、长城文华苑西门、徐家镇政府、东刘家庄、中鲁果汁、洋村、杨家屯、朱家屯、南黄、北埝、冷家庄、湾头、宫家疃、汤东疃、汤南疃、汤后疃、小汤温泉、小汤、山北头、南泥沟、冯家、东泥沟、东官庄、瑞木山、万家、王家庵、观上冯家、孔家、圣水宫

（二）南黄方向

310 路：义乌商品城至院后

途经站点：义乌商品城、老汽车站南门、市医院、中国银行、市报社 、市政府、国税局、胜利花园东门、贸易城东门、地税局、腾达二区、聚龙园小区、东方明珠、桥东庄、草埠、赫家庄、城东工业园、水井、上册路口、西林家、东林家、顺通道路维护中心、大孤山、河东、石鹏杨家、八里甸、小孤山、黄疃、西峒岭、东峒岭、小浩口、大浩口、王家庄、徐家镇政府、东刘家庄、邢家屯、许家屯、吴家屯、杨家屯、朱家屯、高家屯、西洋水、东洋水、院后

311 路：义乌商品城至归仁

途经站点：义乌商品城、老汽车站南门、市医院、中国银行、市报社、市政府、国税局、胜利花园东门、贸易城东门、建材市场、久久发、金银苑小区、罗马阳光城、富豪菲格尔、恒裕食品、昌盛实业、锦盛果蔬、城东工业园、水井、大孤山敬老院、上册路口、西林家、东林家、顺通道路维护中心、大孤山、河东、石鹏杨家、八里甸、小孤山、黄疃、西峒岭、东峒岭、崮山寺、上庄、西珠埝、靠山、东珠埝、姜家庄、李家疃、南斜山、北斜山、母鸡屯、凤西庄、冷家、湾头、宫家疃、归仁

312 路：义乌商品城至南黄

途经站点：义乌商品城、老汽车站南门、市医院、中国银行、市报社、市政府、国税局、检察院、法院、广电大厦、精工塑料、圣川新城、赫家庄、金三角大酒店、城东工业园、水井、上册路口、山西头、赵家、上册、果园、八门邹家、万户、下石灰刘家、北念头、石城、葛口、山北头、汤上、小汤温泉、汤后疃、汤南疃、汤南山、南台子、庄子园、归仁、宫家疃、湾头、冷家、北埝、南黄

313 路：义乌商品城至西浪暖

途经站点：义乌商品城、老汽车站南门、市医院、中国银行、市报社、市政府、国税局、胜利花园东门、贸易城东门、建材市场、久久发、金银苑小区、罗马阳光城、富豪菲格尔、恒裕食品、昌盛实业、锦盛果蔬、城东工业园、水井、上册路口、西林家、东林家、顺通道路维护中心、大孤山、河东、石鹏杨家、八里甸、小孤山、黄疃、西峒岭、东峒岭、崮山寺、上庄、西珠埝、靠山、东珠埝、姜家庄、李家疃、北斜山、南斜山、南黄庄、高家屯、陈家屯、岭上、柯家庄、孙家庄、孙家埠、西浪暖

358 路：义乌商品城至南黄

途经站点：义乌商品城、老汽车站南门、市医院、中国银行、市报社 、市政府、国税局、胜利花园东门、贸易城东门、地税局、腾达二区、聚龙园小区、东方明珠、桥东庄、草埠、赫家庄、城东工业园、水井、上册路口、西林家、东林家、顺通道路维护中心、大孤山、八里甸、小孤山、黄疃、西峒岭、东峒岭、小浩口、大浩口、王家庄、徐家镇政府、东刘家庄、洋村、马场、

杨家屯、朱家屯、南黄

（三）白沙滩方向

315 路：义乌商品城至蔡家

途经站点：义乌商品城、老汽车站南门、市医院、中国银行、农村信用社、国泰城建、新华书店、幸福小区、河滨小区、金岭高中、隆利德机床、全兴宾馆、兰家庄、汽车站、择村、康家、兰家、封增山、王家庄、吉林、曹家庄、丈八石、南西北庄、马家庄、沟李家、孔家庄、大单家、邵家庄、王家口、潘家、焉家、邹家、蔡家、宫家

316 路：义乌商品城至稗子刘家

途经站点：义乌商品城、老汽车站南门、市医院、中国银行、农村信用社、国泰城建、新华书店、幸福小区、河滨小区、金岭高中、隆利德机床、全兴宾馆、兰家庄、汽车站、择村、北唐家、兰家、徐家耩、玉前庄、林家塂、刘家塂、念头、六村屯、白沙滩、桃村李家、祉家庄、桃村王家、焉家庄、洼于家、潘家庄、邵家庄、王家口、潘家、稗子刘家、宫家

（四）徐家方向

361 路：义乌商品城至桑行

途经站点：义乌商品城、老汽车站南门、市医院、中国银行、市报社 、市政府、国税局、胜利花园东门、贸易城东门、建材市场、久久发、金银苑小区、罗马阳光城、富豪菲格尔、恒裕食品、昌盛实业、锦盛果蔬、城东工业园、水井、上册路口、西林家、东林家、顺通道路维护中心、大孤山、河东、石鹏杨家、八里甸、小孤山、黄疃、西峒岭、东峒岭、小浩口、大浩口、王家庄、徐家镇政府、王家庄、大浩口、小浩口、东峒岭、辛家口、车门口、圣石前、桑行

（五）海阳所方向

317 路：义乌商品城至杜家岛

途经站点：义乌商品城、老汽车站南门、市医院、中国银行、农村信用社、国泰城建、新华书店、幸福小区、河滨小区、金岭高中、隆利德机床、全兴宾馆、兰家庄、汽车站、择村、北唐家、兰家、徐家耩、港头、六村屯、翁家埠、望海庄、所后张家庄、所后常家庄、贾家庄、海阳所、吕格庄、薛格、半海山、杜家、薛家、李家、芦头、水头、姜格、西弘辛家、西、双峰庄、西黄岛路口、双峰庄、杜家岛

318 路：义乌商品城至小石口

途经站点：义乌商品城、老汽车站南门、市医院、中国银行、农村信用社、国泰城建、新华书店、幸福小区、河滨小区、金岭高中、隆利德机床、全兴宾馆、兰家庄、汽车站、择村、北唐家、兰家、徐家耩、港头、六村屯、翁家埠、望望海庄、所后张家庄、所后常家庄、贾家庄、海阳所、吕格庄、薛格、半海山、李家路口、杜家、南弘、小弘、挂子场（小石口）

320 路：义乌商品城至大乳山东门

途经站点：义乌商品城、老汽车站南门、市医院、中国银行、农村信用社、国泰城建、新华书店、幸福小区、河滨小区、金岭高中、隆利德机床、全兴宾馆、兰家庄、汽车站、择村、北唐家、兰家、徐家耩、港头、六村屯、翁家埠、望海庄、所后张家庄、所后常家庄、贾家庄、海阳所、吕格庄、邢家、水头、姜格、西弘辛家、西弘、大乳山东门、西黄岛、姜家庄

321 路：义乌商品城至大乳山北门

途经站点：义乌商品城、老汽车站南门、市医院、中国银行、农村信用社、国泰城建、新华书店、幸福小区、河滨小区、金岭高中、隆利德机床、全兴宾馆、兰家庄、汽车站、择村、北唐家、兰家、徐家耩、港头、六村屯、翁家埠、望海庄、所后常家庄、贾家庄、海阳所、海疃、赵家庄、三甲疃、大庄、池源、金港、后山于家、大乳山北门（西山）

322 路：义乌商品城至海阳所

途经站点：义乌商品城、老汽车站南门、市医院、中国银行、农村信用社、国泰城建、新华书店、幸福小区、河滨小区、金岭高中、隆利德机床、全兴宾馆、兰家庄、汽车站、南唐家、振华食品、双连集团、远大可建、邹格、海疃、望海庄、所后张家庄、所后常家庄、贾家庄、海阳所、赵家庄、三甲疃、大庄、池源、金港、后山于家、西泓于家、西泓赵家、西泓辛家、西山

（六）乳山寨方向

323 路：久久发至玉皇山后（岠嵎山）

途经站点：久久发、建材市场、贸易城南门、老年大学、夏村镇政府、金牛山公园、人寿保险、馨园小区、中医院、人民广场、市政公司、青华园、图曼市场、老汽车站南门、天筑绿洲、中鲁果汁、阳光水岸、炉上、南庄、桑行埠、官庄、井子、乳山寨派出所、圈堐、小管村、圈堐、乳山屯、楼村、台上、沙沟、耳沟、岠嵎山、玉皇山后。

325 路：久久发至梅家

途经站点：久久发、建材市场、贸易城南门、老年大学、夏村镇政府、金牛山公园、人寿保险、馨园小区、中医院、人民广场、市政公司、青华园、图曼市场、老汽车站南门、天筑绿洲、中鲁果汁、阳光水岸、炉上、南庄、桑行埠、官庄、井子、乳山寨派出所、芦根滩、台上、管村、腾河、夏家、刁家、贾家、横山后、梅家

326 路：久久发至到根见

途经站点：久久发、建材市场、贸易城南门、老年大学、夏村镇政府、金牛山公园、人寿保险、馨园小区、中医院、人民广场、市政公司、青华园、图曼市场、老汽车站南门、天筑绿洲、中鲁果汁、阳光水岸、炉上、南庄、桑行埠、官庄、井子、乳山寨派出所、陆根滩、凤台顶、孤石河、滩甲庄、人石、到根见

327 路：久久发至赤家口

途经站点：久久发、建材市场、贸易城南门、夏村镇政府、金牛山公园、人寿保险、馨园小区、中医院、人民广场、市政公司、青华园、图曼市场、老汽车站南门、天筑绿洲、中鲁果汁、阳光水岸、炉上、南庄、桑行埠、乳山春酒业、官庄、井子、乳山寨派出所、圈堐、小管村、南司马庄、北司马庄、宝口、果枣夼、

赤家口

328路：久久发至宋河

途经站点：久久发、建材市场、贸易城南门、夏村镇政府、老年大学、金牛山公园、人寿保险、馨园小区、中医院、人民广场、市政公司、青华园、图曼市场、老汽车站南门、天筑绿洲、中鲁果汁、阳光水岸、炉上、南庄、桑行埠、乳山寨派出所、圈堤、小管村、圈堤、乳山屯、楼村、沙沟、台上、管村、小岚、宋河

（七）诸往方向

329路：久久发至大龙口

途经：久久发、老汽车站南门、天筑绿洲、中鲁果汁、阳光水岸、炉上、南庄、桑行埠、官庄、井子、乳山寨派出所、乳山寨派出所、圈堤、小官村、南司马庄、东司马庄、北司马庄、东驾马沟、西驾马沟、南李家、王母夼、南勇家、中勇家、北勇家、泊子、东诸往、西诸往、野房、辛庄头、三龙口、二龙口、大龙口

329路：久久发至铁山

途经：久久发、老汽车站南门、天筑绿洲、中鲁果汁、阳光水岸、炉上、南庄、桑行埠、官庄、井子、乳山寨派出所、乳山寨派出所、圈堤、小官村、南司马庄、东司马庄、北司马庄、东驾马沟、西驾马沟、南李家、王母夼、南勇家、中勇家、北勇家、泊子、诸往、姚家埠、孙家夼、后店、燕山泊、神童庙、马陵、铁矿、前进、垛疃、铁山

329路：久久发至绕涧

途经：久久发、老汽车站南门、天筑绿洲、中鲁果汁、阳光水岸、炉上、南庄、桑行埠、官庄、井子、乳山寨派出所、乳山寨派出所、圈堤、小官村、南司马庄、东司马庄、北司马庄、东驾马沟、西驾马沟、南李家、王母夼、南勇家、中勇家、北勇家、泊子、东诸往、西诸往、绕涧

501路：义乌商品城至大龙口

途经：义乌商品城、老汽车站南门、老汽车站东门、交警大队、石油公司、石村、仇家洼大集、啤酒厂、洼九埠、黄依台、台依、旭日驾校、西周格、房屋、小疃、车道、曹家、孙家、曲水、塔庄、汪水、城阴、东诸往、西诸往、野房、辛庄头、三龙口、二龙口、大龙口。

502路：诸往至上石硼

途经站点：诸往、中国邮政、金丰家电、西诸往、野房、辛庄头、三龙口、二龙口东站、二龙口、二龙口西站、大龙口东站、大龙口、大龙口西站、东尚山、中尚山、西尚山、下石硼、上石硼

505路：义乌商品城至铁山

途经：义乌商品城、老汽车站南门、老汽车站东门、交警大队、石油公司、石村、仇家洼大集、啤酒厂、洼九埠、黄依台、台依、旭日驾校、西周格、房屋、小疃、车道、曹家、孙家、曲水、塔庄、汪水、城阴、东诸往、姚家埠、孙家夼、后店、燕山泊、神童庙、马陵、铁矿、前进、垛疃、铁山

370路：至久久发至冷格庄

途经站点：久久发、建材市场、贸易城南门、老年大学、夏村镇政府、金牛山公园、人寿保险、馨园小区、中医院、人民广场、市政公司、青华园、图曼市场、老汽车站南门、天筑绿洲、中鲁果汁、阳光水岸、炉上、南庄、桑行埠、官庄、井子、乳山寨派出所、仇家兴、李家兴、盘古庄、车村、鲁济、鲁济山后、南西屋、北西屋、宅子夼、社庄、育黎、东纪村、西纪村、横道口、许家、唐家、安夼、姜家庄、沟留家、冷格庄、大院

506路：诸往至王家庄

途经站点：东诸往、西诸往、大龙口、姜格庄、沟留家、冷格庄、流水头、王家疃、李格庄、岳家、王格庄

（八）崖子方向

330路：久久发至崖子

途经站点：久久发、建材市场、贸易城东门、胜利花园东门、国税局、市政府、市报社、中国银行、市医院、老汽车站东门、交警大队、石油公司、石村、仇家洼大集、啤酒厂、洼九埠、黄依台、台依、旭日驾校、西周格、房屋、小疃、车道、曲家屯、于家屯、张家屯、樗树崖、午极派出所、午极、金牛谷生态园、北庄、正甲夼、万格庄、小万格庄、山东、兴村、兴村、大崮头、东庄、西崮头、西崮头、哨里、申家、河北、崖子、姜家、河南钟家、东夼钟家、泽科钟家、双石村、石家庄、磨山钟家

331路：久久发至崖子

途经站点：久久发、建材市场、贸易城东门、胜利花园东门、国税局、市政府、市报社、中国银行、市医院、老汽车站南门、天筑绿洲、中鲁果汁、阳光水岸、炉上、南庄、桑行埠、官庄、井子、乳山寨派出所、圈堤、小官村、南司马庄、东司马庄、北司马庄、东驾马沟、西驾马沟、南李家、王母夼、南勇家、中勇家、北勇家、泊子、东诸往、西诸往、大龙口、姜格庄、沟留家、冷格庄、流水头、大院、康家夼、北寨、崖子

332路：久久发至井口

途经站点：久久发、建材市场、贸易城东门、胜利花园东门、国税局、市政府、市报社、中国银行、市医院、老汽车站东门、交警大队、石油公司、石村、仇家洼大集、啤酒厂、洼九埠、黄依台、台依、旭日驾校、西周格、房屋、小疃、车道、曹家、孙家、曲水、塔庄、育黎、东纪村、西纪村、横道口、许家、唐家、安夼、姜家庄、沟留家、冷格庄、流水头、大院、康家夼、北寨、崖子、蓬家夼、史家、田家、东井口

333路：久久发至青山

途经站点：久久发、建材市场、贸易城东门、胜利花园东门、国税局、市政府、市报社、中国银行、市医院、老汽车站东门、交警大队、石油公司、石村、仇家洼大集、啤酒厂、洼九埠、黄依台、台依、旭日驾校、西周格、房屋、小疃、车道、曹家、孙家、曲水、塔庄、育黎、东纪村、西纪村、横道口、许家、唐家、安夼、姜家庄、沟留家、冷格庄、流水头、王家疃、九龙圈、崖后、口子、姜家夼、南马石、南果子、马石店、青山

359路：久久发至马石店

途经站点：久久发、建材市场、贸易城东门、胜利花园东门、国税局、市政府、市报社、中国银行、市医院、老汽车站东门、交警大队、石油公司、

石村、仇家洼大集、啤酒厂、洼九埠、黄依台、台依、旭日驾校、西周格、房屋、小疃、车道、曹家、孙家、曲水、塔庄、育黎、东纪村、西纪村、横道口、许家、唐家、安夼、姜家庄、沟留家、冷格庄、流水头、大院、康家夼、北寨、崖子、北寨、矫家泊、转山头、沟东、台上、北果子、马石店

362路：久久发至井口

途经站点：久久发、建材市场、贸易城东门、胜利花园东门、国税局、市政府、市报社、中国银行、市医院、老汽车站东门、交警大队、石油公司、石村、仇家洼大集、啤酒厂、洼九埠、黄依台、台依、旭日驾校、西周格、房屋、小疃、车道、曲家屯、于家屯、张家屯、椤树崖、午极派出所、午极、金牛谷生态园、北庄、正甲夼、万格庄、小万格庄、山东、兴村、大崮头、西崮头、哨里、申家、河北、崖子、蓬家夼、史家、田家、东井口

363路：汽车站至沙家

途经站点：汽车站、兰家庄、全兴宾馆、隆利德机床、泽口小区、鑫岭家园、名门小区、烟草公司、水景绿城、电影院、青华园、图曼市场、老汽车站东门、交警大队、石油公司、石村、仇家洼大集、啤酒厂、洼九埠、黄依台、台依、旭日驾校、西周格、小疃、车道、曲家屯、于家屯、张家屯、椤树崖、午极派出所、午极、金牛谷生态园、北庄、正甲夼、万格庄、小万格庄、山东、兴村、大崮头、东庄、西崮头、哨里、炉上、申家、河北、崖子、蓬家夼、史家、田家、下沙家、上沙家

365路：义乌商品城至下肖家

途经站点：义乌商品城、老汽车站南门、老汽车站东门、交警大队、石油公司、石村、仇家洼大集、啤酒厂、洼九埠、黄依台、台依、旭日驾校、西周格、房屋、小疃、车道、曹家、孙家、曲水、塔庄、育黎、东纪村、西纪村、东横道口、帽张家、藏金夼、东由古、北由古、三泉庄、阎家夼、兴村、大崮头、东庄、西崮头、上肖家、下肖家

366路：义乌商品城至泥渡夼

途经站点：义乌商品城、老汽车站南门、老汽车站东门、交警大队、石油公司、石村、仇家洼大集、啤酒厂、洼九埠、黄依台、台依、旭日驾校、西周格、房屋、小疃、车道、曹家、孙家、曲水、塔庄、育黎、东纪村、西纪村、横道口、许家、唐家、安夼、姜家庄、沟留家、冷格庄、流水头、大院、康家夼、岛子、北寨、崖子、河北、申家、炉上、哨里、北地口、南地口、泥度夼

367路：诸往至凤凰崖

途经站点：东诸往、西诸往、大龙口、姜格庄、沟留家、冷格庄、流水头、王家疃、九龙圈、崖后、口子、姜家夼、南马石、南果子、马石店、西涝口、东涝口、西凤凰崖、东凤凰崖。

368路：义乌商品城至西涝口

途经站点：义乌商品城、老汽车站南门、老汽车站东门、交警大队、石油公司、石村、仇家洼大集、啤酒厂、洼九埠、黄依台、台依、旭日驾校、西周格、房屋、小疃、车道、曲家屯、于家屯、张家屯、椤树崖、午极派出所、午极、金牛谷生态园、北庄、正甲夼、万格庄、小万格庄、山东、兴村、大崮头、东庄、西崮头、哨里、申家、河北、崖子、蓬家夼、史家、田家、东井口、西井口、草庵、东凤凰崖、西凤凰崖、东涝口、西涝口。

369路：义乌商品城至井乔家

途经站点：义乌商品城、老汽车站南门、老汽车站东门、交警大队、石油公司、石村、仇家洼大集、啤酒厂、洼九埠、黄依台、台依、旭日驾校、西周格、房屋、小疃、车道、曹家、孙家、曲水、塔庄、育黎、东纪村、西纪村、横道口、许家、唐家、安夼、姜家庄、沟留家、冷格庄、流水头、大院、康家夼、北寨、崖子、北寨、南寨、矫家泊、转山头、沟东、台上、北果子、马石店、青山、泊乔家、枣林、井乔家

（九）育黎方向

335路：至久久发至孙家沟

途经站点：久久发、建材市场、贸易城南门、老年大学、夏村镇政府、金牛山公园、人寿保险、馨园小区、中医院、人民广场、市政公司、青华园、图曼市场、老汽车站南门、天筑绿洲、中鲁果汁、阳光水岸、炉上、南庄、桑行埠、官庄、井子、乳山寨派出所、仇家兴、李家兴、盘古庄、车村、鲁济、鲁济山后、南西屋、北西屋、宅子夼、社庄、育黎、东纪村、西纪村、东横道口、帽张家、藏金夼、于家、孙家沟。

336路：久久发至龙角山

途经站点：久久发、建材市场、贸易城南门、老年大学、夏村镇政府、金牛山公园、人寿保险、馨园小区、中医院、人民广场、市政公司、青华园、图曼市场、老汽车站南门、天筑绿洲、中鲁果汁、阳光水岸、炉上、南庄、桑行埠、官庄、井子、乳山寨派出所、仇家兴、李家兴、盘古庄、车村、鲁济、鲁济山后、南西屋、北西屋、宅子夼、社庄、育黎北站、育黎、东纪村、西纪村、东横道口、西横道口、泊子庄、龙角山

337路：汽车站至马庄

途经站点：汽车站、兰家庄、全兴宾馆、隆利德机床、金岭高中、河滨小区、幸福小区、新华书店、馨园小区、中医院、人民广场、市政公司、青华园、图曼市场、老汽车站东门、交警大队、石油公司、石村、仇家洼大集、啤酒厂、洼九埠、黄依台、台依、旭日驾校、西周格、房屋、小疃、车道、曹家、孙家、曲水、塔庄、马庄、白石、育黎

371路：汽车站至南北山

途经站点：汽车站、兰家庄、全兴宾馆、隆利德机床、金岭高中、河滨小区、幸福小区、新华书店、馨园小区、中医院、人民广场、市政公司、青华园、图曼市场、老汽车站东门、交警大队、石油公司、石村、仇家洼大集、啤酒厂、洼九埠、黄依台中站、台依中站、姜家、郑家、于家庄、邓家、郭家、南北山

（十）午极方向

338路：久久发至社庄

途经站点：久久发、建材市场、贸易城南门、老年大学、夏村镇政府、金牛山公园、人寿保险、馨园

小区、中医院、人民广场、市政公司、青华园、图曼市场、老汽车站南门、天筑绿洲、中鲁果汁、阳光水岸、炉上、南庄、桑行埠、官庄、井子、乳山寨派出所、仇家兴、李家兴、盘古庄、车村、鲁济、鲁济山后、南西屋、北西屋、宅子夼、社庄

339 路：汽车站至石字岘

途经站点：汽车站、兰家庄、全兴宾馆、隆利德机床、金岭高中、河滨小区、幸福小区、新华书店、馨园小区、中医院、人民广场、市政公司、青华园、图曼市场、老汽车站东门、交警大队、石油公司、石村、仇家洼大集、啤酒厂、洼九埠、黄依台、台依、旭日驾校、西周格、房屋、小疃、车道、曲家屯、于家屯、张家屯、樗树崖、午极派出所、午极、南庄、马家夼、泽上、中庄、北庄、由家庄、石字岘

350 路（1）：汽车站至大虎岚

途经站点：汽车站、兰家庄、全兴宾馆、隆利德机床、金岭高中、河滨小区、幸福小区、新华书店、国泰城建、农村信用社、中国银行、市医院、老汽车站东门、交警大队、石油公司、石村、仇家洼大集、啤酒厂、洼九埠、黄依台、台依、旭日驾校、西周格、房屋、小疃、车道、曲家屯、于家屯、张家屯、樗树崖、午极派出所、午极、孙家疃、于家疃、小虎岚、大虎岚

350 路（2）：汽车站至辉湛

途经站点：汽车站、兰家庄、全兴宾馆、隆利德机床、金岭高中、河滨小区、幸福小区、新华书店、国泰城建、农村信用社、中国银行、市医院、老汽车站东门、交警大队、石油公司、石村、仇家洼大集、啤酒厂、洼九埠、黄依台、台依、旭日驾校、西周格、房屋、小疃、车道、曲家屯、于家屯、张家屯、樗树崖、午极派出所、午极、西柳家、于庄、湘沟、于庄、东柳家、辉湛

（十一）下初方向

351 路：义乌商品城至葛家庄

途经站点：义乌商品城、老汽车站南门、老汽车站东门、交警大队、石油公司、石村、仇家洼大集、啤酒厂、洼九埠、黄依台、台依、旭日驾校、西周格、房屋、小疃、车道、土心头、下万口、上万口、辛庄、胡家口、西泊、黄格庄、下初、黄格庄、上初、簸箕掌、东马台石、西马台石、葛格庄

352 路：义乌商品城至初家沟

途经站点：义乌商品城、老汽车站南门、市医院、中国银行、市报社、市政府、国税局、检察院、法院、广电大厦西站、香格里拉、香格里拉北站、朱家庄、晁家庄、二甲、黄村、石头圈、马家庄、林水、古初、三甲、下洼、下草埠、下初、黄格庄、胡家口、西泊、英格庄、朱家沟、初家沟

353 路：义乌商品城至黄山寺

途经站点：义乌商品城、老汽车站南门、市医院、中国银行、市报社、市政府、国税局、检察院、法院、广电大厦西站、香格里拉、香格里拉北站、朱家庄、晁家庄、二甲、黄村、石头圈、石头圈、马家庄、西北庄、大王口、上草埠、下草埠、下初、段家、外庄、里庄、黄山寺

355 路：久久发至皂地

途经站点：久久发、建材市场、贸易城东门、胜利花园东门、国税局、市政府、市报社、中国银行、市医院、老汽车站东门、交警大队、石油公司、石村、仇家洼大集、啤酒厂、洼九埠、黄依台、台依、旭日驾校、西周格、房屋、小疃、车道、土心头、下万口、上万口、辛庄、胡家口、西泊、黄格庄、下初、史家庄、辛家疃、山前庄、垒垓前、北芦头、河南村、西庄、北东庄、南东庄、金矿

356 路：义乌商品城至皂地

途经站点：义乌商品城、老汽车站南门、市医院、中国银行、市报社、市政府、国税局、检察院、法院、广电大厦西站、香格里拉、香格里拉北门、朱家庄、晁家庄、二甲、黄村、石头圈、马家庄、林水、古初三甲、下洼、下草埠、下初、史家庄、辛家疃、山前庄、垒垓前、北芦头、河南村、西庄、北东庄、南东庄、金矿、车家夼

乳山汽车站始发班车发车时刻表

表 70

起点	终点站	发车时间
乳山	威海	5:30—17:00（平均间隔约半小时）
乳山	文登	7:30/8:00/9:00/9:35/10:10/10:45/13:17/14:20/15:20/15:50/16:20/16:50
乳山	荣成	6:30/7:00/8:25/12:15/13:55/14:50
乳山	石岛	5:50/12:40
乳山	龙须岛	11:25
乳山	烟台	5:30—17:30（平均间隔约半小时）
乳山	龙口	6:20
乳山	青岛	6:30—16:40（上午间隔约 1 小时，下午间隔约 40 分钟）

续表 70

起点	终点站	发车时间
乳山	莱阳	5:45/6:35/10:00/13:10/16:00
乳山	莱州	7:15/13:40
乳山	潍坊	6:10/7:15
乳山	淄博	暂停
乳山	济南	7:00/8:20/14:10/15:30
乳山	泰安	6:05 隔日发车
乳山	聊城	9:15
乳山	日照	7:10
乳山	东营	7:00
乳山	海阳	7:20/8:45/10:20/12:40/14:20/16:00
乳山	招远	12:50
乳山	桃村	7:10/12:10

说明：发车时间若有变动，请以实际时间为准

威海机场航班时刻表

表 71

航线	航班号	机型	进港时刻	出港时刻	班期
北京	CA1827/8	B73K	北京 06:45—08:10 威海	威海 09:00—10:25 北京	1234567
	SC4881/2	B738	北京 13:10—14:40 威海	威海 21:00—22:30 北京	1234567
	CA1597/8	A320	北京 20:15—21:45 威海	威海 23:00—00:30 北京	1234567
上海	MU2285/6	A320	虹桥 08:15—10:05 威海	威海 15:20—17:25 虹桥	1234567
	FM9353/4	B738	浦东 08:45—10:30 威海	威海 16:35—18:20 浦东	1234567
	GS6429/30	EMB190	浦东 12:35—14:20 威海	威海 09:40—11:20 浦东	1234567
	MU5581/2	A320	虹桥 18:20—20:10 威海	威海 20:55—22:45 虹桥	1234567
	SC4889/90	B738	虹桥 18:25—20:15 威海	威海 15:25—17:20 虹桥	1234567
广州	CZ3843/4	A319	广州 09:05—13:45 威海	威海 14:45—19:20 广州	1234567
南京	CZ3843/4	A319	南京 12:25—13:45 威海	威海 14:45—16:05 南京	1234567
武汉	CZ6263/4	A320	武汉 15:10—16:40 威海	威海 12:00—13:25 武汉	135
哈尔滨	CZ6263/	A320	哈尔滨 08:55—10:45 威海	威海 17:40—19:30 哈尔滨	135
	CA1787/8	A320	哈尔滨 13:15—15:05 威海	威海 10:35—12:25 哈尔滨	1234567
杭州	CA1787/8	A320	杭州 07:55—09:45 威海	威海 16:00—17:45 杭州	123456
	CA1787/8	A320	杭州 07:55—09:45 威海	威海 16:00—18:00 杭州	357
济南	SC1182/89	B738	济南 14:35—15:40 威海	威海 16:15—17:25 济南	1234567
深圳	SC1182/89	B738	深圳 11:05—15:40 威海	威海 16:15—20:50 深圳	1234567

续表 71

航线	航班号	机型	进港时刻	出港时刻	班期
长春	FM9353/4	B738	长春 14:00—15:40 威海	威海 11:20—13:00 长春	1234567
大连	GS6429/0	EMB190	大连 08:20—09:00 威海	威海 15:20—16:05 大连	1234567
	G52643/4	CRJ9	大连 18:15—18:55 威海	威海 13:50—14:30 大连	246
重庆	G52643/4	CRJ9	重庆 09:15—13:10 威海	威海 19:35—23:40 重庆	246
济宁	G52643/4	CRJ9	济宁 11:45—13:10 威海	威海 19:35—20:55 济宁	246
沈阳	DZ6239/40	B738	沈阳 11:45—13:05 威海	威海 09:50—11:00 沈阳	1234567
郑州	DZ6239/40	B738	郑州 07:20—09:00 威海	威海 14:05—16:00 郑州	1234567
天津	CA1663/4	B738	天津 08:35—09:40 威海	威海 10:30—11:35 天津	35
	CA1663/4	B738	天津 08:35—09:40 威海	威海 10:30—11:35 天津	247
首尔	OZ309/10	A321	仁川 09:00—09:10 威海	威海 10:10—12:20 仁川	123456
	OZ309/10	A321	仁川 16:20—16:30 威海	威海 17:30—19:40 仁川	7
	MU2017/8	A320	仁川 14:15—14:30 威海	威海 11:00—13:15 仁川	1234567
	KE839/4	073H	仁川 14:10—14:25 威海	威海 15:25—17:40	123456
	KE839/4	073H	仁川 16:10—16:25 威海	威海 17:50—20:05 仁川	7
	7C8503/4	B737	仁川 15:35—15:45 威海	威海 16:45—18:55 仁川	1234567
	7C8561/2	B737	仁川 10:40—10:50 威海	威海 11:50—13:35 仁川	1234567
台北	CI539/40	B738	桃园 07:15—09:50 威海	威海 10:55—13:25 桃园	2

常用电话号码

表 72

报警电话	110	交通事故报警电话	122
火警电话	119	急救电话	120
消费者投诉举报专线电话	12315	环保热线	12369
中国移动客服热线	10086	中国联通客服热线	10010
中国电信客服热线	10000	乳山市民热线	6512345
乳山火车站售票电话	6607009	乳山汽车站售票电话	6621080
乳山公交服务热线	6628585	乳山天气查询	6663370
乳山水务集团“水润”服务热线	6661860、6661867	乳山电力服务热线	6676437
乳山热力集团服务热线	6693896	乳山华地热力公司服务热线	15689498891、15689498892
银滩热力公司服务热线	6771796、6776678	北京燃气乳山分公司服务热线	6861177
银滩管道燃气公司服务热线	6777119	广电网络乳山分公司服务热线	3803666

索 引

说明：

一、本索引包含主题索引与表格索引两部分。主题索引各主题词按汉语拼音字母顺序排列，同音字按声调排列，首字相同者按第二字音序排列，依次类推；表格索引中表格顺序按序号依次排列。

二、主题索引名称后的数字表示内容所在的页码，数字后用拉丁字母 a、b、c 分别表示该页面的左栏、中栏、右栏；表格索引名称后面的数字表示该表格首次出现的页码，续表所在页码不做统计。

三、类目用黑体标明。插图、"综述"分目、"概况"条目及"特载""大事记"月份、"附录"中除表格之外的其他内容不做索引。

主题索引

B

C

D

F

G

M

N

P

Q

R

S

T

W

X

Y

Z

表格索引

9月11日，乳山湾　李永林摄